LIBANIOS

DISCOURS

I

AUTOBIOGRAPHIE

COLLECTION DES UNIVERSITÉS DE FRANCE
publiée sous le patronage de l'ASSOCIATION GUILLAUME BUDÉ

LIBANIOS

DISCOURS

TOME I

DISCOURS I

AUTOBIOGRAPHIE

TEXTE ÉTABLI PAR JEAN MARTIN
Professeur à l'Université des Langues et Lettres de Grenoble

ET

TRADUIT PAR PAUL PETIT
Professeur à l'Université des Sciences Sociales de Grenoble

Deuxième tirage

PARIS
LES BELLES LETTRES
2003

Conformément aux statuts de l'Association Guillaume Budé, ce volume a été soumis à l'approbation de la commission technique, qui a chargé M. Jean-René Vieillefond d'en faire la révision et d'en surveiller la correction en collaboration avec MM. Jean Martin et Paul Petit.

95 boulevard Raspail, 75006 Paris
www.lesbelleslettres.com

Première édition 1978

ISBN : 2-251-00188-3
ISSN : 0184-7155

AVANT-PROPOS

Ce travail est le fruit d'une étroite et amicale collaboration et nous prenons solidairement la responsabilité de tout ce qu'il contient. Cependant nous jugeons utile de préciser ici la part qui revient à chacun de nous.

Jean Martin a établi le texte et rédigé l'apparat critique, ainsi que la partie de la notice consacrée à la tradition manuscrite. Il s'est efforcé de fixer le sens d'un assez grand nombre de passages difficiles ou contestés.

Paul Petit a écrit l'Introduction générale et la première partie de la notice, et procuré pour l'ensemble de l'Autobiographie *une première version qui a été révisée en commun au cours de nombreuses séances de travail. Il s'est plus particulièrement consacré à la mise en français ; les tournures et le style lui appartiennent le plus souvent, ce qui confère à la traduction une unité de ton qui nous a paru indispensable.*

La totalité du commentaire historique est l'œuvre de Paul Petit ; les notes de caractère philologique et littéraire sont de Jean Martin ; elles sont marquées de ses initiales.

*
* *

L'élaboration de ce premier volume des Discours *de Libanios s'est insérée dans les activités d'un centre de recherches commun à deux universités grenobloises :*

l'Université des Langues et Lettres et l'Université des Sciences Sociales. Ce centre est orienté vers l'étude de l'Antiquité tardive; les crédits qui lui ont été alloués par les deux Universités de rattachement nous ont permis de réunir la documentation nécessaire, en particulier une collection déjà importante de microfilms.

*
* *

Jean-René Vieillefond, qui fut pendant quelques années notre collègue à Grenoble, a assumé la tâche de réviseur avec un entrain et une exigence exemplaires. Nous lui devons, en particulier pour la traduction, un grand nombre de modifications heureuses. Nous l'en remercions bien sincèrement.

J. M. P. P.

INTRODUCTION GÉNÉRALE

INTRODUCTION GÉNÉRALE

LIBANIOS ET SON ŒUVRE

I. *Biographie et personnalité.*

Sa vie. La vie de Libanios est assez bien connue, surtout si on la compare à celle des autres sophistes, sur lesquels nous ne disposons guère que des biographies de Philostrate et d'Eunape. A la notice de celui-ci s'ajoutent en effet les propres ouvrages de notre sophiste, et en premier lieu le *Bios* qui fait l'objet de la présente édition, ainsi que l'*or.* II, *Contre ceux qui le jugent importun*, qui date de 381. En outre ses 1 544 lettres conservées recèlent bien des détails, parfois difficiles à mettre en œuvre et qui ne concernent que les années 355-365 et 388-393. Parmi les travaux modernes celui de G. Sievers, malgré son ancienneté et quelques erreurs, demeure précieux, ainsi que le copieux article de la *Real-Encyklopädie* [1].

Libanios est né à Antioche en 314 et mort en cette ville en 393. Issu d'une famille curiale appauvrie, il eut le chagrin de perdre son père à l'âge de onze ans. Sa mère et deux oncles surveillèrent sa jeunesse stu-

1. G. Sievers, *Das Leben des Libanius*, Berlin, 1868. R. Foerster-K. Münscher, *Libanius*, *R. E.*, XII, 2 (1925), col. 2485-2551. Parmi les travaux récents, J. H. W. G. Liebeschuetz, *Antioch. City and Administration in the Later Roman Empire*, Oxford, 1972, p. 1-16.

dieuse, marquée par sa conversion précoce à la rhétorique, dès 329, à l'âge de quinze ans. Peu satisfait de l'enseignement des sophistes de la ville, il demeure plusieurs années auprès d'un simple grammatiste et s'acharne à l'étude des auteurs anciens dont il apprend les œuvres par cœur [1]. A vingt-deux ans, en 336, il quitta sa famille et sa patrie et resta absent dix-sept ans. Après un court séjour à Antioche pendant les congés universitaires, en 353, il s'y installa définitivement en 354. Durant cette longue période il avait étudié la rhétorique à Athènes, de 336 à 339, et fait l'apprentissage de son métier à Constantinople, puis à Nicée et surtout à Nicomédie, de 344 à 349, où il obtint ses premiers succès, enfin de nouveau à Constantinople, dans des conditions moins favorables, de 349 à 353. Devenu à Antioche « sophiste de la ville », parvenu à la quarantaine, il ne quitta plus sa patrie jusqu'à sa mort à l'âge de soixante-dix-neuf ans. Il y vécut d'abord les troubles de l'époque de Gallus et affermit rapidement sa position malgré des oppositions locales, brillamment réduites. Auprès du préfet du prétoire Strategios Musonianos, il s'initia aux affaires politiques et mit son influence au service de ses amis et de ses étudiants. En 359, il perdit successivement son oncle préféré, Phasganios, et sa mère. Il eut ensuite la joie de voir s'établir à Antioche, en juillet 362, son ami et son héros, l'empereur Julien, mais en revanche le chagrin d'assister aux démêlés de l'Apostat avec ses concitoyens, assurément frondeurs et indisciplinés, mais surtout chrétiens dans leur grande majorité. Vinrent ensuite des années pénibles, car, à la douleur que lui causa la mort prématurée de Julien, s'ajoutèrent des craintes que lui inspiraient les menées de ses ennemis auprès de ses successeurs Jovien et Valens. Il se cantonna dans

1. *Bios*, 8. Cf. Eunape, *Vie soph.*, p. 518 Wright (= Foerster, tome I, p. 4).

l'exercice de son métier et ses œuvres se font plus rares après l'*Epitaphios* de Julien, *or.* XVIII, de 365. Le règne de Valens fut sa traversée du désert, jusqu'en 378. Aucune de ses œuvres conservées ne fut écrite à cette époque, sauf la première partie du *Bios*, rédigée en 374, mais qui ne fut pas publiée [1]. S'il entretint encore quelque correspondance avec ses amis, il la détruisit entièrement. Les temps étaient durs pour les intellectuels païens et il fut à plusieurs reprises, alors que l'empereur résidait à Antioche même, de 371 à 377, menacé d'accusations de complot et de magie.

Le règne de Théodose lui fut plus favorable. Ce souverain très chrétien, qui finit par interdire totalement le paganisme, en 391-392, à l'extrême fin de la vie de Libanios qui ne fait pas mention de cette mesure, était moins soupçonneux que Valens et, sous l'influence de conseillers païens et amis de Libanios, il marqua au vieux sophiste quelque faveur et lui conféra en 383 le titre de préfet du prétoire honoraire qui officialisait en quelque sorte ses interventions politiques. Il n'en continuait pas moins son enseignement, malgré de fréquents ennuis de santé. Il était devenu un personnage considérable, et les dignitaires de passage à Antioche se flattaient de lui faire visite et de recevoir ensuite quelques épîtres bien tournées qu'ils montraient avec orgueil. Le général Richomer voulut être son ami : il est vrai qu'il était païen. Mais le préfet Cynegios, chrétien agressif dont la fameuse tournée de 385-386 valut un sort fatal à tant de temples, se montra lui aussi aimable et déférent. En fin 392, le préfet Rufin, également fanatique, lui témoigna de la bienveillance. Théodose lui fit parvenir des lettres élogieuses, sans le connaître personnellement, car Antioche ne reçut jamais sa visite. Avec les années, sa santé s'affaiblissait, des deuils

1. Sur les discours perdus, R. Foerster, tome XI, p. 611-636.

répétés le frappaient, la mort de sa compagne, puis surtout celle de son fils, en 391, le plongèrent dans un désespoir qui dura jusqu'à sa propre fin, en 393.

Son caractère. Sa santé lui donna bien du souci, mais elle lui permit, malgré tout, de devenir presque octogénaire, ce qui n'est pas si courant dans l'antiquité. Jusqu'à la cinquantaine il ne souffrit guère que de fréquents maux de tête qu'il considère comme une séquelle de la commotion subie en 334, à l'âge de vingt ans, lors d'un orage. Entre 354 et 357, il se plaint avec insistance de migraines, de vertiges, de maux de reins, mais ce sont surtout des maladies diplomatiques, car il veut obtenir la permission de s'installer définitivement à Antioche, grâce à des certificats médicaux de complaisance déclarant que le séjour de Constantinople était néfaste pour sa santé. En 364 une attaque de goutte le frappa soudainement et, malgré quelques moments de rémission, la maladie ne céda jamais, le rendant parfois impotent pour de longues périodes. Les maux de tête dégénéraient en de pénibles vertiges, voire en crises nerveuses, et sa hantise de l'accident provoquait une agoraphobie et un état dépressif. Il souffrit même, ce qui était pour lui le pire, d'une sorte d'inhibition qui l'empêchait de parler devant ses étudiants. Mais cela disparut assez vite et il se persuada finalement que ses ennemis l'avaient ensorcelé. A la fin de sa vie il est perpétuellement valétudinaire, mais poursuit ses activités, se traînant ou se faisant porter au bouleutérion où il exerçait, et recevant parfois les étudiants dans sa chambre. Il faillit devenir aveugle en 391. Ses dernières lettres conservées, remplies de lamentations, sont très probablement les dernières qu'il ait écrites, au milieu de l'année 393 : aussi n'y a-t-il aucune raison sérieuse de penser que son existence ait pu se poursuivre longtemps après cette date[1].

Donc un homme de petite santé mais résistant, qui vécut longtemps, comme il arrive, à force de soins et de ménagements. Ainsi s'expliquent, en partie du moins car il faut faire la part de ses goûts, sa sédentarité, son horreur d'être arraché à ses études et à sa tranquillité, son refus de l'action pratique. Il n'accepta jamais de fonction publique, ni dans la cité ni au service de l'État, malgré les avantages et les profits que le fonctionnariat procurait à cette époque. Il eut la chance d'avoir très tôt la vocation de l'enseignement et les capacités pour y réussir brillamment : il fut ainsi à l'abri des charges curiales et des tentations de la vie active et resta un pur intellectuel.

Cette santé précaire explique également son extrême sensibilité. Son émotivité lui fait verser facilement des larmes abondantes. Il ressent une horreur physique du sang, de la torture, des coups et de la violence en général, en ce siècle où la législation révèle l'épouvantable cruauté des châtiments et où les empereurs laissent, aux dires d'Ammien, leurs fonctionnaires sévir avec la dernière brutalité. Sensible et impressionnable, il ne manque pas de courage physique quand il le faut et domine ses répugnances et sa crainte de la foule hurlante quand il intervient en faveur des boulangers fouettés par le *comes Orientis* Philagrios, en 382 (*Bios*, 208-209).

La sensibilité, jointe à la vanité de l'intellectuel et du professeur, explique sa susceptibilité. Assoiffé de louanges et d'égards, il ne s'épanouit qu'au sein d'une ambiance favorable. Un auditoire hostile ou même indifférent lui enlève ses moyens (*Bios*, 254). Aussi son humeur est-elle changeante, il se brouille aisément et décoche à ses amis des flèches acérées, comme le montrent ses lettres au préfet Anatolios. Il se pique

1. Cf. *infra*, p. 21.

facilement et Julien lui-même dut se montrer patient lors de leurs premiers contacts, en 362 (*Bios*, 121-124). Sous Théodose, il est en mauvais termes avec la plupart des fonctionnaires en poste à Antioche, après avoir tout d'abord accueilli certains avec faveur, tels Icarios et Eustathios. Leur conduite sans doute, on le verra plus loin, explique son hostilité, mais ses reproches relèvent souvent d'une vanité blessée par d'imaginaires manques d'égards [1]. Il se montre excessif en tout, dans l'éloge d'abord, puis dans l'invective et la violence verbale, mais on sait que la rhétorique cultive volontiers l'exagération. Il professe pourtant qu'il faut se montrer bon et indulgent, même avec des ennemis, et il met parfois ce précepte en pratique (*Bios*, 63, 64, 114, 145). Avec l'âge, les maladies, les déceptions, il en vint à une sorte de neurasthénie agressive, presque à la maladie de la persécution. Il a écrit plusieurs discours pour sa propre justification, car il est sensible aux critiques, mais il s'y défend en attaquant férocement, ce qui est de bonne guerre. Dans l'*or.* IV, de 388, il s'en prend avec vivacité au consulaire Eutropios qui l'a traité de « radoteur » ; dans l'*or.* XXXVII, il attaque Polyclès, un ancien ami qui subit l'influence de l'infâme Helpidios, un préfet du prétoire de Constance, du reste décédé ; dans l'*or.* XXXVIII, il fustige Silvanos, qu'il protégea à ses débuts, un mauvais curiale qui eut en outre le tort d'enlever son fils de l'école de son ancien maître ; dans l'*or.* XLII, blessé au vif par l'échec de la candidature de Thalassios, son secrétaire, au Sénat de Constantinople, il se répand en injures contre plusieurs sénateurs importants, sans vouloir tenir compte des raisons parfaitement valables qu'ils avaient de repous-

1. Cf. particulièrement l'*or.* LIV, *contre Eustathios, au sujet des honneurs*, et mon article « Recherches sur la publication et la diffusion des discours de Libanius », *Historia*, 5, 1956, p. 503-504.

ser son protégé ; dans l'*or.* II, de 381, il répond à ceux qui lui reprochent sa morosité et son orgueil, en justifiant son humeur chagrine par le mauvais état général des choses de son temps. Libanios, sauf sous Julien, fut toujours sévère pour son siècle : nous en verrons plus loin l'explication véritable qui fait intervenir des problèmes de fond, mais l'expression passionnée, virulente jusqu'à l'injustice, révèle une sensibilité d'écorché vif que les épreuves conduisent à l'hypocondrie.

Sa personnalité. De ses qualités intellectuelles la plus remarquable est la mémoire, une mémoire très spécialisée qui lui fournit à point nommé la citation utile, l'allusion chère aux connaisseurs, le vocabulaire à la fois varié et savant [1]. Dans l'antiquité la mémoire a plus d'importance que de nos jours et elle est exercée dès la plus tendre enfance. Sur ce point Libanios renchérit encore sur ses contemporains, dont il faisait l'admiration. Cette mémoire est constamment entraînée par la pratique du métier de sophiste : déclamations et discours, appris par cœur, sont récités, on n'improvise jamais, l'orateur ne se munit pas de notes. Libanios avait d'autre part des dossiers et des archives tenues par ses secrétaires dont il apprécie les services. Toutes ses lettres étaient transcrites dans des registres où il pouvait les retrouver à la demande. Dans ces conditions — une mémoire exercée et une vaste documentation —, on peut admettre qu'il n'y a guère d'erreurs matérielles dans ses récits. Ce qui naturellement n'exclut pas le mensonge, très rare en fait, la prétérition, bien plus fréquente, et surtout la déformation et l'exagération.

Libanios n'est ni créateur ni profond. Non seulement il n'est « philosophe » en aucune manière, ce qui

1. Eunape, p. 524 Wright (= Foerster, tome I, p. 7).

l'oppose à Themistios, mais il n'a guère de goût pour les théories et l'abstraction. Il a cependant, outre des convictions religieuses bien connues, des idées politiques, que l'on verra plus loin. Mais la démarche de son esprit — et c'est une bonne chose pour la valeur de son témoignage — n'est pas déductive, elle est inductive et pour ainsi dire expérimentale : il part de l'observation du réel et en tire des conclusions qui finissent par former un corps de doctrine. C'est une doctrine vécue, au service de laquelle il met un don d'observation très réel et une grande rigueur d'argumentation dans ses meilleurs discours, ceux de l'époque théodosienne. Si la rigueur de l'argumentation lui vient de sa formation rhétorique, le don d'observation est inné chez lui, à un si haut degré qu'il a frappé les contemporains (Eunape), soit qu'il décèle en chacun le fort et le faible, le pire et le meilleur, soit qu'il décrive quelque incident avec verve et précision, soit qu'il analyse une situation, une pratique, un comportement. Il est toujours proche du réel, il voit d'abord et argumente ensuite, en général en se référant au passé car c'est un *laudator temporis acti*, ce que ses adversaires lui reprochent à bon droit. Au total, une intelligence moyenne, dont la seule originalité, mais elle compte car elle favorise la critique, fut de tourner le dos à l'évolution de son siècle. Mais son esprit est observateur, vivant, proche de ce qui l'entoure.

Cet homme sensible et même susceptible est doué au plus haut degré du sens et du goût des rapports humains. Il est tout le contraire d'un solitaire replié sur lui-même : aucune trace d'introversion en lui. S'il n'a jamais dit qu'il haïssait ou redoutait la solitude, c'est sans doute qu'il ne fut jamais en état d'en faire l'expérience : il ne vécut jamais seul. Dans sa jeunesse il était entouré de deux frères et de deux oncles, sans oublier sa mère à laquelle il fut très attaché. Il est très discret sur sa vie sentimentale : il eut d'une compagne de naissance servile un fils, Cimon, un médiocre malchanceux qui déçut ses espoirs sans rebuter son affection. Durant ses études il se lia avec beaucoup de condisciples auxquels il restait fidèle : on en connaît environ une quarantaine [1]. Son métier le faisait vivre en symbiose avec ses étudiants dont il s'occupait assidûment. Sa qualité de sophiste officiel l'amenait à prendre la parole devant des auditoires enthousiastes et à se faire beaucoup d'amis. Il dit lui-même qu'il est d'un abord facile, même avec les boutiquiers et les artisans des échoppes et qu'il aime discuter avec eux (*or.* II). On le croit volontiers, il est certainement bavard, communicatif, curieux de nouvelles et de faits vécus, extraverti comme un oriental et un méditerranéen. Ses préférés, ceux qui composent son entourage habituel, sont naturellement les gens instruits, qui ont fait des études de rhétorique et qui savent parler, curiales, avocats, professeurs, fonctionnaires. L'ampleur de sa correspondance atteste son goût des relations, avec ce que cela comporte de curiosité, d'urbanité parfois superficielle, et aussi d'entregent. Selon Eunape, il est plus souple et multiforme que le poulpe, en somme doué d'une grande faculté d'adaptation et de compréhension. Il aime scruter les caractères et plaire à tous, même à ceux qu'il ne connaît pas encore ou dont le genre de vie est le plus éloigné du sien. On a remarqué [2] qu'avec une extrême sévérité envers certaines catégories que nous appellerions socio-professionnelles, militaires, notaires, *agentes in rebus*, il eut souvent d'excellents rapports avec les personnes, et qui n'étaient pas toujours intéressés. Il aime les individus parce qu'il les pratique, le vécu chez lui prime l'abstrait. Sans doute doit-on lui reconnaître l'amour de la justice et de la

1. P. Petit, *Les étudiants de Libanius*, Paris, 1957, p. 193 : liste de ses condisciples.
2. Liebeschuetz, *op. cit.*, p. 33-34.

tolérance, mais il n'exerce guère ces vertus qu'à l'échelon individuel, pour résoudre des cas particuliers, ceux qu'il a sous les yeux.

Il eut ainsi beaucoup d'amis, dans tous les milieux, jusqu'à la fin de son existence, parce qu'il avait comme les Anciens le culte de l'amitié [1]. Avec ses amis, malgré sa susceptibilité, il se montre charmant, délicat, flatteur comme on l'était alors, toujours disposé à rendre service par l'envoi de ces lettres de recommandation dans lesquelles il excellait. Libanios est un médiateur, on dirait presque un entremetteur né, tant il aime à présenter les gens les uns aux autres, toujours à leur avantage, et à nouer sans cesse de nouvelles relations. Son intérêt personnel y trouve son compte, à l'époque de Constance et de Julien surtout, beaucoup moins sous Théodose où son crédit souffrit de cuisants échecs, mais on peut affirmer que Libanios fut un homme de contacts et qu'il en retira beaucoup de joies.

II. *Ses idées à travers son œuvre.*

Le sophiste. Libanios est le type même du sophiste qui place l'éloquence rhétorique, qu'il appelle souvent les « *logoi* », au-dessus de toute autre activité. Sa seule ambition fut d'être le premier sophiste de son temps en prenant pour modèles les grands ancêtres du second siècle, les Polémon, les Aelius Aristide, au point de s'inspirer de leur comportement plus souvent qu'on ne le croit.

Sa culture personnelle est celle d'un sophiste, fondée entièrement sur l'étude des auteurs anciens devenus classiques, Homère, Hésiode, Aristophane, Démosthène, et aussi Platon dont il prise moins,

1. B. Schouler, *Libanios. Discours moraux*, Paris, 1973, p. 63-78.

d'après les citations qu'il en fait, la philosophie que les formules et les images poétiques [1]. Il cite volontiers aussi, quoique moins souvent, Hérodote, Thucydide et la plupart des auteurs grecs et des poètes classiques. Il connaît également bien la Comédie Nouvelle dont l'influence sur lui n'a pas encore été réellement étudiée. Parmi ceux que l'on pourrait appeler les modernes, il voue une dévotion particulière à Aelius Aristide, dont il collectionne les portraits [2]. Bien que sa famille, d'après son nom même, soit vraisemblablement d'origine locale, il se veut uniquement grec : aucune allusion dans ses écrits au parler syriaque, aucun point commun avec le célèbre Bardesane d'Édesse qui vivait sous les Sévères ou avec son contemporain Ephrem de Nisibe, qui tous deux écrivirent en syriaque : mais c'étaient des chrétiens dont il a certainement considéré les œuvres, s'il les a connues, comme une trahison de l'hellénisme. Son nationalisme intellectuel lui fit refuser d'apprendre le latin que connaissait son aïeul qui vivait sous Dioclétien, mais que voulut également ignorer son oncle Phasganios qui eut de l'influence sur lui. On peut relever dans ses écrits la trace d'une hostilité envers Rome et les Romains : il se considère presque comme un colonisé soumis à une autorité étrangère, la « chaîne d'or des Romains » (*or.* XI, 129), et dans son *Antiochikos* il exalte les Séleucides et néglige pratiquement la conquête romaine [3].

Toute sa vie, avec constance, il exerça le plus beau des métiers, celui de professeur, dispensateur de la

1. E. Richtsteig, *Libanius qua ratione Platonis operibus usus sit*, diss. Breslau, 1918.
2. A. F. Norman, The Library of Libanius, *Rh. Mus.*, 107, 1964, p. 158-175. Id., *Libanius' Autobiography (Oration I)*, Oxford, 1965 : beaucoup de remarques d'ordre littéraire dans le commentaire.
3. P. Petit, *Libanius et la vie municipale à Antioche au IVe siècle apr. J.-C.*, Paris, 1955, p. 173-174, 231.

paideia, la seule culture qui à ses yeux méritât ce nom. Son activité d'enseignant a été souvent étudiée [1]. Du grand professeur il possède d'abord la maîtrise totale de la rhétorique et ses déclamations sont d'admirables exercices d'école, qui servirent longtemps de modèles. Malgré une voix faible et mourante (Eunape) et une certaine exubérance de gestes, il semble avoir eu des qualités de pédagogue et une parfaite conscience professionnelle qui lui permirent de façonner à son image de nombreux élèves qui restaient longtemps auprès de lui : en ce temps l'enseignement était « élitiste » et efficace par une lente imprégnation, chaque élève devenait un disciple. Il avait du reste le goût de la jeunesse et consacra à ses étudiants plusieurs discours où perce l'affection à travers l'indispensable sévérité. Dans l'*or.* LV, à Anaxentios, il engage un élève rappelé par son père à rester auprès de lui pour y achever les études qui lui permettront de devenir professeur à son tour et il vante la noblesse du métier qu'il a choisi [2]. Dans l'*or.* LXII, répondant aux détracteurs de son enseignement, il fait un historique de sa carrière, souligne la valeur de ses élèves aujourd'hui dispersés dans les provinces orientales et rappelle les difficultés que connut la rhétorique sous le mauvais gouvernement de Constance [3]. Dans l'*or.* III, il reproche à ses étudiants leur indifférence et leur paresse [4]. Dans l'*or.* LVIII, il les sermonne pour avoir passé à la couverture (on eût dit autrefois « berné ») un pédagogue qui

1. P. Wolf, *Vom Schulwesen der Spätantike. Studien zu Libanius*, Baden-Baden, 1950. P. Petit, *Les étudiants, passim.* A. J. Festugière, *Antioche païenne et chrétienne*, Paris, 1959, p. 91-119 et 427-491 (nombreux textes traduits).
2. Trad. Festugière, *op. cit.*, p. 434-441.
3. Trad. E. Monnier, *Discours choisis de Libanius*, p. 104-161. (Voir plus loin, p. 91, n. 1).
4. Trad. Festugière, p. 446-452.

avait cherché à nuire à un professeur de latin : Libanios fait ici d'une pierre deux coups, puisqu'il condamne un acte de violence commis sur un ami des « *logoi* » (le professeur de latin, un concurrent direct, s'efforçait de détourner les élèves des études grecques) [1]. Dans l'*or.* XXXIV qui suit de près la sédition de 387, il se défend contre les calomnies d'un autre pédagogue qui l'accusait à tort d'avoir interrompu trop longtemps son enseignement durant les troubles : il n'y eut en fait que trente quatre jours d'interruption, mais beaucoup d'élèves et de pédagogues en avaient profité pour s'offrir jusqu'à trois mois de vacances... [2] Deux autres discours sont consacrés à la défense de la profession enseignante : dans l'*or.* XXXI, il expose la pénible situation de ses collègues et demande à la curie de leur concéder le revenu de terres municipales [3] ; dans l'*or.* XLIII, *sur les conventions*, il propose à ses collègues et rivaux de s'entendre pour interdire le débauchage mutuel des élèves, pratique funeste pour une profession déjà menacée par la vogue du latin et du droit, ce qui indique une époque assez tardive [4]. Sa correspondance, d'autre part, atteste son souci de la carrière de ses étudiants, devenus, ainsi que leurs familles, ses amis au sein d'une sorte de franc-maçonnerie. Mais il ne cache pas qu'il est essentiel pour la renommée d'un professeur d'avoir des élèves qui lui fassent honneur [5].

La rhétorique n'est pas seulement pour Libanios l'outil privilégié de son travail, elle constitue la base de son art de vivre et le critère de ses jugements. L'humanité pour lui se divise en deux sortes de gens,

1. Trad. Festugière, p. 467-475.
2. Trad. Festugière, p. 477-483.
3. Trad. Monnier, *op. cit.*, p. 2-43.
4. Trad. Festugière, p. 459-466.
5. *Les étudiants*, p. 101-103.

ceux qui ont reçu la *paideia* et les autres. Il déteste les militaires parce qu'ils sont incultes, sauf certains qui trouvent grâce à ses yeux parce qu'ils honorent la culture, mais il s'étonne souvent de voir un militaire amateur de « *logoi* ». Il méprise les notaires et les *agentes in rebus* parce qu'ils ne connaissent que la « technique des signes », la tachygraphie, et ne pardonne pas à Constance de leur accorder tant de place dans l'État. Les juristes, heureusement, sont en général passés par les écoles de rhétorique avant d'entreprendre des études qui, à ses yeux, ne sont qu'utilitaires, mais il redoute que le droit ne vienne ruiner l'esprit de ses élèves. En revanche il félicite Julien et son préfet Salutius Secundus qui ont recruté leurs fonctionnaires parmi les littéraires, tous païens du reste, ce qui ne gâte rien. Sans trop le proclamer, car il eut toujours des élèves chrétiens, il estime comme Julien que la *paideia* va de pair avec le paganisme. Mais il arrive que la communauté de la culture prime la disparité des religions : non seulement il a gardé des rapports avec des condisciples chrétiens, comme Basile de Césarée, mais il vécut plusieurs années dans l'intimité du préfet du prétoire Strategios Musonianos, chrétien mais passionné de « *logoi* »[1].

Le souci de la rhétorique est partout dans l'œuvre de Libanios, même dans l'épître la plus banale. Mais la fréquence des figures varie selon certains facteurs que je me suis efforcé d'analyser[2] : une composition destinée à une large diffusion ou récitée en public est plus ornée, c'est le cas des panégyriques, *or.* LIX, *Basilikos*, éloge peu sincère des empereurs Constance et Constant, en 349 ; *or.* LX, *Monodie* sur le temple d'Apollon à Daphné, détruit en 362 ; *or.* LXI, *Monodie* sur Nicomédie, détruite par le séisme de 358 ; enfin les *or.* XVII, *Monodie* sur la mort de

1. *Bios*, 106-109.
2. *Recherches sur publication et diffusion*, p. 490 sq.

Julien, et XVIII, *Epitaphios* de Julien, écrites en 364 et 365. Inversement, dans les discours politiques, adressés à des empereurs et envoyés à la cour, le souci de l'efficacité exige des analyses précises et une argumentation serrée et incite l'auteur à plus de sobriété [1]. Dans quelle mesure la valeur historique du témoignage de Libanios est-elle affectée par l'usage, voire l'abus, de la rhétorique ? On l'a souvent traité de rhéteur verbeux et vide, bien que les travaux de G. Sievers et de O. Seeck aient depuis longtemps montré le parti que l'historien pouvait tirer des discours et des lettres. En réalité la rhétorique en ce domaine importe moins que le tempérament, les idées, les partis pris de l'homme. Le goût de l'enjolivement n'engendre pas nécessairement l'erreur ou le mensonge, mais plutôt une déformation par exagération verbale. En outre, la formation rhétorique, qui n'a pas empêché les grands commis du régime d'être efficaces et réalistes, incite les sophistes professionnels à la généralisation et à l'imprécision. Ils rejettent les termes techniques, ce qui est fâcheux en matière d'institutions, et aussi les noms propres, remplacés par des périphrases qui rendent les identifications douteuses. A tout cela Libanios personnellement ajoute son horreur des termes latins (*praefectus*, *consularis*, *praeses*, etc.) que les équivalents grecs (ἄρχων, ὕπαρχος) ne rendent pas clairement [2].

Nous avons affaire à un auteur difficile, car si son vocabulaire est classique, la construction et les tournures sont souvent très personnelles. Littérairement c'est un artiste : choix du vocabulaire, souvent archaïsant ou obsolète (Eunape l'a noté), raffinement d'une composition parfois délicate à suivre, mais aussi qualité de l'argumentation, particulièrement soignée dans les grands discours théodosiens. Parfois diffus et

1. *Ibid.*, p. 491-494.
2. *Libanius et la vie municipale*, p. 170, n. 9, et 254-255.

lent, il sait aussi trousser rapidement de petites scènes observées sur le vif et l'on en trouve même dans le *Bios* qu'il écrivit pourtant pour sa satisfaction personnelle. Enfin il ne manque pas d'humour et un chercheur ferait bien de s'en aviser : citons ici simplement quelques passages du *Bios* (§§ 17, 41), ses lettres à Anatolios et la longue lettre 405 dans laquelle il raconte merveilleusement la lutte épique qu'il soutint contre son grand rival Acacios [1].

Sa religion aussi est une religion de professeur, comme on l'a déjà souligné à juste titre [2]. Et il va de même de sa morale, celle d'un honnête homme cultivé qui s'exprime du reste à travers les nombreux poncifs de la rhétorique [3]. Sa religion personnelle est d'un Grec traditionaliste, avec une prédilection pour les références locales, antiochéennes : il invoque Zeus du mont Kasios, Apollon de Daphné, la Muse Calliope, protectrice de la cité, la Fortune (Tyché), divinité poliade de la ville et enfin Hermès, protecteur des arts et des « *logoi* ». Par rapport à l'atmosphère religieuse de son siècle, Libanios est un bien-pensant en retrait : il n'entend rien à la mystique ni même à l'eschatologie, ce qui l'oppose sur ce point à Julien, infiniment plus religieux et croyant que lui [4]. Il ne parle jamais de l'au-delà, de rapports personnels avec la divinité, bien qu'il se dise quelquefois protégé par les Dieux, comme nous dirions avoir eu de la chance. Il ne pratique guère les sacrifices, sinon à Asclépios, auquel il voue une dilection particulière mais intéressée, teintée au surplus d'une forte coloration rhétorique : il suit manifestement l'exemple d'Aelius Aristide, un autre valétudinaire illustre. Il

1. Trad. Festugière, *op. cit.*, p. 428-429.
2. A. Piganiol, *L'Empire chrétien*, Paris, 1947, p. 239. *Lib. et la vie munic.*, p. 191-196. Liebeschuetz, *op. cit.*, p. 11-16.
3. B. Schouler, *op. cit.*, p. 15-63, *passim*.
4. Festugière, *op. cit.*, p. 404 : « absence de tout sentiment religieux un peu profond ». *Lib. et la vie munic.*, p. 193-195.

est bien de son temps en revanche par son attitude envers la Fortune (*infra*) et les superstitions. Il eut un aïeul versé dans la mantique (*Bios*, 3) et s'adonne lui-même à la divination et à la consultation des astrologues. Lors de la maladie de son frère, il recourt d'abord aux médecins, aux remèdes et plus encore aux talismans, avant d'en venir simplement à implorer le secours des Dieux (*Bios*, 201). Accusé à plusieurs reprises de mantique et même de magie, ce qui faillit lui coûter cher sous Valens, il fut lui-même victime de pratiques magiques (*Bios*, 243-250), auxquelles il se défend péniblement de croire, alors que son entourage le poussait à des mesures extrêmes contre ses ennemis (*Bios*, 248). Cet incident montre que par comparaison avec l'opinion la plus répandue, il y avait chez lui un vieux fonds de rationalisme qui tendait à résister aux crédulités ambiantes.

Son attitude envers le christianisme et les chrétiens est également contradictoire. Il ignore et méprise la doctrine comme tous les « Hellènes », parce qu'elle est nouvelle, étrangère à l'hellénisme par son origine juive, et culturellement inférieure : pratiquement tous les grands sophistes étaient des païens avérés, sauf Prohaeresios d'Athènes. Il est étrange que la fréquentation de condisciples chrétiens ne lui ait pas ouvert les yeux sur ce point : on sait que Basile de Césarée enseigna un court moment pour remplacer son maître Alcimos, et qu'il prit plus tard la défense des lettres grecques dans un opuscule célèbre [1]. Il est vrai que, mis à part Jean Chrysostome, Libanios ne connaît guère de la Syrie chrétienne que ses moines fanatiques et asociaux qu'il ne pouvait naturellement souffrir [2]. Très violemment hostile à la religion

1. *Aux jeunes gens sur la manière de tirer profit des études helléniques*, CUF (G. Budé), par F. Boulenger.
2. *Lib. et la vie munic.*, p. 196. Sur les moines de Syrie, A. F. Festugière, *op. cit.*, p. 281-310.

du Christ, en partie aussi parce qu'elle inspira la détestable politique de Constantin et de Constance, Libanios prend la défense du paganisme et des païens persécutés. Son *or.* XXX, de 386, plaide la cause des temples, comme Symmaque celle de l'autel de la Victoire, dans sa fameuse *Relatio* III : tout en soulignant l'ancienneté et la grandeur de la tradition païenne, il réclame le bénéfice de la tolérance avec des arguments de bon sens, voisins en somme de ceux des apologètes chrétiens du IIe siècle. Cet appel à la tolérance peut sembler suspect en un temps où les païens affaiblis en étaient réduits à implorer des empereurs chrétiens une mansuétude que leurs prédécesseurs avaient refusée aux martyrs de la nouvelle foi. Mais Libanios part, une fois encore, de situations vécues : individuellement, chrétiens et païens peuvent coexister et s'entendre. Il y a des chrétiens et des païens dans l'armée, dans les curies, dans l'administration et même dans sa propre famille et sur les bancs de son école. Julien fit preuve d'intolérance envers les personnes, excluant les chrétiens de la haute administration et des chaires professorales. Mais quand on en vint à persécuter ceux qui avaient acheté sous Constance des temples désaffectés et mis à l'encan et qu'on leur imposa des restitutions arbitraires, alors Libanios mit en pratique dès 363 la tolérance qu'il devait plus tard invoquer auprès de Théodose : plusieurs lettres prennent leur défense auprès du gouverneur de Syrie Alexandre, païen fanatique et borné [1].

Le citoyen. C'était une tradition pour les sophistes que de s'intéresser aux affaires de leur cité. En se faisant le défenseur des Antiochéens, Libanios s'en considère comme le porte-parole et l'ambassadeur, ainsi qu'autrefois sous Domitien Sco-

1. *Lib. et la vie munic.*, p. 208-210.

pelianos de Smyrne [1], et sous Hadrien Polémon, de Smyrne également [2]. D'autres sophistes furent dans leur cité magistrats ou *archiereis*. Cependant Aelius Aristide, qui obtint pourtant de Marc Aurèle la reconstruction de Smyrne ravagée par un séisme, refusa constamment les charges publiques. Entre ces deux traditions, quelle fut l'attitude de Libanios ?

Son amour pour sa patrie est très vif et s'exprime magnifiquement dans son *or.* XI, *Antiochikos*, panégyrique en forme qui date à mon avis de 356 et fut récité en partie aux Olympiades. Malgré une rhétorique inévitable en la circonstance, il demeure une source de premier ordre pour l'histoire et la topographie de la ville [3]. Libanios d'autre part se considère comme Syrien et à ce titre déteste les Perses, tenus pour les ennemis héréditaires depuis les raids de Sapor au IIIe siècle, et en général, contrairement à Themistios, il est très hostile aux barbares et attentif à la défense de l'Empire, critiquant la médiocrité de Constance, la veulerie de Jovien lors du traité de Nisibe et l'impéritie de Valens. L'échec de la campagne de Julien et la perte de territoires mésopotamiens lui furent très douloureux et l'on retrouve dans l'*Epitaphios* (*or.* XVIII) la trace d'une polémique avec Themistios sur ce point. Libanios avait adopté les conceptions grandioses de Julien, qu'il expose, non sans amplification oratoire et quelque naïveté, au § 282 de ce discours [4].

Par la naissance il était l'héritier d'une longue tradition de dévouement civique, puisqu'il appartenait à une grande famille curiale qui avait donné à la cité de « vaillants combattants » (*Bios*, 2-3). Mais sa voca-

1. Philostrate, *Vit. Soph.* p. 84-86 Wright (coll. Loeb).
2. *Id.*, p. 107.
3. Festugière, *op. cit.*, p. 23-38 (trad. des §§ 196-271), 38-61 (commentaire archéologique de R. Martin).
4. *Lib. et la vie munic.*, p. 185 (polémique), 183-186 (Libanios et les barbares).

tion, faisant de lui un sophiste officiel, lui valut l'immunité des charges curiales en un temps où elles étaient si lourdes que l'appauvrissement de sa famille lui eût de toute façon, dit-il, interdit de les assumer (*or.* XI, 9). Ainsi se trouvait-il dans une position fausse : fervent défenseur de la grandeur des cités, de leur autonomie et par conséquent de l'activité des curies, il restait à l'abri des responsabilités qui pesaient sur les notables de son milieu. Il en eut des scrupules qui ne l'empêchèrent pas, par une faiblesse bien humaine, de tout faire pour que son fils, héritier de ses biens, échappât à son tour à ce pénible destin. Malgré tout, il est pénétré d'un puissant esprit municipal où il faut chercher l'origine de ses idées politiques, de sa notion de la *politeia* [1]. Il est plus que conservateur, en réalité à contre-courant de l'évolution du siècle : pour lui l'État n'est qu'un agrégat de cités libres et autonomes, ou qui devraient l'être, et son rôle essentiel est de leur assurer la sécurité et la prospérité. On sait de reste qu'au ɪvᵉ siècle l'Empire devenu « totalitaire » avait conduit à son terme une évolution déjà commencée dès l'époque d'Auguste. Les cités n'étaient plus que des unités administratives et leurs curiales des fonctionnaires gratuits accablés par les services d'État, les liturgies. Les œuvres de Libanios nous éclairent parfaitement sur les aspects désolants de la vie municipale [2]. Sous tous les empereurs et surtout sous Théodose, il intervint pour défendre ses idées et ses concitoyens : auprès du César Gallus (*Bios*, 97), sous Julien même dont l'idéal était proche du sien mais qui eut avec les Antiochéens des démêlés violents qui désespéraient notre sophiste, pris entre son affection pour son héros et son patriotisme local. Il tente d'atten-

1. *Lib. et la vie munic.*, p. 24-26.
2. *Ibid.*, p. 269-294. 335-358. Liebeschuetz, *op. cit.*, p. 149-186.

drir l'empereur (*or.* XV) tout en faisant en même temps, dans un discours parallèle, la leçon à ses concitoyens (*or.* XVI). Sous Valens sa position précaire lui interdit toute imprudence. Sous Théodose, lors de la sédition d'Antioche en 387, il écrit et adresse à diverses autorités cinq discours émouvants : à Théodose l'*or.* XIX pour implorer sa clémence et l'*or.* XX pour le remercier du pardon accordé ; aux enquêteurs extraordinaires Caesarios et Ellebichos les *or.* XXI et XXII pour leur expliquer les choses et les remercier de leur modération ; à ses concitoyens l'*or.* XXIII pour leur reprocher leur fuite en masse. Il semble s'être courageusement conduit et avoir réellement cherché, comme Jean Chrysostome, mais avec d'autres arguments, à rassurer les habitants terrorisés [1]. Son titre de préfet honoraire lui permettait de siéger parfois à la curie ou aux côtés de hauts fonctionnaires et l'*or.* XXXII, *sur Thrasydeos*, nous fait comprendre le mécanisme de la désignation des ambassadeurs et les dissensions qui opposaient diverses coteries au sein de la curie. S'il était toujours prêt à prendre la défense des sénateurs, il n'hésite pas à leur reprocher leur pusillanimité, leur mauvaise volonté, leur tendance à fuir les charges et à les rejeter sur les plus faibles, car la curie était dominée par une « maffia » de riches notables, les *principales*, dont il condamne les injustices et les compromissions. En 388 il fustige pour leur inertie ses anciens élèves devenus curiales, *or.* XXXV, et aborde dans les *or.* XLVIII et XLIX, adressées l'une à la curie, l'autre à Théodose lui-même, les difficiles problèmes du recrutement des bouleutes. De tels ouvrages sont des sources indispensables pour l'étude de la vie municipale à Antioche.

Le problème des rapports entre l'État et la cité,

1. *Lib. et la vie munic.*, p. 238-244.

déjà posé à l'époque des Séleucides, est fondamental à ses yeux. Son expérience directe et son respect de l'antique tradition de liberté des cités grecques classiques le conduisent à une théorie de la *basileia*. La monarchie séleucide avait l'avantage d'être hellénique et embellie par le recul du temps. Il faut aujourd'hui s'accommoder de la « chaîne d'or » des Romains et d'un pouvoir impérial beaucoup plus fort et mieux armé. Pour lui, l'empereur idéal est le *princeps* libéral, respectueux des lois et des coutumes, soucieux du bonheur de ses sujets, un Marc Aurèle en somme, qui était précisément le modèle de Julien. S'opposant ici encore à Themistios, triplement coupable d'être philosophe, courtisan et déraciné, il considère que l'empereur n'est ni un dieu ni la loi vivante, mais un magistrat qui recherche la protection et le conseil des Dieux, en étant soumis aux lois [1]. Aucun discours ne rassemble ces idées en un corps de doctrine, mais on les retrouve partout, sans trace d'évolution ni contradiction : sur la vie municipale, la *politeia*, l'exercice du pouvoir impérial, la *basileia*, Libanios est un roc inentamé. Ses discours politiques sont les suivants : l'*or.* XIV, à Julien, pour plaider la cause d'Aristophane de Corinthe, un fonctionnaire victime du régime de Constance ; les autres sont adressés à Théodose et ont dû lui parvenir ou lui être résumés par les amis que Libanios avait à la cour, dont le plus influent était entre 388 et 392 le préfet du prétoire d'Orient Tatianos : *or.* XLV, *sur les prisons*, qui nous révèle le sort lamentable des détenus [2] ; *or.* XLVII, *sur les patronages*, où il s'élève de considérations personnelles (car il en est victime lui-même) à

1. *Lib. et la vie munic.*, p. 194-195 (la basileia de Julien). G. Dagron, *L'empire romain d'Orient au IVe siècle et les traditions politiques de l'hellénisme. Le témoignage de Themistios*, Paris, 1968, p. 127-139.

2. Trad. angl. R. A. Pack, *Studies in Libanius and Antiochene Society under Theodosius*, Ann Arbor (Michigan), 1935.

la critique d'ensemble du patronage militaire en Syrie [1] ; *or.* L, *sur les corvées* (angaries), dans lequel, partant comme toujours d'incidents réels, les abus des gens en place qui imposent des corvées illégales aux paysans venus à la ville vendre leurs produits, il en vient aux plus hautes considérations sur la justice et le droit [2] ; les *or.* LI et LII, sur les visites aux gouverneurs, où il révèle la nocivité des relations d'antichambre, génératrices de faveurs et de passe-droits.

Au temps de Théodose la grande affaire était d'avoir en face de soi de bons administrateurs. Antioche avait le privilège, si l'on peut dire, d'être sous l'autorité de deux grands personnages, le *comes Orientis*, vicaire d'Orient, et le consulaire ou gouverneur de Syrie. Sous Constance et surtout sous Julien, Libanios eut en général de bons rapports avec eux, au point de les fréquenter d'aussi près que ceux dont il devait plus tard critiquer la conduite dans les *or.* LI et LII. Mais sous Théodose, pour diverses raisons, son hypocondrie croissante, la diminution de son crédit personnel sur le plan local, mais aussi les exigences de l'État qui terrorise ses propres agents, la situation devient tendue, et rares sont les gouverneurs qui trouvent grâce à ses yeux, comme on le voit dans le présent ouvrage, et aussi dans plusieurs discours importants : dans les *or.* XXVI et XLI, il donne des conseils au *comes* Icarios et au consulaire Timocratès ; dans les *or.* XXVII, XXVIII, XXIX et peut-être XXXIX, il attaque le même Icarios qui n'a pas tenu compte de ses avis et se montre brutal envers des boulangers et des curiales ; l'*or.* XXVIII est même, fictivement sans doute, adressée à Théodose, afin d'obtenir en haut lieu le rappel du *comes Orientis*, qui survint en

1. L. Harmand, *Libanius. Discours sur les patronages*, Paris, 1955 : texte, trad. et commentaire.
2. Trad. Monnier, *op. cit.*, p. 256-289.

effet. Les autres discours contre les gouverneurs Tisamenos (*or.* XXXIII), Lucianos (LVI), Eustathios (LIV), Severos (LVII) et Florentios (XLVI), tous écrits entre 388 et 392, prennent l'allure de factums d'une extrême violence, au point que leur diffusion semble en certains cas problématique [1]. Mais le fond de sa pensée, même aux bords du délire de la persécution, conserve sa fermeté. De ces textes ressortent les principes d'une déontologie administrative : les représentants de l'empereur dans les provinces sont un mal nécessaire (*or.* LI, 3), mais il faut contrôler leurs agissements et limiter leur pouvoir, leur *exousia*, dans les bornes de la loi la plus stricte [2].

L'intérêt de l'œuvre est donc évident, au delà de l'agacement que produit parfois l'excès de la rhétorique. Mais quelle est sa valeur historique ? On ne peut donner de réponse d'ensemble, tout dépend des circonstances, du contexte, de l'humeur même de l'auteur, et la présente introduction veut simplement aider l'historien dans son travail d'analyse. Libanios est honnête et probe, attaché à quelques idées simples et fortes, et en général, sauf à la fin de sa vie, disposé à faire confiance aux individus. Il est observateur et psychologue jusqu'à la subtilité. Son sens du concret et des situations vécues le préserve des jugements *a priori*. Ses scrupules de curiale immuniste avivent sa passion pour tout ce qui touche à la vie de la cité et par voie de conséquence à la politique impériale. Il est bien informé, grâce à ses multiples relations, sur les hommes et les institutions et même au courant de la science politique et de la législation. En revanche, son tempérament maladif, sa susceptibilité exaspérée

1. Voir mon article : *Recherches sur la publication*, p. 498-509.
2. *Lib. et la vie munic.*, p. 281-284. G. Dagron, *op. cit.*, p. 139-144 (conceptions différentes de Libanios et de Themistios). Cf. P. Petit, *Histoire générale de l'Empire romain*, Paris, 1974, p. 661.

par les chagrins et les déceptions, et aussi sa vanité professionnelle confèrent trop souvent à ses jugements sur les hommes une redoutable subjectivité, même si l'on tient compte de l'exagération familière aux rhéteurs. On doit enfin faire la part de ses intérêts matériels et moraux, puisqu'il est propriétaire foncier, détenteur de biens curiales, professeur glorieux du nombre et de l'illustration de ses élèves, et païen convaincu en un siècle où triomphe le christianisme. Comme on l'a vu, il est réactionnaire au sens étymologique, désireux comme Julien de revenir à ce qu'il croit être le bon vieux temps, antérieur aux réformes de Constantin qu'il déteste et de Dioclétien qui ruina les siens. Enfin sa sollicitude est touchante et sincère, pour les pauvres, les artisans, les boulangers, les paysans brimés, les petites gens victimes de la violence et de l'arbitraire. Son discours XLV, *sur les prisons*, lui fait en ce sens particulièrement honneur, ainsi que l'*or.* L, *sur les corvées*, car dans ces plaidoyers pour des malheureux aucun intérêt personnel ne vient gâter l'expression de sa bonté et de son souci du bien public.

P. P.

BIBLIOGRAPHIE

A) sur Libanios et ses contemporains :

E. Monnier, *Histoire de Libanius. Première partie, examen de ses Mémoires depuis l'époque de sa naissance jusqu'à l'année 355 apr. J.-C.*, Paris, 1866.

G. Sievers, *Das Leben des Libanius*, Berlin, 1868. (= *Das Leben*).

O. Seeck, *Die Briefe des Libanius zeitlich geordnet*, Leipzig 1906 (= *Die Briefe*).

R. Foerster-K. Münscher, *Libanius*, *R. E.*, XII, 2 (1925), col. 2485-2551.

A H. M. Jones-J. R. Martindale-J. Morris, *The Prosopography of the Later Roman Empire*, vol. I (A. D. 260-395), Cambridge, 1971 (= *Prosop.*).

Sur Libanius écrivain, B. Schouler a soutenu récemment une très importante thèse, intitulée *La tradition hellénique chez Libanios*, dont on espère la prochaine publication.

B) sur Antioche :

P. Petit, *Libanius et la vie municipale à Antioche au IVe siècle après J.-C.*, Institut français d'archéologie de Beyrouth, Bibliothèque archéologique et historique, tome LXII, Paris, 1955. (= *Lib. et la vie munic.*).

Id., *Les étudiants de Libanius*, Paris, 1956. (= *Les étudiants*).

Gl. Downey, *A History of Antioch in Syria from Seleucus to the Arab Conquest*, Princeton, 1961 (= *Antioch*).

A. J. Festugière, *Antioche païenne et chrétienne. Libanius, Chrysostome et les moines de Syrie*, B.E.F.A.R., fasc. 194, Paris, 1959 (= *Antioche*).

J. H. W. G. Liebeschuetz, *Antioch, City and Imperial Administration in the Later Roman Empire*, Oxford, 1972.

AUTOBIOGRAPHIE
(Discours 1)

NOTICE

1. L'ŒUVRE ET SA COMPOSITION

Deux grandes parties sont évidentes, bien que la coupure qui les sépare n'ait pas toujours été bien déterminée. Cependant les deux plus récents spécialistes, A. F. Norman et P. Wolf [1] sont d'accord pour distinguer :

a) le *Bios* proprement dit, rédigé d'une seule traite apparemment en 374, l'auteur approchant alors de sa soixantième année (§ 51), et qui prend fin au § 155. Le récit, coupé de digressions nombreuses, suit l'ordre chronologique, malgré quelques menues erreurs, aux §§ 117-118 (sa mère et son oncle sont décédés après Eusebios et Aristénète) et peut-être aux §§ 144-145 (la loi sur l'héritage est légèrement antérieure à l'arrivée de Valens à Antioche). Dans les derniers paragraphes, l'auteur rassemble des faits personnels non datables, des considérations sur son enseignement et une sorte de bilan de sa vie, assez optimiste (§§ 146-155).

b) la seconde partie, du § 156 à la fin (§ 285), beaucoup plus délicate. Elle se distingue du *Bios* propre-

1. A. F. Norman, *Libanius' Autobiography* (*Oration I*) Oxford, 1965. P. Wolf, *Libanius. Autobiographische Schriften*, Zürich-Stuttgart, 1967.

ment dit par un ton plus personnel et passionné, et surtout elle ne fut certainement pas rédigée d'une seule traite. Le problème est précisément de distinguer les différentes additions et d'en rechercher la date. Sur ce point, le travail le plus poussé est celui de A. F. Norman, *op. cit.*, p. XIII-XV (de l'introduction), dont P. Wolf, *op. cit.*, p. 27-29 enregistre les conclusions, après quelques remarques personnelles.

Les additions certaines. Plusieurs coupures permettent d'abord de déterminer des additions évidentes et d'en préciser les critères, en commençant par la plus nette, celle des §§ 155-156, qui procure deux excellents critères : un bilan personnel à la fin du *Bios* proprement dit, et une reprise chronologique, un retour en arrière marqué par l'auteur lui-même, « j'ai oublié de parler... ». Aux §§ 204-205, à une réflexion sur sa situation personnelle succède le récit d'une intervention courageuse en faveur des boulangers, artificiellement relié à ce qui précède : « Et pourtant, même en ces jours de douleur... ». Aux §§ 215-216, après un bilan de son enseignement vient un incident très personnel et une liaison encore artificielle : « L'assistance divine en revanche... ». Aux §§ 234-235, un bilan de la situation des études rhétoriques termine une addition et la suivante commence par le récit d'un fait dont l'auteur marque lui-même l'anachronisme, et cette rupture chronologique est encore soulignée par une liaison artificielle : « Ce sont ces mêmes dieux assurément qui... ». Enfin, aux §§ 250-251, après des observations toutes personnelles (rapports avec ses élèves, incident du caméléon), Libanios reprend l'examen du comportement des autorités d'Antioche. Toutes ces coupures, particulièrement nettes et instructives, ont été repérées par A. F. Norman, et sont certaines. En les examinant avec attention, on en dégagera les critères qui permettront éventuellement d'en repérer d'autres :

— *critères de fond* : la fin d'une addition se manifeste par une sorte de bilan que l'auteur tire soit de sa situation personnelle (§§ 155 et 204), soit de l'état des études rhétoriques (§§ 215 et 234). On le voit aussi passer du récit d'incidents personnels, isolés, non datables, à la critique de l'attitude des autorités en résidence à Antioche (§ 251). D'un point de vue chronologique enfin, on décèle soit des retours en arrière (§ 156), soit des « répétitions » qui sont plus exactement de nouvelles mentions du même personnage avec un décalage chronologique évident, par exemple, maladie de son frère (§ 197) et sa mort (§ 213), gouvernement de Proclos (§ 212) et sa chute (§ 221), et encore méfaits de Sabinos (§§ 190 sqq.) et sa mort, longtemps après (§ 261). De tels détails ne permettent pas de localiser les coupures, mais s'inscrivent évidemment dans des additions écrites à des moments différents.

— *critères de forme* : un anachronisme est souligné (§ 235) ; un « repentir » est indiqué (§ 156). Parfois le lien entre deux passages de ton différent est artificiel (§§ 205, 216, 235). Ces observations nous incitent à pousser plus loin l'examen, à la fois pour éliminer des coupures proposées par A. F. Norman et pour en déceler de nouvelles.

Les additions probables.

Notre prédécesseur aperçoit une coupure aux §§ 181-182 : elle ne semble pas évidente, car on ne discerne aucune rupture chronologique, aucune formule éveillant l'attention, aucun changement dans le ton de l'auteur. Il s'agit d'une suite de faits personnels : le panégyrique manqué d'Hypatios, la mort d'excellents élèves, son accident au pied droit.

Je crois apercevoir en revanche deux coupures nouvelles :

a) aux §§ 162-163, Libanios opère un retour en arrière : après avoir poussé le récit jusqu'en 371 (affaire de Martyrios, § 159, et machinations d'Aetherios qui succéda à Festus dans le gouvernement de la Syrie), il en revient avec l'affaire de Fidelios à l'époque du gouvernement de Festus, dont Fidelios est l'ami et le compatriote, en 365-366, époque de la répression qui a suivi l'usurpation de Procope (§ 163). Ce retour en arrière est l'indice d'une addition.

b) aux §§ 170-171, après la mention des deux Protasios (le vrai et celui qui lui ressemblait), tous deux gouverneurs de Syrie entre l'époque d'Aetherios et l'arrivée de Valens en fin 371, Libanios déclare qu'il « en revient à Valens » (§ 171) et, de fait, il évoque à nouveau la fin du tyran Procope et la mort d'Andronicos en 366 : encore une addition.

A. F. Norman propose une coupure aux §§ 270-271, mais je ne pense pas que l'hommage rendu à la Fortune au § 270 suffise à compenser le fait que le récit se poursuit sans aucune rupture chronologique, Libanios passant directement du gouvernement de Lucianos à celui d'Eustathios, son successeur.

En revanche, je proposerai deux coupures qui me semblent certaines :

a) aux §§ 261-262, une coupure se révèle entre le récit de faits personnels et isolés des §§ 259-261 et la reprise de la critique des gouverneurs. En outre l'auteur revient en arrière, ou plus exactement reprend ses attaques contre le *comes Orientis* anonyme des §§ 255-256, celui qui porte le fer sur les cyprès de Daphné. Je me demande pourquoi A. F. Norman n'a pas vu cette fois de coupure entre ces deux mentions du même personnage, comme il le fait précédemment au sujet de Proclos.

b) une autre coupure chronologique, mais dans les faits cette fois et non pas seulement dans la démarche de l'esprit de l'auteur, se révèle aux §§ 277-278 : après avoir signalé aux §§ 275-277 la mort d'Olympios et son engagement dans les procès d'héritage, Libanios passe immédiatement à la mort de sa compagne, puis à celle, de très peu postérieure, de son fils Cimon. Or, ces deuils surviennent en fin 391, soit environ deux ans et demi après la mort d'Olympios. Le lien entre ces deux sections, assez artificiel, est assuré par la mention qu'en fin 391 les procès issus du testament d'Olympios duraient encore, ce qui n'étonne pas, étant donné l'extrême complexité de cette affaire. Tout se passe comme si Libanios, trop épuisé par ces difficultés sans cesse renaissantes, avait longtemps négligé sa rédaction. Chose curieuse, sa correspondance présente également un trou du même ordre, entre l'*ep.* 914 (fin 388) et l'*ep.* 915 (été 390), malheureusement ces lacunes ne coïncident pas parfaitement, sauf pour la période comprise entre la seconde moitié de 389 et la première moitié de 390. Dans ces conditions, il est difficile d'en tirer des conclusions assurées. Au total, du § 250 à la fin, je distingue trois additions : celle des §§ 251-261, écrite en 388 ; celle des §§ 262-277, écrite en 389 ou 390 ; celle des §§ 278-285, écrite vers le milieu de 393, à l'extrême fin de la vie de Libanios.

3. LES GRANDS THÈMES DE L'AUTOBIOGRAPHIE

La vie de Libanios nous est assez bien connue, non seulement par le présent ouvrage, malgré ses lacunes et ses imprécisions, mais encore par ses autres discours, ses lettres surtout (qui présentent malheu-

2. ANALYSE ET CHRONOLOGIE DE L'ŒUVRE

§§	Principaux événements	Leurs dates	Observations
	a) Le bios.		
1	Introduction : sur sa Fortune.		
2-3	Sa famille.		
4	Mort de son père ; son éducation.	325	
5-7	Sa conversion à la rhétorique.	329	
8	Ses études à Antioche.	329-334	
9-10	Commotion due à la foudre.	334	
11-13	Mort de Panolbios, départ pour Athènes.	336	
14-15	Récit de son voyage.	fin 336	Après novembre (*mare clausum*).
16-24	Séjour à Athènes, ses études.	336-339	
25	Il est pressenti pour enseigner à Athènes.	339	Il est alors âgé de 25 ans.
26	Vente d'une partie de ses biens.	339	
27-30	Voyage jusqu'à Héraclée avec Crispinos.	340 ?	
31-36	Nikoclès lui offre une chaire à Constantinople ; échec.	340	
37-43	Séjour à Cple, luttes oratoires, rivalité avec Bemarchios.	340-341	
44-47	Troubles à Cple, Limenios le chasse.	342-343	
48-50	Son installation à Nicomédie.	344	
51-65	Séjour à Nicomédie, triomphes et amitiés.	344-349	Il approche de sa 60e année (51), il écrit donc en 374.

§§	Principaux événements	Leurs dates	Observations
66-73	Accusation avortée, nouveau triomphe.	id.	
74-75	Il est nommé par Constance à Cple.	349	
76-80	Son séjour peu agréable à Cple.	349-353	
81-85	Il refuse un poste offert à Athènes sur la recommandation de Strategios.	353	
86-92	Premier séjour à Antioche.	été 353	Pendant les congés scolaires.
93-94	Démarches pour revenir à Antioche.	353-354	
95-97	Il revient à Antioche, définitivement, mais au moment des troubles sous Gallus.	été 354	
98-104	Les difficultés de ses débuts, rivalités avec Acacios, mort du gouverneur Theophilos.	354	
105	Mort de son ancien maître Zenobios.	354	
106-108	Ses excellents rapports avec le préfet du prétoire Strategios.	354-358	
109-110	Ses démêlés avec Acacios.	354-358	
111-114	Panégyrique de Strategios, fraude d'Acacios.	358	
115-116	Départ d'Acacios, bons rapports avec Hermogenès, successeur de Strategios.	358	
117-118	Deuils répétés, mort de sa mère et de son oncle Phasganios,	358-359	
	Julien devient empereur.	nov. 361	Légère inversion chronologique.
119-126	Julien séjourne à Antioche, ses rapports avec Libanios.	juillet 362-mars 363	
127-131	Julien consul, discours de Libanios.	1er janvier 363	

§§	Principaux événements	Leurs dates	Observations
132	Départ de Julien pour la Perse.	5 mars 363	
133-134	Campagne perse, mort de Julien.	mars-juin 363	
135	Désespoir de Libanios.	363	
136-137	Il échappe à une tentative d'assassinat sous Jovien.	363-364	Avant février 364.
138	Menacé d'accusation sous Jovien.	363-364	
139-142	Forte attaque de goutte.	juillet 364	Au moment des Jeux Olympiques.
143	Amélioration au bout de quatre ans.	368	
	Guérison presque complète.	371	Dans sa 57e année.
144	Arrivée de Valens à Antioche, Libanios fait son panégyrique.	Après nov. 371	Légère inversion chronologique.
145	Loi sur l'héritage des enfants illégitimes.	16 août 371	
146-147	Mort de nombreux ennemis.	non datable	
148-150	Il perd et retrouve un manuscrit de Thucydide.	non datable	
150-153	Mort de nombreux élèves.	non datable	Depuis l'époque de Constance.
154	Mauvaise situation des études de rhétorique.	non datable	
155	Bilan malgré tout optimiste.		*Ecrit en 374.*

b) LES ADDITIONS.

Addition I

156-157	Attitude de Festus, *cons. Syriae.*	365-366	Retour en arrière.
158-159	Affaire de Martyrios, départ de Festus qui était alors *magister memoriae.*	371	Festus vit encore, donc *addition écrite avant 380.*

§§	Principaux événements	Leurs dates	Observations
160-162	Attitude d'Aetherios, *cons. Syriae.*	entre 366 et 371	C'est le successeur de Festus.

Addition II

§§	Principaux événements	Leurs dates	Observations
163	Fidelios accuse Libanios à propos de l'usurpation de Procope.	366	Retour en arrière.
164-165	Libanios trouve l'appui de Lupicinos.	366-367	Lupicinos est *mag. mil.* attesté de 364 à 367.
166	Rapports avec les deux Archelaos, Lupicinos consul.	367	
167-168	Attitude de Protasios, *cons. Syriae.*	entre 366 et 371	*Addition écrite peu après la précédente.*
169-170	Attitude du second Protasios, *cons. Syriae.*	entre 366 et 371	

Addition III

§§	Principaux événements	Leurs dates	Observations
171	Il en revient à Valens, mort de son ami Andronicos.	366	Retour en arrière, époque de répression après Procope.
171-176	Conjuration dite de Théodore.	371	
177-178	Affaire de mantique : un esclave détenait une lettre compromettante.	entre 371 et 377	Pas de précision sur la date.

§§	Principaux événements	Leurs dates	Observations
179	Défaite d'Andrinople, mort de Valens.	août 378	
179-181	Hypatios préfet de Rome, Libanios est heureusement empêché de faire son panégyrique.	378-379	
182-189	Incidents personnels isolés : blessure au pied droit, mort de deux esclaves, affaire Carterios, mort d'Eusebios.	vers 380	Les Jeux Olympiques de 380 sont mentionnés (§ 184).
190-194	Affaire de Sabinos, curiale odieux.	vers 380-381	
195-196	L'empereur autorise Libanios à faire donation à son fils d'une part de ses biens.	381 ?	*Addition écrite probablement en 382.*
197-204	Maladie de son frère cadet.	Hiver 381-382	Allusion à la bienveillance de Théodose (cf. 196).
204	Sa douleur, allusion à des « honneurs impériaux ».	382 ?	

Addition IV

§§	Principaux événements	Leurs dates	Observations
205-211	Philagrios *comes Or.*, disette et affaire des boulangers.	milieu 382-mars 383	Formule de liaison artificielle (*Notice* ci-dessus p. 5).
212	Proclos *comes Or.*	depuis mars 383	
213	Mort de son frère.	383	
214-215	Mauvaise situation de la rhétorique, bilan de son enseignement.	383	*Addition écrite en 383.*

§§	Principaux événements	Leurs dates	Observations
	Addition V		
216-217	Accident évité : attelage de mules.	383 ?	Pas de date précise ; formule de liaison artificielle.
218	Mort d'élèves excellents.	début de l'hiver 383-384	
219-220	Richomer à Antioche, Libanios nommé préfet du prétoire honoraire ; Richomer reçoit le consulat.	fin 383 1er janvier 384	
221-224	Disgrâce de Proclos, ses rapports avec Libanios.	juin 384	Juste avant les Jeux Olympiques.
225-230	Icarios *comes Or.*, la crise de ravitaillement à Antioche.	juillet 384-début 385	
231-232	Passage à Antioche du préfet Cynegios, panégyrique d'Ellebichos.	385	
233	Pessimisme, famine, peste ; espoirs d'une bonne récolte.	été 385	*L'addition est écrite à ce moment.*
234	Situation difficile des lettres helléniques.	été 385	Aspect de bilan personnel.

§§	Principaux événements	Leurs dates	Observations
	Addition VI		
235-238	Épisode du fou à la pierre.	époque plus ancienne (et en été)	Retour en arrière et liaison artificielle.
239-241	Danger venu d'un sénateur bavard.	hiver 385-386	« Tempête hivernale ».
241-242	Incidents avec les étudiants, les « pactes ».	386	Cf. *or.* XLIII (*De Pactis*).
243-244	Reprise des maux de tête.	386	Après seize ans de rémission, à partir de 371 (§ 143).
243-250	Libanios victime de pratiques magiques, affaire du caméléon.	386	Cf. *or.* XXXVI (*De Veneficiis*) ***Addition écrite en 386***.
	Addition VII		
251	Tisamenos *cons. Syriae*.	386	Fin du récit des incidents personnels, reprise de la critique des autorités.
252-253	Sédition d'Antioche.	février 387	

§§	Principaux événements	Leurs dates	Observations
254	Un *comes Or.* chrétien, des auditoires en partie hostiles.	386-387	Époque de Deinias, *comes Or.*
255-256	Un nouveau *comes Or.* chrétien et ennemi de Libanios (cyprès de Daphné).	début 388	C'est l'Anonyme 61 (Prosop.).
257-258	Ambassade de Thrasydeos.	début 388	
259	Accident évité : les chevaux méchants.	date non précisée	
260	Animosité d'un sophiste d'une cité voisine.	date non précisée	Fin d'une série de faits personnels et isolés ; *addition écrite en 388.*
261	Mort de Sabinos.	date non précisée	

Addition VIII

§§	Principaux événements	Leurs dates	Observations
262-267	Retour au *comes Or.* anonyme (cyprès de Daphné).	388	Nouvelle mention d'un même personnage, sans liaison.
267-268	Bonne période : un *cons. Syr.* juste, une santé améliorée.	388	Peut-être le *cons. Syr.* Jullos.
269-270	Lucianos *cons. Syriae.*	avant mai 388	
271-274	Eustathios *cons. Syr.*	mai 388-mars 389	
275	Mort d'Olympios.	début 389	Avant la fin du gouvernement d'Eustathios.
276-277	Libanios s'engage dans les procès.	milieu 389 env.	*Addition écrite en 389/390.*

§§	Principaux événements	Leurs dates	Observations
	Addition IX		
278	Mort de sa compagne, les procès durent toujours.	vers la fin 391	Forte coupure chronologique.
279-280	Déboires de Cimon, son retour, son accident, sa mort.	Fin 391	
281	Libanios craint de perdre un de ses yeux.	392	Cf. *ep.* 1039, 1051, 1064.
283	Deux mauvais *cons. Syr.*	392-début 393	Le second serait Florentios.
283	Passage du préfet Rufin.	id.	
283-285	Conclusion sur la Fortune et la famine de Constantinople qui est sa vengeance.	milieu 393	*Addition écrite au milieu de 393, et qui semble achevée.*

reusement un important hiatus entre les années 365 et 388) et la notice qu'Eunape lui consacre dans ses *Vies des Sophistes*. Parmi les travaux modernes, celui de G. R. Sievers, quoique ancien, demeure indispensable, ainsi que l'article plus récent de la *Real-Encyklopädie* de Foerster-Münscher. Les éditeurs et traducteurs récents du *Bios* ont placé en tête de leur travail des résumés très brefs auxquels il nous paraît inutile de juxtaposer le nôtre [1]. Il nous a semblé plus utile d'évoquer brièvement les grands thèmes traités dans le présent ouvrage.

Sa vie personnelle. Sa vie privée proprement dite, mis à part les difficultés de sa famille et ses revers de fortune (§§ 2-7) n'occupe qu'une place restreinte. Orphelin tout jeune, à l'âge de onze ans (§ 4), il est très attaché à sa mère (§§ 4, 7, 14, 57, 117) et plein d'admiration et de gratitude pour le cadet de ses oncles, le *principalis* Phasganios (§§ 3, 13, 117). Dans sa jeunesse, Libanios, tout à son amour passionné de la rhétorique, repousse toute idée de mariage (§ 12) avant de partir pour Athènes en 336. Plus tard encore, entre 344 et 349, durant son séjour à Nicomédie, déjà parvenu à l'âge de trente à trente cinq ans, il réplique au père d'une fille à marier que son art lui tient lieu d'épouse (§ 54). Cependant, quand il revient à Antioche, en 354, dans sa quarantième année, il se dispose à épouser sa cousine germaine, la fille de Phasganios, quand elle meurt subitement, ce qui le met au désespoir (§ 95). Par la suite, il ne parle plus de sa vie privée, sinon par des allusions cursives à son fils illégitime Cimon (à partir du

1. G. R. Sievers, *Das Leben des Libanius*, Berlin, 1868. R. Foerster-K. Münscher, *s. v.* Libanius, *Real-Encyklopädie* (Pauly-Wissowa), XII (1925), col. 2485-2551. Cf. P. Petit, *Libanius et la vie municipale à Antioche au IVe siècle apr. J.-C.*, Paris, 1955, *passim*.

§ 145) : nous savons par ses lettres que peu de temps après la mort de sa fiancée il s'est mis en ménage avec une femme de condition servile, dont il loue les qualités (après sa mort), et qui lui donna ce fils unique.

Nous sommes infiniment mieux renseignés sur sa santé que sur sa vie affective. Mettons à part quelques incidents isolés qui sont complaisamment décrits, l'un d'eux dans la première partie, quand il faillit en 353 être éborgné par le fouet d'un cocher (§ 93), et les autres dans la seconde partie : une chute de cheval lui causa une grave blessure au pied droit (§ 183), un incident de circulation fit violemment cabrer sa monture qui faillit se renverser sur lui (§§ 216-217) ; même allant à pied, les chevaux lui portaient malheur, car il échappa de peu aux ruades de « bêtes fauves », attachées sous les portiques (§ 259) ; enfin, un artisan, devenu fou à la suite de ses excès de boisson, le poursuivait d'une haine inexplicable, armé d'une grosse pierre qui l'eût assommé d'un coup, mais les dieux le firent miraculeusement échapper à sa vue (§§ 235-238). Ce sont là de simples faits divers qu'il raconte à la fois pour l'anecdote et surtout pour souligner combien il était sous la protection des dieux.

Mais sa santé lui causa de bien plus graves et constants soucis et il nous expose ses ennuis avec un grand luxe de détails, pour les raisons suivantes : il veut montrer son courage et son amour du métier, car il n'interrompit pour ainsi dire jamais son enseignement, au point de se faire porter au bouleutérion pour enseigner, couché sur un lit de camp, ou de donner ses leçons dans sa chambre (§ 142) ; il porte témoignage de sa piété envers le dieu secourable, le grand Asclépios qu'il fait consulter dans son temple de Cilicie (§ 143) ; il prétend s'identifier ainsi avec l'un de ses modèles préférés, Aelius Aristide, valétudinaire lui aussi et qui expose longuement dans ses *Discours sacrés* ses maladies et les cures qu'il suivait à l'Asclepieion de Pergame [1].

Sa santé fut parfaitement florissante jusqu'à l'âge de vingt ans. Mais en 334 il fut commotionné par la foudre et de ce moment commencèrent des maux de tête qu'il négligea de soigner et qui de ce fait devinrent chroniques (§§ 9-10). Apparurent plus tard, outre ces maux de tête qui parfois s'apaisaient (§§ 24, 51) et des maladies occasionnelles (§ 91), des symptômes plus sérieux, à partir du moment où il chercha à se faire libérer de son poste de Constantinople pour s'installer définitivement à Antioche : violents maux de tête (§ 94) et douleurs dans les reins, avec des vertiges (cf. note au § 94). Dans une lettre contemporaine (*ep.* 473) il note avec humour qu'il se trouve maintenant frappé pour de bon des maux qu'il invoquait auparavant pour obtenir la caution des médecins officiels. Il souffrit ainsi particulièrement entre 354 et 356 et les difficultés de ses débuts à Antioche (§§ 95-103) aggravèrent son état au point qu'il devait se droguer pour éviter, comme nous dirions, la dépression nerveuse (§ 101). Même au temps de Julien, il prétend toujours souffrir de la tête et ne fait qu'un repas par jour, le souper (§ 124). Mais il n'avait pas encore connu le pire : en 364, l'année de ses cinquante ans, la goutte le frappa aux pieds, très brutalement, et il ne devait jamais s'en guérir (§ 139). Sa goutte n'avait pas atténué, à l'étonnement des médecins, ses maux de tête (§ 140), ce qui détermina un état dépressif : angoisses et terreurs, agoraphobie, troubles de la vision, sensation d'étouffement, vertiges, crainte perpétuelle de tomber dans la rue (§ 141). Ainsi ses affections somatiques s'étaient-elles compliquées de troubles psychologiques, qui l'incitaient à ne plus sortir de chez lui et à tenir pour importune la visite d'un

1. A. Boulanger, *Aelius Aristide et la sophistique dans la province d'Asie au IIe siècle de notre ère*, Paris, 1923.

ami. Il redoute par-dessus tout les déplacements et les démarches qui l'arracheraient à sa tranquille existence et à ses chères études (§§ 240, 266). On conçoit que ces crises qui furent violentes pendant quatre ans, de 364 à 367, et s'atténuèrent ensuite de 367 à 371 (§ 143), aient affecté son esprit, d'autant plus qu'il se remettait péniblement du choc affreux de la mort de Julien et connut des heures difficiles sous Valens, lors des procès de magie et de divination menés à partir de 371. De l'agoraphobie on passe aisément à la manie de la persécution et certains de ses écrits tardifs (la fin du *Bios* et les discours contre Tisamenos et Eustathios) montrent qu'il n'en fut pas exempt. Les maux de tête sont signalés par la suite, vers 371 (§ 173), en 380, accompagnés d'insomnies (§ 184). Ils reprennent plus violemment que jamais en 386, seize ans après le soulagement obtenu en 371 (§ 243) : il craint d'avoir des crises devant les étudiants et de perdre la raison. Peu après il se déclare frappé d'inhibition et du dégoût de tout : il refuse d'aller aux bains, de manger, se sent incapable d'écrire et même de prendre la parole. Mais ce sont là, dit-il, les effets des pratiques magiques de ses ennemis, et pour la première fois, semblable à ce mauvais sophiste qu'il raillait en sa jeunesse (§ 71), il mêle à ses soucis de santé la crainte d'être victime de conjurations : après la découverte du caméléon, tout alla mieux (§ 250), ce qui révèle en son comportement le rôle du psychisme et de l'autosuggestion. Deux ans plus tard, en 388, retour de ses maux de tête et de ses terreurs nerveuses, mais un bon devin lui donna la force morale de lutter contre ses angoisses (§ 268). En 391, âgé de 77 ans, frappé par la mort de sa compagne, puis par celle de son fils, il était cloué au lit par la goutte, tout en continuant à enseigner, mais sans pouvoir faire de récitations publiques ; l'excès de ses larmes faillit lui causer la perte d'un œil, mais les astres étaient favorables (§§ 280-281). Il avait été très impressionné, quelques années auparavant, par la mort de son frère, succombant à une hémorragie cérébrale, qui l'avait rendu aveugle (§ 199). Ses dernières lettres écrites en 393, sont désespérées, *ep.* 1082, 1088, 1097, 1104, 1110, et dans la dernière (*ep.* 1112) « la foule de mes maux, dit-il, et le principal d'entre eux (la mort de son fils) me font souhaiter la mort ». Il nous semble donc extrêmement probable que Libanios est mort cette même année, à l'âge de 79 ans, après avoir eu le temps de mettre le point final à la dernière addition de son Journal intime.

Sa vie professionnelle. Elle occupe une très grande place dans cet ouvrage, ce qui est tout naturel. Et d'abord ses études qui se sont poursuivies durant une dizaine d'années, de 329 à 339, à Antioche puis à Athènes, considérée à cette époque comme la « Mecque » de l'enseignement rhétorique, malgré des procédés douteux de recrutement et l'agitation pittoresque des étudiants (§§ 5-24). Libanios se montre travailleur acharné, d'un sérieux irréprochable, souvent sévère dans ses jugements sur les professeurs. Il est au fond un autodidacte qui ne veut être le disciple de personne, sinon des grands anciens dont il s'imprègne à fond, ce qu'Eunape confirme (§ 24, Eun., *Vie*, 3-4). Ayant passé quatre ans à Athènes, il estimait que sa formation ne serait complète qu'au bout de quatre années supplémentaires, mais la Fortune en décida autrement, et elle eut raison (§ 26).

Ce fut alors la période des luttes oratoires pour se faire reconnaître et applaudir, le seul moyen alors, si l'on ne jouit pas de relations bien placées, d'obtenir un poste de professeur, car la concurrence était très forte. Dans ces joutes il remporte de constants succès, dès ses débuts, en écrasant en Macédoine un rival local (§ 29), puis à Constantinople, où il ridiculisa le célèbre Bemarchios (§§ 37-42), à Nicomédie (§ 50), où il prétend que sa réputation vidait Athènes elle-même de ses étudiants, ce qui est exagéré évidemment (§ 53). Après cinq années merveilleuses passées à Nicomédie, il s'installe dans la capitale du Bosphore, s'y plaint de l'inculture de ses auditoires et voit avec chagrin ses étudiants l'abandonner pour d'autres cieux plus propices au travail (§ 76) : de là sans doute, en partie du moins, sa tenace rancune envers la capitale. Ayant refusé une flatteuse, mais périlleuse invitation des autorités d'Athènes (§§ 81-86), il finit par revenir à Antioche, dont il ne bougea plus. Il y fut magnifiquement accueilli et fêté, grâce à l'influence de son oncle, le *principalis* Phasganios, et à ses performances rhétoriques (§§ 86-89). Pourtant il dut engager vivement le fer contre un rival en place, Acacios, soutenu à son tour par un autre *principalis* influent, Euboulos, et il nous détaille avec complaisance les péripéties de ses démêlés avec cet adversaire (§§ 90-91, 101, 109-116). Les lettres de l'époque, fort nombreuses entre 354 et 356, confirment l'exactitude de ses récits. On le pressait cependant de revenir à Constantinople, mais il fit la sourde oreille, tandis que son ancien maître Zenobios, alors sophiste officiel, s'incrustait à son poste et n'en finissait pas de mourir. Devenu enfin sophiste de la ville, installé au bouleutérion, et sa primauté demeurant incontestée, il n'est plus guère question désormais de luttes ni de rivalités, mis à part un épisode où la malignité d'ennemis politiques cherche à lui susciter un compétiteur qu'il ridiculise aisément (§§ 255-256). Pourtant son activité politique lui attire l'inimitié de nombreux gouverneurs et les progrès du christianisme rendent ses auditoires moins réceptifs (§ 254).

Parfaitement conscient de l'évolution de son siècle, il combat activement les adversaires de la rhétorique grecque, soulignant à plusieurs reprises le déclin de l'éloquence littéraire, dès l'époque de Constance (§§ 153-155) et surtout sous Théodose (§§ 214-215, 234). A Constance il reproche la prolifération de ses notaires tachygraphes mais incultes, plus tard il critique les juristes dont la récente fortune incite trop d'étudiants à se rendre à Rome ou à Bérytos pour y apprendre le latin et le droit. Pourtant il conserva jusqu'à la fin une vaste audience, malgré ses déficiences physiques (§ 281).

Son activité « politique ». Elle tient également une grande place, bien que ses idées ne soient guère développées dans son autobiographie : c'est que tout le monde connaissait ses discours politiques [1]. Antioche est une métropole, résidence de plusieurs souverains (Gallus, Julien, Valens), contrôlée constamment par les hauts administrateurs, préfets du prétoire, et surtout *comites Orientis* et *consulares Syriae*, avec lesquels Libanios se trouve fréquemment en rapport ou en conflit. Il s'installa dans sa patrie en 354, au moment même où sévissait le coléreux César Gallus, avec qui il réussit à conserver des relations correctes, mais sans chaleur (§§ 91, 97, 99-101). Sous Julien qui vécut à Antioche de juillet 362 à mars 363, ce fut l'euphorie. Si les premiers contacts furent gâtés par des calomnies qui incitèrent Libanios à se tenir sur une réserve affectée (§§ 120-124), leur amitié fut ensuite sans nuages, malgré ses interventions courageuses en faveur de la *boulè* d'Antioche, lors de la disette (§§ 126-127). Sous Jovien il se tint prudemment à l'écart : en effet ses ennemis qui détestaient en lui l'ami de Julien cherchèrent à le compromettre auprès du nouvel empereur et même à l'assassiner (§§ 136-138). Il se montra

1. P. Petit, *op. cit.*, p. 17-21 et *passim*.

encore plus réservé sous Valens qui séjourna dans la ville de novembre 371 à la fin de 377. Il lui fut cependant reconnaissant d'avoir entériné une loi de son frère et collègue Valentinien sur l'héritage des enfants illégitimes (§ 145) et prononça en sa présence un très long panégyrique que tronqua perfidement la malignité de ses ennemis (§ 144). Mais Valens, de caractère soupçonneux, était hanté par la peur des complots fondés sur la divination et la magie, et Libanios fut compromis à plusieurs reprises, notamment lors de la conjuration dite de Théodore (§§ 171-177). Il admire que parmi un si grand nombre de lettres saisies par la police, aucune des siennes ne figurât (§ 175), mais il s'empressa de détruire ses livres de copies, d'où le fâcheux hiatus que présente sa correspondance entre 365 (époque de la révolte de Procope à laquelle on voulut le mêler, §§ 163-165) et 388 (où l'arrivée aux affaires de son ami païen, le préfet du prétoire Tatianos, dut le rassurer). Quant à Théodose qui ne vint jamais à Antioche, Libanios ne le connut point personnellement. Il en reçut des honneurs, comme le titre de préfet du prétoire honoraire (allusion § 219), une confirmation de la donation faite à son fils (§ 196), une lettre bienveillante (§ 258). A Constantinople on faisait parfois son éloge devant l'empereur (§§ 258, 282). De son côté il admire la clémence de Théodose dans une affaire obscure (§ 241). En fait, quand on songe aux grands discours qu'il lui adressa, en faveur des temples, des emprisonnés, des curies et contre les patronages ou les réquisitions illégales, avec des prises de position critiques et courageuses sur des problèmes d'intérêt général, on demeure surpris de n'en voir aucune trace dans l'autobiographie.

Envers les autorités impériales en résidence à Antioche son attitude n'est jamais indifférente. Rares sont ceux qu'il déclare ne point fréquenter, ce qui est une façon de les condamner, tels Festus (§ 158), Protasios (§ 168), Proclos (§§ 212, 223 : mais ici Libanios nous trompe !), Eutropios, Florentios (§ 282). Parmi ceux qu'il fréquenta, il distingue sans trop nuancer les bons gouverneurs, plus nombreux dans la première partie, et les mauvais, qui abondent dans les additions plus tardives. Sous Constance il entretint apparemment de très bonnes relations avec Strategios, préfet du prétoire à Antioche de 354 à 358 (§§ 106-109) et son successeur Hermogenès (§§ 115-116). Sous Julien, l'empereur semble ici compter seul pour lui, bien que la correspondance nous fasse connaître ses rapports amicaux avec le préfet Salutius Secundus et le consulaire de Syrie Alexandre. Sous Valens, les fonctionnaires en poste à Antioche sont tous détestables (§§ 157-170), mais il ne parle jamais du plus important d'entre eux, le préfet du prétoire Modestos, qu'il avait pourtant sous Constance fréquenté assidûment, quand il était *comes Orientis* : il est vrai que Modestos, deux fois apostat, instrumenta férocement contre les intellectuels païens durant sa préfecture, de 371 à 377. De nouveaux renseignements apparaissent au début du règne de Théodose, à partir de 382 : Philagrios fut un bon *comes Orientis*, qui eut le tort de se laisser entraîner par démagogie à sévir contre les boulangers (§§ 206-210) ; Marcellinos et Pelagios furent d'excellents consulaires, qu'il se borne à citer (§ 211). Proclos, lui, fut un *comes* exécrable (§§ 212, 221-224) et son successeur Icarios eut au moins le mérite, d'après l'autobiographie du moins, d'écouter les conseils de Libanios (§ 225). Après 386, tous les consulaires de Syrie, sauf Jullos (§ 267 : identification douteuse), sont détestables, notamment Tisamenos (§ 251), Lucianos (§§ 269-270), Eustathios (§§ 271-274), Eutropios et Florentios (§ 282). Quant aux *comites Orientis*, s'il ne parle guère de Deinias (§§ 251, 254 peut-être), il est très hostile à un inconnu, l'Anonyme 61 de la *Prosopographie* de Jones-Martindale-Morris, qui voulut s'en prendre aux cyprès du sanctuaire de Daphné (§§ 255, 262, 264-267). On en retire l'impression qu'avec l'âge et les infirmités Libanios devenait plus sévère, aigri peut-être d'avoir perdu son influence d'autrefois.

Il ne craint pas de nous entretenir longuement des accusations dont il fut la victime, toujours innocente à le lire, et dont il se tira finalement indemne grâce au secours de la Fortune ou des dieux. Il fut accusé d'opposition malveillante sous Jovien (§ 138), de collusion avec les « tyrans » (usurpateurs) Procope (§§ 163-165) et Maxime (§§ 265-273). On voulut le mêler à la conspiration de Théodore (§ 172). A deux reprises, la mort providentielle d'un ami et d'un secrétaire fit avorter des actions dangereuses (§§ 173-174, 240). Il faillit être convaincu d'avoir consulté un devin (à des fins médicales), ce qui était au temps de Valens un crime capital (§§ 177-178). Il fut exposé enfin à plusieurs accusations de magie noire, à l'instigation de rivaux malheureux qui attribuaient leurs défaites à ces pratiques redoutées (§§ 43, 62-69, 98-99), et une fois par un ennemi personnel (§ 194) : deux de ces affaires auraient pu mal tourner, car on l'accusait de conserver à des fins maléfiques des têtes coupées (§§ 98, 194). Malgré ses dénégations, on le voit s'adonner à la mantique et consulter à plusieurs reprises des devins et des astrologues, car nous le prenons en flagrant délit dans les additions écrites après la fin du règne dangereux de Valens (*infra*).

Il ne manque pas davantage de nous informer de ses interventions auprès des autorités. Toujours désintéressées à l'entendre, et c'est vrai en général, elles lui procurent auprès de ses élèves, de ses amis et de ses concitoyens une réputation dont il s'enorgueillit, au point de se considérer parfois comme le sauveur de la cité. Ses interventions publiques, plus risquées car il paie de sa personne, sont aussi les plus glorieuses : sous Julien il défend la *boulè* accusée de faire monter les prix et de contrecarrer la politique de l'empereur, et, malgré les courtisans qui le menacent, il affirme avoir eu gain de cause (§ 126). Sous Théodose, au temps de la disette, il met un terme au supplice des boulangers fouettés par Philagrios, et cela au péril de sa vie, devant la foule déchaînée (§§ 208-210). Un peu plus tard, sous Icarios, il obtient le retour de ces mêmes boulangers, qui avaient fui dans la montagne, évitant ainsi la famine à ses concitoyens dont il est le bienfaiteur (§§ 226-227). La situation s'étant de nouveau détériorée, il reconnaît pour une fois que la Fortune seule y porta remède, « sans aucune intervention de ma part » (§ 230), ce qui atteste à la fois sa sincérité et sa conscience d'avoir été précédemment l'instrument de sa divinité protectrice.

Le plus souvent cependant, il intervient à titre privé, en utilisant la faveur ou l'amitié de tel ou tel gouverneur. Au temps de Strategios, il passe ses journées au travail et ses soirées auprès du préfet, les poches pleines de requêtes auxquelles ce dernier donne volontiers son agrément, si elles sont conformes à la justice et aux lois (§§ 106-108). Il agit de même auprès de Julien, sans rien demander pour lui, mais œuvrant en faveur des lettres helléniques et des fonctionnaires persécutés sous Constance, tel Aristophane de Corinthe (§ 125). Il conseille Icarios qui l'écoute comme un père, mais sans donner de détails précis (§ 225). Auprès d'un gouverneur inconnu il insiste avec succès pour faire libérer des fils de bouleutes retenus en prison, on ne sait pourquoi (§ 232). En revanche, il échoue auprès de Tisamenos (§ 251), du *comes Orientis* anonyme (§§ 255, 262) et auprès d'Eustathios qui le rabroue vertement (§ 272).

Il évoque enfin, mais avec discrétion, son activité clandestine d'opposant, au temps de Jovien (§ 138), puis sous Proclos, contre lequel il compose des écrits virulents récités dans des réunions privées, des « *syllogoi* » (§§ 223-224), et encore à l'époque du consulaire Lucianos (§ 269), contre lequel il semble avoir écrit en outre un rapport accusateur (*or.* LVII) qui confirme les indications du *Bios*.

Le thème de la Fortune. Les manuscrits donnent à cet ouvrage le titre de « *Vie du sophiste Libanios ou Sur sa propre Fortune* ». Ce thème, choisi tout naturellement par un Antiochéen dont la cité honorait particulièrement cette divinité, a été traité assez récemment par P. Wolf et A. F. Norman [1], ce qui nous permet d'être bref. Le nom même de la divinité figure un grand nombre de fois dans le cours de l'ouvrage, à peu près également réparti entre la première partie, rédigée en 374, et les additions postérieures, au total à une quarantaine de reprises. Sans doute est-elle parfois considérée comme le symbole du hasard, bon ou mauvais, mais sans intention particulière, somme toute dans son acception populaire. Cependant, chemin faisant, une évolution se fait sentir : au début, il envisage de tracer le bilan de ses interventions afin de montrer que son sort fut celui de la plupart des mortels, une alternance de bonnes choses et de mauvaises, ce qui l'autorise à dire qu'il ne fut ni le plus heureux ni le plus malheureux des hommes (§ 1). Son propos initial est donc de faire le départ entre le bon et le mauvais, et aussi, ce qui plaît à ce sophiste d'esprit délié et même subtil, de souligner que d'un mal apparent un bien était quelquefois sorti, comme si la Fortune était une divinité facétieuse dont les intentions profondes sollicitent la réflexion et doivent être mises à l'épreuve, en une sorte d'enquête judi-

1. A. F. Norman, *op. cit.*, p. XVIII-XX. P. Wolf, *op. cit.* p. 25-27.

ciaire (§ 73). Cette présentation en forme de bilan est très nette au début de l'ouvrage, § 3 (heurs et malheurs de sa famille), 6 (le malheur d'être orphelin lui valut la joie d'obéir à sa vocation), 8 (il eut à ses débuts la chance d'avoir un bon maître, mais la malchance de le perdre au moment où il aurait pu profiter mieux de ses leçons), 13-14 (la mort de son oncle Panolbios lui ouvrit les portes de la maison), 18-20 (considérations alambiquées sur son arrivée à Athènes : en l'empêchant de s'inscrire auprès du professeur de son choix on le libère des obligations périlleuses qui incombaient aux chefs de « *choros* »). Par la suite, l'emploi de ce procédé rhétorique se raréfie : §§ 72-73 (une accusation stupide tourne à son avantage en lui procurant une puissante amitié), § 78 (en le retenant loin de Nicomédie, la Fortune lui permet d'échapper à la catastrophe de 358) et enfin § 155 (prosopopée de la Fortune : si elle ne lui a pas ménagé les obstacles, elle lui a accordé des compensations qui rétablissent largement l'équilibre). Ainsi la première partie demeure dans l'ensemble et jusqu'au bout fidèle au propos liminaire de l'auteur.

Dans les additions, ce thème de l'alternance des dons de la Fortune n'est plus qu'esquissé aux §§ 181-182 (malheurs apparents et malheurs réels) et 279 (les malheurs de Cimon ne sont pas compensés par le dévouement de ceux qui l'assistèrent, car il mourut). Ici la Fortune apparaît plutôt comme l' « ange gardien » de Libanios (cf. P. Wolf, *op. cit.*, p. 27), elle le console et le protège. Mais les autres dieux sont mentionnés désormais aussi souvent qu'elle-même, vers la fin surtout : §§ 259, 260 (les dieux), 266 (la Fortune et les dieux), 270 (Zeus, puis la Fortune), 273 (les dieux), 274 (Hermès), 281 (Arès et les astres). On peut en conclure que la première partie, ordonnée autour de son thème directeur, constitue une « *dialexis* » rhétorique, illustrée d'exemples pris dans l'existence même de l'auteur [1]. Dans les additions, le thème initial disparaît, et la *dialexis* se mue en une sorte de « Journal intime », ce qui n'est pas sans conséquences pour l'étude de la diffusion et, partant, de la véracité de l'œuvre.

4. LA DIFFUSION DE L'AUTOBIOGRAPHIE

Dans l'antiquité un ouvrage quel qu'il soit ne peut être connu que par des copies manuscrites, ce qui autorise pour l'œuvre de Libanios les trois possibilités suivantes [2] : 1° une vaste diffusion, procurée par un grand nombre de copies et leur envoi à des amis qui se chargeront à leur tour de les multiplier : tels sont les panégyriques et les discours d'apparat (cf. § 72 et surtout 113), récités d'abord devant un auditoire vaste et enthousiaste ; 2° une diffusion contrôlée, pour des compositions d'intérêt plus restreint, de portée politique (par exemple les discours théodosiens [3]), et relativement compromettantes : elles sont récitées devant un auditoire sélectionné d'amis et de partisans, et l'auteur n'en confie la copie qu'à des personnes de confiance, avec la consigne de la garder pour soi ; certains textes de Libanios sont à cet égard tout à fait probants [4] ; 3° reste enfin, tout simplement, le tiroir, où est enfouie l'élucubration très personnelle, qui ne doit connaître aucune publicité du vivant de l'auteur, ce qui n'a pas empêché quelque secrétaire ou exécuteur testamentaire de

1. B. Schouler, *Libanios. Discours moraux*, Paris, 1973, p. 22-37.
2. P. Petit, « Recherches sur la publication et la diffusion des discours de Libanius », *Historia*, V, 1956, p. 479-509.
3. Id., *ibid.*, p. 495-508.
4. Id., *ibid.*, p. 486-490.

l'insérer parmi les autres manuscrits après sa mort.

L'autobiographie de Libanios, pour sa première partie écrite en 374, a bénéficié d'une diffusion contrôlée. Elle n'appartient pas à un genre promis à une grande diffusion, car elle est trop personnelle et chargée d'incidents ou de récits qui ne peuvent intéresser que le cercle restreint de ses amis. Un détail montre que le public l'ignora : en 381, dans l'*or.* II, 14-15, Libanios affirme qu'il ne s'est jamais vanté auprès de ses concitoyens de ses succès professionnels, qui sont pourtant décrits tout au long dans cette première partie du *Bios* [1]. Seuls ses intimes en avaient eu connaissance. A plusieurs reprises du reste, il suggère la présence d'un auditoire : soit par l'exclamation « Messieurs », ὦ ἄνδρες (§§ 19 et 141), soit par une tournure attestant la présence de gens assis en face de lui (§§ 12, 18, 23, 31, 148, 154). Cette composition a donc été récitée dans une de ces réunions privées qu'il appelle des « *syllogoi* » (§ 223) où ses amis avaient l'exclusivité de ses libelles contre Jovien (§ 138 : allusion voilée), contre le *comes* Proclos (§ 223) ou le consulaire Lucianos (§ 269). Aucune copie n'en était sans doute distribuée ; si au dehors quelque chose en transpirait, c'était à la suite d'indiscrétions purement orales, et l'absence de preuve écrite assurait à l'auteur une relative sécurité, non sans lui valoir pourtant de solides inimitiés : Jovien connut l'existence de « discours écrits sur son caractère », et il ne put sévir de peur que l'exécution de Libanios ne fît sortir ces libelles de leur cachette (§ 138) ; un fonctionnaire de Valens proposa de perquisitionner chez Libanios pour y trouver un panégyrique de l'usurpateur Procope, dont le sophiste nie d'ailleurs l'existence (§ 163) ; il acquit sous Lucianos la réputation de « fabriquer et répandre au dehors des fables » inconsistantes sur le

1. Id., *ibid.*, p. 489.

gouverneur (§ 269). Mais il n'y avait pas de preuve écrite, et l'on n'osait pas perquisitionner sans de solides raisons chez un notable aussi prestigieux. Malgré tout, Libanios demeure assez prudent : Valens n'est pas vraiment attaqué dans cette première partie, et le récit des machinations de ses fonctionnaires n'est entrepris que dans les additions (§§ 156 et sqq.). Quant aux accusations de magie, elles étaient d'une telle stupidité et d'une telle invraisemblance qu'elles pouvaient être mentionnées sans danger (§§ 43, 50, 62, 68, 71, 98), d'autant plus qu'elles remontaient à l'époque de Constance et du César Gallus.

La seconde partie du *Bios*, composée des additions, présente des caractères bien différents. Le thème initial, on l'a vu, s'y perd graduellement, pour disparaître tout à fait à la fin. On n'y découvre aucune allusion à un auditoire, même restreint. Plusieurs accusations y sont mentionnées, qui auraient pu être dangereuses au temps de Valens et même de Théodose (§§ 158, 162, 194). Libanios y reconnaît très clairement qu'il a usé de la mantique, bien que ce fût extrêmement dangereux, pour guérir ses maux de tête (§ 173), ou ses crises nerveuses (§§ 244, 268 : un bon devin, 281 : astrologie). Il expose le péril qu'il courut en demandant un remède à quelqu'un qui pratiquait la divination par les oiseaux, à un moment où Valens était furieux de n'avoir encore pu le prendre en défaut (§§ 177-178). Même écrits après 378 (mort de Valens), de tels aveux eussent certainement indisposé Théodose et les milieux chrétiens de la cour, s'ils en avaient eu connaissance.

Les additions d'autre part sont lourdes de charges très violentes contre les fonctionnaires de Théodose : bien que l'empereur lui-même soit ménagé, la plupart de ces gouverneurs étaient encore vivants et influents. Enfin, les dernières pages révèlent chez l'auteur un égocentrisme parfois délirant, notamment après la mort de Cimon : dans les ultimes paragraphes (§§ 283-285), il se considère comme un *vates* outragé, un nouveau Chrysès, et se persuade que la terrible famine qui ravage Constantinople depuis quatre mois est l'expression de la vengeance voulue spécialement par les dieux pour le satisfaire. Il est peu probable que de telles divagations aient pu être lues même à un cercle très restreint d'amis ; en outre la plupart de ses intimes ont disparu, les autres ne sont plus de sa génération et ne partageraient guère ses passions. Nous estimons donc que les additions de la seconde partie composent un « journal intime » qu'il rédigea pour la consolation de son esprit ébranlé par la douleur, et qu'il n'eut jamais l'intention de faire connaître. Trouvées après sa mort, survenue à notre avis très peu de temps après la rédaction des derniers paragraphes, ces notes furent jointes au *Bios* proprement dit, soit par un pieux scrupule, soit par inadvertance.

Dans ces conditions, et sachant que la véracité d'un ouvrage est en raison directe de l'ampleur de sa diffusion, quel est le crédit que l'on peut attribuer à cette autobiographie ? Compte tenu du caractère très personnel de cet ouvrage, nous ne disposons guère de critères extérieurs, sauf la *Vie* écrite par Eunape, qui, malgré quelque malveillance, confirme ce qu'il nous dit de ses études et du déroulement de sa carrière, mais sans entrer dans le détail. Selon certains bruits qu'il rapporte, Libanios aurait dû quitter Constantinople à la suite d'une affaire de mœurs, mais cette accusation — qui ne se trouve naturellement pas dans le *Bios* — n'était qu'une calomnie, selon Eunape (*Vie*, § 6). Nous avons recherché dans l'œuvre même de Libanios ce qui pourrait confirmer ou contredire les allégations du *Bios* : il s'agit de ses nombreux discours et surtout de ses lettres contemporaines des faits, mais fâcheusement détruites entre 365 et 388.

Les notes de cette édition permettront au lecteur de se faire une opinion, mais voici la nôtre : beaucoup de ses dires sont confirmés, par exemple aux §§ 25, 44, 47, 98, 124, 166, etc. En sens inverse, on ne peut pratiquement le prendre en flagrant délit de mensonge délibéré, sauf une fois sans doute (*infra*). Tout au plus rencontre-t-on des traces de contradictions internes. Il serait imprudent d'invoquer le défaut de sa mémoire, car, comme celle de tous les sophistes, elle était excellente et très exercée, et d'autre part il pouvait consulter ses propres discours et les lettres conservées dans ses livres de copies. Ces divergences proviennent de décalages chronologiques ou révèlent des intentions différentes : par exemple, à propos de la vente de ses biens (§§ 27 et 58), de sa nomination à Athènes qui semble provenir davantage de l'intervention de son condisciple Celsos que des objurgations de Strategios (§ 82), de l'influence que ses discours eurent sur Julien lors de la disette d'Antioche (§ 126 : l'*ep.* 824 montre qu'il n'a pas convaincu l'empereur du bien-fondé de la conduite des bouleutes). Les tremblements de terre qui selon lui annoncèrent la mort de Julien ne se sont pas produits en 363 mais seulement en 365 (§ 134 : les faits sont « télescopés » par souci hagiographique). En affirmant qu'il ne perdait jamais son temps auprès du *comes Orientis* Proclos et ne se rendit jamais chez lui (§§ 212, 223), il se trompe ou veut nous tromper, car ses discours montrent qu'il s'adressa à lui à plusieurs reprises (*or.* X : à propos du Plèthre) et les lettres sont nombreuses qu'il lui fit parvenir : mais il s'agit alors d'une époque postérieure, lorsque Proclos était préfet de Constantinople, de 388 à 392. Lors de la rédaction des additions IV et V, en 383 et 385, Libanios lui était violemment hostile et ne se rapprocha de lui que plus tard, quand son père Tatianos devint préfet du prétoire et lui-même préfet de la ville : il ne s'agit donc pas en ce cas précis de mensonges, mais de sincérités successives [1]. De même est-il très fier de passer ses soirées auprès de Strategios (§§ 107-108) en 354-358, alors que plus tard, vers 388, son influence étant bien tombée, il écrivit contre le principe même de ces visites aux autorités les excellents discours LI et LII, où il cherche du reste, non sans embarras, à justifier sa conduite d'autrefois (*or.* LI, 29-32 et LII, 39-45) [2].

Il serait plus aisé de lui reprocher des omissions significatives : il ne parle pas de ses brouilles avec Strategios, que ses lettres laissent apercevoir (note au § 108) ; il n'insiste pas sur les difficultés que Julien rencontra à Antioche (§ 131), non seulement auprès de la curie, mais aussi auprès de la population, ainsi qu'en témoignent à la fois le *Misopogon* de Julien et ses propres discours XV et XVI. Au § 225, il fait l'éloge d'Icarios et ne lui reproche en ce qui concerne les boulangers qu'une « mauvaise inspiration » (§ 228), alors que les discours XXVII et XXVIII sont très sévères à son égard : c'est que dans le *Bios* il insiste avec complaisance sur son propre rôle, surtout quand il réussit, alors qu'il dissimule ses échecs. Quant à ses grands discours théodosiens, si remarquables de lucidité et de courage, ils datent de la fin de sa vie, et à ce moment ne peuvent guère trouver place dans un journal intime : au reste, leur succès demeure extrêmement douteux et de toute façon n'eût pas été spectaculaire.

Au total, si l'autobiographie ne semble pas présenter d'erreurs graves ni de mensonges délibérés, elle est remarquable par le ton extraordinairement subjectif et le choix d'une matière étroitement adaptée

1. On peut noter que l'addition V, où les critiques contre Proclos sont les plus virulentes, fut écrite en 385, c'est-à-dire au temps de la disgrâce de Proclos, démis de son poste de *comes Orientis* en juin 384 et qui ne devient *comes sacrarum largitionum* qu'en mai 386.

2. P. Petit, Recherches..., p. 505-507.

aux intentions de l'auteur : dans la première partie, faire le bilan, autour d'un thème rhétorique, des événements de sa vie, heureux et malheureux ; dans la seconde, rédiger pour sa consolation personnelle une sorte de Journal intime, où les perspectives sont sensiblement faussées par le chagrin, les maladies et le délire de la persécution.

P. P.

5. LA TRADITION MANUSCRITE

Quand nous avons décidé, Paul Petit et moi, de nous associer pour mettre en chantier une nouvelle édition du *Discours* 1 de Libanios, je croyais que ma tâche, qui était essentiellement d'établir le texte, serait à la fois ingrate et facile, puisque l'édition de Foerster passait pour définitive. Peut-être les philologues n'échappent-ils pas à la tentation de considérer comme définitifs les travaux qu'ils n'ont pas envie de refaire. Or l'œuvre de Libanios est abondante et les manuscrits en sont nombreux. Quoi qu'il en soit, on pouvait être intimidé au départ, non seulement par l'aspect imposant de l'œuvre de Foerster en elle-même, mais par la déclaration liminaire du seul savant qui ait depuis 1903 réédité l'*Autobiographie*, à savoir Norman : « Foerster's detailed examination of the manuscripts has rendered any further assessment superfluous ». Et Bernard Schouler, en tête de son édition des Discours 6, 7, 8 et 25, écrit à son tour [1] : « L'édition de R. Foerster... ne laisse guère le champ libre à de nouvelles investigations ».

1. B. Schouler, *Libanios, Discours moraux, Introduction, texte et traduction*, Paris, Les Belles Lettres, 1973.

Certes mon intention n'a jamais été d'imiter Norman, qui s'était contenté de puiser chez son prédécesseur toute la substance de son propre apparat critique, sans jamais recourir aux manuscrits ; car il y a, malgré les apparences, plus de rigueur scientifique à supprimer tout apparat qu'à reproduire en l'allégeant celui d'autrui. Mais je me préparais, sans trop de joie je l'avoue, à revoir les manuscrits sélectionnés par Foerster afin de corriger ses inexactitudes éventuelles, et surtout à rédiger un apparat plus conforme aux exigences actuelles ; celui de Foerster est en effet négatif [1]. Dans cet esprit je collationnai les manuscrits ACPBVL, et je confectionnai un premier état de l'apparat pour une cinquantaine de paragraphes. Mais bientôt je me rendis compte qu'il y avait bien des questions à reprendre. On voyait bien à l'usage que depuis l'époque où Foerster parcourait l'Italie à la recherche de ses manuscrits, plus d'un siècle s'était écoulé.

Très vite j'avais été intrigué par un fait curieux. Les deux manuscrits les plus vénérables, A et C, sont composites. Mutilés tous deux, ils ont été tous deux complétés au XIVe siècle. Or Foerster, tout au long des quatre volumes de son édition des *Discours*, les traite l'un et l'autre comme deux entités homogènes. Pour l'*Autobiographie* en particulier, la plus grande partie du texte est dans A l'œuvre du copiste récent, qui a remplacé les folios anciens perdus, et ceci à partir d'une source qu'il aurait fallu déterminer. Il s'agit en fait de deux manuscrits différents. Mais pour Foerster A est un, et il l'utilise toujours comme

1. Comme il le dit lui-même t. III, p. XVII, *non adnotantur nisi quae a textu recepto discrepant*. Le *textus receptus* est d'ailleurs celui de Reiske, et non le sien propre ; de là certaines formules insolites de l'apparat critique, comme par exemple « ἐν βασιλείοις δυνατῶν scripsi e VL □ δυνατῶν ἐν βασιλείοις ACPB edd. »

s'il avait partout la même généalogie et la même valeur.

D'autre part l'arbre généalogique des manuscrits du Βίος, tel qu'il l'avait construit, appelait immédiatement deux observations : il paraissait bien compliqué, avec tous ces intermédiaires perdus, et il ne justifiait pas à première vue le choix des manuscrits sur lesquels se fonde l'éditeur pour établir son texte. Je crois utile de reproduire ici ce stemma, non par esprit de vaine polémique, mais parce qu'il résume l'état de la question au moment où j'ai entrepris mon étude. D'ailleurs le Βίος n'est pas seul en jeu. L'image générale de l'histoire du texte des *Discours*, telle que la conçoit Foerster, est ici préfigurée pour l'essentiel.

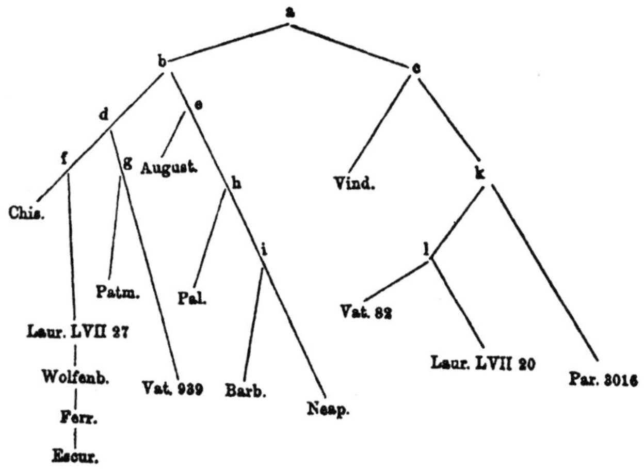

Ce schéma comporte une lacune, Foerster n'ayant connu le *Vallicellanus* qu'au moment de mettre sous presse. Il le déclara proche parent du *Laurentianus* LVII 20.

Il avait sélectionné pour son édition six manuscrits : *Augustanus* (A), *Chisianus* (C), *Palatinus* (P), *Barberinianus* (B), *Laurentianus* LVII 20 (L) et *Vindobonensis* (V). S'il élimine le *Laurentianus* LVII 27, le *Patmiacus*, le *Vaticanus* 939, le *Neapolitanus*, le *Vaticanus* 82 et le *Parisinus* 3016, qui à première vue sont d'après ce stemma aussi nobles que d'autres, c'est parce qu'il les juge *temeritate et levitate librariorum nimis depravati*, mais il n'étaye d'aucun argument ce jugement catégorique, si ce n'est, à la page 71, d'une collation de l'ensemble des manuscrits pour les treize premières lignes du Βίος, ce qui est bien court ; cette collation contient d'ailleurs plusieurs erreurs. Notre apparat montrera, par exemple, que le *Vaticanus* 82 n'est pas plus corrompu que son frère jumeau le *Laurentianus* LVII 20. En fait Foerster ne connaît les manuscrits qu'il rejette que par des sondages superficiels. Il est juste toutefois de rappeler qu'il se réservait d'étudier l'ensemble de la tradition manuscrite dans un volume final de synthèse qu'il n'a pas eu le temps de publier.

Faut-il préciser maintenant que si la pratique presque quotidienne de l'édition Foerster pendant plus de trois ans m'a permis de fixer les limites de ses apports, elle m'a permis aussi d'en mesurer et d'en admirer l'étendue véritable, qui est énorme ? Comme toujours, le mérite de cette grande œuvre n'est pas d'être définitive, mais d'avoir fourni une base indispensable à tout progrès futur. Les manuscrits sont parfois mal datés, mal classés, et leurs leçons ne sont pas toujours reportées avec exactitude. Mais l'appréciation formulée par Alphonse Dain en 1949 [1] reste juste : « l'édition de Libanius par Foerster... témoigne d'un effort extraordinaire pour faire con-

1. A. Dain, *Les manuscrits*, Paris, Les Belles Lettres, 3e édition 1975, p. 168.

naître toute l'histoire de la tradition ». Le meilleur hommage que l'on puisse rendre à cet effort, c'est de tenter de le poursuivre.

*
* *

Les œuvres de Libanios se divisent en trois grands groupes principaux, *Discours* ou Λόγοι, *Déclamations* et *Progymnasmata* (Μελέται) et *correspondance* ('Επιστολαί), qui nous ont été transmis, au moins jusqu'à l'époque de nos manuscrits les plus anciens, c'est-à-dire aux xe et xie siècles, par trois traditions séparées ; peut-être serait-il plus juste de dire en trois volumes distincts, issus d'un même travail d'ensemble.

Le Βίος que nous éditons aujourd'hui fait partie des Λόγοι, et il a été placé en tête de la collection. Un ordre commun de succession des discours nous est présenté par les deux manuscrits les plus anciens, le *Chisianus* et l'*Augustanus*, et aussi partiellement par le *Vindobonensis*. On peut penser que c'est l'ordre primitif du corpus. Plus tard on a tiré de ce corpus des choix divers, et les copistes qui ont voulu reconstituer ensuite des ensembles complets en regroupant ces différents choix ont abouti à des ordres de succession très variés. A lui seul l'examen de ces successions différentes permet de déterminer des familles. On ne trouve à cet égard chez Foerster, qui pourtant donne le contenu détaillé de tous les manuscrits, que des observations partielles et intermittentes.

La distinction, constamment opérée par Foerster, entre manuscrits du corpus (*corporales*) et manuscrits des choix (*eclogarii*) n'est pas fondamentale. Tel exemplaire qui ne contient que quelques discours peut avoir avec les archétypes des relations directes, alors qu'un manuscrit complet comme le *Barberinia-*

nus B n'est qu'une somme récente de sélections hétérogènes.

Plus de cent-soixante manuscrits nous ont transmis des séries diverses de *Discours* de Libanios. Seize seulement d'entre eux contiennent l'*Autobiographie.* Encore l'un d'eux n'est-il qu'une copie de l'édition princeps.

*
* *

Le Chisianus. Le manuscrit C, *Chisianus* 35 (R VI 43) faisait partie de la collection du pape Pie II, Enea Silvio Piccolomini, pape de 1458 à 1464, et il est de ceux qui ont séjourné, à partir de 1503, dans la belle *libreria* du dôme de Sienne. Apporté avec d'autres au palais Chigi à Rome par Fabio Chigi, pape Alexandre VII de 1655 à 1667, il entre au Vatican en 1923, avec l'ensemble de la Biblioteca Chigiana. C'est un volume de parchemin (275/280 × 205 mm environ), plusieurs fois mutilé, complété, corrigé. La partie la plus ancienne est du xe ou du xie siècle. Les plus récentes sont du xive ou des premières années du xve. On peut distinguer les étapes suivantes.

Au manuscrit primitif appartiennent les folios 42 à 264. Les deux folios extrêmes de cette série, et surtout le dernier, ont souffert. Les trous de vers, les déchirures, les mots effacés montrent que longtemps ils ont été le premier et le dernier d'un codex mutilé et qui avait perdu sa reliure. Le reste est assez bien conservé.

Voici le contenu de la partie ancienne du manuscrit [1].

1. Description chez Foerster t. I, p. 10-15, plus précise chez Franchi de' Cavalieri, *Codices graeci Chisiani et Borgiani*, Rome 1927.

1) 42r-72r. Λιβανίου σοφιστοῦ βίος. ἢ περὶ τῆς ἑαυτοῦ τύχης. [α'] (Foerster I).

2) 72r-77r. Πρὸς τοὺς βαρὺν αὐτὸν καλέσαντας. β' (F 2).

3) 77r-80v. Πρὸς τοὺς νέους. περὶ τοῦ λόγου. γ' (F 3). Pas de folio 78.

4) 80v-83v. Περὶ τοῦ μὴ ληρεῖν. δ' (F 4).

5) 83v-87v. Ἄρτεμις. ε' (F 5).

6) 87v-89v. Περὶ ἀπληστίας. ϛ' (F 6). Pas de folio 88.

7) 89v-90v. Ὅτι τὸ πλουτεῖν ἀδίκως τοῦ πένεσθαι ἀθλιώτερον. ζ' (F 7).

8) 90v-91v. Περὶ πενίας. η' (F 8).

9) 91v-92v. Εἰς τὰς καλάνδας. θ' (F 9).

10) 93r-96r. Περὶ τοῦ πλέθρου. ι' (F 10).

11) 96r-118v. Ἀντιοχικός. ια' (F 11).

12*a*) 118v bas. Προθεωρία τοῦ λόγου (examen du discours suivant).

12*b*) 119r-136v. Βασιλικὸς εἰς Κωνστάντιον καὶ Κώνσταντα. ιβ' (F 59). Signalons que le quaternion 124r-131v compte 38 ou 39 lignes par page au lieu de 32.

13) 136v-138v. Μονωιδία ἐπὶ Νικομηδείαι. ιγ' (F 61).

14) 138v-146v. Εἰς Ἰουλιανὸν αὐτοκράτορα ὕπατον. ιδ' (F 12).

15) 146v-151r. Προσφωνητικὸς Ἰουλιανῶι. ιε' (F 13).

16) 151r-156v. Ὑπὲρ Ἀριστοφάνους. ϛ'ι (F 14).

17) 156v-165r. Πρεσβευτικὸς πρὸς Ἰουλιανόν. ιζ' (F 15). Le titre est reproduit exceptionnellement à la fin du discours.

18) 165r-170r. Πρὸς Ἀντιοχέας. Περὶ τῆς τοῦ βασιλέως ὀργῆς. ιη' (F 16).

19) 170r-173v. Μονωιδία ἐπὶ Ἰουλιανῶι. ιθ' (F 17).

20) 173v-209r. Ἐπιτάφιος ἐπὶ Ἰουλιανῶι (τῶ θεομάχω ajouté par une main plus récente, celle qui écrit avec une encre pâle). κ' (F 18). Les folios 183-184 (Foerster II, 277, 19 depuis οὐ προσεῖχον jusqu'à Foerster II, 286, 15 τῆς φύσεως ἀλ[λ'), disparus, ont été remplacés au XIVe siècle (voir plus loin) ; la numé-

rotation actuelle des folios reprend à 189, bien qu'il n'y ait pas de lacune ; il n'y a donc pas de folios 185, 186, 187 et 188.

21) 209r-214v. Πρὸς Θεοδόσιον βασιλέα. Περὶ τῆς στάσεως. κα′ (F 19).

22) 214v-220v. Πρὸς Θεοδόσιον βασιλέα. ἐπὶ ταῖς διαλλαγαῖς. κβ′ (F 20).

23) 220v-223r. Εἰς Καισάριον μάγιστρον. κγ′ (F 21). Après le folio 220 il y a un folio 220 a.

24) 223r-228r. Πρὸς Ἐλλέβιχον. κδ′ (F 22).

25) 228r-231v. Περὶ τῆς τιμωρίας Ἰουλιανοῦ. κε′ (F 24). Entre les folios 231 et 232, un folio manque ; il a été coupé. Le texte correspondant comprenait la fin du discours (depuis Foerster II, 530, 2 οὗτος γὰρ) et le début du suivant.

26) 232r-238 a (v.) [Περὶ δουλείας] (F 25). Le titre et le début (jusqu'à Foerster II, 539, 7 ποιῶν τῆς γὰρ) manquent (voir ci-dessus). Le folio disparu a été remplacé au XIVe siècle ou au début du XVe (main verte), mais ce remplacement a été relié en tête du manuscrit (fol. VI, voir plus loin). Il y a un folio 238 et un folio 238 a.

27) 239r-243r. Πρὸς Ἰκάριον. κζ′ (F 26).

28) 243r-247v. Κατὰ Ἰκαρίου. κη′ (F 27). Il y a un folio 243 et un folio 243 a.

29) 247v-250v. Κατὰ Ἰκαρίου. κθ′ (πρὸς τὸν κρατοῦντα ajouté par une main plus récente, *s* ; F 28).

30) 250v-257v. Ὑπὲρ τῶν ἱερῶν. λ′ (F 30). Il y a un folio 254 et un folio 254 a.

31) 257v-263r. Πρὸς Ἀντιοχέας. ὑπὲρ τῶν ῥητόρων. λα′ (F 31).

32) 263v-264. Περὶ Θρασυδαίου. λβ′ (F 32). Titre ancien à la dernière ligne de 263r ; reprise récente en haut de 263v. Le texte est interrompu après les mots Μενέδημον γάρ. Il manque dix-huit paragraphes (Foerster III, 154, 16 à 162, 2). Le folio 264 est le dernier d'un quaternion.

Ainsi se termine la partie ancienne du *Chisianus*.

Plus tard, probablement à la fin du XIIIe siècle, le manuscrit a subi un travail de révision. On a numéroté les quaternions (à la fois dans l'angle supérieur gauche au recto de chaque folio initial [1] et dans l'angle inférieur droit au verso de chaque folio final) et les folios (coin inférieur droit de chaque recto). Cette dernière numérotation prouve que le folio qui manque aujourd'hui entre 231 et 232 n'était pas encore perdu, puisqu'on passe de ρπα à ρπγ. En revanche, les folios 183 et 184 manquaient déjà, puisqu'on a la succession ρλθ (= 139, qui correspond à l'actuel 182), 183 (récent), 184 (récent), 189 (ancien, mais sans numérotation ; il n'y a pas de folios 185, 186, 187, 188), ρμ (= 140, correspondant à l'actuel 190). Il semble que la main du numérateur soit aussi celle qui a placé dans les marges les annotations usuelles (σημείωσαι, ὡραῖον, etc.) ou plus exactement la première couche de ces annotations, qui ont été par la suite repassées et complétées. On n'en trouvera plus dans les parties récentes du volume. Les plus tardives d'entre elles ont donc été portées avant la grande entreprise de restauration.

Au XIVe siècle, on décide de compléter la série des discours de C à l'aide du manuscrit A (voir plus loin) ; on ne remplace pas encore les folios 183 et 184, pour lesquels A n'a pas de texte, et on laisse inachevé le discours 32, faute peut-être de s'être seulement aperçu qu'il était inachevé. On aborde immédiatement la suite.

33) 265r-269r. Κατὰ Τισαμενοῦ. λγʹ (F 33).

34) 269r-271v. Πρὸς τὰς τοῦ παιδαγωγοῦ βλασφημίας λδʹ (F 34).

1. Ces chiffres ne sont pas tous lisibles. Entre 3 et 5 (γ et ε) il y a deux quaternions ; c'est apparemment le quatrième qui a été oublié.

35) 272r-274v. Πρὸς τοὺς οὐ λέγοντας. λε′ (F 35). Titre au bas de 271v.

36) 274v-276r. Κατὰ τῶν πεφευγότων. ς′ (F 23). Il y a un 275 et un 275 a.

37) 276r-277v. Περὶ τῶν φαρμάκων. λζ′ (F 36).

38) 277v-279v. Πρὸς Πολυκλέα. λη′ (F 37).

39) 279v-283r. Ὑπὲρ ἑαυτοῦ διὰ τὴν πρὸς Ἀντίοχον συνηγορίαν |||| λθ′ (F 29).

40) 283-r285r. Κατὰ Σιλβανοῦ. μ′ (F 38).

41) 285r-287v. Ἀντιόχωι παραμυθητική. μα′ (F 39).

42) 287v-290v. Πρὸς Εὐμόλπιον. μβ′ (F 40).

43) 290v-292v. Πρὸς Τιμοκράτην. μγ′ (F 41).

44) 292v-298v. Ὑπὲρ Θαλασσίου. μδ′ (F 42).

45) 299r-301v. Περὶ τῶν συνθηκῶν. με′ (F 43).

46) 301v-302r. Εἰς Εὐστάθιον τὸν Κάρα. μς′ (F 44).

47) 302r-306v. Πρὸς τὸν βασιλέα περὶ τῶν δεσμωτῶν. μζ′ (F 45).

48) 306v-322r. Κατὰ Φλωρεντίου. μη′ (F 46).

49) 312r-317r. Περὶ τῶν προστασιῶν. μθ′ (F 47).

50) 317r-322v. Πρὸς τὴν βουλήν. ν′ (F 48).

51) 322v-326v. Ὑπὲρ τῶν γεωργῶν περὶ τῶν ἀγγαρειῶν. να′ (F 50).

52) 327r-331r. (Titre au bas de 326v). Πρὸς τὸν βασιλέα. νβ′ (F 49).

53) 331r-335v. Πρὸς τὸν βασιλέα κατὰ τῶν προσεδρευόντων τοῖς ἄρχουσι. νγ′ (F 51).

54) 335v-341r. Σωκράτους ἀπολογία. νδ′ (F Declam. I). Texte très incomplet. Le folio 335v s'arrête après le mot πρόνοιαν (Foerster V, p. 15, 6) et 336r reprend à Ἄνυτος (Foerster V, p. 97, 16). Mais quoi qu'en dise Foerster (« *nullo lacunae indicio* »), il y a une marque de lacune ; car dans cette partie récente du manuscrit les pages sont de trente lignes ; or 335v n'a que vingt-neuf lignes. C'est donc pure coïncidence si le folio 335 termine un quaternion, et si le mot πρόνοιαν est à la fin d'une ligne. Nous verrons que le cas du manuscrit A, qui présente la même lacune, est différent.

55) 341r-347v. Πρὸς τὸν βασιλέα εἰσφορὰ νόμου κατὰ τῶν εἰσιόντων εἰς τὰς ἀρχόντων καταγωγάς. νε′ (F 52).

56) 347v-351v. Περὶ τῶν ἐν ταῖς ἑορταῖς κλήσεων. νϛ′ (F 53).

57) 351v-359v. Πρὸς Εὐστάθιον περὶ τῶν τιμῶν. νζ′ (F 54).

58) 359v-363v. Πρὸς 'Αναξέντιον. νη′ (F 55).

59) 363v-367r. Κατὰ Λουκιανοῦ. νθ′ (F 56).

60) 367r-373v. Κατὰ Σευήρου. ξ′ (F 57).

61) 373v-378r. Πρὸς τοὺς νέους περὶ τοῦ τάπητος. ξα′ (F 58).

62) 378v-fin. Titre au bas de 378r. Πρὸς τοὺς εἰς τὴν παιδείαν αὐτὸν ἀποσκώψαντας. ξβ′ (F 62). La numérotation la plus récente passe de 379 à 400 ; notre portion de manuscrit s'arrête après le folio 403 avec les mots πρὶν λαβεῖν (Foerster IV, p. 369, 12) ; 403 a, moderne, est blanc ; le texte reprend en 404-406, mais il s'agit d'un remplacement postérieur (voir plus loin).

A la même époque (c'est-à-dire probablement à la fin du XIVe siècle), un autre scribe place en tête du manuscrit un autre complément (folios 1-37). Ce ne sont plus des discours, mais des déclamations (μελέται).

1) 1r-3r. Πρεσβευτικὸς πρὸς Τρῶας ὑπὲρ τῆς 'Ελένης. Μενέλαος. (F Decl. 3).

2) 3r-10r. Πρεσβευτικὸς πρὸς τοὺς Τρῶας ὑπὲρ τῆς 'Ελένης. 'Οδυσσεύς (F 4).

3) 10r-13r. Φιλαργύρου παῖς ἀριστεύσας ᾔτησεν εἰς τὴν δωρεὰν θαλλὸν στεφάνου καὶ ἀποκηρύσσεται παρὰ τοῦ ἰδίου πατρός. (F 33).

4) 13r-16v. Δύσκολος γήμας λάλον γυναῖκα, ἑαυτὸν προσαγγέλλει. (F 26).

5) 16v-19r. Παράσιτος τοῦ τρέφοντος αὐτὸν φιλοσοφήσαντος ἑαυτὸν προσαγγέλλει. (F 29).

6) 19r-22r. Ἐξήτησεν ὁ Φίλιππος τὸν Δημοσθένην. κατέφυγεν ἐπὶ τὸν ἐλέου βωμὸν ὁ Δημοσθένης. ἀποσπασθεὶς ἐξεδόθη, καὶ ἀφεθεὶς ὑπὸ τοῦ Φιλίππου γράφει παρ' Ἀθηναίοις ἀνελεῖν τὸν βωμόν. (F 22).

7) 22r-26r. Τύραννος ᾔτησεν ἐξ ἀστυγείτονος πόλεως μειράκιον ὡραῖον, ἀπειλῶν πόλεμον εἰ μὴ λάβοι. ἐδέξατο τὸν πόλεμον ἡ πόλις. ἐπῆλθεν ὁ τύραννος. πολιορκουμένης τῆς πόλεως ὁ πατὴρ ἀποκτείνας τὸ μειράκιον ἔρριψεν ἀπὸ τοῦ τείχους. ἀπελθόντος τοῦ τυράννου, κρίνεται. (F 42).

8) 26r-28r. Δικάζεται Ποσειδῶν Ἄρει, ὑπὲρ Ἁλλιροθίου. (F 7).

9) 28r-30r. Ἐκ τοῦ ἐναντίου ὁ Ἄρης. (F 8).

10) 30r-34r. Μετὰ τὰ ἐν Σαλαμῖνι ἀναλαμβάνειν ἀξιοῖ Νεοκλῆς τὸν Θεμιστοκλέα. ὁ δὲ ἀντιλέγει. (F 9).

11) 34r-37v. Ἐκ τοῦ ἐναντίου, Θεμιστοκλῆς. (F 10).

C'est ce même scribe des folios 1 à 37 qui a écrit les actuels folios 183 et 184, destinés à compléter le texte du discours 20 (Ἐπιτάφιος ἐπὶ Ἰουλιανῷ). L'écriture, rappelons-le, est différente de celle des folios 265 sqq. et la source utilisée n'est pas non plus la même, le manuscrit A étant lacunaire en cet endroit. Il y a des chances pour que le manuscrit employé ici soit celui qui a servi pour les folios VI, 404, 405, et 406 (voir plus loin) [1].

A une nouvelle phase de restauration correspondent la rédaction d'une table des matières (πίναξ), l'insertion de feuillets destinés à compléter les parties manquantes de certains discours, le remplissage de certains folios restés blancs (38-40, auxquels on dut ajouter alors 41), certaines interventions dans le texte des parties anciennes du manuscrit.

1. L'*Epitaphios* figure dans le *Monacensis gr.* 101, et des accords de ce ms. avec C, pour la partie concernée, sont signalés dans l'apparat de Foerster. Voir aussi plus loin notre étude du *Neapolitanus* II E 18.

a) Le πίναξ occupe les folios actuellement numérotés V et VII, qu'il faut lire en réalité dans l'ordre VII et V. Il couvre le contenu de l'ensemble du manuscrit dans son état actuel, moins les folios 38-41. Il se compose de deux parties. La première, intitulée Λιβανίου σοφιστοῦ μελέται, énumère les déclamations (VII r) dont les titres (voir ci-dessus) sont précédés chacun d'un chiffre de α à ια. Sur la même page commence ensuite, sous l'annonce τοῦ αὐτοῦ λόγοι, la liste des discours, aussi bien ceux de la partie récente que ceux de la partie ancienne, numérotés, eux aussi, à partir du chiffre 12 (ιβ). Dans un premier temps, l'auteur du πίναξ a commis deux erreurs. Il a placé sur deux lignes distinctes les deux éléments du titre du discours 18 Πρὸς Ἀντιοχέας. περὶ τῆς τοῦ βασιλέως ὀργῆς, et il lui a donc attribué deux numéros, κθ (= 29, c'est-à-dire 18 + 11) et λ (30). Il a d'autre part omis le discours 26 περὶ δουλείας, ce qui prouve qu'au moment de la composition de cette table le folio qui manque entre 231 et 232 n'avait pas encore été remplacé. Par la suite il a lui-même corrigé ces inadvertances ; pour la première, il a gratté les mots περὶ τῆς τοῦ βασιλέως ὀργῆς ainsi que le chiffre λ qui les précédait, il a complété à la ligne précédente le titre du numéro κθ, et il a modifié en conséquence les chiffres suivants. Pour la seconde, quand il eut écrit à l'encre verte le folio VI, qui restituait la fin du περὶ τῆς τιμωρίας Ἰουλιανοῦ et le début du περὶ δουλείας, il dut compléter son πίναξ. Sur la ligne où se trouvait le titre du premier de ces deux discours, lequel portait alors le numéro λϛ', il écrivit donc de la même encre verte λζ περὶ δουλείας et éleva d'une unité tous les chiffres suivants, qu'il avait précédemment diminués. Au stade ultime il prit même la peine de repasser à l'encre brune ce titre vert.

L'examen de cette table fournit donc des renseignements intéressants sur l'histoire du manuscrit.

b) Revenons sur les folios de remplacement VI (inséré lors de la reliure dans le πίναξ), 404, 405, et 406. C'est donc après avoir rédigé le premier jet de sa table des matières que notre scribe a trouvé un manuscrit qui lui fournissait un texte complet des discours 25, 26 et 62. Pour les deux premiers (F 24 et 25) Foerster admet que les folios de C ont été corrigés, par ce qu'il appelle la main *s*, d'après un manuscrit perdu dont nous connaissons un proche parent, le *Monacensis gr.* 101. L'examen de son apparat critique permet de se rendre compte que les compléments récents de C présentent des accords caractéristiques avec ce même manuscrit, et il en est de même pour la fin du discours 62. On en conclura que le scribe *s* a utilisé le même manuscrit à la fois pour compléter les lacunes de C et pour corriger le texte là où il était conservé.

c) Les folios 38-40, à la fin du cinquième quaternion, étaient restés blancs ; le scribe *s* a jugé bon de les couvrir d'un texte qui s'est d'ailleurs avéré trop long, ce qui l'a obligé à ajouter le folio 41. Ces folios 38-41 ne contiennent pas, quoi qu'en disent Foerster (I, p. 11) et Franchi de' Cavalieri, la déclamation 46 (Ἔχων τις γυναῖκα ou *Filii abdicati defensio*) ; ils ne donnent de cette déclamation, comme l'a reconnu plus tard le même Foerster (t. VII, p. 548), que l'intitulé, la προθεωρία et le plan rhétorique. Mais ce que Foerster ne dit nulle part, c'est que ce petit travail ne s'étend que jusqu'au haut de 39v, et qu'on trouve ensuite un travail analogue concernant deux autres déclamations (38, φήμη ἦν συνεῖναι ou *Divitis adulteri accusatio* en 39v-40r, et 49, διέσωσέ τις ἐμπρησμοῦ ou *Caeci filii apologia* en 40r-41v). Le même ensemble exactement précède l'*Autobiographie* dans un manuscrit dérivé de C, le *Laurentianus* LVII 27, daté de 1391 (voir plus loin), où il est plus à sa place puisque les déclamations concernées s'y lisent par ailleurs en entier. Il est probable que pour cet opuscule le *Laurentianus* et C dérivent tous deux d'un même modèle, et qu'aucun des deux n'est copié sur l'autre.

d) Le scribe *s* est intervenu dans la partie ancienne du manuscrit. Ainsi au folio 42r, qui est assez abîmé, il a récrit des lettres, des mots, des membres de phrases devenus illisibles. Renvoyons par exemple à l'apparat critique du chapitre 4 du Βίος. Il a aussi repassé l'encre trop pâle des indications marginales comme σημείωσαι ou ὡραῖον. Il a rédigé quelques annotations (par ex. en 195r). C'est lui aussi apparemment qui a numéroté de nouveau les quaternions.

Notre analyse de cette cinquième période de l'histoire du *Chisianus* rejoint les observations de Franchi de' Cavalieri, qui lui aussi attribue à la même main la table des matières, les folios VI, 38-41, 404-406, les restitutions de texte du folio 42r, et les notes marginales de 195r. Cette main pourrait être selon lui celle d'un personnage connu, Johannes Chortasmenos, notaire patriarcal entre 1391 et 1415, διδάσκαλος à Constantinople et plus tard ἱερομόναχος sous le nom d'Ignace, finalement métropolite de Selymbria, mort vers 1436/1437 [1]. Cette attribution est donnée pour certaine par A. Turyn, mais on doit reconnaître que notre main *s* est finalement assez différente de celle des manuscrits sûrement écrits par Chortasmenos,

1. Voir A. Turyn, *The Byzantine Manuscript Tradition of the Tragedies of Euripides*, Urbana 1957, p. 389 sqq. et pl. XXII ; Henrica Follieri, *Codices graeci Bibliothecae Vaticanae selecti*, Cité du Vatican, 1969, p. 69 et pl. 47 ; Herbert Hunger, *Johannes Chortasmenos* (*ca* 1370-*ca* 1436/37), *Briefe, Gedichte und kleine Schriften, Einleitung, Regesten, Prosopographie, Text* (Wiener Byzantinische Studien, Band VII), Vienne 1969 (planches à la fin). Nous reparlerons de Chortasmenos à propos du *Vaticanus gr.* 939, descendant de C. Il a été aussi le possesseur, et peut-être le scribe, d'un autre manuscrit libanien, l'*Ambrosianus* L 64 sup. (Déclamations, discours 62, 11 et 54 ; voir Foerster I, p. 426).

comme le *Vaticanus gr.* 1059, signé de son nom. Je laisse seulement entrevoir ici l'intérêt d'une telle identification si elle était confirmée. Johannes Chortasmenos a joué un rôle dans l'histoire des œuvres et des manuscrits de Démétrios Cydonès, le théologien épistolier, traducteur de la *Somme* de Thomas d'Aquin et humaniste (1325-1399 env.). Or Cydonès apparaît à plusieurs reprises dans l'histoire de la tradition manuscrite de Libanios (voir plus loin la description du *Laurentianus* LVII 27, déjà évoqué plus haut, du *Vaticanus gr.* 939 et du *Vaticanus gr.* 82) et il a eu entre les mains l'un des exemplaires les plus anciens et les plus importants des *Lettres* de notre sophiste ; il s'agit du *Vaticanus gr.* 83, sur la première page duquel il a écrit de sa main une sentence. Il était nourri de Libanios ; c'est dans le grec de Libanios, à mille ans de distance, qu'il écrivait ses propres lettres. Il ne serait pas étonnant qu'il eût aussi connu et manié le *Chisianus*.

Quoi qu'il en soit, on constate que le travail accompli à la fin du XIVe siècle pour restaurer les anciens manuscrits de Libanios et pour en diffuser des copies, correspond à un besoin évident dans certains milieux intellectuels, en dehors même des écoles. Peut-être n'a-t-on jamais autant lu et imité cet auteur. L'histoire de sa tradition manuscrite est un élément important de l'histoire littéraire de Byzance à la veille de la conquête turque. [1]

1. Foerster (t. I, p. 12) distingue dans le manuscrit C six mains de correcteurs ; deux seraient anciennes (*v* et *p*) ; une autre *assez ancienne* (*m*) ; la quatrième est la main *s* dont nous avons parlé p. 49 ; la cinquième, tardive elle aussi (*n*) ; la sixième est très récente (*f*). La distinction entre ces différentes mains est parfois contestable, mais par scrupule et par souci de clarté, nous avons consigné ces indications, le cas échéant, dans l'apparat critique.

L'Augustanus Le *Monacensis gr.* 483 [1] est aujourd'hui conservé à la Bibliothèque Nationale de Bavière, à Munich, où il a été transféré en 1806 avec d'autres manuscrits grecs venus d'Augsbourg ; c'est donc un *Augustanus* (ancienne cote VII, 15). Foerster lui a attribué le sigle A. Il est l'un des livres vendus à Venise en 1545 par Antonios Eparchos, de Corfou (1491-1570 ou 1571), qui enseigna le grec à Milan [2] ; il avait passé au xve siècle par les mains d'un certain Thomas Cantacuzène, qui crut bon de laisser son nom dans les marges [3].

Le volume est en parchemin (230 × 175 mm env.) ; les parties anciennes sont, comme celles du *Chisianus*, du xe ou xie siècle. A l'origine, le manuscrit A comptait au moins quarante-deux quaternions et un cahier final. Le scribe principal écrivait à raison de trente et une lignes par page ; un second scribe a exécuté les quaternions 38, 39 et 40, où l'on a seulement trente lignes par page (actuels folios 229-251). L'ensemble contenait les mêmes discours que C, et dans le même ordre. Les titres, et les numéros de discours placés en marge, sont apparemment de première main, en minuscule pour les trois premiers, en majuscule pour les autres. Souvent le titre est reproduit à la fin du discours, mais seulement s'il reste assez de place en fin de ligne. Ce travail a été visiblement fait après coup ; la main qui s'en est chargée, et qui est peut-être celle du scribe principal, est aussi celle des variantes marginales (voir plus loin, p. 58).

1. Il n'existe pas de catalogue moderne des manuscrits grecs de Munich et l'on trouve peu de précisions dans le vieil ouvrage de I. Hardt, *Catalogus codicum manuscriptorum Bibliothecae Regiae Bavaricae* (Munich 1806, 1812). Voir Foerster t. I, p. 15-20.

2. Sur Eparchos voir D. J. Geanakoplos, *Greek Scholars in Venice*, Cambridge Mass. 1962, p. 186 ; W. Weinberger, *Die griechische Handschriften des Antonios Eparchos* in *Festschrift Theodor Gomperz gewidmet*, Vienne, 1902, p. 303 sqq.

3. Folios 76v, 77r, 237r, 338v.

Parmi les pertes subies par le *Monacensis*, il faut distinguer celles qui ont été réparées au XIVe siècle, et qui sont donc les plus anciennes, de celles qui, intervenues après cette date, n'ont jamais été réparées. Voici donc d'abord les pertes anciennes :

Les quaternions 2 et 3, qui contenaient le Βίος depuis les mots ἀνθρώποις αὐτὸς δεηθείς, chap. 71, jusqu'à ἐπανήειν ποτὲ λελουμένος inclus, chap. 259. Ils ont été remplacés au XIVe siècle par les actuels folios 20 à 36.

Les quaternions 6, 7, 8, 9, 10, et 11 contenaient la fin du discours 7 (à partir de αὐτῶν οὐ μήν, Foerster t. I, p. 374, 17, puis les discours 8, 9, 10, 11, 12, 13 et 14 jusqu'au mot ἐπειδή (*ibid.*, t. II, p. 32, 15) ; les folios de remplacement (numérotés actuellement de 37 à 65) comblent la lacune, en omettant toutefois les discours 12 et 13, dont la présence dans le manuscrit ancien est sûre, car elle est attestée par la numérotation des discours 15 et suivants, qui est de première main.

Le quaternion 13 contenait la fin du discours 16, ὑπὲρ Ἀριστοφάνους, à partir des mots ἰδίων τοῦ Παρνασσίου (Foerster II, p. 93, 20) et le début du discours 17, πρεσβευτικὸς πρὸς Ἰουλιανόν, jusqu'à κεκρατηκὼς ὥσ[περ (Foerster II, p. 136, 8) ; il a été remplacé par les actuels folios 74-81.

Le discours 20, c'est-à-dire le très long ἐπιτάφιος ἐπὶ Ἰουλιανῷ, est très incomplet dans A. Du manuscrit ancien, on a seulement le début jusqu'au mot περίφοβον inclus (Foerster II, 253, 1) et l'extrême fin à partir de μέγιστον (Foerster II, 366, 15) ; cette lacune correspond à la disparition de trois quaternions (16, 17, 18) et d'un folio (le premier du quaternion 19). Il ne reste par ailleurs qu'un seul folio de remplacement, le premier, aujourd'hui numéroté 73, et qui va de ἀλλὰ τότε πρῶτον (Foerster II, 253, 1) à διέσπασε τὰς δ' (II, 258, 5). Il paraît donc probable que seul le premier folio du quaternion 16 avait disparu à l'époque des remplacements.

Le cas des quaternions 36 et 37 mérite d'être examiné à part ; ils correspondent à la grande lacune dans l'*Apologie de Socrate* (discours 54), qui est commune aux manuscrits C et A, et que nous avons signalée plus haut. Il apparaît que la disparition de ces deux cahiers dans A ancien est la cause de l'absence du texte correspondant dans C récent, et que celui-ci a donc été complété à l'aide de celui-là. Mais nous verrons plus loin les raisons que nous avons de penser que A, à son tour, a été complété à l'aide de C ancien, lequel fait défaut, par définition, pour le discours 54. Le fait que les quaternions 36 et 37 n'aient pas été remplacés ne signifie donc pas cette fois que la perte n'en soit pas ancienne [1].

On constate qu'à l'époque des premières mutilations, à part un seul cas, ce sont des quaternions entiers qui disparaissent ou s'égarent ; les feuilles, encore jeunes, ne sont pas coupées au pli médian ; mais le volume est apparemment mal relié. Plus tard, au contraire, il arrive souvent que des folios se détachent. Voici le bilan des pertes plus récentes :

Dans le quaternion 1, les folios 1, 2 et 7, c'est-à-dire tout le début de Βίος jusqu'aux mots ἦν ἑσπέρας καὶ ἐν inclus (chap. 16), et dans le même discours depuis ἐν]τεκὼν (chap. 50) jusqu'à τῆς γυναικὸς inclus (chap. 62) ;

— dans le quaternion 4, le deuxième folio qui appartenait aussi au Βίος, depuis κα]τέχων αὐτὸν (chap. 272) jusqu'à τήν τε ἀχθηδόνα inclus (chap. 283) ;

— dans le quaternion 12, entre les folios 71 et 72

1. Toutefois il est possible que le *Barberinianus* 220 et le *Vaticanus gr.* 81, qui ont un texte complet de l'*Apologie de Socrate* et qui sont du XIVe siècle, le doivent à A ancien.

actuels, le septième folio (fin du discours 15 et début du discours 16) ;

— la plus grande partie de l'ἐπιτάφιος ἐπὶ Ἰουλιανῷ, (discours 20), à savoir sept folios du quaternion 16, les quaternions 17 et 18 en entier, et le premier folio du quaternion 19 ;

— les deux derniers folios du quaternion 20 (partie centrale du discours 21) entre 110 et 111 actuels ;

— le sixième folio du quaternion 23 (entre 131 et 132 actuels) qui appartenait au discours 28 ;

— le dernier folio du quaternion 24 (entre 140 et 141), dans le discours 30 ;

— le dernier folio du quaternion 40, après l'actuel folio 251, dans le discours 58, lequel est entier dans C, ce qui montre bien que la perte est postérieure à l'exécution de C récent ;

— les deux derniers folios du quaternion 42, après le folio 265 et dernier du manuscrit actuel, qui s'arrête après les syllabes ὧν πεπαρώ[du discours 61 (Foerster IV, 198, 15).

Il est certain que le manuscrit primitif contenait non seulement la fin du discours 61, mais aussi le 62, dont le copiste récent de C a encore pu recopier le début. Il y avait probablement encore les trois pièces qui n'existent plus aujourd'hui ni dans A ni dans C, à savoir Ὑπὲρ Ὀλυμπίου (F 63), Ὑπὲρ τῶν ὀρχηστῶν (F 64) et Μονῳδία εἰς τὸν ἐν τῇ Δάφνῃ νεὼν τοῦ Ἀπόλλωνος (F 60).

A l'occasion d'une reliure, l'ordre des folios, au début du manuscrit, a été bouleversé. On peut représenter l'histoire des premiers quaternions par le tableau suivant, où les petites accolades permettent de situer la feuille médiane de chaque quaternion ; leur présence signifie que nous avons vérifié sur place, à Munich, qu'il s'agit bien des deux moitiés solidaires d'une même feuille.

Numéro d'ordre des quaternions dans le manuscrit primitif	Numérotation actuelle des folios (les astérisques indiquent les folios perdus).	Contenu
1	* * 15 16 17 18 * 19	Discours 1 ou βίος.
2 et 3	Seize folios perdus, remplacés au XIVe s. par les folios 20 à 36 actuels.	Suite du βίος.
4	6 * 1 2 3 4 5 *	Suite du βίος. — Fin du βίος, début de 2. 2 suite. — — En 5v, fin de 2, début de3. 3, suite.
5	7 8 9 10 11 12 13 14	3, fin ; 4, début. 4, suite. — 4 fin, 5 début. 5 suite. — 5 fin, 6 début. 6 fin, 7 début.
6, 7, 8, 9, 10, 11	48 folios perdus, remplacés au XIVe s. par les actuels folios 37 à 65.	7 fin, 8, 9, 10, 11, 12, 13, 14 début.
12	66 67 68 69 70 71 * 72	14 suite. — 14 fin, 15 début. 15 suite. — — 15 fin, 16 début.

Numéro d'ordre des quaternions dans le manuscrit primitif	Numérotation actuelle des folios (les astérisques indiquent les folios perdus).	Contenu
13	Quaternion perdu, remplacé au XIVe s. par les actuels folios 74 à 81.	16 fin (environ 4 folios). 17 début (environ 4 folios).
14	82	17 suite.
	83	—
	84	—
	{ 85	—
	{ 86	17 fin, 18 début.
	87	18 suite.
	88	—
	89	—
15	90	—
	91	18 fin, 19 début.
	92	19 suite.
	{ 93	—
	{ 94	19 fin, 20 début.
	95	20 suite.
	96	—
	97	— (jusqu'à περίφοβον, Foerster II, 253, 1).
16, 17, 18	Trois quaternions entiers perdus ; le premier folio du quaternion 16 est remplacé au XIVe s. par l'actuel folio 73, qui est déplacé.	20, suite (le premier folio de 16 contenait la même chose que le folio 73 actuel, c'est-à-dire jusqu'à διέσπασε. τὰς δ' (Foerster II, 258, 5).
19	*	20 suite.
	98	20 fin, 21 début.
	99	21 suite.
	{ 100	—
	{ 101	—
	102	—
	103	—
	104	21 fin, 22 début.

Nous arrêtons ici ce tableau, parce que la suite ne présente pas les mêmes bouleversements, et que la description qui précède peut suffire pour situer les folios disparus. C'est par ailleurs l'examen de ces premiers quaternions qui, nous le verrons, présentera quelque intérêt pour l'étude du manuscrit V et de son groupe.

Dans les parties anciennes de A, on trouve en marge un certain nombre de variantes introduites comme il se doit par la mention γρ(άφεται) ou ἐν ἄλλῳ [1] et dues à une main plus relâchée que celle du texte, mais que l'on peut tout de même identifier à celle du scribe principal. Il semble que ces variantes aient été introduites en même temps que les titres de rappel à la fin de certains discours (voir plus haut, p. 52). Les leçons qu'elles proposent ne peuvent provenir de C, qui les ignore, et ne se retrouvent que sporadiquement dans le *Vindobonensis* (voir plus loin, p. 85). Elles sont empruntées à une source aujourd'hui perdue, et qui était peut-être déjà incomplète au XIe siècle. Elle n'a en tout cas fourni qu'une seule variante pour le Βίος (§ 26). Nous verrons plus loin que pour six discours, 56, 57, 58, 59, 60 et 61, nous possédons une copie d'un vieil exemplaire, indépendant de A et de C, et que l'on peut sans invraisemblance identifier à la source auxiliaire de A.

Outre ces variantes, les marges de A ancien portent de première main de très rares mentions σημείωσαι, ὡραῖον, etc. Le texte a subi quelques corrections et grattages, soit de la main du premier copiste, soit d'une main contemporaine. Plus tard est intervenu le scribe des folios de complément, qui a porté en marge quelques σημείωσαι supplémentaires. Ce scribe, comme nous le verrons, utilisait C. Pour les folios

1. Voir par exemple la formule employée au folio 3r (Discours 2, Foerster t. I, p. 249, 9) : γρ. ἐν ἄλλῳ κλεισί.

récents, Foerster distingue deux correcteurs ; l'un employait une encre d'une couleur intermédiaire entre le brun et le vert (*f*) ; l'autre, qui se sert d'une encre pâle, pourrait être Thomas Cantacuzène.

Relations entre le Chisianus et l'Augustanus

Ces deux exemplaires, dans leur état primitif, étaient déjà étroitement apparentés. Pour les parties du Βίος où nous disposons de leur double témoignage, notre apparat critique montre que leurs divergences sont rares et menues. Pour les autres, qui sont notablement plus étendues, il apparaît que A était exempt d'un assez grand nombre de fautes, et parfois de lacunes importantes (chap. 92, 168, 180) qui déparent C.

Dans ces conditions, A ancien ne saurait être issu de C ancien. En revanche, rien dans le texte du βίος ne s'oppose à ce que C soit une copie de A, mais rien non plus ne vient l'établir, et jusqu'à une date toute récente (novembre 1977) j'ai préféré considérer C ancien et A ancien comme deux manuscrits jumeaux, et c'est dans cette perspective que j'ai rédigé l'apparat. De toute manière, puisque A fait défaut pour la plus grande partie de notre discours, il est raisonnable de relever d'un bout à l'autre les leçons de C, qui est ici intact, et d'ailleurs la question des rapports entre ces deux exemplaires est si importante pour l'histoire du texte de Libanios qu'il demeure intéressant de donner une image complète de l'un et de l'autre. Je n'en regrette pas moins d'avoir observé si tard un fait qui prouve la filiation A → C : au début du *Discours* 31 (Foerster t. III, p. 125, 17-19) C ancien comporte une lacune (de πάλαι à ἀγνοησάν[...]) qui correspond exactement à une ligne de A ancien. Mais l'apparat critique de Foerster ne présentant pas exactement les faits, je ne m'en suis aperçu que le jour où j'ai confié à une jeune collaboratrice de notre Centre le soin de collationner sur microfilms le texte de ce *Discours 31*. Il est probable que nous découvririons ailleurs d'autres indices.

Mais il est curieux de constater que lorsque nous n'avons plus que C ancien et A récent, ou au contraire (cas qui ne se présente jamais pour le Βίος) A ancien et C récent, les deux manuscrits continuent, et plus que jamais, à présenter un texte très semblable. Ainsi s'explique l'attitude *a priori* étrange de Foerster qui, comme nous l'avons dit en commençant, traite chacun d'eux comme un tout homogène. Or cette continuité provient du fait que par un heureux hasard les pertes subies par les deux exemplaires ne concernaient pas les mêmes discours et que par conséquent on a pu les compléter l'un par l'autre. Nous avons déjà signalé un fait qui prouve que C récent est copié sur A ancien : la perte par ce dernier de deux quaternions entiers (36 et 37, entre les actuels folios 228 et 229) a fait disparaître la plus grande partie de l'*Apologie de Socrate* (discours 54) ; or cette même lacune exactement se retrouve dans C. Mais il est également vrai que A récent est copié sur C ancien, et le fait est d'importance pour l'éditeur du Βίος. Nous ne disposons pas pour l'établir d'arguments aussi péremptoires, mais je pense que les indices suivants suffiront à expliquer que nous ayons éliminé A récent de notre apparat critique, non sans l'avoir préalablement collationné en entier.

1) A récent partage les fautes de C :

80 μεταχοσμεῖ ; **92** saut du même au même entraînant la chute des mots ἐμοὶ... ζῆν (la même erreur s'est reproduite indépendamment dans le manuscrit L) ; **112** παρ' ἀμφοῖν ; **114** πολλοί (cas particulièrement significatif, voir l'apparat critique) ; **128** βοηθησομένους ; **129** omission de αὐτόν ; **134** παλαιστίνης (accord de A avec C *corrigé*) ; **139** ἐκκεχειρίαις (même cas) ; **142**

ἐπὶ δε τοῦ (*id.*) ; **151** τούτων γε ; **154** ἐπίστασθε ; **155** γοῦν au-dessus de γάρ ; **162** ἀπέχων οὐ (comme la main *p* de C) ; **168** saut du même au même entraînant la disparition des mots ὁ δὲ... ἰέναι ; **171** omission de δή ; **175** οἷς ; **180** omission de μία...ἐκεῖνος ; **181** ἐπεφάνη ; **182** κακόν ; **205** ἔργω ; **208** omission de μέν ; **217** τοῦ θεοῦ ; **223** ἐγίγνετο ; **224** φέρων ; **226** δὲ au lieu de δ' οὖν ; **233** προσκαλεῖν, αὐτούς, μέν au lieu de μέντοι ; **236** ποιήσειν...φόβος ; **240** ὁδοῦ καί, ἀφορήτων, τεθνεῶτας ; **241** 'κείνωι ; **242** πρός ; **244** με (comme la main *p* de C) ; **249** κειμένων ; **251** τούτων ; **254** θέατρον ; **257** δὲ au lieu de δή. Cette liste n'est pas exhaustive.

2) Les marges de C, dans la partie ancienne, présentent de seconde main (main *p*) les annotations usuelles, σημ(είωσαι), ὡρ(αῖον), etc. ; or on retrouve un grand nombre de ces annotations, et aux mêmes endroits, mais de première main, dans les marges de A récent (par exemple en C, fol. 52r, en face du chapitre 82 du Βίος, les mots σημ(είωσαι) ὅλον τὸ σχῆμα, reproduits dans A, fol. 21r), et aussi de main récente dans les marges de A ancien, où ces indications étaient à l'origine très rares ; il n'y en a aucune dans le *Discours* 1. Aussi bien n'en trouve-t-on pas non plus dans C récent, copié sur A ancien.

3) Dans C, au folio 69v, au-dessus de la ligne 6, entre les mots λελουμένος et ἑσπέρας (chap. 259), c'est-à-dire à l'endroit précis où s'arrête A récent, et où reprend A ancien, on discerne nettement cinq points disposés en trapèze. On peut penser qu'il s'agit d'un signe destiné à avertir le copiste de A récent qu'il ne faut pas aller plus loin.

4) Enfin il est sûr que les deux manuscrits se trouvaient encore ensemble au même endroit au XIVe siècle, puisque C a été certainement complété d'après A. Il est donc naturel que A ait été complété de son côté

d'après C. En même temps, ils donnaient tous deux naissance à plusieurs copies.

Les descendants du Chisianus. Trois manuscrits de la fin du XIVe siècle descendent en ligne directe du *Chisianus*.

Le *Laurentianus* LVII 27[1], en papier, signé d'un certain Théopemptos[2], et daté de l'an 1391, compte 558 folios répartis en deux volumes, aujourd'hui reliés ensemble. Le premier contient les déclamations ; nous avons eu déjà l'occasion d'en parler quand nous avons décrit le *Chisianus*[3]. Le second présente trente deux discours dans l'ordre suivant[4] : 1 (Λιβανίου σοφιστοῦ βίος ἢ περὶ τῆς ἑαυτοῦ τύχης λόγος πρῶτος) 3, 5, 6, 16, 17, 13, 14 suivi d'une lettre attribuée à Démétrios Cydonès 5 qui termine la page (311r), 20,

1. Voir Foerster, I, p. 59-64 et A. Turyn, *Dated Greek Manuscripts of the Thirteenth and Fourteenth Centuries in the Libraries of Italy*, Urbana Chicago London 1972, t. I, p. 252, t. II, pl. 210, 211 et 263.
2. Un second scribe, contemporain, a exécuté les folios 89r-183v.
3. Plus haut, p. 49.
4. Les chiffres correspondent à l'ordre de AC, et non à celui de l'édition Foerster ; il en sera ainsi pour toutes nos descriptions de manuscrits. Les variations par rapport à AC prendront ainsi leur vraie signification.
5. Il y a doute sur son authenticité. C'est la lettre τὸν μὲν Ἡσίοδον λόγος αἱρεῖ. Voir en dernier lieu R. J. Loenertz, *Les Recueils de Lettres de Démétrius Cydonès*, Vatican, 1947, p. 86

19, 25, 12, 15, 11, 50, 62, 53, 2, 27, 28, 23, 34, 35, 61, πρὸς 'Αριστείδην ὑπὲρ τῶν ὀρχηστῶν (discours absent de AC dans leur état actuel; F 64), 18, 21, 22, 39, 31, 26, 59.

Le *Vaticanus gr.* 939 [1], en papier, de 205 folios, est lui aussi de la fin du xɪᴠe siècle [2]. On y trouve aux ff. 74 sqq. certaines notes et corrections qui, selon G. Mercati, ont été écrites par Johannes Chortasmenos, ce personnage dont nous avons déjà parlé à propos du *Chisianus*. Décidément, beaucoup de manuscrits de Libanios se sont trouvés réunis au même endroit à cette époque et ont passé par les mêmes mains. Après quelques μελέται et la lettre 1220, on y trouve deux séries de discours, transcrites par deux mains distinctes. Dans la première (ff. 41-174r) on a 61, 20, 19, 23, 24, 25, 26, 27, 30, 12, 15, 11, 50, 62, 53, 2, 3, 5, 6, 16, 17, 13, 14, 34, 35. Le folio 174v, à la fin de cette série, est occupé par une lettre de Démétrios Cydonès (Loenertz 71). La seconde main commence en 175r, sous le titre général Λιβανίου σοφιστοῦ [κουαίστωρος biffé] 'Αντιοχέως λόγοι. On a alors 1 (περὶ τῆς ἑαυτοῦ τύχης), 7, 8, 4, neuf lignes de 3, le scribe s'étant aperçu que ce discours figurait déjà plus haut dans le manuscrit, puis ὑπὲρ ὀρχηστῶν. Cette fois encore c'est Démétrios Cydonès qui ferme la marche (205v) avec trois lettres (Loenertz 113, 127, 128) [3].

Je n'ai pas encore réussi à me procurer un microfilm du *Patmiacus* 471, mais les renseignements et

1. Foerster I, p. 44-47. Voir P. Canart et V. Peri, *Sussidi bibliografici per i manoscritti greci della Biblioteca Vaticana* (Studi e Testi 261, Vatican 1970) et surtout G. Mercati, *Notizie di Procoro e Demetrio Cidone*, etc. (Studi e Testi 56, Vatican 1931).

2. Et non du xᴠe comme l'écrit Foerster. Voir Mercati, *op. cit.*, p. 127 et 522.

3. Voir plus loin la description du *Vaticanus gr.* 82 (K).

les collations sporadiques fournis par Foerster [1] permettent d'affirmer que le sort de ce manuscrit est étroitement lié à celui du précédent. C'est, dit-il, un bombycin du XIVe siècle, de 340 folios, incomplet au début. Cette fois les lettres de Cydonès sont en tête (fin de Loenertz 109, puis Loenertz 71 et 128) [2]. Suivent les discours 1 (περὶ τῆς ἑαυτοῦ τύχης, folio 2), 7, 8, 4, 3, 5, 6, 16, 13, 17, 11, 14, πρὸς 'Αριστείδην ἀντιλογία ὑπὲρ τῶν ὀρχηστῶν, 50, 20, 19, 25, 12, 15, 18, 21, 22, 39, 31, 26, 59, 41, 47, 42, 34, 2, 27, 28, 23, 61, 62, 29, 40. Un discours d'Aelius Aristide (λόγος λευκτρικός) achève l'ensemble.

On a vu plus haut comment Foerster situe ces trois manuscrits par rapport à C et A sur son stemma.

Remarquons d'abord que l'ordre des discours, qui est identique dans C et A, et devrait donc être considéré comme remontant à l'archétype *b*, présente des dérogations semblables dans le *Laurentianus*, le *Vaticanus* et le *Patmiacus*, ce qui rend *a priori* invraisemblable la séparation opérée par Foerster entre la lignée du *Patmiacus* et du *Vaticanus* d'une part, celle du *Laurentianus* de l'autre. Si ce schéma était exact, l'ordre qui est celui de *b*, de A et de C devrait se retrouver sans changement dans *d* et *f*. On admettra donc déjà comme très probable que la création des nouvelles séries de discours s'est produite dans le modèle commun du *Patmiacus*, du *Vaticanus* et du *Laurentianus*, que ce modèle n'était pas un intermédiaire entre A et C, et qu'on ne doit donc pas le placer sur la ligne *b* C.

En réalité le groupe dérive de C lui-même. Une

1. I, p. 41-44. Foerster doit sa description au bibliothécaire du Monastère de Saint-Jean, J. Sakellion, auteur du catalogue paru en 1890 (Πατμιακὴ Βιβλιοθήκη, Athènes).

2. C'est donc la série même que nous retrouverons dans le *Vaticanus gr.* 82.

seule constatation suffit à l'établir : au chapitre 100 du Βίος le membre de phrase δὲ οὕτω μὲν ἔφην ποιήσειν, ἐποίουν δὲ τὰ πάλαι δεδογμένα μένων τε καί manque dans ces manuscrits. Or ces mots correspondent exactement à une ligne de C (folio 54r, ligne 9), qui a été sautée par le scribe d'une copie de C qui est la source commune de notre groupe.

On trouve facilement d'autres indices. La première page de C est fort abîmée ; elle a été attaquée par les vers, elle a subi beaucoup de grattages et de corrections. A la dernière ligne en particulier (chap. 4) les mots οὐκ ᾔδει χαλεπῆναι sont illisibles ; ils n'ont été récrits dans la marge inférieure par la main *s* (Chortasmenos ?) qu'au début du xve siècle. Or *Vat.* les omet, et *Laur.* ménage un espace blanc, qui n'a été comblé que plus tard [1].

Au chapitre 1, les trois premières lettres du mot κινδύνων étant effacées dans C, le copiste du modèle commun de *Laur. Vat. Patm.* a osé écrire un ὀδύνων (*sic*) qui, arrangé en ὀδυνῶν, est passé dans toutes les éditions imprimées depuis Morel jusqu'à Norman. Mais *Laur.* est revenu à la leçon correcte, fournie par une variante du modèle.

Au chapitre 114, les trois manuscrits portent naturellement πολλοί, qui n'est dans C qu'une invention du correcteur *p* destinée à réparer la disparition accidentelle de μὴ ὀλίγοι (voir l'apparat critique) [2].

En ce qui concerne les rapports mutuels de ces trois manuscrits, c'est le schéma suivant qui paraît en rendre le meilleur compte.

1. Postérieurement à l'exécution par Aristobule Apostolis du ms. de Wolfenbüttel, copie de *Laur.* et source de l'édition de Ferrare (voir plus bas, p. 67), laquelle comporte la lacune.

2. *Patm.* porte d'ailleurs en marge ἐν ἄλλῳ μὴ ὀλίγοι.

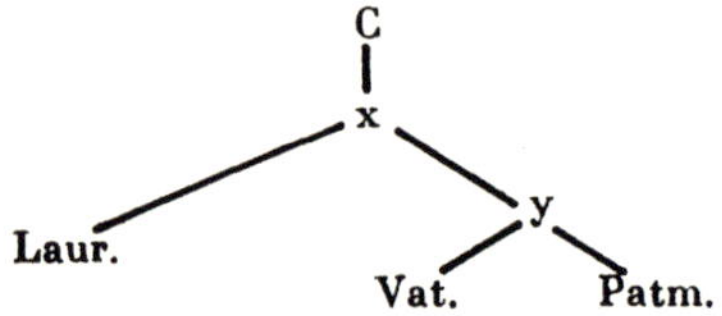

Nous venons de voir, par le cas de la faute ὀδύνων, que *Vat.* et *Patm.* ne sauraient être considérés comme descendants de *Laur.* De son côté *Laur.* reproduit les signes marginaux de C (σημείωσαι, ὡραῖον, etc.) que *Vat.* néglige (j'ignore la situation de *Patm.* à cet égard). Par ailleurs si l'on considère l'ordre des discours dans ces trois manuscrits, on s'aperçoit que le Discours 1 figure en *Vat.* et *Patm.* dans une série différente de celle où il est placé par *Laur.* Enfin les quelques leçons de *Patm.* relevées par Foerster font apparaître plusieurs fois l'accord *Vat. Patm.* contre *Laur.* (11 κατελάμβανέ μοι C *Laur.* : κατελάμβανεν ἐμοὶ *Vat. Patm.*; 178 τῶν ἰσχυρῶν C *Laur.* γρ. *Vat.* γρ. *Patm.* : τῶν δικαίων *Vat. Patm.*; 254 ἐλευθερίαν C *Laur.* γρ. *Patm.* γρ. *Vat.* : φιλανθρωπίαν *Vat. Patm.*).

On voit que *Vat.* et *Patm.* s'écartent parfois notablement de la tradition ; j'ignore pour l'instant s'il faut attribuer à *Patm.* toutes les originalités de *Vat.*, autrement dit si le travail philologique approfondi dont témoigne *Vat.* ne remonte pas au manuscrit *y*. Je remarquerai seulement que de nombreuses particularités signalées par Foerster comme propres à l'édition Morel proviennent en fait du *Vaticanus gr.* 939.

Il se trouve en effet que *Laur.* et *Vat.* ont joué un rôle essentiel dans la diffusion de l'œuvre oratoire de Libanios en Europe. C'est une copie de *Laur.* exécutée par le fameux Aristobule Apostolis, et conservée aujourd'hui à Wolfenbüttel (*Gudianus gr.* 77) qui a servi de base à la première édition imprimée, parue à Ferrare en 1517 par les soins de Soterianus Capsalis [1]. Au siècle suivant, en 1627, Frédéric Morel publie à Paris une édition de trente-six discours, *Autobiographie* en tête, pour laquelle il utilise, outre l'édition de Ferrare, le *Palatinus* P, le *Parisinus M* et le *Vaticanus gr.* 939. Reiske lui-même, qui rendit à notre auteur l'immense service de collationner pour la première fois l'*Augustanus*, accordait encore quelque autorité à l'édition de Ferrare et à sa source le *Gudianus*. Foerster enfin subit à son tour, de façon inavouée, l'influence suspecte de ces manuscrits corrompus. Il possédait un exemplaire de l'édition de Ferrare qui, par un beau hasard, avait passé par les mains de Morel et par celles de Reiske. Dans les marges de ce volume Morel avait porté des variantes empruntées au *Vaticanus*. Et Foerster, peut-être par tendresse de bibliophile pour un joyau de sa bibliothèque, reproduit dans son apparat ces variantes, avec la simple mention *Ferr. in marg.*, et sans citer le manuscrit qui en est la source. Il lui arrive aussi, ce qui est plus grave, d'attribuer à l'initiative de Morel de nombreuses particularités, allant jusqu'à l'interpolation (par exemple au chapitre 64) qui proviennent en réalité du *Vaticanus* [2]. La vérité est que tous ces descendants du *Chisianus* doivent entièrement disparaître de l'apparat critique.

1. Il n'y a pas à revenir sur ce que dit à ce sujet Foerster I, p. 65 ; il établit également de façon définitive, p. 67, que l'édition de Ferrare a servi de modèle au *Scorialensis* T II 9 (xvie s.) qui en reproduit jusqu'à la préface.

2. De même, dans le *Praefatio critica* de son t. III (p. vi), à propos d'une scholie marginale sur le mot φίλῳ (chap. 118) donnée par Morel, il écrit « *scholium istud omnino non in codicibus legitur, sed Morellum habet auctorem* ». En fait il s'agit de la fusion de deux gloses interlinéaires de *Vat.* (Εὐσεβίῳ au-dessus de φίλῳ et ὁ καταχωσθεὶς ἐν τῷ σεισμῷ au-dessus de φίλος).

Une copie partielle du Chisianus. Le *Vallicellanus* F 14 (81 Martini) n'a pas eu de chance. Le catalogue manuscrit de la Bibliothèque Vallicelliana omettant de signaler qu'il contenait des œuvres de Libanios, Foerster n'a pu le connaître que par l'ouvrage de Martini [1] paru en 1902, quand le premier volume de son édition était déjà sous presse. Il fit alors collationner par A. Mau le début et la fin de l'*Autobiographie*, et constata des similitudes évidentes avec le manuscrit L. Malheureusement, ce texte n'est pas issu tout entier du même modèle ; toute la partie centrale du Βίος (chapitres 33 à 171 environ) est dérivée de C. Le fait n'est pas dépourvu d'intérêt ; il prouve une fois de plus que les manuscrits des différentes familles, ou plus exactement des différentes branches, se trouvaient, à la fin du XIVe siècle, groupés au même endroit.

Il s'agit d'un manuscrit en papier que les filigranes (ciseaux, trois monts, huchet, chien, lettres) aussi bien que l'écriture, permettent de situer dans les années 1375-1400, et non au début du XVIe siècle, comme le fait Martini et à sa suite Foerster. Une note au folio 111v indique qu'il fut acheté en Crète, en l'an 1556, par Jean Chonianos, protonotaire de Monemvasie. Les morceaux de Libanios qu'il contient sont : la lettre 369 Foerster (5v-6v) ; le discours 19 (= F 17, ff. 7-11) ; déclamation 5 (13-28) ; de nouveau la lettre 369 (28r-v) ; déclamation 33 (21-35, cf. plus haut, C 10r) ; déclamation 26 (35-40, cf. plus haut, C 13r) ; déclamation 28 (40v-43) ; déclamation πρεσβεία Πατρόκλου (= Reiske IV, p. 81 sqq. attribuée par Foerster à Choricius ; 44-53v) ; déclamation 4 (53v, cf.

1. Voir Foerster I, p. x (Addenda et corrigenda) et II, p. 196-197 ; E. Martini, *Catalogo di manoscritti greci esistenti nelle biblioteche italiane*, t. II, Milan 1902.

plus haut, C folio 3) ; déclamation 3 (70v-73v, cf. plus haut, C folio 1) ; enfin le discours 1 (73v-106v) sous le titre Λιβανίου σοφιστοῦ λόγος περὶ τῆς ἑαυτοῦ τύχης, mutilé après les mots καὶ μετὰ ταῦτα (chap. 280).

Nous retrouverons ce manuscrit quand nous étudierons le groupe MKL auquel il appartient indubitablement pour les chapitres 1 à 33 d'une part, 171 environ jusqu'à la fin d'autre part. Même pour ces zones il présente des variantes empruntées à C, soit directement, soit par l'intermédiaire du *Vaticanus gr.* 939 dont il enregistre parfois en marge ou entre les lignes certaines singularités (voir l'apparat aux chapitres 183, 192, 193, 211, 225, 228, etc.). Mais pour toute la partie intermédiaire il est issu directement de C. Il ne présente pas au chapitre 100 la lacune caractéristique de *Laur. Vat. Patm.* Il reproduit en 135 une annotation récente de C (τὸ τοῦ Πλάτωνος). En 83, il oublie d'abord, pour les rétablir ensuite, les mots πρὸς σφᾶς αὐτοὺς ... πολλοὶ δέ, et cette omission qu'il a failli commettre s'explique par la linéation de C (52r, lignes 12-14) : le saut de δέ à δέ a été favorisé par le fait que ces deux δέ se trouvaient au début de deux lignes successives.

Le copiste a d'ailleurs toujours sous les yeux son premier modèle, dont il enregistre en marge certaines leçons, ou grâce auquel il comble éventuellement une lacune de C (voir app. crit. 168).

Le *Vallicellanus*, auquel j'attribue le sigle R, est donc le fruit d'un travail critique assez élaboré, à partir de deux sources principales collationnées l'une sur l'autre, qui se situe, comme celui dont sont issus les manuscrits du groupe précédent, à la fin du XIVe siècle.

Les leçons de R ne doivent donc figurer dans l'apparat que pour les zones où il se rattache au groupe MKL.

Les autres descendants de l'Augustanus.

Outre C, le manuscrit A a produit des copies tant avant qu'après sa restauration.

Le *Neapolitanus* II E 18[1] (auquel j'attribue le sigle N) est en papier. Les filigranes, trois monts (cf. Briquet 11679) et ciseaux (cf. Briquet 3659) permettent de le dater des dernières années du xɪᴠ^e^ siècle ou des premières du xᴠ^e^. On y trouve les discours 19, 1 (100v sous le titre Λιβανίου σοφιστοῦ βίος, ἢ περὶ τῆς ἑαυτοῦ τύχης), 20, 12, 15 et 17. Mais l'*Autobiographie* y est très incomplète, puisqu'au folio 113r, ligne 26, on passe, sans aucune indication de lacune, du mot πεντεκαίδεκα (chapitre 71) au mot ἑσπέρας (chapitre 259) ; autrement dit, il manque très exactement le contenu des quaternions 2 et 3 de l'*Augustanus*, dont le *Neapolitanus* est certainement un descendant.

Mais il y a eu entre eux un intermédiaire, aujourd'hui perdu, qui avait subi l'intervention d'un correcteur ; ainsi au chapitre 20, N porte οἴσεσθαι avec P (et B, copie de P) contre CAVMRKL qui ont εἴσεσθαι. Il y a d'autre cas.

Un éditeur de l'*Autobiographie* ne doit pas négliger N, car il dérive d'une copie de A exécutée à un moment où ce dernier n'avait encore perdu de ce discours que les quaternions 2 et 3. Il peut donc représenter les leçons de A ancien pour les chapitres 1 à 16, 50 à 62 et 272 à 283, à condition toutefois qu'on se souvienne que l'intermédiaire *n* a subi des influences étrangères.

A
|
n
|
N

N dérive-t-il aussi de A pour les autres discours ? Remarquons seulement que 12, et partiellement 17 et 20, ont disparu dans A avant l'époque des remplacements (voir plus haut) avec l'ensemble des quaternions 6 à 11, 13, 16 à

1. Voir Foerster I, p. 47-48.

18. Les sondages rapides que nous avons pu faire, en utilisant l'apparat de Foerster, montrent que N, pour ces discours, est un proche parent du *Monacensis gr.* 113-101, ce manuscrit dont nous avons déjà eu l'occasion de parler à propos des derniers compléments du *Chisianus*.

Foerster connaissait mal le manuscrit N. Il l'avait examiné rapidement à Naples en 1869, sans s'apercevoir que le discours 1 était lacunaire. Plus tard il fit collationner deux pages par E. Martini. On se demande dans ces conditions comment il a pu lui assigner une place précise sur son stemma, où il le présente comme un frère du *Barberinianus*.

Après restauration, l'*Augustanus* engendra d'autres copies.

Le *Palatinus Vaticanus gr.* 282 (P chez Foerster) [1] a appartenu à Philelphe qui l'apporta probablement de Constantinople en 1428 ; c'est un codex de 291 folios en parchemin, du xive s., qui contient les discours 1, 12, 14, 15, 16, 17, 18, 13, la monodie sur le temple de Daphné, 19, 20, 30, 25, 21, 22, 23, 24, 31, 32, 34, 35, 38, 42, 43, 46, 47, 50, 52, 57, 58, 3, 61, 62, 2, 4, 5, 9, 27, 28, 29, 33, 36, 40, 48, 59, 60, 55, 53, 6, 7, 8, 26, 10, 37, 45, 56, 49, 51, 44, 39, ὑπὲρ τῶν ὀρχηστῶν (F 64), 11, 41. Dans les marges de l'*Autobiographie* on trouve huit annotations, au niveau des chapitres 7, 12, 48, 67, 104 (deux notes), 126 et 131 ; seule celle du chapitre 126 se retrouve à la fois en C et A [2] ; la note la plus courte du chapitre 104 (τὸν Ζηνόβιον λέγει) se retrouve à peu près dans A (partie récente, peut-être seconde main) sous la forme ὃν εἴρηκεν ἄνωθεν Ζηνόβιον λέγει. Les autres ne se trouvent

1. Voir Foerster I, p. 20-23.

2. L'apparat de Foerster ne présente pas exactement les faits. Voici les différentes formes de la glose dans CAPB : τοῖς τιμήμασι τῶν ὠνίων δηλονότι C ; ἤγουν τιμήμασι τῶν ὠνίων δηλονότι A (partie récente) ; ἤγουν τοῖς τιμήμασι τῶν ὠνίων PB.

ni dans C ni dans A. Toutes, sauf celle du chapitre 126, qui est peut-être due au scribe principal, et celle du chapitre 12, qui semble d'une main différente, sont l'œuvre d'un même réviseur (P^2 de Foerster).

Le *Vaticanus Barberinianus gr.* 220 (anciennement II B 41, B chez Foerster) [1] doit l'estime qu'avait pour lui Foerster au fait qu'il constitue un corpus presque complet des œuvres de Libanios, à part les lettres dont il ne présente qu'un petit choix. C'est un manuscrit en parchemin du XIVe ou du XVe siècle. On a d'abord les *progymnasmata* (folios 4-58) ; puis les discours sous le titre commun ἀρχὴ τῶν λόγων (59-271) ; ensuite les déclamations (αἱ μελέται 280-459) ; enfin des lettres (471-477). Trois discours (7, 8 sous le titre περὶ φίλων au lieu de περὶ πενίας, et un peu plus loin 6) sont placés, à cause de leur sujet, à la fin des *progymnasmata* ; l'*Apologie de Socrate* figure, complète, parmi les μελέται au folio 439 ; les autres se présentent dans l'ordre suivant : 12, 14, 15, 16 (suivi d'une lettre de félicitations adressée par Julien à Libanios à l'occasion de ce discours [2], et de la réponse de Libanios) [3], 17, 18, 13, la monodie sur le temple de Daphné, 19, 20, 25, 26, 11, 21, 22, 23, 24, 2, 4, 62, 61, 44, 50, 52, 49, 3, 35, 39, 5, 9, 46, 30, ὑπὲρ τῶν ὀρχηστῶν, 55, 53, 58, 31, *pour Olympios* (= F 63, discours pour lequel le *Barberinianus* est l'unique témoin intégral), 47, 1 (236r-254r sous le titre περὶ τῆς ἑαυτοῦ τύχης), 37, 45, 28, 29, 33, 40, 48.

On constatera d'abord, pour la série qui s'étend de

1. Voir Foerster I, p. 26-35.
2. Lettre 97 Bidez-Cumont.
3. Lettre 758 Foerster. Ces deux lettres se retrouvent à la suite du discours 16 dans L (voir plus bas), dans le *Vaticanus gr.* 941 (Foerster I, p. 229) et le *Neapolitanus* II E 19 (Foerster I, p. 332). Dans sa réponse Libanios dit à l'empereur qu'il publiera la lettre de celui-ci à la suite de son discours (ἡ μὲν οὖν ἐπιστολή σου προσκείσεται τῷ λόγῳ, μηνύουσα παισὶν Ἑλλήνων ὡς οὐ μάτην ἐξεπέμφθη τὸ βέλος).

12 à 20, une dérogation commune, dans P et B, à l'ordre des discours tel qu'il se présente dans A et C [1]. Mais il est certain que B n'a pas puisé toute sa substance à la même source ; il renferme des éléments que P ignore. Nous ne raisonnerons donc que sur l'*Autobiographie*.

On trouve dans les marges de B deux séries d'annotations. Les unes, pourvues de rubriques initiales, sont de première main, et coïncident avec celles de P^2 (aux chapitres 7, 12, 67, note longue de 104, 126). Les autres, plus récentes, sans initiales, concernent les chapitres 5, 23, 68 et 222 ; la première, la troisième et la quatrième sont empruntées à l'ἐκλογὴ ὀνομάτων καὶ ῥημάτων ἀττικῶν de Thomas Magister. Le seul fait que les annotations récentes de P se retrouvent de première main dans les marges de B laisse déjà penser que B pourrait être issu de P. Cette hypothèse se confirme quand on s'aperçoit qu'au chapitre 84, au-dessus des mots τὸν Κρῆτα ἐκεῖνον P^2 écrit, à titre de glose, les mots τὸν τῆς παροιμίας, et que B, de première main, insère *dans le texte* τὸν τῆς παροιμίας entre τὸν Κρῆτα et ἐκεῖνον. Mais l'argument décisif est fourni par le chapitre 283, où B omet le membre de phrase τῇ δίκῃ ἣν μείζω ποιεῖ τὸ διὰ τῶν θεῶν αὐτῆς τυγχάνειν τὸν πεπονθότα, qui correspond exactement à une ligne de P (folio 26r, ligne 33).

Il est donc absolument certain que pour le Βίος B dérive de P ; rien, dans le détail du texte de ces deux manuscrits, ne vient infirmer cette conclusion ; précisons en effet que la lacune du chapitre 168 (voir l'apparat) se trouve non seulement dans C, A récent et P, mais aussi, bien entendu, dans B, quoi qu'en dise Foerster.

1. On retrouvera à peu près la même série dans des mss. qui ne contiennent pas le Discours 1 : *Marcianus app. gr.* VIII, 9 (Foerster I, p. 217), *Marcianus gr.* 437 (*ibid.*, p. 213), *Urbinas gr.* 126 (*ibid.*, p. 216).

B toutefois n'est pas une copie directe de P. Ainsi s'explique qu'au chapitre 180, les mots εἰς τὸ βουλευτήριον εἰς πολυάνθρωπον soient omis, avec blanc réservé, par B (folio 248r) alors qu'ils ne présentent aucune difficulté de lecture dans P. Certes ils sont, sous cette forme, difficiles à construire, et ils ont peut-être été biffés dans le manuscrit intermédiaire, mais il ne reste plus ici aucune trace de l'opération.

Il arrive quelquefois que B s'écarte de la leçon de P pour aller rejoindre le groupe VMRKL, et plus spécialement M ; ainsi aux chapitres 5 (λόγος CPNV : καὶ λόγος BMRKL), 14 (δεινῶς πικρόν CPVRKL : δεινόν BM ; αὐξανομένου CPN : αὐξομένου BVMRKL), 20 (ἐκπεσούμενον CAPN : ἐμπ-BVMRKL) [1]. On conclura de ces faits et autres semblables que l'intermédiaire *b* a reçu quelques corrections et variantes empruntées à la source de M.

De toute manière le *Barberinianus*, pour l'*Autobiographie*, doit disparaître de l'apparat critique.

P
|
b
|
B

Nous n'avons pas, pour démontrer que P dérive de A restauré, d'arguments aussi péremptoires, mais seulement un large faisceau d'indices dont la cohérence aboutit finalement à une certitude aussi grande.

Remarquons en premier lieu que l'accord constant, pour le détail du texte, entre P et A, concerne aussi bien A récent que A ancien, et que P adopte le plus souvent dans son texte les leçons introduites après coup dans A à titre de corrections ou de variantes.

1. Au chapitre 16, B porte en marge la variante Ἀριστοδήμῳ, alors que P a dans le texte Ἀριστόδημος.

Au chapitre 26 les manuscrits C, A ancien et V écrivent correctement οἱ ἑκασταχοῦ σοφοί ; A et V signalent en marge l'existence, pour σοφοί, d'une variante qu'ils présentent selon la formule usuelle ἐν ἄλλῳ (ou ἄλλοις) σοφώτεροι. Les manuscrits MRKL portent effectivement οἱ ἑκασταχοῦ σοφώτεροι. Mais le *Palatinus* écrit οἱ ἐν ἄλλοις σοφώτεροι, supprimant ἑκασταχοῦ, et introduisant stupidement dans le texte même la formule d'introduction. Plus tard une autre main a rétabli en marge les mots οἱ ἑκασταχοῦ σοφοί. Le *Neapolitanus* II E 18, qui est, nous l'avons vu, un descendant de A, commet d'une autre façon la même erreur ; on y lit οἱ ἑκασταχοῦ ἐν ἄλλοι (*sic*) σοφώτεροι.

A ancien est partout si proche de C qu'il n'est pas facile de trouver des accords AP contre C. En voici quelques-uns :

16 (fin) δὴ CMRKL : δὴ τὸν A^{sl} PBV om. A ‖ **20** εὐπρεπῆ CMRKL : ἐκπρεπῆ APB ‖ **265** τῶν (avant μετ' ἐκεῖνον) AP : τὸν VMRKL om. CP p. c. B.

Pour A récent (71-259) la moisson est plus riche :

104 μικρὰ CVMRKL : μακρὰ A p. c. PB ‖ **110** τε ταῖς CVMP p. c. (rec.) B : τε A ταῖς A p. c. P ‖ **114** μὴ ὀλίγοι CVMKL : πολλοὶ C (main *p*) APB ‖ **134** παλαιστίνηι CVMKL : παλαιστίνης C (main *n*) APB ‖ **135** τοῦ θεοῦ CVMKL : θεοῦ APB ‖ **138** περιφοιτῶεν CP p. c. BVMKL : φοιτῶεν AP ‖ **156** ὡμολόγει CVMKL p.c. B : ὁμολόγει AP ; **162** ἀπέχων νοῦ CVM p.c. KL : ἀπέχων οὐ APBM ‖ **194** πεσεῖσθαι V : κεχωρηκέναι A in mg. PB, om. CMRKLA ‖ **203** ἐπὶ CVMRKL p.c. B : ἐν AP ‖ **206** δικαιοτέρους CVMRKL p.c. B : δικαιότερον AP ‖ **233** πατέρας καλεῖν VMRKL : προσκαλεῖν CAPB (mauvaise lecture de l'abréviation πρας) ‖ **234** πράτος CVMRKL p. c. B : om. AP ‖ **239** ἡμῖν CVMRKLP^{sl} : ἐμοὶ QPB ; τοῦτο (avant προιὼν) CVMRKLAP : τούτω A^{sl} P^{sl} B.

Au chapitre 84, P et à sa suite B écrivent νῆσον au lieu de νόσον ; cela s'explique très bien par l'écriture de A récent où le premier ο de νόσον est tout petit, déformé, et surmonté d'un accent tordu.

Citons enfin le cas du chapitre 231. On lit dans C ἐκτεθεικόσιν ἐκεῖνα τὰ γράμματα ; dans A, il y a ἐκτεθεικόσι τὰ γράμματα ἐκεῖνα, mais γράμματα est surmonté d'un β, et ἐκεῖνα d'un α, ce qui signifie que le copiste invite le lecteur à rétablir l'ordre correct des mots. P porte actuellement le même texte que C, mais le ν final de ἐκτεθεικόσιν est de seconde main, deux lettres ont été grattées avant ἐκεῖνα, et les syllabes να τὰ ont été refaites après grattage, dans un espace réduit entre ἐκεῖ et γράμματα. Visiblement, le premier scribe avait écrit ἐκτεθεικόσι τὰ ἐκεῖνα γράμματα, et ceci parce qu'il avait mal interprété les signes du manuscrit A ; il avait simplement interverti les mots γράμματα et ἐκεῖνα en laissant l'article τὰ après ἐκτεθεικόσι. Ce minuscule indice est peut-être la preuve la plus concrète du rapport de filiation qui existe entre A restauré et P.

Le réviseur de P semble avoir utilisé C lui-même. Le cas du chapitre 265 cité plus haut est significatif à cet égard. On constatera aussi que B dépend de P corrigé, ce qui rend compte des accords CB contre P dans l'apparat de Foerster.

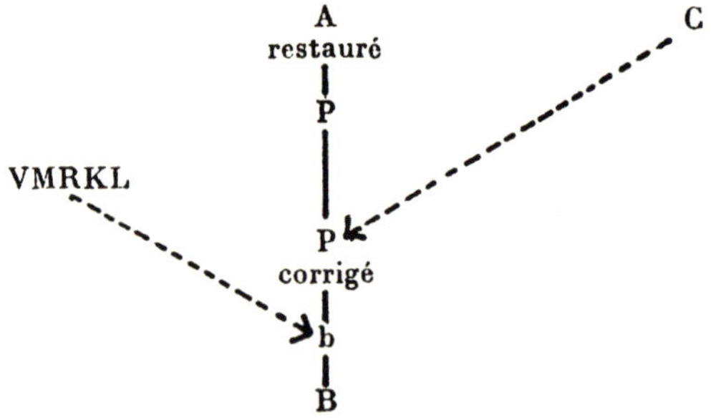

La conclusion pratique de cette étude est qu'il ne faut utiliser P que dans les mêmes conditions que N, c'est-à-dire dans les zones correspondant aux folios de A qui ont disparu après l'époque des remplacements. La parenté que Foerster avait cru reconnaître entre N et PB pour le début du Βίος vient de ce que N et P sont deux images de A ancien disparu.

Le Vindobonensis et son groupe.

Le stemma de Foerster, que nous avons reproduit au début de cette notice, représente correctement la structure interne du groupe constitué par le *Vindobonensis phil. gr.* 93 (V), le *Laurentianus* LVII 20 (L), le *Vaticanus gr.* 82 (pour nous K) et le *Parisinus gr.* 3016 (pour nous M). Il y manque toutefois le *Vallicellanus* F 14 (que nous désignons par le sigle R). Mais le problème important est de déterminer les liens qui peuvent exister entre cette « famille » et la tradition AC. Pour Foerster l'exemplaire perdu *c* remonte de façon indépendante au plus proche commun ancêtre de la tradition, et par conséquent les leçons propres à VMKL, souvent intéressantes en elles-mêmes, peuvent égaler en autorité celles de AC. Il reconnaît toutefois qu'on y flaire souvent l'intervention d'un correcteur imaginatif, et il conserve à leur égard une prudence que certains de ses critiques lui ont à tort reprochée.

Signalons d'abord que les résultats précédemment obtenus nous permettent de lever une équivoque. Il arrive en trois endroits (92, 168 et 180) que VMKL soient seuls exempts d'une lacune commune à AC et à leurs descendants, et c'est peut-être cela qui a déterminé le jugement de Foerster ; mais les trois passages se trouvent dans la partie refaite de A qui, comme nous l'avons vu, dérive de C. Nous n'avons aucune raison de penser que A ancien présentait déjà ces lacunes, et par suite elles ne sauraient à elles seules prouver l'indépendance de V et de sa famille. La même remarque pourrait être faite à propos des cas assez nombreux où, en l'absence de A ancien, VRMKL présentent sûrement la bonne leçon contre CA récent.

Nous pouvons maintenant examiner ces manuscrits d'un peu plus près.

Le *Vindobonensis* [1] est un codex en papier de 312 folios (280 × 210 mm env.) écrit vers les années 1335-1345. Les filigranes et le type d'écriture ne laissent aucun doute à cet égard, et l'on s'étonne que Foerster ait pu le croire du XIIe siècle. Ses successeurs ont répété sans examen cette erreur singulière, qui semblait rehausser le prestige du manuscrit. Dans son état primitif, celui-ci contenait les discours suivants : 1 (ff. 1r-39r, Λιβανίου σοφιστοῦ τὰ καθ' ἑαυτόν) à 6, 15, 16, 18 à 48, Λιβανίου πρὸς 'Αριστείδην ὑπὲρ τῶν ὀρχηστῶν, 14, 17, 13 (commençant en 297r, haut de page), 'Αριστείδου ῥήτορος ῥοδιακός (commençant en haut de 300r, finissant en 309r). On remarquera que tous les titres à partir de 2 commencent par les mots τοῦ αὐτοῦ, sauf celui du ὑπὲρ τῶν ὀρχηστῶν, qui est le premier d'une nouvelle série, et où le nom de l'auteur, Λιβανίου, est donné explicitement. Le bas de 309r et 310-311 en entier étaient restés blancs, et c'est seulement en 312r qu'on trouve la table des matières, de première main. Elle ne concerne que les morceaux énumérés ci-dessus. Elle est intitulée πίναξ ἀκριβὴς τῶν

1. Voir Foerster I, p. 35-39 et H. Hunger, *Katalog der griechischen Handschriften der Oesterreichischen Nationalbibliothek, Teil 1, Codices Historici, Codices Philosophici et Philologici*, Vienne 1961. Les filigranes sont le bouc (cf. Mošin-Traljić 1668, Grenoble 1344), la tête de licorne (M-T 5792, Florence 1342, Dijon vers 1343, Palerme 1344-1345), les deux cercles (cf. M-T 2024, Sienne 1334). Pour l'écriture on comparera le Thucydide de Milan, *Ambrosianus* A 4 inf. (Turyn, *Dated Greek Manuscripts* pl. 164). Deux scribes de main très semblable paraissent avoir travaillé au ms. V. Foerster attribue au premier les folios 1 à 60, et tout le reste au second, mais je crois que la première main s'arrête au bas de 60r et reprend au milieu de 259r.

λόγων τοῦ βιβλίου [1]. C'est seulement après coup, au moment de mettre les initiales, que le scribe a doté chaque titre d'un numéro d'ordre à l'encre rouge de α' à μδ'. Dans le corps même du manuscrit les discours sont aussi numérotés. A la suite du titre, et quelquefois en marge, on lit l'indication λόγος πρῶτος, λόγος δεύτερος, etc. qui apparaît toujours comme un apport secondaire. Dans les marges on trouve quelques annotations de première main. Nous avons reproduit dans notre apparat celles qui concernent le βίος. Les deux dernières, assez longues, sont des critiques acerbes. Elles révèlent l'intervention d'un grammairien byzantin acariâtre, qui fait penser à Jean Tzetzès.

Les espaces laissés blancs ont été remplis plus tard. Ils contiennent le traité de Plutarque περὶ ἀρετῆς καὶ κακίας (309r-310r) [2] ; un comput (310v) ; d'une autre écriture, la lettre 1236 de Libanios (311r haut) et une lettre de Démétrios Cydonès [3] (113 Loenertz, 311v haut) ; d'une autre écriture encore, un morceau de la lettre 78 de Libanios (311r bas). Les espaces vides qui subsistaient encore sont couverts d'essais de plume et de dessins.

Toujours au XIVe siècle le manuscrit a subi une ou plusieurs révisions. Une main qui ressemble à celle de Démétrios Cydonès [4] a porté dans les marges quel-

1. Jean Irigoin me fait remarquer que c'est un dodécasyllabe byzantin.

2. Ce titre est précédé du mot Πλουτάρχου, dans la marge de gauche, et suivi du mot λόγος. Ces additions semblent devoir être attribuées à la main de l'un des rubricateurs. Ces pages ne sont donc pas très postérieures à l'ensemble du ms.

3. Cf. plus haut *Vat. gr.* 939 et *Patm.* 471, plus bas *Vat. gr.* 82 ; voir aussi *Vat. gr.* 678 (Foerster IX, p. 175). La présence des mêmes lettres de Cydonès dans des exemplaires de familles différentes montre la concentration géographique des manuscrits de Libanios au XIVe siècle.

4. Voir par exemple A. Turyn, *Codices Graeci Vaticani*, tab. 128. J'oserais ajouter que cette écriture n'est peut-être que la forme relâchée de l'écriture même du premier scribe. Mais je n'avance cette idée qu'avec la plus extrême prudence.

ques notes et des variantes empruntées à C ou à ses descendants (voir l'apparat au chap. 2, etc.). D'autres sont intervenues sporadiquement par la suite.

Avant d'arriver à la Bibliothèque Impériale de Vienne, ce codex avait appartenu à l'humaniste Théodore Gaza (vers 1398-1478), au poète alchimiste Giovanni Aurelio Augurello (1441-1524) et enfin à l'érudit historiographe Jean Sambuc (1531-1584).

Il existe un manuscrit très proche de V, mais qui ne contient pas le βίος. C'est le *Parisinus suppl. gr.* 656 [1], en papier, datable des années 1455-1460 [2]. Il contient une partie de l'*Iliade* (B 158-E), les Distiques de Dionysius Cato traduits par Planude, deux μελέται de Libanios ; puis les discours 2, 3, 4, 6, 15, 19, 20, 37, 41, 46, 13 ; les sept premiers titres de cette série sont suivis d'un numéro d'ordre (λόγος β', λόγος γ', λόγος δ', λόγος ς', λόγος ζ', λόγος ἑνδέκατος [erreur pour δέκατος], λόγος ια') qui ne correspond pas à la succession réelle des discours dans le volume, mais bien à l'ordre du *Vindobonensis*. On a enfin le traité de Plutarque περὶ ἀρετῆς καὶ κακίας que nous avons déjà rencontré, écrit de seconde main, dans V, et avec les mêmes particularités textuelles [3]. Ce dernier fait semble prouver, malgré les hésitations de Foerster, que le *Parisinus* est bien une copie de V lui-même et non de son modèle. Par ailleurs la similitude des deux exemplaires est totale. Le *Parisinus* ajoute

1. Voir Foerster I, p. 234.

2. Une erreur d'Omont, qu'il a d'ailleurs corrigée lui-même dans la deuxième édition de son *Inventaire*, a fait croire à Foerster, Allen, etc., que ce ms. était bombycin. En fait on y trouve les filigranes suivants : deux flèches en sautoir (cf. Briquet 6269 et 6271, Venise 1454 et 1462) ; ciseaux (cf. Briquet 3668, Rome 1454) ; balance dans un cercle (cf. Briquet 2529, Udine 1478) ; anneau avec diamant (cf. Briquet 689, Cologne 1457).

3. Cf. l'éd. Paton-Wegehaupt-Pohlenz, t. I, p. 204-207. V et le *Parisinus* se rangent résolument du côté du manuscrit O (*Ambrosianus* M 82 sup.).

seulement quelques bévues personnelles. Il reproduit aussi les notes marginales.

L'intérêt de ces observations est pour nous de montrer qu'il est inutile d'imaginer l'existence d'un modèle commun de V et du *Parisinus* qui ferait remonter plus haut dans le temps l'origine des leçons propres au groupe.

La branche MRKL. Le *Parisinus gr.* 3016 (M)[1] est un bombycin de 275 folios (210 × 135 mm env.) du xive siècle (première moitié ?). Arrivé probablement mutilé en occident, il a encore perdu des feuillets par la suite ; d'où une double numérotation en chiffres arabes. Ainsi l'actuel folio 39, qui a été 65, a été aussi à l'origine le premier du douzième quaternion (chiffre ιβ dans la marge inférieure). Il y a aussi des feuillets déchirés. Les discours se succèdent dans l'ordre suivant : 22[2], 23, 24, 56, 57, 58, 59, 60, 61, 1 (ff. 37r-80r Λιβανίου σοφιστοῦ βίος ἢ περὶ τῆς ἑαυτοῦ τύχης), ὑπὲρ τῶν ὀρχηστῶν, 20, 25, 2, 3, 4, 38, 39, 12, une série de *progymnasmata*[3] (ψόγος ὀργῆς, βοὸς ἐγκώμιον, σύγκρισις ἀγροῦ καὶ πόλεως, ἔκφρασις δρόμου τῶν ἡρώων, ἔκφρασις ἔαρος συγγραφικῷ χαρακτῆρι, ἔκφρασις καλανδῶν, ἔκφρασις μέθης), 7, 8 (sous le titre περὶ φίλων comme dans le *Barberinianus*, voir plus haut, p. 72)[4], d'autres ἐκφράσεις, puis la *Monodie sur le temple de Daphné*, les discours 13, 19, 6, et enfin quelques déclamations.

1. Voir Foerster I, p. 53-59. Ici encore, la date proposée par Foerster, début du xve siècle, surprend, car un bombycin ne saurait être postérieur à l'an 1380 au plus tard.

2. Il y avait certainement 21 au début.

3. On retrouve à peu près la même série dans le *Neapolitanus* II E 17 et le *Marcianus app. gr.* VIII, 9, tous deux « tricliniens » (voir plus loin) ; voir aussi le *Marcianus gr.* 441 (Foerster VIII, p. 13).

4. Nous avons déjà constaté que le modèle direct de B avait subi l'influence de M ou d 'un manuscrit apparenté à M.

C'est un ensemble de séries empruntées à des modèles divers. Nous verrons plus loin que la série continue 56-61 provient d'une source fort ancienne, et que pour ces discours le *Parisinus* est un témoin de première importance.

Nous avons déjà présenté, parmi les descendants du *Chisianus*, le *Vallicellanus* F 14 (R) qui n'appartient à notre groupe que pour les chapitres 1-33 et 170-fin environ

Le *Vaticanus gr.* 82 (K)[1] est aussi un bombycin de la fin du XIIIe ou du début du XIVe siècle (248 × 157 mm) de 417 folios. Après les μελέται (ff. 2-203) auxquelles se mêlent quelques textes non libaniens, on a une série de lettres de Libanios (ff. 204-229), puis le discours 11 (230-250r), une nouvelle série de lettres, puis les discours 20, 12, 17, 16, 24, 25, 18, 14, 15, 21, 22, 2, 3 ; la lettre 54 ; le discours ὑπὲρ τῶν ὀρχηστῶν ; les lettres 965, 780, 175 et 359 ; la *Monodie sur le temple de Daphné* ; κοινὸς τόπος κατὰ ἰατροῦ φαρμακέως (Foerster VIII, p. 182-194) ; ἐγκώμιον βοός ; encore 22 lettres ; les discours 6, 7, 1 (ff. 354r-371r, περὶ τῆς ἑαυτοῦ τύχης) ; la déclamation 12 ; les discours 19, 13 ; la lettre 45 ; des discours d'Aelius Aristide et de Thémistius parmi lesquels s'insèrent (en 404v, 416 et 417) des lettres de Démétrios Cydonès (Loenertz 113, 203, 127, 109, 71, 128)[2].

Le *Laurentianus* LVII 20 (L)[3] est donné par Foerster, à la suite de Bandini, pour un *chartaceus... scriptus saeculo XV*. C'est en réalité encore un bombycin du XIIIe ou XIVe siècle, de 191 folios (227 × 156 mm env.) écrit de plusieurs mains. Il contient les discours 11, 54, 62, 61, 17, 18, 14, 15, 16 (suivi comme dans B de la lettre de félicitations de Julien

1. Voir Foerster I, p. 48-53 et G. Mercati - P. Franchi de' Cavalieri, *Codices graeci Vaticani*, t. I, Rome 1923.
2. Cf. ci-dessus *Vat.* 939, *Patm.* 471, *Vindobonensis*.
3. Voir Foerster I, p. 39-41.

et de la réponse de l'auteur), 21, 22, 6, 7, 8, ὑπὲρ τῶν ὀρχηστῶν, le κοινὸς τόπος κατὰ ἰατροῦ φαρμακέως, trois autres *progymnasmata* (ἐγκώμιον βοός, ἐγκώμιον Θερσίτου, εἰ γαμητέον), puis les discours 19, 20, 13, 12, 23, 24, 25, 2, 3, 4, 38, 39, 26, des textes de Choricius, et enfin, de 172r à la fin, le Βίος (Λιβανίου σοφιστοῦ βίος, ἢ περὶ τῆς ἑαυτοῦ τύχης ; mais ce titre en recouvre un autre plus court, peut-être simplement περὶ τῆς ἑαυτοῦ τύχης).

Unité VMRKL. L'unité et l'originalité de la branche VMRKL n'apparaît bien que dans les zones du texte où l'on dispose du témoignage de A ancien, ou au moins de ses copies N et P (chap. 1-71 ; 259-fin). Partout ailleurs il est difficile de savoir si une leçon présentée en commun par VMRKL ne figurait pas déjà dans A. Voici donc d'abord une liste d'exemples où le groupe s'oppose à la fois à C et à A ancien [1] :

2 ποῖος γὰρ ἠπείρων CNPM s. l. R : ποία γὰρ ἤπειρος VMR a. c. KL ‖ μεγίστη CNP : τῇ μεγ- VMRKL ‖ **7** καλὸν CNP : καλὸν μὲν VMRKL ‖ **11** ἄλλος CNP : ἕτερος VMRKL ‖ **20** ἐκπεσούμενον CA : ἐμπ- VMRKL ‖ **24** τοῦτον CA : τόνδε VMRKL ‖ **27** μοι VMRKL (+ C^n) : μου CA ‖ **35** ταύτῃ VMKL : ταῦτα CAR ‖ **42** μοι CA : με VMKL ‖ **44** οὐδὲν CA : οὐδὲν ἂν VMKL ‖ αὐτὸ CA : αὐτῶι τοὺς συνεργοὺς VMKL ‖ **58** Ἰταλίας CNP : Ἰταλίαν VMKL ‖ **68** ἔγωγε CA : om. VMKL ‖ **265** ὡς VMRKL : ὡς πρὸς CA ‖ τῶν A : τὸν VMRKL om. C ‖ **274** ἦλθεν VMKL : ἦλθον CNP ‖ ἐκείνας CNPR p. c. : ἐκείνου VMR a. c. KL ‖ **279** ἐξέπεσε CNP : ἐξέπεσον VMRKL ‖ **280** λόγων CNPM : λόγοι VKL ‖ παιανίζειν VMKL : παιωνίζειν CNP ‖ **282** (voir l'apparat) ‖ **283** καὶ CNP : om. VMKL ‖ τῆι δίκηι CA : ἐστι δίκη VMKL.

Sur ces vingt-trois cas, répartis sur quatre-vingt-

1. Comme dans l'apparat lui-même, nous donnons d'abord la leçon adoptée dans notre texte.

neuf chapitres, nous estimons que VMRKL ne présentent que quatre fois la bonne leçon. Pour la zone où A ancien disparaît (71-259) les accords VMRKL contre C sont nettement plus nombreux, et ils représentent beaucoup plus souvent la leçon authentique. Pour trouver au moins vingt-trois de ces accords il suffit de parcourir, par exemple, les chapitres 71 à 126, et sept fois au moins sur vingt-trois il faut donner raison à VMRKL contre C.

80 με κατακοσμεῖ VKL : μετακοσμεῖ C ‖ **86** ἀφίκηται VMKL : ἀφίκται C ‖ **87** αὐτοῖς VMKL : αὐτοῖς ποτε C ‖ οὐδὲν VMKL : οὐδὲ C ‖ **92** omission de C non partagée par VMKL ‖ **94** ἐν βασιλείοις δυνατῶν VMKL : δυνατῶν ἐν βασ- C ‖ **99** ἤλπιζον VMKL : -ζεν C ‖ **109** καὶ τὸ C : τὸ καὶ VMKL *fortasse recte* ‖ **126** αὖ VMKL : ἂν C.

Bref, VMRKL paraissent à la fois plus originaux et meilleurs en l'absence de A ancien, ce qui nous conduit à penser qu'ils en représentent souvent la leçon.

Unité MRKL. La branche VMRKL se subdivise en deux familles secondaires, V d'un côté, MRKL de l'autre. V présente des particularités (par exemple au chapitre 24) ou des omissions (chap. 279) qui lui sont propres. Il ne saurait être considéré comme la source directe des quatre autres manuscrits, même si les dates n'excluaient pas cette hypothèse.

L'originalité de MRKL se manifeste déjà par l'ordre de succession des discours. On a la série 25, 2, 3, 4, 38, 39 dans M et L ; la série 18, 14, 15 dans L et K. Ajoutons que des séries très proches de celle de L se retrouvent dans des manuscrits qui ne contiennent pas l'*Autobiographie*, comme l'*Athous Lavrae* Ω 123 (Foerster I, p. 323) du XIIe s., le *Laurentianus* XXXII 13 (*ibid.*, p. 227) du XIVe, le *Vaticanus gr.* 941 (*ibid.*, p. 228) du XVe. La famille est donc en réalité plus étendue que l'étude seule du Discours I ne permet de le montrer.

Les leçons propres à MRKL sont rarement bonnes ; mais leurs écarts par rapport au texte de CAV sont souvent délibérés. Ils révèlent l'intervention assez malheureuse d'un correcteur. On en pourra juger par l'examen des cas suivants, pour lesquels nous nous contenterons de donner ici les numéros des chapitres : 16, 19, 24, 27, 29, 34, 36, 38, 56, 59, 61, 62, 67, 259, 262, 264, 267, 275, 276, 279, 280, 282.

Nous renverrons de même simplement à notre apparat pour l'étude de la structure interne du groupe MRKL. On y verra tout de suite que K et L sont jumeaux, et MR très proches. On y constatera aussi que M et R, M surtout, ont avec V des rapports secondaires (voir 2, 3, 6, 16, 23, 189, 262). Il arrive (2, 3, etc.) que M et R donnent comme variantes des leçons que V porte dans le texte même. On peut imaginer qu'il y avait, dans les marges de l'ancêtre commun de tout le groupe VMRKL, un lot de corrections qui ont circulé diversement dans les différentes copies.

Rappelons par ailleurs que R, même quand il rejoint M, subit l'influence de C (voir plus haut, p. 69) et qu'on y trouve aussi les traces d'un contact tardif avec le *Vaticanus gr.* 939 (chap. 183, 192, 193, 211, 225, 228...).

Il importe maintenant d'essayer de déterminer les liens qui existent entre AC d'un côté et VMRKL de l'autre.

Il existe, entre A ancien et le groupe VMRKL, un certain nombre d'accords intéressants. Au chapitre 26, CAV portent la leçon σοφοί, contre σοφώτεροι de MRKL ; mais la variante σοφώτεροι est notée de la même manière à la fois dans la marge de A et dans celle de V : ἐν ἄλλῳ (ἄλλοις A *ut uid.*) σοφώτεροι. Au même chapitre A^{sl} VMRKL opposent la faute ἔτι ζητοῦντα à la leçon correcte ἐπιζητοῦντα de CA ; en 44, le αὐτῷ τοὺς συνεργούς de VMRKL, adopté par Foerster, n'est probablement qu'un développement conjectural de la faute αὐτῶι qui devait se lire dans A avant grattage ; en 267, la leçon exacte est χρόνος (CA^{sl}) : AKL ont χρόνον et VMR τὸν χρόνον ; en 278, la variante ζητεῖν donnée en marge par V est apparemment issue de A ancien ; en 282, V s'accorde trois fois avec N et P, copie de A, contre C. Je néglige les cas (35, 36, 48, 259) où de menues erreurs individuelles de C ne sont pas partagées par AVMRKL.

L'étude des autres discours permettrait sans doute de multiplier les exemples. Mais en attendant, l'ordre même des œuvres présentées par V semble bien montrer que ce manuscrit est issu de A ancien. Cet ordre est celui de A et C, à ceci près que l'on passe de 6 à 15, que l'on saute 17, et qu'après 48 commence une autre série comprenant ὑπὲρ τῶν ὀρχηστῶν,14, 17 et 13. Autrement dit, les discours absents ou déplacés de V correspondent à des quaternions disparus de A.

Si l'on se fie aux différents stemmas établis par Foerster, la situation de V pour 14, 17 et 13 est semblable à celle qu'il occupe pour les autres discours. La source est donc vraisemblablement la même. D'autre part certaines des pièces qui manquent dans V sont présentes dans MRKL et elles ne paraissent pas y avoir un sort particulier. Rien n'autorise donc à penser que les discours manquants ou déplacés dans V ne se trouvaient pas dans l'ancêtre commun de VMRKL. Mais la coïncidence entre les accidents de A et les lacunes ou anomalies de V ne peut être considérée comme fortuite. Tout s'expliquerait si l'on admettait qu'à l'époque où fut écrit ce modèle commun les quaternions 6, 7, 8, 9, 10, 11 et 13 de A n'avaient pas encore disparu, mais qu'ils n'étaient plus à leur place.

Tout ceci a besoin d'être confirmé. L'*Autobio-*

graphie à elle seule ne fournit nulle part la preuve décisive que VMRKL descendent de A. Il est donc utile de relever intégralement les leçons de ces cinq exemplaires. De toute manière, dans les vastes zones où A ancien fait défaut, ils deviennent des témoins indispensables. Mais il faut se souvenir qu'ils portent les traces d'un travail de révision systématique que l'on peut attribuer aux grands philologues de la fin du XIIIe siècle et du début du XIVe.

Alexander Turyn [1] a reconnu l'intervention de Démétrius Triclinius et de son école dans plusieurs exemplaires des Discours de Libanios qui ne contiennent pas l'*Autobiographie*, le *Neapolitanus* II E 17, écrit vers 1315 (Foerster I, p. 211 et 237), parent de P et descendant de A, le *Vaticanus Urbinas gr.* 126 et le *Marcianus* App. XCI 2 (gr. VIII, 9) ; les deux derniers sont frères et appartiennent à notre groupe VMRKL (Foerster I, p. 237, 265, 285, 350, 371).

Le même savant a établi que Triclinius et les siens avaient travaillé à Constantinople sur les manuscrits ayant appartenu à Planude, ou écrits de sa main, par exemple la fameuse *Anthologie.* Il en est de même pour le manuscrit planudéen des *Phénomènes* d'Aratos [2]. Il n'est donc pas impossible que les singularités de VMRKL, et surtout de MRKL, soient dues à l'invention de l'infatigable Planude.

Ce nom figure assez souvent dans l'apparat critique de Foerster, où il renvoie à une série de citations, souvent très courtes, de Libanios (discours, déclamations, lettres) qui se lisent dans un manuscrit

1. Voir A. Turyn, *Demetrius Triclinius and the Planudean Anthology*, dans le Λειμών offert au professeur N. B. Tomadakis, Ἐπετηρὶς τῆς ἑταιρείας Βυζαντίων σπουδῶν, 1972-1973, Athènes p. 403-450.

2. Voir J. Martin, *Scholia in Aratum vetera*, Stuttgart, Teubner 1974, p. XXIX sqq.

d'Heidelberg, le *Palatinus gr.* 129, du XIVe siècle [1] (folio 21) au milieu d'un vaste recueil d'extraits variés. Pour le Βίος les citations tombent dans les chapitres 3, 4, 8, 9, 12, 19, 30, 35, 38, 40, 40-41, 66, 67, 68, 69. Le texte en est très fantaisiste, et quand il s'écarte de CA, ce n'est jamais, tout au moins d'après l'apparat de Foerster, pour rejoindre VMRKL.

Foerster (tome I, p. 73) admet, à la suite de Hermann Haupt et K. K. Mueller, que l'anthologie du *Palatinus* 129 est l'œuvre de Planude ; mais au tome IX, p. 70, n. 1, après avoir vu l'opuscule de G. Bauer, *Die Heidelberger Epitome...* (diss. Leipzig 1914) [2], il déclare qu'il préfère considérer ce travail comme anonyme. On possède il est vrai sous le nom de Planude une Συναγωγὴ συλλεγεῖσα ἀπὸ διαφόρων βιβλίων πάνυ ὠφέλιμος, transmise au complet par cinq manuscrits seulement (*Laurentianus* LIX 30, XIVe s. ; *Neapolitanus* II F 9, XIVe s. ; *Vaticanus Palatinus* 141, XIVe-XVe s. ; *Parisinus gr.* 1409, XIVe-XVe s. ; *Vaticanus gr.* 951, XVIe s.) ; tous les autres, parmi lesquels le *Palatinus* 129, ne sont que des dérivés plus ou moins incomplets et infidèles. Or il ne semble pas que les cinq exemplaires complets contiennent les citations de Libanios [3]. Plus récemment, l'anthologie du *Palatinus* a été attribuée à Nicéphore Grégoras, qui aurait pu ajouter à un fonds planudéen des apports personnels [4]. Il ne semble pas au total que cette poignée de brèves citations déformées puisse représenter à un titre quelconque le travail de Planude sur Liba-

1. Et non du XVe comme le dit Foerster. On y trouve les filigranes 581 et 2578 de Mošin-Traljič (année 1351).

2. Qui ne nomme même pas Planude.

3. Voir C. Wendel, article *Planudes* dans la *RE* (n° 40), col. 2232-2236.

4. Voir A. Biedl *Würzburger Jahrb. f. Altertumswissenschaft*, 3, 1948, p. 100-106 et *Zur Textgeschichte des Laertios Diogenes*, Studi e Testi 184, Vatican 1955 (p. 83-85, 104).

nios. Nous avons cru bien faire en n'en tenant aucun compte.

Une autre source. Il nous faut maintenant passer rapidement sur un sujet important pour l'historien du texte de Libanios, mais qui concerne peu l'*Autobiographie* elle-même. Au temps où furent écrits les manuscrits A et C, il existait un autre exemplaire des *Discours*, peut-être déjà incomplet, mais dont quelques feuillets au moins se sont conservés jusqu'au quatorzième siècle.

Nous avons déjà signalé que le *Parisinus* M présentait en série continue les discours 56 à 61 (= 53-58 Foerster) dans un texte qui oppose souvent d'excellentes leçons à A ancien et C récent. J'ai pensé un moment, quand je ne possédais pas encore la preuve que C ancien est copié sur A, que M pouvait ici dériver de C ancien perdu. Mais deux constatations m'ont bientôt amené à voir les choses autrement. D'abord les variantes marginales de A, qui sont de première main, renvoient pour ces discours au texte de M :

56 (F 53, t. IV, 69, 13) ταὐτά AC : ταύτῃ Amg M ‖ **57** (F 54, t. IV, 93, 6) ὑπὸ AC : οἷα Amg M ‖ **59** (F 56, t. IV, 139, 16) πατρὸς AC : παιδὸς Amg M.

Ensuite, pour l'ensemble du corpus, quand on a à la fois A ancien et C ancien, les variantes marginales de A ne correspondent pas au texte de C.

On est donc conduit à penser que l'exemplaire collationné sur A est celui même où M a copié les discours 56 à 61, et qu'il ne peut pas être identifié à C ancien.

Papyri. Le seul discours de Libanios dont on ait jusqu'ici retrouvé des fragments sur papyrus est l'*Oraison funèbre de l'Empereur Julien* (20 = 18 F) :

§§ 4-6, 7-8 : un papyrus milanais du VIe ou du VIIe siècle (voir S. Daris, *Papiri Milanesi*, p. 14-15 et pl. VI, n° 19). Pack² 1284.

§§ 64-66 et 67-69 : plusieurs fragments de Vienne assemblés et identifiés par Jean Lenaerts, *Fragment d'un codex de papyrus de Libanius*, (in *Le Monde Grec, Hommages à Claire Préaux*, Bruxelles, 1976, p. 549-554) ; fin du ve siècle au plus tôt.

Il n'est pas sans intérêt pour nous de constater que ces débris d'exemplaires très anciens ne donnent jamais raison à V contre AC. Le caractère secondaire des particularités de V est ainsi confirmé.

Editions, traductions, etc. L'*Autobiographie* de Libanios n'a été éditée que cinq fois. Nous avons déjà indiqué les sources de l'édition princeps de Ferrare (1517) et de celle publiée à Paris en 1627 par Morel avec traduction latine. On doit au grand Reiske deux contributions monumentales à l'étude de Libanios :

Animadversionum ad graecos auctores volumen V, quo Libanius, Artemidorus et Callimachus pertractantur. Leipzig, 1766.

Libanii sophistae orationes et declamationes, ad fidem codicum mspt. recensuit et perpetua adnotatione illustravit Jo. Jacobus Reiske (Un premier volume in folio paru en 1784, puis l'ensemble en quatre volumes in-8° en 1791-1797 à Altenburg).

Cette édition posthume (Reiske était mort en 1774) fut achevée par l'épouse du philologue. Elle est la plus complète avant Foerster, et elle a par ailleurs trois mérites principaux : elle utilise A pour la première fois ; elle est riche en conjectures heureuses ou intéressantes ; elle contient le seul commentaire continu jamais publié.

Au xixe siècle on ne voit paraître aucune nouvelle édition, mais seulement quelques études sur tel ou tel manuscrit. Nous ne citerons ici que les travaux d'August Gasda (*Zu Libanios* I-IV, Hirschberg 1868,

Lauban 1870, 1871, 1874) qui a collationné le *Vindobonensis* et le *Parisinus* 3016 [1].

Enfin vint Foerster (*Libanii Opera*, Leipzig, Teubner 1903-1927 [2] ; le Βίος figure au tome I, p. 11-206). L'auteur a travaillé plus de trente ans avant la sortie du premier volume ; il est mort sans avoir vu paraître le neuvième (prolégomènes de la *Correspondance*, parue antérieurement) et le douzième et dernier (l'index des noms propres). L'ensemble fut achevé par Eberhardt Richsteig. C'est l'exploration héroïque de tout le domaine libanien. Au point de vue purement critique, l'essentiel est l'utilisation de C, et aussi de V et L.

L'édition séparée de l'*Autobiographie*, avec traduction anglaise et notes, de A. F. Norman (Oxford 1965) est, pour l'établissement du texte, fondée uniquement sur l'apparat de Foerster. Quand l'auteur s'écarte de son devancier, c'est en général pour revenir à la tradition.

L'*Autobiographie* n'a été traduite en français qu'une seule fois, il y a plus d'un siècle, par Louis Petit, en appendice à son *Essai sur la vie et la correspondance du sophiste Libanius* (Paris, Durand, 1866).

Nous avons tiré plus de profit de la traduction allemande de Peter Wolf (*Libanios, Autobiographische Schriften*, Zürich et Stuttgart, Artemis Verlag, 1967).

1. Il nous faut mentionner ici l'édition de dix discours choisis (31, 13, 18, 62, 25, 2, 38, 51, 33, 30) qu'avait préparée Émile Monnier, auteur d'une *Histoire de Libanius* (Thèse, Paris, Lahure, 1866). Cette édition, avec traduction française, fut imprimée, sans préface et sans notes, mais jamais publiée. On en trouve un exemplaire à la bibliothèque de l'École Normale Supérieure, à celle de la Sorbonne et à Dumbarton Oaks (Libanius, *Discours choisis*). Pour les discours qu'elle concerne (l'*Autobiographie* n'en fait pas partie), elle est la première qui tienne compte du *Chisianus*.

2. Réédition anastatique chez G. Olms en 1963.

Nous représenterons la tradition manuscrite du *Discours I* par le schéma suivant.

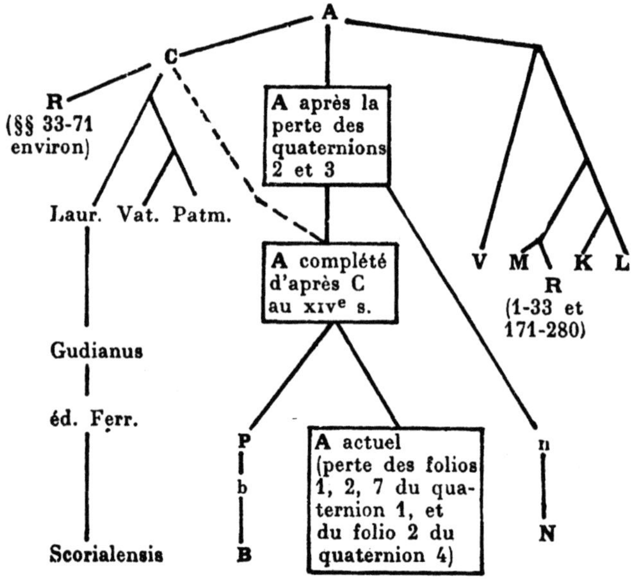

Ce schéma justifie le choix des manuscrits utilisés pour notre édition :

Chapitres	1-16 début	CNPVMRKL
—	16 fin-35	CAVMRKL
—	36-50 début	CAVMKL
—	50 fin-62 début	CNPVMKL
—	62 fin-71 début	CAVMKL
—	71 fin-168	CVMKL
—	169-259 début	CVMRKL
—	259 fin-272 début	CAVMRKL
—	272 fin-280 début	CNPVMRKL
—	280 fin-283 début	CNPVMKL
—	283 fin-285	CAVMKL

J. M.

SIGLA

C Chisianus R VI 43 (gr. 35), saec. X-XI.
De manibus *v p m s n f* uide supra p. 51 adnot. 1.

A Monacensis gr. 483 (siue Augustani) pars antiquior saec. X-XI, quae continet capp. 16-50, 62-71, 259-272, 283-285.

N Neapolitanus II E 18, saec. XIV, Augustani apographum, in capp. 1-16, 50-62, 272-283 adhibitus.

P Palatinus Vaticanus gr. 282, saec. XIV, ab Augustano deriuatus, in capp. 1-16, 50-62, 272-283 adhibitus.

V Vindobonensis phil. gr. 93, saec. XIV.

M Parisinus gr. 3016, saec. XIV.

R Romanus Vallicellanus F 14, saec. XIV, in capp. 1-35, 168-280 adhibitus.

K Vaticanus gr. 82, saec. XIV.

L Laurentianus LVII 20, saec. XIV.

VIE DE LIBANIOS LE SOPHISTE
OU
SUR SA PROPRE FORTUNE *

1. On a émis sur ma Fortune des opinions peu fondées : les uns disent que je suis le plus heureux des hommes grâce aux applaudissements que recueillent mes discours, et les autres que je suis le plus malheureux des êtres par suite des risques et des travaux que j'assume continuellement. Aucun de ces deux jugements n'étant conforme à la vérité, il me faut tenter de les rectifier par le récit des événements passés et présents de ma vie, afin que chacun sache que les dieux ont pour moi mêlé les dons de la Fortune [1], et que je ne suis ni le plus heureux ni le plus malheureux. Puisse ainsi Némésis ne point me punir de ses traits !

1. Cf. *or.* XXV, 11-13. Sur la fortune dans le *Bios*, *supra* p. 28.

N.B. Les astérisques placés dans la traduction renvoient aux *Notes Complémentaires* sous le numéro du chapitre.

ΛΙΒΑΝΙΟΥ ΣΟΦΙΣΤΟΥ
ΒΙΟΣ Η ΠΕΡΙ ΤΗΣ ΕΑΥΤΟΥ ΤΥΧΗΣ

1. Τοὺς δὲ περὶ τῆς ἐμῆς τύχης οὐ τὰ εἰκότα δοξάσαντας, οὔθ' ὅσοι με ἀνθρώπων εὐδαιμονέστατον εἶναί φασιν ἀπὸ τούτων δὴ τῶν ἐπὶ τοῖς λόγοις θορύβων, οὔθ' ὅσοι τῶν ὄντων ἀθλιώτατον ἀπὸ τῶν συνεχῶν δὴ κινδύνων καὶ πόνων, τούτοιν τοίνυν ἑκατέραν ταῖν ψήφοιν τῆς ἀληθείας ἀπενηνεγμένην ἐπανορθῶσαι πειρατέον, διηγήσει τῶν τε ὑπαρξάντων ἐμοὶ τῶν τε ἔτι νῦν ὄντων, ὡς εἰδεῖεν ἅπαντες ὅτι μοι τὰ τῆς τύχης ἐκέρασαν οἱ θεοί, καὶ οὔτε εὐδαιμονέστατος οὔτε ἀθλιώτατος ἐγώ, Νεμέσεως δὲ ἡμᾶς μὴ βάλοι βέλος.

Titulus Λιβανίου σοφιστοῦ βίος. ἢ περὶ τῆς ἑαυτοῦ τύχης C (in mg. λόγος πρῶτος man. rec.) NPML^{corr} Λιβανίου σοφιστοῦ λόγος περὶ τῆς ἑαυτοῦ τύχης (postea add. ἢ βίος) R περὶ τῆς ἑαυτοῦ τύχης K (sic fortasse L^{ac}) Λιβανίου σοφιστοῦ τὰ καθ' ἑαυτὸν λόγος πρῶτος V.

2 με CNPVR^{pc} KL : μὲν MR^{ac} ut uid. || **4** δὴ in C euanidum, postea rescriptum manu *s*, om. P^{ac} suppl. P^{pc} || κινδύνων C (sed κιν in extrema linea euanidum, initio deinde sequentis lineae manu *s* rescriptum) NPVMRKL : ὀδύνων (sic) codicis C apographa Patmiacus 471 et Vaticanus 939 ὀδυνῶν Morel Reiske Foerster Norman iniuria || καὶ CNPVMR : τε καὶ KL || **5** τούτοιν τοίνυν CPRKL : ταύταιν τοίνυν N τούτοιν V τούτοίνυν M (τοίν supra του M^{pc}) || ἑκατέραν C^{ac}NPVM^{ac}KL : ἑκατέραιν C^{s}M^{pc}R || ταῖν ψήφοιν CNP^{pc}VMRKL : τὴν ψῆφον P^{ac} ut uid. || **6** ἀπενηνεγμένην CNPVKL : ἀπενεινεγμένην M^{ac} ut uid. R ἀπενενηγμένοιν C^{s} (s.l.) M^{pc} ἀπενεινεγμένοιν R^{pc} || ἐπανορθῶσαι CNPVMR : -θώσασθαι KL || διηγήσει CNPVKL : -σεις MR || **9** ἡμᾶς CN^{pc}PVMRKL : ὑμᾶς N^{ac} || **10** βάλοι CPVM^{sl}R^{sl}KL : βάλει MR λάβοι N || adnot. V mg Νέμεσις θεὰ παρ' Ἕλλησι, τοὺς εἰς τὰ ἄμετρα ἐφ' ὁτῳδήποτε ἐπαιρομένους καθαιροῦσα· διὰ τοῦτο καὶ Λιβάνιος ἐνταῦθα ταύτην παραιτεῖται εὐχόμενος.

2. Et d'abord, si l'on compte parmi les félicités le fait d'être citoyen d'une cité grande et renommée [1], que l'on considère la grandeur et le caractère de la ville même d'Antiochos, l'importance du territoire qu'elle administre, la qualité des sources qui l'abreuvent et des vents dont elle jouit, toutes choses que celui même qui n'a jamais vu la ville connaît par ouï-dire *. Car ni sur terre ni sur mer il n'est de coin si perdu où ne soit parvenue la renommée de la cité. Et dans cette ville si grande ma famille fut également très grande, par la culture, les richesses, les chorégies et les concours, et par les discours qui font obstacle aux débordements des gouverneurs [2].

3. Il y a des gens qui pensent que mon arrière-grand-père est venu d'Italie, mais c'est une erreur qui vient du fait qu'il composa une fois un discours dans la langue des gens de là-bas [3]. Il en fut capable

1. Lieu commun de la poésie lyrique. Cf. Ammien Marcellin XIV, 6, 7 : *ut enim Simonides lyricus docet* (640 PMG) *beate perfecta ratione uicturo ante alia patriam esse conuenit gloriosam* ; Plut. *Dém.* 1 : ὁ μὲν γράψας τὸ ἐπὶ τῇ νίκῃ τῆς Ὀλυμπίασιν ἱπποδρομίας εἰς Ἀλκιβιάδην ἐγκώμιον, εἴτ' Εὐριπίδης (PLG II, p. 266 B[4]) ὡς ὁ πολὺς κρατεῖ λόγος, εἴθ' ἕτερός τις ἦν, ὦ Σόσσιε Σενεκίων, φησὶ χρῆναι τῷ εὐδαίμονι πρῶτον ὑπάρξαι τ ὰ ν π ό λ ι ν ε ὐ δ ό κ ι μ ο ν. [J. M.].

2. Φορά désigne la violence des passions, ou l'*emportement*, chez Plut. *Thém.* 2, 1 : Thémistocle enfant était φορᾶς μεστός. La même expression se retrouve chez Libanios lui-même (*Or.* XLIX, 19) à propos d'un général : κινήσων ἐφ' ἑαυτὸν στρατηγὸν δοῦλον ὀργῆς καὶ μεστὸν φορᾶς. E. Monnier, *Hist. de Lib.* p. 8, n. 3 traduit par *emportement*. Au pluriel, il s'agit des actions concrètes auxquelles les gouverneurs sont poussés par cette φορά. On comparera *or.* XXXI, 7 : ῥητορεία καὶ τὸ τὰς ἀρχόντων ἀλόγους ὁρμὰς ὑπὸ τῆς τοῦ λόγου δυνάμεως κρατεῖσθαι[J. M.]. Les curiales doivent également s'opposer aux excès des gouverneurs, *ep.* 731, 4 (de 362), et les aïeux de Libanios se sont acquittés brillamment de ce devoir, *or.* II, 10 et XV, 10.

3. Un certain mépris apparaît dans cette formule. Libanios note ailleurs, *or.* XLIX, 29 que son oncle Phasganios ignorait le latin, ce qui ne l'empêchait pas d'être un excellent curiale.

2. Πρῶτον τοίνυν, εἰ καὶ τόδε εἰς εὐτυχίαν φέρει, πόλεως πολίτην εἶναι μεγάλης τε καὶ ὀνομαστῆς, ἀθρείτω μέν τις τῆς Ἀντιόχου τὸ μέγεθος, καὶ οἵα τις αὐτή, καὶ πόσην νέμεται γῆν, καὶ οἵων μὲν πίνει πηγῶν, οἵοις δὲ ζεφύροις τρυφᾷ, ἔστι δὲ καὶ οὐκ ἰδόντι τὴν πόλιν ἀκοῇ πάντα ἐπίστασθαι. Ποῖος γὰρ ἠπείρων ἢ ποῖος θαλάττης μυχός, οἷ τὸ κλέος οὐ πεπόρευται τοῦ ἄστεος ; Ἐν δὴ μεγίστῃ μεγίστους εἶναι συνέβη γένος τοὐμόν, παιδείᾳ τε καὶ πλούτῳ καὶ χορηγίαις καὶ ἀγῶσι καὶ λόγοις ὅσοι φοραῖς ἀρχόντων ἀπαντῶσιν.

3. Οἴονται δέ τινες τὸν ἐμὸν ἐπίπαππον ἐξ Ἰταλίας ἥκειν ὑπὸ λόγου τινὸς τῇ 'κείνων γλώττῃ ποιηθέντος ἠπατημένοι. Ὁ δὲ ἄρα τὸ μὲν εἶχε ποιεῖν, ἦν δὲ οὐκ ἄλλοθεν. Ἐκοσμεῖτο δὲ οὐ μᾶλλον φωνῇ τῇ 'κείνων ἢ μαντικῇ, ᾗ δὴ

1 πρῶτον CNPV : πρῶτον μὲν MRKL || εὐτυχίαν CNPVMR KL : in C litterae υχί abreptae, manu *s* rescriptae, εὐψυχίαν legit Laur. LVII 27, unde ed. Ferrar. || φέρει CNPVMR : φέροι KL || πόλεως in spatio uacuo suppl. M rec. || adnot. L mg. (rec.) ἐντεῦθεν τὸ τοῦ μεταφραστοῦ εἰς τὸν ἅγιον Λουκᾶν ὑπομνήματι || **2** μὲν in C rescriptum, τις initio sequentis lineae euanidum, supra μὲν suppleuisse uidetur man. rec. (*s* ?) || μέν τις codd. : τις K || **3** οἵα CPVMR : οἷα N ὅση KL || αὑτή C^s P^sl : αὕτη CNPVMRKL || πόσην CPVMRKL : πόση N || **5** ἰδόντι CNPM RKL : ἰδόντα V || ἀκοῇ πάντα ἐπίστασθαι CNPM mg. (rec.) R mg. : ἀκούσαντα (-ντι MR) γε πιστεῦσαι VM^γρ R^γρ ἀκοῇ πεπιστεῦσθαι (ω supra εῦ M rec.) MR ἀκοῇ πάντα πεπιστῶσθαι KL || **6** ποῖος γὰρ ἠπείρων CNPM^sl (rec.) R in ras. : ποία γὰρ ἤπειρος VMR^ac KL || adnot. V mg. (rec.) ἔστι δὲ καὶ οὐκ ἰδόντι τὴν πόλιν ἀκοῇ πάντα ἐπίστασθαι · ποῖος γὰρ ἠπείρων|| **7** οἷ CN PV^sl (rec.) M^sl (rec.) R : οὗ VM οἷς KL || δὴ CNPMRKLV mg. (rec.²) : δὲ V || μεγίστῃ CNPV mg. (rec.²) : τῇ μεγ- VMRKL || **8** μεγίστους C (sed ς in fine abreptum) NPKL : μέγιστον VMR || **8-10** παιδείᾳ... ἀπαντῶσιν om. spatio uacuo relicto KL suppl. L man. rec., post ἀπαντῶσιν spatium uacuum relinquunt MR **9** ὅσοι C^sl (manu *s*) VMR : ὅσα C^pc ut uid. (rec.) PV^sl (rec.) R^pc L ὅσαι C^ac καὶ N || **12** τινὸς τῇ 'κείνων (uel κείνων) CNPVM^pc in lacuna RL^pc in lacuna : om. K || **13** ἄρα τὸ μὲν CNPVR : ἄ [lacuna] εἶχε M (-ρα τὸ μὲν suppl. M^pc) ἄ[lacuna] το μὲν KL (-ρα suppl. L^pc) || **14** μᾶλλον CNPR^pc (rec. ?) : μόνον VMR^ac KL || φωνῇ τῇ 'κείνων : litterae ῇ τῇ 'κ in C manu *s* rescriptae || 'κείνων CNV : κείνων P ἐκείνων MRKL || ἢ CNPMRKL : ἀλλὰ καὶ VM^γρ (prima manu) R^γρ (prima manu).

certes, mais son origine n'était nullement étrangère. Et s'il connaissait leur langue il était surtout versé dans leur mantique, qui lui fit connaître d'avance la mort violente de ses fils, qui étaient nobles et grands et doués pour l'éloquence *. Notre maison fut ainsi dépouillée d'une grande fortune, si bien que mon père prit en pitié ses sœurs en âge de se marier et pourvut à leur entretien *. En outre, mon grand-père maternel, particulièrement remarquable dans l'art oratoire, échappa à grand-peine au même sort et mourut de maladie, laissant à la boulè deux vaillants champions : l'un d'eux mourut en étant fonctionnaire, l'autre après avoir refusé de l'être *. Ainsi donc dans tout cela la Fortune se montra tantôt favorable, tantôt non.

4. Mon père ayant épousé une fille de cette famille eut trois enfants, dont je suis celui du milieu [1]. Il mourut prématurément, ayant recouvré une petite part de sa grande fortune et bientôt le père de ma mère le suivit. Ma mère craignit la malignité des tuteurs et sa réserve la fit reculer devant des discussions qui eussent été inévitables : elle préféra être elle-même tout pour nous *. Sans plaindre sa peine elle nous éleva fort bien pour le reste, mais, malgré l'argent que lui coûtaient nos précepteurs, elle ne savait pas se fâcher contre un enfant paresseux, et pensait qu'une mère aimante ne doit jamais ni en aucune façon chagriner son fils, si bien que nous passions aux champs plutôt qu'à l'étude la majeure partie de l'année.

1. On ne sait rien du frère aîné, sinon qu'étant déjà appelé « grand-père » en 353, au retour de Libanios à Antioche (*infra*, § 86), il avait fondé une famille. De son cadet Libanios ne parle guère, sauf pour raconter sa maladie et sa mort (*infra*, §§ 197-203, 213). Il mourut en 383, âgé au minimum de cinquante-huit ans, puisque leur père était décédé en 325, Libanios étant âgé de onze ans (*infra*, § 5), et à cette date le frère aîné était déjà décédé (*infra*, § 197).

καὶ ἀπολουμένους προῄδει τοὺς υἱεῖς τοὺς ἑαυτοῦ σιδήρῳ, καλούς τε ὄντας καὶ μεγάλους καὶ εἰπεῖν ἱκανούς. Τοῦτο ἡμῖν χρημάτων μεγάλων ἐκένωσε τὸν οἶκον, ὥστε ὁ πατὴρ οὑμὸς ἀδελφὰς ἐπιγάμους ἐλεούμενος ἔτρεφε. Τῷ δ' αὖ πρὸς μητρὸς πάππῳ, τἆλλα τε ὄντι λαμπρῷ καὶ ῥητορικῷ, μόλις διαφυγόντι τὸν ὅμοιον θάνατον ἡ τελευτὴ συνέβη νόσῳ, δύο προμάχοις τὴν βουλὴν παραδόντι, οἷν ὁ μὲν ἐπ' ἀρχῇ κατέλυσε τὸν βίον, ὁ δὲ ἀρχὴν ἀπωσάμενος. Οὐκοῦν ἐν τούτοις τὰ μὲν ἡμέρου, τὰ δὲ οὐ τοιαύτης τύχης.

4. Γήμας δὲ τὴν ἐκ τοιούτων οὑμὸς πατήρ, τρεῖς παῖδας ποιησάμενος, ὧν ἐγὼ μέσος, ᾤχετο πρὸ ἀκμῆς, μικρὰ ἐκ πολλῶν κεκομισμένος, καὶ εὐθὺς τῆς μητρὸς ἐπ' ἐκείνῳ ὁ πατήρ. Δείσασα δὲ ἡ μήτηρ ἐπιτρόπων κακίαν καὶ ὑπὸ σωφροσύνης τὰς τοῦ δεῖν εἰς λόγους ἰέναι σφίσιν ἀνάγκας, αὐτὴ πάντα ἡμῖν ἀξιοῦσα εἶναι, τῶν μὲν ἄλλων εὖ μάλα εἴχετο σὺν πόνῳ, τελοῦσα δὲ ἀργύριον τοῖς ἐπὶ τοῦ παιδεύειν, οὐκ ᾔδει χαλεπῆναι πρὸς καθεύδοντα παῖδα, φιλούσης εἶναι νομίζουσα τὸ μηδαμῇ μηδαμῶς ἀνιᾶν τὸν ἑαυτῆς, ὥστε τοῦ ἔτους τὸ πλέον εἰς ἀγροὺς ἡμῖν μᾶλλον ἢ λόγους ἀναλοῦσθαι.

1 προηίδει CNPKL : προίδοι V προεῖδε M^{ac} προεἰδε (sic) R προεῖδε M^{pc} (ι supra ultimam litteram scripto) || **7** δύο προμάχοις CNPMRKL : δυοῖν προμάχοιν C^{sl} (manu *s*) $VM^{sl}R^{pc}$ || οἷν CNPVKL : ὧν MR || **10** δὲ CNPMR : δὴ VKL || **12** κεκομισμένος C (litterae κεκομισ manu *s* rescriptae) NPVKL : κεκοσμημένος MR || καὶ εὐθὺς τῆς in C manu *s* rescr. || **14** δεῖν : adnot. V mg. δεῖν καὶ ἀνάγκην εἶναι || **15** ἄλλων C^{sl} (manu *s*) $NPVR^{pc}$: μᾶλλον $CMR^{ac}KL$ || **15-16** εὖ μάλα... τελοῦσα δὲ in C manu *s* rescr. || **16** σὺν πόνῳ CNPVKL : συμπόνως MR^{ac} συμπόνῳ R^{pc} || **16-17** τοῦ παιδεύειν... παῖδα C (τοῦ παιδεύειν manu *s* rescr., οὐκ ᾔδει euan., littera α in χαλεπῆναι abrepta, οὐκ ᾔδει χαλεπῆναι πρὸς scripsit manus *s* in mg. inf.) NPV : τοῦ παι [spatium uacuum] τὸν παῖδα KL (δεύειν οὐκ ᾔδει χαλεπῆναι πρὸς in lacuna suppl. man. rec.) παιδεύειν τὸν παῖδα MR (in mg. οὐκ ᾔδει καλεπῆναι πρὸς [om. R] καθεύδοντα M (rec.) R || καθεύδοντ[ ] C : α supra τ add. *s* || **19** τὸ CNPV : τῷ MRKL || πλέον CNPV : πλεῖον MRKL || **20** λόγους CNPVMR : λόγοις KL || ἀναλοῦσθαι CNPV : ἀναλῶσθαι MRKL.

5. Quatre années s'étaient écoulées pour moi de cette façon et j'atteignais mes quinze ans, quand je fus saisi d'un amour violent pour les études de rhétorique [1]. Les charmes de la campagne furent alors délaissés, les colombes vendues, dont l'élevage risque d'asservir l'esprit d'un jeune, les courses de chevaux rejetées avec mépris ainsi que toutes les choses de la scène, et, ce qui frappa le plus jeunes et vieux, je me détournai du spectacle de ces combats de gladiateurs [2] où tombaient et triomphaient des hommes que l'on tiendrait volontiers pour des disciples des Trois-Cents des Thermopyles. C'était mon oncle maternel qui assumait cette liturgie [3] et il m'invita au spectacle, mais je n'en restai pas moins attaché à mes livres. On raconte que longtemps à l'avance il avait deviné en moi le futur sophiste, ce qui s'est en effet réalisé *.

6. Comment dois-je considérer le fait d'être orphelin ? Sans doute eussé-je vu avec joie mon père parvenir à la vieillesse, mais je n'en sais pas moins pertinemment que le cours de ma vie eût été différent s'il avait vu blanchir ses cheveux. Et si l'on compare ma situation présente avec celle qui aurait pu être, je veux dire les soucis de la boulè ou le barreau, ou, par Zeus, même les gouvernements de provinces, on découvrira sans peine de quel côté se trouve la juste appréciation des choses *.

7. Quant à la réserve de notre mère, qui écarta

1. Cette véritable et brutale « conversion » à la rhétorique se produisit ainsi en 328, puisque Libanios est né en 314, cf. G. Sievers, *Das Leben*, p. 207-208, *Prosop.*, p. 505, et qu'il refuse au même moment d'assister au spectacle donné lors des Jeux de cette année.

2. C'est la seule mention sûre (μονομαχιῶν) dans Libanios de ces combats que Constantin avait interdits dès 325 (*C. Th.*, XV, 12, 1), sans être partout obéi, semble-t-il. Ammien Marcellin signale leur interdiction en 354 (XIV, 7, 3). Ils furent remplacés à Antioche par les chasses (*venationes*), cf. P. Petit, *Lib. et vie munic.*, p. 124-129.

3. En 328 Panolbios fut syriarque, c'est-à-dire organisateur

5. Τεττάρων δή μοι τουτονὶ διελθόντων τὸν τρόπον ἐνιαυτῶν, πέμπτου τε ἐπὶ τοῖς δέκα ἡπτόμην καί με εἰσήρχετο δριμύς τις ἔρως τῶν λόγων · ὥστε ἠμέληντο μὲν αἱ τῶν ἀγρῶν χάριτες, ἐπέπραντο δὲ περιστεραί, δεινὸν θρέμμα καταδουλώσασθαι νέον, ἅμιλλαι δὲ ἵππων καὶ τὰ τῆς σκηνῆς πάντα ἀπέρριπτο · καὶ ᾧ δὴ διαφερόντως ἐξέπληξα καὶ νεότητα καὶ γῆρας, ἀθέατος ἔμεινα μονομαχιῶν ἐκείνων ἐν αἷς ἔπιπτόν τε καὶ ἐνίκων ἄνδρες οὓς ἔφησθα ἂν μαθητὰς εἶναι τῶν ἐν Πύλαις τριακοσίων. Ὁ μὲν δὴ ταῦτα λειτουργῶν ἦν θεῖος ἐμὸς πρὸς μητρός, ἐκάλει τέ με ὀψόμενον, ἐγὼ δὲ ἄρα ὑπὸ τῶν βιβλίων εἰχόμην. Λόγος γε τὸν σοφιστὴν ἐκεῖνον μαντεύσασθαι περὶ ἐμοῦ πόρρωθεν, ἃ δὴ καὶ τετέλεσται.

6. Ποῦ δὴ τὴν ὀρφανίαν θήσομεν ; Καὶ ἥδιστα μὲν ἂν ἐπεῖδον τὸν πατέρα ἐν γήρᾳ, εὖ μέντοι τοῦτό γε οἶδα, ὡς νῦν ἂν ἦν ἐν ἑτέρᾳ ἀτραπῷ βίου τοῦ πατρός μοι προβάντος εἰς πολιάν. Ἀντεξετάζων δή τις τὰ νῦν ἐκείνοις, βουλῆς λέγω φροντίσιν ἢ δίκαις ἢ καὶ νὴ Δία γε θρόνοις ἀρχῶν, οὐ χαλεπῶς ἂν καὶ οὕτω γ' ἀνεύροι ποτέρωσε τοῦτο τιθεὶς ὀρθῶς ἂν εἴη τεθεικώς.

7. Ἀλλὰ μὴν τήν γε τῆς μητρὸς σωφροσύνην, ἣ μυρίους

1 δή C^{ac} NPVMRKL : δὲ C^{pc} (*s*) || **9-10** adnot. V mg. λειτουργῶν τῇ πόλει δηλονότι || **10** ἐκάλει : in C littera α abrepta, ἐκάλει τε in mg. manus *s* || **11** βιβλίων CNPV : βίβλων MRKL || λόγος γε CNP : λόγος τε V καὶ λόγος γε M (γε sub linea suppleto) RKL || **12** ἐκεῖνον CNPVMR : om. KL || adnot. V mg. τί τοσοῦτον ἂν εἰς λόγων κτῆσιν ἔδειξε περὶ αὐτοῦ εἰπών, ὅσον νῦν σιγήσας ; **14** ποῦ δὴ CPVMRKL : σπουδῇ N || καὶ CNPMRKL : om. V || μὲν CNPMRKL : μὲν γὰρ V || **17** δή CNPMRKL : δέ V || τὰ νῦν Reiske *Anim.* : τὰ νῦν τὰ παρόντα CNPM^{ac}R^{ac}KL τὰ νῦν παρόντα VM^{pc}R^{pc} Foerster || **18** καὶ ante νὴ CNPV : om. MRKL || θρόνοις Cobet Foerster (cf. infra cap. 153, *Or.* 48, 12 F III p. 434) : φόνοις CN^{ac} ut uid. P^{ac}MR^{pc} ut uid. KL φόροις N^{pc}VM^{sl}R^{ac} ut uid. φθόνοις P^{pc}V^{sl} || **19** ἀνεύροι V^{pc} : ἂν εὕροι CNPV^{ac}MR (εὕ-) ἂν εὕρῃ K ἀνεύρῃ L || ποτέρωσε CPVRKL : προτ- N πῶς M ut uid. (euan. in extrema linea) || ad ποτέρωσε adnot. V mg. (rec.) ἐν εὐτυχίᾳ ἢ δυστυχίᾳ, ad τοῦτο uero τὴν ὀρφανίαν.

de chez nous bien des gens, personne, même le plus adonné aux plaisirs, n'osera, me semble-t-il, nier qu'elle fut une chance pour ses enfants : car c'est une belle chose que de pouvoir parler haut et franc, et cela ne vient pas seulement de vos propres actes, mais aussi de la vie menée par ceux qui vous ont engendré. Et bien des gens d'une conduite irréprochable ont été réduits à se taire par les fautes honteuses de leurs parents.

8. De même j'eus comme étudiant la chance de suivre les leçons d'un homme fécond en beaux discours [1], mais, loin de le faire avec l'assiduité voulue, je m'en acquittais seulement comme d'un devoir, et lorsque l'amour de l'étude me fut venu, je n'eus plus de maître, car la mort avait tari cette source : et ce fut là ma malchance. Plein de regrets pour celui qui n'était plus, je me tournai vers ceux qui vivaient, des fantômes de sophistes, de même que l'on mange du pain d'orge, faute d'un meilleur. Comme cela ne menait à rien, et que, sous la conduite de maîtres aveugles *, j'étais en péril de tomber dans un abîme d'ignorance, je leur tirai ma révérence. Mon esprit cessa de créer, ma langue de parler, ma main d'écrire et je me consacrai à une seule tâche : j'apprenais par cœur les œuvres des anciens, m'attachant à un maître d'une extraordinaire mémoire et capable de familiariser ses élèves avec leurs beautés *. Et je m'acharnais auprès de lui avec tant d'obstination que même après la fin du cours je ne le quittais point, mais marchais sur l'agora le livre en main, et il fallait qu'il par-

et président des Jeux Olympiques, *or.* X, 9. LXIII, 4. Cf. P. Petit, *op. cit.*, p. 126-136.

1. Littéralement : *qui versait à flots la beauté des discours* et qui par conséquent communiquait à ses disciples le don de l'éloquence. Norman compare ψ 156 : αὐτὰρ κὰκ κεφαλῆς χεῦεν πολὺ κάλλος 'Αθήνη. La même image se poursuit un peu plus loin (σβεσθέντος τοῦ ῥεύματος) ; comparer *or.* IV, 9 (νέος τῶν ἐκείνου ῥευμάτων ἀποστερούμενος). [J. M.].

ἀπὸ τῶν θυρῶν ἀπήλασεν, οὐδ' ἂν ὁ σφόδρα ἡδονῶν ἥττων τολμῆσαί μοι δοκεῖ μὴ συγχωρῆσαι παίδων εἶναι εὐτυχῶν, εἰ δή καλὸν τὸ σὺν παρρησίᾳ ζῆν, ποιεῖ δὲ ταύτην οὐ τὰ αὐτῷ τινι βεβιωμένα μόνον, ἀλλὰ καὶ τὰ 'κείνοις ἐξ ὧν ἔφυ, ὡς πολλοί γε ἀμέμπτους σφᾶς αὐτοὺς παρασχόμενοι γονέων ἐπεστομίσθησαν ὀνείδεσι.

8. Πάλιν τοίνυν τὸ μὲν παρὰ ἄνδρα πεφοιτηκέναι λόγων προχέοντα κάλλος, εὐδαίμονος φοιτητοῦ · τὸ δὲ μὴ ὁπόσον ἄξιον, ἀλλ' ὁπότε μὲν ἀφωσιούμην φοιτᾶν, κινοῦντος δὲ ἤδη πρὸς μαθήσεις ἔρωτος οὐκ ἔχειν τὸν μεταδώσοντα, θανάτῳ σβεσθέντος τοῦ ῥεύματος, τουτὶ δὲ ἀθλίου. Ποθῶν μὲν τοίνυν τὸν οὐκέτ' ὄντα, χρώμενος δὲ τοῖς οὖσιν, εἰδώλοις γέ τισι σοφιστῶν, ὥσπερ οἱ τοῖς ἐκ κριθῶν ἄρτοις ἀπορίᾳ γε τοῦ βελτίονος, ἐπειδὴ ἤνυτον οὐδέν, ἀλλ' ἦν κίνδυνος ἡγεμόσι τυφλοῖς ἑπόμενον εἰς βάραθρον ἀμαθίας πεσεῖν, τοῖς μὲν χαίρειν εἶπον, παύσας δὲ τὴν μὲν ψυχὴν τοῦ τίκτειν, τὴν δὲ γλῶτταν τοῦ λέγειν, τὴν δὲ χεῖρα τοῦ γράφειν, ἓν ἔδρων μόνον, μνήμῃ τὰ τῶν παλαιῶν ἐκτώμην, συνὼν ἀνδρὶ μνημονικωτάτῳ τε καὶ οἵῳ τῶν παρ' ἐκείνοις καλῶν ἐμπείρους ἀπεργάζεσθαι νέους. Καὶ οὕτω δή τι αὐτῷ προσεκείμην ἀκριβῶς, ὥστ' οὐδ' ἀπαλλαττομένου τῶν νέων ἀπηλλαττόμην, ἀλλὰ καὶ δι' ἀγορᾶς ἐν χεροῖν τε ἡ βίβλος, καὶ ἔδει τι τὸν ἄνδρα καὶ πρὸς ἀνάγκην λέγειν,

1 οὐδ' CPVMRKL : ἦδ' N || **2** δοκεῖ CNPVMR : δοκῇ KL || **3** καλὸν CNP : καλὸν μὲν VMRKL (sic Foerster) || **4** αὐτῶι CNP MRKL : αὐτῷ V || **5** αὐτούς C^{ac}NPVMRKL : αὑτούς C^{pc} (*s*) || **6** adnot. P mg. (man. rec.) λέγει γάρ τις τῶν ποιητῶν, δουλοῖ γὰρ ἄνδρα κἂν θρασύσπλαγχνός τις ᾖ, ὅταν συνειδῇ πατρὸς ἢ μητρὸς κακά (Eur. *Hipp.* 424) καὶ πάλιν · ὅταν δὲ κρηπὶς μὴ καταβληθῇ γένους ὀρθῶς, ἀνάγκη δυστυχεῖν τοὺς ἐκγόνους (Eur. *Herc. Fur.* 1261) || **7** παρὰ CNP : παρ' VMRKL || **8** μὴ om. N || **9** ἀφωσιούμην codd. : ἀφοσιοίμην Herwerden (probante Foerster t. III p. xiii) || adnot. R mg. μέτριος ἐγενόμην || **14** γε CNPVM^{sl} : om. MRKL || ἐπειδὴ NPVMRKL : ἐπεὶ δὴ $C^{ac}C^{sl}$ (*s*) ἐπεὶ δὲ C^{pc} (*s*) || **15** ἑπόμενον NPVMKL : ἐπ- CR || **21** ὥστ' CNPVMR : ὥστε KL || **22** δι' CNPMRKL : ἐπ' V || **23** ἔδει : adnot. V mg. καὶ ἀνάγκη ἦν.

lât, même de force. Sur le moment je l'ennuyais manifestement, mais plus tard il m'en félicita.

9. Pendant cinq ans tout mon esprit fut appliqué à ce travail, avec l'aide divine qui ne laissa aucune maladie se mettre en travers de ma course, car même ce coup qui me frappa à la tête... * Voici de quoi il s'agit : je lisais les Acharniens [1] d'Aristophane, debout près de la chaire du grammatiste, et le soleil était caché de nuages épais, si bien que l'on eût pu dire que ce jour ressemblait à une nuit. Zeus fit entendre un fort grondement [2] et lança sa foudre, le feu de l'éclair frappa mes yeux, le bruit frappa ma tête. Je crus qu'il ne m'en resterait rien de grave et que ce trouble allait cesser, mais revenu à la maison et pendant le déjeuner, il me semblait entendre ce bruit et que la foudre tombait près de la maison. La frayeur me mit en sueur et d'un bond je quittai la table et me réfugiai sur mon lit. Je crus que je devais me taire et tenir tout cela secret, de peur, en me confiant aux médecins, de me voir avec chagrin arraché à ma vie quotidienne pour prendre médecine et subir un traitement. **10**. Ainsi prit racine un mal qui, paraît-il, eût été sans peine extirpé dès les premiers symptômes. Et par la suite il me suivit dans mes voyages, s'aggravant de sa propre gravité, et revint ici avec moi non sans changements ni rémissions, mais sans mettre fin à mon tourment et même quand il semble céder il ne cesse jamais tout à fait. Mais enfin, comme je l'ai dit, à part cela, je fus en bonne santé durant cette période et même ces maux ne m'empêchèrent point de profiter de ce qui faisait ma joie.

1. Remarquons cet usage scolaire d'une comédie qui fait partie des onze pièces aujourd'hui conservées d'Aristophane. Le *choix* était déjà fait. Autres allusions à l'œuvre d'Aristophane chez Libanios : *infra*, § 270 ; Apol. de Socrate (*Decl.* I), § 68 (*Nuées*) ; *ep.* 439 et 527 (*Acharniens*). [J. M.].

2. Encore une expression homérique, cf. Θ 75, Ρ 595, φ 413. [J. M.].

ἣν ἐν τῷ παραχρῆμα μὲν δῆλος ἦν δυσχεραίνων, χρόνοις δὲ ἐν ὑστέροις ἐπῄνει.

9. Πέντε ταῦτα ἔτη ἦν ἁπάσης μοι τῆς ψυχῆς ἐκεῖσε τετραμμένης, καὶ συνέπραττεν ὁ δαίμων οὐδενὶ νοσήματι τὸν δρόμον ὑποσκελίζων · ἐπεὶ καὶ ὃ προσέπεσε τῇ κεφαλῇ— ἦν δὲ τοιόνδε · ἐν τοῖς Ἀχαρνεῦσι τοῖς Ἀριστοφάνους ἦν, καθημένῳ τῷ γραμματιστῇ παρεστηκώς, ὁ δὲ ἥλιος οὕτω παχέσιν ἐκέκρυπτο νέφεσιν, ὥστ' ἤδη τινὰ νύκτα ἐκείνην τὴν ἡμέραν προσειπεῖν. Μέγα δὲ κτυπήσαντος τοῦ Διὸς καὶ ἅμα κεραυνὸν ἀφέντος ἐπέπληκτο μὲν τῷ πυρὶ τὰ ὄμματα, ἐπέπληκτο δὲ ἡ κεφαλὴ τῇ βροντῇ. Καὶ ᾤμην μὲν οὐδὲν ἐνιδρῦσθαί μοι δεινόν, ἀλλ' αὐτίκα λήξειν τὴν ταραχήν. Ἀπελθὼν δὲ οἴκαδε καὶ ἐπ' ἀρίστῳ κατακλιθείς, βροντῆς τε ἐκείνης ἐδόκουν ἀκούειν, κεραυνόν τε ἐκεῖνον τὴν οἰκίαν παραθεῖν, ἱδρῶτά τ' ἐκίνει τὸ δέος, καὶ ἀναπηδήσας ἐκ τῶν σιτίων ἐπὶ τὴν κλίνην καταφεύγω. Σιγᾶν τε ᾤμην δεῖν τοῦτο καὶ φυλάττειν ἄρρητον, ἀλλὰ μὴ κοινώσας ἰατροῖς εἰς φάρμακά τε καὶ τὰ ἀπὸ τῆς τέχνης ἐκ τῶν εἰωθότων ἑλκυσθεὶς ἀνιᾶσθαι. **10**. Τοῦτο καὶ εἰς ῥίζας ἤγαγε τὴν συμφορὰν ἐκβληθεῖσαν ἄν, ὥς φασιν, ἐν προοιμίοις οὐ σὺν πόνῳ. Διὰ τοῦτο καὶ συναπεδήμησέ μοι τὸ κακὸν αὐξόμενον τὴν αὔξην τὴν ἑαυτοῦ, δεῦρό τε ἀφῖκται πάλιν, τροπὰς μέν τινας τρεπόμενον, οὐ μὴν τοῦ γε ἐλαύνειν παυόμενον, ἐπεὶ καὶ ὁπότε δοκεῖ χαλᾶν, οὐ παντάπασι λήγει. Ἀλλ' ὅπερ ἔφην, πλὴν τοῦδε τηνικαῦτα τἄλλα ἦν ἄνοσος, καὶ οὐδὲ τοῦτο εἶργε μὴ ἀπολαύειν τῶν παιδικῶν.

6 post ἦν dist. C^{ac} ut uid. PR : post Ἀριστοφάνους dist. C^{s}VM non dist. NKL || **12** ἐνιδρῦσθαι P : -ρύσθαι CNVKL -ρύσασθαι MR || **15** τ' ἐκίνει C (κίνει in ras.) N (ιν in ras.) P (ιν in ras.) M^{ac}R : τὲ ἐκίνει V τὲ κινεῖ KL || **17** τε codd. : δὲ Foerster fortasse recte || δεῖν τοῦτο CNPVMRL : τοῦτο δεῖν K || **18** κοινώσας CNPVM^{pc} R^{pc} : κοινωνήσας M^{ac}R^{ac}KL || τὰ om. N || **22** αὔξην τὴν CNPVM^{sl} (rec.) R^{pc} : αὔξησιν (τὴν om.) MR^{ac}KL || **23** τρεπόμενον : -πο- in ras. V (rec.) fortasse τρεφόμενον V^{ac} || **24** ἐλαύνειν : ειν in C rescr. manu *n* || καὶ ante ἐπεὶ καὶ add. K.

11. Ayant donc rempli mon esprit des œuvres des écrivains les plus admirés, la passion me vint de suivre la même voie. J'avais un condisciple cappadocien *, du nom de Jasion, venu tardivement aux études, mais qui plus que tout autre prenait plaisir à se donner du mal. Ce Jasion me racontait pour ainsi dire chaque jour les histoires qu'il avait recueillies de ses aînés sur Athènes et ce que l'on y faisait. Il m'entretenait des Callinicos et des Tlépolème * et d'une foule d'autres sophistes de qualité, et des joutes oratoires qui les opposaient pour la victoire ou la défaite, et mon esprit en conçut le désir d'aller en cette contrée.

12. Je devais plus tard parler ouvertement de l'obligation où j'étais de prendre la mer, mais la renommée que me valaient les travaux auxquels je me soumettais et ma conduite si sage pour un jeune emplissait alors la ville : je parle de cette sage conduite en toute assurance car elle a eu pour témoins des hommes qui vivent encore et qui, si vous le voulez, se lèveront pour en témoigner, et j'en vois un bon nombre qui sont assis ici même [1]. Ma fermeté ne venait pas de la surveillance et de la crainte des pédagogues [2], car ils sont impuissants en face d'un jeune homme orphelin, mais d'un dessein de la Fortune : grâce à elle, j'étais mon propre gardien et en même temps j'en sauvais d'autres, mettant fin à ces plaisirs répréhensibles qui arrachent aux études bon nombre de jeunes qui s'y livrent *. Et comme on parlait beaucoup dans toute la ville de ces deux vertus que j'avais, les pères de filles à marier jetaient leur dévolu sur moi par le truchement de mes deux

1. Ce passage tend à montrer que Libanios récite la première partie du *Bios* (§§ 1 à 155) devant un auditoire réel, sélectionné parmi ses amis et ses élèves. Sur ce problème, cf. *Notice*, p. 30.

2. Sur le rôle des pédagogues, cf. A. J. Festugière, *Antioche*, p. 107-109.

11. Συνειλεγμένων τοίνυν εἰς τὴν ψυχὴν τῶν ὑπὲρ τοὺς ἄλλους κατὰ λόγου δύναμιν θαυμαζομένων ἀνδρῶν, ὁρμῆς τέ με ἐπὶ τοῦτον εἰσελθούσης τὸν βίον (ἦν γὰρ ἑταῖρος ἐμοὶ Καππαδόκης, Ἰασίων ὄνομα αὐτῷ, βραδέως μὲν ἥκων ἐπὶ λόγους, φιλοπονίᾳ δέ, εἴπερ τις ἄλλος, ἡδόμενος) οὗτος ὁ Ἰασίων, ἃ παρ' ἀνδρῶν πρεσβυτέρων Ἀθηνῶν τε πέρι καὶ τῶν αὐτόθι δρωμένων ἐδέδεκτο καθ' ἡμέραν ὡς εἰπεῖν πρὸς ἐμὲ ἐμυθολόγει, Καλλινίκους τέ τινας καὶ Τληπολέμους ἑτέρων τε οὐκ ὀλίγων σοφιστῶν διηγούμενος σθένος λόγους τε οἷς ἀλλήλων ἐκράτησάν τε καὶ ἐκρατήθησαν, ὑφ' ὧν τις ἐπιθυμία τοῦ χωρίου κατελάμβανέ μοι τὴν ψυχήν.

12. Τοῦτο μὲν δὴ ὕστερον ἔμελλον ἐκλαλήσειν, ὡς εἴη μοι πλευστέον· τῆς φήμης δὲ τῶν πόνων οὓς ἐπόνουν κατεχούσης τὴν πόλιν καὶ τῆς γε ἐν ὥρᾳ σωφροσύνης — λέγω γὰρ οὖν σωφροσύνης πέρι θαρρούντως, ζώντων ἔτι μοι μαρτύρων, οἳ βουλομένων ὑμῶν ἀναστάντες μαρτυρήσουσιν, ὁρῶ γὰρ αὐτῶν οὐκ ὀλίγους ἐνταυθοῖ καθημένους· ἦν δὲ ἀνάλωτος οὐ φρουρᾷ καὶ φόβοις παιδαγωγῶν, οὓς ἀσθενεῖς πέφυκεν ὀρφανία νέου ποιεῖν, ἀλλὰ προνοίᾳ Τύχης, δι' ἣν αὐτός τε ἐμαυτοῦ φύλαξ ἦν ἄλλους τε ἐρρυόμην, παιδιάς τε ἔπαυον ἐπιζημίους, ἐφ' ἃς τοὺς λόγους ῥίψαντες οὐκ ὀλίγοι τῶν νέων ἐφέροντο. Γεμούσης δὴ τοῦ περὶ ἀμφοῖν τοῖν ἀγαθοῖν λόγου τῆς πόλεως ἁπάσης, οἱ

3 εἰσελθούσης C^{pc} (εἰσ supra lineam manu ν) PVMR : ἐλθ- C^{ac}NKL || γὰρ CNP : γάρ τις MRKL καί τις V || **4** ἐμοὶ CNPVMR : om. KL || **5** ἥκων CNPVMRL^{pc} : εἴκων KL^{ac} || ἄλλος CNP : ἕτερος VMRKL || **6** παρ' CNPVKL : παρὰ MR || **7** ἐδέδεκτο CNPVM^{sl}R^{pc}L^{pc} : ἐδέδοκτο MR^{ac}L^{ac} ἐδέδοκτω (sic) K || **12** μοι CNPMRKL : μου V || **13** ἐκλαλήσειν CNPVMRL : λαλήσειν K || **17** μοι CNPVM^{sl}R^{sl}KL : om. MR || **18** ἐνταυθοῖ CNPVMR : ἐνταῦθα KL || **19** φόβοις CNPVMR : φόβῳ KL || **20** ἀσθενεῖς CNPVMRL^{sl} : ἀσθενοῦς KL || **21** ad uerba αὐτὸς... ἦν adnot. V mg. (manu recentissima) αὐτὸς ἐμαυτοῦ φύλαξ ἦν || **21-22** ἐρρυόμην P^{sl} (rec. ut uid.) VL : ἐρυ- CNP^{ac}MRK || **23** ad γεμούσης adnot. V mg. ἐνταῦθα ἀπέδωκε, τῆς φήμης. ἀνέλαβε δὲ πάλιν ἐκεῖνο διὰ τοῦ γεμούσης, μεταξὺ δηλώσας περὶ ὧν ἐβούλετο.

oncles, rivalisant entre eux par l'ampleur de la dot promise, mais « ils n'émurent jamais le cœur qui battait dans ma poitrine »[1]. Et je pense que comme Ulysse l'idée de voir les fumées d'Athènes m'eût fait repousser un mariage, même avec une déesse[2].

13. Ma mère pleurait et ne supportait même pas l'idée que je puisse réaliser mon projet. L'aîné de mes oncles pensa qu'il devait venir à son aide et m'invita à renoncer à l'impossible, car, quel que fût mon désir, il me refuserait la permission. Le cadet de mes oncles venait d'offrir les Jeux Olympiques en l'honneur de Zeus et je m'étais résigné à la nécessité, quand la divinité frappa durement la ville ou plutôt la terre entière par la mort de Panolbios, tel était le nom de l'aîné de mes oncles. Les larmes de ma mère n'avaient plus autant de pouvoir sur le second, car Phasganios n'était pas homme à céder à une pitié préjudiciable : il la persuada de supporter un chagrin de courte durée et qui promettait de grands fruits, et il m'ouvrit les portes de la maison[3]. **14**. Dans ce que je viens de raconter on n'a pas de mal à déceler ce qui fut heureux et ce qui ne le fut pas.

A peine parti, je ressentis combien il est amer de quitter les siens. J'allais avec mes plaintes et ma douleur, me retournant fréquemment dans le désir de

1. η 258. Au § 54 Libanios affirme encore qu'il ne voulait pas se marier, son art lui tenant lieu d'épouse. On sait cependant qu'il fut fiancé à sa cousine, la fille de Phasganios, que la mort lui ravit en 354, *infra*, § 95.

2. Toute la fin du paragraphe 12 évoque la résistance d'Ulysse aux séductions de Calypso. Cf. α 57 sq. : αὐτὰρ Ὀδυσσεύς, ἱέμενος καὶ καπνὸν ἀποθρῴσκοντα νοῆσαι ἧς γαίης ; ε 215 sq. ; et enfin η 258 cité explicitement ici. On retrouve les *fumées d'Athènes* chez Philostrate, *Imagines* 1, 15 : ὁ Θησεὺς ἐρᾷ μέν, ἀλλὰ τοῦ τῶν Ἀθηνῶν καπνοῦ. La suite des idées dans ce paragraphe semble être la suivante : Libanios dissimule d'abord son désir de partir, mais il le manifeste par le refus qu'il oppose aux mariages flatteurs qu'on lui offre. [J. M.].

3. Panolbios est mort en 336, peu de temps après que son frère Phasganios eût présidé les Jeux Olympiques.

παρθένους τρέφοντες πατέρες διὰ τοῖν θείοιν τοῖν ἐμοῖν ἤεσαν ἐπ' ἐμὲ πλήθει προικὸς ἕτερος ἕτερον παριόντες,

ἀλλ' ἐμὸν οὔποτε θυμὸν ἐνὶ στήθεσσιν ἔπειθον.

Οἶμαι δὲ κατὰ τὸν Ὀδυσσέα καὶ θεῖον ὑπεριδεῖν ἂν γάμον πρὸς τὸν Ἀθηνῶν καπνόν.

13. Ἡ μὲν οὖν μήτηρ ἐδάκρυεν οὐδὲ τὸν λόγον ἀνεχομένη τοῦ ἔργου, τοῖν θείοιν δὲ ὁ πρεσβύτερος τῇ μὲν ᾤετο βοηθεῖν δεῖν, ἐμὲ δὲ ἐκέλευεν ἀδυνάτων ἀφεστάναι, μηδὲ γὰρ εἰ σφόδρα ἐρῴην ἐπιτρέψειν αὑτόν. Τὰ Ὀλύμπια δὲ τοῦ νεωτέρου ποιήσαντος τῷ Διί, καὶ ἐμοῦ τῆς ἀνάγκης ἡττημένου, ζημιοῖ μὲν ὁ δαίμων τὴν πόλιν, μᾶλλον δὲ πᾶσαν τὴν γῆν τῇ Πανολβίου τελευτῇ, τουτὶ γὰρ ὄνομα τῷ πρεσβυτέρῳ τῶν θείων · τῆς μητρὸς δὲ πρὸς τὸν ἕτερον οὐκέτι τὰ αὐτὰ τοῖς δάκρυσι δυναμένης, ἦν γὰρ δὴ ὁ Φασγάνιος οἷος οἴκτῳ βλαβερῷ μὴ ἐνδιδόναι, τὴν μὲν πείθει λύπην οὐ μακρὰν καρποὺς μεγάλους ὑπισχνουμένην ἐνεγκεῖν, ἐμοὶ δὲ ἀνοίγει τὰς πύλας. **14.** Ἐν τοῖς εἰρημένοις οὐκ ἄδηλον ὅ τι μὲν εὔδαιμον, ὅ τι δὲ οὐ τοιοῦτον.

Ἐξεληλακὼς δὲ ἤδη, τότε ἄρα ᾐσθανόμην ὡς δεινῶς πικρὸν ἀπολιπεῖν οἰκείους. Ἐφερόμην οὖν σὺν ὀδυρμοῖς τε καὶ ὀδύνῃ, πυκνὰ ἐπιστρεφόμενος πόθῳ τῆς τῶν τειχῶν

1 τρέφοντες om. R suppl. R^{sl} || **3** = η 258 || στήθεσσιν CP : -εσιν NVMRKL || **4** supra θεῖον adnot. P (rec.) τὸν τῆς Καλυψοῦς || θεῖον... γάμον (γάμων C^{s} supra lineam) CNP : θείου γάμου V θείων γάμων MRKL || ad γάμον adnot. P mg. (rec.) μετὰ τὸν ἐκ Τροίας ἀνάπλουν, Ὀδυσσεὺς ἔν τινι νήσῳ καταίρει ἔνθα ἦν ἡ Καλυψὼ μία οὖσα τῶν Νηρηίδων, θυγάτηρ Ἄτλαντος · ᾗ καὶ μιγείς, ἐνταυθοῖ κατέμενεν ἄκων. ὑπέσχετο γὰρ αὐτῷ ἡ θεὸς ἀθάνατον ποιήσειν μένοντα παρ' αὐτῇ · ὁ δὲ πρὸς τὸν τῆς πατρίδος ἔρωτα τῆς ἀθανασίας ἀπέσχετο · φησὶ γὰρ τὸ ἔπος · « αὐτὰρ Ὀδυσσεὺς | ἱέμενος (sic) καὶ καπνὸν ἀποθρώσκοντα νοῆσαι | ἧς γαίης, θανέειν ἱμείρεται (α 57-59) || **5** Ἀθηνῶν Reiske ἀθηναίων codd. confert Foerster Philostr. *Imag.* 1, 15, 3 ὁ Θησεὺς ἐρᾷ μέν, ἀλλὰ τοῦ τῶν Ἀθηνῶν κάπνου || **8** μή δὲ (sic) CNPVMRL : μὴ K || **9** αὑτὸν Foerster : αὐτὸν codd. || **11** ὁ δαίμων τὴν πόλιν CPVMRKL : τὴν π- ὁ δ- N || **13** τῷ πρεσβυτέρῳ CNPVM^{pc}RKL : τῶν -τέρων M^{ac} || **16** ὑπισχνουμένην codd. : -μένου M^{sl} (rec.) || **18-19** δεινῶς πικρὸν CNPVM^{sl} (rec.) RKL : δεινὸν M || **21** ὀδύνῃ CNPVM ut uid. KL : -νης R.

revoir les remparts. Jusqu'à Tyane, ce furent les larmes, ensuite la fièvre s'ajouta aux larmes. Deux désirs luttaient en moi, mais la crainte de la honte s'attachant à l'un donna plus de force à l'autre, et il me fallut quoique malade poursuivre ma route. La maladie s'étant aggravée pendant le voyage, je traversai le Bosphore plus qu'à demi-mort et mes mules avaient souffert tout autant. Je comptais sur quelqu'un qui devait me faire gagner Athènes par la poste impériale, mais il avait perdu tout son crédit [1], et tout en m'accueillant avec le zèle d'un hôte il me dit que sur ce point il ne pouvait rien. **15.** Je me tournai alors vers la mer, déjà fermée à la navigation à cause de la saison [2]. Mais ayant rencontré un capitaine renommé, je le gagnai aisément en lui promettant de l'or, embarquai, et la faveur de Poséidon me fit poursuivre le voyage agréablement. Je doublai Périnthe *, Rhoiteion et Sigée et contemplai du pont la malheureuse cité de Priam. Je traversai la mer Égée avec un vent aussi favorable que Nestor [3], si bien que le manque de crédit de mon hôte tourna à mon avantage.

16. Je touchai terre à Geraistos, puis dans un des

1. Pour utiliser la poste impériale, le *cursus publicus*, il fallait une autorisation officielle, un permis appelé *euectio* que ne pouvaient en principe distribuer que les vicaires et les préfets du prétoire, à l'exclusion des simples gouverneurs des provinces, *C. Th.*, VIII, 5, 5 (de 354). Naturellement des abus se produisaient que Julien tenta de réprimer, *or.* XVIII, 141-145. W. Seston, Notes sur l'Histoire-Auguste, *REA*, 45, 1943, p. 53-55. On voit que Libanios n'aurait pas dédaigné cette faveur, mais son protecteur avait perdu son influence au mauvais moment. Cf. P. Petit, *Lib. et vie munic.*, p. 158-159, 257.

2. La mer était habituellement fermée à la navigation de novembre à mars, c'est le *mare clausum* des textes, cf. J. Rougé, *Recherches sur l'organisation du commerce maritime en Méditerranée sous l'Empire romain*, Paris, 1966, p. 32-33.

3. Cf. γ 176.

ὄψεως. Μέχρι μὲν Τυάνων δάκρυα, ἐντεῦθεν δὲ σὺν πυρετῷ δάκρυα · δυοῖν δὲ ἐπιθυμίαιν μαχομέναιν, ὁ τῆς αἰσχύνης φόβος θατέρᾳ προσγενόμενος ἐκεῖσε ἐποίησε τὴν ῥοπήν, ὥστε ἔδει νοσοῦντα ὁδοιπορεῖν. Τοῦ νοσήματος δὲ ὑπὸ τῆς πορείας αὐξανομένου, διαπλέω μὲν τὸν Βόσπορον μικρόν τι νεκροῦ διαφέρων, καὶ οἱ ὀρεῖς δὲ ταὐτὸν ἐπεπόνθεσαν · ἐν ᾧ δὲ εἶχον ἐλπίδας ὡς βασιλείοις με πέμψοντι παρὰ τὴν Ἀθηνᾶν ζεύγεσιν, οὗτος μὲν ἐξεπεπτώκει τῆς πολλῆς ἐκείνης ῥώμης, καὶ τἄλλα δὴ προθυμότατα ξενίζων ἓν τοῦτο ἔφη μὴ δύνασθαι, **15.** ἐγὼ δὲ εἰς τὴν θάλατταν ἔβλεπον ἤδη κεκλεισμένην ὑπὸ τῆς ὥρας ναυτίλοις · ἐντυχὼν δέ τινι λαμπρῷ κυβερνήτῃ μνησθείς τε χρυσίου πείθω ῥᾳδίως, καὶ ἐμβὰς τυχὼν τοῦ Ποσειδῶνος ἐκομιζόμην τερπόμενος, Πέρινθόν τε παραπλέων Ῥοίτειόν τε καὶ Σίγειον καὶ τὴν τὰ δεινότατα παθοῦσαν, τὴν Πριάμου πόλιν, ἀπὸ τῶν καταστρωμάτων ὁρῶν, τόν τε Αἰγαῖον διέδραμον οὐ χείρονι πνεύματι χρησάμενος Νέστορος, ὥστε μοι κέρδος γενέσθαι τὴν ἀδυναμίαν τοῦ ξένου.

16. Καταπλεύσας οὖν εἰς Γεραιστόν, ἔπειτα εἰς λιμένα

5 αὐξανομένου CNP : αὐξομένου VMRKL || **8** ἀθηνὰν R || ἐξεπεπτώκει τῆς πολλῆς ἐκείνης CNPVRKL : ἐξεπεπτώκείνης M (τῆς πολλῆς ἐκεί suppl. M man. rec.) || **9** δὴ Gasda Foerster : δὲ codd. || **10** post δύνασθαι leuiter interpunxi : grauiter codd. edd. || **11** κεκλεισμένην C^{pc} (σ s.l. manu *ν* uel *s*) M^{pc} (rec.) : κεκλειμένην C^{ac} (ex -κεκλι- ?) NPR^{ac} κεκλιμένην V (ex κεκλει- ?) M^{ac} R^{pc}KL || **11-12** ναυτίλλοις K || **12** λαμπρῷ codd. : λαμυρῷ Mauritius Schmidt *Philol.* X 615 || **13** τοῦ Ποσειδῶνος CNPV : εὐμενοῦς τοῦ Ποσ- MRKL εὐμενοῦς (ex -νῶς) ante τοῦ Ποσ- C^{sl} (manu *s*) || adnot. V mg. τυχὼν τοῦ Ποσειδῶνος, ἤτοι σωτῆρος · ἀφῆκε δέ, ἀττικῇ συνηθείᾳ · καὶ Ἀριστείδης (*Disc.* I, ed. Lenz-Behr t. I p. 24) « τυχὼν τῆς θεοῦ », ἐάσας εἰπεῖν συμμάχου || **14** Πέρινθόν CNPVKL : πειρίθόν M πείριθόν R (in mg. ἠράκλειαν) || **14-15** Ῥοίτειόν CNPVKL : ῥοίτιον MR (in mg. ῥοδεστὸν [?]) || **15** τὰ CNPVMR : om. KL || τὴν CNP : om. VMRKL || **16** Πριάμου πόλιν CNPMRKL : πόλιν Πρ- V || καταστρωμάτων NPVMRKL : καστρωμάτων C (-τα- C^{sl} manu *s*) || τόν CNPVM^{sl} (rec.) : τό MRKL || **17** Αἰγαῖον CPVMRKL : αἴγαιον N || **18** κέρδος CPVMRKL : κέρδους N || **20** Γεραιστὸν CNPVML^{pc}R^{sl} : γεραστὸν KL^{ac} γερεστὸν R || εἰς om. K.

ports d'Athènes où je passai la nuit. Le soir suivant j'étais dans la ville et dans les mains de gens que je n'avais pas choisis et le lendemain encore dans les mains d'autres gens que je n'avais pas choisis non plus. Quant au maître que j'étais venu trouver, je ne pus même pas le voir, car j'étais séquestré comme dans un tonneau. Telles sont leurs manières envers les étudiants nouveaux venus. Et nous poussions des hurlements, chacun de notre côté, le sophiste privé de moi et moi de lui. Ceux qui me tenaient ne se souciaient pas de nos cris, et moi qui venais de Syrie je fus comme Aristodémos * étroitement surveillé jusqu'à la prestation des serments. Après avoir juré de me satisfaire de ma condition présente, je vis la porte s'ouvrir et je suivis les leçons d'un professeur comme élève officiel et des deux autres comme auditeur de leurs conférences publiques *. **17.** Le bruit des applaudissements s'élevait bien haut pour tromper ceux qui en étaient à leur première expérience, mais je me rendis compte que je n'assistais à rien de grand, car l'autorité sur les étudiants était usurpée par des gens qui ne différaient guère des étudiants. On trouva que je n'étais pas correct envers Athènes et que je devais être puni parce que je n'admirais pas ceux qui faisaient autorité. A grand peine je fléchis leurs colères en leur disant que j'admirais en silence parce qu'il m'était interdit de crier à cause de mes ennuis de santé. Et bientôt, ayant extrait de mes notes et d'ailleurs * quelques productions de ma façon, mon absence d'admiration fut trouvée toute naturelle.

18. Ici encore, dans ce que je viens de raconter il importe de rechercher le rôle de la déesse. Certes, mes maladies et le fait d'aborder comme une marchandise en des ports qui trompent les espoirs et dont la renom-

τινὰ Ἀθηναίων, οὗ δὴ καὶ ἐκοιμήθην, τῆς ἐπιούσης ἐν ἄστει τε ἦν ἑσπέρας καὶ ἐν χερσὶν ὧν οὐκ ἂν ἐβουλόμην, ἔπειτα τῆς ὑστεραίας ἐν ἑτέρων αὖ χερσὶν ὧν οὐδὲ τούτων ἐβουλόμην · οὗ δὲ ἦλθον μετασχήσων, τοῦτον οὐδ' ὁρᾶν εἶχον ἐν πίθῳ μικροῦ καθειργμένος, οἷα τὰ 'κείνων εἰς τοὺς ἀφικνουμένους τῶν νέων. Ἐβοῶμεν δὴ διεστηκότες, ὁ σοφιστὴς μὲν ἐμοῦ, 'κείνου δὲ ἐγὼ στερόμενος · τοῖς ἔχουσι δὲ λόγος οὐδεὶς τῆς βοῆς, ἀλλ' Ἀριστόδημος μέχρι τῶν ὅρκων ἐτηρούμην ὁ Σύρος. Ὀμωμοκότι δὲ ἤδη τοῖς παροῦσιν ἀγαπήσειν, ἀνοίγει τις τὴν θύραν, καὶ ἠκροώμην τοῦ μὲν εὐθὺς ἐν τάξει μαθητοῦ, τοῖν δυοῖν δὲ κατὰ νόμον δὴ τὸν τῶν ἐπιδείξεων. **17.** Καὶ ὁ μὲν κρότος πολὺς εἰς ἀπάτην τῶν τότε πρῶτον γευομένων ἐγειρόμενος, ἐγὼ δὲ ᾐσθανόμην ἐπ' οὐδὲν σεμνὸν ἀφιγμένος, τῆς ἀρχῆς τῶν νέων ὑπ' ἀνδρῶν οὐ πολύ τι νέων διαφερόντων ἡρπασμένης. Καὶ ἐδόκουν δὴ πλημμελεῖν τε εἰς τὰς Ἀθήνας καὶ δίκην ὄφλειν οὐχὶ θαυμάζων τοὺς ἄρχοντας. Μόλις οὖν τὴν ὀργὴν καταπραΰνω σφίσι σιγῇ φήσας θαυμάζειν, κεκωλύσθαι γὰρ ὑπὸ τῶν νοσημάτων τὴν βοήν · δεικνυμένων δὲ ἤδη τῶν ἐμῶν ἔκ τε γραμματίων καὶ ἄλλως, εἰκός τι παθεῖν ἐδόκουν οὐχὶ θαυμάσας.

18. Κἂν τοῖς εἰρημένοις δὴ τούτοις ἄξιον ἐξετάσαι τὴν θεόν. Οὐκοῦν αἱ μὲν νόσοι καὶ τὸ ὥσπερ κατ' ἐμπορίαν πεπλευκότα χείροσι τῆς ἐλπίδος ὁμιλῆσαι λιμέσι δόξαν μὲν ἔχουσι θαυμαστήν, πεῖραν δὲ οὐ τοιαύτην, τουτὶ μὲν

2 a χερσὶν ὧν οὐκ usque ad cap. 50 φόβους τινὰς ἐν[superest codex A (foll. 15^{r}-18^{v}), NP igitur hic abiciendi sunt ‖ χερσὶν CAVM^{pc} : χεροῖν MRKL ‖ post ἐβουλόμην add. οὐδὲ (sic) ἦλθον μετασχήσων M (del. M^{pc}) RKL (uide infra) ‖ **3** ἑτέρων CAVM^{pc} KL^{sl} : ἑταίρων M^{ac}RL ‖ τούτων CAV : αὐτῶν MRKL ‖ **7** 'κείνου A (p.c. ?) K : κείνου CMRL ἐκείνου V ‖ **8** Ἀριστόδημος CAMRKL : -δήμωι C^{sl} (manu *s*) V$M^{pc}R^{pc}$ ‖ **9** ὀμωμοκότι C^{pc} (manu *s*) VMRKL : ὀμ-- CA ‖ **10** τις CAM^{pc} : τίς VMRKL ‖ **12** δὴ τὸν A^{sl} (man. antiq.) V : δὴ CMRKL om. A ‖ **15** ὑπ' ἀνδρῶν om. A, suppl. A mg. ‖ διαφερόντων CAVR^{pc} : -ντως MR^{ac}KL ‖ **18** καταπραΰνω CAV : -νων MRKL ‖ **25** τουτὶ CAVMR : καὶ τ- KL.

mée ne répond pas à la réalité, tout cela n'est pas d'un heureux mortel. Mais ma traversée bénéficia en hiver de conditions qui n'étaient pas inférieures à celles de l'été, et je me trouvais dans une situation qui ne répondait pas à mes désirs, mais qui m'était imposée par la force. Ce furent là les dons de la Fortune. Vous l'admettrez sans doute en ce qui concerne ma navigation, et que là-dessus ma parole ne détonne point. Mais pour les sophistes, vous trouverez étrange de me voir affirmer que j'eus de la chance de subir ces contraintes. Il me faut résoudre cette énigme et j'y viens.

19. Depuis mon enfance, Messieurs, j'ai entendu raconter les combats que se livrent en pleine Athènes les équipes d'étudiants, les matraques, les couteaux et les pierres et les blessures, et les procès qui s'ensuivaient, les plaidoiries et les jugements sur preuves, et que les étudiants sont prêts à tout oser dans leur désir de promouvoir le prestige de leurs patrons. Je les trouvais nobles de courir ces dangers et tout autant dans leur droit que ceux qui prennent les armes pour défendre leur patrie, et je priais les dieux de faire en sorte que je pusse accomplir de tels exploits : courir au Pirée, à Sounion et aux autres ports pour y enlever les étudiants fraîchement débarqués, puis courir encore à Corinthe [1] y répondre de ces enlèvements, donner sans arrêt banquet sur banquet et, mes biens rapidement dissipés, me mettre à la recherche d'un prêteur. **20**. Or la déesse avait prévu que

1. Sur les pratiques de racolage propres aux sophistes athéniens, *supra*, § 16. Les professeurs d'Athènes, dit-il plus tard, en 362 (*ep.* 715), « nous livrent des soldats et non des rhéteurs ». A Antioche les procédés étaient moins brutaux, mais Libanios ne recule pas devant un racolage fondé sur ses relations personnelles, le dévouement de ses amis et même certaines pressions de la part de gouverneurs (qui parfois exagèrent !), cf. P. Petit, *Les étudiants*, p. 103-108. Plus tard, vers 386, il va même jusqu'à vanter *a posteriori* les combats qui montrent l'attachement des élèves à leurs maîtres, *or.* III,

οὐκ εὐτυχοῦς ἀνθρώπου. Τὸ δὲ χειμῶνι μὲν οὐδὲν χαλεπωτέρῳ θέρους χρήσασθαι πρὸς τὰ πελάγη, γενέσθαι δὲ οὐχ ὅπερ ἔσπευδον, ἀλλ' ὡς ἐβεβίαστο, ταυτὶ δὲ δῶρα Τύχης. Ἐοίκατε τὸ μὲν τῆς εὐπλοίας δέχεσθαι καὶ κατὰ μέλος εἰρῆσθαι συγχωρεῖν, τὰ δ' αὖ περὶ τὼ σοφιστὰ ἀλλοκότως εἰρῆσθαι, εἰ δὴ ἅπερ ἠναγκαζόμην, ἐν τούτοις εὐτυχηκέναι φημί. Δεῖ δή με λῦσαι τὸ αἴνιγμα, καὶ ἐπὶ τοῦτο εἶμι.

19. Ἀκούων ἔγωγε ἐκ παιδός, ὦ ἄνδρες, τοὺς τῶν χορῶν ἐν μέσαις ταῖς Ἀθήναις πολέμους καὶ ῥόπαλά τε καὶ σίδηρον καὶ λίθους καὶ τραύματα, γραφάς τε ἐπὶ τούτοις καὶ ἀπολογίας καὶ δίκας ἐπ' ἐλέγχοις, πάντα τε τολμώμενα τοῖς νέοις ὅπως τὰ πράγματα τοῖς ἡγεμόσιν αἴροιεν, ἀγαθούς τε αὐτοὺς τοῖς κινδύνοις ἡγούμην, δικαίους δὲ οὐχ ἧττον τῶν ὑπὲρ τῶν πατρίδων τιθεμένων τὰ ὅπλα, εὐχόμην τε τοῖς θεοῖς γενέσθαι καὶ ἐμαυτῷ τοιαῦτα ἀριστεῦσαι, καὶ δραμεῖν μὲν εἰς Πειραιᾶ τε καὶ Σούνιον καὶ τοὺς ἄλλους λιμένας νέων ἐφ' ἁρπαγῇ τῆς ὁλκάδος ἐκβάντων, δραμεῖν δὲ ὑπὲρ τῆς ἁρπαγῆς αὖθις εἰς Κόρινθον κριθησόμενον, δεῖπνα δὲ δείπνοις συνείροντα ταχὺ τῶν ὄντων ἀνηλωμένων εἰς δανείσοντα βλέπειν. **20.**

1 τὸ CAVRKL : τῶ M ‖ **2** γενέσθαι CAVM^{sl} (rec.) R^{pc}KL : γέγονε M^{ac}R^{ac} ‖ **3** ὅπερ A^{ac}VMR (corr. ?) : ὥσπερ C (ex ὅσπερ ?) A^{pc} (postea correctio ipsa deleta est, ut denuo ὅπερ legeretur) M^{sl}KL ‖ ad ὅπερ adnot. V mg. (rec.) ὃν ἐβουλόμην κτήσασθαι διδάσκαλον, ἀλλ' ὃν ἐβιάσθην ‖ ὡς CAVMRKL^{pc} : ὦ L^{ac} ‖ ἐβεβίαστο CAVR^{pc}KL : ἐπεβ- MR^{ac} ut uid. ‖ γενέσθαι δὲ (sc. μαθητὴν) οὐχ οὗπερ (sic iam Asmus) ἔσπευδον, ἀλλ' ὃς ἐβεβίαστο Foerster t. III p. xv ‖ ταυτὶ C^{pc} (manu *s* ?) AVMRKL : ταυτὸ C^{ac} ‖ **4** καὶ om. K ‖ **5** τὰ CA^{ac}VMRKL : τὸ A^{pc} (rec.) ‖ **7** δὴ CAVMR^{pc} : δὲ R^{ac} ut uid. KL ‖ λῦσαι CAMR : λύσαι VKL ‖ **10** χορῶν CAVMR : χωρῶν KL ‖ μέσαις CAVMRK : μέσοις L ‖ τε om. V ‖ **12-13** τε τολμώμενα CAVMR : τετολμημένα KL ‖ **14** ⟨ἐν⟩ τοῖς κινδύνοις coni. Foerster ‖ ἡγούμην CAVR^{pc} : ἡγούμενος MR^{ac}KL ‖ **14-15** δικαίους δὲ CAMRKL : δικ- τὲ (sic) V δικ- τε Reiske Foerster fortasse recte ‖ **15** τῶν ante πατρ- suppl. A^{sl} ‖ τὰ suppl. A^{sl} ‖ **16** τοιαῦτα CAVMR : τοσαῦτα KL ‖ **18** ἁρπαγῇι CAV : -γὴν MRKL ‖ **19** αὖθις suppl. A^{sl}.

j'allais tomber dans cet abîme trompeur qui porte le nom si flatteur de « chef du choros » et, avec son infinie sagesse coutumière, elle me détourna du sophiste en faveur duquel je pensais devoir m'exposer ainsi, et elle me conduisit chez un autre, auprès duquel je ne devais connaître que les tourments de la rhétorique [1]. C'est justement ce qui arriva : en effet, considérant pour ma part que l'on m'avait fait injure en me forçant à prêter serment, je décidai de ne rendre aucun des services dont j'ai parlé plus haut, et personne ne pouvait me l'ordonner car ils m'y avaient obligé contre ma volonté [2], et en même temps ils craignaient que ces charges qui m'étaient pénibles ne me fissent changer d'avis, en alléguant pour me justifier quant à mon serment le fait que j'avais été contraint. **21.** Je fus donc dispensé des sorties, des expéditions et des combats où intervient Arès, ainsi que des affrontements rangés. Et lors même de la grande bataille * où tous participent, y compris ceux que l'âge aurait excusés, demeuré seul tranquille à l'écart, j'entendais parler des coups que chacun encaissait et restais à l'abri de ceux que l'on échange dans les moments de colère, sans en donner, sans en recevoir et sans intention de faire ni l'un ni l'autre. Un jour, allant au bain, je croisai un Crétois qui en revenait, et je marchais entre deux compagnons. Il frappa l'un d'eux, à plusieurs reprises brutalement et sans avoir été provoqué : quant à moi, il ne me regarda

21-22. Les abus commis à Athènes menaient parfois à des procès jugés à Corinthe où résidait le proconsul d'Achaïe, responsable du bon fonctionnement et de la discipline de l'Université d'Athènes : ainsi voit-on (*infra*, § 25) intervenir ce fonctionnaire qui veut révoquer trois professeurs, tandis que plus tard Strategios, proconsul d'Achaïe en 353, suggère aux Athéniens d'appeler des maîtres de l'extérieur (*infra*, § 81-82).

1. Le premier de ces sophistes est Diophantos, le second Epiphanios, selon Eunape, *Vie Lib.*, 2.

2. Eunape, *Vie Lib.*, 3.

Εἰδυῖα τοίνυν ἡ θεὸς εἰς τὸν εὐπρεπῆ με τοῦτον ἐκπεσούμενον ὄλεθρον, ᾧ τοὔνομα μάλα εὔφημον « ὁ τοῦ χοροῦ προστάτης », ὑπὲρ ὅτου μὲν ταῦτα ἡγούμην μοι προσήκειν ὑπενεγκεῖν σοφιστοῦ, τούτου μέν με σοφώτατα, ὥσπερ εἴωθε ποιεῖν, ἀπήγαγε, φέρουσα δὲ ἑτέρου ποιεῖ, παρ' ὅτῳπερ ἔμελλον μόνους εἴσεσθαι τοὺς ὑπὲρ τῶν λόγων μόχθους. Ὃ δὴ καὶ ὧδε ἔσχεν · αὐτός τε γὰρ ὡς ἂν ὑβρισμένος ταῖς τῶν ὅρκων ἀνάγκαις οὐδὲν ὧν ἔφην ἠξίουν λειτουργεῖν, ἄλλος τ' ἂν οὐδεὶς ἐπέταττε διὰ τὸ οὐχ ἑκόντα δεδεκέναι, καὶ ἅμα δέος ἦν μὴ δυσχεραίνων τὸ φορτίον ἕτερόν τι βουλεύσω, πρὸς τὸν ὅρκον ἀπολογησάμενος οἷς προσηναγκαζόμην. 21. Ἦν οὖν ἀτελὴς ἐξόδων τε καὶ στρατειῶν καὶ ἀγώνων ἐφ' οἷς ἔρχεται Ἄρης καὶ παρατάξεων, καὶ δὴ κἀν τῇ μεγάλῃ μάχῃ, πάντων συμπεπτωκότων καὶ ὅσους ὁ χρόνος ἀφίει, μόνος πόρρω που καθήμενος ὅ τι ἕκαστος λάβοι κακὸν ἤκουον, πληγῶν τε διεγενόμην καθαρὸς ὅσας ὀργαὶ ποιοῦσιν ἑνὸς πρὸς ἕνα, οὐ δούς ποτε, οὐ λαβών, οὐδὲ μελλήσας οὐδέτερον. Καίτοι ποτὲ Κρὴς λελουμένος ἐντυχών μοι λουσομένῳ, μέσος δὲ ἐπορευόμην δυοῖν, τὸν μὲν ἔνθεν καὶ ἔνθεν ἐπά-

1 supra θεὸς man. rec. τύχη V || εὐπρεπῆ CVMRKL : ἐκπρεπῆ A (εὐ A^{sl} euan. ? εὐπρεπῆ N) || **1-2** ἐκπεσούμενον CA : ἐμπ- VMRKL || adnot. V mg. (rec.) ὁ πρῶτος τῶν μαθητῶν || **3** μὲν CAVKL : om. MR || μοι om. A, suppl. A^{sl} (rec. ?) || **4** με CAVKL : om. MR (suppl. R^{sl}) || **5** εἴωθε ποιεῖν CAVKL : εἴωθεν (ποιεῖν add. R^{sl}) MR || ποιεῖ CAVMKL : ποιεῖν R || **6** εἴσεσθαι CAV MRKL : οἴσ- NP (codicis A apographa) satis apte || **9** ἄλλος ex ἄλλως MR || **10** δεδεκέναι CAM^{ac} ut uid. RKL : δεδωκ- VM^{pc} || **11** post βουλεύσω dist. CAVM : post ὅρκον R, non dist. KL || **11-12** ἀπολογησάμενος CAR^{pc} : -σόμενος VM (a. c. ?) RKL || **13** οἷς codd. : οὓς Foerster in apparatu et t. III p. xv || in A post Ἄρης quinque fere litterae erasae || **15** ὅσους CAV^{sl}MRKL : οὓς V || adnot. V mg. καὶ ὅσους ὁ χρόνος ἀφίει, ἤτοι ἀφίει τῆς μάχης, ὡς δηλονότι γέροντας ἢ ἀσθενεῖς || **18** οὐ δούς ποτε CAVR^{pc} : οὐδέποτε MR^{ac} ὁδούς ποτε KL || μελλήσας A^{pc}V^{pc}K^{pc}L : μελήσας CA^{ac}V^{ac}MRK^{ac} || adnot. V mg. οὐδὲ μελλήσας οὐδέτερον, ἤτοι οὐδὲ παρολίγον ἐλθὼν δοῦναι πληγὴν ἢ λαβεῖν || **19** λελουμένος ex -μένον C prima manu || **20** δυοῖν CAVMRL^{pc} : δυεῖν KL^{ac}.

même pas, mais pourtant on me jugea outragé pour avoir vu sous mes yeux se commettre une telle audace. **22.** Ainsi tous voulaient qu'en ma présence tout le monde se conduisît correctement. Durant mon séjour à Athènes, je ne touchai pas un ballon, je m'abstins tout autant de m'associer aux parties de plaisir et aux expéditions nocturnes contre les maisons des quartiers pauvres. Et je fis bien voir que les têtes de Scylla, je veux dire ces compagnes plus terribles que les sirènes, les courtisanes qui chantent et qui dépouillent tant de gens, chantaient en vain pour moi [1].

23. Mais, pour en revenir à mon point de départ, j'échappai à ces multiples ennuis grâce à la Fortune, si bien que je ne vis point Corinthe comme accusé ni comme plaignant, mais une fois en passant, pour me rendre à la fête de Laconie, celle des fouets *, et une autre fois en allant à Argos me faire initier à leurs mystères *. Et c'est tout. En ce qui concerne la rhétorique elle-même, si j'étais devenu l'imitateur du maître auprès duquel j'étais venu, et certes mon affection pour lui aurait pu m'y conduire, j'aurais suivi les traces d'hommes que vous connaissez bien et sur lesquels il vaut mieux que je garde le silence. Et où en serions-nous, si mes discours d'aujourd'hui, au lieu de vous rappeler les grands auteurs, vous rappelaient quelque pauvre diable de rhéteur misérable ?

24. Telles furent donc les excellentes dispositions que prit pour moi la Fortune. Et, à l'avantage de

1. Dans une des *Lettres de Pêcheurs* d'Alciphron (I, 21 Benner-Fobes) une courtisane musicienne qui ruine ses amants est déjà comparée à Scylla, le monstre dévoreur d'hommes (*Od.* 12, 256). Voir encore ce fragment du poète comique Anaxilas (22 Edm.) : ἡ δὲ Νάννιόν τι νυνὶ διαφέρειν Σκύλλης δοκεῖ ; Les mœurs dissolues de la jeunesse athénienne sont déjà dénoncées par Isocrate, *Antid.* 286 sqq. « Beaucoup, dit-il en particulier, passent leur temps dans les écoles de joueuses de flûte ». Une fois de plus, Libanios n'évoque la vie réelle qu'à travers les thèmes traditionnels de la sophistique et de la comédie [J. M.].

ταξεν ἀσελγαίνων, οὐκ ἀμυνόμενος, ἐμοὶ δὲ οὐδὲ ἀντέβλεψεν, ἐδόκουν δὲ ὅμως ἠδικῆσθαι τῷ ἐν ἐμοῖς τὰ τοιαῦτα ὀφθαλμοῖς τετολμῆσθαι. **22.** Οὕτως ἅπαντες ἅπαντας ἠξίουν ἐμοῦ παρόντος σωφρονεῖν, τοῦ γε οὐδὲ σφαίρας Ἀθήνησιν οὐδεπώποτε ἁψαμένου, τοσοῦτον ⟨δὲ⟩ ἀποσχόντος κώμου τε [καὶ] κοινωνίας τῶν τε ἐν νυξὶν ἐπὶ τὰς τῶν πενεστέρων ποιουμένων οἰκίας · ἐπεὶ καὶ Σκύλλης κεφαλάς, ἢ εἰ βούλει γε Σειρήνων δεινοτέρας γείτονας, ἑταίρας μελῳδούσας, αἳ πολλοὺς ἐξέδυσαν, μάτην ᾀδούσας ἀπέφηνα.

23. Ἀλλ', ὅθεν ἐξέβην, ἐκείνων τε τῶν πολλῶν κακῶν διὰ τὴν Τύχην ἀπελελύμην (ὥστε τὴν Κόρινθον εἶδον οὐ φεύγων οὐδὲ διώκων, ἀλλὰ νῦν μὲν ἐφ' ἑορτὴν Λακωνικήν, τὰς μάστιγας, ἐπειγόμενος, νῦν δὲ εἰς Ἄργος τὰ παρ' αὐτοῖς μυησόμενος, καὶ τοῦτο δὲ τοσοῦτον), καὶ κατ' αὐτοὺς δὴ τοὺς λόγους, μιμητὴς ἂν ἐκείνου παρ' ὃν ἠρχόμην γενόμενος (τὸ γὰρ δὴ ἐρᾶν καὶ τοῦτο ἂν ἔπραξεν) εἱπόμην ἀνδρῶν ἴχνεσιν οὓς αὐτοὶ μὲν ἐπίστασθε, σιγᾶσθαι δὲ ἐμοὶ κάλλιον. Οἷον ἂν οὖν ἦν, εἰ ἀνθ' ὧν ὑμᾶς νῦν ἐν τοῖς ἐμαυτοῦ λόγοις ἀναμιμνήσκω τοῦ δεῖνος ἀνεμίμνησκον, ταπεινοῦ τινος καὶ πένητος ῥήτορος ;

24. Ταυτὶ μὲν οὖν οὕτως εὖ καὶ καλῶς ἐστρατήγηται τῷ δαίμονι. Καὶ προσῆν τὸ οἷς ἐχρῆν ἡγεμόσιν ἀκολου-

2 τῶ C[sl] (rec. ?) A[ac] ut uid. A[sl] (rec.) V : τὸ CA[pc]MRKL || **5** δὲ addidi : τε Foerster || **6** καὶ seclusi || τε CAMRKL : om. V (sic Foerster suadente Reiskio in *Anim.*) || πενεστέρων codd. : πορνευτριῶν Schmidt *Philol.* X 614 πορνοβοσκῶν Foerster in apparatu || **7** ποιουμένων codd. : πορευομένων Gasda (sic Foerster) || σκύλλης CAMRKL : σκίλης V || κεφαλὰς codd. : κεφαλῶν malit Foerster, secludendum putat Pétrus Wolf || **8** γείτονας delendum censet Foerster || **10** τε CAMRKL : om. V γε Reiske Foerster iniuria || **11** ἀπελελύμην : adnot. V mg. ἀπολελαύκεσαν δὲ ἀεὶ σὺν τῆ ἀπο προθέσει || **11-14** parentheseos signa posui || **12** οὐδὲ CAVMKL : οὐ R || **13** παρ' CAVMR : παρὰ KL || δὲ CAVKL : δὴ MR || **16** ἔπραξεν CAVKL : ἔπραττεν MR || **18** οἷον C[ac]AMKL : οἷος C[pc] (manu *s*) A[sl] (rec.) VR in V supra οἷος legitur κατ' ἐρώτησιν (rec.) || **19** ἀναμιμνήσκω CAVKL : -κων MR || **21** οὖν CAV : om. MRKL || **22** ἡγεμόσιν ἀκολουθοῦντα CAMRKL : ἑπόμενον ἡγεμόσι V.

suivre les leçons des maîtres qu'il me fallait, s'ajouta le fait que ma santé se passa de médecins, de sorte que chaque jour était pour moi un jour de travail, sauf ceux que les fêtes se réservaient et elles n'étaient pas tellement nombreuses, que je sache.

Et comme rien ne semblait plus grand que d'être jugé digne d'une chaire à Athènes, la Fortune y songea aussi et me l'accorda de la façon suivante. **25.** Nous avions alors pour gouverneur un Italien [1] aux visées ambitieuses, qui estimait qu'aucune faute ne devait être tolérée chez les étudiants d'Athènes. A la suite de leurs désordres il révoqua les professeurs qu'il jugeait de mauvais bergers et se mit à la recherche de trois maîtres qui remplaceraient ces trois-là [2]. Pour ces postes lui furent recommandés un Égyptien et un de mes concitoyens, tous deux en résidence à Athènes. Ma réussite dans le métier était égale à la leur, alors que je n'avais que vingt-cinq ans [3]. L'Égyptien avait dix ans de plus et l'autre était encore plus âgé, et il me fallut obéir à cet appel. Cependant le temps apaisa la colère du gouverneur et les sophistes conservèrent leurs postes, mais l'honneur me resta d'avoir été pressenti. Après quoi la suspicion régna partout et nous ne pouvions trouver le sommeil, ni les uns, ni les autres : eux, c'étaient leurs intrigues qui les empêchaient de dormir, et nous, c'était la perspective des ennuis à subir. Pendant cette période cependant la Fortune ne m'abandonna pas à l'insolence des étudiants et elle les contint, bien qu'ils fussent très irrités et excités.

1. Il s'agit d'un proconsul d'Achaïe, en poste en 339, que la *Prosop.* p. 1013 appelle Anonyme 46, inconnu par ailleurs.
2. L'*or.* II, 14 confirme qu'il y avait bien à Athènes trois sophistes quand Libanios fut pressenti, mais comme ce discours date de 381, il est probable que Libanios a consulté à ce moment son *Autobiographie*, rédigée comme on le sait en 374.
3. Les faits datent donc de 339. Cf. *or.* II, 14 et *ep.* 1274 (de 364) où il fait allusion à cette invitation. Il se peut du reste

θοῦντα μηδὲν ἰατρῶν ἐν τῷ σώματι δεδεῆσθαι, ὥστε ὁπόσαι ἡμέραι, τοσοῦτοι πόνοι, πλὴν ὅσας αἱ πανηγύρεις αὑτῶν ἐποιήσαντο, οὐ πολλάς τινας οἶμαι.

Ἐπεὶ δὲ ἐδόκει μέγιστον εἶναι θρόνων ἄξιον τῶν παρὰ Ἀθηναίοις κεκρίσθαι, καὶ τοῦτο φροντίσασα ἡ Τύχη δέδωκε τοῦτον τὸν τρόπον. **25.** Ἦν τις ἄρχων, ἀνὴρ τῶν ἐξ Ἰταλίας, φρονήματός τε πλέως οἰόμενός τε δεῖν ἁμαρτάνεσθαι μηδὲν ὑπὸ τῆς ἐκεῖ νεότητος. Ἐν δὴ μανίᾳ τῶν νέων παύει μὲν τοὺς ποιμένας, ὡς δὴ κακοὺς ποιμένας, τοὺς δὲ ἀντ' ἐκείνων ἄρξοντας ἀνεζήτει τρεῖς ἀντὶ τοσούτων ἐκείνων. Ἐπῃνεῖτ' οὖν Αἰγύπτιός τέ τις εἰς τὴν ἀρχὴν πολίτης τέ τις ἐμός, ἄμφω παρόντε. Τῆς ἰσορρόπου δὲ αὐτοῖς εὐτυχίας ἀπέλαυον εἰς πόνους, ἔτη πέντε καὶ εἴκοσι γεγονώς, ὁ δὲ Αἰγύπτιος πλείω δέκα, τούτου δὲ ἦν ἅτερος πρεσβύτερος. Ἔδει δὴ παρεῖναι καλούμενον. Καὶ τῷ μὲν τὸν θυμὸν ὁ χρόνος ἐκοίμιζε, καὶ εἶχον οἱ σοφισταὶ τὰ αὑτῶν, ἐγὼ δὲ οἷς ῃρέθην ἐκεκοσμήμην. Μεστὰ δὴ τἀπὶ τούτοις ὑποψίας, καὶ οὐκ ἦν οὔτ' ἐκείνοις οὔτε ἡμῖν καθεύδειν, ἀλλ' ἠνάγκαζε τοὺς μὲν τὸ ἐπιβουλεύειν ἀγρυπνεῖν, ἡμᾶς δὲ ἡ τοῦ τι δεῖν πείσεσθαι τῶν ἀηδεστέρων ἐλπίς. Οὐ μὴν οὐδ' ἐνταῦθά με προήκατο θρασύτητι νεωτέρων ἡ Τύχη, κατεῖχε δὲ αὐτοὺς καὶ μάλα ὀργῶντάς τε καὶ παρωξυμμένους.

3 αὑτῶν V : αὐτῶν CAMRKL || **4** παρὰ CA : παρ' VMRKL || **6** δέδωκε CAV : ἔδωκε MRKL || τοῦτον CA : τόνδε VMRKL || **7** τε post φρονήματος om. V, suppl. V^{sl} || **11** ἐπῃνεῖτ' CA : -το VMRKL || οὖν CAVKL : γοῦν MR || **13** ἀπέλαυον CA^{pc}VL^{pc}R^{pc} : ἀπήλ- MR^{ac} ut uid. KL^{ac} ut uid. de A^{ac} non liquet (ἀπέλ- N) || εἰς πόνους codd. : εἰς ἐπαινοὺς R mg. sup. || **14** πλείω δέκα codd. : δέκα πλ- L^{pc} (prima manu) || δέκα codd. : μ' Foerster dubitanter in app. || **15** δὴ codd. : δὲ Foerster || **16** τῶι CAMRKL : τῶν V || **17** αὑτῶν VMK^{pc}L : αὐτῶν CARK^{ac} || ῃρέθην AVM RKL : ἠ|||ρόθην C sed ῄ in ἡ corr. C^{n}, ό in έ corr. C^{v} || δὴ CAV MRL : δ' οὖν K || **18** οὔτ' CA : οὔτε VMRKL || **19** τὸ CAVRKL : τῶ M || **20** τοῦ τι KL^{ac} ut uid. : τοῦ τί CAVML^{pc} τουτὶ R || δεῖν CAVR^{pc}L^{ac} ut uid. : δὴ V^{sl}MR^{ac}R^{sl}L^{pc} fortasse recte, delendum censebant Reiske Foerster, del. Norman || **21** οὐδ' CAVMR : οὐδὲ KL || **23** παρωξυμμένους CAVKL : -ξυμέ- MR.

26. Signalons donc encore une autre marque insigne du soin que la Fortune prenait de moi. Mes biens de famille allaient être vendus et la Fortune, en tant que déesse, le savait d'avance. J'avais l'intention d'ajouter quatre ans aux années déjà écoulées * et de quitter Athènes après avoir comblé les lacunes de mon esprit. Car si les autres trouvaient mon acquis tout à fait suffisant, il n'en était pas de même à mes propres yeux et la crainte me poignait que partout autour de moi les connaisseurs ne voulussent m'abattre par de multiples épreuves : je devais encore poursuivre les recherches et apprendre. **27.** Si la nouvelle de la vente de mes biens m'était parvenue à Athènes, je serais resté là-bas *, sans faire usage de mon acquis, comme c'est arrivé à bien des étudiants qui, sans pouvoir accéder à une chaire de l'endroit, ont atteint la vieillesse sans exprimer leur talent. La chose s'arrangea ainsi : j'étais très lié avec un étudiant d'Héraclée nommé Crispinos *, qui avait passé à l'étude autant de temps que moi, mais à qui la nature avait accordé le don de l'éloquence sans beaucoup de travail. Bien qu'il fût du même âge que moi, il me considérait comme son propre père et suivait mes règles de conduite dans les grandes comme dans les petites choses : « il ne déshonorait pas les vertus de ses pères » *, prenant la pudeur comme guide de toutes ses paroles. Il fut rappelé chez lui par son oncle, un homme en vérité divin *, et qui sur terre fréquentait les dieux plus que les hommes *. Pourtant la loi l'interdisait, et la peine de mort menaçait les téméraires *, ce qui ne l'empêchait pas de poursuivre sa route en vivant avec eux, en se riant de la loi mauvaise et du législateur impie. Crispinos rappelé donc ne pouvait plus rester à Athènes, et, comme le dit Homère,

que ces deux références se rapportent plutôt à l'invitation plus flatteuse encore car résultant d'un vote de la *bou…* d'Athènes, qui lui fut faite en 353 (*infra*, §§ 82-85), selon u remarque de A. F. Norman, *Autobiogr.*, p. 154.

26. Φέρε δὴ καὶ ἑτέρας οὐκ ἀγεννοῦς μνησθῶμεν ἀποδείξεως ὡς ἦν ἐν ἐπιμελείᾳ τῇ Τύχῃ. Ἔμελλέ μοι πεπράσεσθαι τὰ πατρῷα, καὶ τοῦτο ἡ θεός, οἷα δὴ θεός, προηπίστατο, γνώμην δὲ εἶχον ἕτερα τέτταρα ἔτη τοῖς ἠνυσμένοις προσθεὶς οὕτως Ἀθήνηθεν ἀπελθεῖν, ὡς τῆς μοι ψυχῆς δεομένης γενέσθαι βελτίονος· καὶ γὰρ εἰ ὅτι μάλιστα ἀποχρώντως ἐδόκουν τοῖς ἄλλοις ἔχειν, ἀλλ' οὐκ αὐτός γε ἐφαινόμην ἐμαυτῷ, δέος δέ με ἐξετάραττεν ὡς περιστάντες οἱ ἑκασταχοῦ σοφοὶ μυρίᾳ βασάνῳ κατενεγκεῖν ἐθελήσουσι· δεῖν οὖν ἐπιζητοῦντα μανθάνειν. **27.** Ἐπὶ δὲ ἀγγελίᾳ τῇ περὶ τῆς πράσεως Ἀθήναζε ἡκούσῃ, πάντως ἂν αὐτοῦ κατέμενον, οὐδέν τι τοῖς κτηθεῖσι χρώμενος, ὃ δὴ πολλοὺς τῶν νέων κατέλαβε, θρόνων τε οὐ δυνηθέντας ἀντιλαβέσθαι τῶν αὐτόθι, πρὸς γῆράς τε μετ' ἀφωνίας ἥκοντας. Μηχανᾶται δή τι τοιόνδε. Κρισπίνῳ μάλα ἐχρώμην, Ἡρακλεώτῃ νεανίσκῳ, τὸν ἴσον ἐκεῖ μοι διατετριφότι χρόνον, ᾧ τὸ δύνασθαι λέγειν μετὰ μικρῶν ἡ φύσις ἐχαρίσατο πόνων. Ἡλικιώτης δὲ ὢν ἐμός, πατέρα με ᾤετο προσορᾶν, καὶ τοῖς ἐμοῖς νόμοις ἐν μείζοσί τε καὶ ἐλάττοσι πειθόμενος πατρῴας οὐ κατῄσχυνεν ἀρετάς, ἡγουμένου πάντων αὐτῷ ῥημάτων ἐρυθήματος. Οὗτος οἴκαδε καλούμενος ὑπὸ τοῦ θείου, θείου τινὸς ὡς ἀληθῶς ἀνθρώπου καὶ πλείω γε θεοῖς ἢ ἀνθρώποις ὁμιλήσαντος ἐν γῇ (καίτοι νόμος γε εἶργε, καὶ ἦν ἡ δίκη τῷ τολμῶντι θάνατος, ἀλλ' ὅμως σὺν αὐτοῖς ἐκείνοις πορευόμενος

2 μοι CAV : μέν μοι MRKL || **7** ἐδόκουν V : -κει CAMRKL || **9** σοφοὶ CAV : σοφώτεροι MRKL adnot. in mg. ἐν ἄλλοις (sic A ut uid., ἄλλω V) σοφώτεροι AV (in NP codicis A apographis uerba ἐν ἄλλοις σοφώτεροι in textum irrepserunt) || **10** ἐπιζητοῦντα CA : ἔτι ζ- A^{sl}VMRKL (ἔτι ἐπιζ- NP unde Foerster iniuria) || **11** τῇ περὶ τῆς CAVRKL : τῇ (suppl. M^{pc}) τῆς περὶ M || **14** μετ' ἀφωνίας CAVKL : μετ' ἀφονίας M κατὰ φονίας R || **16** μοι C^{pc} (manu *n*) VMRKL : μου C^{ac}A || **17** μικρῶν CAVMKL : μικρὸν R || **18-19** πατέρα... νόμοις CAVR : om. MKL in mg. πατέρα με ᾤετο προσορᾶν rest. M^{2} || **21** ἡγουμένου CAVMRL : -μένων K || **23** γε Sintenis Foerster : τε CAM τοῖς KL om. V || **24** τολμῶντι CAVR : τολμήματι MKL.

« le cœur lui battait fortement dans la poitrine »[1], plus encore en tout cas que s'il avait été plongé dans la mêlée des combats : il lui fallait montrer à des concitoyens experts et longuement frottés de culture ce que lui avaient appris les luttes menées à Athènes, et ce garçon prudent et sans expérience de telles joutes avait raison d'avoir peur. **28.** Il avait certes besoin d'un allié et d'un ami qui à ses côtés l'encouragerait de près, et il n'avait guère à le chercher puisque j'étais là. Il me fit part de son sentiment et de son besoin et je me pris d'abord à hésiter à cause de la longueur du chemin, mais l'amitié surmonta les hésitations et je me dis en même temps que, si ces séances révélaient en moi quelque déficience, j'alléguerais pour ma défense mon intention de retourner à Athènes pour combler ces lacunes[2]. **29.** Et cette idée me fit monter en voiture. La faveur d'Hermès et des Muses nous permit à partir de Platées de faire montre de notre acquis. Dans chaque ville traversée nous fûmes complimentés, félicités et traités de bienfaiteurs d'Athènes, et celui même qui d'habitude s'efforçait de désarçonner ceux qui passaient en Macédoine, un Macédonien lui-même, ne put nous désarçonner : il essaya certes mais dut se retirer après avoir subi le traitement qu'il réservait habituellement aux autres.

1. Voir H 216 et N 282.

2. Pour le sens de ἀπολογεῖσθαι ἐκ (se justifier en alléguant telle ou telle excuse) cf. *or.*, XX, 36 : « ὅταν ἀπολογῆται μὲν ἐκ τῆς τῶν ἠδικηκότων κακίας », et pour ἐνενόουν ὡς suivi du participe futur, cf. Platon, *Lois* 964 a : « διανοοῦ δὲ ὡς ἐρῶν », que Diès traduit *conçois qu'il te faudra me dire*. On peut hésiter sur le sens de ταῦτα. Nous adoptons, après P. Wolf, l'interprétation de Reiske (*rursus huc Athenas ad pristina studia*). Mais il n'est pas certain qu'il faille définitivement écarter celle de Morel (*in altera ad haec loca et negotia profectione*) ; Libanios dirait alors pour s'excuser qu'il reviendrait une autre fois. En ce cas, on pourrait songer à écrire ταὐτά au lieu de ταῦτα. [J. M.].

τὸν βίον νόμου τε πονηροῦ καὶ νομοθέτου δυσσεβοῦς κατεγέλα), ὡς οὖν ἐκέκλητο, καὶ μένειν οὐκέτ' ἦν, ἡ καρδία οἱ καθ' Ὅμηρον μεγάλα στήθεσσι πάτασσε, καὶ μᾶλλόν γε ἢ εἰ ἤρχετο πολεμίοις συμμίξων. Ἐν πολίταις γὰρ αὖ δεξιοῖς καὶ περὶ σοφίαν διατρίβουσι μέλλων δείξειν τὰ Ἀθήνηθεν ἀγωνίσματα νεανίσκος εὐλαβής τε καὶ τοιούτων ἄθλων ἄγευστος εἰκότως ἐδείμαινε. **28.** Δεόμενος δὴ συμμάχου τε καὶ φίλου παραστησομένου τε καὶ θαρρυνοῦντος ἐγγύθεν, οὐκ ἔμελλε τοῦτον δὴ [τὸν τοιοῦτον] ζητήσειν ὄντος ἐμοῦ, καὶ εἰπόντος δὴ τό τε ἑαυτοῦ πάθος ὅτου τε χρῄζοι, πρὸς μὲν τῆς ὁδοῦ τὸ μῆκος, οἶμαι, κατώκνουν, ἐνίκα δὲ ὅμως ἡ φιλία τὸν ὄκνον, καὶ ἅμα ἐνενόουν ὡς, εἴ του φαινοίμην ἐν συνουσίαις ἐπιδεής, ἐκ τῆς αὖθις ἐπὶ ταῦτα πορείας ἀπολογησόμενος. **29.** Τουτὶ μέν με ἐπὶ τὸ ζεῦγος ἀνεβίβαζεν, Ἑρμοῦ δὲ εὐνοίᾳ καὶ Μουσῶν, ἀπὸ Πλαταιῶν ἀρξάμενοι χρῆσθαι οἷς εἴχομεν, ἐπαινούμενοί τε καὶ μακαριζόμενοι τῶν τε Ἀθηνῶν εὐεργέται προσαγορευόμενοι, διὰ παντὸς ἐχωροῦμεν ἄστεος. Καὶ οὐδὲ ὅστις εἰώθει τοῖς διὰ Μακεδονίας ἰοῦσιν ἐπιτιθέμενος ἐκταράττειν ἀνὴρ Μακεδὼν ἐτάραξεν · ἐπέθετο

1 δυσσεβοῦς : adnot. C mg. (prima manu ?) σὺ δυσσεβής, ἀσεβέστατε, εὐσεβὴς δὲ λίαν ὁ τὸν νόμον θεὶς καὶ τῷ ὄντως εὐαρεστήσας θεῷ || **3** μεγάλα στήθεσσι CAV : στήθεσι μ- MRKL cf. H 216 (Ἕκτορι τ' αὐτῷ θυμὸς ἐνὶ στήθεσσι πάτασσεν) N 282 (ἐν δέ τέ οἱ κραδίη μεγάλα στέρνοισι πατάσσει) || **4** γε ante ἢ εἰ om. K || **5** de particulae αὖ aduersatiuae apud Libanium usu uide Foerster uol. III p. xv et cf. infra capp. 63, 131 || **6** εὐλαβής CAMRKL : εὐγενής V || **7** τοιούτων CAVMR : τῶν τ- KL || **8** συμμάχου CAVM^{pc} : συμμάχ M^{ac} ut uid. R συμμάχων KL || τε om. R || φίλου παραστησομένου CAVMRL : φίλων παραστησομένων K || **8-9** τε καὶ CAVKL : τε MR || **9** θαρρυνοῦντος Reiske Foerster : θαρρύνοντος CAVM^{γρ} (rec.) θαρροῦντος MR (-ρ-) KL || **9-10** τοῦτον δὴ τὸν τοιοῦτον codd. : « uidetur alterutrum sufficere, aut τοῦτον, aut τὸν τοιοῦτον » Reiske, τὸν τ- seclusi τοῦτον secl. Foerster || **10** ὄντος C^{pc}AVMRKL : ὄντως C^{ac} || καὶ om. V || **11** χρήιζοι CAV^{sl}R : -ζει VMKL || μὲν CAVMRL : μὲν οὖν K || τῆς ὁδοῦ τὸ CA^{pc}VMRKL : τὸ τῆς ὁδοῦ A^{ac} || **14** ταῦτα codd. : an ταὐτὰ scribendum ? || ἀπολογησόμενος CAVMK : -σάμενος RL || **15** ἀνεβίβαζεν CAV : -βασεν MRKL || **20** ἀνὴρ CAVM^{sl} (rec.) : om. MRKL.

30. A Constantinople les choses n'allèrent pas plus mal et les nombreux maîtres distingués qui de toutes parts étaient venus s'y établir firent notre éloge et reçurent le nôtre. Après avoir franchi le détroit du Pont, par où la légende fit autrefois passer Io changée en génisse, nous traversâmes Chalcédoine et Astakos, puis une troisième ville [1] qui n'avait plus sa grandeur d'autrefois, mais avait quelque chose de plus grand que toute grandeur, un vieillard dont la langue égalait en douceur celle de Nestor, et de ce fait portait ce nom au lieu de celui que lui avaient donné son père et sa mère. Il nous donna l'hospitalité car il était justement le beau-père de Crispinos [2]. Je parvins ensuite dans la ville d'Héraklès, fondée par lui après sa victoire sur le chien des dieux infernaux, et je vis l'endroit de sa remontée sur terre.

31. Après avoir mené à bonne fin tout ce qui avait réclamé ma présence auprès de Crispinos, je retournai à Constantinople, descendis au grand port et m'enquis d'un navire en partance pour Athènes. On me tira par le manteau, c'était un des maîtres, vous le connaissez, Nikoklès de Sparte *, qui me fit me retourner vers lui et me dit : « Ce n'est pas cette traversée que tu dois faire, mais une autre ». « Et quelle autre traversée faudrait-il faire, dis-je, si l'on a le plus vif désir d'aller à Athènes ? ». « C'est que, mon cher, tu dois rester ici et diriger les fils de beaucoup de nos concitoyens riches ; laisse là le bateau, crois-moi, et ne cause de tort ni à toi ni à nous. Tu ne dois pas perdre tant d'avantages importants qui s'offrent à toi,

1. G. Sievers, *Das Leben*, p. 50 songe à Pruse sur l'Hypius, et R. Foerster, *ad loc.*, propose plutôt Bithynium. Quant à Astakos, elle avait reçu depuis l'époque hellénistique le nom de Nicomédie que Libanios remplace bizarrement ici (et dans *or.* XII, 29) par le nom ancien, cf. P. Wolf, *Aut. Schr.*, p. 186, n. 44.

2. Ce noble vieillard, pourrait être Thespesios que bien plus tard, dans l'*ep*. 1032 (de 392), Libanios se rappelle avoir connu fort âgé à Héraclée. Son grand âge peut avoir également contribué à lui faire donner le surnom de Nestor...

μὲν γάρ, ἀπῆλθε δὲ ὃ ποιεῖν εἰώθει πεπονθώς. **30**. Τούτων οὐδὲν φαυλότερα τἀν τῇ Κωνσταντινουπόλει, πολλῶν ἁπανταχόθεν παιδείᾳ διαφερόντων ἐκεῖσε μετοικούντων, οἳ ἐπῄνουν τε ἡμᾶς καὶ ἐπῃνοῦντο. Διαβάντες δὲ τοῦ Πόντου τὸν αὐχένα, καθ' ὃν πάλαι ποτὲ τὴν Ἰὼ λόγος ἐν εἴδει βοός, ἐλθόντες τε διὰ Χαλκηδόνος διά τε Ἀστακίας τρίτης τε ἑτέρας πόλεως μικρᾶς μὲν ἐκ μεγάλης τῆς πρίν, ἐχούσης δέ τι παντὸς μεγέθους μεῖζον, γέροντα γλώττης ἡδονῇ τῷ Νέστορι παρισούμενον, καὶ αὐτὸ δὴ τοῦτο διὰ τοῦτο καλούμενον μᾶλλον ἢ ὅπερ ὁ πατήρ τε αὐτῷ καὶ ἡ μήτηρ ἔθεντο, ἐνταῦθα ξενίων τυχών (τοῦ Κρισπίνου δὲ ἄρα κηδεστὴς οὗτος ἦν), ἔρχομαί τε εἰς τὴν Ἡρακλέους, ἣν ἔκτισεν ἐκεῖνος τοῦ τῶν κάτω θεῶν κρατήσας κυνός, καὶ τὴν ἀνάβασιν εἶδον.

31. Τετελεσμένων δὴ τῷ Κρισπίνῳ πάντων ὑπὲρ ὧν με ἀφῖκτο λαβών, πάλιν τε ἦν ἀναστρέφων ἐν τῇ τοῦ Κωνσταντίνου πόλει καὶ καταβὰς εἰς λιμένα τὸν μέγαν ἐγὼ μὲν ὅστις Ἀθήναζε πλέοι περιιὼν ἐπυνθανόμην, λαβόμενος δέ μου τοῦ ἱματίου τῶν τις διδασκάλων (ἴστε αὐτόν, Νικοκλέα λέγω τὸν Λακεδαιμόνιον), οὗτός με ἐπιστρέψας πρὸς ἑαυτόν, « οὐ τοῦτόν σε, ἔφη, δεῖ πλεῦσαι τὸν πλοῦν, ἀλλ' ἕτερον. — Καὶ τίνα ἄν, ἔφην, ἕτερον ὁ τῶν Ἀθηνῶν γλιχόμενος ἢ τοῦτον πλέοι ; — Ὅτι, ὦ μακάριε, παρ' ἡμῖν σε, ἔφη, μένοντα χρὴ κυβερνῆσαι τῶν πολλῶν τουτωνὶ καὶ εὐδαιμόνων τοὺς παῖδας. Ἔα δὴ τὴν ναῦν, καὶ ἐμοὶ πείθου, καὶ μήτε σαυτὸν μήτε ἡμᾶς ἀδίκει, μηδὲ ἀγαθὰ πολλὰ

2 φαυλότερα CAVMR : -τερον KL || Κωνσταντινουπόλει CAVMR : κωνσταντίνου πόλει KL || **6** post βοός aliquid deesse censet Reiske || τε (post ἐλθόντες) CAVK : δὲ MRL || **7** τε om. R || μὲν om. K || **8** παντὸς CAVMRL : πάντως K || **9** glossa M supra αὐτὸ δὴ τοῦτο (νέστορα) et supra διὰ τοῦτο (τὴν ἡδονὴν δηλονότι τῆς γλώττης) || **10** τε om. A || **11** ξενίων CAVMRK : ξειν- L || **17** εἰς CAVKL : ἐς MR || **24** κυβερνῆσαι CAVKLM[γρ] (rec.) : κοινωνῆσαι MR || **25** ἐμοὶ CAVMKL : ἐμοῦ R.

ni prendre la mer pour être aux ordres d'autrui, alors que tu peux commander. Demain je te donnerai ton royaume, quarante élèves, les premiers de la ville. Et ces fondations une fois posées, tu verras une abondante richesse affluer vers toi ». Et il me parla du traitement que la ville accordait au sophiste Bemarchios [1]. Il s'était adressé à moi dans l'intention de ruiner avec mon aide la situation d'un individu de Cyzique, une ingrate canaille, qui avait obtenu grâce à lui le droit de cité, et payait, comme dit le proverbe, sa nourriture à la manière du bélier [2]. **32**. Je lui dis que j'allais le faire et ne m'en dédirais point, mais sans me faire voir je m'embarquai et partis. La mer Égée s'étant levée, les marins dirent qu'ils ne savaient que faire avec une pareille mer. Et moi, debout près du timonier vaincu par la tempête, je fais une prière à Nérée et aux filles de Nérée. C'était pendant la nuit que la situation s'était ainsi aggravée et quand le soleil se leva ses rayons frappaient la mer à travers les nuages, ce qui annonçait des vents plus violents. Tous nous nous arrachions les cheveux quand mes prières firent leur effet : tous nos ennuis disparurent rapidement, car les dieux de la mer apaisèrent la mer. **33**. Si je m'étais embarqué après avoir promis de rester, ce n'était pas pour le plaisir de mentir, de décevoir ou de tromper, mais pour obéir au serment de revenir que j'avais fait en quittant Athènes, et il ne me sembla pas indiqué de commencer ma carrière par un parjure. Voilà pour-

1. *Prosop.*, p. 160. *Infra*, §§ 39-44. Il était en 340 le sophiste officiel de Constantinople.

2. Les parémiographes (Zenobius, IV, 63 ; Diogenianus, V, 62, etc. ; cf. Ménandre, fr. 804 Koerte) nous disent que le proverbe κριὸς τὰ τροφεῖα ἀπέτισεν (*c'est le bélier qui paye sa nourriture*) s'applique aux ingrats, parce que le bélier donne des coups de corne à sa mangeoire ou même à l'homme qui le nourrit. L'emploi des proverbes et expressions proverbiales chez Libanios a été étudié par Ernst Salzmann, *Sprichwörter und sprichwörtliche Redensarten bei Libanios*, Tübingen, 1910. [J. M.].

τε καὶ μεγάλα προσιόντα φεῦγε, μηδ' ἄρχειν ἐξὸν ἀρξόμενος πλέε. Ταυτηνὶ δὲ ἐγώ σοι παραδώσω τὴν βασιλείαν αὔριον, τετταράκοντα νέους, τὰ πρῶτα τῶν τῇδε. Ἡ κρηπὶς δὲ εἰ καταϐληθείη, πολὺν τὸν ὄλϐον ἐπιρρέοντα ὄψει ». Καὶ διηγεῖτο ἃ Βημαρχίῳ τῷ σοφιστῇ τελέσειεν ἡ πόλις. Ἐδεῖτο δέ μου καταπολεμῆσαι δι' ἐμοῦ βουλόμενος ἀνθρώπιον ἐκ Κυζίκου μιαρόν τε καὶ ἀχάριστον, δι' ἐκείνου μὲν τῆς πόλεως μετασχόν, κριοῦ δὲ τροφεῖα κατὰ τὴν παροιμίαν ἐκτῖνον. **32**. Ἐγὼ δὲ οὕτω μὲν ἔφην ποιήσειν, καὶ οὐκ ἀπειθήσειν· λαθὼν δὲ ᾠχόμην πλέων. Τοῦ δὲ Αἰγαίου κινηθέντος, τῶν δὲ ναυτῶν οὐδὲν εἰδέναι τοῦ πελάγους λεγόντων, στὰς ἐγὼ παρὰ τὸν κυϐερνήτην ὑπὸ τοῦ κακοῦ νικώμενον εὔχομαι Νηρεῖ τε καὶ ταῖς Νηρέως κόραις. Νύξ τε ἦν ἐν ᾗ τὰ δεινὰ ταῦτα παρῆν, καὶ ἀνίσχει ἥλιος διὰ νεφῶν προσϐάλλων τὴν θάλασσαν. Σημεῖον μὲν ἀγριωτέρων πνευμάτων, καὶ τὰς τρίχας ἅπαντες ἐτίλλομεν, ἦν δὲ ἄρα τι τῶν εὐχῶν ἔργον, καὶ πάντα τὰ λυποῦντα ὀξέως ἐλέλυτο, θεῶν θαλαττίων ἡμερούντων τὴν θάλατταν. **33**. Ἔπλεον δὲ μένειν ὑποσχόμενος, οὐ ψεύστης οὐδ' ἀπατεών τις ὤν, οὐδέ τῷ παρακρούεσθαι τερπόμενος, ἀλλὰ ὅρκον ἐμπεδῶν ἐφ' ᾧ τὴν Ἀθήνηθεν ἐπεποιήμην ἔξοδον, ἐπάνοδον ἔχοντα. Οὔκουν ἐδόκει μοι χρηστὸν ἔσεσθαι τῇ ἐπιτηδεύσει προοίμιον ἡ ἐπιορκία. Διὰ ταῦτα ἔπλεον. Ἐλθὼν δὴ καὶ οὐκ ἐπιορκήσας, ἐπ' ὀχήματος

1 φεῦγε CAV : φεύγειν MRKL || μήδ' (sic) CAV : μὴ δὲ MRKL || **2** ad πλέε adnot. V mg. σημ(είωσαι) τὸ πλέε || ταυτηνὶ CAVMR : ταύτην KL || **3** ad τὰ πρῶτα adnot. V mg. ἤτοι τοὺς πρώτους τῶν τῇδε || **5** τῶι σοφιστῆι CAV : σοφιστῇ MR om. KL || **6** μου CAVMKL : μοι R || καταπολεμῆσαι CAVMKL : πολ- R || **6-7** δι' ἐμοῦ βουλόμενος CAVMR : βουλ- δι' ἐμοῦ KL || **8** μετασχόν CAVM^{sl} (rec.) KL : -σχών MR || **9** ἐκτῖνον CAV^{pc} : ἐκτίνον V^{ac}MKL ἐκτίνοντος R || **10** ἀπειθήσειν CAVRKL : ἀπιθ- M || **11** τῶν δὲ scripsi : τῶν τε codd. || **14** νύξ τε codd. : νὺξ δὲ Foerster || **18** ἐλέλυτο CAVR : -λυντο MKL || in capp. fere 33-171 R ab M discedit et a C pendit, quare lectiones eius a cap. 35 usque ad cap. 168 non iam enotabo || **19** δὲ codd. : an δὴ scribendum ?

quoi je m'étais embarqué. Je partis donc pour Athènes, sans rompre mon serment, et, dès le début de l'hiver, avec les ennuis du mauvais temps *, je retournai à Constantinople dans une voiture légère, afin de faire, cette fois encore, ce que j'avais promis. **34**. Ainsi, mon activité de professeur, et la composition en tant de provinces de discours nombreux, et d'une façon générale les avantages de ma position actuelle, je dois tout cela au seul fait d'avoir fait plaisir à un ami en l'accompagnant dans sa route, et de m'être personnellement débarrassé de ma crainte des lieux inconnus. Car si la divinité ne m'avait pas fait partir à ce moment, j'en serais resté à ma velléité de le faire.

35. La déesse en a déjà conduit bien d'autres par des chemins difficiles vers une fin heureuse, hé bien donc, elle le fit aussi pour moi. Effectivement, lorsque je fus arrivé sur l'agora de la ville, je vis qu'un Cappadocien avait été doté de la chaire sur l'ordre de l'empereur, car il se trouvait que la ville l'avait réclamé, le proposant comme orateur hors de pair, à la suite, je crois, d'une seule joute oratoire. Cet orgueilleux trônait alors dans tout son orgueil, mais j'appris de la bouche d'un homme âgé qui il était, d'où il venait, comment et pourquoi il était venu, et, frappé au cœur à ce récit, je me rendis auprès de celui qui m'avait invité à venir en cette ville, pour lui rappeler ses paroles : « Tu n'es qu'un enfant, dit-il, un véritable enfant, si tu ignores le prix de l'occasion à saisir, et pourtant tu es allé à Delphes [1] ! Quant aux promesses que ton départ en bateau a rendues caduques, il est aussi vain de t'en souvenir que de les rappeler à

1. Dans le pronaos du temple d'Apollon à Delphes étaient gravées des sentences des Sept Sages (Paus., X, 24, 1). La sentence « *Apprends à connaître l'occasion* » (καιρὸν γνῶθι) était attribuée à Pittakos (Diog. Laërce, 1, 79 ; Diels-Kranz, *Vorsokratiker*, t. I, p. 64). [J. M.]. Le passage nous apprend en outre que Libanios avait visité Delphes.

δικύκλου χειμῶνος ἀρχομένου τῶν τῆς ὥρας ἀνεχόμενος ἀνιαρῶν ἤλαυνον, ὅπως αὖθις λόγῳ προσθείην ἔργον. **34.** Τοῦτο δὴ τοῦ νέων τε ἐπιστατεῖν, καὶ ἐν τοσούτοις ἔθνεσι τῆς τῶν λόγων ἀπεργασίας οὐκ ὀλίγων δημιουργηθέντων, καὶ ὅλως ὧν τοῦ νῦν ἀπολέλαυκα σχήματος, ἓν ἐκεῖνο αἰτιατέον, τὴν τῷ φίλῳ μὲν ἐν κοινωνίᾳ τῆς ἐξόδου δεδομένην χάριν, τὸν ἐμὸν δὲ πρὸς τοὺς ἔξω τόπους ἀφελοῦσαν φόβον. Εἰ γὰρ αὖ μὴ τότε με ἐξήγαγεν ὁ δαίμων, ἐκράτει ἂν τὸ ἀεὶ δεῖν μέλλειν.

35. Ἤδη μὲν καὶ ἄλλον τινὰ ἀνθρώπων δι' ὁδοῦ τραχείας ἐπὶ γλυκὺ τέρμα προήγαγεν ἡ θεός, αὐτὰρ οὖν καὶ ἐμὲ τότε. Ὡς γὰρ δὴ ἐνέβαλον εἰς τὴν ἀγοράν, ὁρῶ τινα Καππαδόκην ἥκοντα ἐπὶ θρόνον βασιλέως πέμποντος. Καὶ γὰρ ἐτύγχανεν ἡ βουλὴ τὸν ἄνδρα ᾐτηκυῖα, ῥήτορα ἄκρον ἐξ οἶμαί τινος ἀγῶνος ἑνὸς αἰτησαμένη. Ὁ μὲν δὴ σεμνὸς σεμνῶς εἱστήκει, γνοὺς δὲ ἐγὼ παρά του γέροντος ὅστις τε εἴη καὶ ὅθεν καὶ ὅπως καὶ ἐφ' ὅτῳ παρείη, πληγεὶς τὴν ψυχὴν τοῖς εἰρημένοις ᾔειν παρ' ἐκεῖνον ὅς μοι προὐξενήκει τὴν πόλιν. Ὡς δὲ ἀνέμνησα τῶν λόγων, « παῖς εἶ, ἔφη, μάλα παῖς, εἰ δὴ ὁπόσον ἐστὶ καιρὸς οὐκ οἶσθα, καὶ ταῦτα ἥκων εἰς Δελφούς. Ὑποσχέσεων δὲ ἐκείνων, ἃς τῷ πλῷ κεκίνηκας,

2 ἤλαυνον : adnot. V mg. (rec.) αὖθις δηλονότι εἰς τὴν Κωνσταντίνου || supra λόγῳ adnot. V (rec.) ὡς ὑπέσχετο Νικοκλεῖ || **3** τοῦτο CAVMRKL : τούτου P^{pc} sic Reiske Foerster iniuria, nam τοῦτο l. 3 uerbis ἓν ἐκεῖνο l. 6 reuocatur || τοῦ CARKL : τὸ V M incert. || νέων CAMRKL : νέοις V || τε om. V || ἐπιστατεῖν C^{sl} (prima ut uid. manu) C^{pc} (manu *p*) A^{pc} (rec.) VMRKL : ἐπιστάτην $C^{ac}A^{ac}$ || adnot. V mg. οὐ διὰ πάντων ταῦτα || καὶ post ἔθνεσι transponit Foerster || **5** ὧν CAVM^{sl} (rec.) R : ἂν MKL fortasse οὗ scribendum || **6** ad αἰτιατέον adnot. V mg. (rec.) αἴτιον νομιστέον || **9** adnot. V mg. τὸ ἀεὶ δεῖν μέλλειν, ἐξιέναι δηλονότι || **10** ἀνθρώπων CAVMR : ἄνθρωπον KL || **11** αὐτὰρ CAR : ἀτὰρ VMKL (sic Foerster) || **15** οἶμαι : adnot. V mg. τὸ ἐξ οἶμαι ἐν ὑπερβατῷ || τινὸς ἀγῶνος ἑνὸς CAVM^{pc} (rec.) R : ἑνὸς ἀγῶνος (τινος om.) M^{ac}KL || **16** του CA^{pc}VMR : τοῦ A^{ac} KL || **17** παρείη VKL : παρήει CAMR || **19** ἀνέμνησα CAVMR : -σε KL || εἶ AVMRKL : om. C post μάλα παῖς suppl. C^{sl} (manu prima uel *ν*).

autrui ». Frappé de ce second coup, je me retirai conscient d'avoir perdu à la fois Athènes et mes espérances.

36. Il y avait alors à Constantinople un certain Dionysios, un Sicilien[1]. Il jouissait d'une grande influence, tant par sa réussite au barreau et ses succès dans l'administration, que par ses relations d'hospitalité et son aisance à faire sombrer ceux qui le gênaient, si bien que les autorités avaient intérêt à être en bons termes avec Dionysios. Il avait connu ma famille quand il servait en Syrie et avait naguère appuyé ce Nikoklès dans ses efforts pour me gagner. Présentement, il était tombé malade et c'était pour moi un grand malheur. Quand il fut remis, il apprit toute l'affaire et l'étendue de mes ennuis, et me dit qu'il n'était pas possible à un seul homme d'en vaincre deux, et pas même à Hèraklès, selon le proverbe[2]; que lui-même prendrait la chose en mains, que je ne devais pas me décourager, et il ajoutait, citant Platon, que jamais des hommes découragés n'ont élevé de trophées de victoire *.

37. Nous nous tournâmes donc vers les joutes oratoires, et il faudrait qu'un autre les retraçât, car un autre parlerait d'autrui en toute liberté : il dirait le nombre et le genre des discours de chacun, ceux qui ont vaincu, ceux qui furent vaincus, qui était l'objet de la faveur de la ville, et que le fait de ne pas être nourri par l'empereur * n'empêchait pas de remporter la couronne. Les autres, l'empereur les entrete-

1. *Prosop.*, p. 259. Consulaire de Syrie entre 329 et 335, il avait alors connu la famille de Libanios. Comme il était chrétien, Libanios ne peut s'empêcher, malgré les obligations qu'il avait envers lui, de mêler à ses éloges une critique : son aisance à faire sombrer ceux qui le gênaient. On le verra de même (*infra*, § 94) critiquer perfidement le chrétien Datianos qui s'entremit pourtant pour le faire rester à Antioche.

2. Platon, *Phédon*, 89 c : πρὸς δύο λέγεται οὐδ' ὁ Ἡρακλῆς οἷός τε εἶναι. Cf. *Euthyd.* 297 c et Zenobius, V, 49. [J. M.]. Les deux ennemis à vaincre sont évidemment Nikoklès et le Cappadocien qu'il avait fait nommer à la place de Libanios.

αὐτόν τε σὲ μεμνῆσθαι μάταιον, ἕτερόν τε ἀναμιμνήσκειν ». Πληγῇ ταύτῃ δευτέρᾳ πληγεὶς ἀπεχώρουν, Ἀθηνῶν τε ὁμοῦ καὶ ἐλπίδος ἁμαρτών.

36. Ἦν δέ τις αὐτόθι Διονύσιος, ἀνὴρ Σικελιώτης, οὕτω μέγας τε καὶ δυνατὸς ἔκ τε τῶν ἐν δίκαις ἄθλων, ἔκ τε τῶν ἐν ἀρχαῖς ἐπαίνων, ἔκ τε φιλοξενίας, ἔκ τε τοῦ ῥᾳδίως τὸν λυποῦντα ἐπικλύζειν, ὥστε ἐλυσιτέλει τῷ τὴν ἀρχὴν ἔχοντι χρῆσθαι Διονυσίῳ. Οὗτος, ὧν τε εἴην εἰδὼς ἡνίκα ἐπετρόπευε Σύρους, τῷ τε Νικοκλεῖ τούτῳ τῶν πρὸς ἐμὲ πρότερον συνεφαψάμενος λόγων, ἔκειτο τηνικαῦτα ἀσθενῶν · ᾧ δὴ μάλιστα ἐβλαπτόμην. Ἐπεὶ δὲ ῥαΐσας τὸν ἅπαντα ἤκουσε λόγον, καὶ ὡς χειμαζοίμην, δυοῖν γὰρ ἕνα οὐκ εἶναι κρατεῖν, οὐδὲ γὰρ τὸν Ἡρακλέα τὴν παροιμίαν λέγειν, ἑαυτῷ τοῦτ' ἔφη μελήσειν, μὴ χρῆναι δὲ ἀθυμεῖν ἐμέ, καὶ τὸ τοῦ Πλάτωνος προσέθηκεν, ὡς ὑπ' ἀνδρῶν οὐκ ἄν ποτε τρόπαιον ἀθυμούντων σταθείη.

37. Τρεπόμεθα δὴ πρὸς τὰ ἀγωνίσματα. Καὶ ἔδει μὲν ἕτερον τὸν ταῦτα διηγούμενον εἶναι, περὶ ἑτέρου γὰρ ἂν ἕτερος ἀποκεκαλυμμένως διῄει, λόγοι τε ὁπόσοι παρ' ἑκάστου, καὶ οἵτινες τὰς μορφάς, νικῶντάς τε καὶ νικωμένους, ὅστις τε ὁ τὴν πόλιν ἐφειλκυσμένος, καὶ ὡς οὐδὲν ἐλάττωμα εἰς τὸν στέφανον τὸ μὴ τῶν βασιλέως ἐσθίειν. Τοῖς μὲν οὖν ἡ τροφὴ παρ' ἐκείνου πολλή, πατέρες δὲ

2 ταύτῃ VMKL : ταῦτα CAR fortasse recte || **12** ἤκουσε VMKL : ἥκουσε CA || **13** δυοῖν CAML^{pc} (uel δυεῖν ?) : δυ||| V δυεῖν K δύο L^{ac} ut uid. || εἶναι CAV : ἦν MKL || γὰρ post οὐδὲ AVMKL : om. C (sed prima manu signum .·. supra οὐδὲ τὸν et in mg. adnotatio euanida λ ||||||||) || **16** σταθείη : adnot. V mg. τὸ σταθείη ἐπὶ τόπου ὕψος ἔχοντος λαμβάνεται, παρόσον καὶ τὸ τρόπαιον ἐπὶ ὕψος ἐτίθετο τὴν νίκην διαγγέλλον· καὶ κατεστάθη βασιλεύς, ὡς ἐπὶ πόλεως περιόπτου καὶ ὑψηλῆς νοήσεις τὴν ἀνάρρησιν · τὸ δὲ κατέστη ἐρεῖς ἀντὶ τοῦ ἦλθε · κατέστη εἰς λόγους ἤτοι ἦλθε · καὶ κατέστη εἰς τὸν ἀγῶνα · κατέστη καὶ ἐπὶ ταραττομένου καὶ ἀθυμοῦντος, ἤτοι ἐπαύσατο τῆς φλεγμονῆς || **19** ἀποκεκαλυμμένως CAVM (p. c. ut uid.) : -μένος M^{ac} ut uid. KL || διῃίει CAMKL : διίοι V.

nait complètement, moi, c'étaient les pères de mes étudiants qui me nourrissaient, en s'encourageant mutuellement, si bien qu'en peu de jours mon équipe dépassa quatre-vingts élèves, par l'affluence de ceux qui venaient de l'extérieur et les défections de ceux de la ville. Ceux qui s'étaient pris de passion pour les courses de chevaux et les spectacles de la scène avaient reflué vers l'étude de la rhétorique. Un décret vint de l'empereur *, m'enjoignant de rester sur place, car on craignait que si j'étais libre de partir le souvenir de ma patrie ne me vînt à l'esprit.

38. Les deux sophistes * se lamentaient, l'un de n'avoir encore jamais brillé, l'autre d'avoir cessé de briller, car le premier n'était pas parvenu à la maîtrise et le second l'avait perdue. Ils se lamentaient donc et multipliaient contre moi les injures, ayant le front de m'appeler violent, ambitieux, insatiable, trublion universel, etc. *. Ce n'était pourtant pas la force qui provoquait la désertion de certains de leurs élèves, mais quelque chose d'autre les y poussait. On ne saurait accuser de violence un beau garçon parce qu'il a beaucoup d'amoureux, il en est de même de l'attirance magnétique qu'exerce la beauté de l'éloquence : le créateur de cette beauté ne saurait être taxé de méchanceté.

39. Ils se lamentaient ainsi de cet état de choses quand au bout de six mois [1] Bémarchios vint se battre à leur côté : il avait acquis une grande faveur auprès de Constance et des impies de son entourage [2] et le bruit tonitruant de ses discours criminels lui

1. Le texte dit littéralement *le septième mois*, c'est-à-dire six mois après l'arrivée de Libanios à Constantinople. [J. M.].

2. Libanios n'est pas tendre pour les courtisans de Constance qui sont tous chrétiens en effet. Ils sont encore vigoureusement pris à partie dans l'*or.* XLII, 24 (Philippos, Datianos, Tauros, Elpidios, Dometianos, Dulcitios). Sur le vocabulaire péjoratif dont il use pour désigner les chrétiens, cf. P. Petit, *Lib. et vie munic.*, p. 204. Cf. ici même, au § 169 : les impurs.

ἡμᾶς τῶν φοιτητῶν ἔβοσκον, ἄλλοι ἄλλους παρακαλοῦντες, καὶ ἐν οὐ πολλαῖς ἡμέραις ὑπὲρ τοὺς ὀγδοήκοντα ὁ χορός, ἐπιρροῇ τε τῶν ἔξωθεν καὶ ταῖς τῶν ἔνδον ἀποστάσεσιν, οἵ τε ἐπτοημένοι περὶ τὰς τῶν ἵππων ἁμίλλας καὶ τὰ τῆς σκηνῆς θεάματα πρὸς τὰς ὑπὲρ τῶν λόγων μετερρυήκεσαν σπουδάς, δόγματά τε ἐγράφετο παρὰ τοῦ κρατοῦντος ἐπαγγέλλοντα τὴν ἐμὴν αὐτοῦ μονήν. Ἦν γὰρ δὴ δέος μὴ ἐν ἐξουσίᾳ τοῦ ἀπαίρειν ὧν μνησθείην τῆς ἐμαυτοῦ.

38. Τὼ μὲν δὴ σοφιστὰ ἐπενθείτην, ὁ μὲν οὐδὲ ἀνθήσας ἀρχήν, ὁ δὲ ἀπηνθηκώς · ὁ μὲν γὰρ οὐδὲ παρῆλθεν εἰς τὸ δύνασθαι, ὁ δὲ ἐξεπεπτώκει. Ἐπενθείτην μὲν οὖν καὶ τἀμὰ ἐλοιδορείσθην, βίαιον, πλεονέκτην, ἀκόρεστον, οὐδαμοῦ στῆναι δυνάμενον, τὰ τοιαῦτα ἀναισχυντοῦντες. Οὐ γὰρ δὴ χειρῶν ἔργον ἦσαν οἱ ἀφιστάμενοι τῶν νέων, ἀλλ' ἕτερον τὸ πεῖθον. Ὥσπερ οὖν τοὺς καλοὺς οὐκ ἂν γράψαιτό τις βιαίων εἰ πολλοὶ σφῶν ἐρῷεν, οὕτως οὐδ' ἡ ἐν λόγοις ὥρα τὸ τῆς μαγνήτιδος πράττουσα πονηρὸν ἂν τὸν πατέρα τῆς ὥρας ἐλέγξαι.

39. Οἰμώττουσι δὴ τοῖς ὧδε πεπραγμένοις ἔρχεται Βημάρχιος σύμμαχος μηνὶ ἑβδόμῳ, μάλα δὴ τὸν Κωνστάντιον ᾑρηκὼς ἀνὴρ καὶ τῶν περὶ ἐκεῖνον τοὺς ἀμυήτους, ψόφῳ τε καὶ κτύπῳ παρανόμων ῥημάτων δόξαν ἐπὶ λόγοις

1 ἄλλοι ἄλλους CAVM (ἄλλους ex ἄλλως) : ἄλλον ἄλλος KL || **3** ἐπιρροῇ CA^{pc}V : -ροή AMKL || τῶν ante ἔνδον C^{pc} (manu *p*) A^{mg} (rec. ?) V : om. CAMKL || ἔνδον CAVML : ἔνδοθεν K || **4** τὰ C^{pc}AVMKL : τὰς C^{ac} ut uid. || **5** θεάματα CAV : θαύματα MKL || **7** ἐπαγγέλλοντα AVMKL : -γέλοντα C || adnot. V mg. ἤτοι ζητοῦντα || **8** ὧν C^{pc} (prima manu) VMKL : ἂν C^{ac} ὠν A || **9** ἐπενθείτην CAL^{pc} : -θήτην VMKL^{ac} || **10** ἀρχήν CA : τὴν ἀρχήν VMKL || **11** ἐπενθείτην CAL^{pc} : -θήτην VMKL^{ac} || τἀμὰ Sintenis (cf. infra capp. 42, 128, 165) : τᾶλλα C (spiritum lenem add. man. rec.) AM τἄλλα VKL (sic edd.) || **12** ἐλοιδορείσθην Gasda Foerster : -ρεῖσθον CAVMK (-ρῆσθον) L την ut uid. supra -σθον M || **14-15** ἕτερον τὸ CAV : ἕτερον τι (s.l. in K) τὸ MKL || **15** οὐκ CAVM^{pc} : οὐδεὶς M^{ac}KL || τις CAVM^{pc} : om. MKL || **16** βιαίων codd. : -ίως M^{sl} (rec. ?) || πολλοὶ CAVM : -λὰ KL || **18** ἐλέγξαι codd. : -ξοι M^{sl} (rec.) || **19** οἰμώττουσι CAVKL : -ώζουσι M || **20** ἑβδόμωι AVMKL : ἐβδ- C.

avait fait la réputation d'un orateur plein de force. Il était protégé comme par un rempart des amis qu'il s'était faits alors, car le jeu de dés et les festins menés jusqu'à l'ivresse sont excellents pour lier des amitiés solides. Il traversa donc le Bosphore, « fier et tenant haut la tête »[1], exalté par les applaudissements et les richesses acquises grâce à un seul et même discours qu'il récita jusqu'aux bords du Nil : il y faisait l'éloge de celui qui s'était posé en adversaire des dieux, alors que lui-même était un adorateur des dieux, et décrivait longuement le temple que Constance avait élevé[2] à ce personnage. Il traversa, dis-je, le Bosphore tout souriant, dans l'idée que personne ne lui résisterait, qu'il retrouverait sa position sans coup férir et qu'il me coulerait ainsi que mes partisans. **40**. Et tout d'abord, aucun de ses étudiants ne revint à lui, ce qui lui poignit l'âme cruellement. Ensuite, comme je me produisais dans une récitation publique, il y vint et m'entendit sans aucun plaisir. Ses amis lui conseillèrent de lancer sa foudre et de replonger dans l'ombre mon discours en en écrivant un autre sur le même sujet. Du premier coup il me jetterait à bas, à moins d'avoir perdu par hasard sa maîtrise antérieure. Ces paroles lui donnèrent des ailes et le mois suivant il arriva, porteur d'un discours qui fit paraître encore plus admirable celui qu'il contestait, et qui avait été auparavant accueilli avec faveur. **41**. Après cette défaite à laquelle il n'aurait pas cru, même si un dieu la lui avait prédite, il revint pour réparer sa

1. Voir Z 509 et O 266.

2. « Celui qui s'était posé en adversaire des dieux » est évidemment le Christ que Libanios ne nomme jamais. Quant au temple que Constance lui avait élevé, il s'agit de la Grande Église d'Antioche, dédiée le 6 janvier 341, cf. Gl. Downey, *Antioche*, p. 358. Elle avait été commencée par Constantin en 327, Id. *ibid.*, p. 342.

ῥωμαλέου λαβών. Φίλοις τε τοῖς ἀπ' ἐκείνων ἐτετείχιστο τῶν χρόνων· δεινοὶ γὰρ δὴ οἱ κύβοι καὶ τὰ μέχρι μέθης συμπόσια φιλίας ἰσχυρὰς κεράσαι. Διέβη μὲν δὴ τὸν πορθμόν, κυδιόων τε καὶ ὑψοῦ κάρη ἔχων, κρότῳ τε ἐπηρμένος καὶ οἷς εἰργάσατο χρήμασι, λόγον ἕνα μέχρι Νείλου δεικνύων, τόν τε ἐναντία τοῖς θεοῖς τεταγμένον ἐγκωμιάζων, αὐτὸς θύων θεοῖς, διδάσκων τε καὶ διηγούμενος οἷον αὐτῷ τὸν νεὼν ἐγείραι Κωνστάντιος. Διέβη μὲν δὴ μειδιῶν, ὡς δὴ οὐδενὸς αὐτὸν ὑπομενοῦντος, ἀλλ' ἀμαχεὶ τά τε αὑτοῦ κομιούμενος καὶ καταδύσων αὐτόν τε ἐμὲ καὶ ὅ τι ἐμοὶ συνέπνει. **40**. Πρῶτον μὲν οὖν τὸ μηδεμίαν ἐς αὐτὸν ἐπάνοδον γενέσθαι τῶν νέων ὠδύνα καὶ ἐκέντει τὴν ψυχήν. Ἔπειτα, ἐμοῦ λόγον εἰς σύλλογον εἰσαγαγόντος, παρών τε καὶ ἀκροώμενος οὐχ ὡς ἥδιστα διετέθη. Τῶν φίλων δέ οἱ παραινούντων βροντᾶν καὶ ἀποκρύπτειν λόγῳ λόγον γράψαντα περὶ ὧνπερ ἐγώ, πάντως δ' ἂν με τῇ πρώτῃ κατασῦραι προσβολῇ, πλὴν εἰ μή που τὴν δύναμιν ἣν εἶχεν ἀπολώλεκε, τοιούτοις ἀναπτερωθεὶς ῥήμασι, μηνὶ ὕστερον ἧκε κομίζων λόγον ὃς ἐκεῖνον ᾧ προσεπολέμει, καὶ πρόσθεν ἐπαινούμενον, θαυμαστότερον ἀπέφηνεν. **41**. Ἡττημένος δὴ τοῦτο οὐδ' ἂν θεοῦ προειπόντος ἐλπίσας, ἧκεν ἀναμαχούμενος τὴν ἧτταν τῷ τὸ πολὺ χρυσίον αὐτῷ πεποιη-

1 post τοῖς adiectiuum supplendum esse putat Reiske, μιαροῖς uel δυσσεβέσιν uel ἀθέοις ‖ **2** δὴ om. K ‖ **3** κεράσαι CAKL : κερᾶσαι C^{pc} (manu *p*) VM ‖ **4** Z 509, O 266 ‖ adnot. V mg. οἷς εἰργάσατο χρήμασιν ἤτοι ἐπλούτησεν ‖ **8** ἐγείραι CA^{pc}V^{sl} : ἐγεῖραι A^{ac}C^{pc} (manu *s*) MKL ‖ adnot. V. mg. ἤτοι ἤγειρεν ‖ **9** αὑτοῦ V : αὐτοῦ CAMKL ‖ **11** συνέπνει CAVKL : συνέπλει (-ει in corr.) M ‖ ἐς CAMKL : εἰς V ‖ **16** πάντως codd. A^{pc} : πάντος A^{ac} ‖ κατασῦραι Foerster : -σύραι codd. ‖ **17** μή CA^{sl} (antiqua ut uid. manu) V : om. AMKL ‖ **17-18** ἀπολώλεκε C^{pc}VKL : -κεν C^{ac}AM ‖ **19** λόγον CAV : τὸν λ- MKL ‖ **20** θαυμαστότερον ἀπέφηνεν CAV : ἀπ- θαυμ- MKL ‖ **21** θεοῦ προειπόντος CA : θεοῦ ποτε προ- VM θεοῦ προ- ποτε KL ‖ **22** τὸ om. A : suppl. A^{sl} ‖ αὐτῶι in extrema linea post χρυσίον postea suppleuisse uidetur A.

défaite par un nouveau combat, en récitant le discours qui l'avait tant enrichi : et comme il allait décrivant des colonnes, des grilles, des allées qui s'entrecroisaient et tombaient on ne sait où, les auditeurs se regardaient entre eux, personne n'y comprenant rien, et demandaient par signes à leurs voisins s'il en était de même pour eux [1]. Il en était de même pour moi, mais par mes applaudissements j'essayai de le faire passer pour intelligible, afin de faire plaisir à la phalange de ses partisans. **42**. Frappé par ce second discours d'un coup qu'il s'était porté lui-même, il m'empêcha de produire un autre discours en persuadant le proconsul de lui faire la faveur de ne pas venir m'entendre. C'était un homme qui cédait à n'importe qui [2]. Comme la ville prenait mon parti, avec d'autant plus d'ardeur qu'elle me voyait davantage dépouillé de mes droits, ce vaillant gaillard, qui méprisait Isocrate autant que Nicostratos *, comprit qu'il ne me battrait pas davantage en éloquence qu'en course à pied, et qu'une seule chose était capable de le débarrasser de moi, ma disparition. **43**. Et certes, s'il avait pu y parvenir par le poison, il en serait venu à la coupe. Ne le pouvant pas, il allait répétant d'un air tragique qu'il avait été la victime de sorciers : j'étais lié avec un homme qui faisait faire aux astres ce qu'il voulait, ce qui le rendait capable d'agir, en bien ou en mal, sur le sort des hommes, comme font les potentats grâce à leurs porte-lances *. On en trou-

1. La description ridicule que Libanios attribue à Bemarchios est évidemment fantaisiste. La Grande Église, de forme octogonale, est connue par d'autres descriptions dues à Eusèbe de Césarée dans le *Triakontaeterikos* et la *Vita Constantini*, et plus tard à Théophane, cf. Gl. Downey, *op. cit.*, p. 342-349. Les fouilles de l'Université de Princeton n'ont pas permis d'en retrouver la trace ; elle devait être voisine du Palais impérial, dans l'île de l'Oronte. Bien entendu, Libanios n'en parle ni dans l'*Antiochikos* (de 356 ou 360) ni même dans le long panégyrique qu'il fit de Constance et Constant, en 348, l'*or.* LIX.

2. Il s'agit d'Alexandre, proconsul en 342, cf. *Prosop.*,

κότι λόγῳ, καὶ διεξιόντος αὐτοῦ κίονας δή τινας καὶ κιγκλίδας, ὁδούς τε ὑπ' ἀλλήλων τεμνομένας ἐμπιπτούσας οὐκ οἶδ' ὅποι, βλέποντες εἰς ἀλλήλους οἱ καθήμενοι, συνεῖναι αὐτὸς ἕκαστος οὐκ ἔχων, νεύμασι τοὺς παρεστηκότας ἠρώτων εἰ τὸ αὐτὸ πάθοιεν. Καὶ ταὐτὸ τοῦτο τοῖς ἄλλοις ἐγὼ παθὼν σαφηνείας δόξαν οἷς ἐθορύβουν ἐπειρώμην περιάπτειν τῷ λόγῳ, χαριζόμενος τῇ φάλαγγι. **42.** Δευτέρῳ δὴ τούτῳ τρώσας αὐτὸν λόγῳ, λόγον ἐμὸν ἕτερον φανῆναι διακωλύει, τὸν ἄρχοντα πείσας οἱ χαρίσασθαι τὸ μὴ ἀφικέσθαι μοι. Ἦν δὲ ἐκεῖνος οἷος καὶ πεισθῆναί τῳ. Τῆς τοίνυν πόλεως τοσούτῳ μειζόνως τἀμὰ ἑλομένης ὅσῳπερ μᾶλλον ἑώρα τῶν δικαίων ἀποστερούμενον, εἶδεν ὁ γενναῖος ἐκεῖνος καὶ πρὸς τῷ Νικοστράτῳ τοῦ Ἰσοκράτους καταφρονῶν ὅτι λόγοις μὲν οὐκ ἂν ἔτι παρέλθοι λόγους, οὐ μᾶλλόν γε ἢ ποσὶ πόδας τοὺς ἐμοὺς τοῖς ἑαυτοῦ, μία δὲ ἀπαλλαγὴ κυρία, εἰ μηκέτ' εἴην. **43.** Εἰ μὲν δὴ φαρμάκῳ οἷός τ' ἦν ἀπενεγκεῖν, ἐπὶ τὸ ἔκπωμα ἧκεν ἄν. Τοῦτο δὲ οὐκ ἔχων, γοήτων ἡττῆσθαι περιιὼν ἐτραγῴδει · ξυνεῖναί με γὰρ ἀνδρὶ τυραννοῦντι τῶν ἄστρων, δι' ὧν ἐκεῖνον τὸν μὲν εὖ, τὸν δὲ κακῶς ποιεῖν ἀνθρώπων, ὥσπερ τοὺς ἐν ταῖς δυναστείαις διὰ τῶν δορυφόρων ·

1 διεξιόντος ex -ντας C || **2** κιγκλίδας CAVML^{sl} (rec.) : κιουνίδας K κιγκίδας L || post ἐμπιπτούσας add. τε Foerster || **3** ὅποι CAVML : ὅπη K || **4** αὐτὸς CAVM^{sl} (rec.) KL : αὐτῶν M || **4-5** παρεστηκότας Foerster dub. in apparatu (cf. infra 126) : ἀφεστηκότας CAVM^{pc}KL ἐφεστηκότας V^{sl} (rec.) M^{ac} ? || **6** ἐγώ om. L : suppl. L^{sl} || ἐθορύβουν in extrema linea post οἷς postea suppleuisse uidetur A (manu antiqua) || **8** αὑτὸν V : αὐτὸν CAMKL || **9** οἱ (ὁ KL) χαρίσασθαι, C^{ac}AVMKL : χαρ- οἱ C^{pc} (manu / iudice Foerster) || **10** μοι CAV^{sl} (rec.) : με VMKL || **10-11** πεισθῆναι CAV : προσθεῖναι M^{ac}KL πραθῆναι M^{pc} || **11** νυν πόλεως in extrema linea post τῆς τοι om. A ut uid., suppl. A^{pc} (manu antiqua) || τἀμὰ CVMKL : τὰ μὰ A || **13** Νικοστράτωι CAVM^{sl} (rec.) KL : Νικοκράτω M || **16** ἑαυτοῦ C^{pc} (prima manu) AVMKL : σεαυτοῦ C^{ac} || τοὺς ἐμοὺς τοῖς ἑαυτοῦ libenter ut glossam deleuerim || **17** δὴ suppl. A^{sl} || ἔκπωμα CAV M^{sl}KL : ἔκπομα M || **19** τυραννοῦντι AVMKL : -ανοῦντι C || **20** δι' ὧν... ἀνθρώπων om. M (suppl. M^{2} mg.) KL || **21** τοὺς suppl. A^{sl} (manu antiqua).

verait la preuve en travaillant les côtes de mon copiste, un Crétois, excellent homme dont la main se fatiguait pour moi, à Athènes et partout.

44. Se rendant compte que ses seuls aboiements ne serviraient à rien et qu'il lui fallait des associés, il trouve sans peine de l'aide auprès des sophistes et en outre auprès de ceux qui étudient les poètes *. Ses complices lui furent procurés par le chagrin, la haine et la jalousie, les sophistes par les trois à la fois, les autres par la jalousie. Ils profitèrent d'une émeute du peuple en délire, qui força le proconsul blessé à se réfugier dans les murs de Périnthe, pendant que les conjurés arrêtaient et emprisonnaient leurs adversaires frappés de dénonciations calomnieuses ; car ils pensaient que les troubles seraient éternels *. **45**. Ceux qui s'étaient comportés si follement reprirent leurs esprits, le proconsul revint, l'emprisonnement parut un crime contre les lois, alors il fit connaître que le jour suivant il viendrait en aide à moi-même et aux lois, et que la punition ne serait pas légère. Et les autres de trembler et de s'accuser mutuellement. Alors quelle fut ta volonté, ô divinité ? Voilà qu'en pleine nuit tu démets Alexandre de son commandement et avec le jour tu confies la ville à Limenios *. Je ne dirai pas qu'il était des conjurés, mais sans avoir juré il était d'accord avec eux. Il voulait passer pour un dieu, mais pour ma part je ne le tenais même pas comme un homme sérieux, lui qui mettait tout son sérieux à se rendre ridicule. **46**. Avant d'être nommé, cet individu siégeant sur l'agora demandait à la Fortune de faire durer sa charge le temps qu'il faudrait pour me tuer. Quand il eut pris le procès en mains, je restai sur

p. 40 (Alexandre 3). G. Dagron, *Naissance d'une capitale, Constantinople et ses institutions de 330 à 441*, Paris, 1974, p. 220-221. On notera ici que Libanios désigne le proconsul par le terme très général d'ἄρχων, alors qu'il emploie parfois ὕπαρχος, au lieu du terme exact de ἀνθύπατος.

τούτου δὲ εἶναι τὸν ἔλεγχον ἐν τοῦ βιβλογράφου ταῖς πλευραῖς, Κρητός τινος ἐπιεικοῦς πολλὰ τῇ δεξιᾷ καμόντος Ἀθήνησί τε καὶ πανταχοῦ.

44. Γνοὺς δὲ ὡς μόνος μὲν ὑλακτῶν οὐδὲν περαίνοι, δέοι δὲ αὐτῷ καὶ συμμορίας, εὑρίσκει πόνου χωρὶς τοὺς συλληψομένους, πρὸς τοῖς σοφισταῖς τοὺς ἀμφὶ τοὺς ποιητάς. Ἐποίει δὲ αὐτὸ λύπη τε καὶ φόβος καὶ φθόνος· τοὺς μὲν σοφιστὰς πάντα, τοὺς ἄλλους δὲ τὸ φθονεῖν. Χρῶνται δὴ καιρῷ τῇ τοῦ δήμου μανίᾳ, ἣν ὁ μὲν ἄρχων τραυματίας φεύγων τῷ Περινθίων σώζεται τείχει, συλλαβόντες δὲ τοὺς συκοφαντουμένους οἱ συνωμόται καθείρξαντες εἶχον, ἀθάνατον ἔσεσθαι τὴν στάσιν οἰόμενοι. **45.** Ὡς δὲ οἱ μὲν ἑαυτῶν ἐγένοντο, οἱ παραφρονήσαντες, ὁ δὲ ἄρχων ἐπανῆκεν, ὁ δεσμὸς δὲ ἦν παρὰ τοὺς νόμους, ὁ μὲν ὡς ἐμοί τε καὶ τοῖς νόμοις ἔμελλε βοηθήσειν αὔριον καὶ ὡς οὐ σμικρὰν λήψοιτο δίκην παρεδήλου. Τῶν δὲ ἐν τρόμῳ τε καταστάντων καὶ ἀλλήλους αἰτιωμένων, οἷα ἐβούλευσας, ὦ Δαῖμον. Περὶ μέσας νύκτας ἐξέβαλες τῆς ἀρχῆς τὸν Ἀλέξανδρον, καὶ παρέδωκας ἅμα ἡμέρᾳ Λιμενίῳ τὸ ἄστυ, συνωμότῃ μὲν οὐκ ἂν φαίην, ἀνωμότῳ δὲ καὶ τὰ αὐτὰ βουλομένῳ. Θεὸς μὲν γὰρ ἤθελεν εἶναι δοκεῖν, ἐγὼ δὲ αὐτὸν οὐδὲ σπουδαῖον ἐνόμιζον ἄνθρωπον, ᾧ γε ἦν ἡ σπουδὴ γελασθῆναι. **46.** Οὗτος πρὸ τῆς ἀρχῆς ἐν ἀγορᾷ καθήμενος ᾔτησε παρὰ τῆς Τύχης εἰς τοσοῦτον τὴν ἀρχήν, ἐν ὅσῳ γένοιτ' ἂν αὐτῷ κτεῖναι ἐμέ. Λαβόντος

2-3 post καμόντος in A duae uel tres litterae erasae ‖ **4** οὐδὲν CA : οὐδὲν ἂν VMKL ‖ **7** αὐτὸ CA (in quo post ὸ una littera erasa ; an αὐτὸ ex αὐτῶ ? αὐτῶ N codicis A apographum) : αὐτῶι τοὺς συνεργοὺς VMKL e coniectura ut opinor (sic Foerster) ‖ **9** uerbo μανίᾳ desinit M fol. 45 v, incipit rursus fol. 46r mutilum uerbis ἕτερα πέντε cap. 51 ; unum igitur folium periit ‖ **12** ἀθάνατον CAVL : θάνατον K ‖ **13** οἱ παραφρονήσαντες fortasse delendum ‖ **16** οὐ om. K ‖ σμικρὰν CA : μικρὰν VKL ‖ **16-17** ἐν τρόμωι CAV : ἐντρόμων KL ‖ **17** τε om. V ‖ **20** ἀνωμότωι ex ἀνομώτωι C ‖ de καὶ delendo cogitauit Foerster in apparatu ‖ **25** ἐμέ CAVL : με K.

place, bien que je fusse au courant, persuadé que la vérité avait quelque pouvoir : et l'absence d'accusateur montra que j'avais raison. Parmi les conjurés, certains faisaient son éloge et prédisaient leur libération aux emprisonnés, disant qu'il n'était pas homme à violer la loi sur ce point. Mais pour lui les flatteurs comptaient plus que la loi et, sans avoir de plaignant à entendre ni d'accusé à convoquer, il engagea l'action judiciaire en soumettant le malheureux * à la torture et pour la première fois j'entendis dire que les bourreaux avaient dû renoncer. **47.** Serrant les dents de rage, mais privé d'une seconde victime par l'élévation de mon rang, il menaçait du feu le malheureux mis en pièces, disant qu'il ne s'arrêterait pas avant d'avoir obtenu des réponses satisfaisantes. Et en même temps il me faisait donner par son assesseur le conseil de ne pas regimber contre l'aiguillon, mais de partir si je ne tenais pas à mourir. Il me parut parfaitement déraisonnable de mourir pour rien, et surtout après que la torture m'eût donné gain de cause *.

48. J'étais en outre attiré par la perspective de quitter un mauvais endroit pour un meilleur, la cité de Nicomède, et une ville alourdie de voluptés * pour la nourrice de l'éloquence. Il m'interdit également l'accès de cette ville par un édit, mais ce ne fut pas définitif, car j'y parvins en passant par la ville de Dionysos. En effet, les habitants de Nicée, ayant appris mon départ, m'envoyèrent des ambassades pour m'inviter chez eux et leurs décrets étaient pleins de compliments. Rendant mes devoirs à Dionysos, je les suivis, et alors que je me retrouvais parmi les étudiants et les discours, de nouveaux décrets me conduisirent dans la ville de Déméter, car le gouverneur de Bithynie avait accédé aux demandes des Nicomédiens *.

49. Leur démarche ne venait pas de ce qu'ils

οὖν τὸ δικάζειν, ἔμενον ὁ ταῦτα εἰδὼς ἐγώ, πιστεύων εἶναί τι τἀληθές, τοῦ γραφομένου δὲ οὐκ ὄντος, νοῦν γε ἔχων. Τῶν ὀμωμοκότων οἱ μὲν ἐπαινοῦντες ἐκεῖνον λύσιν ἐμαντεύοντο τοῖς δεδεμένοις, ὡς οὐκ ἂν ἐκείνου παραβάντος τὸν περὶ ταῦτα νόμον · ὁ δὲ πρὸ τοῦ νόμου τοὺς κολακεύοντας αἰδούμενος, οὐ διώκοντα ὁρῶν, οὐ φεύγοντα καλέσας, ἀρχὴν ἐποιεῖτο τῆς κρίσεως τοῦ ταλαιπώρου τὴν βάσανον, ἐν ᾗ πρῶτον ἤκουσα βασανιστὰς ἀπειπεῖν. **47**. Πρίων δὴ τοὺς ὀδόντας, καὶ τοῦ γε δευτέρου σώματος ἀποκρουσθεὶς ἀξιώματι, πῦρ ἠπείλει τῷ κατατετμημένῳ, φάσκων οὐ λήξειν πρὸ τῶν αὐτῷ φίλων ῥημάτων. Καὶ ἅμα ἐμοὶ διὰ τοῦ παρέδρου παρῄνει πρὸς κέντρα μὴ λακτίζειν, ἀλλ' ἀπελθεῖν, εἰ μὴ θανατῴην. Ἔδοξέ μοι πολλῆς ἀποπληξίας εἶναι τηνάλλως ἀποθανεῖν, καὶ ταῦτα ἐπὶ νίκῃ τῇ διὰ τῆς βασάνου.

48. Προσπαρεκάλει δέ με καὶ τὸ χείρονος ἄμεινον ἀντιλήψεσθαι χωρίον, τὴν Νικομήδους πόλιν, λόγων τροφόν, τῆς τρυφῇ βαρυνομένης. Ὁ δὲ κἀκείνην ἔκλειέ μοι γράμμασιν, οὐ μὴν εἰς ἅπαν · ἧκον γὰρ ἐκεῖσε διὰ τῆς Διονύσου. Νικαίας γὰρ οἱ οἰκήτορες, ἐπειδὴ ᾔσθοντο τὴν ἔξοδον, πρεσβείαις παρ' ἑαυτοὺς ἐκάλουν, ἅπασιν ἐπαίνοις ἐν ψηφίσμασι χρώμενοι. Προσκυνήσας δὴ τὸν Διόνυσον εἰπόμην, καὶ αὖθις ὢν ἐν νέοις τε καὶ λόγοις ψηφίσμασιν ἑτέροις ἐπὶ τὴν τῆς Δήμητρος ἠγόμην, τοῦ τῶν Βιθυνῶν ἄρχοντος δεηθεῖσι χαριζομένου.

49. Ἐδέοντο δὲ οὐκ ἀπορίᾳ σοφιστοῦ · πολίτης γὰρ δὴ ἦν τις σφίσι τῶν ἐπαινουμένων · ὁ δὲ λόγων μὲν οὐκ

1 δικάζειν CAV : δεκ- KL || **2** δὲ suppl. C[sl] prima manu || post ἔχων dist. edd. : post ὄντος et post ὀμωμοκότων CAV post ὀμ- K non dist. L || **3** ὀμωμοκότων CA[pc]VKL : ὀμ- A[ac] || λύσιν C[pc] (manu *n* ?) VKL : λῦσιν C[ac] A || **9** πρίων : adnot. V mg. ἤτοι θυμούμενος || **11** αὐτῷ KL : αὐτῶι CAV || **16** προσπαρεκάλει CAV : προπ- KL || **19** εἰς ἅπαν CAKL : εἰσάπαν V || **20** οἱ CAV : om. KL || **21** ἔξοδον CAV : εἴσ- KL || ἑαυτοὺς AVKL : αὐτοὺς C || **24** ἑτέροις CAVL : ἐν ἑτ- K || **26** δὲ VKL : δ' CA.

manquaient de sophiste : le leur était un de leurs concitoyens, de bonne réputation et non sans expérience de l'éloquence, mais il cédait facilement à la colère et un jour il avait poussé l'audace jusqu'à traiter tous les bouleutes d'esclaves de ses ancêtres. Comme ils discutaient de la manière de punir l'insolent, l'un d'eux proposa un châtiment définitif, car les autres ne seraient pas d'un long effet. Et comme on lui demandait quel était ce châtiment définitif, il parla de moi et des tourments que j'infligeais à mes adversaires. **50.** Je craignais que dès la première rencontre il ne montrât les dents et je me tins sur mes gardes. Mais je n'eus qu'à parler pour le réduire au silence : même auparavant il n'était pas des plus vifs et la colère l'avait rendu encore plus lent. Et certes mieux valait pour lui après mon arrivée qu'il se tût [1] au lieu de parler, non qu'il ne sût composer de belles choses, car il faut rendre hommage à la vérité, mais son esprit enfantait des phobies, il se croyait ensorcelé et cette idée lui paralysait la mémoire : il quittait alors la salle, disant et faisant n'importe quoi, si bien qu'en se séparant beaucoup de ses auditeurs se cachaient les uns derrière les autres, de peur que, bouillant encore de fureur, il ne tombât sur quelqu'un pour le mettre en pièces.

51. Même si je disais que cette période, qui dura cinq années, fut comme le printemps ou la fleur de toute ma vie, — et je suis près de mes soixante ans * —, cette expression ne serait pas appropriée, car je peux encore me féliciter de cinq autres années et d'encore cinq autres *. Mais ces années que je vécus aux pieds de Déméter les surpassent, et les surpassent en tout : par la santé du corps et le bien-être de l'âme, par la fréquence de mes conférences et l'enthousiasme que chacune suscita, par les files

1. Sur l'avantage du silence, cf. *infra*, §§ 110 et 256.

ἀπείρως εἶχε, θυμῷ δ' ἐδούλευε, καί ποτε τὴν βουλὴν ἅπασαν δούλους τῶν αὐτοῦ πατέρων ἐτόλμησε προσειπεῖν. Τοῖς δὲ ὑπὲρ δίκης βουλευομένοις, καὶ ὅτῳ χρὴ τὸν ὑβριστὴν μετελθεῖν, ἀθανάτῳ τις εἶπε κακῷ, ὡς τῶν γε ἄλλων οὐ μακρῶν ἐσομένων. Ἐρομένων δὲ τί τοῦτο εἴη τὸ ἀθάνατον αὐτῷ κακόν, ἐμέ τε ἔφη καὶ τοὺς ἀπ' ἐμοῦ τοῖς ἀντιτέχνοις μόχθους. **50**. Ἐδεδίειν μὲν οὖν μή με ἐντυχὼν δάκῃ, φυλαξάμενος δὲ λέγων σιγῶντα ἐτρεψάμην, ὄντα μὲν οὐδὲ πρότερον ταχύν, ὀργῇ δὲ βραδύτερος ἐγεγόνει. Τῷ δὲ ἄρα κρεῖττον ἦν, ἐπειδὴ ἀφικόμην, σιγᾶν ἢ λέγειν, οὐχ ὡς οὐ καλὰ ὑφαίνοντι (δεῖ γὰρ τό γε ἀληθὲς τιμᾶν), ἀλλ' αὐτῷ φόβους τινὰς ἐντεκὼν ὡς δὴ γοητεύοιτο, τοῖς δόγμασι τὴν μνήμην ἐξέπληττε, καὶ ἀπῄει, πᾶν μὲν δρῶν, πᾶν δὲ φθεγγόμενος, ὥστε ὑπ' ἀλλήλοις κρύπτεσθαι τῶν διαλυθέντων πολλούς, μὴ ζέων ἔτι προσπεσών τῳ διαρπάσαι.

51. Τοῦτον ἐγὼ τὸν χρόνον, ἔστι δὲ ἔτη πέντε, τοῦ παντὸς ὃν βεβίωκα, ταυτὶ δὲ σχεδὸν ἑξήκοντα, ἔαρ ἢ ἄνθος προσειπὼν οὐδ' ἂν οὕτως εἴην συμμέτρως προσειρηκώς · ἔχω μὲν γὰρ καὶ ἕτερα πέντε καὶ πάλιν ἕτερα τοσαῦτα ἐπαινέσαι, τὸ νικᾶν δὲ τούτων ἐστὶ τῶν ὑπὸ τῇ Δήμητρι, νικώντων τοῖς ἅπασιν, ὑγιείᾳ σώματος, εὐθυμίᾳ

2 αὑτοῦ V : αὐτοῦ CAKL || **4** τις CAVL : τίς K || εἶπε C^{pc} (manu *p*) VKL : εἶπεν CA || **5** μακρῶν CAV : μακρὰν KL || **8** ἐντυχὼν : adnot. V mg. ἤτοι κατὰ προσδοκίαν ἐμὴν ὁμιλήσας · συντυγχάνει δὲ τῷ δεῖνι, ἐπὶ τοῦ παρὰ προσδοκίαν ἐρεῖς · ἤτοι μὴ προγνοὺς συνήντησέ τῳ. || **12** τό γε ἀληθὲς τιμᾶν CAKL : τιμᾶν τὸ γε ἀλ- V || αὑτῶι CAV^{sl} : αὐτῷ VKL || **13** ἐντεκών : post syllabam ἐν desinit in A fol. 18^{v}, uerbis autem ἀπὸ τοῦ τάφου (infra cap. 62) incipit fol. 19^{r} ; periit enim folium unum. In capitibus igitur 50-62 codicibus NP utar || post μνήμην iniuria dist. codd. || **14** ἐξέπληττε C^{pc} (*p*) PVKL : -ττεν C^{ac}N || **15** διαλυθέντων : adnot. V mg. (rec.) τοὺς συλλόγους τῶν ἀκροωμένων || **16** ζέων codd. : ξέων N || προσπεσών CPVKL : -σόν N || **18** ταυτὶ CNPV : ταύτη KL || **19** προσειπὼν CNPV : προειπὼν KL || hinc rursus incipit M fol. 46, sed mutilus est usque ad uerba ὑπαιωρούντων infra cap. 53 || ἂν οὕτως CNP : οὕτως ἂν VM ut uid. KL || **22** ὑγίεια (sic) V : ὑγεία C (-ᾳ p. c.) NPMKL.

d'étudiants et les progrès des étudiants, par les travaux de mes nuits et les fatigues de mes jours, par les honneurs, la bienveillance et l'affection dont j'étais l'objet. **52.** Si l'on demandait aux gens ce qui faisait la plus grande fierté de leur ville, on s'entendait répondre que c'était de m'y voir exercer mon activité. Cette ville, parvenue à un tel degré de grandeur et de beauté, et possédant tous les autres biens que procurent la terre et la mer, dans l'énumération de ce qui faisait son orgueil eût mentionné mes œuvres avant toutes choses. Car, à la prospérité de la ville voisine, elle opposait le fait que l'une florissait par les plaisirs de la scène, elle-même par la profusion de la culture ; l'une ne savait même pas conserver ce qu'elle avait de bien, elle-même savait se procurer le bien qu'elle n'avait pas [1]. **53.** J'étais comme un homme couché près de sources d'eaux transparentes et sous des arbres chargés des délices les plus variés, couronné des fleurs d'un banquet continuel, comme cet Égyptien qui avait trouvé le moyen d'allonger le temps si bref de sa vie [2]. Mais mon plaisir, ce n'était ni de manger ni de boire, mais de voir magnifiquement prospérer mon éloquence et d'entendre Athènes accuser à grands cris la Bithynie, comme les paysans font entre eux quand on a détourné un ancien canal de son cours antérieur [3]. C'est que le courant des étudiants qui allaient là-bas et qui datait de loin, de l'époque où commença le commerce de l'éloquence, ce courant était arrêté par cette province qui le gardait pour elle, en les persuadant de ne pas aller

1. Sur cette animosité constante envers Constantinople, *supra*, § 48 et *infra*, § 215.

2. Il s'agit du pharaon Mykerinos qui, apprenant par un oracle qu'il lui restait six années à vivre, décida, afin d'en doubler la durée, de passer les nuits dans les plaisirs, Herod., II, 133. [J. M.].

3. Comparaison ingénieuse, bien naturelle en des régions où l'irrigation joue un grand rôle et est sévèrement règlementée. Sur le fond, l'animosité des sophistes d'Athènes s'explique par

ψυχῆς, ἐπιδείξεων πυκνότητι, τοῖς ἐν ἑκάστῃ πηδήμασιν, ὁρμαθοῖς νέων, ἐπιδόσει νέων, νυκτερινοῖς πόνοις, μεθημερινοῖς ἱδρῶσι, τιμαῖς, εὐνοίᾳ, φίλτρῳ. **52.** Τῶν δ' ⟨ἐκεῖ⟩ εἴ τις ἤρετο ὀντινοῦν ὅτῳ μεγίστῳ καλλωπίζοιτο ἡ πόλις, τὰς ἐμὰς ἂν ⟨ἦν⟩ ἐν αὐτῇ διατριβὰς ἀκοῦσαι. Ἐκείνη γὰρ αὖ ἡ πρὸς τοσοῦτον ἥκουσα μεγέθους τε καὶ κάλλους τῶν τε ἄλλων ἀγαθῶν ὅσα γῆ τε καὶ θάλασσα δίδωσιν, οὐδενὸς ἂν ἐν μνήμῃ μεγαλαυχίας πρὸ τῶν ἐμῶν ἐμνημόνευσεν, ἐπεὶ καὶ πρὸς τὴν εὐδαιμονίαν τῆς πλησίον πόλεως τοῦτο ἀντεξῆγεν, ὡς ἡ μὲν εὐθενοῖτο θεάτρων ἡδοναῖς, αὐτὴ δὲ φορᾷ παιδείας, καὶ ὡς ἡ μὲν οὐδὲ φυλάξαι παρὸν εἰδείη καλόν, αὐτὴ δὲ καὶ ἀπὸν κτήσασθαι. **53.** Ἐγὼ δὲ ἐῴκειν ἀνδρὶ κατακεκλιμένῳ πρὸς πηγαῖς τε διαφανῶν ὑδάτων καὶ ὑπὸ δένδρων παντοίας ὑπεραιωρούντων χάριτας, ἐστεφανωμένῳ τε καὶ συνεχῶς εὐωχουμένῳ, κατὰ τὸν Αἰγύπτιον ἐκεῖνον ὃς ἐσοφίσατο μακρὸν αὑτῷ τὸν βραχὺν γενέσθαι χρόνον. Ἐποίει δέ μοι τὰς ἡδονὰς οὐ τὸ ἐσθίειν καὶ πίνειν, τὸ δὲ τὰ τῶν λόγων εὖ καὶ καλῶς χωρεῖν καὶ τὸ τὰς Ἀθήνας τῆς Βιθυνίας καταβοᾶν, ὥσπερ γεωργοὶ γεωργῶν ῥύακος ἀρχαίου κωλυθέντος ᾗ πρότερον ῥεῖν. Οὕτω τὸν ἐκεῖσε δρόμον τῶν νέων παλαιόν τε καὶ ἐξ ὅσουπερ ἐμπορία λόγων, ἤδε

2 ὁρμαθοῖς NPM : ὀρμ- CVKL ‖ **4** ἐκεῖ addendum censuit Herwerden, probante Foerster vol. III p. xvi ‖ **5** ἂν ἦν scripsi : ἂν CNPVKL M mutil. ἦν Foerster ‖ ἀκοῦσαι CNPM KL^{ac} : ἀκούσαι VL^{pc} ‖ **6** γὰρ CNPVL : τε γὰρ K M mutil. ‖ **10** τοῦτο CNPKL : τοῦτ' V M mutil. ‖ εὐθενοῖτο C^{ac} ut uid. NP : εὐθηνοῖτο C^{pc} (manu *f*) P^{sl} VKL εὐθυνοῖτο M ‖ **11** δὲ CNPV : om. KL M mutil. ‖ φορᾷ παιδείας CPVMKL : παιδείας φορᾷ N ‖ **12** αὐτὴ CNPMKL : αὕτη V ‖ **13** κατακεκλιμένω NV : κατακεκριμένω CPM^{pc} κατακεκρυμμένω M^{ac}KL ‖ πηγαῖς codd. (M mutil.) : πηγῶν L ‖ τε codd. : τε punctis geminatis s. l. notatum et postea erasum in C fortasse recte ‖ **15** post χάριτας dist. VMKL : non dist. CNP ‖ **16** μακρὸν e μακρὰν corr. C manu prima ‖ **17** αὑτῷ Foerster : αὐτῶι codd. ‖ **18** τὰ CNPVM^{sl} : om. MKL ‖ **19** Βιθυνίας C^{pc} (manu prima) NP(ι et υ in ras.) VMKL : βο- C^{ac} ‖ **22** a uerbis τε καὶ ἐξ usque ad δεῖπνον τε ἅμα (infra l. 7) deficit M ‖ ὅσουπερ CNPV : ὅσου KL.

au loin chercher une méchante marchandise, alors que sur place elle était meilleure.

54. Et voici qu'arrive cet homme d'Héraclée dont j'ai parlé [1], convoyant sur un chariot des monceaux de livres et m'apportant une richesse qui répondait à mes désirs. S'il m'avait donné des terres, des navires et des immeubles, je crois que je l'aurais remercié en le priant de les garder. C'est ce que je fis avec cet autre qui m'invita à dîner avec sa fille unique qu'il avait élevée dans l'opulence : je le remerciai de sa bonne intention, l'invitant à chercher ailleurs un fiancé, car en ce qui me concernait mon art me tenait lieu d'épouse.

55. La ville de Nicomède brûlait pour mon art d'un si fol enthousiasme que désormais les piscines chaudes des thermes me servaient de salles de cours, sans que le peuple y vît rien d'anormal. La ville entière était ainsi devenue pour nous le local des Muses, les gens apprenaient par cœur mes prologues et rejetant les autres airs à la mode les fredonnaient sans cesse et partout *. **56**. Mais ma plus grande source de joie, c'était d'avoir trouvé de vrais amis. Car il n'est aucun des apparents plaisirs de la vie qui ne soit inférieur à cela, selon Euripide * ; il savait que ces vrais amis donneraient pour leurs compagnons non seulement leur fortune, mais leur existence même, et le fils de Thétis en était, lui qui vengea Patrocle au prix de sa vie *. J'avais trouvé à Nicomédie des amitiés qui n'étaient pas moins promptes. **57**. En disant

le succès de leur collègue qui les prive d'une partie de leurs étudiants. Parmi eux, Himerios, alors au faîte de sa gloire, vint à cette époque faire des conférences à Nicomédie, peut-être pour y recruter des élèves et faire pièce à Libanios, mais celui-ci laisse entendre qu'il ne se montra pas à son avantage en face de lui, lors de joutes oratoires organisées par le gouverneur de Bithynie Pompeianos, *ep*. 742 (de 362). Cf. A. F. Norman, *Autobiogr*., p. 162.

1. C'est Crispinos, cf. §§ 27-28.

ἔστησέ τε ἡ γῆ παρ' αὐτῇ καὶ ἔπεισε μὴ πόρρωθεν πονηρὰ λαμβάνειν, ἐξὸν ἐγγύθεν ἀμείνω.

54. Καὶ μὴν ὅ γε ἀνὴρ ἐκεῖνος ὁ Ἡρακλεώτης σωροὺς ἐφ' ἁμάξης ἧκεν ἄγων βιβλίων, ποιῶν με οἷς ἐβουλόμην πλούσιον· ἐπεὶ εἰ γῆν τε καὶ ὁλκάδας καὶ συνοικίας ἐδίδου, δοκῶ μοι τὸν ἄνθρωπον ἂν ἐπαινέσας αὐτὸν κελεῦσαι ἔχειν, οἷόν τι καὶ πρὸς ἐκεῖνον ἐποίησα τὸν ἐπὶ δεῖπνόν τε ἅμα καὶ αὐτὴν τὴν θυγατέρα καλοῦντα, μόνην ἐν μεγάλοις αὐτῷ τρεφομένην χρήμασι, τὴν μὲν γνώμην ἐπαινέσας, κελεύσας δὲ ζητεῖν νυμφίον, ὡς ἔμοιγε οὔσης ἀντὶ γυναικὸς τῆς τέχνης.

55. Περὶ ἣν οὕτω τὴν ἔνθεον ἐμεμήνει μανίαν ἡ Νικομήδους πόλις, ὥστε ἤδη με κἀν ταῖς θερμαῖς κολυμβήθραις τἀν τῷ διδασκαλείῳ ποιεῖν καὶ μηδὲ ταῦτα ἔξω τοῦ νόμου τοῖς ἰδιώταις εἶναι δοκεῖν. Οὕτως ἡμῖν ἅπασα ἡ πόλις καθειστήκει μουσεῖον· οἵ γε καὶ τοὺς προλόγους παραλαμβάνοντες, τἄλλα ἐκβάλλοντες ᾄσματα, ᾄδοντες πανταχοῦ διετέλουν. **56.** Ἡ μεγίστη δὴ τῶν εἰς εὐφροσύνην ἀφορμὴ τὸ σαφεῖς ἐκτῆσθαι φίλους, ὧν οὐδὲν ὅ τι οὐ λείπεσθαι τῶν δοκούντων ἀγαθῶν ὁ Εὐριπίδης φησίν, εἰδὼς ὅτι οὗτοι οἱ σαφεῖς οὐκ οὐσίας μόνον ἀποσταῖεν ἂν ὑπὲρ τῶν ἐπιτηδείων, ἀλλὰ κἂν ἀποθάνοιεν, ὧν δὴ γενέσθαι καὶ τὸν τῆς Θέτιδος υἱόν, ὃς ἐπρίατο τῆς ψυχῆς τὴν ὑπὲρ τοῦ Πατρόκλου δίκην. Ταύτης οὐδέν τι νωθροτέρας ἐνταῦθα ἐκτησάμην φιλίας. **57.** Ὧν εἰ τὴν Ἀρισ-

1 αὐτῆι CPV : αὐτῇ NKL || **4** ἁμάξης CNPV : ἁμαξῶν KL || με CNPV : μὲν KL || **5** εἰ ex εἰς C || **7** ἐποίησα CNPVL : -σε K || **8-20** (cap. 56) καὶ αὐτὴν... λείπεσθαι mutila in M || **9** τὴν μὲν γνώμην CNPMKL : τῆς μὲν γνώμης V || **13** κἀν C^pc (rec.) PVKL : κἂν CN M mutil. || **14** μὴδὲ (sic) P^pcVMKL : μηδὲν CNP^ac || **17** ἐκβάλλοντες : adnot. V mg. ἐκβάλλοντες ἤτοι ἀπορρίπτοντες || **18** δὴ CNPV : δὲ MKL (sic Foerster) || **19** ἐκτῆσθαι CNP^ac M : κεκτῆσθαι P^pcVKL || **20** οὐ CNPV : οὖν MKL || Eur. *Or.* 1155 sq. || **22** δὴ CNPVM : δεῖ KL || **24** τι CNPVMK : τοι L || **24-25** νωθροτέρας... φιλίας CNPMKL : -τέραν... φιλίαν V.

qu'au dessus de toutes je mettais celle d'Aristénète [1], je ne pense pas mériter la jalousie de ceux que je place au second rang. A ce sujet, aussi bien ma mère que tous ceux que mon absence chagrinait auraient pu me faire des reproches justifiés, car sa personne et le charme de son caractère me semblaient plus doux que toutes ces douceurs.

58. Et pourtant, qui donc aimait sa mère plus que moi * ? En voici la plus probante démonstration : elle avait vendu une terre qui me venait de mon père, et l'acquéreur qui se rendait en Italie, craignant de me voir invoquer, du vivant de ma mère ou après sa mort, l'appui des lois pour contester la vente, me pria de l'annuler dès maintenant ou de la confirmer *. Je lui demandai si j'étais compris moi-même dans l'inventaire et j'ajoutai que même ainsi je ne ferais pas d'opposition. Il me tendit l'acte afin que j'y appose ma signature de la main que voici : elle signa et lui n'en croyait pas ses yeux.

59. Je sentais moi-même que je serais grandement coupable si je n'allais pas en sa vieillesse rejoindre et assister une mère si aimée, mais dès que j'entendais la voix de mon ami, j'étais comme enchaîné. Si bien que l'unique cause de mon retour ici fut la contrainte dont il usa à mon égard, en me menaçant de me refuser son estime si je négligeais ce juste devoir.

60. Ainsi donc, par la multitude et l'importance de ses dons, la Fortune effaçait les désagréments, et les soucis étaient réduits à rien par le nombre

1. Cf. O. Seeck, *Die Briefe*, p. 85. *Prosop.*, p. 104. Riche propriétaire de Nicée qui refusa longtemps les charges officielles sans être astreint aux charges curiales pour autant, cf. P. Petit, *Lib. et vie munic.*, p. 35. 383. Il finit par accepter le vicariat du diocèse de *Pietas*, Ammien Marcellin, XVII, 7, 6, mais mourut lors du tremblement de terre de Nicomédie, le 24 août 358. Il fut enterré à Nicée, *ep.* 901, et Libanios écrivit sur lui une Monodie (perdue), *ep.* 30, 33, 388.

ταινέτου φαίην ὑπερφέρειν φιλίαν, οὐδένα ἂν νεμεσῆσαί μοι δοκῶ τῶν τιθεμένων δευτέρων. Ὧι μοι καὶ ἡ μήτηρ καὶ εἴ τῳ ἄλλῳ λύπην ἐνεποίουν ἀπών, εἰκότως ἂν ἐγκαλοῖ· ἐκεῖνος γὰρ δὴ καὶ τὰ τοῦ 'κείνου τρόπου φάρμακα τῶν γλυκέων τούτων ἐφάνη γλυκύτερα.

58. Καίτοι τίς φιλομήτωρ μᾶλλον ἐμοῦ ; Τεκμηρίῳ δὲ μεγάλῳ τοῦτο ἀποδεικνύσθω. Γῆν οὖσάν μοι πατρῴαν ἀπέδοτο, ὁ δὲ ἐωνημένος ἐπ' Ἰταλίας πορευόμενος, δείσας μὴ παρακαλέσας ὕστερον τὴν συμμαχίαν τῶν νόμων ἢ ζώσης τῆς μητρὸς ἢ οἰχομένης ἐπιστρατεύσω τῇ πράσει, λύειν ἤδη ταύτην ἢ βεβαιοῦν ἐδεῖτο. Ἠρόμην οὖν εἰ καὶ αὐτὸς ἐν τοῖς πεπραμένοις εἴην, ὡς οὐδὲ τούτῳ μαχούμενος. Καὶ ὃς τὸ βιβλίον προὔτεινεν, ὡς προσλάβοι ταυτησὶ τῆς χειρὸς γράμματα, καὶ ἡ μὲν ἔγραφεν, ὁ δὲ οἷς ἑώρα διηπίστει.

59. Δεινὰ δὴ δοκῶν ἐμαυτῷ δρᾶν, εἰ τὴν οὕτω στεργομένην μὴ συνὼν γηροτροφοίην, ὁπότε ἀκούοιμι φθεγγομένου τοῦ φίλου, δεσμὸς τοῦτο ἦν, ὥστε καὶ ἡνίκα δεῦρ' ἐπανῄειν, ἐπὶ μόναις ταῖς παρ' ἐκείνου τοῦτο ἐπράττετο ἀνάγκαις, ἀπειλοῦντος ἦ μὴν χείρω με, εἰ τοῦτο ἀτιμάσαιμι τὸ δίκαιον, νομιεῖν.

60. Πλείοσι τοίνυν καὶ μείζοσιν ἀγαθοῖς τὰ δυσχερέστερα ἠφάνιζεν ἡ Τύχη, καὶ ἡ λύπη μικρὰ διὰ τὸ πλῆθος ἦν τῶν ἡδονῶν· μᾶλλον δὲ οὐδὲν τοσοῦτον ὁπόσον καὶ

1 νεμεσῆσαί CNPV : -σήσαι MKL || **2** μοι CNPVMK : μϊ L || τιθεμένων : adnot.[s] V mg. τιθεμένων ἤτοι ταττομένων || ὧι CNPMKL : ὃ V fortasse recte || **3** ἐνεποίουν CNPVM[pc] : -ίει M[ac]KL || **3-4** ἐγκαλοῖ CNPVM : -λεῖ M[sl]L -λεῖν K || **8** ἐωνημένος CNPVM[ac]L[pc] : ἑω- M[pc]KL[ac] || Ἰταλίας CNP : Ἰταλίαν VMKL : παρακαλέσας CNPVML : καλέσας K || **11** ἠρόμην codd. : εἰρώμην N || **12** πεπραμένοις CN (πεπεπρ-) : πεπραγμένοις MKL || **13** προσλάβοι CNPV[sl] MKL : -βη V || **16** δὴ CNPV : δὲ δὴ MKL || ἐμαυτῶι CNPVMKL[sl] : -τὸν L || **16-17** στεργομένην codd. : στερομένην N || **17** συνὼν CPVML : συνιὼν NK || γηροτροφοίην CNPVM : γηρωτρ- M[sl]L[pc] γηροτροφείην L[ac] γητροφόειην K || **20** τοῦτο codd. : τούτῳ Foerster || **22** πλείοσι τοίνυν in mg. suppl. L. || **24** οὐδὲν codd. : οὐδὲ Gasda.

de mes satisfactions, ou plutôt aucun n'était de taille à pouvoir me causer d'ennui, comme il en est des héros que l'éclat de leurs prouesses empêche de sentir leurs blessures. Il me faut donc raconter aussi le pire, car le meilleur apparaîtra dans une lumière plus pure si l'on connaît sur quoi il l'a emporté.

61. Mon esclave, un tout jeune garçon, trompé par les promesses de gens qui mettent à mort ceux qui les ont écoutés, me vola quinze cents statères et prit la fuite, pour mourir très probablement *. J'allais justement parler en présence du gouverneur. Je récitai mon discours avec les gestes habituels, tandis que mes auditeurs étaient tout émus par le vol, si bien que l'on m'admira doublement, et pour mon habileté oratoire et pour ma constance devant ce malheur. Et une troisième raison s'y ajouta : je refusai l'argent d'une collecte faite par les villes, désireuses de réparer par leurs propres moyens le dommage subi, et dont le montant dépassait la valeur de l'or disparu.

62. Mais assez sur cette perte financière, c'est une chose que doit mépriser un homme bien né. Là-dessus, la femme du sophiste [1] tomba malade du cerveau. Se refusant à y voir le résultat de sa mauvaise constitution, il m'en attribua la cause et, suivant de funestes exemples, il s'en prit lui aussi à mon copiste [2]. Sa femme mourut, il quitta la tombe tout en larmes et s'en fut au tribunal. Comme il n'en déposait pas pour autant une plainte en bonne et due forme, il obtint seulement l'arrestation de cet homme *. **63**. De ce fait la situation se renversa : il évitait l'action judiciaire et moi j'essayais de l'y contraindre [3]. Le juge * riait à l'idée que j'aurais

1. Cf. *supra*, § 50.
2. Sans doute toujours le même, qui suivait Libanios partout depuis Athènes, cf. *supra*, §§ 43, 46-47.
3. Libanios contre-attaque en invoquant la loi *C. Th.*, IX, 1, 7 (de 338) qui oblige le juge à entendre un inculpé empri-

ἀνιᾶσαι δύνασθαι, ὥσπερ αὖ καὶ τοῖς ἀριστεύουσιν ἃ πλήττονται κοῦφα διὰ μέγεθος ὧν δρῶσι. Λεγέσθω οὖν καὶ τὰ χείρω· τῇδε γὰρ ἂν καθαρώτερον φανείη τὰ βελτίω, δεικνυμένων τῶν ὑπ' αὐτῶν νενικημένων.

61. Ὁ μὲν δὴ παῖς ἄνηβος, ἐλπίσιν ἀπατηθεὶς ὑπὸ τῶν οὓς ἀναπείθουσιν ἀποκτιννύντων, πεντακοσίους τε καὶ χιλίους ὑφελόμενος στατῆρας ᾤχετο, ὡς εἰκὸς ἀποθανούμενος, μέλλοντός μοι δέξεσθαι τοῦ ἄρχοντος λόγον. Καὶ ἐπεδεικνύμην κινούμενος τὰ εἰωθότα, τῶν ἀκροατῶν τῇ κλοπῇ τεταραγμένων, ὥστε εἶναί μοι διπλοῦν τὸ θαῦμα, τὸ μὲν ὡς λέγειν ἐπισταμένῳ, τὸ δὲ ὡς τὰ τοιαῦτα φέρειν. Καὶ τρίτον γε ἕτερον προσεγεγόνει, διωθουμένου μου τὸν ἠθροισμένον ἐκ τῶν πόλεων ἄργυρον, παριόντα τὸν ἐξεληλυθότα χρυσόν, θεραπεύειν πειρωμένων τοῖς παρὰ σφῶν τὴν βλάβην.

62. Ταυτὶ μὲν ἀφείσθω, τὴν ζημίαν ἔχοντα ἐν χρήμασιν, ἃ δὴ διαπτύσειεν ἂν ἀνὴρ ἐλεύθερος. Ἀλλ' ἐνόσει μὲν ἡ γυνὴ τῷ σοφιστῇ τὰς φρένας· ὁ δὲ οὐ βουλόμενος ταῦτ' εἶναι τῆς τοῦ σώματος πονηρίας, ἐπ' ἐμέ τε ἦγε τὴν αἰτίαν, καὶ κακοῖς ἑπόμενος παραδείγμασι βιβλογράφον καὶ αὐτὸς εἷλκε. Καὶ οἰχομένης δὴ τῆς γυναικός, ἀπὸ τοῦ τάφου μετὰ δακρύων εἰς τὸ δικαστήριον ἐλθών, κατήγορος μὲν κατὰ τοὺς νόμους οὐδὲ οὕτως γίνεται, τοσοῦτον δὲ εὗρε, τὸ δῆσαι τὸν ἄνθρωπον. **63**. Ἐπὶ τούτοις τὸ πρᾶγμα ἀνέστραπτο, τοῦ μὲν φεύγοντος τὴν κρίσιν, ἐμοῦ δὲ ἐπαναγκάζοντος. Ὁ δικαστὴς δὲ ἄρα ἐγέλα, εἰ περὶ γυναῖκα

1 ἀνιᾶσαι M^{sl} (rec.) : ἀνιᾶσθαι CNPVMKL || **2** οὖν CNPVML : δὴ K || **5** ὁ CNPV : ὡς MKL ὅς M^{pc} ut uid. || **11** τὸ (ante δὲ) in ras. C (prima manu) : τῶι C^{ac} ut uid. || **17** διαπτύσειεν ἂν : ν ἂν in ras. C || **19** πονηρίας CNPVM^{sl} (rec.) : σωτηρίας MKL || τε CNPMKL : om. V || **20** ἑπόμενος NPVMKL : ἐπ- C || **21** uerbis ἀπὸ τοῦ τάφου denuo incipit A fol. 19^{r} codicibus igitur NP usque ad cap. 272 non utar (uide *supra* ad p. 119, 13 || **23** οὕτως CAVKL : οὗτος M || γίνεται CAVK : γίγνεται ML || **25** ἀνέστραπτο CAVM : ἀντέστραπτο KL.

fait mourir une femme pour rien sans m'occuper du sophiste, comme si un athlète en passe de tuer son adversaire refusait le combat et l'épargnait, mais lui enlevait sa mère en se servant des esprits. Il s'efforçait d'échapper, mais le juge, comme je restais ferme, le fit saisir par ses subordonnés et le mit dans la nécessité de me faire punir ou d'être lui-même puni, car la loi interdit de nuire à autrui par des accusations sans fondement [1]. Tombant à ses pieds il le pria de ne pas le renvoyer déshonoré, car le responsable en cette affaire, ce n'était pas lui, mais son chagrin. **64.** Le juge eut pitié du sophiste et je ne lui reprochai pas sa compassion : car il me suffit de voir mon ennemi réduit à implorer son pardon, sans qu'il soit besoin d'un autre châtiment. J'ajouterai que s'il voulait devenir mon ami, je ne le dédaignerais pas, car celui qui voit le coupable couvert de honte et veut sa perte par surcroît, celui-là est une bête fauve, qui ne songe pas que sa condition d'homme peut lui valoir de tomber un jour dans la même nécessité. Mais les Bithyniens n'agirent pas de même avec lui : celui qui le rencontrait se détournait, d'autres évitaient de le rencontrer. Et le fait de n'avoir pas puni le coupable comme il l'eût fallu poussait même certains à critiquer le gouverneur qui avait pris la décision, bien qu'il fût très aimé.

65. Pressé de toutes parts, son éloquence lui était

sonné dans le délai d'un mois, sinon la détention est injustifiée, cf. A. F. Norman, *Autobiogr.*, p. 164.

1. Persuadé de l'innocence de Libanios, le gouverneur ne fait pas mettre à la question le copiste, mais arrête l'accusateur et lui enjoint de faire la preuve de ses dires (cf. *C. Th.*, IX, 39, 1 : de 383 seulement, mais qui reprend évidemment des dispositions antérieures). Mis au pied du mur, il s'effondre, et Libanios a l'élégance, exprimée un peu lourdement au § 64, de retirer sa plainte, ce qui permit au juge de se montrer clément envers l'accusateur.

ἐγὼ παρανήλισκον τὸν θάνατον, ὑπερβὰς τὸν σοφιστήν, ὥσπερ ἂν εἴ τις ἀθλητής, κτεῖναι ἔχων τὸν ἀντίπαλον, τούτῳ μὲν ᾑρεῖτο ⟨μὴ⟩ συμπλέκεσθαι καὶ διέσωζε, τὴν τεκοῦσαν δὲ αὐτὸν ἥρπαζε διὰ δαιμόνων. Τῷ μὲν δὴ ἔργον ἦν φεύγειν · ὁ δικαστὴς δέ, οὐδὲ γὰρ ἀνίην, εἷλκέ τε διὰ τῶν ὑπηρετῶν καὶ ἐπηνάγκαζεν ἢ λαβεῖν ἢ δοῦναι δίκην · τὸν γὰρ αὖ νόμον οὐκ ἐᾶν κεναῖς αἰτίαις ὑβρίζειν. Ὁ δὲ πεσὼν ἱκέτευε μὴ ἄτιμος ἀπελθεῖν, μηδὲ αὑτοῦ μᾶλλον ἢ τοῦ πένθους ἐκεῖνα νομισθῆναι. **64**. Ἐλεεῖ τὸν σοφιστὴν ὁ δικαστής, καὶ οὐκ ἐμεμψάμην τὸν οἶκτον. Ἐμοὶ γὰρ εἴη τὸν ἐχθρὸν εἰς συγγνώμην καταφεύγοντα ἰδεῖν, καὶ οὐδὲν ἂν ἑτέρας δέοι δίκης. Καὶ δὴ καὶ φίλον εἶναι βουλόμενον οὐκ ἀτιμάσω. Ὅστις δὲ αἰσχυνόμενον τὸν ἡμαρτηκότα ὁρῶν προσαπολέσαι βούλοιτο ἄν, θηριώδης τε οὗτος, καὶ οὐκ αἰσθανόμενος ὡς ἀνθρώπῳ γε ὄντι γένοιτ' ἄν ποτε ἴσως εἰς τὴν τῶν ὁμοίων χρείαν πεσεῖν. Ἀλλ' οὐχ οἱ Βιθυνοὶ πρὸς ἐκεῖνον οὕτως, ἀλλ' ὁ μὲν ἀπαντῶν ἐξετρέπετ' ἄν, τῷ δὲ πρόνοια μὴ ἀπαντῆσαι · τὸ δὲ μὴ κεκολάσθαι τοῖς προσήκουσι τὸν ὑβριστὴν ἤδη τινά τι καὶ ἀπορρῖψαι εἰς τὸν ἐψηφισμένον, καίτοι σφόδρα ἀγαπώμενον, ἠνάγκασε.

65. Πιεζόμενος δὴ πολλαχόθεν καὶ οὐκ ἀποχρώντων

1 παρανήλισκον C^{pc} (ρα add. s. l. manus prima) AVMKL : πανήλισκον C^{ac} ‖ **3** ᾑιρεῖτο (uel ἡρ-) C^{ac}AVKL : ᾑρεῖτο M^{ac} ut uid. ἠρνεῖτο C^{pc} (manu *n*) M^{pc} (rec.) quod recepit Foerster ᾐδεῖτο Schenkl probante Foerster vol. III p. xvii ‖ μὴ addidi ‖ **5** οὐδὲ γὰρ CAVMKL^{ac} ut uid. : οὐδὲν L^{pc} ut uid. ‖ ἀνίην CAM^{pc} (rec.) : ἀνίειν VL^{sl} ἀνήειν M^{ac} ut uid. KL ‖ **6** ἢ λαβεῖν om. M : in mg. suppl. M rec. ‖ **7** γὰρ CAVML : μὲν γὰρ K ‖ **8** αὑτοῦ Foerster : αὐτοῦ codd. ‖ **10** post γὰρ duarum litterarum spatium in A ‖ **11** καταφεύγοντα CAVM : -φυγόντα KL ‖ **14** βούλοιτο CAL : βούλοιτ' VMK ‖ **16** τῶν CAVML : om. K ‖ πεσεῖν CAVM : ἐμπεσεῖν KL ‖ **17** ἀπαντῶν ex ἀπ-C ‖ **18** μὴ ἀπαντ- CAVM^{pc} (rec.) : μὴ δὲ ἀπαντ-MKL ‖ **19** ἀπορρῖψαι edd. : -ρρίψαι codd. ‖ **20** εἰς CAVM^{sl} (rec.) : ἔχ ||| (ἔχει ?) M (ras.) ἐχ KL ‖ **20-21** ἠνάγκασε C^{pc} (manu *p*) VM : -σεν CA ἠνάγκασας KL.

d'un faible secours, surtout en face des bruits fâcheux touchant sa conduite, et il en vint à se procurer des étudiants à prix d'argent, n'hésitant pas à dépenser les gros revenus que ses propriétés lui fournissaient [1]. Tout en acceptant ce qu'on leur offrait, ils ne se livraient pas eux-mêmes et le secret fut dévoilé * : et toute la ville riait de ses manœuvres, de ses espoirs et de ses malheurs. **66.** Il se trouva un seul Bithynien pour prendre son parti, un homme qui mettait dans ses entreprises une inlassable âpreté. Il dit que dans les conversations, les accusations et les rires soulevés par cette histoire de corruption le nom de sa femme avait été cité : elle avait, disait-on, participé à l'affaire et aux dépenses *. Sautant dans une voiture à mules, il se rendit en Cappadoce, auprès d'un administrateur de ses amis * qui savait faire passer la faveur avant la loi. Tous deux étudiants à Athènes, ils ne s'étaient jamais rien refusé l'un à l'autre et comptaient continuer indéfiniment ainsi. Les préparatifs de la guerre contre la Perse qui était alors en cours [2], et d'autres affaires non moins dignes de ses soins eussent dû le retenir, mais il pensa que tout ce qui était important n'était rien, se dressa et se précipita l'épée nue : il se fit précéder d'un soldat que je dus suivre à Nicée, accompagné de sept étudiants coupables de ne s'être pas vendus à lui. **67.** Les habitants de Nicomédie nous pleuraient comme des morts en sursis, ainsi que les Athéniens pleuraient ceux qu'ils envoyaient dans le Labyrinthe. Cependant Héraklès, le fils de Zeus, devait, selon le désir de la Fortune, se révéler notre sauveur, et il me

1. Sur le racolage des étudiants à prix d'argent, cf. A. F. Norman, *op. cit.*, p. 165, et sur les pratiques en usage, P. Petit, *Les étudiants*, p. 103-104.

2. Sur les événements de cette année 348, la campagne perse et la bataille de Singara, cf. A. Piganiol, *L'Empire chrétien*, p. 76.

οἱ τῶν λόγων, ἄλλως τε καὶ τοῦ τρόπου προσδιαβεβλημένου, τρέπεται ἐπ' ὠνὴν τῶν νέων, χρημάτων οὐ φειδόμενος, πολλῶν οἱ προσιόντων ἐκ γῆς. Οἱ δὲ δέχονται μὲν τὸ διδόμενον, σφᾶς δὲ αὐτοὺς οὐ προΐενται · ἀλλ' εἰς μέσον τε τὸ ἀπόρρητον ἤγετο, καὶ γέλως διὰ τῆς πόλεως ἐχώρει, οἷα μὲν ἐμεμηχάνητο, οἷα δὲ ἤλπισεν, οἷα δὲ ἐπεπόνθει. **66.** Ὡς δὲ αὐτῷ μόνος Βιθυνῶν συνελάμβανεν ἀνὴρ εἰς ὅ τι ὁρμήσειεν ἀπαύστῳ φιλονεικίᾳ χρώμενος, φήσας ἐν τῷ περὶ τουτωνὶ τῶν δώρων λόγῳ τε καὶ ἐλέγχῳ καὶ γέλωτι μηδὲ τὸ τῆς αὑτοῦ γυναικὸς ὄνομα σεσιγῆσθαι, ὡς δὴ τοῦ τε ἔργου κεκοινωνηκυίας τῶν τε ἀνηλωμένων, ἐπὶ ζεῦγος ὀρικὸν ἀναβὰς ἤλαυνεν ἐπὶ Καππαδοκίας παρὰ ἄρχοντα φίλον εἰδότα χάριτι βλάψαι νόμον. Νέω δὲ ἄρα τώδε πάντα ἀλλήλοιν Ἀθήνησι κεχαρισμένω διὰ τέλους ἔμελλον τοῦτο ποιεῖν. Ὁ δὲ παρασκευῆς τε αὐτὸν τῆς πρὸς τὸν Περσικὸν πόλεμον, ὃς τότε ἦν, ἑτέρων τε προμηθείας οὐ μείονος ἀξίων μένειν ἀναγκαζόντων, πάντα τὰ μέγιστα μικρὰ ἡγησάμενος, ἀναστὰς ἐφέρετο γυμνῷ τῷ ξίφει, προπέμψας στρατιώτην ᾧ χρῆν με εἰς Νίκαιαν ἕπεσθαι, τῶν νέων ἄγοντα ἑπτὰ τοὺς ὅτι μὴ σφᾶς αὐτοὺς ἀπέδοντο ἠδικηκότας. **67.** Νικομηδεῖς μὲν οὖν ἡμᾶς ἔτι ζῶντας ἐπένθουν, ὥσπερ οὓς εἰς τὸν Λαβύρινθον ἔπεμπον Ἀθηναῖοι. Σωτὴρ δὲ ἄρα ἡμῖν ἔμελλε τῆς Τύχης βουλομένης Ἡρακλῆς ὁ Διὸς ἔσεσθαι. Καὶ προὐδήλου γε ὃ ποιήσει καὶ ὡς σβέσει τὴν πυρὰν ὀνείρατι. Πυρὰν γὰρ

1 τοῦ τρόπου CAVML : τὸν τρόπον K ‖ **1-2** προσδιαβεβλημένου C^{pc}AVML : -μένον C^{ac} ‖ **3** προσιόντων M^{ac}KL : προσόντων CAVM^{pc} (rec.) ‖ **10** τὸ CAVKL : τω |||| M ‖ αὑτοῦ scripsi : αὐτοῦ codd. edd. ‖ **11** κεκοινωνηκυίας (in C prima syllaba erasa, deinde rescripta prima manu) CAVKL : κεκοινωκυίας M ‖ **12** ὀρικὸν CAVMK : ὀρ- K ‖ **13** in A post παρὰ duarum uel trium litterarum spatium ‖ **14** τώδε CAVMKL^{pc} : τῶδε L^{ac} ‖ **16** ἑτέρων CAVM : ἑτέρω KL ‖ **17** ἀξίων CAVM : ἀξιῶν MK (p. c. ?) L ‖ **19** χρῆν CAVML : χρὴ K ‖ **21** ἠδικηκότας C^{pc} (prima manu) AVMKL : -κότες C^{ac} ‖ ἡμᾶς CAV : om. MKL ‖ **24** καὶ add. M^{sl} (rec.) ‖ προὐδήλου ex προδ- M (rec.) ‖ **25** ποιήσει CAMKL : -σοι V ‖ σβέσει CAMKL : -σοι V ‖ πυρὰν bis CAVML^{pc} : πυρρὰν KL^{ac} ‖ γὰρ CAV : μὲν MKL.

dévoila en rêve ce qu'il allait faire et comment il éteindrait cet incendie : je vis en effet au cœur de Nicée un grand bûcher qu'un disciple d'Antisthène éteignait en s'asseyant dessus ; son corps était vainqueur du feu. J'allais donc, ragaillardi par la force de la vérité et par l'annonce de ce secours. Mes avocats parvinrent jusqu'à Libon puis disparurent, regardant de loin comment la chose tournerait. Quand tout fut terminé, ils réapparurent en me félicitant, comme firent les Lacédémoniens aux Athéniens après la bataille de Marathon. **68.** Et ce fut bien là l'œuvre d'Héraklès, qui de nous aussi détourna l'orage : des coqs chantaient, les hérauts faisaient leur annonce, quand un coup fut frappé à notre porte et le préposé nous cria de descendre. Nous restâmes donc assis dans une boutique de parfumeur *, attendant le moment, Alkimos et moi. Je pense pour ma part que cet Alkimos était le fils d'un dieu, car un tel homme ne serait pas né d'un mortel [1]. Peu avant midi, apparut, semant le désordre et vociférant, notre sycophante à demi-fou, disant que Philagrios aussi était victime de la contagion, et nous ne comprenions rien à ces paroles *. **69.** Et aussitôt le juge sortit, et nous vîmes nos amis tout illuminés, comme d'un heureux événement. Il nous fut impossible de savoir ce qui s'était passé et comment, jusqu'à ce que l'un de nos amis nous indique de loin, d'un signe de la main, que notre adversaire avait pris la fuite, car le juge avait été soudain frappé de la nécessité de respecter la loi : il était décidé à nous accuser d'un meurtre flagrant, quand lui parvint la nouvelle que Philippos était en route, et il lui fallait désormais courir à la frontière pour accueillir cette redoutable autorité *. Et dans sa frayeur il fit

1. O. Seeck, *op. cit.*, p. 52. *Prosop.*, p. 38. Libanios était très lié avec ce sophiste païen de Nicomédie, dont le rôle reste obscur. Reiske a pensé qu'il est le sectateur d'Antisthène, un

δὴ μεγάλην ἐν μέσῃ τῇ Νικαίᾳ τῶν τινα Ἀντισθένους μιμητῶν ἐδόκουν ἐφιζάνοντα σβεννύειν, καὶ εἶναι κρεῖττον τοῦ πυρὸς τὸ σῶμα. Θαρρῶν δὴ τοῖς τε ἀπὸ τῆς ἀληθείας τῇ τε ἐπαγγελίᾳ τῆς ἐπικουρίας ᾔειν. Οἱ συνήγοροι δὲ ἡμῖν μέχρι Λίβου μὲν ἧκον, αὐτοῦ δὲ καταδύντες ἀπεσκόπουν ὅπη τὸ πρᾶγμα πεσεῖται, καὶ ἀναφανέντες ἐπὶ τῷ τέλει συνέχαιρον, ὥσπερ οἱ Λακεδαιμόνιοι μετὰ τὴν ἐν Μαραθῶνι μάχην τοῖς Ἀθηναίοις. **68.** Ἦν δὲ ἄρα κἀκεῖνο Ἡρακλέους τὸ ἔργον, ὃς καὶ ἡμῖν τὸ νέφος ἀπέωσεν. Ἦιδον μὲν γὰρ ἀλεκτρυόνες, καὶ ἐκήρυττον οἱ κήρυκες, ἐκρούετο δὲ ἡ θύρα, καὶ ὅτῳ μέλει τῶν τοιούτων, ἐβόα καταβαίνειν. Ἐκαθήμεθ' οὖν ἐν μυροπωλίῳ τινὶ τὸν καιρὸν ἀναμένοντες, Ἄλκιμός τε καὶ ἐγώ. Τὸν Ἄλκιμον τοῦτον θεοῦ τινος ἔγωγε παῖδα ἡγοῦμαι γεγονέναι · μὴ γὰρ ἂν ἐξ ἀνδρὸς φῦναι τοιοῦτον. Σμικρὸν δὴ πρὸ μεσημβρίας οὐδενὶ κόσμῳ κεκραγὼς ὁ συκοφάντης ἔστειχεν ἡμιμανής, κεκρατῆσθαι τῇ βαφῇ καὶ Φιλάγριον λέγων, ἡμῖν γε οὐ συνετὰ λέγων. **69.** Καὶ αὐτίκα ὁ δικαστὴς ἐξῄει, καὶ φαιδροὺς ἑωρῶμεν τοὺς φίλους ὡς δὴ ἐπ' ἀγαθῷ τῳ · τουτὶ δὲ ὅ τί τε ἦν, ὅτῳ τε τρόπῳ συμβάν, εἰδέναι οὐκ ἦν, πρὶν δή τις τῶν ἡμῖν εὔνων πόρρωθεν ἐσήμηνε τῇ χειρὶ τὸν πολέμιον πεφευγέναι · τῷ δικαστῇ γὰρ ἀνάγκην ἐξαίφνης τῆς τοῦ νόμου φυλακῆς ἐπιπεσεῖν. Ἐγνωκότι γὰρ ἐπὶ πρόδηλον ἐσάγειν σφαγήν, ἥκειν τινὰ ἄγγελον τῆς Φιλίππου κινήσεως, καὶ δεῖν ἤδη θεῖν καὶ δέχεσθαι τοῖς ὅροις τὴν βλοσυρὰν ἀρχήν ·

2 ἐφιζάνοντα in M rescriptum || **6** ὅπη VKL : ὅπηι CA ὅπου M || adnot. V mg. ἐπὶ τῷ τέλει, ἤτοι μετὰ τὸ τέλος || **9** τὸ suppl. A[sl]K infra lineam || ἡμῖν C[pc] (prima manu) codd. : ἡμὶν C[ac] || ᾖδον ex εἶδον M ut uid. L ut uid. || **10** ἐκήρυττον CAVKL : ἀνεκηρ- M || **11** μέλει CAVM[pc]L[pc] : μέλλει M[ac]L[ac] μέλλοι K || **12** μυροπωλίωι CA : -πωλείω VMKL || **14** ἔγωγε CA : om. VMKL || **15** φῦναι CAVKL : φύναι M || σμικρὸν CAM : μικρὸν VKL || **16** scribendum esse suspicor κεκρατῆσθαι τῇ βαφῇ καὶ Φιλάγριον, ἡμῖν γε οὐ συνετά, λέγων || **19-20** ὅ τί τε ἦν ὅτῳ τε CA VML : ὅτω τε ἦν K || **21** ἐσήμηνε CA : ἐσήμαινε VMKL || **23** ἐσάγειν CAKL : εἰσ- VM (p. c. ?) de ἐξάγειν cogitauit Foerster || **25** βλοσυρὰν CAV : βλοσσυρὰν MKL.

savoir que le temps de la faveur était passé et que force devait rester à la loi. Il fallait donc, soit engager une action justifiée, soit accepter sans récriminer une défaite inévitable. C'est à propos de cette volte-face que l'autre avait parlé de contagion.

70. Mon adversaire, « en se rongeant le cœur »[1], repartit chez lui gémissant, et Philagrios, confus de ce qu'il avait failli accorder à l'autre, m'appela et me fit asseoir à son côté dans le tribunal, et, se passant la main sur le visage, il maudissait ce que son ami lui avait dit en faveur du sophiste. Il me priait de prendre du bon côté le voyage qui m'avait conduit auprès de lui et de considérer que rien n'était arrivé de ce qui était arrivé. Comme je lui disais qu'avant même ses paroles je le prenais ainsi, il en voulut une preuve et cette preuve serait que je l'invite à venir m'entendre à Nicomédie même : « Certes, disait-il, Philippos me convoque, mais il faut quand même faire passer ceci avant ». **71.** J'acquiesce et promets, nous allons à Nicomédie et je commence mon discours. Et voici qu'arrive, je ne sais d'où et en coup de vent, le sycophante en compagnie de mon ombrageux rival, disant qu'il fallait que ce dernier prononçât son discours avant que le juge fût circonvenu par la force des applaudissements. Le juge s'emportait, mais je donnai mon accord. Le sophiste entra, et se montra semblable à lui-même, et pourtant il n'avait qu'une quinzaine d'auditeurs, ayant lui-même exigé le départ

Cynique donc, dont Libanios aperçoit l'action secourable dans son rêve prémonitoire du § 67. A. F. Norman, *Autobiogr.*, p. 166 voit une sorte de jeu de mots entre le nom d'Heraklès (Alcide) qui détourna cet orage (cf. §§ 67-68) et celui d'Alkimos, qualifié de « fils d'un dieu », comme Héraklès lui-même. Il est de fait que Libanios considère parfois Héraklès comme son protecteur, cf. *ep.* 173, 2 (de 360). Mais cela ne nous explique guère son rôle ici, à moins qu'il ne soit venu tout simplement assister un ami en difficulté, peut-être lui servir de « témoin de moralité. »

1. Z 202.

καὶ τὸν δείσαντα εἰπεῖν ἀπολωλέναι τὸν καιρὸν τῇ χάριτι, καὶ εἶναι τοῦ νόμου τὸ κράτος · δεῖν οὖν ἢ γραφὴν ἀπενεγκεῖν, ἢ μὴ ἀγανακτεῖν ὑπὸ ἀνάγκης νικώμενον. Διὰ ταῦτα ἐκεῖνον μεμνῆσθαι τῆς βαφῆς, ὡς δὴ μεταπεπεισμένου.

70. Καὶ ὁ μὲν ὃν θυμὸν κατέδων ᾤχετο οἴκαδε στένων, ὁ δὲ οἷς ἔδωκεν ἂν ἐρυθριῶν καλέσας ἐμὲ καὶ παρ' αὑτὸν καθίσας ἐν τῷ δικαστηρίῳ, τρίβων τῇ χειρὶ τὸ πρόσωπον διασύρων τε τοὺς ὑπὲρ τοῦ σοφιστοῦ παρὰ τοῦ φίλου λόγους, ἠξίου με πρᾴως τε ἔχειν τῇ παρ' αὐτὸν ὁδῷ, καὶ μηδὲν οἴεσθαι τῶν πεπραγμένων πεπρᾶχθαι. Φήσαντος δέ μου καὶ πρὸ τῶν αὐτοῦ λόγων ὧδε ἔχειν, πίστιν ἀπῄτει τῶν εἰρημένων · εἶναι δὲ πίστιν, εἰ ποιησαίμην αὐτὸν ἀκροατὴν ἐν μέσοις Νικομηδεῦσι λόγου τινός. « Καίτοι ὅ γε Φίλιππος, ἔφη, καλεῖ, ταυτὶ δὲ ὅμως προτετιμήσθω ». **71.** Νεύω καὶ ὑπισχνοῦμαι, καὶ ἦμεν ἐν τῇ Νικομήδους, καὶ εἰσῆγον τὴν ἐπίδειξιν. Ἔπειτα ἧκέ ποθεν ὥσπερ πνεῦμα ὁ συκοφάντης ἄγων τὸν ὑπόπτην ἐκεῖνον · καὶ ἔφασκε δεῖν τὸν ἐκείνου φθάσαι λόγον πρὶν ὑπὸ κρότου πολλοῦ καταληφθῆναι τὸν δικαστήν. Ὁ μὲν οὖν ἤσχαλλεν, ἐγὼ δὲ συνεχώρουν. Ὁ δὲ εἰσελθὼν ἦν ⟨ὁ⟩ αὐτός, καίτοι γε λέγων ἐν πεντεκαίδεκα ἀνθρώποις, αὐτὸς δεηθεὶς τὴν ἐμὴν ἀπεῖναι μερίδα.

2 οὖν CAVML : γοῦν K ‖ **3** ἀνάγκης CAVML^{sl} : -γκην KL ‖ **4** ἐκεῖνον CAVM : ἐκείνου KL ‖ **7** ἂν ἐρυθριῶν codd. : ἀνερυθριῶν Foerster in app. et vol. III p. xvii fortasse recte ‖ αὑτὸν Reiske : αὐτὸν codd. ‖ **8** τρίβων τῆι CAVM : τρίβοντι KL (τῇ add. L^{sl}) ‖ **10** αὐτὸν codd. : fortasse αὑτὸν scribendum ‖ **11** πεπρᾶχθαι V : πεπράχθαι CAMKL ‖ **14** καίτοι CAVM : καὶ τότε KL ‖ ὅ γε C^{pc} (prima ut uid. manu) A^{pc}VM^{pc} : ὅτε C^{ac}A^{ac}M^{ac}KL ‖ **15** προτετιμήσθω codd. : -μάσθω A^{ac} ut uid. ‖ **17** ἧκε C^{pc}VM KL : ἧκεν C^{ac}A ‖ **18** post ἄγων in A duo uel tres litterae erasae ‖ ὑπόπτην : accentus in ras. C η in ras. et accentus recenti manu scriptus A ‖ **19** καταληφθῆναι CAVM^{pc}K : -ληφθέντα M^{ac}L ‖ **20** ἤσχαλλεν CAVKL : -αλεν M ‖ **21** ὁ addidi (sic Foerster in app.) ‖ γε CA : om. VMKL ‖ post πεντεκαίδεκα desinit codicis A fol. 19^{v}, incipit deinde (foll. 20-36, usque ad λελουμένος cap. 259) pars recentior, saeculi scilicet XIV, a codice C deriuata.

de mes partisans. Mais à la vue du stade, un vertige le prit et lui ôta la mémoire, et il cria que le magicien que j'étais n'avait pas encore abandonné ses pratiques *. L'autre le pria de lire, car il était venu juger son discours et non sa mémoire. Ses yeux, dit-il, n'étaient pas capables non plus de faire leur office et pour la même raison. « Que celui-ci donc prenne le texte et le lise », dit le gouverneur, en désignant le meilleur des orateurs présents. A ces mots, il jeta son manuscrit et s'en alla, en remplissant l'agora de paroles incohérentes **72.** Le lendemain la foule était au bouleutérion * et non loin de là j'exerçais et éprouvais ma voix. Le gouverneur s'apprêtait à sortir et voici paraître l'autre qui s'était retiré si honteusement, descendant de l'Acropole, tout prêt à m'attaquer à main armée, et je fus sauvé par les portes du temple de la Fortune où j'étais installé. En même temps son audace m'avait gagné le gouverneur avant même que j'eusse parlé. Il entra dans la salle plein de bienveillance et en sortit plein d'enthousiasme. Sur le champ, il invita par lettres les membres de sa famille qui étudiaient chez d'autres maîtres et les fils de ses amis à se rassembler dans une même école, la mienne. En outre, le discours qu'il avait entendu ne le quittait pas, car il en avait demandé et obtenu une copie, et il disait que mon accusateur lui avait fait une grâce à nulle autre pareille en lui permettant de connaître quelque chose dont l'ignorance lui aurait fait du tort.

73. Le bruit de ces actes et de ces paroles parvint à ceux que j'avais quittés et qui croyaient que les calomnies m'avaient fermé non seulement les villes mais même les plus infimes campagnes. Quel Tellos, quels jeunes gens d'Argos, ceux qui avaient comblé le vœu de leur mère à propos du char, pouvaient avoir eu un bonheur supérieur au mien * ? Si bien qu'après avoir accusé la Fortune d'être à l'origine

Ὡς γὰρ εἶδε τὸ στάδιον, ἰλιγγιάσας ἐξενήνεκτο τῆς μνήμης, καὶ ἐβόα μηδὲ τότε πεπαῦσθαι τὸν γόητα ἐμέ. Τοῦ δὲ ἀναγνῶναι κελεύοντος, εἰσελθεῖν γὰρ λόγον, οὐ μνήμην κρινῶν, οὐδὲ τοὺς ὀφθαλμοὺς ἔφη δύνασθαι τὸ αὑτῶν ὑπὸ τοῦ αὐτοῦ ποιεῖν. « Ἀλλ' ὁ δεῖνα λαβὼν ἀναγνώσεται », δείξας τῶν ῥητόρων τὸν ἄριστον. Ὁ δὲ ὡς τοῦτο ἤκουσε, ῥίψας τὸ βιβλίον ἀπῄει, πιμπλὰς τὴν ἀγορὰν ἀνοήτων ῥημάτων. **72.** Τῆς δὲ ὑστεραίας ὁ μὲν ὄχλος ἐν τῷ βουλευτηρίῳ, τοῦ δὲ ἐγγὺς ἐγὼ τὴν φωνὴν ἀνακινῶν τε καὶ ἀποπειρώμενος, ὁ δὲ ἄρχων περὶ ἔξοδον, ὁ δὲ αἴσχιστα ἀπηλλαχὼς ἐκεῖνος ἐξ ἀκροπόλεως ἐπὶ τὸ σῶμα τοὐμὸν ὡπλισμένος παρῆν. Καὶ ἐμὲ μὲν αἱ θύραι ῥύονται τοῦ νεὼ τῆς Τύχης, οὗπερ καὶ ἐκαθήμην, τὸν ἄρχοντα δὲ καὶ πρὸ τῶν λόγων τῇ 'κείνου τόλμῃ κτῶμαι. Καὶ σὺν εὐνοίᾳ μὲν εἰσέρχεται, γενόμενος δὲ ἐραστὴς ἀνίσταται. Καὶ παραχρῆμα γράμμασι συγγενεῖς τε, οἳ αὐτῷ παρὰ ἄλλοις διέτριβον, φίλων τε παῖδας εἰς ἓν τοῦτο διδασκαλεῖον ἤθροιζε, τῷ λόγῳ τε ὃν ἠκηκόει συνῆν αἰτήσας τε καὶ λαβών, τῷ συκοφάντῃ τε οἵαν οὐχ ἑτέραν ὀφείλειν ἔλεγε χάριν, γνῶναι δόντι ταῦτα ἃ ἀγνοεῖν ζημία.

73. Ὧν λεγομένων τε καὶ πραττομένων φερομένης [τε] εἰς ἐκείνους παρ' ὧν ἀπεληλύθειν τῆς φήμης, οἳ οὐχ ὅτι τὰ ἄστη, ἀλλὰ καὶ τοὺς σμικροτάτους τῶν ἀγρῶν ἀβάτους ᾤοντό μοι τὰς διαβολὰς ἐργάζεσθαι, τίς Τέλλος, τίνες Ἀργεῖοι νεανίσκοι διὰ τῶν περὶ τὴν ἅμαξαν τῇ μητρὶ κεχαρισμένοι, τῇ σφῶν αὐτῶν τὴν ἐμὴν εὐδαιμονίαν παρῄεσαν ; Ὥστε μοι δοκῶ καὶ τῆς αἰτίας ἣν ἐπὶ τῇ γενέσει τούτων ᾐτιασάμην τὴν Τύχην ἀφήσειν τὴν θεόν, εἴπερ

3 κελεύοντος C : κελεύσαντος VMKL || **4** κρινῶν Gasda Cobet (sic Foerster) : κρίνων codd. || τὸ αὑτῶν CV : τὸ αὐτῶν KL τὸν αὐτὸν M (ex τὸ αὐτὸ ?) || **6** τὸν CVMKL^{pc} : τῶν L^{ac} || **14** δὲ suppl. C^{sl} || **16** γράμμασι VMKL : om. C fortasse recte || παρὰ C : παρ' VMKL || **21** τε post φερομένης seclusi auctore Reiske || **22** οἳ CVML : ἣ M^{sl}K || **23** σμικροτάτους CMKL : μικρ- V || **24** τὰς διαβολὰς C : ταῖς διαβολαῖς VMKL (sic Foerster) || τέλλος CVKL : τέλος M (p. c. ?).

de tout cela, je crois devoir laver la déesse de cette accusation, ainsi qu'il appert de la mise à la question *. Car pour Mélanthos non plus l'exil ne fut certes pas un malheur, puisqu'au lieu de rester à Messène il devait régner à Athènes *.

74. Ma réputation grandissait, d'innombrables bouches chantaient mes louanges, il y en avait même qui disaient que je fréquentais des gens que l'oracle du dieu Pythien aurait chassés, comme il fit du meurtrier d'Archiloque *. Ceux qui n'étaient pour rien dans mon départ faisaient pression sur ceux qui s'en étaient mêlés et le préfet * recevait des pétitions en faveur de mon retour à Constantinople. Je disais que cela ferait du tort à ceux qui m'avaient accueilli et en même temps je demandais que l'on ne me réduisît pas une fois de plus à un pénible silence. Le préfet partit sans vouloir apparemment me forcer la main, mais il usa pour me déplacer d'une contrainte plus grande, une nomination impériale *. **75.** Pour moi, je souffrais comme souffrent les prisonniers de guerre privés de leur patrie et de la liberté et que l'on envoie servir à l'étranger comme esclaves. J'en étais maintenant à perdre ce qui m'était le plus agréable et profitable, et à me voir entraîné de force vers un avenir de tracas et d'ennuis : car il me faudrait partager les beuveries des puissants et passer à table la majeure partie des jours et des nuits * ou alors me voir considéré comme un ennemi et traité comme tel. Il n'est rien de plus mauvais pour le bien de l'âme qu'une telle conduite et chacun en conviendra avec moi, de ceux qui ont connu l'ivresse et observé celle d'autrui.

76. Je ne cessai pas pour autant mes récitations publiques, et l'on y venait, quelques-uns pour entendre mes paroles, mais la plupart pour voir mes gestes, car il y avait dans ce Sénat-là beaucoup plus de militaires que d'intellectuels *. De ce côté tout n'allait pourtant pas si mal, mais l'auditoire des étudiants

ἐκ τῆς βασάνου ταῦτα. Οὐδὲ γὰρ Μέλανθος δήπουθεν ἠτύχει φεύγων, μέλλων ἀντὶ τοῦ Μεσσήνην οἰκεῖν βασιλεύειν Ἀθηνῶν.

74. Ηὐξημένης δὴ τῆς δόξης, μυρίων τε ἡμᾶς ἐπαινούντων στομάτων, ὄντων τε τῶν καὶ τοῦτο λεγόντων, ὡς συνείην ἀνθρώποις οὓς ἐξέβαλεν ἂν κατὰ τὸν Ἀρχιλόχου φονέα τοῖς χρησμοῖς ὁ Πύθιος, ἐπικειμένων τε τῶν ἔξω τῆς αἰτίας τοῖς ἐν αὐτῇ, γίνονται πρὸς τὸν ὕπαρχον ἱκετεῖαι τῆς ἐμῆς ἀποδόσεως πέρι. Ὡς δὲ ἀδικήσειν τοὺς ὑποδεξαμένους ἔφην, καὶ ἅμα ἐδεόμην μή με αὖθις ἐμβαλεῖν εἰς ἀηδῆ σιγήν, ἀπελθὼν ὡς δὴ οὐκ ἐπαναγκάσων, ἀνάγκῃ μεταφέρει μείζονι, βασιλείοις γράμμασιν. **75.** Ἐγὼ μὲν δὴ τὴν τῶν αἰχμαλώτων ἐλυπούμην λύπην, οἳ πατρίδα καὶ ἐλευθερίαν ἀποβαλόντες ἔρχονται ἐν ἀλλοτρίᾳ δουλεύσοντες · καὶ ἐμὲ τοίνυν κατελάμβανε τὸ τῶν μὲν ἡδίστων τε καὶ λυσιτελεστάτων στέρεσθαι, εἰς δὲ τὰ ἀνιάσοντά τε καὶ ζημιώσοντα ἄγεσθαι. Χρῆν γὰρ δὴ ἢ συμπίνειν τοῖς δυνατοῖς καὶ περὶ τραπέζας ἡμέρας τε καὶ νυκτὸς διατρίβειν τὸ πλέον, ἢ ἐχθρόν τε κεκρίσθαι καὶ πολεμεῖσθαι. Ταυτὶ δὲ ὡς ἐναντιώτατα τοῖς τῆς ψυχῆς ἀγαθοῖς, πᾶς ἄν μοι συμφήσαι μεθύσας τε αὐτὸς καὶ ἕτερον ἰδὼν τοῦτο πάσχοντα.

76. Τὸ μὲν οὖν δεικνύναι λόγους οὐδὲ ὣς κατέλυσα · καὶ συνῄεσαν οἱ μὲν ἀκουσόμενοι λόγων, οἱ πλείους δὲ θεασόμενοι κινούμενον, οἷα δὴ τὰ τῆς βουλῆς ἐκείνης ἐξ ὅπλων ἢ μουσείων τὸ πλέον · τουτὶ μὲν οὖν οὐ παντά-

2 μεσσήνην CV : μεσήνην MKL ‖ **4** δὴ CVM : δὲ KL ‖ δόξης CVML : τύχης K ‖ **6** συνείην C : συνήειν VMKL ‖ ἐξέβαλεν CVMKL^{pc} -βαλλεν L^{ac} ‖ **8** γίνονται CVL^{pc} : γιγν- MKL^{ac} ‖ ὕπαρχον CVML^{pc} : ἵππ- KL^{ac} ‖ **12** με μεταφέρει coni. Reiske fortasse recte ‖ **14** οἳ CVKL : οἵ M ‖ ἔρχονται codd. : ἀπέρχ- Foerster dubitanter in app. ‖ **16** τὰ om. L ‖ **17** ζημιώσοντα CVM^{sl}L ut uid. (sed -σαντα legi potest) : -σαντα M K incert. (macula) ‖ **19** κεκρίσθαι VMKL : κεκρῖσθαι C ‖ **21** συμφήσαι CVL : συμφῆσαι MK ‖ αὐτὸς : ultima littera in rasura C (prima manu) ‖ **26** τὸ πλέον CVML^{pc} ut uid. : τοπλέον KL^{ac} ut uid.

que j'avais emmenés avec moi se vida très rapidement : les uns cédèrent aux charmes des plaisirs et ceux qui avaient meilleur esprit, craignant, je pense, que l'endroit ne fût de nature à perdre l'âme des étudiants, mirent à la voile, les uns pour la Phénicie, les autres pour Athènes, et de mon métier il ne me resta que le nom : c'était à pleurer que de me voir sortir et affronter tant de neige pour si peu d'élèves *.

77. J'allais donc comme une âme en peine, ulcéré du présent, plein de regrets pour le passé, et j'étais habité d'un amour des Bithyniens si pointilleux, et qui ne me permettait aucune autre admiration, que l'été venu, je me rendis de nouveau là-bas, sans avoir reçu de congé ; je m'exposais à bien des menaces, mais le dieu l'emporta [1]. La peste y frappait la population, j'en reçus moi-même une atteinte légère, et sur les conseils des médecins je retournai aux lieux que j'avais fuis. L'été suivant, j'eus la même audace et je dus céder à la même nécessité, la famine ayant eu le même effet que la peste [2]. Durant ce voyage, à Libyssa, — Libyssa est une station célèbre par un tombeau et le bruit fait autour de celui qui y est enseveli — [3], par un ciel clair et sous un soleil impitoyable, les nuages se rassemblèrent et firent éclater un orage, dont l'éclair « frappa le sol aux pieds des mules de Diomède » *, et une telle flamme me causa des souffrances que l'on peut imaginer.

78. Dans quel but la Fortune me tenait-elle, moi qui aimais cette ville, injustement éloigné de l'objet

1. Le dieu de l'amour, Éros, qui lui inspira sa tendresse pour les Bithyniens.

2. Ces deux voyages à Nicomédie se placent en 350 et 351. Après le premier séjour, interrompu par la peste, Libanios, de retour à Constantinople, avait lu à Aristénète son panégyrique de la fille du préfet Strategios, *ep.* 580.

3. Hannibal réfugié auprès de Prusias, roi de Bithynie, se donna la mort pour échapper aux Romains en 183 av. J.-C., et fut enterré à Libyssa, Ammien Marcellin, XXII, 9, 3.

πασιν εἶχε κακῶς. Χορὸς δὲ ὃν ἦλθον ἄγων ὡς τάχιστά μοι διέρρει, τῶν μὲν ἡδοναῖς γοητευθέντων, οἷς δὲ αἱ γνῶμαι βελτίους (οὗτοι δὲ δείσαντες, οἶμαι, ὡς δὴ πεφυκότα νέων ψυχὰς διαφθείρειν τὸν τόπον) οἱ μὲν εἰς Φοινίκην ἱστία πετάσαντες, οἱ δὲ Ἀθήναζε ᾤχοντο, ἐμοὶ δὲ τοὔνομα ἐλέλειπτο, ὥστε ἐδάκρυσεν ἄν τις ὑπὲρ ὁπόσων ὁμιλητῶν πρὸς ὁπόσην χιόνα παραταξόμενος ἐξῄειν.

77. Περιῄειν οὖν πενθοῦσιν ἐοικώς, τοῖς τε παροῦσιν ἀχθόμενος τά τε ἀπόντα ποθῶν. Καί μοι οὕτως ἀκριβῶς ὁ τῶν Βιθυνῶν ἔρως ἐνῴκει μηδὲν ἕτερον ἐπιτρέπων θαυμάσαι, ὥστε ἐπειδὴ θέρος ἦν αὖθις ἐκεῖσε ἐκομιζόμην, ἀφιέντος μὲν οὐδενός, ἀπειλούντων δὲ πολλῶν, κρατοῦντος δὲ τοῦ θεοῦ. Λοιμοῦ δὲ ἐλαύνοντος τοὺς ἀνθρώπους, μετασχών πως τοῦ κακοῦ καὶ αὐτός, παραινέσεσιν ἰατρῶν πάλιν ἦν ἐξ ἧς ἐπεφεύγειν. Δευτέρου θέρους ταὐτὰ καὶ ἐτόλμων καὶ ἠναγκαζόμην, λιμοῦ ποιοῦντος ἃ πρότερον ὁ λοιμός. Καὶ κατὰ ταύτην γε τὴν πορείαν, ἐν Λιβύσσῃ (σταθμὸς δὲ ἡ Λίβυσσα τάφῳ τε καὶ λόγῳ τῷ περὶ τοῦ κειμένου κοσμούμενος), ἐνταῦθα ἐξ αἰθρίας τε ἀκριβοῦς καὶ δριμυτάτης ἀκτῖνος νέφη συνδραμόντα σκηπτὸν καὶ ποιεῖ καὶ ἀποστέλλει, κὰδ δὲ πρόσθ' ὀρέων Διομήδεος ἧκε χαμάζε, καὶ ἐπεπόνθειν μὲν δὴ ὅσα εἰκὸς ὑπὸ τοῦ τοιοῦδε πυρός.

78. Τοῦ δὲ χάριν ἐραστὴν πόλεως ἠδικημένον ἀπεκώλυεν ἀπὸ τῶν παιδικῶν ἡ Τύχη ; Τὸ πτῶμα ᾔδει γενησό-

1 ἦλθον CVM^{sl}KL : ἦλθεν M || 2 post τῶν μὲν usque ad cap. 82, l. 4 deficit M || 3-4 parentheseos signa posui || 3 δὲ secl. Foerster || 9 ἀκριβῶς codd. : ἄκριτος Mauritius Schmidt Philol. X 615 || 15 ἐξ ἧς CV : ἐξῆς KL || ἐπεφεύγειν CV : ἐπιφεύγειν KL || ταὐτὰ Reiske (*Anim.*) Foerster : ταῦτα codd. || 17 κατὰ ταύτην C : κατ' αὐτήν V κατὰ τήν KL || ἐν CV : τὴν ἐν KL || 21 ὀρέων CVL^{pc} : ὀρ- KL^{ac} || 22 ἐπεπόνθειν μὲν C : ἐπεπόνθειμεν VK ἐπεπόνθει μὲν L || δὴ C (in ras. sed prima manu) : om. VKL || τοῦ C : om. VKL || 24 ἠδικημένον CV : -μένων KL || 24-25 ἀπεκώλυεν CKL : -λυσεν V || 25 ᾔδει CV : ἤδη KL.

de ma passion ? C'est qu'elle connaissait la catastrophe qui devait se produire et m'aurait tué moi aussi *. En m'infligeant ces ennuis, elle assura mon salut, et en me refusant une résidence me fit cadeau de la vieillesse.

Du reste, elle ne me renvoyait pas dans la capitale pour me faire du mal, mais pour me guérir d'un mal, là-bas aussi. **79.** Voyant en effet que certains par méchanceté, d'autres même par ignorance interprétaient faussement mon départ de Constantinople, et qualifiaient à tort de sanction et de décret de la cité ce qui n'était que la machination d'une bande criminelle, elle vit qu'il n'y avait qu'une seule façon d'effacer cette honte : que la ville me réclamât à nouveau, que ma situation antérieure fût entièrement rétablie *, que les enfants des notables vinssent étudier auprès de moi, et que mes salles de conférences fussent pleines de gens de tous les âges.

80. Et pourtant ma position m'offrit plus encore : chaque gouverneur enchérissait sur le précédent par ses attentions et ses marques d'estime, et le quatrième, un Phénicien que les Charites inspiraient *, remit en vigueur un décret du Sénat tombé en désuétude, et l'empereur, félicitant la cité de sa décision, me combla de mille faveurs, qui accrurent les unes mes dignités, les autres mes revenus, si bien que sans avoir les soucis de la terre je jouissais des fruits * de ceux qui la cultivent.

81. La Fortune fit encore quelque chose de mieux que tout cela, et même que tout ce qu'on pouvait imaginer, s'agissant d'un homme qui comme moi recherche la renommée que donne une éloquence comme la nôtre : après la fin des tyrans que Constance élimina, l'un par la persuasion, l'autre par la force *, les Hellènes furent confiés à la bienveillance de Strategios *, dont l'honnêteté dans l'exercice des

μενον, ὑφ' ᾧ με καὶ αὐτὸν κεισόμενον· λυποῦσα δὴ τοιαῦτα τὴν σωτηρίαν ἐπόριζε, καὶ ἀποστεροῦσα τόπου τινὸς ἐχαρίζετο γῆρας.

Ἐπεὶ καὶ τὸ εἰς τὴν μεγίστην με πόλιν αὖθις φέρουσα ἐμβαλεῖν, οὐ κακοῦν ἐθέλουσα ἔπραττε, κακὸν δέ τι κἀνταῦθα ἰωμένη. **79.** Ὁρῶσα γὰρ αὖ τοὺς μὲν κακοηθείᾳ, τοὺς δέ τινας καὶ ἀγνοίᾳ τὴν ἐκεῖθεν ἀναχώρησιν οὐχ ὅπερ ἦν καλοῦντας, τιμωρίαν δὲ μετονομάζοντας καὶ ψῆφον τῆς πόλεως, ἀλλ' οὐκ ἐργαστηρίου πονηροῦ τινος ἐπήρειαν, εἶδεν ὡς ἑνὶ μόνῳ τοῦτ' ἂν ἐξαλειφθείη τὸ αἰσχρόν, εἰ ὑπὸ τῆς πόλεως αὖθις θηραθεὶς ἐχοίμην, ἐν ἅπασί τε οἷς ἔμπροσθεν εἴην, νέων τέ τινων ⟨τῶν⟩ ἐκεῖ υἱέων περιεστηκότων θεάτρων τέ μοι πληρουμένων ὑφ' ἡλικίας ἁπάσης.

80. Καίτοι καὶ πλέον τι τὰ τότε εἶχε· τῶν γὰρ δὴ ἀρχόντων ἀεὶ τοῦ δευτέρου τὸν πρότερον ταῖς εἰς ἐμὲ σπουδαῖς τε καὶ τιμαῖς παριόντος, ὁ τέταρτος Φοίνιξ ἀνὴρ ὑπὸ Χαρίτων κυβερνώμενος δόγμα ἠμελημένον ἀνανεοῦται τῆς βουλῆς, καὶ βασιλεὺς συνησθεὶς τῇ πόλει τοιαῦτα ψηφιζομένῃ μυρίαις με κατακοσμεῖ δωρεαῖς, ὧν αἱ μὲν ἀξίωσιν, αἱ δὲ πρόσοδον ἔφερον, ὥστε ἄνευ τῶν περὶ γῆν φροντίδων τὰ τῶν γεωργούντων ἔχειν.

81. Ὃ δὲ δὴ τῶνδε μεῖζον ἔργον τῆς Τύχης, μᾶλλον δὲ ὅτου τις ἂν φήσειεν ἀνδρὶ δόξαν τὴν ἀπὸ λόγων οἵωνπερ ἡμεῖς διώκοντι, μετὰ γὰρ τὴν τῶν τυράννων κατάλυσιν, ὧν τὸν μὲν λόγῳ, τὸν δὲ χειρὶ Κωνστάντιος ἔπαυσε, δωρεῖται μὲν τοὺς Ἕλληνας τῇ Στρατηγίου πρᾳότητι, κόσμον

1 κεισόμενον : adnot. V mg. ᾔδει δηλονότι || λυποῦσα CVK : λιποῦσα L || **4** με CV : om. KL || φέρουσα CV : ἦλθες φέρουσα KL || **6** αὖ C : om. VKL cf. supra capp. 27, 63 || **11** post ἐχοίμην dist. codd. : non dist. Foerster || **12** τῶν addidi : τινων ἐκεῖ υἱέων CVKL τινῶν, τῶν ἐκεῖ δυνατῶν, υἱέων Reiske « num τῶν τιμίων ἐκεῖ υἱέων ? » Foerster || **15** πλέον τι C : πλέόν τι V πλέον τί KL || **20** με κατακοσμεῖ VKL : μετακοσμεῖ C || **26** ὧν C^{pc} (prima manu) VKL : ᾧ C^{ac}.

magistratures était aux yeux de l'empereur l'ornement de son gouvernement. **82**. Strategios n'était pas sans connaître mes affaires et quand il eut connaissance de celles d'Athènes, déplorant leur situation tout en se rappelant la mienne, il reprocha aux Athéniens de trouver bon que les beautés de l'éloquence fissent débarquer tout le monde chez eux, sans y faire venir de meilleurs maîtres que les leurs. « Vous importez votre blé, vous qui avez enseigné à tous la culture du blé, et vous n'y trouvez rien à redire. Si vous en faisiez autant pour l'éloquence, est-ce que votre fierté en mourrait ? Même si je recouvrais d'or tous vos temples, un tel bienfait ne vaudrait pas le conseil que je vous donne »[1]. **83**. Ils dirent qu'ils y avaient songé eux-mêmes depuis longtemps, mais que, comme il arrive souvent à bien des gens, ils avaient été égarés par une fausse honte ; après cette réprimande ils allaient faire mieux. Et le décret fut pris sur le champ *. La crainte poussa les sophistes à se réconcilier, il y eut force conciliabules et démarches, et ils cherchaient le moyen de s'accommoder de ce qui allait se produire. Jamais jusqu'à présent, à ma connaissance, les Athéniens n'en avaient fait autant, et jamais la Fortune n'avait imaginé rien de tel pour favoriser une réputation. Sans doute était-il arrivé auparavant que l'éloquence athénienne se montrât inférieure à celle du dehors, mais cependant on ne les avait jamais vus faire appel à un rhéteur de l'extérieur. **84**. Et c'est

1. Libanios donne ici le premier rôle au proconsul, mais ce fut en réalité Celsos, un de ses anciens élèves de Nicomédie, alors à Athènes, qui attira l'attention du gouverneur sur la mauvaise situation de l'enseignement à Athènes et l'incita à donner à la ville le conseil de faire venir Libanios : du moins est-ce ainsi que les choses sont présentées dans un contexte différent, *or.* LXII, 61, Libanios voulant dans ce discours montrer combien ses élèves d'autrefois prenaient à cœur les intérêts de leurs maîtres et ceux de l'éloquence.

τῆς αὐτοῦ πολιτείας τὴν ἐκείνου νομίζων ἐν ἀρχαῖς χρηστότητα. **82.** Ὁ δὲ οὐκ ἀπείρως μὲν ἡμῶν ἔχων, εἰς πεῖραν δὲ τῶν Ἀθήνησιν ἐρχόμενος, καὶ τὰ μὲν δακρύων, τῶν δὲ οὐκ ἀμνημονῶν, ἐπέπληξεν Ἀθηναίοις, εἰ ἀξιοῦντες διὰ κάλλη λόγων ἐκεῖσε ἅπαντας καταπλεῖν, οὐκ ἐπεισάγουσι τῶν ὄντων σφίσιν ἀμείνω· « Ἀλλὰ σίτῳ μὲν ἐπεισάκτῳ χρώμενοι διδάσκαλοι τῶν περὶ τὸν σῖτον αὐτοὶ καταστάντες ἅπασιν οὐδὲν ἡγεῖσθε δεινόν, εἰ δὲ περὶ τοὺς λόγους τοῦτο δράσετε, τὰ σεμνὰ ὑμῖν οἰχήσεται ; Ἐγὼ μὲν οὐδ' εἰ πάντας ὑμῖν κατεχρύσουν τοὺς νεώς, μᾶλλον ἂν ἦν εὐεργέτης ἢ τοιαῦτα εἰσηγούμενος ». **83.** Οἱ δὲ πάλαι μὲν ἔφασαν καὶ αὐτοὶ ταυτὶ διανενοῆσθαι, παθεῖν δὲ ὃ πολλοὶ πολλάκις, αἰδοῖ βεβλάφθαι, προσλαβόντες δὲ νουθεσίαν βελτίους ἔσεσθαι. Καὶ αὐτίκα τὸ μὲν ψήφισμα ἐγέγραπτο, τοὺς σοφιστὰς δὲ πρὸς σφᾶς αὐτοὺς διήλλαττεν ὁ φόβος, καὶ πυκναὶ μὲν αἱ βουλαί, πολλοὶ δὲ οἱ δρόμοι, καὶ ᾗ χρὴ τοὐπιὸν διενεγκεῖν ἐσκόπουν. Τοῦτο οὔπω πρόσθεν Ἀθηναίους ἀκήκοα δράσαντας, οὐδ' αὖ ἑτέρῳ τοιαῦτα εἰς δόξαν παρὰ τῆς Τύχης εὑρημένα. Καίτοι καὶ πρότερόν ποτε λόγοι λόγων ἡττῶντο τῶν παρ' ἑτέροις οἱ παρ' αὐτοῖς, ἀλλ' ὅμως οὐ φαίνονται κεκληκότες ἑτέρωθεν ῥήτορα. **84.** Τουτὶ μὲν δὴ κεφάλαιον τῶν παρὰ τῆς

1 αὑτοῦ Vaticanus 939 (codicis C apographum) : αὐτοῦ CVKL || πολιτείας C : βασιλείας VKL (sic Foerster) || **3-4** τῶν δὲ CVK : τὰ δὲ L || **4-11** εἰ ἀξ[ιοῦντες... ...οἱ δὲ π[άλαι μὲν in M mutila || **5** ἐκεῖσε ἅπ- C : ἅπ- ἐκεῖσε VKL M mutilus || ἅπαντας C^{sl} (rec. ?) V : ἅπαντες C ἅπαντα KL M mutilus || **6** σφίσιν VKL : σφῖσιν C M mutilus || **8** τοὺς CV : om. MKL || **9** ὑμῖν CVK : ἡμῖν L M mutilus || **9** οἰχήσεται ; C^{pc} (scriptura uiridi) M : οἰχήσεται. C^{ac} οἰχήσεται, VKL || **10** ὑμῖν CVK : ἡμῖν L M mutil. || νεώς CVML : βωμοὺς K || **11** ἂν ἦν CK : ἦν ἂν VML || **12** ἔφασαν C^{pc} (φ in rasura duarum litterarum) VKL : ἔφθασαν C^{ac} ut uid. (sic Laurentianus LVII 27 et Vaticanus gr. 939 Chisiani codicis apographa) ἔ]φθασαν M || παθεῖν δὲ in M non legitur || **15-16** διήλλαττεν CVML : διήλαττεν K || **17** διενεγκεῖν CV : μετεν- MKL || **18** οὔπω CVM^{pc} : ὅπως M^{ac}KL || **21** οἱ παρ' CVKL : εἰ παρ' M || αὐτοῖς CVMK : ἑαυτοῖς L || **21-22** κεκλ- ἑτ- C : ἑτ- κεκλ- VMKL.

bien cela qu'il me faut considérer comme le plus beau des dons que me fit la déesse : certes on se trouve déjà bien heureux qu'une autre cité vous fasse venir d'Athènes pour vous confier les étudiants à diriger, mais combien plus grande la félicité, quand ce sont les Athéniens qui vous envoient chercher ! Pour ma part, je me réjouissais d'être, comme le fameux Crétois [1], appelé à guérir une maladie, celle qui minait les affaires de l'éloquence, mais pourtant je n'étais pas oublieux au point d'espérer vivre dans la quiétude et la sécurité, après tous les combats que j'avais pu voir et dont les blessures donnaient du travail à tant de médecins. **85**. C'eût été une grande sottise que de s'imaginer que des gens qui se battaient entre eux et qui tous avaient acquis au bout du même temps une puissance à peu près égale, allaient placer à la tête de leurs ouailles, parmi les sacrifices, le son des flûtes et les danses, ce nouveau venu qui devait remettre en cause leur mérite. En plus de ce que j'avais vu, je connaissais aussi l'histoire de l'Arabe * qui, revenant du bain pour déjeuner, avait eu le visage barbouillé de crotte par deux individus payés pour ce travail ; et celle des trois Paphlagoniens, frères en tout, par la nature, l'ignorance, l'audace et l'épaisseur physique, qui, sortant l'Égyptien de son lit, l'avaient mené près du puits, menacé de l'y précipiter, — et ils l'auraient fait ! —, s'il ne jurait pas de quitter la ville ; et il la quitta, alla exercer un autre métier en Macédoine et y mourut.

86. Ces considérations me retinrent [2]. Comme des sophistes, qui n'étaient pas ouvertement de mes enne-

1. Epiménide (Platon, *Lois*, I, 642 d). Poète, législateur et prêtre à demi-légendaire (VIIe siècle), il fut appelé à Athènes, sur le conseil de l'oracle de Delphes, afin de purifier la cité souillée par le meurtre de l'apprenti-tyran Cylon et ravagée par une peste envoyée par les dieux mécontents.

2. Par la suite Libanios a rappelé à plusieurs reprises cette invitation flatteuse, *ep.* 715 (de 362), 1274 (de 364), *Or.* II, 13-14 (en 381).

δαίμονος ἀγαθῶν νομιστέον· εἰ γὰρ αὖ καὶ παρ' ἑτέρους κλητὸν Ἀθήνηθεν ἐλθόντα νέων ἀρχὴν κτήσασθαι μακαριστόν, πηλίκον εὐδαιμονίας τὸ Ἀθηναίους εἶναι τοὺς μεταπεμπομένους; Ἐγὼ δὲ ἥσθην μὲν κατὰ τὸν Κρῆτα ἐκεῖνον ἐπὶ τὴν κατέχουσαν τὰ πράγματα τῶν λόγων νόσον καλούμενος, οὐ μὴν οὕτω γε ἐπιλήσμων τις ἦν ὥστ' εἰρήνην τε καὶ ἀσφάλειαν ἐλπίσαι μετὰ τοὺς πολέμους ἐκείνους οὓς ἐτύγχανον ἑωρακώς, ἐν οἷς τραύματα πόνον πολλοῖς ἰατροῖς παρασχόντα συνέβη. 85. Ἦν οὖν δεινῆς ἠλιθιότητος τοὺς ἐπ' ἀλλήλους ὅπλα αἱρουμένους, οἷς ἰσχὺς παραπλησία δι' ἴσου πᾶσι παραγενομένη τοῦ χρόνου, τὸν ἄρτι ἥκοντα τὰ σφῶν ἐξελέγξοντα τούτους οἴεσθαι μετὰ θυσιῶν τε καὶ αὐλῶν καὶ χορῶν ἐπιστήσειν ταῖς ἀγέλαις ταῖς αὑτῶν. Ἤκουον δέ γε πρὸς οἷς ἐτεθεάμην τῷ μὲν Ἀραβίῳ λελουμένῳ τε καὶ ἐπ' ἄριστον ἰόντι δύο τινὲ μισθωτὼ βορβόρῳ κρύψαι τὸ πρόσωπον, Παφλαγόνας δὲ τρεῖς ἅπαντα ἀδελφούς, τὴν φύσιν, τὴν ἀμαθίαν, τὴν τόλμαν, τοῦ σώματος τὸ πάχος, τὸν Αἰγύπτιον ἀπὸ τῆς εὐνῆς ἁρπάσαντας ἐπὶ τὸ φρέαρ κομίσαντας ἐμβαλεῖν ἀπειλῆσαι, καὶ μέλλειν, εἰ μὴ ὀμεῖται τὴν πόλιν ἐκλείψειν· καὶ ἐξέλιπεν, ὥστ' εἰς Μακεδονίαν ἥκων ἕτερόν τι ποιῶν ἐτελεύτησε τὸν βίον.

86. Τούτοις ἐμαυτὸν κατεῖχον τοῖς λογισμοῖς. Τῶν δὲ οὐκ ἀντεχόντων σοφιστῶν οὐκ ἂν οἴκοι με ταὐτὰ λεγόντων

1 αὖ C : om. VMKL || ἑτέρους V : ἑτέρωθεν C ἑτέρων MKL (sic Reiske Foerster) || **1-2** κλητὸν ex κλητῶν M || **2-7** ἐλθόντα... ἐλπίσαι in M abrepta, ea uero quae sequuntur usque ad βορβόρῳ (l. 16) mutila || **2** ἀρχὴν CV : γὰρ ἀρχὴν KL || **3** πηλίκον C Morel : πηλίκης VKL Reiske Foerster || **6** τις CVL^{pc} : τίς KL || **8** πόνον CV : πόνων KL || **9** ἦν οὖν codd. : ἦν ⟨ἂν⟩ οὖν Foerster in apparatu || **10** αἱρουμένους codd. : ἀναιρουμένους Foerster coll. infra cap. 273 αἱρομένους Reiske in adnot. || **11** παραγενομένη CVK : -μένηι L || **12** ἐξελέγξοντα VKL : ἐλέγξοντα C M mutilus || **14** αὑτῶν Reiske : αὐτῶν codd. || ἀραβίω CVMK : ἀρρα- L || **15** τινὲ CMKL : τινὲς V || μισθωτὼ CVMK : μισθὼ τὼ L || **21** ὥστ' CVM : ὥστε KL || **24** οὐκ ἀντεχόντων C^{ac}VM KL : οὐ κατεχόντων C^{pc} sed spiritum et litteram ν restituit manus *n* || με ταυτὰ (sic) CVM^{pc} : μετὰ ταῦτα M^{ac}KL.

mis, disaient que chez moi je n'aurais pas eu le même succès, car il est difficile d'obtenir le suffrage de ses concitoyens qui, à l'arrivée d'un compatriote, même réputé, entreprennent de l'assaillir et de le diminuer par tous les moyens, la Fortune, désireuse de prouver que c'étaient là des bêtises *, me fit demander un congé de quatre mois que l'empereur m'accorda, tout en disant que je devais revenir avant le début de l'hiver. Je vois donc les rues et les portes tant aimées, je vois les temples et les portiques et les vieux remparts de ma cité, je vois les cheveux blancs de ma mère, je vois son frère qui n'avait pas encore perdu le nom de père [1], je vois mon frère aîné, déjà appelé grand-père, et le peuple de mes condisciples, les uns brillant déjà dans l'administration, les autres voués à la défense des justiciables, et les amis de ma famille, pas bien nombreux, et la cité forte d'un grand nombre de gens instruits. La joie en moi se mêlait à la crainte : la joie d'être le citoyen d'une ville si vaste et si noble, la crainte devant cette grandeur d'avoir bien du mal à la conquérir.

87. La Fortune là encore vint à mon secours, quand je dus répondre aux questions que l'on me posait de toutes parts (et cela se passait dans les échoppes) * et quand il fallut leur montrer qui j'étais dans une joute oratoire. Car d'abord ils n'eurent pas besoin qu'on les invitât individuellement avec des paroles flatteuses, il suffit de faire savoir que j'allais parler. Ensuite, sans attendre le lever du soleil, ils avaient rempli le bouleutérion qui, pour la première fois alors, parut ne point suffire, si bien qu'ayant demandé s'il y avait quelqu'un d'arrivé, je m'entendis répondre par l'esclave que certains y avaient même passé la

1. Ce frère de sa mère, son oncle Phasganios, avait une fille, fiancée ou promise à Libanios, qui devait mourir l'année suivante, en 354, cf. *infra*, § 95.

δυνηθῆναι, χαλεπὸν γὰρ εἶναι πολίτου τυχεῖν ἐπαινέτου, οἵ γε κἂν σὺν δόξῃ παρὰ σφᾶς ἀφίκηταί τις, περιαιρεῖν τε ἐπιχειροῦσι καὶ πάσῃ τέχνῃ μικρὸν ποιεῖν, καὶ ταῦτα αὐτοὺς ληροῦντας ἐπιδεῖξαι βουλομένη ἡ Τύχη κινεῖ μέν με πρὸς αἴτησιν μηνῶν τεττάρων, ἐφέντος δὲ βασιλέως καὶ πρὶν ἢ χειμῶνα ἄρχεσθαι δεῖν ἐπανήκειν εἰπόντος, ὁρῶ μὲν ὁδούς τε καὶ πύλας τὰς ἐμοὶ φιλτάτας, ὁρῶ δὲ ἱερά τε καὶ στοάς, ὁρῶ δὲ τοίχων τῶν ἐμαυτοῦ γῆρας, ὁρῶ δὲ μητρὸς πολιάν, ὁρῶ δὲ τὸν ἐκείνης ἀδελφὸν οὔπω ἀφῃρημένον τὸ τοῦ πατρὸς ὄνομα, ὁρῶ δὲ ἀδελφόν τε πρεσβύτερον ἤδη πάππον κεκλημένον, συμφοιτητῶν τε ἔθνη, τοὺς μὲν ἐν ἀρχαῖς φανέντας, τοὺς δὲ δικαζομένοις συμμάχους, φίλους τε πατρῴους ὀλίγους γε, ἐρρωμένην τε πλήθει σοφῶν τὴν πόλιν · ὥστε ἡδόμην τε ὁμοῦ καὶ ἐδεδοίκειν, τὸ μέν, ὅτι τῆς τοσαύτης τε καὶ τοιαύτης πολίτης εἴην, τὸ δέ, ὅτι παγχάλεπον τὴν οὕτω μεγάλην λαβεῖν.

87. Ἡ Τύχη δὴ κἀνταῦθα ἐβοήθει πρός τε τὰ πολλαχόθεν ἐρωτήματα, ἐν ἐργαστηρίοις δὲ τοῦτο ἦν γιγνόμενον, ἀπαντῶντι καὶ ἐπειδὴ δι᾽ ἀγῶνος αὐτοῖς ἔδει τίς ποτε ἦν φανῆναι. Πρῶτον μὲν γὰρ ἐδεήθησαν οὐδὲν τῶν σὺν θωπείᾳ συλλεξόντων ἕκαστον, ἀλλ᾽ ἐξήρκει γενέσθαι δῆλον ὡς ἐροίην · ἔπειτα οὐκ ἀναμείναντες ἥλιον ἐνεπεπλήκεσαν τὸ βουλευτήριον, καὶ ἔδοξε τότε πρῶτον εἶναι οὐκ ἀποχρῶν · ὥστε ἐγὼ μὲν ἐπυνθανόμην εἰ ἥκοι τις, ὁ παῖς δὲ

2 οἵ γε CV : εἴ γε MKL ‖ σφᾶς C^pc (manu *n*) VKL : σφὰς C^ac M ‖ ἀφίκηται VMKL : ἀφίκται C^ac ἀφῖκται C^pc (manu *n*) ‖ **4** κινεῖ CVK : κινεῖ ex κοινεῖ ML ‖ **5** ἐφέντος CVKL : ἀφέντος M ‖ **8** τοίχων ex τείχων L ‖ **9** πολιάν CMKL : πολιάς V ‖ ἐκείνης CVMK : -νοις L ‖ **10** ἀφῃρημένον ex -μένων C ‖ τε CVMK (s. l.) : om. L ‖ **11** τε C : om. VMKL ‖ **12** inter ἀρχαῖς et φανέντας supra lineam αὐτ (= αὐτῶν ?) M ‖ **13** πατρῴους ex πατρώιος C (manu *n*) ‖ ἐρρωμένην ex ἐρω- C (prima manu) ‖ **14** σοφῶν CVML : σοφιστῶν K ‖ **14-15** ἐδεδοίκειν CMKL : ἐδεδίειν V ‖ **15** τὸ ex τῶ K ‖ τε C : om. VMKL ‖ **16** τὴν VMKL (cf. supra cap. 4 τὴν ἐκ τοιούτων) : ἐστιν C ‖ **17** δὴ C : δὲ VMKL fortasse recte ‖ **19** αὐτοῖς VMKL : αὐτοῖς ποτε C ‖ **20** οὐδὲν VMKL : οὐδὲ C ‖ **24** ἥκοι CKLM^ac ut uid. : ἥκει VM in ras.

nuit. **88.** Mon oncle tremblait en m'introduisant, mais je le suivais en souriant car la Fortune me donnait du courage, et je regardais la foule, comme Achille ses armes, en laissant éclater ma joie : ainsi j'impressionnais avant d'avoir ouvert la bouche *. Comment décrire dignement et les larmes que fit couler mon prologue que beaucoup savaient par cœur en s'en allant, et l'enthousiasme que la suite suscita ? Tous trépignaient et gesticulaient, même les vieillards, les lymphatiques et les malades ; étaient debout même ceux à qui la goutte rendait pénible la station debout, et quand je voulais les faire asseoir ils répondaient que mon discours les en empêchait, que du reste ils interrompaient pour prier et supplier l'empereur de me rendre aux miens. **89.** Après s'être épuisés à ce jeu, ils en revinrent à mon discours et ils soulignaient mon bonheur et le leur, le mien pour l'art de ma parole, le leur pour le plaisir qu'ils prenaient aux qualités d'un concitoyen. Ils réfutaient de belle façon un vain propos * et montraient que les habitants d'une même patrie ne sont pas nécessairement jaloux de leurs avantages respectifs. Agamemnon ne vécut pas un plus beau jour quand il prit Troie que moi en recevant les honneurs que je viens de décrire. Et ils m'accompagnaient même quand j'allais au bain, dans le désir qu'ils avaient chacun de me toucher.

90. Il y avait alors ici un Phénicien, réputé dans ce métier, fils et petit-fils de sophistes, et sans doute respecté pour cela même tout autant que pour ses discours *. Il était alors parti chez lui, comme cela se fait pendant la belle saison [1], mais après mes discours publics, comme tous se détachaient de lui on

1. C'est l'époque des vacances scolaires d'été, cf. P. Petit, *Les étudiants*, p. 45-47. Acacios revient chez lui tous les étés et semble craindre la chaleur ; plus tard, il l'invoquera pour quitter Antioche, *ep.* 274, 2 : petit argument supplémentaire

ἔφη τινὰς καὶ αὐτοῦ κοιμηθῆναι. **88.** Τοῦ θείου δέ με εἰσάγοντος τρέμοντος, μειδιῶν τε αὐτὸς εἰπόμην θάρσος ἐμβαλούσης τῆς Τύχης, καὶ βλέπων εἰς τὸν ὄχλον, ὥσπερ ὁ Ἀχιλλεὺς εἰς τὰ ὅπλα, ἐτερπόμην, τούτῳ δὲ οὔπω λέγων ἐκπλήξας, πῶς ἂν ἀξίως εἴποιμι περί τε τῶν ἐπὶ τῷ προλόγῳ δακρύων, ὃν καὶ ἐκμαθόντες ἀπῆλθον οὐκ ὀλίγοι, περί τε τῆς ἐπὶ τοῖς δευτέροις βακχείας ; Οὐδεὶς γὰρ εἴς γε τὸ πηδᾶν καὶ ἅπαντα δρᾶν οὐ γέρων ἦν, οὐ φύσει βραδύς, οὐκ ἀσθενής, ἀλλὰ καὶ οἷς ἔργον ἑστάναι διὰ νόσον ποδῶν εἱστήκεσαν · καὶ ἐμοῦ καθίζοντος αὐτοὺς οὐκ ἐᾶν ἔφασαν τὸν λόγον, ὃν δὴ καὶ διακόψαντες δεήσεσιν ἐδεήθησαν ἀποδοῦναί με τοῖς ἐμοῖς βασιλέα. **89.** Τοῦτ' οὖν ὡς ἄπειρον ποιήσαντες αὖθις ἐπὶ τὸν λόγον μετέβαινον, μακάριον ἐμέ τε καὶ σφᾶς αὐτοὺς ἀποφαίνοντες, ἐμὲ μὲν ὡς τέχνῃ λέγοντα, σφᾶς δὲ αὐτοὺς ὡς ἀρεταῖς πολίτων ἡδομένους, καλῶς ἐλέγξαντες ἔργῳ μάταιον λόγον, ὡς οὐκ ἀνάγκη τοῖς ἀλλήλων ἀγαθοῖς φθονεῖν τοὺς κοινωνοῦντας πατρίδος. Οὐ φαιδροτέραν ἐπεῖδεν Ἀγαμέμνων ἡμέραν ἐν ᾗ Τροίαν εἷλεν ἢ ἐγὼ ταύτην ἐν ᾗ ταῦτα ἃ διῆλθον ἔλαβον. Οἵ γε καὶ ἐπὶ λουτρὸν ἰόντι συνηκολούθουν θιγεῖν ἕκαστος ἐπιθυμοῦντες τοῦ σώματος.

90. Ἦν δέ τις τῇδε Φοίνιξ θαυμαζόμενος ἐπὶ τῇδε τῇ τέχνῃ, σοφιστοῦ μὲν υἱός, σοφιστοῦ δὲ υἱιδοῦς, καὶ τὸ τιμᾶσθαί γε οὐχ ἧττον ἐντεῦθεν ἦν ἢ παρὰ τῶν λόγων αὐτῷ. Οὗτος νόμῳ μὲν τῆς ὡραίας ἐτύγχανεν ἀφιγμένος οἴκαδε, δειχθέντων δέ μοι τῶν λόγων καὶ πάντων οἰχο-

4 τούτωι CVM[sl] : τοῦτο MKL || **5** ἂν CVKL : om. M || **6** καὶ CVKL : om. M || **10** εἱστήκεσαν VMKL : ἑστήκεσαν C || **11** δεήσεσιν codd. : πολλὴν δέησιν ? Foerster in apparatu || **13** ὡς C[sl] (manu *f*) V : ἕως MKL om. C || **15** ὡς τέχνῃ bis M[ac] || **17** οὐκ tollendum censet Reiske, del. Cobet (Mnem. III 249) at Foerster confert Plat. Gorg. 508 a || **17** φθονεῖν CVM[sl] (rec.) KL : φρονεῖν M || **21** θιγεῖν Foerster : θίγειν codd. || **22** Φοίνιξ CVML : om. K || **25** αὐτῷ ex αὐτῶν K || οὗτος ex οὕτως K || ἀφιγμένος CVML : ἀφικόμενος K || **26** οἰχομένων codd. : ἐχομένων corr. quidam in codice P sic Reiske (*Anim.*) « num κατεχομένων ? » Foerster.

lui écrivit de revenir dès que possible auprès de ses étudiants, car ils se laissaient gagner : « Si tu tardes, disait la lettre, tu reviendras dans une école vide, cet Orphée sera parti en les emmenant tous » *. **91.** Il revint tout de suite, laissant en plein été sa femme et sa maison et, me voyant blême et amaigri, par l'effet de la maladie, — car une maladie m'avait frappé après cette récitation [1] —, il dit sa compassion, mais commença la guerre ; et comme s'il n'était pas déjà jugé, il fait un discours dans la certitude du succès et après avoir parlé il s'en prit à ceux qui l'avaient fait revenir. Il montrait ainsi son mépris, mais il triomphait d'un homme à terre, lui qui ne se battait jamais que contre lui-même *. Puis il se saisit de moi et me traîna au Palais impérial, afin d'en découdre. Je vis l'empereur et l'eusse honoré d'un discours, même s'il ne me l'avait pas demandé. En fait il le demanda et je le lui offris, régalant pour la seconde fois la cité de paroles dont aujourd'hui « la renommée s'étend jusqu'aux cieux » [2]. **92.** Et je quittai en larmes des gens en larmes. Mais ces braves gens ne faisaient pas que pleurer : ils me promettaient des merveilles si je m'arrangeais pour vivre auprès d'eux. Pour ma part, plus que de grandes promesses m'importait le fait de vivre chez moi.

93. En montant la côte après la première station [3], à l'endroit où, selon la légende, périrent brûlés les Géants qui combattaient les dieux, je faillis être

en faveur de l'identification.

1. Nous avons des détails sur les maux dont souffrait Libanios à ses débuts à Antioche, *ep.* 393 (tr. Festugière, *Antioche*, p. 430), mais cette lettre se rapporte plutôt à la période fin 354-début 355, donc lors de son second et définitif séjour.

2. Cf. ι 20. L'empereur qui se trouve alors en résidence à Antioche est le César Gallus qui y avait été envoyé en 351. Après son premier discours, celui du § 88, Libanios en récite un second, qui doit être évidemment son panégyrique, cf. R. Foerster, t. XI, p. 617.

3. Sur la route de Constantinople : c'est Pagrae ou Phlegrae, cf. A. F. Norman, *Autobiogr.*, p. 173.

μένων, γράμματα πέμπεται πρὸς ἐκεῖνον φράζοντα τὴν ταχίστην ἐπιστῆναι τοῖς νέοις ὡς ᾐρημένοις · « Εἰ δὲ μελλήσεις, τὰ γράμματα ἔλεγεν, ἐπὶ κενὸν ἥξεις τὸ διδασκαλεῖον · οὕτως ἅπαντας ἀπαγαγὼν ὁ Ὀρφεὺς οἰχήσεται. » **91.** Καὶ ὃς αὐτίκα παρῆν γυναῖκα καὶ οἶκον θέρους ἀφείς, καί με ὡς εἶδεν ὠχρὸν καὶ ἰσχνόν, ἅ με ἡ νόσος εἰργάσατο (νόσος γὰρ δὴ κατειλήφει ⟨μετὰ⟩ τὴν ἐπίδειξιν) ἀλγεῖν μὲν ἔφη, πολέμου δὲ ἤρχετο · καὶ ὡς δὴ οὐκ ἐγνωσμένος λέγει τε ὡς περιεσόμενος, καὶ εἰπὼν ᾐτιᾶτο τοὺς μεταπεμψαμένους. Τοιαῦτα ἠθέριζε, κειμένῳ δὲ ἐπενέβαινεν, ὃς ἀεί ποτε πρὸς αὑτὸν ἤριζε. Καὶ ἐπιλαβόμενος εἷλκε πρὸς τὸ βασίλειον, παλαίειν ἀξιῶν. Ἐγὼ δὲ ἰδών τε τὸν βασιλεύοντα καὶ λόγῳ τιμήσας μὲν ἂν καὶ μὴ αἰτοῦντα τὸν λόγον, νῦν δὲ ᾐτηκότος ἔφερον, αὖθις ἑτέροις τισίν ἑστιάσας τὴν πόλιν, ὧν νῦν κ λ έ ο ς ο ὐ ρ α ν ὸ ν ἵ κ ε ι. **92.** Καὶ δὴ κλάων κλάοντας ἀπελίμπανον, οἱ δὲ οὐκ ἔκλαον οἱ βέλτιστοι μόνον, ἀλλὰ καὶ μεγάλα ὑπισχνοῦντο δώσειν εἰ διαπραξαίμην τὸ παρὰ σφίσι ζῆν. Ἐμοὶ δὲ ὧν ὑπισχνοῦντο τῶν μεγάλων μεῖζον ἦν τὸ οἴκοι ζῆν.

93. Ἀναβαίνων δὴ τὸ μετὰ τὸν πρῶτον τῶν σταθμῶν ἄναντες, οὗ λόγος κατακαυθῆναι τοὺς Γίγαντας μαχομένους τοῖς θεοῖς, μικροῦ τῇ ῥάβδῳ τοῦ τὸ ζεῦγος ἐλαύ-

4 οὕτως CVMK[sl]L : οὗτος K ‖ **6** ὠχρόν CVM[pc] (rec. ?) : αἰσχρὸν M[ac]KL ‖ ἰσχνόν CVKM : ἰσχυρὸν L ‖ **7** μετὰ addendum esse censuit Foerster (in app. et vol. III p. xviii) ‖ **9** τε CVKL : τι M ‖ **9-10** μεταπεμψαμένους CVK : -ψομένους ML ‖ **10-13** ἠθέριζε... βασιλεύ[in M abrepta, ea quae sequuntur usque ad ὑπισ]χνοῦντο l. 18 mutila ‖ **10** ἠθέριζε CV : ἐθέριζε KL ἠρέθιζε Vat. 939 ‖ adnot. V mg. ἤτοι ἀτίμαζε, παρουδὲν ἐποιεῖτο ‖ ἐπενέβαινεν CV : ἐπέβαινεν KL ‖ **11** αὑτὸν Reiske : αὐτὸν CVKL ‖ ἤριζε CVL : ἤρειζε K ‖ ἐπιλαβόμενος C[pc] ut uid. (ras.) VKL : -βοίμενος C[ac] ut uid. ‖ **14** in ἑστιάσας α prius abreptum in C ‖ **15** cf. ι 20 (καί μευ κλέος οὐρανὸν ἵκει) ‖ ἵκει C : ἥκει VKL M mutilus ‖ **16** ἀπελίμπανον CV : ἀπελίμπανεν KL ἀπε[M ‖ **17-18** διαπραξαίμην CVM[sl] (rec.) : διαπράξαιμι MKL ‖ **18-19** ἐμοὶ... ζῆν VMK : om. CL (uid. praef. p. 77 et cf. 168, 180) ‖ **20** τῶν σταθμῶν C[pc] (manu prima) V : σταθμὸν C[ac] τὸν σταθμὸν MKL ‖ **22** τοῦ τὸ CVKL : τοῦτο M.

éborgné par un coup de baguette du cocher et la paupière inférieure fut déchirée, mais l'œil lui-même fut sauvé, grâce à la Fortune.

94. Ayant achevé mon long voyage, je me déplus à Constantinople plus qu'avant. Je fis part au gouverneur * de mon sentiment et le priai de faire tout pour m'aider. Il me donna son accord et des médecins aussi : ceux-ci expliquèrent que l'air de votre pays soulageait mes maux de tête et que celui de Constantinople leur était mauvais, et le gouverneur n'eut qu'à approuver. J'obtins ensuite d'un influent personnage de la cour qu'il appuyât l'avis des médecins et persuadât l'empereur de ne point vouloir de mal à ma tête. Il me donna son appui et pourtant il ne m'aimait pas, car nous avions des comportements opposés, mais il voulait montrer qu'aucune de ses entreprises ne connaissait d'échec *.

95. L'empereur me permit de revenir, mais sans que, cette fois encore, ce fût définitif *. Ayant reçu la notification, je faisais mes préparatifs quand me parvint l'amère nouvelle de la mort de ma cousine et du désespoir de mon oncle [1] : la Fortune avait elle-même détruit le don qu'elle m'avait fait. Car je n'avais plus envie de retrouver ma cité pour y voir, au lieu d'une épouse, son tombeau. Mon oncle avait appris deux choses à la fois, que j'étais libre de revenir et que je ne le voulais plus, et troisièmement pour quel motif. Comme il se lamentait d'être privé de sa seule consolation, celle d'entendre ma voix, et me reprochait dans sa lettre de ne pas bouger, j'arri-

1 Phasganios perd en 354 sa fille unique, promise à Libanios. Peu après ce dernier se met en ménage avec une femme de condition inférieure, sans doute esclave affranchie par lui, et son fils Cimon naît dès 355, puisqu'il commence sa scolarité en 361, *ep*. 625, 678. S'il s'est donc rapidement consolé en organisant sa vie autrement, il est excessif de dire comme A. F. Norman, *op. cit.*, p. 174, qu'il agit ainsi pour échapper aux charges curiales, car sa profession lui assurait l'immunité, et Cimon, malgré sa naissance irrégulière, fut lui-même inquiété plus tard, *infra*, § 257.

νοντος τὸν ὀφθαλμὸν ἐξεκόπην, ὥστε καὶ τοῖν βλεφάροιν τὸ κάτωθεν ῥαγῆναι · τὸν ὀφθαλμὸν δὲ αὐτὸν ἡ Τύχη διέσωσεν.

94. Ἀνύσας τοίνυν τὴν πολλὴν ὁδὸν μᾶλλον ἢ πρὶν ἐδυσχέραινον τὸ χωρίον. Εἰπὼν δὴ πρὸς τὸν ἄρχοντα ἃ φρονῶ, καὶ βοηθεῖν παντὶ θυμῷ δεηθείς, καὶ πείσας αὐτόν τε καὶ ἰατρούς, τοὺς μὲν λέγειν ὡς τῇ κεφαλῇ μοι φάρμακον μὲν ὁ παρ' ὑμῖν ἀήρ, ἐχθρὸς δὲ ὁ παρ' ἐκείνοις, τὸν δὲ ἁπλῶς οὕτω προσίεσθαι, πείθω πάλιν τῶν τινα ἐν βασιλείοις δυνατῶν τῇ τῶν ἰατρῶν γνώμῃ συναγορεύοντα πεῖσαι βασιλέα μὴ φθονῆσαι τῇ κεφαλῇ · ὁ δὲ ἐβοήθει μέν, ἐβοήθει δὲ οὐ φιλῶν, διειστήκειμεν γὰρ τοῖς τρόποις, ἐνδεικνύμενος δὲ ὡς οὐδὲν ἂν αὐτὸν ἐγχειρήσαντα διαφύγοι.

95. Δίδωσι μὲν δὴ βασιλεὺς ἐπανελθεῖν, οὐδὲ τότε εἰς ἅπαξ · λαβὼν δὲ ἐγὼ τὰ γράμματα καὶ συσκευαζόμενος δέχομαι πικρὰν ἀγγελίαν, τεθνάναι μοι τὴν ἀνεψιάν, κεῖσθαί τε τὸν θεῖον ἐν τέφρᾳ, τῆς Τύχης τὴν αὐτῆς διαφθειρούσης δόσιν · οὐ γὰρ ἔτ' ἦν μοι βουλομένῳ τὴν πόλιν ἔχειν, μέλλοντί γε ἀντὶ τῆς γυναικὸς τὸν ἐκείνης ὄψεσθαι τάφον. Αἰσθομένου δὲ ἄμφω τοῦ θείου καὶ ὡς εἴην κύριος ἐπανελθεῖν καὶ ὡς οὐκ ἐθέλοιμι, καὶ τρίτον γε διότι, καὶ δακρύσαντός γε εἰ μηδ', ὃ μόνον αὐτῷ παραμύθιον λείποιτο, τῆς ἐμῆς ἀκούοι φωνῆς, καὶ κατηγο-

4 τὴν C : om. VMKL ‖ **5** adnot. V mg. ἐδυσχέραινον ἤτοι ἐμίσουν · καὶ διατοῦτο πρὸς αἰτιατικὴν συντάττεται. δυσχεραίνω δὲ ἀντὶ τοῦ λυποῦμαι ἄχθομαι, δοτικῇ ‖ **7** ἰατρούς CVML : τοὺς ἰ- K (sic Foerster) ‖ **8** ὑμῖν VMKL : ὑμὶν C ἡμῖν Vaticanus 939 ex quo Morel Reiske Foerster Norman ‖ **9-10** ἐν βασιλείοις δυνατῶν VMKL : δυνατῶν ἐν βασιλείοις C ‖ **10** γνώμηι C ‖ **12** διειστήκειμεν C : διειστήκει μὲν VMKL ‖ **13** δὲ CV : δὴ MKL ‖ **14** διαφύγοι CVML : διαφύγη K ‖ **15** βασιλεὺς C : ὁ β- VMKL ‖ **18** τε codd. : δὲ Foerster, typothetae ut uid. errore ‖ αὐτῆς C : αὑτῆς VKL αὐτοῦ M (p. c. ut uid.) ‖ **19-20** βουλ- τὴν π- CVML : τὴν π- β- K ‖ **20** ἐκείνης CVM : ἐκείνου K ἐκεὶν L (ν rec.) ‖ **21-1** τοῦ θείου ... εἰ μὴ in M abrepta ‖ **22** τρίτον Vaticanus 939 et Palatini 282 corrector : τρίτου CVKL ‖ **24** λείποιτο C : λίπ- VKL (ex λείπ- ut uid.).

vai donc, mais dans une disposition d'esprit toute différente : auparavant j'étais joyeux et plein d'allant, maintenant rempli de chagrin et tout abattu *.

96. A mes ennuis personnels s'ajoutait en effet une tempête qui secouait la communauté, une colère de l'empereur devenue meurtrière * : certains étaient déjà morts, d'autres en prison, promis à l'exécution, et c'étaient tous des gens de bien. Parmi eux je vis aussi mon maître * : car j'étais allé à la prison et franchissant la porte je tombai à genoux et me lamentai avec tous ceux qui pleuraient. Le lendemain ils étaient libérés et le bruit courut qu'un bon génie était arrivé avec moi et avait apaisé la fureur des flots. **97**. Le jour suivant, je m'adressai à l'empereur qui m'avait demandé un autre discours, et bien malgré moi mais poussé par la crainte, je fis de lui un panégyrique pour le circonvenir *. Mon maître était là qui respirait encore difficilement et je l'introduisis dans mon discours, disant qu'en ma présence il avait fait souvent l'éloge de la parole de l'empereur. Très satisfait, ce dernier lui tendit la main en signe de réconciliation et l'autre plia le genou et la baisa, et nous applaudissions comme le méritait en cette heure un souverain qui avait délivré de la peur un vieux professeur.

98. J'étais donc en plein dans mes récitations publiques qui étaient fréquentes et bien faites pour attirer les étudiants *, quand un garçon à qui son corps avait valu beaucoup de dîners alla trouver l'empereur pour un bon salaire et lui dit que je conservais après les avoir coupées les têtes de deux femmes, me servant de l'une contre lui et de l'autre contre son collègue plus âgé *. Le salaire de son mensonge était de coucher avec un danseur qui était totalement au service de la clique de l'autre sophiste *. Savoir s'il a obtenu le salaire en question, c'est l'affaire de

ροῦντος ἐν γράμμασιν εἰ μὴ κινοίμην, ἔρχομαι μέν, οὐχ ὁμοίᾳ δὲ καὶ πρότερον τῇ ψυχῇ, ἀλλὰ τότε μὲν ἱλαρᾷ τε καὶ εὐθυμουμένῃ, ὕστερον δὲ ἄχους τε πλέᾳ καὶ διατετυμμένῃ.

96. Καὶ γὰρ αὖ πρὸς τοῖς ἰδίοις ζάλη τις κατειλήφει τὸ κοινόν, ὀργὴ βασιλέως εἰς φόνον προελθοῦσα · καὶ οἱ μὲν ἔκειντο, τοὺς δὲ ὡς κτείνειεν ἔδησεν, ἅπαντας ἀγαθούς · ἐν οἷς καὶ τὸν ἐμαυτοῦ διδάσκαλον ἑώρων. Ἦλθον γὰρ δὴ οὗπερ ἐδέδεντο, καὶ τὸν οὐδὸν ὑπερβὰς πεσὼν ὠλοφυρόμην ἐν πᾶσιν ὀδυρομένοις. Καὶ τῆς ὑστεραίας ἐλέλυντο, καὶ ἐγένετο δόξα συνεισελθεῖν τινά μοι τῶν βελτιόνων δαιμόνων, ὑφ' οὗ στορεσθῆναι τὰ κύματα. **97**. Τῆς δὲ ἐπιούσης προσειπὼν τὸν βασιλέα δεύτερον αἰτηθεὶς λόγον, ἄκων μέν, φόβῳ δὲ ἐγκωμιάζω, κύκλῳ περιερχόμενος. Καὶ παρῆν μὲν ὁ διδάσκαλος οὔπω καθαρῶς ἀναπεπνευκώς, εἰσάγω δὲ αὐτὸν εἰς τὸν λόγον ὡς δὴ ἐπηνεκότα πρός με πολλάκις τοῦ βασιλέως τὴν γλῶτταν. Ὁ δὲ ἡσθεὶς ὀρέγει τὴν δεξιὰν τὸ διηλλάχθαι δηλῶν, καὶ ὁ μὲν κατεφίλει προσκεκυφώς, ἡμεῖς δὲ ἐβοῶμεν ὁπόσα ἐν τοιούτοις εἰκὸς εἰς βασιλέα δέους ἠλευθερωκότα διδάσκαλον γέροντα.

98. Τῶν τοίνυν ἐν μέσῳ μοι γιγνομένων ἐπιδείξεων συχνῶν τε οὐσῶν καὶ οἵων ἐφέλκεσθαι νέους, νεανίσκος πολλὰ δεῖπνα δεδειπνηκὼς ἐπὶ τῷ σώματι, μισθῷ μεγάλῳ παρὰ τοῦτον τὸν βασιλέα δραμὼν δυοῖν γυναίοιν ἔφη με κεφαλὰς ἀποτεμόντα κεκτῆσθαι, τῇ μὲν ἐπ' ἐκεῖνον χρώμενον, θατέρᾳ δὲ ἐπὶ τὸν πρεσβύτερον. Ἦν δὲ τοῦ ψεύ-

1-7 κινοίμην... καὶ οἱ μὲν ἔκειντο in M mutila || **3** διατετυμμένηι (-η C) codd. : διατεθυμμένῃ coni. Cobet recepit Foerster διατεθρυμμένῃ Asmus probante Foerster (uol. III p. XVIII). cf. διατεθρυμμένως Plat. Leg. 922 b || **7** adnot. V mg. ἐνταῦθα τὸ ὡς ἀντὶ τοῦ ἵνα || **12** στορεσθῆναι CVM : στορεθῆναι KL || adnot. V mg. δόξα συνεισῆλθε δηλονότι ὡς ἀπὸ κοινοῦ || **20** adnot. V mg. (ad βασιλέα) βοᾶν δηλονότι || εἰς CVM : om. KL || **22** μοι CVM : om. KL || **26-27** χρώμενον CV : -μενος MKL.

celui qui le donna et de celui qui le reçut, mais tel était bien en tout cas le prix convenu pour l'audace dont il faisait preuve. **99**. L'empereur le renvoya au tribunal, contrairement à son attente, car cet individu et ceux qui l'avaient payé espéraient que leurs accusations seraient suivies de mon exécution. Ainsi donc il ne put me poursuivre en justice, mais il se tenait coi et bien dissimulé à l'extrémité de la ville, au pied de la montagne *. Mais cependant il semblait probable que cette accusation à elle seule * me ferait mal juger de l'empereur et qu'il le ferait bien voir lors du cortège, en ne m'honorant même pas d'un regard.

100. En fait, s'écartant des cavaliers qui l'entouraient, il fit avancer son cheval au bord du fossé, là où je me trouvais *, eut pour moi le même regard que l'autre fois et m'invita à me souvenir sans tarder de la Thrace *. Je promis de le faire, mais en réalité je m'en tins à mon ancienne résolution et demeurai sans bouger dans ma patrie.

Là-dessus les promesses qu'on m'avait faites restaient sans effet, et celui qui m'avait appelé pour lui succéder dans l'enseignement des étudiants, Zenobios, avait changé d'avis, disait qu'il était pour sa part ravi d'enseigner et que je n'avais pas à me montrer pressant.

101. Ma situation s'était aussi grandement détériorée du fait que je ne m'étais pas tout de suite jeté sur mes adversaires désorganisés pour les mettre en fuite : car ils avaient tranquillement fortifié leurs positions, tandis que je faisais chez moi la classe à quinze élèves que j'avais pour la plupart amenés avec moi, et je n'occupais pas encore de chaire publique *. Le découragement saisit mes amis et me saisit moi-même. Accablé par le fardeau de l'inaction comme le fils de Pélée *, je me traitais moi-même de fardeau de la terre et j'en vins à absorber des drogues pour

δους ὁ μισθὸς συγκοίμησις ὀρχηστοῦ τινος πάντα πειθομένου τοῖς ἀμφ' ἐκεῖνον τὸν σοφιστήν. Εἰ μὲν δὴ καὶ ἐκομίσατο τὸν μισθόν, ὅ τε λαβὼν ὅ τε δοὺς οἶδεν, ἐφ' ᾧ δ' οὖν ἐτόλμα ἅπερ ἐτόλμα, τοῦτο ἦν. **99.** Ὁ δὲ αὐτὸν ἔπεμπεν εἰς τὸ δικαστήριον οὐ τοῦτο οἰόμενον, ἀλλ' αὐτός τε ἐκεῖνος ὕφ' ὧν τε ἐμεμίσθωτο ταῖς αἰτίαις ἤλπιζον ἀκολουθήσειν τὸ ξίφος. Οὔκουν ἐδίωξεν, ἀλλ' ἐν τοῖς ἐσχάτοις τῆς πόλεως περὶ τὰς ὑπωρείας ἔκειτο συγκεκαλυμμένος. Ἐδόκει δὲ ὅμως ὁ βασιλεὺς ὑπὸ ψιλῆς τῆς αἰτίας φαυλότερόν με ἡγεῖσθαι, καὶ τοῦτο πάντως ἐπιδείξειν προπεμπόμενος · οὐδὲ γὰρ βλέμματός με ἀξιώσειν. **100.** Ὁ δὲ ἐκ μέσων τῶν ἱππέων ἐπὶ τῆς τάφρου τὸ χεῖλος, οὗπερ εἱστήκειν, τὸν ἵππον ἐξελάσας, εἶδέ τε οἷον πρότερον, ἐκέλευέ τε μὴ μέλλειν, ἀλλὰ μεμνῆσθαι τῆς Θρᾴκης. Ἐγὼ δὲ οὕτω μὲν ἔφην ποιήσειν, ἐποίουν δὲ τὰ πάλαι δεδογμένα, μένων τε καὶ τῆς πατρίδος ἐχόμενος.

Καίτοι τῶν τε ὑποσχέσεων ἔργον οὐδέν, ὅς τέ με ἐπὶ διαδοχὴν ἐκάλει τῶν περὶ τοὺς νέους πόνων, ὁ Ζηνόβιος, ἕτερος ἐγεγόνει, πόνων τε αὐτὸς ἐρᾶν λέγων καὶ ἐμὲ μὴ δεῖν ἐπείγεσθαι.

101. Ὃ δή μοι καὶ τὰ πράγματα οὐχ ἥκιστα ἔβλαψε, τὸ μὴ εὐθὺς προσπεσόντα τρέψασθαι τοὺς τεταραγμένους · καθ' ἡσυχίαν γὰρ τὰ αὐτῶν ἐβεβαιοῦντο, ἐγὼ δὲ οἴκοι μὲν πεντεκαίδεκα νέοις συνῆν, ὧν ἦκον τὸ πλέον ἄγων, οὔπω δὲ ἦν ἐν τῷ τοῦ δημοσιεύοντος σχήματι, καὶ κατεῖχε μὲν ἀθυμία τοὺς ἐμούς, κατεῖχε δὲ αὐτὸν ἐμέ, καὶ τῷ ἀργεῖν ὥσπερ ὁ τοῦ Πηλέως ἀχθόμενος, ἄχθος τε ἀρούρης ἐμαυτὸν ὀνομάζων, εἰς τοῦτο ἀπεφερόμην, ὥστε φαρμάκων

1-9 συγκοίμησις... συγκεκαλυμμένος in M mutila || **3** ἐκομίσατο CVKL : ἐκοιμήσατο M || οἶδεν CVKL : εἶδεν M || **6** ἤλπιζον VMKL : -ζεν C || **7** ἀκολουθήσειν CV : -θῆσαι KL M mutil. || **8** περὶ VMKL : παρὰ C || ὑπωρείας CVML : ὑπορ- K || **11** βλέμματος CVKL : βλέμμα τίς M || **13** εἶδε C (ex εἶδεν) VKL : εἶδεν C^{ac}M || **14** ἐκέλευε ex -εν C || **15** οὕτω CV : οὔπω MKL || **17** οὐδὲν · ὃς CV : οὐδενὸς MKL || **21** ἔβλαψε VMKL : -ψεν C || **23** αὐτῶν CV : αὑτῶν MKL || **27** ὁ CVMK : οἱ L.

préserver mon équilibre mental. Les gens d'ici avaient trompé mes espérances et je ne pouvais revenir auprès de ceux de là-bas sans faire rire de moi.

102. Sur ces entrefaites un vieillard venu me voir me dit qu'il n'y avait pas lieu de s'étonner de rencontrer l'échec en restant sur son lit : l'avantage va à ceux qui se montrent en public. « Et si tu veux, dit-il, connaître la foule de ceux qui ont soif, installe-toi dans un des temples »[1]. Sans suivre jusque-là l'avis du vieillard, j'obtins d'un commerçant qu'il allât occuper une autre partie de l'immeuble et je m'établis en bas, tout près de l'agora. Ce local fit son effet et le nombre de mes élèves fut plus que doublé par rapport à celui que je viens d'indiquer *. Le Mouseion cependant était aux autres et c'était une grande force pour ceux qui l'occupaient *. Alors je m'adressai à Calliope en ces termes : « O toi, la meilleure des Muses *, qui es la patronne de la ville, pour quels crimes m'infliger de tels châtiments ? Pourquoi m'avoir leurré, toi une déesse ? Pourquoi m'avoir fait perdre ma position là-bas sans m'en procurer une ici ? Celui qui m'a trompé prospère et sa victime est jetée au rebut sous ton regard indifférent ! » **103.** J'avais adressé de loin ces paroles à la statue de la Muse, depuis la colonnade, et peu de jours après j'étais chez moi à travailler quand me parvint un grand bruit de voix, comme venant d'une foule en révolte au mépris des lois, si bien que je m'arrêtai d'écrire, me demandant ce que c'était. A ce moment, mon cousin monta et me dit tout essoufflé que le gouverneur était mort * et que son cadavre traîné dans les rues servait de jouet à ceux qui l'avaient tué ; et qu'Euboulos * ainsi que son fils, échappant à la lapidation par une

1. Beaucoup de temples étaient désaffectés, par suite du déclin du paganisme, dans les dernières années du règne de Constance, et Libanios signale en 359 (*ep.* 88) que le temple de la Fortune servait d'école.

πόσει διεσωσάμην τὰς φρένας, τοῖς μὲν χείροσι τῶν ἐλπίδων χρώμενος, ἐπὶ δὲ τοὺς οὐκ ἔχων ἄνευ γέλωτος ἐπανελθεῖν.

102. Ἐνταῦθά μοι γέρων τις προσελθὼν οὐδὲν ἔφη θαυμαστὸν εἶναι μὴ εὖ πράττειν ἐν τῇ κλίνῃ κείμενον· πλεονεκτεῖν γὰρ δὴ τοὺς ἐν μέσῳ καθημένους· « Ἀλλ' εἰ βούλει, ἔφη, μαθεῖν τῶν διψώντων τὸ πλῆθος, ὅρμησον ἐπί τι τῶν ἱερῶν. » Ἐγὼ δὲ τοῦτο μὲν οὐχ ὑπακούω τῷ γέροντι, τῶν ἀγοραίων δέ τινα μεταστήσας ἄλλοσε τῆς συνοικίας, καταβὰς αὐτὸς ἐκεῖσε, ἐκαθήμην ψαύων τῆς ἀγορᾶς, καὶ ἔδρασέ τι τὸ χωρίον, προστεθέντων οἷς ἔφην ἄρτι πλειόνων ἢ τοσούτων νέων. Τὸ Μουσεῖον δὲ τῶν ἄλλων ἦν, ῥοπὴ τοῖς ἔχουσι μεγάλη. Λέγω δὴ πρὸς τὴν Καλλιόπην ὅτι « Ὦ Μουσῶν μὲν ἀρίστη, τὴν πόλιν δὲ ἡμῖν ἄγουσα, τίνων ταύτας σὺ πράττῃ δίκας ; Τί με ἐδελέαζες οὖσα θεός ; Τί τῶν μὲν ἐξέβαλες, τὰ δὲ οὐ δίδως, ἀλλ' ὁ μὲν ἠπατηκὼς τρυφᾷ, τὸν ἠδικημένον δὲ ἀπερριμμένον περιορᾷς ; » **103**. Τοιαῦτα μὲν πρὸς τὸ ἕδος πόρρωθεν ἀπὸ τῆς στοᾶς διελέχθην, ἡμέραις δὲ οὐ πολλαῖς ὕστερον ἐγὼ μὲν οἴκοι τι καθήμενος ἐδημιούργουν, βοὴ δ' οἵα γίνοιτ' ἂν ἐξ ὄχλου νόμων ὑπερορῶντος προσέβαλεν, ὥστε με στήσαντα τὴν χεῖρα τί τὸ ταῦτα ποιοῦν παρ' ἐμαυτῷ σκοπεῖν. Ἐν τούτῳ δὲ ὄντος, ἀναβὰς οὑμὸς ἀνεψιὸς ἀσθμαίνων τὸν μὲν ἄρχοντα ἔφη τεθνεῶτα ἕλκεσθαι, παιδιὰν ποιουμένων τῶν κτεινάντων τὸν νεκρόν, Εὔβουλον δὲ σὺν τῷ παιδὶ δρασμῷ τοὺς ἐκείνων διαφυ-

4-9 ἐνταῦ[... μεταστησ[in M mutila || **6** μέσωι C : τῶ μέσω VMKL || **8** τοῦτο Gasda Foerster : τούτωι codd. || **11** ἔφην CV : ἔφη MKL || **12** ⟨δὶς⟩ τοσούτων Cobet Foerster coll. ep. 405 (ἐν οὐ πολλαῖς ἡμέραις πεντήκοντα νέων ἦν ὁ χορός) || **17** ἀπερριμμένον MKL : ἀπεριμμένον C ἀπερριμένον V || **18** ἕδος VMKL : ἔδος C || **19** διελέχθην M : διειλέχθειν C[ac] διειλέχθην C[pc] (prima manu) VL διηλέχθην K || **20** τι ML : τί CVK || δ' C : δὲ VMKL || **21** γίνοιτ' CK : γένοιτ' VM γίγνοιτ' L || προσέβαλεν C : -βαλλεν VMKL || **22** τὴν CV : τε τὴν MKL || **23** οὑμὸς CL (p. c. ?) : οὐμὸς C[sl]VMK.

course précipitée, s'étaient enfuis quelque part au haut des montagnes ; les autres, faute d'avoir pris les personnes, tournaient leur fureur contre la demeure d'Euboulos : « Et, tiens, voici la fumée, annonciatrice du feu, qui s'élève et que tu peux voir ». **104**. Ainsi Patrocle, frappé dans ses esprits, avait perdu ses armes *. Quant à celui qui m'avait appelé quand j'étais loin et m'avait repoussé quand je fus sur place *, rien ne le forçait à prendre la fuite, mais une longue maladie le frappa et l'éloigna des élèves, lui faisant souffrir deux maux, et la fièvre et le chagrin d'apprendre que j'étais installé dans le bouleutérion et que mon troupeau [1] était si grand qu'il m'était impossible de m'occuper de tous avant le coucher du soleil. **105**. Malgré ses dispositions à mon égard, j'allais lui rendre mes devoirs et l'on ne saurait citer un jour où je ne lui rendis visite. Pourtant je fus parfois repoussé, mais je n'en persistai pas moins. A sa mort [2] il reçut le tribut de mes larmes et je lui consacrai un discours.

106. Auparavant était arrivé comme gouverneur des autres gouverneurs Strategios [3], ainsi qu'on le lui avait depuis longtemps prédit. Ayant à ma disposition un ami si puissant, — c'était lui qui m'avait donné Athènes et m'avait donné à Athènes * —, dès son arrivée je fus à même de venir en aide à ces gens dont l'aide paraissait ⟨auparavant⟩ devoir m'être si nécessaire. **107**. Désormais l'éloquence ne fut plus mon seul travail, il me fallut consacrer le jour à l'éloquence et le soir aux affaires : ceux qui étaient vic-

1. Expression typique pour désigner les élèves, cf. P. Petit, *Les étudiants*, p. 21.

2. Cf. *ep*. 405, 9 : il a fait sur lui une Monodie en quittant sa tombe, et ensuite un discours plus long, qui fut apprécié, cf. Foerster, t. XI, p. 619 (sur les ouvrages perdus).

3. Il succéda comme préfet du prétoire d'Orient à Domitianos tué par Gallus et fut chargé de mener l'enquête sur le meurtre de Theophilos par le peuple. *Prosop.*, p. 611-612. Il devait demeurer en charge jusqu'en 358, *infra*, § 115.

γόντα λίθους εἰς ὀρῶν ποι κορυφὰς ἀναφυγεῖν, τοὺς δὲ ἁμαρτόντας τῶν σωμάτων εἰς τὴν οἰκίαν τὴν ἐκείνου ἀφεῖναι τὸν θυμόν. « Καὶ καπνὸς οὑτοσί τοῦ πυρὸς ἄγγελος αἴρεται, καὶ ὁρᾶν ἔξεστιν. » **104**. Οὕτω μὲν ὁ Πάτροκλος πληγῇ τῆς ψυχῆς ἀπολωλέκει τὰ ὅπλα. Τὸν δὲ ἀπόντα μὲν καλοῦντα, παρόντα δὲ ἀπωθοῦντα φεύγειν μὲν ἠνάγκαζεν οὐδέν, νόσος δὲ καταβαλοῦσα μακρὰ τῶν νέων ἀφίστη, καὶ δυοῖν ἐβιάζετο κακοῖν, πυρετῷ τε καὶ λύπῃ πυνθανόμενος ἱδρῦσθαί με ἐν τῷ βουλευτηρίῳ τοσοῦτόν τε εἶναι τὸ ποίμνιον ὥστε μὴ οἷόν τε εἶναι πρὶν ἥλιον δῦναι διὰ πάντων ἰέναι. **105**. Τὸν δὲ καὶ οὕτως ἔχοντα γνώμης ἐρχόμενος ἐθεράπευον, καὶ οὐκ ἦν εἰπεῖν ἣν οὐκ ἦλθον ἐπισκεψόμενος ἡμέραν. Καίτοι που καὶ ἀπηλαυνόμην, ἀλλ' ὅμως οὐκ ἀνίην, καὶ τελευτήσαντι δέ οἱ δακρύων μετέδωκα καὶ λόγον ἐποίησα.

106. Πρότερον δὲ ἦν ἀφιγμένος ἀρχὴν ἔχων ᾗ τῶν ἄλλων ἄρχει Στρατήγιος, πάλαι προειρημένον αὐτῷ. Προσλαβὼν δὴ φίλον οὕτω μέγαν (οὑτοσὶ δὲ ἦν ἐκεῖνος ὁ τὰς μὲν Ἀθήνας ἐμοί, ταῖς Ἀθήναις δὲ ἐμὲ διδούς) κατέστην οὖν ἥκοντος εἰς τὸ βοηθεῖν ἐκείνοις ὧν ἐδόκουν δεήσεσθαι βοηθῶν. **107**. Οὐκέτ' οὖν ἡμῖν ὁ λόγος μόνον ἔργον ἦν, ἀλλ' ἔδει τὴν μὲν ἡμέραν εἶναι λόγων, τὴν δὲ ἑσπέραν πράξεων · οἵ τε γὰρ δὴ ὑπὸ δυνατωτέρων ἀδι-

1 ὀρῶν CVML : ὁρῶν K || **2** ἁμαρτόντας Vaticanus 939 ex quo edd. : ἁμαρτάνοντας codd. || **4** ὁ Πάτροκλος : adnot. P mg. (rec.) ἑαυτὸν τῷ Πατρόκλῳ παρεικάζει · ὥσπερ γὰρ ἐκεῖνος ὑφ' Ἕκτορος πληγεὶς ἀφηρέθη τὰ ὅπλα, ὡς (sic pro ὧς) δὲ καὶ αὐτὸς τῇ περὶ τοῦ ἄρχοντος ἀγγελίᾳ ἣν κατὰ νοῦν εἶχε γνώμην κατέλυσεν || **5** τὸν... καλοῦντα : adnot. A mg. ὃν εἴρηκεν ἄνωθεν Ζηνόβιον λέγει || **7** καταβαλοῦσα CVMKL : καταλαβ- M mg. (manu recentissima) fortasse recte || μακρὰ A^{pc} (ex quo P) Reiske Foerster : μικρὰ codd. || **9** ἱδρῦσθαι CM : ἱδρύσθαι VKL || **10** τὸ ποίμνιον... εἶναι bis scripsit C, punctis deinde supra lineam positis uerba quae sunt inter prius ποίμνιον et ὥστε alterum delenda esse significauit || **11** δῦναι VKL : δύναι CM || **12** ἐθεράπευον CVML : -πευε K || **14** ἀνίην CV : ἀνῄειν MKL || **18** φίλον οὕτω C : οὕτω φίλον VMKL || **21** τ' in οὐκ ἔτ' in ras. C (manu *n*) || **23** ἑσπέραν VMKL : ἑσπ- C.

times de gens plus puissants, ceux qui étaient accusés sous le coup d'une colère * et avaient besoin du gouverneur pour s'en sortir, ceux qui voulaient obtenir une décision le plus vite possible, — et il y a bien d'autres faveurs que l'autorité peut dispenser sans faire tort à la loi * —, tous ceux-là, soit personnellement, soit en m'envoyant leurs épouses, me priaient d'aller là-bas parler pour eux *. **108.** Alors, jusqu'au milieu du jour je faisais la même chose que les autres professeurs, puis, tandis qu'ils allaient déjeuner, les uns tout de suite, les autres après leur bain, je poursuivais comme avant. Quand l'ombre me faisait lever, je me rendais chez mon ami, les mains pleines de notes me rappelant le nom de ceux pour qui je devais quémander. Il acceptait certaines demandes, en rejetait d'autres, m'expliquant que la justice s'y opposait, puis me congédiait ou plus souvent m'invitait flatteusement à demeurer pendant son bain * : il disait que ma vue, tout autant que le bain, avait le pouvoir de soulager sa fatigue. Ce que sachant, je lui faisais le plaisir de mes visites quotidiennes et quand un empêchement me l'interdisait, il m'en faisait demander la cause.

109. Ce qui contrariait encore mon adversaire * c'était de voir profiter de mes services tant de gens, et cela sans bourse délier. Sans doute le grand nombre de ceux qui avaient recours à moi venait de ce qu'ils n'avaient pas à payer, comme pour des légumes ou de la viande. Mais ce qui le chagrinait surtout c'était le nombre de mes déclamations et plus encore la diversité de leurs genres respectifs *, et il demeurait incapable de comprendre quand je pouvais bien composer mes discours, car il ignorait ce qu'était la résistance au sommeil *. **110.** Rester silencieux lui faisait mal, quand il rompait son silence il comprenait qu'il eût mieux valu pour lui garder le silence *. Jusqu'au milieu de l'été, malgré lui et non sans peine,

κούμενοι, οἵ τε κατ' ὀργὴν ἐγγεγραμμένοι, τῆς ἀρχῆς δὲ εἰς ἀπαλλαγὴν δεόμενοι, οἵ τε ἐπιθυμοῦντες ὡς τάχιστα ψήφου τυχεῖν (πολλὰς δ' ἂν καὶ ἄλλας ἀρχὴ δοίη χάριτας οὐ λυποῦσα τὸν νόμον), οὗτοι, οἱ μὲν αὐτοί, τῶν δὲ γυναῖκες, ᾔτουν καὶ ὑπὲρ σφῶν ἐλθεῖν ἐκεῖσε. **108.** Ἐγὼ δὲ μέχρι μὲν μεσημβρίας ταὐτὸν ἐποίουν τοῖς ἄλλοις διδασκάλοις· ἔπειτα τῶν μὲν οἱ μὲν εὐθὺς ἠρίστων, οἱ δὲ ἐπεὶ λούσαιντο, ἐγὼ δὲ ἦν ἐν οἷσπερ πρότερον. Σκότους δέ με ἀνιστάντος, ἐφοίτων παρὰ τὸν φίλον, ἐκ γραμμάτων δή τινων ἐν τῇ χειρὶ κειμένων ὑπὲρ ὧν δεηθῆναι χρῆν ἀναμιμνησκόμενος. Ὁ δὲ τὰ μὲν ἐπείθετο, τὰ δὲ οὐ πειθόμενος, ὡς οὐκ ἐῴη τὸ δίκαιον διδάσκων ἐξέπεμπε, μᾶλλον δὲ κολακεύ⟨ων ἐκέλευ⟩εν ἀναμένειν λουόμενον, ὡς οὐ τῷ λουτρῷ μᾶλλον ἢ τῇ 'μῇ θέᾳ δυναμένων αὐτῷ κουφίζεσθαι τῶν πόνων. Ἃ δὴ ἐγὼ γνοὺς ἐχαριζόμην αὐτῷ ταῖς καθ' ἡμέραν εἰσόδοις, ἀνάγκης δὲ εἰργούσης, πέμπων ὅ τι τὸ κωλῦσαν ἀνεπυνθάνετο.

109. Ἠνία μὲν δὴ καὶ ταῦτα τὸν ἀντικαθήμενον, τό τε εὖ πάσχειν οὐκ ὀλίγους, τό τε ἀμισθί. Τουτὶ γὰρ δὴ καὶ τὸ πολλοὺς εἶναι τοὺς παρ' ἐμὲ καταφεύγοντας ἐποίει, τὸ μὴ δεῖν τιθέναι τιμὴν ὥσπερ λαχάνων ἢ κρεῶν. Ἤχθετο δὲ διαφερόντως τῷ τῶν ἐπιδείξεων ἀριθμῷ, καὶ αὖ πάλιν τῷ ταῖς μορφαῖς διαφέρειν ἀλλήλων καὶ ἠπορεῖτο καθήμενος ὁπότε ἄρα πλάττοιμι τοὺς λόγους, οὐκ εἰδὼς ὅ τί ἐστι καὶ τὸ ὕπνου περιεῖναι. **110.** Σιγῶν τε οὖν ὠδυνᾶτο, καὶ οὐ σιγῶν ὅτι σιγᾶν εἴη βέλτιον ἐμάνθανε. Μέχρι μὲν

5 ηἴτουν C[sl] (rec. ?) VMKL : ηἴτων C (puncta supra των) || **8** ἦν CVML : om. K || **10** ἀναμιμνησκόμενος CMKL : -μενον V || **11** ἐώιη CVKL : ᾤετο M || τὸ CVM : om. KL || **12** δὲ κολακεύων ἐκέλευεν scripsi : δ' ἐκολάκευε κελεύων Reiske δ' (δὲ VMKL) ἐκολάκευεν codd. δ' ἐκέλευεν Cobet Foerster || **13** λουόμενον CMKL : λουσόμενον V || **16** κωλῦσαν Foerster in app. Norman : κωλύσαν codd. || **19** ὀλίγους VMKL : ὀλ- C || **22** δὲ C[sl] (manu *p* ?) V : om. MKL || **23** ἠπορεῖτο Reiske (*Anim.*) Foerster : ἠπόρει τε codd. || **25** ἐστι ex ἐστιν C || καὶ τὸ C : τὸ καὶ VMKL fortasse recte || ὕπνου ex ὕπνον C (manu *n* ?) || **26** ὅτι σιγᾶν CVKL : ὅτισι γὰρ M.

comme un cheval tiré par son compagnon de trait, il poursuivit son chemin. Mais le moment venu de cesser les cours il partit, disant qu'il allait revenir, mais, une fois parti, il resta chez lui, sous prétexte que l'influence dont mon oncle jouissait lui faisait du tort *. Je finis par traîner mon homme aux joutes oratoires, tant par les menaces du gouverneur que par l'augmentation de son traitement en blé, car notre homme s'entendait au gain. A son retour il se montra amical, à cause du blé *. Puis, ses élèves recommençant à s'en aller, et plus allègrement qu'avant, tout en continuant à toucher sa nourriture il me détesta. Son éloquence s'était améliorée, car il avait perdu quelque peu de sa paresse, mais sans atteindre un niveau suffisant.

111. Et voici encore autre chose : le préfet *, plus désireux de louanges que d'autres de pouvoir, exigeait de moi une certaine dette. En effet, disait-il, il était parvenu à ce commandement, et j'avais promis, s'il l'obtenait, de faire son éloge. Dès son arrivée sans doute lui avais-je adressé un bref discours d'accueil *, mais, selon son désir, je devais le retravailler à fond, sans rien omettre de ce qui pouvait donner lieu à un développement. **112.** Pour moi, je ne reniais nullement ma promesse, mais je lui dis que je m'en acquitterais à condition qu'il quitte sa maison pour venir au bouleutérion recevoir le fruit de mes peines : ce serait là sans doute un geste inouï de la part d'un préfet *, mais je consacrerais une partie de mon discours à souligner qu'il était le premier à honorer les lettres de cette façon. Il affirma qu'il me ferait cet honneur, mais beaucoup en doutèrent. Effectivement il était là. La longueur du discours exigeant une autre séance, il vint encore, et une troisième séance réclamant sa présence, il ne se déroba point. Et maintenant on nous célèbre tous les deux dans la ville, l'auditeur et l'orateur, le discours et l'endroit de la ville où il fut prononcé *.

δὴ μέσου θέρους ἄκων τε καὶ μόλις, ὥσπερ ἵππος ὑπὸ τοῦ ὁμόζυγος ἑλκόμενος, ἐχώρει, τοῦ καιροῦ δὲ τὸ συνεῖναι παύοντος, ἐξῄει μὲν ἐπανήξειν εἰπών, ἀπελθὼν δὲ ἔμενεν, ὡς δὴ ὑπὸ τῆς οὔσης τῷ ’μῷ θείῳ δυνάμεως κεκακωμένος. Ἕλκω δὴ τὸν ἄνδρα πρὸς τοὺς ἀγῶνας ἀπειλαῖς τε ταῖς τοῦ ἄρχοντος καὶ ἅμα ἐπὶ πλείους πυρούς, ᾔδει δὲ ἁνὴρ κερδαίνειν, καὶ ἐπειδὴ ἧκε, φίλος ἦν διὰ τοὺς πυρούς, αὖθις δὲ ἀφισταμένων ὁμιλητῶν καὶ ἑτοιμότερον ἢ πρόσθεν, ἤσθιέ τε ἅμα καὶ ἦν ἐχθρός, καὶ κατὰ τοὺς λόγους ἀμείνων μέν, ἀφελών τι τῆς ῥᾳθυμίας, οὐ μὴν ἐφ’ ὅσον γε ἄξιον ἦρτο.

111. Καὶ δή τι καὶ τοιοῦτον γίνεται. ὁ ὕπαρχος τοῦ ἐπαινεῖσθαι ἐπιθυμῶν μᾶλλον ἢ ἕτερος τοῦ ἄρχειν, χρέος μέ τι τοιοῦτον εἰσέπραττεν, ὡς ἂν ἔχων τὴν ἀρχὴν ἧς ἐπιβάντα αὐτὸν ὑπεσχήμην ἐπαινέσεσθαι. Προσείρητο μὲν οὖν μοι καὶ φανεὶς εὐθὺς ἐν βραχέσιν, ὁ δὲ αὐτά τε ἐκεῖνα διεργασθῆναι, καὶ τῶν ἐνόντων ῥηθῆναι σιωπηθῆναι μηδὲν ἐβούλετο. **112.** Ἐγὼ δὲ ὡς μὲν οὐχ ὑπεσχήμην οὐκ ἐξηρνούμην, ἔφην δὲ ἀποδώσειν εἴ μου οἴκοθεν ἐξελθὼν ἐν τῷ βουλευτηρίῳ δέχοιτο τὸν πόνον· καινὸν μὲν γάρ τι ποιήσειν τὸν ὕπαρχον, ἔσεσθαι δὲ καὶ τοῦτο τοῦ λόγου μέρος, τὸ πρῶτον ὧδε τετιμηκέναι τοὺς λόγους. Ἔφη τιμήσειν, οἱ πολλοὶ δὲ ἠπίστουν· ὁ δὲ καὶ δὴ παρῆν, δεομένου δὲ τοῦ μήκους αὖθις αὐτὸν παρεῖναι πάλιν παρῆν, δεομένου δὲ καὶ τρὶς οὐδὲ τότε ἀπῆν. Καὶ νῦν τοῦτο ᾄδεται περὶ ἀμφοῖν, τίς καὶ τίνος καὶ τί καὶ ποῦ τῆς πόλεως ἀκήκοε.

6 ταῖς CVM : om. KL || πλείους πυρούς CVMKL : πλείοσι πυροῖς Gasda Foerster || **7** ἁνὴρ Cobet : ἀνὴρ CVMKL ὁ ἀνὴρ Foerster || ἧκε ex ἧκεν C || **10** ἀφελών τι CVML : ἀφελόντι K || **12** γίνεται CV : γίγνεται MKL || **14** μέ CV : μὲν MKL || **15** ὑπεσχήμην CVKL : -σχόμην M || **16** μοι CVMK : om. L || αὐτά CM[sl] : αὐτὸν VMKL || **18** μηδὲν CVM : δὲ μηδὲν MKL || δὲ suppl. M[sl] || ὑπεσχήμην ex -σχόμην M ut uid. || **24** αὖθις CVMK : om. L || **26** περὶ VMKL : παρ’ C.

113. Désireux de voir le discours parvenir aux plus grandes villes et, par là en effet les toucher toutes, il mit à ce travail dix copistes [1]. A prix d'or, le sophiste gagna l'un des copistes et, ruinant grâce à lui le proverbe, il mit tout en commun entre ennemis [2]. Après avoir modifié la disposition relative de nombre de mes phrases et inséré de menues interpolations, il invite le préfet qui avait été relevé de sa charge * à venir au même endroit dans l'espoir d'en retirer le même honneur. **114**. La chose parut contre nature, de voir la tortue aller à la vitesse du cheval, quelqu'un dénonce l'achat du discours, celui qui avait touché l'or avoue à la vue des fouets et implore son pardon : il avait succombé devant l'importance de la somme. Afin que nul n'en ignore, j'amène le vendeur devant Nicentios, le gouverneur de Syrie [3], et l'homme, malgré le châtiment qui l'attendait, reconnaît cependant les faits et s'en va impuni, car je ne demandai pas d'autres sanctions. **115**. Ce sophiste des plus courageux ne s'en tint pas plus tranquille. Il répéta la fable antérieure, et cela dans la résidence de Strategios.

Mais celui-ci le fit chasser. Quant à Hermogénès qui avait reçu sa charge [4], il était précédé d'une réputation de sauvage dureté et, comme je lui étais inconnu, je paraissais devoir perdre mon influence

1. Confirmé par l'*ep*. 345, 1 : Strategios fut si content de l'éloge qu'il voulut le faire connaître partout. Libanios luimême l'envoie à Démétrios de Cilicie et en discute un détail contesté avec son ami Aristénète, *ep*. 353.

2. Inversion d'un proverbe selon lequel « tout est commun entre amis », cf. A. F. Norman, *op. cit.*, p. 179.

3. Nicentios fut nommé consulaire de Syrie en 358, également avant la mort d'Aristénète, *ep*. 21, 364, à la fin du commandement de Strategios. Il fut rapidement limogé à la suite d'une accusation d'impéritie portée contre lui par Hermogénès, le nouveau préfet, et malgré la défense de Libanios qui l'appréciait beaucoup, *ep*. 21.

4. Il devint préfet après le 7 juin et avant le 24 août. Sur lui, O. Seeck, *Die Briefe*, p. 173-174. *Prosop.*, p. 423.

113. Βουληθεὶς δὴ τῶν πόλεων εἰς τὰς ἀρίστας ἀφικέσθαι τὸν λόγον, οὕτω γὰρ ἂν καὶ ἐπὶ πάσας ἐλθεῖν, τρέπει μὲν ἐπὶ τοῦτο τῶν βιϐλογράφων δέκα. Τούτων δὲ ἑνὶ χρυσὸν δείκνυσιν ὁ σοφιστής, καὶ διαφθείρας μετ' ἐκείνου τὴν παροιμίαν, κοινὰ τὰ τῶν ἐχθρῶν ποιησάμενος, καὶ ῥήματα τὰ πολλὰ μὲν εἰς χώραν τὴν ἀλλήλων μεταθείς, σμικρὰ δὲ ἄττα ἐμϐαλών, καλεῖ μὲν ἐπὶ τὸ αὐτὸ χωρίον παραλυθέντα τῆς ἀρχῆς, ὡς δὴ τὸ ἴσον οἰσόμενος. **114.** Τέρατος δὲ εἶναι τοῦ πράγματος δοκοῦντος, χελώνης ἵππου τάχει χρωμένης, μηνύει τις τοῦ λόγου τὴν πρᾶσιν, καὶ ὁ τὸ χρυσίον ἔχων, ὡς εἶδε τὰς μάστιγας, ὁμολογεῖ τε καὶ ἱκετεύει συγγνώμην ἔχειν αὐτῷ μεγάλης ἡττηθέντι τιμῆς. Ὡς οὖν μὴ ὀλίγοι ταῦτα εἰδεῖεν, ἄγω τὸν πρατῆρα τοῦ λόγου παρὰ τὸν Νικέντιον, οὗ ἦν ἡ ἀρχὴ Σύρων, καὶ ὁ ἄνθρωπος καίτοι προσδοκωμένης ζημίας ὅμως ὁμολογεῖ ταῦτα, καὶ ἀθῷος ἀπῆλθεν, οὐδὲν ἐμοῦ προσδεηθέντος δίκην λαβεῖν. **115.** Ὁ δὲ ἀνδρειότατος σοφιστῶν ἐκεῖνος οὐδ' οὕτως ἡσύχασεν, ἀλλ' αὖθις τὰ εἰρημένα ἐμυθολόγει, καὶ ταῦτα ἐν τῇ τοῦ Στρατηγίου καταγωγῇ.

Καὶ ὁ μὲν ἐξήλασεν, Ἑρμογένη δὲ τὸν τὴν ἀρχὴν ἐκδεξάμενον αὐτῷ δεινόν τε καὶ ἄγριον ἦγεν ἡ φήμη · καὶ ἦν γὰρ ἡμῖν ἀγνώς · ἐδόκουν οὖν οὐκέθ' ἃ πρότερον ἰσχύ-

1 δή VMKL : δὲ C ‖ **5** ἐκείνου CVM^{sl} : ἐκεῖνον MKL ‖ **6** τὰ πολλὰ CVM : πολλὰ KL ‖ **7** ἄττα C^{ac} (et denuo manu *p*) L : ἅττα C^{pc}VMK ‖ **9** τοῦ C^{pc} (prima manu) V : τοῦτο C^{ac}MK τούτου τοῦ L ‖ **10** τις V : τίς CMKL ‖ πρᾶσιν K^{pc} : πράσιν CVMK^{ac}L ‖ **12** αὐτῷ Foerster : αὐτῶι codd. ‖ **13** ὡς : adnot. V mg. τὸ ὡς ἀντὶ τοῦ ἵνα καὶ ἐνταῦθα ‖ μὴ ὀλίγοι C primitus ut uid. sed litterae μὴ ὀλί euanidae (in mg. ζήτει manu *p*, quo uerbo lacuna significatur) et litterae πολλ manu *p* suppletae ut sit πολλοὶ (πολλοὶ codex A recens et apographum eius P) : μὴ ὀλίγοι VMKL ‖ ἄγω τὸν πρ- CVM : τὸν πρ- ἐγὼ K ἐγὼ τὸν πρ- L ‖ **14** Νικέντιον P^{sl} Foerster (cf. epist. 21) : νοκέντιον C ἰνοκέντιον VM ἰννοκέντιον KL ‖ **17** δίκην CVM : om. KL ‖ **18** τὰ εἰρημένα CVM : τὰς εἰρημένας KL ‖ ἐμυθολόγει codd. : ἐμυθολόγευε Foerster coll. μ 453 (αὖτις ἀριζήλως εἰρημένα μυθολογεύειν) fortasse recte ‖ **20** ἑρμογένη CVM : -γένης KL ‖ **21-22** καὶ... ἐδόκουν οὖν CVMKL : καὶ (ἦν γὰρ ἡμῖν ἀγνώς) ἐδόκουν [οὖν] Reiske in adnot. quem sequitur Foerster iniuria.

d'antan. En fait Hermogénès était le meilleur des administrateurs, et, sans vouloir s'entourer de nombreuses relations, il se montra plein de douceur et plus soumis à la raison qu'à la passion *. **116.** Il convoqua aussitôt la boulè, où chacun exposa ce qui lui semblait être l'intérêt de la ville. Il reconnut mon oncle à ses paroles : « Voici Phasganios », dit-il, et ce coup fit chanceler Euboulos et sa coterie *. Il me fit venir ensuite et me demanda d'être son ami tout autant que l'étaient pour moi Aristénète et Seleucos * qui lui avaient inspiré le désir d'avoir mon amitié. « Il est juste, dis-je, que l'ami de ces deux-là soit également mon ami ».

117. En cela je fus heureux, mais malheureux en ce qui suit. Ma mère qui était tout pour moi, et mon oncle, l'œil de l'Asie, qui m'était une forteresse, me furent ravis par la Fortune : lui tout d'abord, et elle qui ne put supporter ce malheur le suivit dans la mort [1]. Et il n'y eut plus de plaisir pour moi dans mes plaisirs, pas même dans le plus vif de tous, les déclamations, car c'étaient eux deux qui me les rendaient si vifs. Car aux applaudissements mon oncle rajeunissait en oubliant son malheur, tandis que ma mère exultait de joie en me voyant revenir à elle baigné de la sueur de mes combats.

118. A ces deuils s'ajoute aussi la mort d'Eusebios * qui partit avant eux et la catastrophe de Nicomédie et cet homme * que la cité ensevelit en

1. Phasganios mourut en automne 359, O. Seeck, *op. cit.*, p. 235. Libanios, son neveu et son héritier (*ep.* 115 : héritage partagé avec son cousin Spectatos et délicat car Phasganios avait laissé des dettes, d'où des procès), fit sur lui une Monodie perdue, pour des raisons faciles à comprendre : dans ce discours, il faisait son éloge et insistait notamment sur son opposition aux violences du César Gallus ; par crainte d'encourir la colère de Julien, frère de Gallus et pour lors César en Gaule, il récita son éloge, du moins les passages dangereux, à un petit nombre d'amis sûrs ; le discours n'ayant pas été diffusé, rien ne nous en est parvenu, *ep.* 283. La mère de Libanios suivit

σειν. Ἦν δὲ ἄρα ὁ Ἑρμογένης βέλτιστος ἀρχόντων, καὶ οὐ πολλοῖς μὲν ὁμιλεῖν ἀξιῶν, πρᾷος δὲ καὶ λόγῳ μᾶλλον ἢ θυμῷ χρώμενος. **116.** Οὗτος εὐθὺς μὲν εἰσκαλέσας τὴν βουλήν, εἰπόντων ὅ τι ᾤετο τῇ πόλει λυσιτελήσειν ἑκάστου, τὸν θεῖον τὸν ἐμὸν ἀπὸ τῶν λεγομένων εὑρών, « Οὗτος ἐκεῖνος, ἔφη, Φασγάνιος », ὥστε τὸν Εὔβουλόν τε καὶ τὴν ἐκείνου μοῖραν μικροῦ πεσεῖν. Ἔπειτα ἐμὲ καλέσας, φίλον ἐδεῖτό οἱ γενέσθαι τοιοῦτον, ὥστε μηδὲν εἶναι πλέον ταύτῃ Ἀρισταινέτῳ καὶ Σελεύκῳ, παρ' ὧν δὴ καὶ εἰς ἐπιθυμίαν κεκινῆσθαι τοῦ κτήματος. « Ἀλλὰ δίκαιον μέντοι, ἔφην, ⟨τὸν⟩ φιλοῦντα ἐκείνω καὶ ὑπ' ἐμοῦ φιλεῖσθαι ».

117. Ταυτὶ μὲν εὐπότμου, δυστυχοῦς δὲ τὰ ῥηθησόμενα. Τὴν γὰρ δὴ πάντ' ἐμοὶ μητέρα καὶ τὸν τῆς μὲν Ἀσίας ὀφθαλμόν, ἐμοὶ δὲ ἀντὶ πύργου, τὸν θεῖον ἥρπασεν ἡ Τύχη, τὸν μὲν πρότερον, ἡ δὲ οὐκ ἐνεγκοῦσα ἐπαποθνήσκει. Καὶ οὐδὲν ἔτι μοι τῶν ἡδέων ἡδύ, οὐδ' αὐτό γε τὸ πάντων ἥδιστον, αἱ ἐπιδείξεις · καὶ γὰρ καὶ αὐτὸ τοῦτο ἥδιστον ὑπ' ἐκείνοιν ἐγίνετο, τοῦ μὲν οἷον ἀνηϐῶντός τε ἐν τοῖς κρότοις καὶ τῆς αὑτοῦ πληγῆς ἐπιλανθανομένου, τῆς δὲ ὑπερχαιρούσης ὁπότε αὐτῇ τὸν ἐκ τῶν ἄθλων ἱδρῶτα κομίσαιμι.

118. Μετ' ἐκείνας τὰς ταφάς, καὶ τὴν Εὐσεϐίου γε τοῦ πρὸ ἀμφοῖν ἀπελθόντος (ἦν μὲν γὰρ καὶ τὸ Νικομηδείας πτῶμα, καὶ ὃν ἡ πόλις ἐκάλυψε πεσοῦσα, δεινά τε καὶ

4 εἰπόντων CML : εἰπόντων τε V fortasse recte εἰπών (ex -ον-) τε K || τῆι πόλει CV : om. MKL || **5** ἑκάστου CVM : ἕκαστον M^{sl} ἑκάστω KL || **9** πλέον ταύτηι C : ταύτη πλέον VMKL || **11** μέντοι CVMK : μέν τι L || τὸν Vaticanus gr .939 s. l. (sic edd.) : om. codd. probante Vieillefond || ἐκείνω CMKL : ἐκεῖνον V || **16** αὐτό γε τὸ MKL : αὖ τό, γε CV || **17** καὶ αὐτὸ C : αὐτὸ VMKL || **18** ἐκείνοιν CVM^{pc} : ἐκείνου M^{ac}KL || **19** αὑτοῦ Reiske : αὐτοῦ codd. || **22** τὴν CVMK : τοῦ L || **23-2** parentheseos signa hic posui, ante ἦν μὲν et post ἀδελφός (infra l. 4) Norman || **24** ὃν codd. : ὧν Reiske (*Anim.*) fortasse recte.

s'écroulant : terribles événements qui m'inspirèrent le plus extrême chagrin, au point que mes cheveux en blanchirent soudainement. Les malheurs s'ajoutaient aux malheurs, les uns suivant les autres, l'ami après l'ami et après la ville aimée ma mère et son frère. Tout ce qui inspire le désir de vivre se muait pour moi en amertume *, jusqu'à ce moment où la terre entière tomba sans combat aux mains de cet homme qui dans son Palais chérissait la sagesse plus que tous les philosophes et qui ramena pour ainsi dire d'exil, pour les faire chérir de nouveau, les pratiques discréditées *.
119. Et je riais et dansais, dans la joie je composais et récitais mes discours car les autels recevaient le sang des sacrifices dont la fumée portait au ciel l'odeur de la graisse, les dieux étaient honorés par des fêtes dont quelques rares vieillards avaient conservé le souvenir * ; la mantique avait retrouvé ses droits, l'éloquence ses admirateurs, les Romains leur courage, les Barbares étaient vaincus ou sur le point de l'être.

120. Cet empereur, le modèle de la maîtrise de soi et de la justice, de l'éloquence et de la vertu guerrière, qui n'avait pour ennemis que les impies, fut peiné de voir nos ambassadeurs * venir à lui sans un mot de ma part : « O Héraklès, lui dont la plume a bravé les dangers *, il se tait, aujourd'hui que la sécurité lui est assurée ? ». L'intérêt de sa venue parmi nous était pour lui, entre autres choses, de me voir et de m'écouter parler. Et aux limites de la ville, dès qu'il me vit *, ses premiers mots furent : « Quand t'entendrons-nous ? ». Quant à notre fameux adversaire [1], il était déjà chez lui, car sa femme était morte et ses filles en âge

bientôt son frère dans la tombe. On a vu combien elle respectait ses avis sur l'éducation de Libanios, *supra*, § 13.

1 Acacios était parti pour la Palestine depuis longtemps déjà, *infra*, p. 236, et Libanios lui avait déjà écrit en 361. Sa remarque ironique (cf. note suivante) est donc assez inactuelle et résulte d'une association d'idées : à l'arrivée de Julien, Acacios aurait dû, lui aussi, comme professeur officiel, faire un discours, ce qui lui rappelle leur ancienne rivalité.

οἷα λύπην τὴν ἐσχάτην ἐμβαλεῖν, ὑφ' ἧς δὴ καὶ πολιὰς ἐξαίφνης ἔδειξα), κακὰ δὲ προστεθέντα κακοῖς, ταῦτα ἐκείνοις, φίλῳ τε φίλος καὶ πόλει φίλῃ μήτηρ τε καὶ ὁ ταύτης ἀδελφός, πάντα ἐμοὶ δι' ἃ ζῆν βούλοιτ' ἄν τις ἀποφαίνουσι πικρά, πρὶν δὴ τὴν γῆν ἅπασαν ἀμαχεὶ παραλαβὼν ὁ παντὸς φιλοσόφου μᾶλλον ἐν βασιλείοις τὴν σοφίαν ἀγαπήσας κατήγαγεν ὥσπερ ἐκ φυγῆς εἰς τὸ αὖθις ἀσπάζεσθαι τὰ δυσχεραινόμενα. **119.** Καὶ ἐγέλασά τε καὶ ἐσκίρτησα καὶ σὺν ἡδονῇ λόγους καὶ συνέθηκα καὶ ἔδειξα, βωμῶν μὲν ἀπειληφότων αἷμα, καπνοῦ δὲ φέροντος πρὸς οὐρανὸν τὴν κνίσσαν, θεῶν δὲ ἑορταῖς τιμωμένων, ὧν ὀλίγοι τινὲς ἐπιστήμονες λελειμμένοι γέροντες, μαντικῆς δὲ εἰς ἐξουσίαν παριούσης, λόγων δὲ εἰς τὸ θαυμάζεσθαι, Ῥωμαίων δὲ εἰς τὸ θαρρεῖν, βαρβάρων δὲ τῶν μὲν ἡττημένων, τῶν δὲ μελλόντων.

120. Οὗτος ὁ σωφρονέστατός τε καὶ δικαιότατος καὶ ῥητορικώτατος καὶ πολεμικώτατος, ὁ μόνοις τοῖς δυσσεβέσιν ἐχθρός, τῶν μὲν παρ' ἡμῶν πρέσβεων οὐ μετ' ἐμῶν ὡς αὐτὸν ἡκόντων γραμμάτων, ἤλγησε καὶ « Ὦ Ἡράκλεις, ἔφη, ὁ τοὺς ἐκ τοῦ γράφειν ὑπομείνας κινδύνους ἐν ἀσφαλείᾳ σιγᾷ ; » Τῆς δεῦρο δὲ ὁδοῦ καὶ τοῦτο κέρδος ὠνόμαζεν, εἰ ἐμέ τε ἴδοι καὶ ἀκούσαι λέγοντος. Καὶ ἐπ' αὐτῶν δὴ τῶν ὅρων ἐπὶ τῆς πρώτης ὄψεως πρῶτον τοῦτο ἐφθέγξατο · « Πότε ἀκουσόμεθα » ; Ὁ δὲ ἀνταγωνιστὴς ἐκεῖνος ἤδη ἦν οἴκοι, τεθνηκυίας μὲν αὐτῷ τῆς γυναικός, θυγατέ-

1-2 λύπην... ἔδειξα : cf. Eust. ad τ 360 p. 1867 R ὁ δὲ Λιβάνιος καὶ αὐτὸς ἐντεῦθέν ποθεν λέγει κατὰ σχῆμα ὑπερβολῆς ὡς ὑπὸ λύπης καὶ πολιὰς ἐξαίφνης ἔφυσα || **5** πρὶν CKL^{sl} : πλὴν VML || **6** βασιλείοις CM^{sl} : βασιλεία VMKL || τὴν C : om. VMKL || **9** συνέθηκα CVM : ἔθηκα KL || **11** κνίσσαν C^{pc} (manu *p*) CMKL : κνίσαν C^{ac} || **13** λόγων δὲ CV : λόγων MKL (τε suppl. M^{sl}) || **17** μόνοις CV : μόνος MKL || **19** αὐτὸν CVKL : αὐτῶν M || ἤλγησε VMKL : -σεν C || **21** post σιγᾷ signum interrogationis codd. : iniuria sustulerunt edd. || **22** ἴδοι CVKL : ᾔδει M || ἀκούσαι CVL : ἀκοῦσαι M ἀκούσῃ K || **22-23** αὐτῶν δὴ τῶν ὅρων CVKL : αὐτὸν δὴ τὸν ὅρον M.

de se marier avaient besoin de sa présence. Mais on disait que même si sa femme avait vécu il serait parti *.

121. L'empereur préludait chaque jour à ses entretiens par un sacrifice qu'il faisait sous les arbres du jardin du Palais *. Il y avait foule pour le flatter en participant aux cérémonies du culte. Pour moi je demeurais à ma place habituelle car je n'étais pas convié et j'estimais quelque peu déplacé de m'y rendre sans y être invité : c'était l'homme que j'aimais, je ne courtisais pas le pouvoir.

122. Il vint un jour sacrifier au temple de Zeus Philios *, et regardant les autres — qui ne demandaient pas mieux et faisaient tout pour être vus —, je fus le seul, mêlé à la foule, qu'il ne vit pas [1]. Le soir un billet de lui me demandait la cause de mon empêchement, et parmi les fleurs se trouvaient quelques reproches. A la réponse que je lui fis sur le même billet, il vit que je savais retourner les reproches aussi bien que les recevoir, et moi aussi avec des fleurs ; il l'apprit en me lisant et rougit de honte *. **123**. Même après ce billet je n'en restais pas moins à l'écart du jardin et de ce qui s'y passait, et je paraissais comme en disgrâce, sans me démoraliser, car je savais qui avait miné notre amitié. Priscos *, un Épirote, qui entretenait des relations philosophiques avec beaucoup de personnes, estimant que dans cette affaire l'empereur était fautif, mit fin à son erreur. Je ne sais quels furent ses arguments, mais je fus invité à l'heure où l'agora est pleine, et la contenance embarrassée, les yeux baissés vers le sol de celui qui m'avait appelé, trahissaient les sentiments que lui inspirait son attitude passée. **124**. Il eut alors du mal à se reprendre et s'excusa sur l'obligation où il

1. Cf. *supra*, n. 212. Dans l'*or.* II, 7 (de 381), il vante sa réserve envers les autorités et comment il évite de se mettre en vue lors des cérémonies officielles.

ρων δὲ ὡραίων γάμου τῶν ἐκείνου δεομένων ὀφθαλμῶν · ἐλέγετο δὲ ὡς καὶ ζώσης τῆς γυναικὸς ᾤχετο ἄν.

121. Ὁ τοίνυν βασιλεὺς προοίμιον μὲν τῶν λόγων καθ' ἑκάστην ἐποιεῖτο τὴν ἡμέραν θυσίας ὑπὸ τοῖς ἐν τῷ κήπῳ τοῦ βασιλείου δένδροις. Πολλῶν δὲ φοιτώντων τε καὶ διὰ τῶν περὶ τοὺς θεοὺς ἐκεῖνον θεραπευόντων, αὐτὸς ἦν οὗπερ ἀεί, καὶ οὔτε ἐκαλούμην, τό τε ἄκλητον ἰέναι μετέχειν τινὸς ἀναιδείας ὑπελάμβανον · καὶ τὸν μὲν ἄνδρα ἐφίλουν, τὴν ἀρχὴν δὲ οὐκ ἐκολάκευον.

122. Ἧκε δέ ποτε εἰς Διὸς Φιλίου θύσων, καὶ τοὺς ἄλλους κατιδών (ἐβούλοντο γάρ, καὶ πᾶν ἐποίουν ὅπως ὀφθήσονται), μόνον οὐ τεθεαμένος ἐμὲ τοῖς πολλοῖς ἐμμεμιγμένον, δείλης διὰ δέλτου τινὸς ἠρώτα τε ὅ τι εἴη τὸ κεκωλυκός, καὶ μετὰ χαρίτων καθήπτετο. Ἃ μὲν δὴ ἀπεκρινάμην διὰ τῆς αὐτῆς δέλτου, καὶ ὡς οὐκ ἐδήχθην μᾶλλον ἢ τοῦτο ἐποίησα, καὶ αὐτὸς σὺν χάρισιν, οἶδεν ἀναγνούς τε ἐκεῖνος καὶ ἐρυθριάσας. **123.** Ἀπεχομένου δέ μου καὶ μετὰ τὴν δέλτον οὐδὲν ἧττον τοῦ τε κήπου καὶ τῶν ἐν τῷ κήπῳ δρωμένων, καὶ ἀπημελῆσθαι δοκοῦντος καὶ οὔτε ἀθυμοῦντος ἐπισταμένου τε ὅστις ἦν ὁ τὴν φιλίαν διορύξας, Πρίσκος Ἠπειρώτης ἀνὴρ ὅτι πλείστοις ἐπὶ σοφίᾳ συγγεγονὼς ἀνδράσι, πλημμελεῖσθαι ταῦτα ἡγησάμενος τῷ βασιλεῖ, παύει τὴν ἁμαρτίαν · οἵοις μὲν λόγοις, οὐκ οἶδα, καλοῦμαι δὲ πληθούσης ἀγορᾶς, καὶ διηπορεῖτό τε καὶ εἰς γῆν ἔκυπτεν ὁ κεκληκώς, κατηγορῶν οἷς ἔπασχεν ὧν ἐδεδράκει. **124.** Μόλις δ' οὖν ποτε αὐτὸν ἀναλαβὼν καὶ τὸ πολλὰ κατηναγκάσθαι πράττειν αἰτιασάμενος,

4 τοῖς CVKL : τῆς M ‖ **6** τε C : om. VMKL ‖ **11-12** parentheseos signa posui ‖ **13** ἐμμεμιγμένον C^{pc} (manu *n*) VM (ἐμ suppl. M^{pc} rec.) KL : -μένος C^{ac} ‖ **15** ἐδήχθην CV : ἐδείχθην M ἐδήχθη (-δειχ- L^{ac}) KL ‖ **16** σὺν χάρισιν CVM mg. (rec.) KL : συγχαρήσειν M ‖ **19** ἀπημελῆσθαι CVKL : -λεῖσθαι M ‖ **21** ἠπειρώτης CV : ὁ ἠπ- MKL ‖ post ἀνὴρ dist. CM^{pc}, post ἠπειρώτης VMKL fortasse recte ‖ **22** πλημμελεῖσθαι CM : πλημε- VKL ‖ **24** διηπορεῖτό τε CVKL : διηπόρει τότε M ‖ **26** αὐτὸν C^{pc} (manu *n*) VM^{pc} : αὑτὸν C^{ac}M^{ac}KL.

était de traiter tant d'affaires. Il m'invita ensuite à déjeuner et s'entendit répondre que je soupais seulement ; il m'invita à souper et s'entendit répondre que c'était possible, mais que mon mal de tête m'en empêcherait. « Alors, dit-il, viens nous voir à tout moment ». « Oui, mais sur invitation seulement, dis-je, je ne te dérangerai pas autrement » *. Il accepta et agit en conséquence.

125. Nous discutions ensemble des faveurs à accorder aux lettres, approuvant les mesures heureuses et critiquant celles qui étaient insuffisantes * ; et je ne lui demandais rien, ni argent, ni maison, ni domaine, ni fonction officielle *. Quant à l'affaire d'Aristophane, c'était un discours pour empêcher que cet homme de bien ne fût mal jugé, et cette intervention lui valut son poste *. Pour moi, je ne voulus rien recouvrer des biens, et ils étaient considérables, de mon grand-père, qui étaient devenus domaines impériaux *. Voyant ainsi que je foulais aux pieds toute idée de gain, et que mon seul désir était de le voir éclipser ⟨par de nouveaux exploits⟩ sa gloire passée, il proclama que les autres l'aimaient pour sa richesse et moi pour lui-même, et que même l'affection que sa mère [1] aurait eue pour lui ne surpassait pas la mienne.

126. C'est ce qui lui fit supporter même la franchise de mon intervention en faveur de la boulè, à une époque où la terre privée des pluies du ciel était restée stérile, et qu'il entendait que l'agora regorgeât de denrées sans dépasser les limites qu'il avait fixées pour les prix *. C'était là l'œuvre irrésistible d'un démon jaloux qui poussait les choses aux extrémités où elles faillirent parvenir. Son irritation monta et il

1. Cf. *ep.* 1154 : Libanios y affirme qu'il aimait Julien tout autant que sa propre mère. Quant à l'affection de la mère de Julien pour son fils, il s'agit d'une figure rhétorique, puisque Basilina mourut en 332-333 (*Prosop.*, p. 148), quelques mois après la naissance de son fils, Julien, *Misop.*, 22.

ἐπειδὴ καλῶν μὲν ἐπ' ἄριστον ἤκουσεν ὡς δειπνοίην, καλῶν δὲ ἐπὶ δεῖπνον ἤκουσεν ὡς καὶ τοῦτο ἐξὸν ποιεῖν ἡ κεφαλὴ κωλύοι, « Σὺ δ' ἀλλὰ θαμίζειν ἡμῖν », ἔφη. « Καλοῦντός γε », ἔφην · ἄλλως δὲ οὐκ ἐνοχλήσειν. Ὁ δὲ πείθεταί τε καὶ οὕτως ἐποίει.

125. Αἱ δὲ συνουσίαι λόγους τε ἡμῖν τοὺς ὑπὲρ λόγων εἶχον καὶ ἐπαίνους τῶν εὖ πραττομένων ἐκείνῳ καὶ μέμψεις τῶν ὠλιγωρημένων. Ἥιτουν δὲ οὐδέν, οὐ τῶν ἐν θησαυροῖς, οὐκ οἰκίαν, οὐ γῆν, οὐκ ἀρχάς. Καὶ τὸ τοῦ Ἀριστοφάνους λόγος ἦν οὐκ ἐῶν κακὸν τὸν τοιοῦτον δοκεῖν · καὶ τοῦτο ἐδίδου τὴν ἀρχήν. Ἐγὼ δὲ οὐδ' ἀπολαβεῖν ἠξίουν, ὄντων μοι παππῴων οὐ μικρῶν ἐν τοῖς ἐκείνου κτήμασιν. Ὁρῶν δὴ κέρδος τε ἅπαν ὑπ' ἐμοῦ καταπεπατημένον, ζητοῦντά τε οὐδὲν ἕτερον ἢ ὅπως ἐκεῖνος ἀποκρύψαι τὰ ὑμνούμενα, τοὺς μὲν ἄλλους ἔφασκε τὸν αὐτοῦ πλοῦτον φιλεῖν, ἐμὲ δὲ αὐτόν, καὶ μηδ' ἂν τὴν τεκοῦσαν αὐτὸν ὑπερβαλέσθαι τὸ φίλτρον τὸ παρ' ἐμοῦ.

126. Διὰ τοῦτο καὶ τὴν ὑπὲρ τῆς βουλῆς παρρησίαν ὑπέμενεν, ὅτε ἡ γῆ μὲν οὐδὲν ἐδεδώκει στερηθεῖσα τοῦ ἄνωθεν ὕδατος, ὁ δὲ ἠξίου γέμειν τε ὠνίων τὴν ἀγορὰν καὶ μένειν ἐντὸς ὅρων οὓς ἔστησε ταῖς τιμαῖς. Δαίμων δὲ ἄρα ταῦτα ἠνάγκαζε φθονερός, ὠθῶν εἰς ὅπερ αὖ καὶ

1-2 ἤκουσεν bis C : ἤκουεν VMKL || **1** δειπνοίην codd. (e δηπν- C prima manu) : μόνον δειπν- Foerster dubitanter in apparatu || **3** κωλύοι CMKL : -ύει V || θαμίζειν : adnot. V mg. ἀντὶ τοῦ θάμιζε · τῶν ἀττικῶν · καὶ Σοφοκλῆς · τότ' ἤδη φάσκειν ἐμὲ μαντικῇ μηδὲν φρονεῖν (*OR* 461) . καὶ συχνοὶ δὲ ῥήτορες || **6** λόγων C^{pc} (manu *p*) VKL : λόγον C^{ac} (et denuo manu *n*) M || **7** μέμψεις CKL : μέμψιν V (ex -ψειν ut uid.) M || **8** ὠλιγωρημένων $CVM^{pc}L^{pc}$: -γορ- $M^{ac}KL^{ac}$ || **9** οὐκ ἀρχάς om. K || **10** τοιοῦτον CVK : οὐ τ- ML Foerster || τοῦτο codd. : τούτῳ ? Foerster in app. || **11** οὐδ' CM^{sl} : οὐδὲ VKL om. M || **12** δὴ C : δὲ VMKL || **14** ἀποκρύψαι codd. : -ψει Foerster || **15** αὑτοῦ Vaticanus 939 Foerster : αὐτοῦ CVMKL || **16** αὐτὸν (post τεκ-) CVMKL : an αὑτὸν ? || **19** ὑπέμενεν CVMKL : -μεινεν Foerster in app. || ὅτε CMKL : ὅτι V || **20** ἀγορὰν C^{pc} (manu *p*) VMKL : ἀγορᾶν C^{ac} || **21** ταῖς τιμαῖς : an τὰς τιμάς scribendum ? adnot. C mg. τοῖς τιμήμασι τῶν ὠνίων δηλονότι || **22** ἄρα C^{ac}VMKL : ἆρα C^{pc} (manu *n*) || αὖ VMKL : ἂν C.

criait que les bouleutes contrecarraient ses mesures tandis que les flatteurs qui l'entouraient de partout attisaient sa colère. Quant à moi, sans m'effrayer, je m'attachai à percer soigneusement la nature de l'affaire et démontrai l'innocence de la boulè. Et pourtant l'un des présents rappelait que l'Oronte coulait à nos pieds, cherchant à m'intimider par cette allusion au fleuve, mais outrageant la dignité impériale par d'indignes menaces *. Et Julien était si véritablement bon qu'après avoir tenté de l'emporter il ne m'en voulut pas de l'avoir vaincu *.

127. En fait, il me chérissait plus qu'auparavant pour m'être armé de mes discours afin de défendre ma patrie *. Il s'était lui-même désigné pour le consulat *. Sachant parfaitement que tant parmi ceux qui étaient déjà là que parmi ceux qui allaient arriver il y aurait une foule de gens qui se présenteraient avec des chants en son honneur *, il m'invita néanmoins à honorer la fête par un discours. Tout en disant que le travail revenait à d'autres *, je ne laissai pas de m'évertuer dans la seconde langue, si bien que personne ne parut parler avec autant d'inspiration, même pas celui qui avait recueilli de brillantes acclamations *. **128**. Et lors du discours qui précéda le mien, il arriva un événement fortuit : quelque coup de Fortune, je présume, entraîna ailleurs ceux qui auraient pu crier « Encore ! » et marquer leur approbation : ⟨seuls restaient⟩ ceux qui avaient intérêt à ne pas compromettre ma situation. N'ayant plus de partisans dans la salle, l'autre entreprit sa propre louange, ce qui fournit une seconde occasion de rire de lui ; il n'eut alors de cesse d'injurier ceux qui riaient de lui, ce qui les faisait rire de nouveau. Ce que ses tromperies lui avaient procuré fut perdu pour lui, alors que rien n'aurait été décou-

τέλος τὰ πράγματα ἔωσε. Τότε οὖν ὁ μὲν ᾤδει καὶ μάχεσθαι τοῖς ἑαυτοῦ βουλήμασι τοὺς βουλευτὰς ἐβόα, κόλακες δὲ ἔνθεν καὶ ἔνθεν παρεστηκότες ἐρρίπιζον τὸν θυμόν · ἐγὼ δὲ οὐδὲν τρέσας, τὴν δὲ τοῦ πράγματος ἐξετάζων φύσιν διετεινόμην ἀδικοῦσάν τε οὐδὲν ἀπέφαινον τὴν βουλήν. Καίτοι τις τῶν καθημένων παραρρεῖν τὸν Ὀρόντην ἔφασκε τῷ ποταμῷ με φοβῶν, ἀναξίοις ἀπειλαῖς τὴν βασιλείαν ὑβρίζων. Ὁ δὲ οὕτως ἦν ὡς ἀληθῶς ἀγαθός, ὥστε κρατῆσαι μὲν ἐπεχείρησεν, ἡττηθεὶς δὲ οὐκ ἐμίσησε.

127. Μᾶλλον μὲν οὖν ἢ πρόσθεν ἠγάπησεν ὑπὲρ πατρίδος ὥσπερ ὅπλα θέμενον τοὺς λόγους. Ὕπατον δὲ αὑτὸν ἀποδεικνύς, αἰσθανόμενός τε τῶν τε ἤδη παρόντων τῶν τε ἡξόντων μυρίους σὺν ᾠδαῖς [σφίσι] παραστησομένους, κελεύει μοι τιμῆσαι λόγῳ τὴν ἑορτήν · ἐγὼ δὲ ἑτέρων εἶναι τοὔργον εἰπὼν κατὰ τὴν ἑτέραν φωνὴν οὐκ ἤργουν, ὡς μηδένα μηδὲν ἱερὸν δόξαι λέγειν, μηδ' ὃς λαμπρῶν ἀπολελαύκει θορύβων. 128. Καί πως συμβαίνει ἐν τῷ προτέρῳ λόγῳ τύχης, οἶμαι, τινὸς τοὺς « αὖθις » βοησομένους τε καὶ χαριουμένους ἑτέρωσε πεμψάσης ⟨.....⟩ οἷς ἐλυσιτέλει μὴ τἀμὰ διαβάλλειν · ὁ δὲ αὑτὸν μὲν ἔνδον οὐδενὸς ἐπαινοῦντος ἐπῄνει, δευτέρῳ τούτῳ παρέχων ἀφορμὴν γέλωτι, τοὺς δὲ ἐπ' αὐτῷ γελάσαντας οὐκ ἀνίει λοιδορῶν, οἱ δ' ἂν αὖθις ἐγέλων, καὶ τὸ δι' ἀπάτης πορισ-

1 ἔωσε C^{pc}VKL : ἔωσεν C^{ac} ἔσωσε M || τότε CKL : τότ' VM || **2** ἑαυτοῦ CMKL : αὑτοῦ V || **5** ἀπέφαινον CVM : ἀπέφηνα KL || **6** τις M : τίς CVKL || **6-7** ὀρόντην CVK : ὀρρόντην ML || **9** ἐμίσησε ex -σεν C || **11** θέμενον C^{pc} (manu *n*) VMKL : -νος C^{ac} || αὑτὸν CV : αὐτὸν MKL || **12** αἰσθανόμενός CVKL edd. : αἰσθόμενος M || **13** σφίσι codd. (σφῖσι C^{pc} manu *n*) : seclusi, uide adnot. gallice conscriptam || παραστησομένους CVMKL : -μένων Reiske (sic Foerster Norman) || **14** ἑτέρων C^{pc} (manu *n*) VMKL : ἑτέρον (sic) C^{ac} θάτερον ἑτέρων Foerster in app. coll. *Or.* XVIII, 21 (πολλὴ μὲν Ἑλλὰς φωνή, οὐκ ὀλίγη δὲ ἀτέρα) || **15** κατὰ τὴν ἑτέραν Foerster uol. III p. xx (iam κατὰ θατέραν in editione ipsa) : καθ' ἑκατέραν CML καθ' ἑτέραν VK || **18-19** βοησομένους VMKL : βοηθησομένους C || **19** lacunam suspicatus est Reiske || **20** οἷς CVM : οὓς KL || τἀμὰ C^{pc} (manu *n*) VMKL τὰ μὰ C^{ac} || αὑτὸν Reiske : αὐτὸν codd. || **23** ἂν codd. : secl. Foerster.

vert s'il avait seulement compris qu'en restant tranquille il aurait pu sauvegarder son injuste renommée *. **129**. Ils avaient bien assez à faire en se consolant mutuellement. Mais lorsque, le dernier, j'entrai en lice, l'empereur lui-même avait veillé à rassembler un immense public. On disait qu'Hermès, soucieux de son serviteur, aiguillonnait de son bâton chacun des auditeurs afin qu'aucun mot ne fût proféré sans recevoir sa part d'admiration. L'empereur y allait de sa quote-part, d'abord par le plaisir que révélait l'expression de son visage, puis on le sentit prêt à bondir, ensuite, ne pouvant se maîtriser malgré ses violents efforts, il sauta de son siège et de ses deux mains, aussi largement que possible, il déploya sa chlamyde, si bien que l'un de nos goujats [1] aurait trouvé qu'il manquait à sa dignité, mais, pour un bon connaisseur de ce qui fait la majesté d'un roi, il restait parfaitement dans les limites de la bienséance : quoi de plus royal en effet que de voir l'âme d'un roi exaltée par la beauté de l'éloquence [2] ? **130**. D'ailleurs il ne pouvait guère avoir d'autre réaction, lui qui était l'auteur de nombreux discours, avant et depuis son règne *. Car les veilles de l'empereur [3] nous étaient fécondes en discours, aussi sous l'effet du charme de l'éloquence, plus que d'autres il était incapable de se contenir.

131. Depuis ce temps jusqu'à la campagne contre les Perses * son attitude envers les autres fut ce qu'elle fut [4], mais pour moi son affection grandissait

1. Pour le sens injurieux de ἄγγαρος Foerster (t. III, p. xx) renvoie à la *Souda* : τίθεται τὸ ὄνομα καὶ ἐπὶ τῶν φορτηγῶν καὶ ὅλως ἀναισθήτων καὶ ἀνδραποδωδῶν. [J.M.].

2. Julien, nerveux et impulsif, contrôlait difficilement l'expression de ses sentiments, comme on le sent dans le *Misopogon*, cf. Norman, *Autobiogr.*, p. 185.

3. Julien consacre le jour aux affaires et la seconde partie de la nuit à ses écrits, *or.* XII, 94, XVIII, 178.

4. Allusion à ses difficultés à Antioche, à ses rapports orageux avec les curiales, à ses mesures contre les chrétiens.

θὲν ἐξεκέχυτό οἱ ⟨οὐ⟩ φωραθὲν ἄν, εἰ τοσοῦτόν γε ἠπίστατο, ὅτι δόξαν οὐχὶ δικαίαν ἡσυχία φυλάττειν δύναιτο ἄν. **129.** Οἱ μὲν δὴ ἀλλήλοις εἰς παραμυθίαν ἤρκουν, ὡς δὲ ἀπέδυν ὕστατος αὐτοῦ τοῦ βασιλέως ὅπως ὅτι πλεῖστοι συνέλθοιεν φροντίσαντος, τὸν Ἑρμῆν ἔφησαν τοῦ θεράποντος κηδόμενον τῇ ῥάβδῳ κινεῖν τῶν ἀκροωμένων ἕκαστον, ὅπως μηδ' ὁτιοῦν ὄνομα θαύματος ἄμοιρον ἀπέλθῃ. Βασιλεὺς δὲ τὰ πρῶτα μὲν τῇ διὰ τῆς μορφῆς ἡδονῇ μηνυομένῃ συνετέλει, ἔπειτα τῷ μέλλειν ἀναπηδᾶν, ἔπειτα, οὐ γὰρ δὴ κατεῖχεν αὑτὸν καὶ σφόδρα πειρώμενος, ἥλατο μὲν ἐκ τοῦ θρόνου, τῆς χλαμύδος δὲ ὁπόσον ἐξῆν ταῖν χεροῖν ἀνεπέτασεν, ὡς μὲν ἂν εἴποι τις τουτωνὶ τῶν ἀγγάρων, ἐκφερόμενος τοῦ σχήματος, ὡς δ' ἂν ἀνὴρ εὖ εἰδὼς οἷς ἂν σεμνὴ βασιλεία γένοιτο ἄρα, ἐν τοῖς προσήκουσι μένων · τί γὰρ δὴ βασιλικώτερον τοῦ βασιλέως ψυχὴν πρὸς κάλλη λόγων ἀνίστασθαι ; **130.** Τῷ δὲ οὐδὲ ἄλλως οἷόν τ' ἦν μὴ τὰ τοιαῦτα πάσχειν, πατρὶ πολλῶν λόγων πρό τε δὴ τῆς ἀρχῆς καὶ ἐν αὐτῇ γεγενημένῳ · αἱ γὰρ ἀγρυπνίαι τοῦ βασιλέως ἡμῖν λόγους ἐποίουν, ᾗ δὴ καὶ μᾶλλον ἑτέρων ὑπὸ τῆς ἐν αὐτοῖς ὥρας οὐδὲν ὅ τι οὐκ ἔδρα.

131. Τὸν δὴ ἐντεῦθεν μέχρι τῆς ἐπὶ Πέρσας ἐξόδου χρόνον τοῖς μὲν ἄλλοις ἄλλ' ἄττα, πλέον δὲ ἐμοὶ παρ' ἐκείνου τὸ φίλτρον · καὶ διετέλει δὴ λέγων ὅτι « δώσω

1 οὐ add. Reiske Wyttenbach (sic Foerster) || φωραθὲν C^pc (manu *n*) VMKL : φορ- C^ac || || 1-2 ἠπίστατο CMKL : οὐκ ἠπ- V || 2 οὐχὶ CVKL : οὐ M || ἡσυχία codd. : ἡσυχίᾳ edd. || δύναιτο CVKL : δύναιτ' M || 3 δὴ ex δὲ C ut uid. || 4 ἀπέδυν CVM^γρKL : ἀπέβην M || 4-5 πλεῖστοι CVM : πλεῖστον KL || 5 ἔφησαν CMKL : ἔφασαν V || 9 συνετέλει ex -τέλη C (prima manu) || 10 δὴ Reiske in adnot. (sic Foerster) : μὴ CMKL om. V || κατεῖχεν VMKL : -χε C || αὑτὸν VKL : αὐτὸν M om. C || 11 ἥλατο CKL : ἥλλατο VM || 12 εἴποι CVML : -πη K || 13 ἀγγάρων CVM : ἀλγάρων KL ut uid. || 14 post ἄρα dist. CVM : post γένοιτο edd. non dist. KL || 18 αὐτῇ C^pc (manu *f* uel *s*) VMKL : αὐτῶι C^ac || γεγενημένωι CVMK^γρL : γενομένω K || 19 ᾗ δὴ Reiske : ἤδη codd || 23 ἄττα CMKL : ἅττα V || δὲ ἐμοὶ CM : δ' ἐμοὶ V δέ μοι KL || 24 ἐκείνου VMKL : ἐκεῖνον C.

et il allait disant : « Je te ferai en partant un cadeau que tu ne refuseras pas comme les autres ». Après avoir dîné ensemble, car il m'y avait obligé, « Mon cher, dit-il, voici le moment de recevoir ton cadeau », et comme j'étais bien incapable de savoir ce que c'était, il dit : « A mon avis, si tu figures parmi les rhéteurs par tes discours, tes actes te font inscrire parmi les philosophes » *. A ces paroles, je fus rempli de joie, comme Lycurgue quand il entendit le dieu, car en vérité celui qui avait parlé était un compagnon des dieux *.

132. Comme la boulè l'accompagnait et que ses membres le priaient d'oublier ses griefs *, il répondit qu'il se rendrait à Tarse, la cité des Ciliciens *, si le dieu lui conservait la vie. « Je vois bien ce qui s'ensuivra : vous placez vos espoirs dans celui qui sera votre ambassadeur auprès de moi *, mais lui aussi devra se rendre là-bas avec moi ». Je pleurai quand il m'embrassa, mais lui ne pleurait pas, méditant déjà sur les malheurs de la Perse. Après une dernière lettre qu'il m'envoya * des frontières de l'Empire, il poursuivit sa route, ravageant le pays, pillant les villages, prenant les garnisons, traversant les fleuves, abattant les remparts, s'emparant des villes [1]. **133.** Aucun messager ne nous en fit connaître le détail [2] mais nous partagions la joie de ceux qui voyaient tout cela, pleins de confiance en l'avenir en raison du passé de l'homme sur qui nos yeux étaient fixés.

Mais la Fortune agissait à sa façon : l'armée avait célébré contre les Perses la grande fête des massacres

1. Plusieurs lettres contemporaines parlent de l'expédition, *ep.* 1367, 6-7, 1379, 1402. Grâce aux récits de témoins sollicités par lui, il put la décrire en détail dans l'*or.* XVIII, 212-279.

2. Aucune nouvelle de l'expédition ne parvint sur le moment, *or.* XV, 76. Cependant des marchands caravaniers « montés sur des chameaux » en apportèrent, *ep.* 1402, ainsi que des prisonniers de guerre qui affluent à Antioche, *ep.* 1367. Le *comes orientis* Rufinus en donna aussi par lettres, *ep.* 1379.

σοι δῶρον ἐξελαύνων ὃ οὐκ ἂν ὥσπερ τἄλλα φύγοις ». Δεδειπνηκότες οὖν, ἐβιάσθην γὰρ ⟨ὑπ'⟩ αὐτοῦ, « ὦ ἄνθρωπε, φησίν, ὥρα σοι τὸ δῶρον δέχεσθαι ». Καὶ ἐγὼ μὲν οὐκ εἶχον ὅ τι αὖ τοῦτό ἐστιν εἰκάσαι · ὁ δὲ « δοκεῖς μοι, φησίν, εἰς μὲν ῥήτορας κατὰ τοὺς λόγους τελεῖν, ἀπὸ δὲ τῶν ἔργων ἐν φιλοσόφοις γεγράφθαι ». Καὶ ἥσθην εἰπόντος ὥσπερ ὁ Λυκοῦργος ἐπὶ τοῖς εἰς αὐτὸν παρὰ τοῦ θεοῦ · καὶ γὰρ ταῦτα ὑπὸ τοῦ θεοῖς συνοικοῦντος εἴρητο.

132. Προπεμπούσης δὲ τῆς βουλῆς καὶ δεομένων ἀφεῖσθαι τὰ ἐγκλήματα, Ταρσοῖς, πόλει Κιλίκων, δώσειν αὐτὸν εἰπὼν ἣν ὁ θεὸς ἀποσῴζῃ, « καίτοι μοι δῆλον, ἔφη, τὸ πρὸς ταῦτα γενησόμενον, ὡς ἐν τῷ πρεσβεύσοντι τὰς ἐλπίδας ἔχετε, τὸν δὲ καὶ αὐτὸν ἐκεῖσε μετ' ἐμοῦ δεήσει βαδίζειν ». Ἀσπασάμενος δή με δακρύοντα οὐ δακρύων, ἤδη βλέπων τὰ τῶν Περσῶν κακά, γράμματα ὕστατα πέμψας ἀπὸ τῶν τῆς ἀρχῆς ὅρων ἤλαυνε γῆν τέμνων, κώμας ἁρπάζων, φρούρια λαμβάνων, ποταμοὺς διαβαίνων, τείχη κατασείων, πόλεις αἱρῶν. **133.** Καὶ τούτων ἕκαστον ἤγγελλε μὲν οὐδείς, τὴν δὲ τῶν ὁρώντων ἡμεῖς ἡδονὴν ἡδόμεθα, πιστεύοντες ἃ δὴ καὶ ἐγίγνετο γενήσεσθαι, πρὸς τὸν ἄνδρα ἀποβλέποντες.

Ἀλλ' ἡ Τύχη γὰρ τὰ αὑτῆς · κωμάσαντος γὰρ κατὰ Περσῶν τοῦ στρατοῦ φόνοις τε καὶ τροπαῖς, ἀγῶσί τε

1 τἄλλα VMKL : τᾶλλα C ‖ φύγοις Reiske (dubitanter in adnot.) Cobet (sic Foerster) : φύγοιμι codd. ‖ **2** ὑπ' addidi auctore Reiske : παρ' Cobet (sic Foerster) an αὐτοῦ delendum ? ‖ **4** αὖ C : om. VMKL ‖ **5** post τελεῖν in C quinque litterae erasae ‖ ἀπὸ CV : ὑπὸ MKL ‖ **6** γεγράφθαι CV : τετάχθαι MKL ‖ ἡίσθην C ‖ **10** αὐτὸν V : αὑτὸν CMKL ‖ **11** μοι CV : μὴ MKL ‖ τὸ CVMK^{pc}L : K^{ac} incertum (τὰ ? τὴν ? τοῦ ?) ‖ **12** πρεσβεύσοντι : adnot. V mg. πρεσβεύω ἤτοι ἀποκρισιάριος ἀποστέλλομαι · διαπρεσβεύεται δὲ πρὸς τούσδε ἢ τούσδε · ἤτοι βασιλ(εὺς) ἀποστέλλει πρέσβιν (sic) εἰς Ἀθήνας ἢ ἑτέρωσε ‖ **13** ἔχετε CVM^{pc} : ἔχοντι M^{ac}KL ‖ τὸν δὲ ex τὸ δὲ M ‖ **15** τῶν C : om. VMKL fortasse recte ‖ κακά, γράμματα C^{pc} (manu *n*) VMKL : κακαγράμματα C^{ac} ‖ **16** ἤλαυνε VMKL : ἤιλαυνε C ‖ **18** αἱρῶν CVL : αἷρων M αἴρων K ‖ **19** ὁρώντων ex ὁρόντων C (prima manu) ‖ **22** αὑτῆς L : αὐτῆς CVMK ‖ **23** φόνοις CM^{pc} : φόνω VM^{ac} ut uid. KL.

et des déroutes, et celle des concours gymniques et des courses hippiques, contemplées de leurs créneaux par les habitants de Ctésiphon, que l'épaisseur de leurs remparts ne pouvait rassurer *. Le Mède s'était décidé à implorer la paix par des ambassades et des cadeaux *, car « le combat d'un homme contre un être divin » est une folie *. C'est alors, au moment où les ambassadeurs montaient à cheval, qu'une lance déchire le flanc du plus sage des empereurs, répand le sang du vainqueur sur la terre des vaincus et fait du fuyard terrorisé le maître de ses poursuivants *.

134. Le Perse se trouva connaître par un déserteur l'étendue de sa chance, mais nous, les habitants d'Antioche, aucun être humain ne nous prévint : des tremblements de terre se produisirent, signe du malheur, détruisant en partie ou en totalité des villes de la Syrie-Palestine. Il nous parut que la divinité nous signifiait par de grandes épreuves qu'un grand événement était arrivé *. Nous faisions des vœux pour que notre imagination se fût trompée, quand le trait amer de la nouvelle courut à travers nos oreilles : notre Julien était porté dans son cercueil, le sceptre était aux mains de je ne sais plus qui, les Perses s'étaient emparés de l'Arménie et de tous les territoires qu'ils voulaient *.

135. Dans l'instant je songeai à une épée, dans l'idée que la vie me serait plus douloureuse que n'importe quelle mort. Puis me vint à l'esprit la règle de Platon * qui interdit de se délivrer soi-même de cette manière et aussi l'idée que si je parvenais dans l'Hadès auprès de lui Julien me ferait grief d'avoir mis fin à mes jours de cette façon : à coup sûr, il me reprocherait de ne pas avoir attendu les ordres de la divinité. Au surplus, il me semblait nécessaire de rendre hommage au défunt par des discours funèbres *.

136. Les choses en étant ainsi pour ces raisons,

γυμνικοῖς καὶ ἱππικοῖς, ἃ κατεθεῶντο ἀπὸ τῶν ἐπάλξεων οἱ Κτησιφῶντος οἰκήτορες οὐδὲ τῷ πάχει τοῦ τείχους πιστεύειν ἔχοντες, τοῦ τε Μήδου διὰ πρεσβείας τε καὶ δώρων ἐγνωκότος ἱκετεύειν, μηδὲ γὰρ νοῦν ἔχειν πρὸς δαίμονα ἄνδρα μάχεσθαι, τῶν δὴ πρέσβεων ἐπὶ τοὺς ἵππους ἀναβαινόντων, αἰχμὴ τοῦ σοφωτάτου βασιλέως τεμοῦσα τὴν λαγόνα βρέχει τῷ τοῦ νενικηκότος αἵματι τὴν τῶν ἡττωμένων γῆν, καὶ ποιεῖ τὸν πεφρικότα τῶν διωκόντων κύριον.

134. Τῷ μὲν δὴ Πέρσῃ παρ' αὐτομόλου τινὸς μαθεῖν ὑπῆρξεν ἐν ὅτῳ εἴη τύχης, ἡμῖν δὲ τοῖς Ἀντιοχεῦσιν ἀνθρώπων μὲν οὐδείς, σεισμοὶ δὲ ἐγίγνοντο τοῦ κακοῦ μηνυταί, πόλεων τῶν ἐν τῇ Παλαιστίνῃ Συρίᾳ τῶν μὲν μέρη, τὰς δὲ ὅλας κατενεγκόντες. Ἐδόκει γὰρ ἡμῖν ὁ θεὸς μεγάλοις πάθεσι μέγα σημαίνειν. Εὐχομένων δὲ μὴ τὰ ὄντα δοξάζειν, πικρὸν διὰ τῶν ὤτων τρέχει τῆς ἀγγελίας βέλος, Ἰουλιανὸν μὲν ἐκεῖνον ἐν σορῷ φέρεσθαι, τοῦ δεῖνος δὲ γεγενῆσθαι τὸ σκῆπτρον, Περσῶν δὲ Ἀρμενίαν τῆς τε ἄλλης ὁπόσον ἐβούλοντο γῆς.

135. Εὐθὺς μὲν οὖν εἰς ξίφος εἶδον, ὡς ἁπάσης σφαγῆς ἀλγεινοτέρας τῆς ζωῆς ἐσομένης. Ἔπειτα ἐνενόησα τὸν τοῦ Πλάτωνος νόμον, καὶ ὡς αὐτὸν οὐ λυτέον τὴν τοιαύτην δὴ λύσιν, καὶ ὡς οὕτως ἐλθὼν εἰς Αἵδου τε καὶ παρ' ἐκεῖνον ἐν αἰτίαις ἂν εἴην ὧδε τετελευτηκώς · πάντως γὰρ ἂν ἐμέμφετο μὴ τὰ ἀπὸ τοῦ θεοῦ περιμείναντι. Πρὸς δὲ καὶ ἐδόκει μοι χρῆναι λόγοις ἐπιταφίοις τὸν ἀπελθόντα τιμᾶν.

136. Τοῦτο μὲν οὖν οὕτω διὰ ταῦτα ἔσχε, λόχον δέ

5 cf. P 98 (ὁππότ' ἀνὴρ ἐθέλῃ πρὸς δαίμονα φωτὶ μάχεσθαι) || **13** πόλεων : ε in ras. C (manu *n*) || παλαιστίνηι C^{ac}VMKL : -στίνης C^{pc} (manu *n*) || **18** σκῆπτρον ex σκήπτρον C (manu *n*) || **18-19** ἀρμενίαν CVML^{pc} ut uid. : ἀρ- KL^{ac} ut uid. || **21** τὸν CVKL : om. M || **22** adnot. C mg. (manu *n* ?) τὸ τοῦ πλάτωνος || καὶ CVM^{sl} : ὃν MKL || αὐτὸν VM^{ac} ut uid. KL^{ac} : αὑτὸν CM^{pc} ut uid. L^{pc} || **23** οὕτως CM^{pc} : οὗτος VM^{ac}K.

j'échappe à un piège par la volonté de la Fortune : ceux qui avant Julien avaient profité des circonstances pour être puissants à la cour, mais qui ensuite avaient été renvoyés par force à leurs affaires privées, furent amenés par une sorte de Phrynondas à croire que je leur avais fait beaucoup de mal en faisant parvenir à Babylone une lettre qui aurait suscité contre eux l'hostilité de l'empereur à son retour *. Ils décident de m'enlever pendant le trajet qui me conduisait chez une de mes parentes, de m'emmener dans le jardin * où ils tramaient leur affaire et de me tuer : ils espéraient en outre une récompense de la part de celui qui avait pris le pouvoir. **137.** Leurs gourdins étaient prêts quand l'un de ceux qui, tout en étant au courant de l'affaire, ne voulaient pas y prendre part, sans être tellement de mes familiers, me fut envoyé par la Fortune et me dit que je devais éviter d'aller chez cette dame et que j'y gagnerais. Je lui demandai quel danger il y avait, mais il n'ajouta rien. Comme cette dame s'étonnait de ce changement dans mes habitudes, je lui communiquai dans ma réponse ce que j'avais appris. Elle fit son enquête, découvrit que ma crainte était fondée et mit fin à leurs faux espoirs. Et elle remercia la divinité d'avoir détourné de sa demeure un tel forfait *.

138. Après quoi, ce fut un barbare qui suscita contre moi la colère de l'empereur en lui disant que je ne cessais de pleurer le malheur de celui qui était mort *. Il allait me faire périr honteusement pour me punir de mon chagrin, quand un excellent homme, un Cappadocien, qui avait été mon condisciple et avait sur lui une grande influence *, intervint : « Quel sera ton état d'esprit si, cette homme une fois couché dans la mort, vivent et se répandent par le monde les discours qu'il a écrits sur ton caractère * ? ».

τινα διαφεύγω βουληθείσης τῆς Τύχης. Οἱ γὰρ αὖ τῶν μὲν πρὸ τοῦ καιρῶν ἐν βασιλείοις πρὸς ἰσχὺν ἀπολαύσαντες, τότε δὲ τὰ αὑτῶν ἠναγκασμένοι πράττειν, ὑπὸ Φρυνώνδου τινὸς ἀναπεισθέντες ὡς ἐμὲ δεινὰ αὐτοὺς εἰργάσθαι δι' ἐπιστολῆς εἰς Βαϐυλῶνα ἡκούσης, ὑφ' ἧς ἂν αὐτοῖς δυσμενὴς ἐπανῆκεν ἐκεῖνος, ψηφίζονται παρὰ συγγενῆ με γυναῖκα εἰσιόντα συλλαϐόντες, εἰς τὸν κῆπον οὗ τὰς βουλὰς ἐϐούλευον εἰσαγαγόντες, κτεῖναι · καὶ γὰρ ἂν δῶρα σφίσι παρὰ τοῦ τὰ σκῆπτρα λαϐόντος γενέσθαι. **137.** Τοῖς μὲν δὴ ἡτοίμαστο τὰ ῥόπαλα, τῶν δέ τις ταυτὶ μὲν συνειδότων, τοῦ δὲ ἔργου κοινωνεῖν οὐκ ἐθελόντων, πρὸς ἐμὲ δὲ οὐ μάλα οἰκείως ἐσχηκότων, τῆς θεοῦ πεμπούσης, ἀφεκτέον εἶναί μοι τῶν παρὰ τὴν γυναῖκα ἐκείνην ὁδῶν ἔφη, κερδανεῖν γάρ · ὅ τι δὲ ἦν τὸ δεινὸν ἀπαιτοῦντι, τουτί γε οὐ προσέθηκε. Θαυμαζούσης οὖν ὡς οὐ τὰ αὐτὰ ποιοίην τῆς γυναικός, ἀπεκρινάμην ἀφ' ὧν ἠκηκόειν · καὶ ἣ διερευνωμένη, νοῦν τε ἔχοντα καταμαθοῦσα τὸν φόϐον παύσασά τε ἐξαπατωμένους, ἐπῄνεσε τὸν ἐξελόμενον αὐτῇ τοιούτου μύσους τὴν οἰκίαν δαίμονα.

138. Μετὰ ταῦτα τοίνυν ἀνὴρ βάρϐαρος ἐξώργιζε τὸν κρατοῦντα ἐπ' ἐμέ, λέγων ὡς οὐ παυοίμην θρηνῶν τὴν τοῦ πεσόντος πληγήν. Ὁ δὲ ἔμελλε μὲν ἀπολεῖν με κακῶς, δίκην ὀδύνης πραττόμενος, ἀνὴρ δέ τις Καππαδόκης ἀγαθός, συμφοιτητὴς ἐμός, παρ' ἐκείνῳ δὲ μέγας, « καὶ τίνα ἂν ἔχοις, ἔφη, ψυχήν, εἰ ὁ μὲν κέοιτο ἀποθανών, ζῶντες δὲ οἱ λόγοι περιφοιτῷεν οἱ ἀπ' ἐκείνου περὶ τῆς σῆς γεγραμ-

1 διαφεύγω CVM : φεύγω KL (et φεύγω post τύχης transtulit K) ‖ αὖ τῶν CVM^{pc} : αὐτῶν M^{ac}L αυτῶν K ‖ **3** δὲ CV : δὴ MKL ‖ αὑτῶν VL : αὐτῶν CMV ‖ **8** adnot. V mg. βουλεύω βουλὴν καὶ γράφω γραφήν ‖ **11** οὐκ C : οὐ VM om. KL ‖ **12** ἐθελόντων CKL : θελόντων VM ‖ **15** γε scripsi : δὲ codd. secl. Foerster ‖ **16** τὰ αὐτὰ CVM : ταῦτα KL ‖ **17** ἣ CVKL : ἥδε M ‖ **18** τε suppl. M^{sl} ‖ **20** ἐξώργιζε CVMK^{pc}L : -γισε MK^{ac} ‖ **26** περιφοιτῷεν C : περιφοιτῷεν (-τῶσιν M^{ac}) τὴν γῆν VMKL (sic Foerster iniuria ut opinor) ‖ ἀπ' C : ὑπ' VMKL (sic Foerster iniuria).

Tels furent les dangers que je courus et les secours que je reçus.

139. Vinrent là-dessus nos Jeux Olympiques. J'avais cinquante ans et un très vif désir de voir la cérémonie [1]. A peine avais-je jeté un coup d'œil sur le début de la fête que me voici comme prisonnier : aucun gouverneur ne m'avait arrêté, mais j'étais alors pour la première fois frappé d'une forte et pénible attaque de goutte *, et c'étaient mes visiteurs qui devaient me tenir au courant de la force et de l'habileté des athlètes *. Après de courtes rémissions qui étaient comme autant de trèves, elle frappait de nouveau et souvent les deux pieds *.

140. Les médecins s'avouaient vaincus et pour me consoler disaient que la maladie était passée de la tête aux pieds : ce qui était mauvais pour les pieds serait bénéfique pour la tête. Mais c'étaient des sornettes, car le mal qui tenait ma tête restait là-haut, tandis que mes pieds, bien loin de soulager ma tête, comme s'ils lui transmettaient une partie de leurs propres maux, ne faisaient qu'aggraver son état *.

141. Je n'étais donc plus seulement victime de mes angoisses antérieures, comme de voir notre ville enlevée par les vents qui l'emportaient pour la jeter dans l'Océan *, mais je craignais aussi, Messieurs, la foule venant à ma rencontre, je fuyais le centre de la ville, je craignais l'immensité des bains, je craignais toutes les maisons sauf la mienne, un nuage me venait devant les yeux, ma respiration se rédui-

1. Lors des Jeux Olympiques de 364, le syriarque était Celsos, pour lequel Libanios avait écrit de nombreuses lettres qui montrent son intérêt pour ces Jeux, *ep*. 1399, 1400, 1459, 1179-1183, 1189, 1147, 1148. L'*ep*. 1243 nous apprend qu'il avait été question que Libanios prononçât le discours traditionnel et qu'il refusa : ce discours, dit-il, aurait été le second de ce genre, le premier étant évidemment l'*or*. XI (*Antiochikos*), composé pour des Jeux précédents, ceux de 360 ou plutôt, à mon avis, ceux de 356.

μένοι φύσεως » ; Τοσαῦται μὲν αἱ τρικυμίαι, τοσαῦται δὲ αἱ ἀρωγαί.

139. Τὰ δὲ ἐπὶ τούτοις ἦν μὲν Ὀλύμπια τὰ παρ' ἡμῖν · ἔτος δὲ ἐμοὶ πεντηκοστόν, ἐπιθυμία τε τῆς πανηγύρεως ὑπερφυής. Παρακύψας δὲ ἐπὶ τὰ πρῶτα τῆς ἑορτῆς δεσμώτης ἦν, οὐκ ἄρχοντος δήσαντος, ἀλλὰ ποδάγρα τότε πρῶτον πολλή τις ἐπιπεσοῦσα καὶ χαλεπὴ πυνθάνεσθαι τῶν εἰσιόντων ἠνάγκαζε ῥώμης τε πέρι καὶ τέχνης τῶν ἀθλητῶν. Ἡ δὲ ὥσπερ ἐν ἐκεχειρίαις μικρὸν διαλιποῦσα πάλιν ἠκόντιζε, καὶ πολλάκις γε ἑκάτερον.

140. Ἰατροὶ δὲ νενικῆσθαι μὲν ὡμολόγουν, παρεμυθοῦντο δὲ μετατιθέντες ἀπὸ τῆς κεφαλῆς ἐπ' ἐκείνους τῷ λόγῳ τὴν νόσον · τὸ γὰρ αὐτὸ ποσὶ μὲν κακόν, τῇ δὲ ἔσεσθαι ἀγαθόν. Ἦν δὲ ἄρα τοῦτο φλυαρία, ἐπεὶ τό γε ἐκείνην κατειληφὸς εἴχετο τῶν ἄνω, καὶ τοσοῦτόν γε ἀπέσχον οἱ πόδες ὀνῆσαί τι τὴν κεφαλήν, ὥστε ὥσπερ ἂν ἀπὸ τῶν ἐν αὐτοῖς κακῶν μοῖράν τινα ἐκεῖσε πέμψαντες χαλεπώτερα τἀκείνης ἐποίησαν.

141. Οὔκουν ἐπὶ τοῖς πρὸ τοῦ φόβοις ἐταραττόμην μόνοις, ἐν οἷς καὶ τοῦτο ἦν, μὴ τὴν πόλιν ἡμῖν ἁρπάσαντες ἄνεμοι φέροντες εἰς τὸν Ὠκεανὸν ἐμβάλωσιν, ἀλλ' ἔδεισα μέν, ὦ ἄνδρες, καὶ τὸν τῶν ἀπαντώντων ὄχλον, ἔφυγον δὲ τὰ μέσα τοῦ ἄστεος, ἔδεισα δὲ μεγέθη λουτρῶν, ἔδεισα δὲ οἰκίας πλὴν τῆς ἐμαυτοῦ πάσας, νεφέλης μὲν ἐπὶ τὰ

4 adnot. L mg. (rec.) ση(μείωσαι) ὡς μετὰ τὸν θάνατον Ἰουλιανοῦ πεντήκοντα ἐτῶν ἦν ὁ Λιβάνιος || **9** ἐκεχειρίαις CKL : ἐκκε- C^{sl} (rec. ?) ἐκε- VM || διαλιποῦσα CVKL : διαλυποῦσα M || **10** ἑκάτερον : adnot. V mg. ἐποίει δηλονότι || post ἑκάτερον inserendum putat τῶν ποδῶν Foerster (in app.) cf. infra l. **12** ἐκείνους || **11** δὲ CVKL : δὴ M ut uid. || **14** τοῦτο CV : τόδε MK τοῦδε L || **15** εἴχετο CVM^{pc} : εἶχε $M^{ac}KL$ || **16** τι om. M || **17** ἂν CV : om. MKL || **18** τἀκείνης C^{pc} (manu *p*) K : τὰ κείνης C τὰ 'κείνης VL τὰ ἐκείνης M || **19** ἐπὶ CV M^{pc} (?) : ἔτι M^{ac} ut uid. KL ut uid. || **21** τὸν C : om. VMKL fortasse recte || **22** ἀπαντώντων CVMK : ἀπατώντων L || **23** μέσα CVML : μέσω K.

sait jusqu'à presque rien, des vertiges me prenaient la tête, j'avais toujours présente l'impression que j'allais tomber, si bien que le soir venu, je chantais la Fortune en me félicitant de n'être pas tombé.

142. Sur un seul point [1] dans tout cela je conservais mon bon sens : je ne fuyais ni les discours ni l'enseignement. C'était en soi une consolation que d'y travailler si agréablement, chez moi sur mon lit, à l'école sur une chaise longue. Cependant le trajet à l'aller comme au retour présentait un risque grave, les récitations publiques étaient hors de question, la visite d'un ami importune. De même que ceux qui entreprennent de grandes traversées invoquent les Dioscures, de même en quittant ma maison je demandais aux dieux de détourner les crises fâcheuses que j'appréhendais *.

143. Cette tempête eut le dessus pendant quatre ans, puis, grâce à un serviteur, je trouve du secours auprès du toujours secourable, du grand Asclepios *. Il me dit que j'avais eu tort d'abandonner mes habitudes et je me mis à boire de mon remède d'autrefois : il y eut quelque mieux, mais le mal ne fut pas totalement extirpé. Le dieu dit qu'il m'accorderait également cette grâce. Je savais bien qu'il était impie de mettre en doute la parole d'un tel garant, mais je pouvais pourtant me demander si je serais un jour digne de cette grâce. Et vers la fin de la septième année après ma cinquantième *, au cours de trois rêves, dont deux en plein jour, le dieu m'enleva à chaque fois une bonne partie de mon mal et

1. Festugière (*REG* 78, 1965, p. 631) comprend « il restait au moins une consolation en ces troubles, en ce que... ». Cette interprétation est voisine de celle de P. Wolf : « *Erträglich bei all diesen Leiden war, dass ich...* ». Nous suivons plutôt Norman : « *I showed one grain of sense in all this, in that...* ». L'idée de consolation vient un peu plus loin, et l'expression μήτε... ἐφεύγομεν s'oppose à ἔφυγον et ἔδεισα du paragraphe précédent. Il est un domaine dans lequel Libanios peut lutter contre les craintes irraisonnées, c'est son activité de rhéteur. [J. M.].

ὄμματα ἐρχομένης, τοῦ πνεύματος δὲ εἰς μικρὸν συστελλομένου, τὴν κεφαλὴν δὲ ἰλίγγων κατεχόντων, δόξης δὲ ἀεὶ τοῦ πεσεῖσθαι παρούσης, ὥστε ἑσπέρας ᾔδομεν ἐπ' αὐτῷ τὴν Τύχην, ἐν κέρδει τὸ μὴ πεπτωκέναι ποιούμενοι.

142. Ἓν ἐνῆν ἐκείνοις μέτριον, ὅτι μήτε τοὺς λόγους μήτε τοὺς νέους ἐφεύγομεν · αὐτὸ γὰρ δὴ τοῦτο ἦν ἡ παραψυχὴ τὸ ὡς ἥδιστα περὶ ταῦτα πονεῖν οἴκοι τε ἐπὶ τῆς κλίνης ἐπί τε τοῦ σκίμποδος ἐν τῷ διδασκαλείῳ · τὸ δὲ ἐφ' ἑκάτερον κομισθῆναι παρακινδύνευσις, αἱ δὲ ἐπιδείξεις ἐκποδών, ἀηδὴς δὲ φίλος προσιών. Ὥσπερ δὲ οἱ πελάγη διαβάλλειν μέλλοντες καλοῦσι Διοσκούρους, οὕτως ἡμῖν οἴκοθεν ἐξιοῦσιν ἐκαλοῦντο θεοὶ κωλυταὶ γενέσθαι τῶν ἐν ἐλπίσιν ἀσχημόνων.

143. Καὶ ὁ κλύδων οὗτος ἔτη τέτταρα ἐπεκράτει. Καὶ καταφεύγω δι' οἰκέτου πρὸς τὸν ἕτοιμον ἀμύνειν, τὸν μέγαν Ἀσκληπιόν, καὶ φράσαντος οὐ καλῶς ἀφεστάναι με τῶν εἰωθότων, πίνω τε οὗ πάλαι φαρμάκου, καὶ ἦν μέν τι κέρδος · οὐ μὴν παντελῶς γε ἐξελήλατο τὸ κακόν. Ἔφη δὲ ὁ θεὸς καὶ τοῦτο χαριεῖσθαι. Ἐγὼ δὲ ᾔδειν μὲν ὡς οὐκ εὐσεβὲς ἀπιστεῖν ἐγγυητῇ τοιούτῳ, θαυμάζειν δὲ ὅμως παρῆν εἰ καὶ ταύτης εἶναί ποτε δόξαιμι τῆς χάριτος ἄξιος. Καὶ ἦν μὲν ἔτος ἕβδομον ἐπὶ τοῖς πεντήκοντα λῆγον ἤδη, τρισὶ δ' ἐνυπνίοις ὁ θεός, ὧν τὼ δύο μεθημερινώ, μέρος

1-2 συστελλομένου CVM : στελλομένου KL || **2** ἰλίγγων CVK : ἰλιγγιῶν M ἰλίγκων L || **3** ᾔδομεν (sic) C^{pc} (manu *p*) VMKL : ᾔδ- C^{ac} || **4** ποιούμενοι VL^{pc} : -μενος $CMKL^{ac}$ || **5** ἐνῆν Reiske (*Anim.*) sic Foerster : ἦν codd. || adnot. V mg. σημ(είωσαι) τὸ μήτε || **6** γὰρ C : om. VMKL || **8** ἐπί τε τοῦ V : ἐπὶ τοῦ C^{ac}MKL ἐπὶ δὲ τοῦ C^{pc} (manu *p* ?) || ἐν CVKL : ἐπὶ M || **10** ἐκποδών VMKL : ἐκ ποδῶν C || **11** διαβάλλειν $C^{ac}VM^{ac}KL$: διαβαίνειν C^{pc} (qua manu incertum) M^{pc} || **15** τὸν ante ἕτ- VMKL : om. C (sic Reiske) || **16** ἀφεστάναι CVML : ἐφ- K || **17** οὗ πάλαι C^{pc} (οὗ manu *p*, πάλαι prima manu) VM : οὐ παλαίου C^{ac}KL || **20** τοιούτωι CM^{sl} : τοσούτω VMKL fortasse recte || ὅμως C^{pc} (qua manu incertum) V : ὅπως $C^{ac}M^{ac}$KL ὁμῶς M^{pc} (rec.) || **21** εἶναί ποτε CVM^{pc} : εἶναί με ποτε M^{ac} ut uid. KL || **23** δ' ἐν- C : δὲ ἐν- VM (p. c. ?) KL.

m'accorda un état de santé que je voudrais bien ne plus perdre.

144. Si bien que lors de l'arrivée de l'empereur je fus capable de supporter l'éclat des armes et des « dragons » et en même temps le bruit mêlé des instruments dont la description seule m'eût été auparavant intolérable *. Peu de temps après, je lui fis cadeau d'un discours qui parut lui faire plus de plaisir que les actions mêmes qu'il avait accomplies. Et pourtant il était resté privé de l'essentiel, le récit de ses exploits contre les Scythes * : la moitié du discours en effet, à cause de sa longueur, avait été remise à plus tard. Alors ceux qui préféraient que l'empereur ignorât les joies que procurent les véritables prairies des Muses prirent peur et arrêtèrent l'audition au point où j'étais parvenu. Les discours des autres ne les effrayaient pas, mais celui-ci les effrayait plus que la Gorgone *. Quoi qu'il en fût, je n'étais plus désormais un inconnu pour l'empereur.

145. Ce fut également ton œuvre, ô ma divinité, que l'établissement de cette loi favorable aux enfants illégitimes. Qu'elle soit venue à l'esprit du plus ancien des deux empereurs * et ait été mise en vigueur par un de ses décrets, admettons que ce fut l'œuvre de la Fortune commune à tous ceux qui avaient besoin de cette loi. Mais que le plus jeune, qui ne l'approuvait pas du tout, lui ait donné ouvertement sa totale approbation et l'ait mise en application, comment ne pas croire que c'était là une décision de ma propre Fortune, parce qu'elle savait que j'avais besoin de l'autorisation qu'elle donnait ? Elle me délivra d'un grand et lourd souci, car le même jour eût apporté à moi la mort et à mon fils le plus extrême dénuement *.

146. Maintenant, en ce qui concerne mes ennemis, — et que l'on ne croie pas que je fasse fi du précepte

οὐ μικρὸν ἑκάστῳ τοῦ νοσήματος ἀφῄρει καὶ κατέστησεν εἰς τοῦτο ὃ μήποτε ἀφέλοιτο.

144. Οὕτω δὴ τοῦ βασιλέως ἥκοντος τὴν αἴγλην τήν τε ἀπὸ τῶν ὅπλων τήν τε ἀπὸ τῶν δρακόντων, ἠχώ τε ὀργάνων ὑπέμεινα συμμιγῆ, μηδ' ἂν διηγουμένου πρότερον. Καὶ οὐ πολὺ ὕστερον δῶρον αὐτῷ λόγον εἰσῆγον, ἐφ' ᾧ πλέον ἢ ὅτε τὰ ἔργα ἔπραττεν ἡσθῆναι βασιλεὺς ἐδόκει. Καίτοι τῶν μειζόνων γε ἀνήκοος, ὧν ἐν Σκύθαις ἐπεδέδεικτο, ἐμεμενήκει. Τοῦ γὰρ δὴ ἡμίσεος διὰ μῆκος ἀναβεβλημένου, δείσαντες οἷς οὐκ ἄμεινον τέρπεσθαι λειμῶσιν ἀληθινοῖς τὸν βασιλέα Μουσῶν, ἐν τοῖς εἰρημένοις ἱστᾶσι τὴν ἀκρόασιν · λεγόντων δὲ ἑτέρων φόβος οὐδείς, ταυτὶ δὲ αὐτοῖς τῆς Γοργοῦς φοβερώτερα. Βασιλεῖ γε μὴν καὶ ἀπὸ τούτων οὐκ ἐν ἀγνοουμένοις ἐγώ.

145. Σὸν ἔργον, ὦ δαῖμον, καὶ τὸ τεθῆναι νόμον τῶν παίδων τοῖς νόθοις ἐπίκουρον. Τὸ μὲν οὖν ἐπὶ νοῦν τε αὐτὸν τῷ πρεσβυτέρῳ τοῖν βασιλέοιν ἐλθεῖν, ἕνα τε τῶν κρατούντων τοῖς ἐκείνου γεγονέναι γράμμασι, κοινῆς τοῦτο ἔστω τῆς τῶν ἐν χρείᾳ τοῦ νόμου καθεστηκότων τύχης · τὸ δὲ τὸν νεώτερον ἥκιστα αὐτὸν ἐπαινοῦντα μάλιστα ἐπαινοῦντα φανῆναι, ποιῆσαί τε κύριον ἐπειδή με ἐξουσίας τῆς ἀπ' αὐτοῦ δεόμενον ᾔσθετο, πῶς οὐκ ἂν ἐν δίκῃ τῆς ἐμῆς κριθείη τύχης ; Ἣ με πολλῆς τε καὶ βαρείας ἠλευθέρωσεν ἀνίας, ὡς τῆς αὐτῆς ἡμέρας τελευτὴν μὲν ἐμοί, πτωχείαν δὲ ἐκείνῳ τὴν ἐσχάτην οἰσούσης.

146. Ἀλλὰ μὴν τό γε ἐχθρούς (καὶ μή με οἰέσθω τις τὴν Ὁμήρου συμβουλὴν παραβαίνειν, τὴν οὐκ ἐπιτρέ-

3 δὴ ex δὲ C (manu antiqua) || **4** τῶν δρ- CVM : τῶν om. KL || **6** post πρότερον add. ἀνασχόμενος Foerster non necessario || **9** ἐμεμενήκει C^pc^ (prima manu ?) : ἐμεμνήκειν C^ac^ ἐμεμενήκειν VM ? (litterae εμενηκ rescriptae, reliquae carta ligatoris occultatae) KL || ἡμίσεος C^pc^V : ἡμίσεως C^ac^ μίσεως KL om. M || **14** τούτων CV : τοσοῦτον (sic) MKL || **16** οὖν CVM^pc^ : om. M^ac^ ut uid. KL || ἐπὶ νοῦν VMKL : ἐπινοῦν C || **25** post οἰσούσης trium fere litterarum spatium in C || **26** τις CVM : τίς KL.

d'Homère qui n'admet pas « que l'on se réjouisse sur le corps des morts »[1], — ce n'est pas dans cette intention que je vais en évoquer le souvenir, mais afin que rien ne soit passé sous silence des dons de la Fortune. Ces ennemis donc, ceux qui n'épargnaient contre moi aucun discours, aucune action, aucune machination, et dont les uns estimaient suffisant de m'assaillir d'insultes, tandis que les autres jugeaient que rien d'autre n'importait que ma mort, et ceux qui auraient trouvé agréable de laisser traîner sur les rochers mon cadavre lié à un taureau, tous ceux donc qui me faisaient la guerre depuis longtemps, mais sans avoir contre moi de griefs véritablement fondés, la déesse les devança et les élimina, sans que j'aie eu à agir ni même à chercher ma défense dans les malédictions. Du reste, a-t-on besoin de malédictions quand la déesse connaît tout, l'agresseur et la victime, le coupable et le juste ? **147**. Il faut ajouter que leur mort à la plupart fut précédée par ce que les gens sensés considèrent comme pire que la mort : ils eurent à « voir beaucoup de maux[2] » avant de s'en aller. Et c'est ainsi par exemple qu'un homme saisit l'un d'eux, un adultère, par le sexe et lui trancha tout au rasoir.

148. A ces événements mérite d'être joint ce qui suit, une petite chose, mais non sans importance[3] : je vous paraîtrai peut-être m'attarder à des vétilles, mais je sais bien que ce fut une morsure pour mon âme

1. χ 412.
2. Cf. X 61.
3. A. F. Norman, The Book-Trade in fourth-century Antioch, *J. H. S.*, 80, 1960, p. 122 sqq. Dans l'*ep.* 580 de 357, Libanios exprime son goût pour les beaux livres bien écrits : après son premier séjour estival à Nicomédie, contrarié par la peste (*supra*, § 77) en 350, Libanios, de retour à Constantinople, avait admiré avec Aristénète un beau livre, bien écrit ; devant son désir d'en posséder de semblables, Aristénète qui en avait hérités de son père lui promit de lui en donner, mais oublia. La bibliophilie est une passion ancienne...

πουσαν ἐπὶ κταμένοις ἀνδράσιν εὐχετάασθαι, οὐ γὰρ ἀπὸ τοιαύτης γε μνησθήσομαι τῆς γνώμης, ἀλλ' ὅπως μηδὲ τοῦτ' ἄρρητον εἴη τῶν παρ' ἐκείνης δεδομένων) οἱ τοίνυν ἐπ' ἐμὲ μηδενὸς μὲν λόγου, μηδενὸς δὲ ἔργου, μηδεμιᾶς δὲ ἀποσχόμενοι τέχνης, ἀλλ' οἱ μὲν ὀνείδεσι περιβάλλειν ἀποχρῆν νομίσαντες, οἱ δὲ πᾶν μικρὸν εἰ μὴ καὶ ἀποκτείναιεν, οἱ δὲ οἷς ἦν ἡδὺ καὶ ταύρου τὸν νεκρὸν ἐκδήσαντας ἀφεῖναι διὰ πετρῶν φέρεσθαι, τούτους τοίνυν τοὺς πάλαι μὲν πολεμοῦντας, ἐγκαλεῖν δὲ οὐδὲν σὺν ἀληθείᾳ γε ἔχοντας, προαπήνεγκεν ὁ δαίμων, ἡμῶν γε ἡσυχαζόντων καὶ οὐδ' ὅσον ἀραῖς ἀμυνομένων. Τί γὰρ δὴ ἔδει καταρᾶσθαι πάντα ἐπισταμένου τοῦ δαίμονος, τὸν ἀδικοῦντα, τὸν ἀδικούμενον, τὸν ὀφείλοντα δίκην, ᾧ τὴν δίκην ὤφειλεν ;

147. Ἦν δέ τι καὶ πρὸ τοῦ θανάτου τοῖς πολλοῖς θανάτου παρά γε σώφροσιν ἀνθρώποις δεινότερόν, τὸ πολλὰ κακὰ ἐπιδόντας εἶτα οὕτως ἀπελθεῖν · ὧν ἕν τι καὶ τό ⟨τινα⟩ τῶν αἰδοίων τοῦ μοιχοῦ λαβόμενον τῇ χειρὶ ξυρῷ τὰ πάντα ἀμῆσαι.

148. Τούτοις ἄξιον ἐκεῖνο προσθεῖναι σμικρόν τε καὶ οὐ σμικρόν. Ὑμῶν μὲν γὰρ ἴσως τῳ μικρολογεῖσθαι δόξω, δηχθεὶς δὲ αὐτὸς τὴν ψυχὴν οἶδα καὶ ⟨ὡς⟩ ἐπὶ μεγάλῳ τοῦτο παθών. Ἦν μοι ἡ Θουκυδίδου συγγραφή, γράμματα

1 χ 412 || **3** τοῦτ' CVM : τοῦτο KL || ἐκείνης $CVM^{pc}KL^{pc}$: -νοις $M^{ac}L^{ac}$ || **5** περιβάλλειν CV : περιβαλεῖν MKL || **6** ἀποχρῆν $CVM^{pc}KL$: ἀπόχρη M^{ac} || μὴ καὶ Gasda (sic Foerster) : καὶ μὴ codd. || **6-7** ἀποκτείναιεν CVK^{ac} ut uid. : ἀποκτείνειεν $M^{pc}K^{pc}$ ut uid. ἀποκτείνειαν M^{ac} ut uid. ἀποκτείν εν L || **7** οἱ δὲ CV : ἧς δὲ K δὲ (post spatium uacuum) L om. M (qui postea δὲ s. l. inter οἷς et ἦν suppleuit) || νεκρὸν CVKL : νεϐρον (sic) M || **9** οὐδὲν C^{pc} (manu *p*) VMKL : οὐδὲ C^{ac} || γε CMKL : om. V || **15** cf. X 61 (κακὰ πόλλ' ἐπιδόντα) || **16** ὧν CVMK : ὡς L || **17** τινα addidi : τὸν τῆς μοιχῆς ἄνδρα Herwerden ad quod Foerster (III, p. xxi) « simplicius τὸν ἄνδρα post τὰ πάντα inseres uel e τὰ πάντα efficies » || **17** λαϐόμενον τῆι χειρὶ C : τῇ χ- λαϐ- VMKL fortasse recte || **18** ἀμῆσαι MKL : ἀμ- CV || **19** σμικρὸν bis CMKL : μικρὸν V || **20** μικρολογεῖσθαι CVKL : σμ- M || **21** καὶ CVM^{sl} : om. MKL || ὡς addidi (sic iam Herwerden καὶ deleto).

et que je le ressentis comme un grand malheur. J'avais l'histoire de Thucydide, écrite en caractères fins et plaisants, et le volume entier était si léger que je le portais moi-même, l'esclave me suivant, et ce fardeau avait son charme. J'y lisais le récit de la guerre entre les Péloponésiens et les Athéniens, en ressentant ce qu'un autre peut-être a déjà ressenti : un autre exemplaire ne m'aurait pas procuré le même plaisir. **149**. A force de tant vanter mon bien à beaucoup de gens, avec plus de joie que Polycrate parlant de son anneau, je finis par attirer des voleurs. J'en surpris quelques-uns, mais le dernier mit le feu * pour ne pas être pris, et là s'arrêta ma recherche, mais non mon chagrin. Et l'enrichissement que Thucydide aurait dû me procurer s'amenuisa du fait que je le lisais sans agrément, en d'autres caractères. **150**. Mais le chagrin qui ainsi me frappait fut aussi, quoique tardivement, effacé par la Fortune. Je ne cessais d'en parler avec douleur dans mes lettres à mes amis, décrivant la taille de l'ouvrage, son aspect intérieur et extérieur, demandant : « Où est-il donc maintenant et entre quelles mains ? ». Un de mes élèves, un concitoyen, qui l'avait acheté, vint en faire la lecture et son maître [1] s'écria « Le voici », en reconnaissant ses marques, et vint me trouver pour savoir s'il s'était trompé. Je m'en saisis dans l'état d'esprit de celui dont l'enfant depuis si longtemps disparu réapparaît à l'improviste [2]. Je m'en fus tout joyeux, rendant grâces tout aussitôt et maintenant encore à la Fortune. Que l'on rie, si l'on veut, de me voir faire tant d'histoires d'une petite chose : il n'y a rien à redouter, je présume, du rire de l'ignorant.

1. L'étudiant en question fait partie de l'école de Libanios (« un de mes élèves ») mais se trouve pour le moment dans la classe du grammatiste de l'établissement, cf. P. Petit, *Les étudiants*, p. 85-86.

2. Le livre est retrouvé grâce à ses γνωρίσματα comme un enfant exposé de la Comédie Nouvelle. Voir par exemple

μὲν ἐν μικρότητι χαρίεντα, τὸ δὲ σύμπαν οὕτω ῥᾴδιον φέρειν ὥστ' αὐτὸς ἔφερον παιδὸς ἀκολουθοῦντος, καὶ τὸ φορτίον τέρψις ἦν. Ἐν τούτῳ τὸν πόλεμον τῶν Πελοποννησίων καὶ Ἀθηναίων μαθών, ἐπεπόνθειν ὅπερ ἴσως ἤδη τις καὶ ἕτερος · οὐ γὰρ ἂν ἐξ ἑτέρας βίβλου ταῦτ' ἂν αὖθις ἐπῆλθον πρὸς ἡδονήν. **149**. Ἐπαινῶν δὴ πολλὰ καὶ πρὸς πολλοὺς τὸ κτῆμα καὶ εὐφραινόμενος μᾶλλον ἢ Πολυκράτης τῷ δακτυλίῳ, κλέπτας αὐτῷ τοῖς ἐπαίνοις ἐπῆγον, ὧν τοὺς μὲν ἄλλους εὐθὺς ᾖρουν, ὁ δέ γε τελευταῖος πῦρ ἀνῆψε τοῦ μὴ ἁλῶναι · καὶ οὕτω δὴ τοῦ ζητεῖν μὲν ἐπεπαύμην, τὸ μὴ λυπεῖσθαι δὲ οὐκ εἶχον, ἀλλὰ καὶ τὸ κέρδος μοι τὸ παρὰ τοῦ Θουκυδίδου, μέγα ἂν γενόμενον, μεῖον ἤρχετο διὰ τὸ σὺν ἀηδίᾳ γράμμασιν ἑτέροις ὁμιλεῖν. **150**. Ἀλλὰ καὶ τοῦτο μέντοι τὸ οὕτως ἀνιαρὸν βραδέως μέν, ὅμως δὲ ἰάσατο ἡ Τύχη. Διετέλουν μὲν γὰρ πρὸς τοὺς ἐπιτηδείους γράφων, αὐτὸ μετὰ λύπης τῷ λόγῳ μέτρα τε διηγούμενος, καὶ οἷον μὲν τὰ εἴσω, οἷον δὲ τὰ ἔξω, καὶ « ποῦ νῦν ἄρα » καὶ « ἐν τίνος χερσί ; ». Νέος δέ τις, πολίτης ἐμός, ἐωνημένος ἧκεν ἀναγνωσόμενος, καὶ ὁ διδάσκαλος ἀνεβόησε « τοῦτ' ἐκεῖνο », τοῖς γνωρίσμασιν ἑλών, καὶ ἧκεν ἐρωτῶν εἰ μὴ ἁμαρτάνοι δόξης. Λαβὼν οὖν ἐγὼ καὶ ποιήσας οἷα ἄν τις ἐπὶ παιδὶ τὸν ἴσον μὲν ἀφανισθέντι χρόνον, φανέντι δὲ οὐ προσδοκηθέντι, περιχαρὴς ἀπηλλαττόμην, καὶ τότε εὐθὺς καὶ νῦν οἶδα τῇ θεῷ χάριν. Γελάτω δὲ ὁ βουλόμενος, ὡς ὑπὲρ φαύλου μακρολογήσαντος, ἀδεὲς γὰρ δήπουθεν ἀπαιδεύτου γέλως.

3-4 πελοποννησίων CVM : -πονη- KL || **4** ὅπερ ἴσως CVM : ἴσως ὅπερ KL || **5** γὰρ ἂν CVKL : γὰρ M || ταῦτ' CVM : τοῦτ' KL || **9** ᾕρουν CVML : ᾔρουν K || **9-10** τελευταῖος VMKL (sic Foerster) : ἕτερος CM[sl] || **10** πῦρ codd. : πυρὰν Reiske Gasda (sic Foerster) cf. capp. 67, 179, 277 || **11** τὸ μὴ CVM : τὸ KL || **15** ὅμως δὲ VMKL : ὅμως C || **16** post γράφων distinxi : post λόγῳ CVM (?) KL post λύπης Foerster || **18** καὶ ποῦ... χερσὶ distinxi : post ἄρα CVML non dist. K edd. || **19** ἐωνημένος CVM[pc] : ἐπωνημένος M[ac]KL || **22** οἷα C[pc] (manu *n*) VMKL : οἷς C[ac].

151. La raison essentielle qui peut me faire considérer comme malheureux, la voici maintenant. Si le père qui a confié à la tombe beaucoup de ses enfants et suivi bien des couches funèbres emportant leurs corps est malheureux, comment ne serais-je point, moi aussi, compté parmi les infortunés ? Ils furent non seulement nombreux mais excellents aussi, les élèves que j'ai perdus *, enterrant les uns de mes mains et renvoyant en leurs patries dans leurs cercueils ceux de l'extérieur. **152**. Comme Thrasybule coupait les épis qui dépassaient les autres [1], de même la Fortune m'a ravi les meilleurs de mes disciples : depuis le début de mon enseignement en Bithynie jusqu'à aujourd'hui, épargnant toujours ceux qui ne brillaient guère, elle enlevait ceux qui avaient déjà ou allaient acquérir de la réputation *. **153**. A ceux qui croyant parler de façon pertinente demandent « quels orateurs nous a-t-il révélés ? », je réponds qu'ils en verraient beaucoup s'ils se rendaient dans l'Hadès. Leur perte fait du tort aux sénats et à l'administration des cités, fait du tort aux tribunaux privés de la parole des défenseurs du juste, fait du tort aux chaires, protégées les unes par Hermès, les autres par Thémis *.

154. Et surtout mon malheur fut de m'être établi professeur de rhétorique à une époque ou la rhétorique était faible, méprisée et insultée, alors que d'autres maîtres suscitaient les espérances. Si vous ignoriez lesquels, il faudrait vous le dire, mais vous savez parfaitement qui vous jugez heureux, ceux qui ont la richesse, et qui vous plaignez, ceux qui ont la culture *. **155**. Si la Fortune pouvait prendre la parole, comme dans les pièces de théâtre *, elle dirait : « Même si ton art a eu à combattre quantité

Ménandre, *l'Arbitrage*, *La Tondue*, etc. Cf. *infra*, § 155. [J. M.].

1. Il s'agit de Thrasybule, tyran de Sicyone, Hérod., V, 92.

151. Ἐφ' ᾧ δ' ἂν μάλιστα νομιζοίμην ἄθλιος, ἤδη φράσω. Εἰ γὰρ αὖ πατὴρ ὅστις πολλοὺς μὲν παῖδας παρέδωκε μνήμασι, πολλαῖς δὲ κλίναις σώματά γε τούτων φερούσαις ἠκολούθησεν, ἄθλιος, πῶς οὐχὶ καὶ αὐτὸς ἂν ἐν δυστυχοῦσιν ἀριθμοίμην, οὐ πολλοὺς μόνον ἀλλὰ καὶ ἀγαθοὺς παῖδας τοὺς μὲν αὐτὸς θάψας, τοὺς δὲ ἐν σοροῖς ξένους νεανίσκους εἰς τὴν οἰκείαν ἀποπέμψας ; **152.** Ὥσπερ γὰρ ὁ Θρασύβουλος τοὺς τῶν ἀσταχύων ὑπερέχοντας ἐξέκοπτεν, οὕτως ἡ Τύχη τῶν ὁμιλητῶν τοὺς ἀρίστους ἥρπασεν, ἀρξαμένη μὲν ἀπὸ τῶν ἐν Βιθυνίᾳ διατριβῶν, προελθοῦσα δὲ εἰς τόδε ἀεί, φειδομένη μὲν οἳ οὐκ ἂν ἐξέλαμψαν, τοὺς δὲ ἤδη τε ἐν δόξῃ καὶ αὖ τοὺς ἐσομένους ἀφαιρουμένη. **153.** Λέγω οὖν πρὸς τοὺς οἰομένους τι λέγειν ἐπειδὰν ἐρωτῶσι « τίνας δὲ ἡμῖν ἀπέφηνε ῥήτορας ; » ὅτι ἐλθόντες εἰς Αἵδου θεάσαιντ' ἂν οὐκ ὀλίγους, ὧν οἰχομένων ἐζημίωνται μὲν βουλαὶ καὶ διοικήσεις πόλεων, ἐζημίωνται δὲ δίκαι, λόγων τῷ δικαίῳ συμμάχων ἐστερημέναι, ἐζημίωνται δὲ θρόνοι ὧν τοὺς μὲν Ἑρμῆς, τοὺς δὲ ἐφορᾷ Θέμις.

154. Καὶ μὴν καὶ τόδε δυστυχοῦς, ἐν ἀσθενείᾳ τε καὶ ἀτιμίᾳ καὶ προπηλακισμῷ τῶν λόγων λόγους διδάσκειν καθήμενον, ἑτέρων ὄντων ἐν οἷς αἱ ἐλπίδες · ἃ εἰ μὲν μὴ ἠπίστασθε, τοῦ διδάξοντος ἂν ἔδει. Νῦν δὲ ἴστε μὲν οὓς μακαρίζετε, παρ' οἷς οἱ πλοῦτοι · ἴστε δὲ οὓς ἐλεεῖτε, παρ' οἷς οἱ λόγοι. **155.** Εἴποι ἂν οὖν ἡ Τύχη, καθάπερ ἐν δράμασι λαβοῦσα φωνήν, ὅτι : « Εἰ καὶ μυρίοις ἐναντιώ-

3 δὲ CVM[sl]K : om. ML || γε τούτων VMKL : τούτων γε C τούτων Reiske in adnot. Foerster || **7** οἰκείαν CVK : οἰκίαν ML || **10** inter προ et Φήστω infra cap. 159 unum folium codicis M periit || **11** post ἀεί dist. codd. : post τόδε edd. || ἐξέλαμψαν C[sl] (qua manu incertum cf. supra cap. 144) VKL : -ψεν C || **12** αὖ τούς CV : αὐτούς KL || ἀφαιρουμένη VKL : ἀφήρει C (sic Foerster) || **13** τι edd. : τί codd. || **16** διοικήσεις CV : διοίκησις KL || **18** δὲ C : om. VKL || **21** αἱ CKL : om. V || ἃ Reiske : ἃς codd. οὓς Foerster || **22** ἠπίστασθε VKL : ἐπίστασθε C || **25** εἰ : adnot. V mg. ση(μείωσ)αι τὸ εἰ ἀποδιδόμενον οὐ πρὸς τὸ ἀλλά.

d'obstacles, tu dois cependant reconnaître que tu as reçu de moi de quoi en contrebalancer beaucoup : ainsi le fait que tu as composé nombre de discours et que tes compositions ont été jugées excellentes, au point que de ton vivant — ce qui nécessairement suscite la jalousie —, la foule des amateurs reproche à tes copistes, pourtant nombreux, l'insuffisance de leur effectif *. Aussi voit-on dans toutes les salles de cours tes œuvres entre les mains de ceux qui reçoivent l'enseignement comme entre celles des enseignants » *. De tout cela, Messieurs, je rends grâce à la Fortune et je lui demande de m'assurer un avenir toujours meilleur *.

156. Mais, je ne sais comment, j'ai oublié de parler [1] d'Aetherios et de Festos, tous deux gouverneurs de Syrie et en poste avant l'arrivée ici de Valens *. L'un d'eux, Festos, avait l'esprit dérangé et ignorait la langue grecque *, ce qui du reste ne l'incita nullement à refuser le poste. A son arrivée, il fit venir Euboulos un soir chez lui et s'entretint avec lui par le truchement d'un interprète fidèle. L'autre avoua qu'il désirait me voir mort, afin de recouvrer quelque crédit *. Festos monnaya à Euboulos sa haine envers moi, pour le prix de ce qu'il mangeait chaque jour : celui-ci avait des oies grasses, du bon vin et des faisans. **157**. Festos donc ne me voyait pas d'un très bon œil, parlait de moi comme d'un malfaiteur et me faisait tout le mal qu'il pouvait. Un jour qu'un auditoire s'était rassemblé autour de moi, il tenta de le disperser en invitant les gens déjà assis à venir écouter une lettre impériale, sinon c'était l'exil aussitôt la lecture terminée *. Et en même temps des secrétaires étaient là pour prendre les noms de ceux qui ne se levaient pas. Il pensait en effet

1 Nous avons ici la trace la plus évidente d'une addition, cf. *Notice* p. 4.

μασιν ἡ τέχνη σοι πεπολέμηται, τοῦτό γ' ἂν ὁμολογήσαις, ἓν πολλῶν ἀντάξιον παρ' ἐμοῦ σοι γενέσθαι, τό τε εἰς πλῆθος ποιῆσαι λόγους, τό τε οὕτω δόξαι τοὺς ποιηθέντας εἶναι καλούς, ὥστ' ἔτι ζῶντος, ἐν ᾧ καὶ φθονεῖσθαι ἀνάγκη, τὰς τῶν βιϐλογράφων δεξιὰς τὰς πολλὰς ὀλίγας ἐλέγχεσθαι τῷ πλήθει τῶν ἐραστῶν. Τοιγάρτοι πᾶν ἐργαστήριον λόγων καὶ τούσδε δείκνυσιν ὁμοίως ἐν παιδευομένων τε καὶ παιδευόντων χερσί ». Καὶ τούτων, ὦ ἄνδρες, οἶδα τῇ Τύχῃ χάριν, καὶ αἰτῶ γε παρ' αὐτῆς ἀεὶ βελτίω παρέχειν τὰ δεύτερα.

156. Ἀλλὰ γὰρ οὐκ οἶδ' ὅπως με διεφυγέτην Αἰθέριός τε καὶ Φῆστος, Σύρων μὲν ἄρχων ἑκάτερος, ἄρξαντε δὲ πρὶν ἢ Βάλεντα δεῦρ' ἥκειν. Ὁ μὲν οὖν φωνῆς Ἑλλάδος ἄπειρος ἦν ὁ Φῆστος, παραπαίων ἄνθρωπος · ἀλλ' ὅμως αὐτὸν οὐδὲ τοῦτο ἔπεισε διώσασθαι τὴν ἀρχήν. Ἐλθὼν δὲ δείλης εἰσάγων ὡς ἑαυτὸν Εὔϐουλον καὶ συνὼν αὐτῷ δι' ἑρμηνέως πιστοῦ (ὁ δ' ὡμολόγει τῆς ἐμῆς ἐπιθυμεῖν τελευτῆς ὅπως αὖθις εἶναί τι δόξειεν) ἐπώλει οὖν Εὐϐούλῳ τὸ μισεῖν ἐμὲ Φῆστος ὧν καθ' ἑκάστην ἤσθιε τὴν ἡμέραν · ἦσαν δὲ χῆνες πίονες ἐκείνῳ καὶ οἶνος ἡδὺς καὶ φασιανοί. **157**. Ἔϐλεπέ τε οὖν με οὐχ ὡς ἥδιστα ὁ Φῆστος, καὶ ὡς περὶ κακοῦ τοὺς λόγους ἐποιεῖτο, καὶ ὁπόσα ἐξῆν ἔπληττε. Καί ποτε θέατρον μέν μοι συνείλεκτο, λῦσαι δὲ τοῦτο πειρώμενος ἐπὶ γράμματα βασίλεια τοὺς καθημένους ἐκάλει, ὡς δὴ ἐπὶ τῷ τέλει τῆς ἀναγνώσεως ἐξελῶν, καὶ

1 γ' ἂν Gasda (sic Foerster) : γὰρ CKL γ'οὖν (sic) C[sl] (qua manu incertum, cf. supra capp. 144 et 152) γὰρ ἂν V an scribendum γὰρ ὁμολογήσεις (Gasda) ? || **2** πολλῶν ἀντάξιον CVL : ἀντ- πολλ- K || εἰς πλῆθος ποιῆσαι CVL : ποι- εἰς πλ- K || **5** βιϐλογράφων CVL : βιϐλιο- K || **7** ἐν CV : ἐκ KL || **9** χάριν VKL : τὴν χ- C || **9** αὐτῆς ex αὐτοῖς C (prima manu) || **12** ἄρξαντε VKL : -ντες C || **13** βάλεντα C (ν in ras. manu *p*) VL : βάλλεντα K || ὁ μὲν VKL : ὅμως C || **15** διώσασθαι (δηώσ- K) : adnot. V mg. ἤτοι ἀπώσασθαι || grauiter post ἀρχήν distinxi || **16** αὐτῷι CVK : om. L || **17-18** parentheseos signa posui || **17** ὁ δ' CV[pc] : οὐδ' V[ac] KL || **21** με C : om. VKL || **25** ἐξελῶν corrector codicis P Reiske Foerster : ἐξελὼν CVKL.

que je résisterais et m'opposerais à leur départ, ce qui devait suffire à me valoir la mort. Là-dessus, ceux qui ne pouvaient faire autrement sortirent, se retournant maintes fois vers moi et vers ce que j'allais dire, et ceux qui pouvaient m'écouter m'écoutèrent, en regrettant l'absence de ceux qui étaient partis malgré eux. **158**. Il me haïssait donc et machinait contre moi et de cette haine je sais gré à la Fortune : au moins elle ne fit pas de moi l'ami d'un homme qui plus tard craignit qu'en emportant Maximos * la maladie ne devançât son glaive. Quand il eut remporté cette victoire, il se réjouit, le misérable, mais il ne gagna pas contre moi, soit dit sans offenser Adrastée, et pourtant il noua dans ce dessein une intrigue en se servant de Martyrios, un Pisidien : c'était un homme qui aimait les athlètes, irréprochable pour le reste, et que Festos tenait pour un magicien parce qu'il fréquentait trop les lutteurs *. **159.** Il en parla seul à seul avec Valens, disant qu'il m'impliquerait aisément dans cette affaire, ainsi qu'Eutropios *, mais il gagna en hâte l'Asie pour y prendre son commandement, si bien que Martyrios fit beaucoup rire dans le tribunal, car les juges n'arrivaient pas à saisir comment il avait pu être inculpé, maintenant que l'origine de l'affaire * avait disparu dans l'ombre. Pour prix de sa méchanceté Festos reçut en mariage une femme jeune et de grosse fortune et dans les villes qu'il a vidées de tout il prospère aujourd'hui *.

160. De son côté Aetherios [1] mourut après avoir connu de nombreux et graves malheurs, et avoir perdu la parole et l'ouïe. Lui aussi se montra méchant

1. Consulaire de Syrie, probablement un des successeurs de Festus, donc après 366. Au § 156, son nom est placé en tête, mais peut-être par euphonie, puisque son cas est traité après celui de Festus, *Prosop.*, p. 25. Le gouvernement de Festus se place en 365-366, au temps de l'usurpation de Procope, puisque son ami Fidelios accuse Libanios d'avoir fait l'éloge du tyran, *infra*, § 163.

ὑπογραφεῖς ἅμα παρῆσαν γραψόμενοι τὰ τῶν οὐκ ἀναπηδώντων ὀνόματα. Ὤιετο γάρ με μαχεῖσθαί τε καὶ οὐκ ἐπιτρέψειν ἀπελθεῖν, τὸ δὲ ἀρκέσειν εἰς θάνατον. Ἐνταῦθα οἱ μὲν ὑπ' ἀνάγκης ἐξῄεσαν, πολλάκις μεταστρεφόμενοι πρὸς ἐμέ τε καὶ τὰ ῥηθησόμενα, οἷς δὲ ἐξῆν ἀκούειν ἤκουον, ποθοῦντες δὲ τὴν οὐχ ἑκοῦσαν οἰχομένην μοῖραν. **158**. Ἐμίσει μὲν οὖν καὶ ἐπεβούλευε, τοῦ μίσους δὲ οἶδα τῇ Τύχῃ χάριν, ἥ γέ με οὐκ ἐποίησε φίλον ἀνδρὶ δείσαντι μετὰ ταῦτα ὕστερον μὴ φθάσῃ τὸν ἐκείνου σίδηρον ἡ νόσος ἀπενεγκοῦσα τὸν Μάξιμον. Ὁ δὲ ὡς ἐνίκησε ταύτην τὴν νίκην, ἐγάννυτο ὁ κακοδαίμων· οὐ μὴν ἐμέ γε ἴσχυσε, προσκυνῶ δὲ τὴν Ἀδράστειαν, καίτοι τοῦτό γε ῥάπτων διὰ Μαρτυρίου, Πισίδου τινὸς ἀνθρώπου, χαίροντος μὲν ἀθληταῖς, ἀμέμπτου δὲ ἄλλως, δοκοῦντος δὲ τῷ Φήστῳ γόητος διὰ τὸ προσκεῖσθαι παλαισταῖς. **159**. Περὶ τούτου μόνος πρὸς μόνον τὸν Βάλεντα εἰπὼν ὡς ἐμέ τε ἂν ἐν αὐτῷ ῥᾳδίως καὶ τὸν Εὐτρόπιον ἕλοι, σπεύδων ᾤχετο εἰς Ἰωνίαν ἐπὶ τὴν ἀρχήν, ὥστε γέλωτα πολὺν ἐν τῷ δικαστηρίῳ τὸν Μαρτύριον παρασχεῖν, οὐκ ἐχόντων τῶν δικαζόντων μαθεῖν ἥτις ἡ ἀρχὴ τῷ τοῦτον ἀχθῆναι γένοιτο, τῆς ἀρχῆς τοῦ πράγματος ἐν σκότῳ γεγενημένης. Φήστῳ μὲν οὖν ἆθλον τῆς κακίας ἐγένετο γάμος, νέα μὲν γυνή, συχνὴ δὲ οὐσία· καὶ νῦν ἐν πόλεσιν ἃς ἐκένωσε τρυφᾷ.

160. Αἰθέριος δὲ τέθνηκε μὲν πολλὰ δὴ καὶ μεγάλα πρότερον ἐπιδὼν κακά, καὶ τό τε λαλεῖν τό τε ἀκούειν ἀποβαλών. Γίνεται δὲ καὶ αὐτὸς εἰς ἐμὲ κακός, ὥσπερ

2 με μαχεῖσθαι CV : μεμαχῆσθαι KL || **4** οἱ μὲν CV : μὲν KL || **6** δὲ C : om. VKL || **8** δείσαντι C[sl] (cf. capp. 144, 152, 155) VKL : -ντα C || **9** ὕστερον in mg. suppl. K || **11** γε V : τε CKL || **12** τὴν C : om. VKL || ἀδράστειαν C[pc] (prima manu) VKL : ἀνδρ- C[ac] ut uid. || **16** βάλεντα CVL : βάλλεντα K || ἐν αὐτῶι codd. : an ἐν ταὐτῷ scribendum? || **17** εὐτρόπιον CVL ut uid. : ἐντρ- K || **20** ἀχθῆναι codd. : εἰσαχθ- Herwerden, probante Foerster III p. xxii, fortasse recte || **21** uerbo Φήστω rursus incipit M || **22** ἆθλον CVL : ἄθλον KM || **25** cf. supra cap. 147 || **25** λαλεῖν CVML : λαβεῖν K.

avec moi, comme s'il souffrait d'avoir joui de ma protection en Bithynie et de s'être réfugié auprès de moi quand il était menacé. Je passe sur ses outrages au sujet de mon éloquence, qui étaient destinés à lui procurer la faveur d'un homme très riche et sans enfants. **161**. Mais c'est lui qui m'envoya au milieu d'une foule de cochers, de palefreniers et d'employés chargés d'ouvrir les portes aux chars : il faisait fouetter les uns, menaçait les autres du bûcher, et un vieux cocher eut les flancs tout déchirés, ce qui suscita dans le peuple une grande clameur. Pour moi, j'eus bien du mal à éviter la vue du sang. Et tout cela à la suite de la simple accusation d'un fou, dont la folie se révéla au cours même du procès [1]. **162**. C'est lui qui me cita à comparaître en affirmant que mon témoignage apporterait la preuve que Philoumenos se livrait à la magie [2]. Et cette preuve était que je lui avais conseillé de s'abstenir d'accusations calomnieuses et de quitter les affaires. C'était pour cela qu'il m'avait cité. Il ne voyait rien de mal à me faire venir et comparaître pour des raisons aussi stupides. Je quittai la place, plaignant le juge qui prétendait juger avec si peu d'esprit, entouré du flot de mes amis, chacun d'eux s'efforçant de m'apporter quelque réconfort. Je me comportai de manière à rendre ces efforts inutiles car j'étais resté hors d'atteinte.

163. Fidelios était un compatriote de Festos, un

1. Pour ψιλῆς αἰτίας, cf. *supra*, § 99. [J. M.]. Le passage est fort obscur : on ne voit pas comment Libanios aurait pu être impliqué dans une affaire concernant les petites gens dont il parle. Il est vrai que puisque c'était l'œuvre d'un fou, dit-il, il ne faut pas chercher à comprendre ce qui a été peut-être obscurci à dessein... En revanche, il affirme à maintes reprises son horreur physique de la vue du sang, cf. *infra*, §§ 208, 228.

2. Philoumenos était un des collaborateurs de Libanios et enseignait sous ses ordres en 363, *ep.* 1355. Les accusations de magie, fréquentes en toutes périodes, le furent davantage encore à partir de 371. Aussi faut-il peut-être retarder jusque vers cette date le commandement d'Aetherios.

ἀχθόμενος ὅτι με ἐν Βιθυνίᾳ προὐβέβλητο, καὶ ὁπότε τι δείσειεν ἐπ' ἐμὲ κατέφευγε. Τὰς μὲν δὴ εἰς τοὺς λόγους ὕβρεις αὐτοῦ παραλειπτέον, ἐν αἷς ἐχαρίζετο πάνυ μὲν ἀνδρὶ πλουσίῳ, παῖδας δὲ οὐ κεκτημένῳ. **161**. Ἀλλ' οὗτός γέ ἐστιν ὁ στήσας με ἐν μέσῳ πολλῶν μὲν ἡνιόχων, πολλῶν δὲ ἱπποκόμων, οἷς τε ἔργον ἀναπεταννύναι τοῖς ἅρμασι τὰς θύρας · ὧν τοὺς μὲν ἔπαιε, τοὺς δὲ ἠπείλει κατακαύσειν, ἑνὸς δέ τινος ἡνιόχου γέροντος καὶ πλευράς, ἐφ' ᾧ δὴ καὶ μέγα ἐβόησεν ὁ λεώς, κατέτεμνεν, ἐμοὶ δὲ ἦν πόνος οὐ μικρὸς μὴ τὸ αἷμα ἰδεῖν. Καὶ ταῦτα ἀπὸ ψιλῆς αἰτίας ἀνδρὸς ἐποίει μαινομένου, δεικνύντος τὴν μανίαν καὶ τοῖς ἐν αὐτῇ γιγνομένοις τῇ δίκῃ. **162**. Οὗτος ἦν ὁ κἀμὲ κελεύσας εἰσάγειν, ὡς δὴ τῆς Φιλουμενοῦ γοητείας ἐν ἐμοὶ τὸν ἔλεγχον ἔχων · ὁ δὲ ἔλεγχος ἦν, παρῄνουν αὐτῷ μὴ συκοφαντεῖν ἀλλ' ἀπηλλάχθαι πραγμάτων. Καὶ τοῦτο ἦν ἐφ' ᾧ παρεκαλούμην. Τῷ δὲ οὐδὲν ἐδόκει δεινὸν ἐμὲ ἐφ' οὕτως ἀνοήτοις εἰσελθόντα ἑστάναι. Καὶ ἐγὼ μὲν ἐξῄειν, ἐλεῶν τὸν δικαστήν, ὁπόσον ἀπέχων νοῦ δικάζειν ἠξίου, τῶν δὲ φίλων πολλοὶ συνέρρεον ἄλλος ἄλλο τι πρὸς παραμυθίαν ἐσκεμμένος. Ἐποίουν δὲ οὐδὲν αὐτοὺς δεῖσθαι τουτωνὶ τῶν σκεμμάτων · οὕτως οὐκ ἐτετρώμην.

163. Φιδήλιος δὲ ἦν μὲν Φήστου πολίτης, ἄγριος

1 προὐβέβλητο C : προυβ- VKM προβ- L || **2** κατέφευγε CVL : -γεν MK || **5** γέ V (sic Reiske Foerster) : τε CMKL || **6** μὲν CVM^{pc} : τε M^{ac}KL || τε CMKL : γε V || **7** θύρας CL mg. : πύλας VMKL fortasse recte || **9** καὶ μέγα CV : μέγα MKL || λεώς, κατέτεμνεν V : λεὼς ἐφ' οὗ κατ- CMKL|| **11** ἐποίει CV : ἐπ [spatium] Lἐποίου K om. M || **11-12** δεικνύντος ⟨τε⟩ Foerster || **12** καὶ codd. : κἂν corrector codicis P (sic Foerster) || **13-14** Φιλουμενοῦ Reiske Foerster : φιλουμένου codd. || **15** ἀλλ' CVM : ἀλλὰ KL || **16** ᾧ παρεκαλούμην Reiske (*Anim.*) : ὦ παρεκαλοῦμεν CV ὥπερ ἐκαλούμην M (p. c. ?) K (sic Foerster) ὥπερ ἐκαλοῦμεν LM^{sl} (rec. ut uid.) || **19** ἀπέχων νοῦ CVM^{pc}KL (cum in C prima littera ν uerbi νοῦ a reliquis distaret, librarius *p* οὗ in οὐ correxit) : ἀπέχων οὐ M^{ac} (sic etiam codicis A pars recentior) || **20** ἐσκεμμένος CVKL : -μένως M.

homme rustre *. Sa fonction était d'administrer les biens de l'empereur et son amitié pour Euboulos avait les mêmes origines que celle de Festos. Euboulos l'ayant gagné à ses vues par de nombreux cadeaux et de nombreux banquets, il le tourne contre moi et lui suggère de sévir à propos de l'un de mes discours. Le texte du discours, un éloge du tyran *, existait selon lui et se trouvait chez moi, qui en étais l'auteur : il était facile de le faire saisir par ses agents. **164**. Fidelios jugea plus indiqué de mêler le général [1] à l'affaire. Ce dernier avait rendu d'importants services à Julien, il en rendait aussi à Valens ; il était redoutable aux ennemis, redoutable également à ses concitoyens lorsqu'ils étaient mauvais, plein de respect pour la philosophie et l'éloquence, et ne manquant pas d'éloquence en la compagnie des philosophes : telles étaient les qualités qu'il devait à sa nature *. **165**. Ce Lupicinos ne m'avait personnellement jamais vu, mais avait sans doute de moi quelque idée par ouï-dire et il dit à Fidelios : « Silence, cher ami, laissez-moi traiter cette affaire ». Il me fait venir, se lie d'amitié avec moi et m'autorise à faire appel à lui en cas de besoin. Et il invite ces gens qui se moquent des temples et tiennent leur patrimoine du dieu du ciel à cesser leurs insolences et à faire preuve de respect pour ma situation *. Telle fut la tempête que la déesse avait soulevée et qu'elle apaisa. Non que j'eusse jamais fait un discours de ce genre, mais Fidelios, après l'échec de sa première tentative, aurait poursuivi ses machinations jusqu'à leur effet.

1. Lupicinus fut *magister equitum* en Orient de 364 à 367 au moins, *Prosop.*, p. 520-521. Sur le « général » en résidence à Antioche, P. Petit, *Lib. et vie munic.*, p. 187. Lupicinus avait vaillamment servi sous Julien (« redoutable aux ennemis ») et était demeuré loyal envers Valens (« redoutable à ses concitoyens lorsqu'ils étaient mauvais »). Il accompagna Valens en Asie mineure lors de la campagne contre Procope, au printemps 366 et dut revenir ensuite à Antioche, ce qui place l'affaire de Fidelios en 366 et non en 365 (A. F. Norman, *Autobiogr.*, p. 197).

ἄνθρωπος, ἀρχὴ δὲ αὐτῷ τῶν βασιλέως ἐπιμελεῖσθαι χρημάτων, φιλία δὲ πρὸς τὸν Εὔϐουλον ἀφ' ὧνπερ καὶ τῷ Φήστῳ. Ἔχων τοίνυν αὐτὸν πειθόμενον ἐκ πολλῶν δώρων τε καὶ συμποσίων, κινεῖ τε ἐπ' ἐμὲ καὶ συνεϐούλευε δίκην λόγου λαϐεῖν · τὸν δὲ λόγον, τοῦ τυράννου μὲν ἐγκώμιον, γεγράφθαι, κεῖσθαι δὲ παρ' ἐμοὶ τῷ συγγραφεῖ · ῥᾷστον δὲ εἶναι δι' ὑπηρετῶν ἑλεῖν. **164.** Ἔδοξεν οὖν ἐκείνῳ κάλλιον εἶναι τὸν στρατηγὸν ἐπὶ τοῦτο προσλαϐεῖν, πολλοῦ μὲν ἄξιον Ἰουλιανῷ γενόμενον, πολλοῦ δὲ ὄντα τότε τῷ Βάλεντι, φοϐερὸν μὲν πολεμίοις, φοϐερὸν δὲ τῶν οἰκείων τοῖς κακοῖς, αἰδούμενον δὲ καὶ σοφίαν καὶ λόγους, λόγου δὲ ἐν σοφῶν συνουσίαις οὐκ ἀποροῦντα · τουτὶ δὲ αὐτῷ παρὰ τῆς φύσεως ἦν. **165.** Οὗτος ὁ Λουπικῖνος, αὐτὸν μέν με οὐδεπώποτε ἰδών, παρὰ φήμης δὲ ἴσως τινὸς περὶ ἐμοῦ τι δεξάμενος, πρὸς μὲν τὸν εἶπε · « σίγα, ὦ φιλότης, καὶ ἐν ἡμῖν ταῦτα ἱστάσθω ». Μεταπεμψάμενος δὲ ἐμὲ ποιεῖταί τε φίλον καὶ ἐπαγγέλλειν εἴ του δεοίμην ἐδίδου, παρεκάλει δὲ τοὺς τῶν ἑδῶν τούτους καταλεγῶντας, τοὺς τοῦ Οὐρανίου κληρούχους, ἀφέντας ἃ ἀλαζονεύονται τἀμὰ ζηλοῦντας ὁρᾶσθαι. Τοιαῦτα μὲν ἀνέσεισεν ὁ δαίμων, τοιαῦτα δὲ καὶ ἐκοίμισεν, οὐχ ὡς πεποιημένου μοι τοιοῦδέ τινος λόγου, ἀλλ' ὅτι τῆς πρώτης πείρας ἁμαρτὼν ὁ Φιδήλιος προὔϐαινεν ἂν ἐπιϐουλεύων ἕως ἔργου τύχοι.

4 δώρων codd. : δόρπων apographa codicis C Laurentianus LVII 27 (corr. ex δόρων) et Vaticanus 939, ex quo Morel quem secuti sunt Reiske Foerster Norman ‖ κινεῖ τε Gasda, quem sequitur Foerster : κινεῖται codd. ‖ **8** τοῦτο CV : τούτω MKL ‖ **10** βάλεντι CVML : βάλλεντι K ‖ **14** οὐδὲπώποτε (sic) C : οὐδέποτε VMKL ‖ **15** τι CVML : om. K ‖ εἶπε VML : εἶπεν CK ‖ **16-17** μεταπ- ex καταπ- M ut uid. ‖ **17** δὲ suppl. M^{sl} ‖ τε suppl. M^{sl} ‖ **18** δὲ CM^{pc} : τε $VM^{ac}KL$ (sic Foerster) ‖ ἑδῶν P : ἔδων CVKL om. M ‖ τούτους CVM : τοῦ τοὺς KL ‖ **19** οὐρανίου codd. : οὐρανοῦ Wyttenbach Cobet (sic Foerster) ‖ **21** ἐκοίμισεν C^{pc} (manu *p*) V M^{pc} : ἐκόμισεν $C^{ac}M^{ac}KL$ ‖ **22** μοι $CVM^{pc}L^{pc}$: μου $M^{ac}KL^{ac}$ ut uid. ‖ τοιοῦδέ C^{pc} (manu *p*) VMKL : τοιούτου δὲ C^{ac} ‖ λόγου CVML : λόγον K ‖ **23** « aut οὐχ ἁμαρτὼν leg. aut οὐ προὔϐαινεν » Reiske (*Anim*) ‖ **24** τύχοι CVM^{pc} : τύχη $M^{ac}KL$.

166. J'eus l'occasion de montrer ma reconnaissance envers cet homme qui ne s'était pas laissé abuser : car s'il dut à l'empereur de figurer parmi les consuls, il me dut à moi ⟨.....⟩ Archelaos *. Celui-ci me donnait d'autres grandes marques d'honneur, mais la principale fut qu'il estima nécessaire de venir me saluer, et de cet honneur il fut l'initiateur, car en cela il n'imitait personne. En ayant été informé, je pris les devants et demandai simplement ⟨.....⟩ cet homme âgé jugea préférable de ne pas se déplacer, mais l'autre vint me voir, il faut le reconnaître *.

167. Protasios [1] avait les oreilles pleines des discours contre moi de gens qui étaient auparavant sans surface, mais qui avaient acquis de l'influence à la suite du meurtre de Julien. Ils le terrorisaient en lui disant que ce serait une honte pour son gouvernement s'il ne m'interdisait pas ses portes et ils attachèrent à sa personne pour l'accompagner dans son voyage un des leurs, chargé d'entretenir cette terreur. Il arrivait donc dans l'intention de me rabaisser, mais une maladie l'accabla durant la marche et s'aggrava avec le voyage. Il rejoignit de nuit sa résidence, sans recevoir l'accueil traditionnel, que sa maladie interdisait. **168.** Comme il voyait beaucoup de monde et que j'étais le seul à m'abstenir, il dit à Zénon *, l'un de ses intimes, que les faits démentaient les propos tenus contre moi : celui qui passait pour importuner les gouverneurs ne venait pas du tout. Zénon lui répondit qu'à son sens c'était tout à fait prévisible : je n'allais pas plus souvent chez eux qu'ils ne venaient chez moi et je n'accordais ce plaisir qu'à ceux qui m'aimaient. Ceux qui ne m'aimaient pas, je les ignorais. Il écouta mais n'en manifesta pas

1. Cf. *Prosop.*, p. 752. Consulaire de Syrie (ou peut-être, selon Gl. Downey, *A Study of the Comites Orientis and the Consulares Syriae*, Princeton, 1939, p. 21, *comes Orientis*) sous Valens, sans doute entre 367 et 377. Inconnu par ailleurs.

166. Ὑπῆρξε δέ μοι καὶ ἀμείψασθαι τὸν οὐχ ὑπαχθέντα ἄνθρωπον. Παρὰ μὲν γὰρ τοῦ κρατοῦντος ἦν αὐτῷ τὸ ἐν ὑπάτοις εἶναι, παρ' ἐμοῦ δὲ ⟨..........⟩ Ἀρχέλαος. Καὶ ἐτιμώμην ἄλλοις τε οὐκ ὀλίγοις, καὶ δὴ καὶ ᾠήθη δεῖν ἐλθὼν ὡς ἐμὲ προσειπεῖν, πατὴρ γιγνόμενος τῆς τιμῆς (οὐ γὰρ ἦν ὃν ἐμιμεῖτο) ἀλλ' ἐγὼ τοῦτο αἰσθανόμενος φθάσας ἐδεήθην ἕν τι ⟨..........⟩ προελέσθαι μεῖναι τὸν γέροντα· τὸν δὲ χρὴ νομίζειν ἀφῖχθαι.

167. Προτάσιον ἐνέπλησαν μὲν τῶν κατ' ἐμοῦ λόγων ἄνδρες ἐν οὐδενὶ μὲν λόγῳ πρότερον ὄντες, κτησάμενοι δὲ ἰσχὺν ἐκ τῆς Ἰουλιανοῦ σφαγῆς. Οὗτοι τοῦτον ἐφόβουν ὡς αἴσχιστα ἂν ἄρξειεν εἰ μὴ ἀπελαύνοι με τῶν θυρῶν· καὶ παρέζευξάν οἱ τῶν ἐκ τῆς συμμορίας κοινωνὸν τῆς πορείας τηρήσοντα ἐν ἐκείνῳ τὸν φόβον. Ἤιει μὲν οὖν ὡς ποιήσων με μικρόν, νόσῳ δὲ πιεζόμενος ἐβάδιζεν, αὐξομένης τῇ πορείᾳ τῆς νόσου. Καὶ ἧκέ γε εἰς τὴν καταγωγὴν νυκτὸς οὐδενὸς τῶν ἐν τῷ νόμῳ τυχών, οὐ γὰρ εἴα τὸ νοσεῖν. **168.** Ὡς δὲ πολλῶν ἰόντων αὐτῷ μόνος ἀπελιπόμην, λέγει πρὸς τὸν Ζήνωνα, ᾧ μάλιστα ἐχρῆτο, τοὺς κατ' ἐμοῦ λόγους ἐξεληλέγχθαι τοῖς ἔργοις· τὸν γὰρ δὴ λεγόμενον ἐνοχλεῖν τοὺς ἄρχοντας ἥκιστα προσιέναι. Ὁ δὲ καὶ πάνυ ταῦτα ἐλπίζειν ἔφη· οὐ γὰρ ἰέναι μᾶλλον παρ' αὐτοὺς ἢ καὶ τοὐναντίον· χαρίζεσθαι μὲν γὰρ ταύτῃ τοῖς ἐρῶσι· τοὺς δὲ οὐκ ἐρῶντας οὐδὲ ἐπί-

1 δέ VMKL : δὴ C ‖ **2** αὐτῷ Valois (ad Amm. Marc. 26, 8, 4) Foerster : αὐτοῖς· CVMKL ‖ **3** inter δὲ et Ἀρχ- spatium uacuum in V (4 uel 5 litt.) M (12 litt.) K (10 litt.) L (15 litt.) : colon in C, lacunam agnouerunt Valois (ibid.) Reiske Sievers (*Leben* 145, adn. 64) δὲ Ἀρχ- Morel Reiske (in ed.) Foerster Norman ‖ **4** ᾠιήθη CVM : ᾠήθην KL ‖ **5** ὡς CMKL : πρὸς V ‖ **6** τοῦτο CVMK : τοῦτον L ‖ **7** post τι lacunam statui ‖ προελέσθαι $VM^{ac}KL$: προσε- CM^{pc} ‖ **8** ἀφῖχθαι VMKL : ἀφίχθαι C ‖ **9** προτάσιον CVKL : πρωτ- M ‖ **12** αἴσχιστα CVML : ἔσχιστα K ‖ **13** κοινωνὸν CVM^{pc} : κοινὸν $M^{ac}KL$ ‖ **19** ἀπελιπόμην CVK : -λειπ- ML ‖ λέγει VMKL : λ- δὲ C ‖ ᾧι $CVM^{sl}KL$: ὃ M ‖ **20** ἐξεληλέγχθαι CVKL : -λέχθαι M ‖ τὸν CV : τί $M^{ac}KL$ τὸ M^{pc} ‖ **22** ὁ δὲ καὶ... ἰέναι VMKL (suppl. R mg.) : om. CR uide praef. supra p. 77 et cf. 92, 180 ‖ **24** δὲ οὐκ CVM : δ' οὐκ K δὲ L.

moins l'intention de nuire à ma réputation, cependant la mort l'en empêcha.

169. Vint ensuite un second Protasios *, exactement semblable au premier, du moins en ce qui me concerne : il fréquentait les impurs *, mais à ceux qui auraient pu lui apprendre quelque chose l'accès de sa résidence était interdit. Le tort qu'il pensait me faire était tout bénéfice pour moi. Il espérait que je l'inviterais à mes déclamations mais j'en régalais d'autres, lui montrant que je n'avais guère besoin de lui. A la suite de quoi la haine s'enfla dans son cœur, comme le montra l'accusation portée contre deux étudiants : s'ils étaient coupables, il fallait les punir, mais son filet s'abattit sur le corps enseignant, non qu'il les incriminât tous, mais pour dissimuler en la généralisant son action dirigée contre moi. **170**. Les jeunes gens avaient été dépouillés de leurs vêtements et suspendus pour être fouettés ; un certain Olympios [1] était l'assesseur. Je n'avais pas de relations avec lui, mais la loi était violée. Il eut assez de bon sens pour intervenir à grands cris et empêcher la flagellation. Le gouverneur, ni en pensée ni en parole, ne savait distinguer l'insolence du sentiment de sa dignité et il tourna ses armes contre le général * : il fut contraint de rentrer en lui-même et mis en humiliante posture, et ce fut la fin de son gouvernement.

171. Mais j'en reviens à Valens : il eut le grand mérite de ne pas faire suivre la fin du tyran * de la mort de ses partisans, car celle de mon ami Andronicos fut plutôt l'œuvre de ce renard de Hierios que celle de l'empereur qu'il avait abusé *. Il pensait avoir acheté sa sécurité par sa clémence quand il

1. La *Prosop.*, p. 643 (*s. v.* Olymp. 3) l'identifie avec un des grands amis de Libanios, celui qui devait lui laisser en 389 un héritage difficile, *infra*, §§ 275-278 : c'est impossible, car l'assesseur dont il est question ici n'était pas en rapports avec Libanios. Il reste inconnu.

στασθαι. Ταυτὶ μὲν ἤκουσε, δῆλος δὲ ἦν ἀτιμάσων, οὐ μὴν ἐπέτρεψέ γε ὁ θάνατος.

169. Ἕτερος Προτάσιος τά γε πρὸς ἐμὲ ῥᾷσθ' οὗτος ἧκεν, ὃς καθάρμασι μὲν συνῆν, παρ' ὧν δ' ἄν τι καὶ ἐμάνθανεν ἄβατον ἐποίει τὴν καταγωγήν. Καὶ ᾤετο μὲν ζημιοῦν, ἐγὼ δὲ ἐκέρδαινον. Καὶ κλῆσιν μὲν τὴν ἐπὶ τοὺς λόγους ἤλπιζεν, ἐγὼ δὲ ἄλλους εἱστίων, διδάσκων αὐτὸν ὅτι οὐ λίαν αὐτοῦ δεοίμην. Ὁ δὲ ᾤδει τούτοις γε τὴν καρδίαν, ἔδειξε δὲ ἔν τινι κατηγορίᾳ νέοιν · οἷν δέον, εἴπερ ἠδίκουν, ἐπιθεῖναι δίκην, ὁ δὲ τὸ διδασκάλων ἐσαγήνευεν ἔθνος, οὐχ ἅπασιν ἐγκαλῶν, ἀλλ' ὅπως ἐν τῷ παντὶ κρύπτοιτο αὐτῷ τὰ πρὸς ἐμέ. **170.** Καὶ τὼ μὲν νέω γυμνώ τε ἤστην καὶ μετεώρω πρὸς πληγάς, παρεκάθητο δέ τις Ὀλύμπιος. Τοῦ δὲ οὐ μετεῖχον ἐγώ, ἠδικεῖτο δὲ ὁ νόμος. Ὁ δ' οὕτω δή τι ξυνετὸς ἦν, ὥστε οἷς ἐφθέγξατο μὴ μαστιγοῦν ἐκεκώλυτο. Φρόνημα δὲ τὸ θράσος καὶ ἡγούμενος καὶ ὀνομάζων, ὅπλα ἀνταράμενος τῷ στρατηγῷ, γνῶναί τε αὑτὸν ἠναγκάσθη καὶ συνεσταλμένος ἔκειτο, καὶ τοῦτό οἱ τῆς ἀρχῆς πέρας.

171. Ἀλλ' ἐπάνειμι δὴ πρὸς τὸν Βάλεντα · ὃν ἔδειξε μὲν χρηστὸν τὸ μὴ τῷ τυράννῳ τοὺς τοῦ τυράννου φίλους ἐπαποκτεῖναι · ἐπεὶ καὶ ὁ Ἀνδρονίκου τοὐμοῦ φίλου θάνατος Ἱερίου μᾶλλον τῆς ἀλώπεκος ἔργον ἢ τοῦ παρα-

3 προτάσιος CRKL : πρωτ- VM || ῥαῖσθ'οὗτος CVLR^{ac} : ῥαστοῦτος M ῥᾶστοῦτος R^{pc} ῥᾶστ' οὗτος K ῥᾷσθ' ὁ αὐτὸς Gasda || **4** τι CVMRK : τις L || **8** δεοίμην CVMRKL : ἐδεόμην L || ὤιδει CVM^{sl}R : ᾤετο M ὤ [trium litt. spatium] KL || **9** οἷν CVM^{sl}R KL : οἳ M || εἴπερ CVR : εἰπεῖν MKL || **10** ἐσαγήνευεν CVRKL : ἐσεγ- M || **12** τὼ μὲν νέω CVMRKL : οἱ μὲν νέοι M^{sl} || ἤστην CVRKL : om. M || **14** ὁ δ' edd. : ὃδ' codd. || **15** δή τι CVMR : om. KL || **17** αὑτὸν CV^{ac} ut uid. R^{pc} : αὐτὸν V^{pc}MR^{ac}KL || **18** ἠναγκάσθη C$V^{pc}$$M^{pc}$R : -σθην $V^{ac}$$M^{ac}$KL || **19** post πέρας spatium in C, non in VMRKL || **20** hinc R a C discedit et denuo codicis M gemellus fit || δὴ VMRKL : om. C || βάλεντα CVM RL : βάλλεντα K || **21** τὸ CV$M^{pc}$$R^{pc}$K : τῷ $M^{ac}$$R^{ac}$L || τοῦ CVKL : om. MR || **22** ὁ CV : τοῦ MRKL || τοὐμοῦ VMRKL : τοῦ'μοῦ C || **23** ἱερίου CM^{pc} : ἱερείου VM^{ac}RKL.

découvrit une nouvelle conjuration, celle de Fidustios * et des gens qu'il avait soulevés contre le pouvoir. L'empereur commença par sévir contre les coupables, mais on impliqua aussi des gens qui n'étaient au courant de rien. Tout devin fut son ennemi, ainsi que tous ceux qui usaient de leur art pour recevoir des dieux quelque indication sur leurs affaires privées : car il avait peine à croire que la présence d'un devin ne fût pas utilisée pour une entreprise plus importante. **172.** Cette animosité de l'empereur fut mise à profit par les délateurs qui jetèrent partout le trouble en s'attaquant à tout le monde. Valens pensait, et cette pensée venait de mes envieux, que ma culpabilité serait inévitablement démontrée par le témoignage d'un seul de ceux qu'il faisait torturer. On dit aussi qu'il demanda à Irénée [1] si je faisais partie du complot et il fut étonné d'apprendre que non. **173.** Je rends grâce à la mantique qui améliora mes maux de tête en me disant ce qu'il fallait faire et ne pas faire, mais cette tête on me l'aurait coupée, car il était plus dangereux d'être sauvé par la mantique que de mourir, si l'on s'était attaqué à Adelphios [2]. Il avait un culte pour l'amitié, mais ne pouvait supporter la torture, selon son propre aveu, et cet aveu le remplissait de honte. **174.** Il nous demandait donc de prier la Fortune de lui accorder la mort, une mort subite comme il est arrivé à beaucoup. Tous les autres firent des prières en ce sens, mais un tel souhait me semblait pire que la perspective d'une fin terrible * et je pleurais en silence. Il

1. Inconnu par ailleurs, il fut, selon les révélations de Palladios, un des principaux membres de cette « conjuration », Amm. Marc., XXIX, 1, 6.

2. Pour ἧκεν ἐπί, cf. *infra*, § 240 où Libanios emploie la même expression à propos d'un accusateur qui désigne une personne appartenant à l'entourage de l'accusé et à qui on pourra arracher par la torture un témoignage compromettant. C'est ici ce qui risque d'arriver à Adelphios. [J. M.]. Il n'est pas autrement connu.

κρουσθέντος ἦν. Ἀσφάλειαν δὲ τῆς πρᾳότητος ἐωνῆσθαι νομίζων, εὗρεν ἕτερον λόχον, Φιδούστιόν τε καὶ οὓς ἐκεῖνος ἐπανέστησε τῷ σκήπτρῳ. Καὶ ἐχώρει μὲν διὰ τῶν ἠδικηκότων ὁ βασιλεὺς τὴν ἀρχήν, προσετίθετο δέ τις καὶ τῶν οὐδὲν τοιοῦτον ἐπισταμένων. Μάντις τε ἅπας ἐχθρός, ὅτῳ τε ἐδέησε τῆς τέχνης διδάσκεσθαί τι περὶ τῶν ἰδίων τῶν αὑτοῦ παρὰ τῶν θεῶν βουλομένῳ · χαλεπὸν γὰρ δὴ ἐδόκει εἶναι παρόντος μάντεως μὴ ἄν τινα καὶ ἐπὶ τοῖς μείζοσι χρήσασθαι τῷ ἀνδρί. **172.** Τὴν ἐκείνου δὲ ὁρμὴν οἱ συκοφάνται λαβόντες πάντα ἐκύκων ἐπὶ πάντας ἰόντες. Δόξα τε ἦν παρὰ τῷ Βάλεντι, φθόνου τὴν δόξαν πεποιηκότος, πάντως ἂν εἰς ἔλεγχόν με πεσεῖν δι' ἑνός γέ του τῶν ὑπὸ τὴν βάσανον ἀγομένων. Λέγεται δὲ καὶ αὐτὸς ἐρέσθαι τὸν Εἰρηναῖον εἰ μετεῖχον τοῦ ἐπιβουλεύματος, θαυμάσαι τε οὐ μετασχεῖν ἀκούσας. **173.** Καὶ μαντικῇ μὲν οἶδα χάριν, ἥ μοι τὴν κεφαλὴν ἐν πρᾳοτέροις κατέστησεν, ὅτῳ τε χρηστέον καὶ ὅτῳ μὴ φράζουσα, τὴν κεφαλὴν δ' ἂν ἀπετεμνόμην, ὡς δεινότερον ὂν τοῦ ἀπολωλέναι τὸ ταύτῃ σεσῶσθαι, εἴ τις ἧκεν ἐπὶ τὸν Ἀδελφειόν, ὃς θεῖον μέν τι τὴν φιλίαν ἡγεῖτο, καρτερεῖν δὲ πρὸς ἀνάγκας οὐκ εἶχε, καὶ ὡμολόγει γέ τοι τοῦτο καὶ ὁμολογῶν ᾐσχύνετο. **174.** Ἐδεῖτο οὖν ἡμῶν αἰτεῖν αὐτῷ παρὰ τῆς Τύχης θάνατον οἷοι πολλοῖς ἐξαίφνης ἐπῆλθον. Οἱ μὲν δὴ ἄλλοι πάντες εὔχοντο, ἐμοὶ δὲ ἡ τῶν δεινῶν ἐλπὶς ἧττον εἶναι κακὸν τοιαύτης εὐχῆς ἐφαίνετο · σιγῇ τοίνυν ἐδάκρυον.

1 ἐωνῆσθαι CVMRL : ἐωνεῖσθαι K[ac] ἐωνῆσθαι K[pc] ‖ **4** τὴν ἀρχήν : adnot. M mg. (rec.) γρ' τὴν ἀρχὴν καὶ ἑτέρως ἐπιρρηματικῶς τηναρχήν ‖ **5** μάντις τε CV : μάντις MRKL τε suppl. s. l. M (rec.) R ‖ **7** αὑτοῦ C[sl] : αὐτοῦ CVMRKL ‖ βουλομένωι CV : -μένων MRKL ‖ **11** φθόνου CV : φθόνου τε MRKL ‖ **12** ἂν VMRKL : om. C ‖ **12-13** του τῶν VR : τοῦ τῶν C τούτων MKL ‖ **14** adnot. V mg. ἔρεσθαι καὶ ἐρωτῆσαι · ἐρέσθαι δὲ καὶ ἐρωτᾶν ‖ ἐρέσθαι CR : ἔρεσθαι VMKL ‖ **18** ὂν CVR : ἦν MKL ‖ **19** εἴ τις Mauritius Schmidt : ἥτις CVMKL ἥτις R ‖ ἀδελφειόν : signum proprii nominis in R tantum ‖ **20-21** πρὸς...ὁμολογῶν om. R (breui spatio uacuo relicto) suppl. R mg. ‖ **21** εἶχε ex εἶχεν C ‖ **23** θάνατον VMRKL : τὸν θ- C.

se baigna, soupa et la mort le prit en même temps que le sommeil. Ainsi le lendemain matin nous arrivâmes pour suivre son convoi et les gens du Palais pour l'arrêter, mais il leur avait échappé sur les ailes rapides de la mort *.

175. La correspondance que j'échangeais avec les uns et les autres recélait des étincelles dangereuses. Sans rien contenir de répréhensible, elle aurait donné contre moi prise aux délateurs si la Fortune ne les avait privés de ces occasions avec une telle aisance que parmi des milliers de lettres ⟨saisies⟩ il n'y en eut aucune de moi *.

176. La même divinité intervint aussi à propos de Pergamios * : longtemps avant ces troubles il avait conçu contre moi un grief ; c'était une erreur, mais il croyait pourtant à une offense de ma part. S'étant mis cette idée dans la tête, il était devenu mon ennemi. Or, s'il ne l'avait pas été, il se serait répandu en bavardages qui m'auraient fait du tort. Quant au silence qu'en ces matières Auxentios [1] observa à mon égard, il faut y voir aussi un don de la fortune, car cet homme qui prétendait ne rien savoir que je ne dusse également savoir, garda pour cette fois le secret.

177. En ce moment où l'empereur était en grande colère, comme le chasseur qui a manqué son gibier *, un danger me menaça, né de la dureté d'un maître et du ressentiment d'un esclave *. L'esclave était secrétaire, le maître pratiquait la divination par les oiseaux. Je lui avais écrit un jour pour lui demander un certain remède, sans mentionner les dieux, mais seulement les médecins, par précaution. Le maître n'avait pas brûlé cet écrit, et l'autre l'ayant eu en mains l'avait conservé, afin de pouvoir par la suite, en cas de péril grave, se tirer d'affaire grâce à la lettre.

1. Décurion de Tarse, païen, assez lié avec Libanios entre 361 et 363, O. Seeck, *Die Briefe*, p. 92-93 (Aux. II).

Ὁ δὲ λουσάμενός τε καὶ δειπνήσας ὕπνον τε ὁμοῦ καὶ θάνατον δέχεται· ὥστε ἕωθεν ἡμεῖς μὲν παρῆμεν ἐπὶ τὴν ἐκφοράν, ἐκ δὲ τῶν βασιλείων τινὲς ὡς ἐκεῖνον δήσοντες. Ὁ δὲ αὐτοὺς διεπεφεύγει πτηνῷ τάχει.

175. Σπινθήρων τοίνυν ἐξ ἐπιστολῶν, τῶν μὲν παρ' ἐμοῦ πρὸς ἑτέρους, τῶν δὲ ἐμοὶ παρ' ἄλλων ἀφιγμένων, ἐν αἷς ἀδικία μὲν οὐδεμία, λαβαὶ δ' ἂν ἐγένοντο συκοφάνταις ἀνθρώποις, ταύτας δὴ τὰς ἀφορμὰς μάλα εὐπετῶς ἀνεῖλεν ἡ Τύχη, ὥστε ἐν μυρίοις γράμμασι μὴ εἶναι γράμμα ἐμόν.

176. Τῆς αὐτῆς θεοῦ καὶ τὸ ⟨περὶ⟩ Περγάμιον, πολὺ πρὸ τῶνδε τῶν κακῶν ἐγκαλέσαντά τι ψεῦδος μέν, ᾤετο δὲ ἠδικῆσθαι. Τοῦτο δὴ πείσας αὐτὸν ἐχθρὸς ἦν, εἰ δὲ οὐκ ἦν, κἂν ἐξελάλησέ τι τῶν οἰσόντων ἐμοὶ ζημίαν. Καὶ τὴν Αὐξεντίου δὲ περὶ τούτων πρός με σιωπὴν τῆς Τύχης δῶρον νομιστέον, ὅτι οὐδὲν εἰδέναι ἀξιῶν ἄνθρωπος ὃ μὴ καὶ ἐμὲ δεῖν, τοῦτό γε ἄρρητον ἐποιήσατο.

177. Ὁ μὲν δὴ βασιλεύς, ὥσπερ τις θηρατὴς ἁμαρτάνων θηρίου, δεινῶς ἤχθετο. Κινεῖται δὴ κίνδυνος ἐκ χαλεπότητός τε δεσπότου καὶ λύπης οἰκέτου. Ὑπογραφεὺς μὲν ὁ οἰκέτης ἦν, οἰωνιστὴς δὲ ὁ δεσπότης. Τοῦτον δέ ποτε δι' ἐπιστολῶν ἠρόμην φαρμάκου τινὸς πέρι, τοὺς μὲν θεοὺς οὐκ εἰπών, ἰατρῶν δὲ μνησθεὶς ἀσφαλείας ἕνεκα. Ταῦτα ὁ μὲν οὐ κατέκαυσε τὰ γράμματα, ὁ δὲ κτησάμενος ἐφύλαττεν, ὅπως, εἴ τί ποθ' ὕστερον ἐπίοι δεινόν,

7 αἷς VMRKL : οἷς C ‖ **8** δὴ CVMRK : δὲ L ‖ **11** περὶ add. Mauritius Schmidt (sic Foerster) ‖ **13** δὴ CV : δὲ MRKL ‖ αὐτὸν CVR^{pc} : αὑτὸν MR^{ac}KL ‖ **13-14** δὲ οὐκ CVMR : δ' οὐκ KL ‖ **14** κἂν CMRKL : οὐκ ἂν V ‖ **15** περὶ τούτων VMRKL : om. C fortasse recte ‖ **16** ἄνθρωπος scripsi : ἄνθρ- codd. ‖ **19** δὴ codd. : δὲ Foerster ‖ **21** τοῦτον δέ codd. : τοῦτον δή Foerster ‖ **22** φαρμάκου VMRKL : -μακοῦ C ‖ **23** ἕνεκα CVM^{γρ} (rec.) R in ras. : εἶναι MR^{ac}KL ‖ **24** ταῦτα CVR post ras. : καὶ ταῦτα MR ante ras. ut uid. κατ' αὐτὰ KL ‖ κατέκαυσε CVR^{sl} : κατέπαυσε MRKL ‖ **25** ὅπως VMRKL : ὥστε C ‖ τί edd. : τι codd. ‖ ‖ ποθ' : inter o et θ in C littera υ erasa.

178. Et quand il voulut nuire à son maître et le faire poursuivre à propos des présages, c'est sur cette lettre qu'il comptait, car le juge comprendrait ce que voulait dire le terme « médecins ». Et si j'étais pris dans ce coup de filet d'une façon ou d'une autre, l'empereur se jetterait sur moi à grands cris. Beaucoup de gens conseillèrent à l'esclave de ne pas nuire à son bienfaiteur, car j'avais été son bienfaiteur pour avoir tenté, par mes reproches et mes violentes critiques, de contenir les excès de son maître. Il répondit qu'il ne l'ignorait point, mais qu'il n'y attachait pas grande importance et qu'avec la lettre il se livrerait lui-même. Alors que de nombreuses personnes qui lui avaient donné des conseils revenaient bredouilles, la divinité réussit là où tous les orateurs avaient échoué : il restitua ma lettre et perdit sa cause pour s'être démuni de ce qui faisait sa force [1]. **179.** Ce danger brûlant était passé, car la Thrace appelait l'empereur à son secours ; les Scythes en effet ravageaient tout, sauf les villes fortifiées. La grande bataille eut lieu, avec son carnage, et l'empereur y tomba, l'ayant engagée avec plus d'ardeur que de savoir-faire *. C'est alors que les Romains reçurent un préfet qui devait revêtir ici-même ses insignes de préfet, dans l'idée de se faire bien voir des Romains *. **180.** Chacun ou presque y allait de son panégyrique et chacun n'avait pour seul thème que la bonté de cet homme. Les autres avaient déjà parlé, mais le poète Andronicos * tarda indéfiniment à prendre la parole et en fin de compte ne dit rien. Cette circonstance me fit paraître sur la scène. Le préfet désirait que le discours fût tenu chez lui, devant un auditoire restreint, mais je voulais l'attirer au bouleutérion où il y aurait beaucoup de monde. Il avait accepté, mais un empêchement sur-

1. L'esclave a simplement perdu son procès, sans autre châtiment, parce qu'il s'agissait d'une accusation de divination, c'est-à-dire de lèse-majesté. Toute autre accusation non

σῴζοιτο ταῖς ἐπιστολαῖς. **178** Ὡς οὖν ἐκάκου τε καὶ ἐδίωκε τὸν δεσπότην ἐπὶ τοῖς οἰωνοῖς, ἐν τοῖς γράμμασι τούτοις εἶχε τὴν πίστιν· συνήσειν γὰρ δὴ τὸν δικαστὴν ὅ τι ἐδήλουν οἱ ἰατροί. Ἐμπεσόντι δὲ εἰς τὸ δίκτυον ὁπωσοῦν, ἐπέκειτ' ἂν εὐθὺς κεκραγὼς ὁ βασιλεύς. Πολλαὶ μὲν δὴ παραινέσεις ἀπὸ πολλῶν πρὸς τὸν οἰκέτην μὴ τὸν εὐεργέτην ἀδικεῖν· εὐεργέτην δέ με ἐπεποιήκεσαν αὐτοῦ μέμψεις τε καὶ ὀργαὶ καὶ ἐπιτιμήσεις αἷς τὸν δεσπότην ἐπειρώμην ἀνείργειν. Ὁ δὲ οὐκ ἀγνοεῖν μὲν ταῦτα, ἔλεγε δὲ οὐ μεγάλα νομίζειν, προέσθαι δ' ἂν αὐτὸν μετὰ τῶν ἐπιστολῶν. Ἀπράκτων δὲ τῶν πολλῶν συμβούλων ἀπελθόντων, δαίμων αὐτὸν ἃ μηδεὶς ῥητόρων ἔπειθε, καὶ τὰ γράμματα ἀποπέμψας εἰσελθὼν ἡττᾶτο, τῶν ἰσχυρῶν ἐστερημένος. **179.** Καὶ τὰ μὲν περὶ τὴν πυρὰν ἐκείνην ἐλελωφήκει, τῆς Θρᾴκης ἐφ' ἑαυτὴν τὸν ἄρχοντα καλούσης, Σκυθῶν ἅπαντα πλὴν τειχῶν κατασυρόντων. Γενομένης δὲ τῆς μεγάλης μάχης καὶ τοῦ πολλοῦ φόνου, καὶ πεσόντος ἐν μέσῳ τοῦ προθυμίᾳ μᾶλλον ἢ τέχνῃ συμβαλόντος, ἔρχεται Ῥωμαίοις ὕπαρχος ἐν ὑπάρχου σχήματι τῇδε φανούμενος, ἀρέσκοντα Ῥωμαίοις οὕτω ποιήσειν ἡγούμενος. **180.** Πᾶς δὴ μικροῦ λόγον ἐποίει, μία δὲ πᾶσιν ὑπόθεσις, ὁ ἤπιος ἐκεῖνος. Τὰ μὲν δὴ τῶν ἄλλων ἐδέδεικτο, Ἀνδρόνικος δὲ ὁ ποιητὴς μέλλων ἀεὶ λέξειν εἰπὼν οὐδὲν ἀπῆλθεν, ἐμὲ δὲ ὁ καιρὸς εἰς τὸ μέσον ἐκάλει. Καὶ ὁ μὲν εἷλκεν οὗ κατήγετο τὸν λόγον ἐν ὀλίγοις τοῖς ἀκροαταῖς φανούμενον, ἐγὼ δὲ τὸν ἄνδρα εἰς τὸ βουλευτήριον, ὡς

4 ἐμπεσόντι V[pc] (rec. ?) R[sl] : -ντα CV[ac]MRKL ‖ **4-5** post ὁπωσοῦν dist. CVM[pc] ut uid. L : post δίκτυον M non dist. KR ‖ **7** ἐπεποιήκεσαν edd. : πεποιήκεσαν codd. ‖ **10** αὐτὸν Reiske : αὑτὸν codd. ‖ **12** ἔπειθε VMRKL : -θεν C ‖ **15** ἑαυτὴν CVR : ἑαυτῇ MKL ‖ **18** μέσωι CM[sl] (rec.) R : μέσοις VMKL ‖ **19** ὕπαρχος : an Ὑπάτιος ? ‖ ὑπάρχου CVMRK : ὑπάτου L (sic coni. Reiske) ‖ **20** φανούμενος C : φαινόμενος VMRKL ‖ **21-22** μία... ἐκεῖνος VMRKL : om. C (cf. 92, 168) ‖ **22** ἤπιος VL : ἥπιος MRK ‖ **23** εἰπὼν CVMRL : εἰπὼν δὲ K ‖ **26** ὡς Reiske in adnot. (sic Foerster) : εἰς codd.

vint et j'avais apparemment travaillé pour rien. **181**. Sur le moment je manifestai à grands cris ma déception et j'attribuai la chose à ma mauvaise fortune. Mais peu après je remerciai la divinité d'avoir épargné à l'auteur du discours la colère d'une très grande ville. Car certaines choses que je devais nécessairement mentionner comme panégyriste, m'auraient, tout en conservant au discours le ton qui lui convenait, rendue hostile une ville difficile à gagner *. Ainsi un malheur apparent se révéla une bonne chose.

182. Je n'en dirai pas autant de ce qui suit, ce fut un malheur, apparent et réel, et le plus grand des malheurs. Ils étaient quatre, appartenant aux meilleures familles. Brillants dans leurs études, brillants dans l'administration, ils avaient l'espoir de briller encore davantage : ils moururent tous les quatre, dans l'espace d'autant de mois, et l'empereur qui l'ignorait envoya ses nominations à des gisants.

183. Je pleurais encore quand survint l'accident de mon pied droit *. Quelle ville n'en a entendu parler dans les continents et dans les îles ? Je quittais le bain pour aller dîner, et en voulant mettre fin à une rixe, je tombai entre les mains d'un furieux et me voici par terre. Entouré d'un mur de gens, mon cheval ne put faire autrement que de m'arracher de son sabot la peau du pied. Une forte hémorragie s'en suivit, le sang me couvrit les membres. Tout le monde était

prouvée, donc calomnieuse, lui aurait valu le bûcher, *C. Th.* IX, 6, 2, et en ce cas il ne se serait pas dessaisi de la lettre. En fait, Libanios était bel et bien coupable pour avoir consulté un devin et risquait gros sous un empereur comme Valens. Le passage n'a pu être écrit qu'en un moment d'accalmie, soit au début du règne de Théodose, soit vers 384 où se dessine une fugitive « réaction païenne » (Themistios préfet de Constantinople, Richomer consul, Symmaque préfet de Rome). De toutes façons, on le sait, le *Bios* n'était pas destiné à une large diffusion.

πολυάνθρωπον. Ὁμολογήσαντος δὲ γίγνεταί τι τὸ διακωλῦον, καὶ ὁ πόνος ἡμῖν, ὡς ἐδόκει, ζημία. **181.** Εὐθὺς μὲν οὖν βοή τε πολλὴ καὶ ἀθυμία, καὶ ἀπὸ τῆς φαυλοτέρας τύχης τῷ πράγματι τοὔνομα. Μικρὸν δὲ ὕστερον ἐπῃνεῖτο τὸ δαιμόνιον, πολέμου μεγίστης πόλεως ἐξελόμενον τὸν ποιητήν · ἃ γὰρ δὴ εἶχεν ἀνάγκην τῷ ἐπαινέτῃ διελθεῖν, τῷ λόγῳ μὲν τὸ εἰκὸς ἐφύλαττε, πόλιν δὲ οὐ ῥᾳδίαν ἐνεγκεῖν ἐποίει πολεμίαν. Οὕτω τὸ δοκοῦν κακὸν ἀγαθὸν ἀπεφάνη.

182. Οὐ μὴν ὅ γε ἐρῶ τοιοῦτον, ἀλλὰ κακὸν καὶ δοκοῦν καὶ ὂν κακῶν τὸ μέγιστον. Τέτταρες ἄνδρες οἰκιῶν τῶν πρώτων, λαμπροὶ μὲν ἐν διδασκαλείοις, λαμπροὶ δὲ ἐν ἀρχαῖς, ἦν δὲ ἐν ταῖς ἐλπίσι τὸ μειζόνως ἐκλάμψειν, οὗτοι οἱ τέτταρες ἐν μησὶ τοσούτοις ἐτάφησαν. Καὶ τοῦτο βασιλεὺς ἀγνοῶν ἔπεμπεν ἀρχὰς τοῖς κειμένοις.

183. Τούτους ἔτι μοι πενθοῦντι τὸ περὶ τὸν πόδα τὸν δεξιὸν συνέβη · περὶ οὗ ποία πόλις οὐκ ἀκήκοε τῶν ἐν ἠπείροις ἢ νήσοις ; Ὡς ἀπῄειν μὲν δειπνήσων λελουμένος, παύειν δέ τινα μάχην ἐπιχειρῶν, ἐν μαινομένου τε ἀνθρώπου χερσὶν ἦν καὶ χαμαί. Καὶ περιτειχισθεὶς ὁ ἵππος ὑπὸ τοῦ ὄχλου κατηναγκάσθη τῇ ὁπλῇ γυμνῶσαι τὸν πόδα τοῦ δέρματος. Τούτῳ δὲ ἐπηκολούθησεν ὁ πολὺς

1-2 διακωλῦον Foerster in app. : -λύον codd. || **5-6** ἐξελόμενον CVM^pc^RK : -λομένου M^ac^L || **6** ἀνάγκην CV : ἀνάγκη MRKL || **7** ἐφύλαττε C^pc^VMRKL : -ττεν C^ac^ || **8** ῥαιδίαν CVR^γρ^ : ῥαδίως MRKL || ἐνεγκεῖν CVR^γρ^KL : ἐνεγκὼν MR || **9** ἀπεφάνη VMRKL : ἐπεφάνη C (post η rasura unius litterae ?) || **10-11** ἀλλὰ... μέγιστον non dist. VMRK : post δοκοῦν dist. CK post ὂν Foerster || **11** κακῶν VMRKL : κακὸν C || οἰκιῶν CVM^pc^R^pc^ : οἰκείων M^ac^R^ac^KL || **13** ἦν δὲ ἐν CVM^pc^R : ἐν δὲ ἐν M^ac^K ἐν δὲ L || **15** ἔπεμπεν CVMRKL : γρ. ἐπέπεμψεν R mg. (ἔπεμψεν Vat. 939) || **17** συνέβηι C || post συνέβη add. πάθος R^sl^ (sic Vat. 939) || **18** ἢ CVM^pc^R : ἐν M^ac^KL || **19** μάχην CVR^pc^KL : μάχης MR^ac^ || τε CV : μὲν MRKL || **20** post χαμαί dist. V : post ἦν et post χαμαί MRKL post ἦν C || καὶ περιτ- VMRKL : περιτ- C || περιτειχισθεὶς CVMRKL : περικυλ. (sic) M mg. manu recenti (sic Morel) || **21** ὁπλῇ : adnot. V mg. ὁπλὴ ὁ ὄνυξ || **22** δὲ CV (δ') MRL : om K.

persuadé que j'allais en mourir sur le champ, ceux qui étaient présents du moins, car pour les absents j'étais déjà mort.

184. Cela se produisit entre la mort d'un esclave et celle d'un homme libre : l'homme consacrait son service et ses peines à l'entretien de mon troupeau, l'esclave effaçait les traces de mes fatigues et me rendait la force de reprendre la besogne. C'était le moment des Jeux Olympiques en l'honneur de Zeus Olympien [1], le discours que j'avais préparé pour la panégyrie resta en plan, et avec mes autres maux l'insomnie aussi me consumait.

185. Et ce fut un été bien amer, je peux le dire, qui passa ainsi pour moi. Puis survint encore un coup dur : un autre jeune esclave qui m'assistait avec celui dont je viens de parler et qui depuis sa mort le remplaçait, s'en fut à la campagne pour se marier. La chaleur insupportable et une eau polluée avaient provoqué une épidémie et à son retour il mourut. Tout cela fit que les dieux m'entendaient souvent crier « O Dieux ! ».

186. De nouveau pourtant j'eus à me louer de la Fortune qui fit sombrer dans le ridicule Carterios [2] et ses protégés. Il projetait de faire nommer ici comme professeur, par décret impérial, cette peste de Gerontios * et dans ce but il se rendit en Thrace, s'imaginant qu'il serait puissant au Palais. Mais sa sottise éclata de toutes parts, car il ne tarda pas à se montrer

1. Ce sont les Jeux de 380. Libanios perdit à cette époque son secrétaire, peut-être Maximus dont il parle *ep.* 1217 (en 364) et à qui a succédé Thalassios, très supérieur, dit-il, *or.* XLII, 3, à Maximus par son dévouement et l'honnêteté de ses mœurs. L'esclave doit être une sorte d'infirmier ou de masseur qui devait accompagner son maître aux bains.

2. Selon A. F. Norman, Notes on some Consulares of Syria, *Byz. Zeitschr.*, 51, 1958, p. 75 ce Carterios aurait été en poste en 380, ce qui est parfaitement plausible ici.

ῥοῦς ἐπὶ πᾶν ὁμοίως μέλος χυθείς, ὥστε οὐδεὶς ἦν ὃς οὐκ ἐπέπειστό με αὐτίκα ἀποθανεῖσθαι τῶν γε παρόντων, τοῖς ἀποῦσι δὲ καὶ ἐτεθνήκειν.

184. Καὶ τοῦτο μεταξὺ συνεβεβήκει θανάτοιν παιδίου τε καὶ ἀνδρός, ἀνδρὸς μὲν ὅς μοι συνεῖχε τὸ ποίμνιον διακονίᾳ τε καὶ πόνοις, παιδίου δὲ ὅ μοι τὰ ἀπὸ τοῦ καμάτου λῦον μετὰ ῥώμης πάλιν ἐπὶ τὸ κάμνειν ἦγε. Τὰ μὲν δὴ Ὀλύμπια ἐποιεῖτο τῷ Ὀλυμπίῳ Διί, λόγος δὲ ὁ ποιηθεὶς εἰς τὴν πανήγυριν ἔκειτο, ἐμὲ δὲ τά τε ἄλλα ἔτηκε καὶ ἀγρυπνία.

185. Διὰ πικροῦ δὴ τοῦ θέρους τοῦδε οἶδα ἐλθών. Σκληρὸν δέ μοι καὶ τὸ ἐπὶ τούτῳ. Παιδίον γὰρ ἕτερον, ὃ σὺν ἐκείνῳ τέ με ἐκούφιζε καὶ μετ' ἐκεῖνο τὸ αὑτοῦ μέρος παρείχετο, γάμων εἵνεκα ἐλθὸν εἰς ἀγρόν, ἐν ᾧ καῦμά τε οὐ φορητὸν ὕδωρ τε πονηρὸν συνέλεξαν νόσον, ἐπανῆκον θνήσκει. Ἐπὶ δὴ τούτοις πολλάκις ἤκουσαν οἱ θεοὶ τὸ « ὦ θεοὶ » βοῶντος.

186. Τὴν Τύχην δὲ αὖθις ἐπῃνέσαμεν Καρτέριόν τε καὶ τοὺς ἐπ' αὐτὸν καταφυγόντας καταγελάστους ποιήσασαν. Ὁ μὲν γὰρ ὡς ἐγκαταστήσων ἐνταυθοῖ διδάσκαλον τὸν λοιμὸν Γερόντιον γνώσει βασιλέως, ἀναλαβὼν ἦγεν εἰς Θρᾴκην μέγας ἐλπίζων ἐν βασιλείοις ἔσεσθαι, τῆς ἀνοίας δὲ αὐτοῦ πολλαχόθεν ἐξελεγχθείσης, δι' ἣν

4 συνεβεβήκει CVMRK : συμβεβήκει L || παιδίου CVMKL : πεδίου R || **6** τοῦ CVMR : om. KL || **7** λῦον Foerster in app. : λύον codd. || ἦγε C^{pc}VMRKL : ἦγεν C^{ac} || **8** ἐποιεῖτο codd. : ἐτελεῖτο $R^{γρ}$ (sic Vat. 939) || **9** εἰς τὴν C^{pc} (manu *p*) VMRKL : εἰσὴν C^{ac} || ἔτηκε CVMR : ἕστηκε KL || **10** post ἀγρυπνία dist. CVMR : non dist. KL || **13** αὑτοῦ C (sed spiritus asper in rasura) V : αὐτοῦ C^{pc} (manu *n* ?) MRKL malim αὐτὸ || **14** ἐλθὸν CVM^{pc}L : ἐλθὼν M^{ac} ut uid. RK || **15** πονηρὸν CVMRL : οὐ π- K || συνέλεξαν Foerster (in app. et uol. III p. xxii) : συλλέξαν codd. || **16** θνήσκει CVMKL : -κειν R || ἐπὶ δὴ CVR^{pc} : ἐπειδὴ MR^{ac}KL || **17** βοῶντος C^{pc} (manu *n*) VMRKL : -ντες C^{ac} || **20-21** διδάσκαλον CVMR : διδασκάλου KL || **22** βασιλείοις CVMRL : -λείοιν K || **23** ἐξελεγχθείσης CVKR : -λεχθ- M -λεγθ- L.

insolent envers des favoris de l'empereur : il fut renvoyé, s'embarqua pour l'Italie et fit voile en révélant son propre déshonneur. **187.** Quant au sophiste, il avait vendu ses services à un danseur, dont les succès lui valaient de l'or, mais il finit par s'enfuir devant les rivaux de son danseur, ceux qui ne le payaient pas *. Il débarqua à Séleucie et parvint ici la nuit tombée, car il craignait de revenir en sa patrie qui l'avait interdit de séjour par décret et la nécessité le poussa à venir implorer le rhéteur auquel il avait nui *.

188. Là, on a pu dire que la Fortune veillait sur moi et mes affaires. Mais elle avait apporté à la fête un deuil tel que je n'en avais jamais connu, la mort d'Eusebios *. Il était le joyau de mon enseignement, la terre pleura sa mort et les îles pleurèrent, car partout on avait entendu vanter ses mœurs et son éloquence et l'on pensait que jamais les rayons du divin soleil n'avaient vu quelqu'un de semblable à lui. **189.** J'ai parlé de lui, et peut-être pas trop mal, dans un discours que je composai en sa mémoire, afin que ceux qui nous suivront sachent l'homme qu'il était. Eumolpios [1] connaît bien l'étendue de ma douleur, lui qui était à mes côtés ; il me rendit l'esprit qu'elle m'avait ôté en me faisant voir quel mal représente pour un homme la perte de sa raison.

190. « Et l'affaire de Sabinos [2], dirait peut-être la Fortune, ne s'est-elle pas bien terminée ? ». Certes oui. C'était depuis toujours un mauvais homme prêt

1. Ami de longue date et sans doute apparenté lointainement avec Libanios. Il vivait à Antioche et devint consulaire de Syrie au temps du *comes Orientis* Icarios, en 384-385. Libanios lui adresse à une date inconnue le discours XL (sous le règne de Valens ?) qui contient quelques reproches amicalement formulés. *Prosop.*, p. 295.

2. Selon A. F. Norman, *op. cit.*, p. 205, Sabinos serait un important curiale d'Antioche dont nous analyserons la conduite au fur et à mesure, cf. *infra*, §§ 194 et 261.

οὐδὲ ὑϐρίζειν ὤκνει τοὺς βασιλεῖ τιμίους, ὁ μὲν ὠθούμενος ἐμϐὰς εἰς πλοῖον ἐπ' Ἰταλίας ἔπλει, τῆς ἀτιμίας τῆς ἑαυτοῦ μηνυτής. **187.** Ὁ δὲ ὀρχηστῇ μισθώσας ἑαυτὸν ὁ σοφιστὴς εὐημερίας πραττόμενος χρυσίον, τελευτῶν φεύγων τοὺς ἀντιτέχνους, τοὺς τὸν μισθὸν οὐ διδόντας, εἰς Σελεύκειαν κομίζεται, καὶ δεῦρ' ἀναϐὰς ἐν σκότῳ διὰ δέος ἐπὶ τὴν κεκλεισμένην αὐτῷ πατρίδα ψηφίσμασιν ὑπ' ἀνάγκης ἔρχεται, τὸν ἠδικημένον ἱκετεύσων ῥήτορα.

188. Ἐνταῦθα ἔφη τις μέλειν ἐμοῦ τε καὶ τῶν ἐμῶν τῇ Τύχῃ. Ἡ δ' ἐπεισήνεγκε τῇ ἑορτῇ πένθος ἡλίκον οὐ πρότερον, Εὐσεϐίου τελευτήν · ὁ δὲ ἦν τῶν ἐμῶν ἀγαλμάτων τὸ κεφάλαιον, ὥστε ᾤμωξε μὲν ἡ γῆ τεθνεῶτος, ᾤμωξαν δὲ αἱ νῆσοι · καὶ γὰρ ἀφῖκτο πανταχοῖ λόγος τρόπων τε πέρι τῶν ἐκείνου καὶ λόγων, ἡγοῦντό τε οὐδένα ἐκείνῳ προσόμοιον ὑπὸ τῆς ἀκτῖνος ἐφορᾶσθαι τοῦ θεοῦ. **189.** Καὶ διείλεγμαι δὲ ἴσως οὐ φαύλως περὶ αὐτοῦ, λόγον ἀπελθόντι ποιήσας, ὥστε εἶναι τοῖς ἔπειτα μανθάνειν οἷός τις ἦν. Τὸ δ' οὖν τῆς λύπης μέτρον ἐξεπίσταται Εὐμόλπιος, ὅς μοι παρακολουθῶν ἐπανήγαγε τὸν νοῦν ὑπ' αὐτῆς ἐξελαυνόμενον, διεξιὼν ὁπόσον τι ἀνθρώπῳ τὸ παραφρονεῖν κακόν.

190. « Τί δὲ τὰ περὶ τὸν Σαϐῖνον ; Οὐ καλά ; » τάχ' ἂν ἔροιτο ἡ Τύχη · πάνυ γε. Ὁ δὲ ἦν μὲν ἀεὶ κακός, πᾶν

2 adnot. V mg. ἐπ' ἰταλίας ἔπλει · ἡ ἐπὶ πρόθεσις ἐπὶ τόπου λαμϐανομένη πρὸς γενικὴν ἀποδίδοται. || **3** ἑαυτοῦ CVMRK : αὐτοῦ L || **5** τελευτῶν CMRKL : -τὼν V || **7** κεκλεισμένην C^{pc} (manu *p*) VM^{γρ} (rec.) R^{γρ} (sic Vat. 939) : -κλειμ- C^{ac} -κλημ- MKL || **9** ῥήτορα CVMR : σωτῆρα KL || **10** post ἐνταῦθα add. δὲ M^{sl} (rec. ?) || τις CVMRK : τίς L || μέλειν CVMRL : μέλλειν K || **11** ἡ δ' ex ἧδ' (deinde ἦδ') C : ἦδ' VMRKL || **13** τεθνεῶτος codd. (sic Vat. 939) : γρ. τελευτῶντος R mg. || **14** πανταχοῖ CL : πανταχοῦ V πανταχῆ MRK || **20** τὸ δ' CVM^{ac}RKL : τίδ' M^{pc} || **21** ἐπανήγαγε CM^{ac}RKL : ἐπανῆγε VM^{pc} || **23** post κακὸν spatium in C || **24** post Σαϐῖνον distinxi cum MRL : non dist. CVK.

à tout pour s'enrichir et qui n'aurait pas demandé mieux que de recevoir de l'empereur la permission de tirer profit des tombeaux *. Il avait abusé beaucoup de monde et au début sa réputation était excellente, au point qu'il y avait des gens qui se répandaient sur lui en brillants compliments. **191**. En fait, il n'avait rien de bon et son art était de nuire à qui lui faisait confiance, soit par la ruse, soit par l'impudence : au point qu'ayant emprunté de l'argent, avec promesse de le rendre, en présence d'une foule de témoins, il nia ensuite et se pourvut devant un juge, à l'ébahissement de ceux qui savaient tout. Manquant d'arguments et dans l'impossibilité de vaincre le bon droit, il prétexta des vertiges, quitta le tribunal en promettant de revenir tout de suite, puis monta à cheval et s'en fut chez lui tout gaillard. Puis, une fois son escalier atteint, il laissa à ses esclaves le soin de recevoir les coups *. **192**. Néanmoins ses flatteurs continuèrent à le flatter et à tromper avec lui, jusqu'au jour où il se tourna contre eux et les traita conformément à sa nature, si bien qu'ils reconnurent eux-mêmes que Sabinos était le pire des hommes, et aujourd'hui tout le monde est d'accord pour dire qu'Eurybatos [1] a trouvé son maître. Et ainsi ses victimes ont reçu maintenant de lui plus que s'il était mort, car, pour celui qui juge sainement, la mort est plus désirable qu'une existence déshonorée. Mais on peut dire que ce n'est pas le cas pour Sabinos. **193**. Et voici son châtiment : tout récemment [2]

1. Eurybatos : cf. § 136 (sur Phrynondas). Dém., *Cor.*, 24 : Εὐρυβάτου πράγμα. [J. M.].

2. Les agissements de Sabinos sont décrits ici à la suite des événements de l'été 380, sans que l'on puisse les dater bien précisément. L'expression « tout récemment » indique une addition qui peut dater de 385, cf. *Notice* p. 5.

ἂν χρημάτων ἕνεκα γινόμενος, ἥδιστ' ἂν παρὰ βασιλέως εὑρόμενος ἐξεῖναί οἱ πλοῦτον ἀπὸ τάφων ἀγείρειν· ἐξηπατήκει δὲ τοὺς πολλοὺς καὶ ἦν ἐν δόξῃ τὰ πρῶτα βελτίονι, ὥστε καὶ ἦσαν οἳ περιῄεσαν τὰ κάλλιστα αὐτῷ τῶν ὀνομάτων ἀνατιθέντες. **191.** Ὁ δὲ οὐκ ἄρα ἦν ἀγαθός, ἥ τε σοφία αὐτοῦ πιστευθέντα ἀδικῆσαι, τὰ μὲν τέχνῃ, τὰ δὲ καὶ ἀναιδείᾳ· ὥστε ἤδη τι λαβὼν ὡς ἀποδώσων ἐν μέσῳ μυρίων ὀμμάτων, εἶτα ἠρνήσατο, ἐπί τε δικαστὴν ἧκε, τῶν ἅπαντα εἰδότων ἀποθαυμαζόντων. Λόγου δὲ ἀπορῶν, οὐκ ἔχων κρατῆσαι τοῦ δικαίου, πλασάμενος σκοτοδινίαν, ἐξελθὼν ὡς δὴ εὐθέως ἥξων αὖθις ἐπὶ τὴν δίκην, ἀναβὰς ἐπὶ τὸν ἵππον ἔρρωτό τε καὶ ἤλαυνε, καὶ λαβόμενος τῆς κλίμακος ἐπὶ τραύματα τοὺς οἰκέτας ἔταττεν. **192.** Ἀλλ' ὅμως οἱ κολακεύοντες καὶ ὣς ἦσαν κόλακες καὶ ἐφενάκιζον, μέχρι δὴ καὶ ἐπ' αὐτοὺς ἐκείνους τραπόμενος ἐχρήσατο καὶ ἐνταῦθα τῇ φύσει, ὥστε καὶ οἵδε συνεχώρουν εἶναι ἀνθρώπων Σαβῖνον ἀδικώτατον. Καὶ νῦν ταὐτὸν ἀπὸ γλώττης ἁπάσης ἐστὶ λεγόμενον, νενικῆσθαι τὸν Εὐρύβατον. Οὐκοῦν οἷς ὀφείλει δίκην μείζω δέδωκε νῦν ἢ εἰ ἐτεθνήκει. Δεινότερον γάρ, παρά γε ὀρθῷ κριτῇ, ἢ μηκέτ' εἶναι ζῆν ἐν ὀνείδεσιν. « Ἀλλ' οὐ Σαβίνῳ γε », φαίης ἄν. **193.** Οὐκοῦν καὶ τοῦτο δίκη·

1 ἕνεκα C : εἵνεκα VMRKL fortasse recte ‖ γινόμενος CV : γεν- MRKL ‖ **2** εὑρόμενος $CVM^{pc}R^{pc}$: ἐρευνώμενος $M^{ac}R^{ac}KL$ ‖ adnot. V mg. εὑρόμενος· ἀεὶ τὸ τοιοῦτον παθητικὸν ἐπὶ τιμῆς λαμβάνεται· οἷον εὕρετο ἀτέλειαν παρὰ βασιλεῖ· καὶ εὕρετο γέρας τόδε ‖ ἀγείρειν CVR : ἐγείρειν MKL ‖ **6** ἥ τε σοφία αὐτοῦ : adnot. V mg. ἦν δηλονότι ‖ **8** ὀμμάτων $CVM^{pc}R^{pc}$: ὀνομάτων $M^{ac}V^{ac}KL$ ‖ **11** σκοτοδινίαν codd. : σκοτοδινιᾶν Cobet (sic Foerster) fortasse recte ‖ **12** ἀναβὰς... ἵππον CVRKLM mg. (rec.) : om. M ‖ **14** ἔταττεν codd. : γρ. ἔπαττεν R mg. (hoc in Vat. 939 non inuenitur) ‖ **17** ἀνθρώπων CVMR : ἄνθρωπον KL ‖ **18** ταὐτὸν C^{pc} (manu *p*) : ταυτὸν $C^{ac}VMRKL$ ‖ ἁπάσης ἐστὶ CVMR : ἔστιν ἁπάσης KL ‖ **19** adnot. R mg. παροιμία ἐπὶ τῶν κλεπτῶν (sic Vat. 939) ‖ **20** ἐτεθνήκει MR : τεθνήκει CVKL ‖ **21** ἢ μηκέτ' εἶναι ζῆν Festugière (REG 1965 p. 630) : μηκέτ' εἶναι ἢ ζῆν codd. ζῆν ἐν ὀν- ἢ μηκέτ' εἶναι uel τοῦ μηκέτ' εἶναι τὸ ζῆν ἐν ὀν- Reiske ‖ **21-22** ἀλλ'... ἄν distinxi.

un courrier militaire apporta une lettre que l'empereur écrivit dans une juste colère, et cette lettre proclamait son indignité et le condamnait à une amende du double [1]. Le premier informé répandit largement la nouvelle, et la joie de tous fut la récompense du courrier, car c'était un bienfaiteur public.

194. En le punissant ainsi de ses nombreux méfaits à mon égard, la divinité me consola, et particulièrement du tort qu'il avait fait [2] à mon cousin, son beau-père, qu'il dépouilla de ses biens, le réduisant à ne souper que de lentilles, et aussi de la mort à la campagne de sa femme, pour laquelle une nuit et un jour lui suffirent. Et la Fortune connut aussi l'affaire de la tête de mort que Sabinos découvrit et tenta de faire passer pour mon œuvre, fondant sa machination sur une lettre fausse *. Il pensait certes que dans mon effroi je m'abaisserais à des accommodements avec lui, mais comme j'engageai le combat avec un grand courage, il perdit ses moyens et en vint à me supplier.

195. Je dois en remercier la Fortune, mais auparavant d'autre chose encore, qui effectivement s'est passé auparavant *. La loi était défavorable à mon fils illégitime, car elle lui interdisait d'hériter de moi, en abrogeant une loi ancienne qui faisait de lui mon héritier *. J'avais bien quantité d'amis honnêtes, prêts à lui restituer ce qu'ils auraient reçu, mais

1. A. F. Norman, *Autobiogr.*, p. 205 explique que Sabinos a dû comme curiale (ou fonctionnaire financier) se rendre coupable de malversations qui sont punies selon la loi sur le péculat (*Dig.*, XLVIII, 13, datant d'Auguste) par une amende du double de la somme détournée. Ne peut-on pas penser aussi à l'escroquerie du § 191 et qu'il fut condamné pour avoir nié une dette contractée devant tant de témoins ? Cela semblerait l'issue logique d'un procès impossible à gagner et qui révèle le caractère cynique du personnage.

2. Le pléonasme ἀντὶ... ἕνεκεν a choqué Reiske et Foerster, mais il a des précédents classiques. Platon écrit (*Lois*, 701 d) τίνος δὴ χάριν ἕνεκα. Cf. *Politique*, 302 b. [J. M.].

χθές τις ἧκε στρατιώτης γράμματα βασιλέως κομίζων ὀργῇ δικαίᾳ γεγραμμένα, καὶ ἦν ἐν τοῖς γράμμασιν ἄτιμόν τε αὐτὸν εἶναι καὶ ἀποτῖσαι διπλάσιον · τοῦ πρώτου δὲ αἰσθομένου πολλοὺς εἰδέναι ποιήσαντος, ἡδονὴ μισθὸν ἐποίει τῷ στρατιώτῃ, καὶ ἦν εὐεργέτης. **194.** Τοῦτό μοι πολλῶν δίκη, παραμυθουμένου με τοῦ δαίμονος. Καὶ τοῦτο μὲν ἀντὶ τῶν εἰς τὸν ἐμὸν μὲν ἀνεψιὸν ἕνεκεν, αὐτοῦ δὲ κηδεστήν, ὃν ἐξέβαλε τῶν ὄντων, ὥστε εἶναι τὸ δεῖπνον ἐκείνῳ φακῆν, τοῦτο δὲ ἀντὶ τῆς ἐν ἀγρῷ τῆς γυναικὸς τελευτῆς, ᾗ μία μὲν νύξ, μία δὲ ἀπέχρησεν ἡμέρα. Ἤιδει καὶ τὰ περὶ τὴν τοῦ νεκροῦ κεφαλὴν ἡ Τύχη, ἣν ἀπεκάλυψέ τε Σαβῖνος καὶ ἐμὸν ἔργον οὖσαν ἐπειρᾶτο δεικνύειν, ἐπιστολῇ ψευδεῖ τοῦτο μηχανώμενος. Καὶ ᾤετο μέν με πτήξαντα εἰς σπονδὰς πεσεῖσθαι, συμπλακέντος δὲ μάλα γενναίως ἔξω τε ἦν αὐτοῦ καὶ ἱκέτευε.

195. Καὶ τούτου οὖν ἰστέον τῇ Τύχῃ χάριν, καὶ πρὸ τούτου γε ἐκείνου, καὶ γὰρ αὖ πρὸ τοῦδε γέγονεν · ὁ νόμος ἐπολέμει τῷ νόθῳ κληρονομεῖν οὐκ ἐῶν, ἀνελὼν παλαιὸν νόμον ποιοῦντα κληρονόμον. Φίλων μὲν οὖν ἦν ἀφθονία μοι δικαίων, οἳ δώσειν ἃ λάβοιεν ἔμελλον,

1 ἧκε CVMR : ἥκει KL ‖ **2** καὶ... γράμμασιν codd. : ἐν οἷς ἐγέγραπτο $R^{γρ}$ (sic. Vat. 939) ‖ **3** αὐτὸν R^{pc} (sic Vat. 939 Foerster) : αὖ codd. ‖ ἀποτῖσαι Foerster : ἀποτίσαι CVR^{pc} αὖ ἀποτίσαι $MR^{ac}KL$ ‖ **4** ἡδονὴ V^{pc} : -νὴν C (-ν in fine manu *p* rescriptum) $V^{ac}RKL$ M mutilus ‖ **6** πολλῶν : adnot. V mg. ἕνεκα δηλονότι (sic etiam R^{sl}) ‖ με CVRKL : μου M ‖ **7** καὶ CR : om. VMKL ‖ ἐμὸν μὲν VMRKL : ἐμὸν C ‖ **9** ἐκείνω CVR^{pc} : ἐκεῖνο $MR^{ac}KL$ ‖ φακῆν Foerster : φακὴν codd. ‖ **10** τελευτῆς CVR : -τὴν KL M mutilus ‖ **11** ἤιδει CVMRK : ἤδη L ‖ τὴν CVRKL : om. M ‖ **12** τε CVMRL : om. K ‖ **14** με CVR^{pc} : τε $MR^{ac}K$ γε L ‖ εἰς σπονδὰς πεσεῖσθαι V : εἰς σπονδὰς CMRKL κεχωρηκέναι εἰς σπ- A mg. P (unde χωρήσειν εἰς σπ- Foerster) ‖ **14-15** συμπλακέντος CMRKL : -πλεκ- V ‖ **15** τε ἦν CVMR : τὴν KL ‖ αὐτοῦ VM : αὑτοῦ CR ἑαυτοῦ KL ‖ ἱκέτευε VMRKL : -εν C ‖ **17** ἐκείνου $CMR^{ac}KL$: ἐκείνω VR^{pc} ‖ post γέγονεν dist. edd. : post νόμος codd. ‖ **18** νόθῳ Reiske : νόμωι codd. ‖ ἀνελὼν CVR : ἀθλῶν MKL ‖ **19** κληρονόμον ex -νόμων C ut uid. (manu *f* ?) ‖ φίλων $CVR^{pc}L$: φίλον $MR^{ac}K$ φίλους K^{sl} ut uid. ‖ **20** δώσειν ἃ Wyttenbach Mauritius Schmidt Cobet (ἀποδώσειν) Monnier (sic Foerster) : δ' ὡς ἵνα codd.

il n'était pas facile d'échapper à ceux qui attaqueraient de telles pratiques en dénonçant le caractère illégal de ce mode de dévolution [1]. **196.** Notre boulè s'assura sur ce point la bienveillance de l'empereur et des amis de l'empereur approuvèrent cette faveur. Le juge acquiesça, la loi toléra la donation et le souci qui me chagrinait le plus fut dissipé, puisque mes biens devaient revenir librement à mon fils et lui seraient définitivement assurés [2]. Comment ne serait-il pas heureux, celui qui quitte la vie et gagne l'Hadès avec une telle certitude ?

197. A la suite de quoi je vivais dans un plein contentement, quand un souffle malin vint m'ôter ma joie et m'infliger à sa place une blessure encore inconnue de moi : j'avais un frère, plus jeune, mon aîné étant décédé, et par l'âge j'étais entre les deux. Avant mon départ il vivait avec moi et quand je m'étais installé en Bithynie il était venu me voir à cheval, attachant beaucoup de prix à me voir au travail avec mes élèves. **198.** Il retourna alors chez lui et moi je m'établis, sur l'ordre de l'empereur, là d'où j'étais parti auparavant. Mon frère revint encore m'y voir et, le temps passant, à force d'arguments et d'exhortations, il me fit partir et revenir avec lui à la maison, et il y vivait avec moi. Et quand la goutte me faisait

1 Il s'agit sans doute de l'emploi de *fideicommis* : le testateur pouvait sous forme de legs transmettre ses biens à des amis sûrs, chargés de restituer par la suite le fideicommis à l'héritier que la loi ne reconnaissait pas. On conçoit que cette procédure ait présenté des risques de dénonciation, en admettant que les fideicommissaires aient été honnêtes.

2. La loi de Théodose est ainsi tournée par dérogation au moyen d'une donation entre vifs. Libanios remercie de leur appui plusieurs amis, parmi lesquels Eusebios (XXVII pour Seeck, *Die Briefe*, p. 145 = 26 pour la *Prosop.*, p. 305-306), *ep.* 844-845 (en 388). Cf. *ep.* 959, 4 (à Tatianos, de 388). L'intervention de la curie d'Antioche en sa faveur s'explique surtout par le fait que, Libanios étant d'origine curiale et immuniste par sa profession seulement qui n'est pas héréditaire, elle comptait que par la suite Cimon serait assujetti aux charges

τοὺς δὲ τοῖς ὧδε δρωμένοις ἐπιθησομένους ἦν οὐ ῥᾴδιον διαφυγεῖν, γραφομένους τὴν ὁδὸν τῆς κτήσεως, ὡς ἀδικοῖ τὸν νόμον. **196.** Χρηστῷ δὴ βασιλεῖ τῆς ἡμετέρας βουλῆς εἰς τοῦτο χρησαμένης, τῶν τε βασιλεῖ φίλων [αἰτησάντων] ἐπαινεσάντων τὴν χάριν, νεύει τε ὁ καθήμενος, καὶ ἠνείχετο τῆς δωρεᾶς ὁ νόμος · ᾧ τε μάλιστα τὴν ψυχὴν ἐβαρυνόμην ἐλέλυτο, τῶν ἐμῶν εἰς τὸν ἐμὸν ἐλευθέρως τε ἡξόντων ἐν βεβαίῳ τε μενούντων. Ταυτὶ δὲ πεπεισμένον ἀφεῖναί τε τὴν ψυχὴν ἐλθεῖν τε εἰς Αἴδου πῶς οὐκ ἂν εὐδαίμονος εἴη ;

197. Ἐν οὖν τῇ ἀπὸ τούτων εὐφροσύνῃ διάγοντι πνεῦμα πολέμιον ἐπελθὸν ἐκβάλλει μὲν τὴν ἡδονήν, ἀντεισάγει δὲ τραῦμα οἷον οὔπω πρότερον. Ἦν μοι ἀδελφὸς νεώτερος, οἰχομένου μοι τοῦ πρεσβυτέρου · μέσος γὰρ δὴ ἦν ἐγὼ κατὰ τὸν τόκον ἀμφοῖν. Οὗτος πρό τε τῆς ἀποδημίας μοι συνέζη, καὶ ἐπειδὴ παρὰ Βιθυνοῖς ἐκαθήμην, ἦλθεν ἵππον ἐλαύνων, μέγα ποιούμενος ἰδεῖν ὑπ' ἐμοῦ νεμομένους παῖδας. **198.** Ἔπειθ' ὁ μὲν ἐπανῆλθεν οἴκαδε, ἐγὼ δὲ ὑπ' ἀνάγκης τῆς τοῦ κρατοῦντος ἦν αὖθις ὅθεν δὴ καὶ ἀπῆλθον · οὗ δὴ πάλιν ἀδελφὸς ἀναφαίνεται, καὶ χρόνου δὴ προϊόντος, λόγοις τε πολλοῖς καὶ παρακλήσεσιν ἀναστήσας, ἄγει τέ με οἴκαδε καὶ συνέζευκτο. Καὶ ὁπότε

2 τῆς CVR : om. MKL ‖ κτήσεως CVR : ἀποτίσεως MKL ‖ **2-3** ἀδικοῖ : adnot. V mg. ἀπὸ τοῦ ἀδικοῖμι πρώτου προσώπου τρίτον τὸ ἀδικοῖ · τῷ ἀδικοῖμι πρώτῳ προσώπῳ ἐκείνῳ παράλληλον τίθεται καὶ τὸ ἀδικοίην · χρηστέον δὲ ἑκατέρῳ κατὰ τὸν τῆς τέχνης καιρόν. ‖ ἀδικοῖ CVRKL : ἀδικεῖ M ‖ **5** αἰτησάντων seclusi : an ἐπαινεσάντων τὴν χάριν delendum ? ‖ post αἰτησάντων dist. CV : non dist. MRKL ‖ **6** ἠνείχετο CVMR : οὐκ ἠν- KL ‖ **8** μενούντων V : μενόντων CMRKL ‖ ταυτὶ : adnot. V s. l. οὐ καλόν ‖ **9** πεπεισμένον C : -μένων VMRKL ‖ ἐλθεῖν Gasda (sic Foerster) : ἐλθὼν codd. (fortasse ἐλθών τε ex ἐλθόντα R) ‖ **10** εὐδαίμονος εἴη Gasda (sic Foerster) : εὐδαιμονοίη codd. quod defendi posse censet Vieillefond ‖ **11** διάγοντι CV : διαγαγόντι MRKL ‖ **14-15** οἰχομένου... ἀμφοῖν om. K ‖ **14** δὴ ἦν CMR : ἦν δὴ VL ‖ **16** συνέζη codd. : συνῆλθε Vat. 939 R$^{\gamma\rho}$ ‖ ἦλθεν CVRKL : ἦλθον M ‖ **17** ἐμοῦ CR$^{\gamma\rho}$: ἐμοὶ VMRKL ‖ **20** ἀδελφὸς CVR^{sl} : om. MRKL ‖ **21** προϊόντος CVKL : πολλοῦ πρ- MR.

souffrir, les plaisirs de la table m'étaient amers [1]. **199.** Au début de l'hiver [2], dînant un jour avec moi, il fut frappé d'une hémorragie cérébrale et poussa un cri, comme il est naturel. Les esclaves le portèrent dans sa chambre et au lever du jour on vint me dire qu'un de ses yeux était perdu, par suite d'un écoulement de liquide venant de la tête. Peu de jours après, j'appris que l'œil droit était également rempli de liquide. **200.** Tout ce qu'auparavant j'avais tenu pour d'effrayants malheurs me sembla en comparaison de légères vétilles, je ne faisais rien sans pleurer et même en récitant mes déclamations, ce dont je ne pouvais me dispenser, mes larmes coulaient avec mes paroles, et personne ne s'en étonnait car personne n'était sans en connaître la raison. Je pleurais dans mon bain, car je prenais des bains par ordonnance médicale, je pleurais en mangeant car j'étais privé de mon commensal, de celui qui autrefois s'allongeait près de moi, aujourd'hui livré à l'obscurité de la nuit après celle du jour. **201.** Il y avait à son chevet beaucoup de médecins, des remèdes en foule et plus encore d'amulettes. Puis on décida de tout abandonner et de se mettre sous la protection des autels, des supplications et de la puissance des dieux. Je me rendais moi-même auprès d'eux et je pleurais sans rien dire, car j'étais totalement inca-

curiales, cf. *infra*, § 257. Le « juge » qui accepta cette procédure est sans doute Neoterios, préfet d'Orient en 380-381 (*Prosop.*, p. 623).

1. La traduction donnée ici correspond au texte des manuscrits. Reiske comprend que la maladie oblige Libanios à manger seul et il propose d'ajouter en fin de phrase ἄνευ αὐτοῦ, *sans lui*. La correction que nous proposons dans l'apparat critique aboutirait à un sens plus intéressant : *quand je souffrais, c'était son plaisir à lui qui était gâché*. Pour κάμνοι τὰ ἄρθρα, cf. *infra*, § 247. Ce dernier passage montre définitivement contre Norman qu'il est ici question de la goutte de Libanios et non de la maladie de son frère. Mais son erreur va dans le même sens que notre correction : la souffrance de l'un des deux frères cause la tristesse de l'autre. [J. M.].

2. L'hiver 381-382 sans doute.

δὴ κάμνοι τὰ ἄρθρα, πικρά μοι τὰ τῆς τραπέζης ἦν. **199.** Οὗτός ποτε συνδειπνῶν ἀρχομένου χειμῶνος πληγεὶς μεταξὺ ῥεύματι τὴν κεφαλήν, βοήσας οἷα εἰκός, χερσὶν οἰκετῶν ἄγεται πρὸς τὸ δωμάτιον, καὶ ἅμα ἡμέρᾳ ἧκέ τις ἀγγέλλων τοῖν ὀφθαλμοῖν αὐτῷ τὸν ἕτερον οἴχεσθαι, ῥυέντος ἐπ' αὐτὸν ἀπὸ τῆς κεφαλῆς ὕδατος · ἔπειτ' οὐ πολλαῖς ἡμέραις ὕστερον ἐπικλύζεσθαι ⟨καὶ⟩ τὸν δεξιὸν ἤκουον. **200.** Καὶ ἦν πάντα τὰ πρὸ τοῦ δοκοῦντα ὑπέρδεινα μικρά τε καὶ κοῦφα πρὸς τοῦτο ἐξεταζόμενα, καὶ οὐδὲν ὧν ἔπραττον ἄνευ δακρύων ἐπράττετο, ἐπεὶ καὶ λόγων μοι δεικνυμένων, ἦν γὰρ ἀνάγκη, μετὰ τῆς φωνῆς ἔρρει τὰ δάκρυα, καὶ ἐθαύμαζέ γε οὐδείς, οὐδεὶς γὰρ ἦν ὃς οὐχ ὅθεν ταῦτα ἦν ἠπίστατο. Δάκρυα ἐν λουτρῷ, συμβουλὴ γὰρ ἦν ἰατρικῆς λουτρόν · δάκρυα ἐν δείπνῳ, τοῦ γὰρ δὴ πρὶν συνδειπνοῦντος ἀπεστερήμην, συνόντος ἐπὶ τῆς κλίνης, παρὰ τῆς ἐν τῇ ἡμέρᾳ νυκτὸς τῇ νυκτὶ παραδιδομένου. **201.** Πολλαὶ μὲν δὴ χεῖρες ἰατρῶν, μυρία δὲ φάρμακα, πλείω δὲ περίαπτα. Ἔπειτ' ἔδοξε τὰ μὲν ἄλλα χαίρειν ἐᾶν, καταφεύγειν δὲ ἐπί τε βωμοὺς καὶ ἱκετείας καὶ τὴν τῶν θεῶν ἰσχύν · οἷ δὴ καὶ αὐτὸς οἰχόμενος ἔκλαιον, καὶ τοῦτο ἡσυχῇ, οὔτε γὰρ οἷός τ'

1 ἄρθρα C^{ac}VMRKL : ἄρθρα C^{pc} (manu *s*) || malim κάμνοι ⟨μοι⟩ τὰ ἄρθρα πικρὰ αὐτῷ || ἄνευ αὐτοῦ post ἦν addendum esse putabat Reiske in adnot. || **3** ῥεύματι VR^{pc} : ῥεύματι (sic) C^{pc} (prima manu) ῥεύματος C^{ac}MR^{ac} ut uid. KL || οἷα in ras. C (manu *f* ?) || **5** ἀγγέλλων C^{pc} (manu *s*) VMR^{pc} KL : -έλων C^{ac}R^{ac} || **5-6** οἴχεσθαι C^{ac}VMRKL : οἰχέσθαι C^{pc} (rec.) || **6** ῥυέντος CVR : ῥυέντος δὲ MKL || **7** καὶ inser. Reiske in adnot. (sic Foerster) || **8** πρὸ τοῦ CKR : προτοῦ VML || **14** συμβουλὴ C^{pc} (manu antiqua ut uid.) VKL : συμουλὴ C^{ac} συμβουλῆς MR || τρόν in λουτρόν in ras. C (manu *s*) || **15-16** τοῦ γὰρ δὴ... κλίνης : malim τοῦ γὰρ δὴ πρὶν συνόντος ἐπὶ τῆς κλίνης ἀπεστερήμην, uoce συνδειπνοῦντος ut glossa deleta || **16** τῇι νυκτὶ CR^{sl} : om. VMRKL || **18** ἔπειτ' CVMR : ἔπειτα KL || **19** τε om. V, suppl. V^{sl} || **20** καὶ ἱκ- CV : ἱκ- MRKL || καὶ αὐτὸς VMRK : κ' αὐτὸς CL || **21** γὰρ CVRKL : γὰρ ἦν (ἦν posterius deleto ?) M || post γὰρ lacunam indicant R (linea in spatio septem fere litterarum) K (litt. 15) L (litt. 5) || οἷός τ' ἦν Reiske : οἷος τινα CMRKL οἷός τ' ἦν τινα VM^{sl}R^{sl}.

pable de regarder les statues et de leur adresser la parole. J'entourais mes genoux de mes mains, y appuyais ma tête, trempant mon manteau de mes larmes et je repartais. Il m'était devenu insupportable de voir mon frère et de ne pas le voir : c'était tantôt le regret de son absence, tantôt sa vue qui me mettaient dans cet état. **202.** Et un soir, comme j'étais au milieu de mes livres, à un vieux médecin assis auprès de moi, je demandai, connaissant la réponse, si mon frère était devenu aveugle. Je perdis conscience, ne sachant plus rien de ce que je savais jusqu'ici, ni où j'étais, ni ce que j'avais dit, ni ce qu'il fallait faire ou ne pas faire. **203.** Le vieillard tenta de me faire revenir à moi et à mon état normal et m'invita à me remettre au discours que j'étais en train de composer. Je repris ma tablette et voulus écrire, mais j'avais perdu le fil de mon sujet, sans pouvoir retrouver, en lisant ce que j'avais écrit, ce que mon discours pouvait bien vouloir dire. Je laissai tomber la tablette, en disant au médecin que c'en était fait de moi, et me couchai comme soulagé, sans me sentir honteux d'avoir perdu la tête dans de telles conditions. **204.** Je ne vois pas en effet quel malheur — et pourtant j'en ai supporté beaucoup — je pourrais trouver par comparaison pire ou égal à celui-ci. Au point que je reprochais aux divinités de ne m'avoir pas donné la mort plutôt qu'une telle existence. Car aucune des félicités dont j'avais joui n'aurait paru susceptible de compenser ce malheur : quelle conférence publique ? Quels éloges ? Quels applaudissements ? Quels honneurs impériaux [1] ? La richesse ne m'était pas venue, mais eût-elle dépassé celle de Gygès * qu'elle eût été vaincue par ma douleur.

1. Si ce passage fut écrit vers 382, comme je le pense avec A. F. Norman (*Notice*, p. 12), Libanios considère comme un honneur d'avoir reçu l'autorisation de faire de son fils son héritier, § 196, car la bienveillance de l'empereur honore celui qui en bénéficie.

ἣν ἰδεῖν οὔθ' ὅλως χρῆσθαι λόγῳ πρὸς τὰ ἀγάλματα, τοῖς γόνασι δὲ τὼ χεῖρε περιθεὶς καὶ ἐπ' αὐτοῖν τὴν κεφαλὴν βρέξας θοἰμάτιον τοῖς δάκρυσιν ἀπῄειν. Τὸν δὲ οὔτε ὁρᾶν οὔτε μὴ ὁρᾶν φορητὸν ἐγίγνετο, νῦν μὲν τοῦ πόθου, νῦν δὲ τῆς ὄψεως τοῦτο ποιούσης. **202**. Καί ποτε δείλης βιϐλίων ἐγγὺς μοι κειμένων καὶ ἰατροῦ γέροντος παρακαθημένου, ἐρόμενος ὃ ἠπιστάμην, εἰ τυφλός μοι γέγονεν ἀδελφός, τῶν φρενῶν τε ἐξώσθην καὶ οὐκέτ' εἶχον οὐδὲν ὧν τέως ᾔδειν εἰδέναι, οὔτε οὗ κατεκείμην οὔθ' ὅ τι εἰρήκειν οὔθ' ὅ τι χρὴ ποιεῖν οὔθ' ὅ τι μή. **203**. Πειρωμένου δέ με ἐπανάγειν τοῦ γέροντος καὶ αὖθις ποιεῖν ὑγιαίνειν, λόγῳ γε ὃν ἐτύγχανον συντιθεὶς κελεύσαντος προσθεῖναί τι, τὸ γραμμάτιον ἀναιροῦμαι μὲν καὶ ἐνεχείρουν, εἰς ἄγνοιαν δὲ τῆς ὑποθέσεως καταστὰς ἀπ' οὐδενός τε τῶν γεγραμμένων ἐμαυτὸν ἔχων διδάξαι τί ποτε ἦν μοι βουλόμενος ὁ λόγος, τὸ μὲν ἔρριψα, πρὸς δὲ τὸν ἰατρὸν εἰπὼν ὡς οὐδὲν ἔτ' εἴην, ἐκείμην ῥᾴων καὶ οὐκ ᾐσχυνόμην ἐπὶ τοῖς τοιούτοις μανείς. **204**. Οὐ γὰρ οἶδ' ὅ τι ἂν τούτῳ παρεξετάσας κακόν, καίτοι μυρίοις βεϐλημένος, ἢ μεῖζον ἢ ἴσον εὗρον ἄν. Ὥστε καὶ ᾐτιώμην τοὺς δαίμονας ὅτι μὴ θάνατος ἀντὶ τοῦ παρόντος ἐπῆλθεν. Οὐδὲ γὰρ τῶν μοι γενομένων ἀγαθῶν ἔσθ' ὅ τι ἂν ἀντίρροπον αὐτοῦ δόξειε. Ποία γὰρ ἐπίδειξις ; Τίνες εὐφημίαι ; Τίς κρότος ; Τίνες ἐκ βασιλέων τιμαί ; Πλοῦτος μὲν γὰρ οὐκ ἐγένετο, καὶ τὸν Γύγου δὲ νικῶν ἡττᾶτο ἂν τοῦ πάθους.

2 *καὶ* CVR^{sl} : om. MKL || αὐτοῖν CVR^{γρ}K^{sl}L : αὐτὴν MRK || **3** βρέξας Reiske in adnot. : βρέξασαν codd. || **6** μοι VMRKL : μου C || **12** γε CVM^{pc}R^{sl} : τε M^{ac} ut uid. RKL || κελεύσαντος P (coni.) Reiske in adnot. Foerster : κελεύσας codd. || **14** τε VMRKL : γε CR^{sl} || **17** ῥάων CVMRL : ῥᾶον K fortasse βοῶν scribendum || **18** τούτωι CVMRL : τοῦτο K || **19** καίτοι CVMKL : κέ τοι R || **20** ἴσον C^{ac}VMRL : ἶσον C^{pc} (manu *n*) K || **21** οὐδὲ CVM^{ac}RKL : οὐ M^{pc} || **22** ἔσθ' codd. : ἔσεσθ' Vat. 939 R^{sl} || **24** βασιλέων CVMRL : -λέως K || **25** ἡττᾶτο Foerster : ἡττῷτο (uel ἡττῶτο) codd. ἡττώμην Vat. 939 R^{γρ} (ἡτώ-).

205. Et pourtant, même en ces jours de douleur, voici une action qui me fit paraître digne d'admiration et heureux en même temps. La terre avait souffert d'un hiver défavorable et la saison qui suivit ne fut pas meilleure [1]. Une partie de la récolte n'avait pas poussé, et le reste était fort réduit et par surcroît de mauvaise qualité. Le peuple était monté contre la boulè, bien à tort, car la boulè n'est pas maîtresse des pluies. Les autorités s'adressaient partout pour avoir du blé, le prix du pain montait. **206**. Philagrios [2], un homme d'excellente réputation, occupait alors le poste supérieur *. Il n'avait pas les moyens d'améliorer la situation et s'estimait heureux quand elle n'empirait pas. Il invita la corporation des boulangers à plus de modération, sans juger à propos d'employer la force, car il craignait de précipiter leur fuite, ce qui aurait aussitôt provoqué la perte de la ville, semblable à un navire abandonné par son équipage *. **207**. Là-dessus, ceux que la réputation faite aux autorités exaspère, voyant cet homme considéré comme un demi-dieu, s'attaquent à lui, les impies *, disant qu'en cette affaire sa prudence n'était pas de la prudence, mais l'effet d'une corruption qui faisait taire la colère qu'il aurait dû manifester. Pour moi, j'en riais et lui conseillai d'en faire autant. D'abord il me crut, puis, voyant s'étendre la calomnie, il en fut affecté et en vint aux flagellations, en un lieu choisi pour que la foule pût bien voir. **208**. Assis dans son char, tout en faisant tomber les coups il leur demandait à qui ils versaient de l'argent pour être

1. Nous sommes maintenant au milieu de l'année 382 : le *comes Orientis* Philagrios (§ suivant) est attesté par le *C. Th.* le 20 septembre 382, *Prosop.*, p. 693. Il semble que la récolte de l'année précédente n'avait pas été brillante, selon l'*or.* II, 68.

2. Sur lui, *Prosop.*, p. 693. Il devint *comes Orientis* vers le milieu de 382. Libanios rappelle son activité lors de la famine dans l'*or.* XXIX, 6, XXXIV, 4, et le félicite de mépriser la clique du théâtre dans l'*or.* XLI, 18.

205. Καίτοι καὶ ἐν αὐταῖς ταύταις ταῖς τοῦ πάθους ἡμέραις ἀπ' ἔργου τοῦδε θαυμαστὸς ἐδόκουν εἶναι καὶ ἅμα μακάριος. Ἀπολελαύκει μὲν οὐ χρηστοῦ τοῦ χειμῶνος ἡ γῆ, μετριωτέρα δὲ οὐδὲν ἡ μετ' ἐκεῖνον ὥρα. Καρπῶν δὲ τῶν μὲν οὐδ' ἀναφύντων, τῶν δὲ ὡς ὀλιγοστῶν καὶ οὐδὲ αὐτῶν ὑγιῶν, ἐκεκίνητο μὲν ἐπὶ τὴν βουλὴν ὁ δῆμος οὐδενὶ δικαίῳ, οὐ γὰρ δὴ ὄμβρων ἡ βουλὴ κυρία, σῖτον δὲ οἱ ἄρχοντες πανταχόθεν ἐκάλουν, αἱ τιμαὶ δὲ τοῖς ἄρτοις ἐπὶ τὸ πλέον ἧκον. **206.** Φιλάγριος δέ, ἀνὴρ ἐνδοξότατος, ἐπὶ τὸν μείζω θρόνον ἥκων, κρείττω μὲν οὐκ ἔχων τὰ πράγματα ποιῆσαι, ἀγαπῶν δὲ εἰ μὴ φαυλότερα, παρεκάλει μὲν τὸ τῶν σιτοποιῶν ἔθνος εἶναι δικαιοτέρους, ἀνάγκας δὲ οὐκ ᾤετο δεῖν ἐπάγειν, δεδιὼς τὴν ἐπὶ πλεῖον ἀπόδρασιν, ᾧ ἂν εὐθὺς ἐβαπτίζετο τὸ ἄστυ, καθάπερ ναῦς ἐκλιπόντων τῶν ναυτῶν. **207.** Ἐνταῦθα οἱ τῇ δόξῃ τῶν ἐν ταῖς ἀρχαῖς ῥηγνύμενοι, τὸν ἄνδρα ὁρῶντες ἰσόθεον νομιζόμενον, αἰτιῶνται οἱ δυσσεβεῖς, τὴν περὶ τὸ πρᾶγμα σοφίαν οὐ σοφίαν εἶναι λέγοντες, πρᾶσιν δὲ ὀφειλομένης ὀργῆς. Ἐγὼ μὲν οὖν αὐτός τε ἐγέλων, ἐκεῖνόν τε ἠξίουν. Ὁ δὲ τὴν πρώτην πειθόμενος, ἐπειδὴ χωροῦσαν ἑώρα τὴν ἀπάτην, πάσχει τέ τι καὶ ἧκεν ἐπὶ μάστιγας, οὗ πλεῖστοι τοῦτο ἔμελλον ὄψεσθαι. **208.** Ὁ μὲν δὴ ἐπὶ τοῦ ζεύγους καθήμενος ἠρώτα παίων ἅμα τῇ περὶ τίνα ἀνθρώπων δαπάνῃ τοιοῦτοι περὶ τὸν ἄρτον ἀναγκάζοιντο εἶναι.

1 καίτοι CVMRL : καί τι K ‖ ταύταις CV : ταυταισὶ MRKL ‖ **2** ἀπ' Reiske : ἐπ' C (ε ex α ?) VMRKL ‖ ἔργου VMRKL : ἔργῳ C ‖ **4** καρπῶν CVMRK^{pc}L : καρπὸν K^{ac} ‖ **5** τῶν μὲν CVMRK^{sl}L : τὸν μὲν K ‖ οὐδ' CV : οὐδὲ MRKL ‖ ὡς ὀλιγοστῶν CM^{γρ} in mg. (rec.) R in ras. : ὡς ὀλιγίστων V ὀλίγων M (sic R ante ras. ?) ὀλιγίστων KL ‖ **10** ἥκων CVRKL : ἧκον M ‖ **13** ἐπὶ πλεῖον CMR : ἐπιπλεῖστον V ἐπιπλεῖον KL ‖ **14-15** ἐκλιπόντων CVML : -λειπ- RK ‖ **17** post δυσσεβεῖς dist. CM (p. c. ?) : non dist. VRKL ‖ **18** πρᾶσιν V : πράσιν CMRKL ‖ **19** τε ante ἠξίουν suppl. R^{sl} ‖ **21** οὗ C (p. c. ?) VR (p. c. ?) : οὐ MKL ‖ **23** τῆι CMRKL : εἰ τῇ V ‖ τίνα C^{pc} (manu *n*) VR : τινα C^{ac}MKL.

obligés de faire ainsi monter le prix du pain *. Comme ils n'avaient rien à répondre, il en arrivait à sa septième victime quand je m'approchai, n'étant au courant de rien, suivant mon trajet habituel. Je perçus le bruit des coups qui réjouissaient le peuple, bouche bée à la vue des dos couverts de sang, et, arrivé sur place, je vis un spectacle, affreux et insupportable à mes yeux, mais qui ne me fit pas hésiter pour autant : au contraire, fendant aussitôt la foule de mes mains, je m'avançai jusqu'à la roue du supplice avec une réprobation muette, et là je parlai longuement et sans m'interrompre, en distinguant les deux temps de l'affaire * : d'abord, ceux que l'on fouettait n'avaient rien fait de mal ; ensuite, si l'on ne mettait pas fin aux actes de violences, on se préparait des lendemains que l'on ne désirait point. **209**. Ces arguments étaient justes et conformes à l'intérêt du gouverneur et de la ville, mais dans l'opinion générale des assistants ils valaient la mort à qui les exprimait, car ils s'opposaient à la volonté de la foule. Effectivement, beaucoup s'étaient déjà munis de pierres pour le cas où l'on interviendrait en faveur des boulangers, et qu'elles n'aient pas volé dès mes premières paroles, c'était un miracle. **210**. Ce fut ensuite un autre miracle que les gens ainsi calmés n'eussent même pas fait chorus avec moi. Ce n'est pas là l'œuvre d'un homme, mais celle d'un dieu et de la Fortune, capables d'apaiser même la fureur des flots. En définitive, je fus considéré comme le bienfaiteur des boulangers échappant à la torture, celui du gouverneur et celui des habitants et de la ville elle-même, pour avoir épargné aux uns la famine, à la ville d'être incendiée et au gouverneur d'être traîné par les pieds *.

211. Ceux que mon succès suffoquait étaient dans

Τῶν δὲ οὐδὲν εἰπεῖν ἐχόντων, προὐϐεϐήκει μὲν ἐπὶ σῶμα ἕϐδομον, οὐδὲν δὲ εἰδὼς ἐγὼ προσῄειν, τὰ εἰωθότα πορευόμενος· κτύπου δὲ πληγῶν αἰσθόμενος τῷ δήμῳ κεχαρισμένων ὃς ἐκεχήνει πρός τε τὸ αἷμα καὶ τὰ νῶτα, θέαμα ἐπιστὰς εἶδον πικρόν τε καὶ τοῖς ἐμοῖς οὐκ ἀνεκτὸν ὄμμασιν, οὐ μὴν εἰς ἀναϐολήν· ἀλλ' εὐθὺς ταῖς ἐμαυτοῦ χερσὶ διατεμὼν τὸν ὄχλον σιγῇ μὲν μεμφόμενος μέχρι τοῦ τροχοῦ προσῄειν, ἐκεῖ δὲ λόγοι τε πολλοὶ καὶ οὐκέτι σιωπὴ τοῖν δυοῖν ἁπτομένου χρόνοιν, ὡς οὔτε ἠδικήκασιν οἱ ἐν ταῖς πληγαῖς, εἴ τε οὐ λήξει τὸ τῆς ὀργῆς ὄψεταί τις ἡμέραν τὴν ἐπιοῦσαν οἵαν οὐκ ἂν βούλοιτο. **209.** Ταυτὶ δὲ δίκαια μὲν καὶ λυσιτελοῦντα τῷ τε ἄρχοντι τῇ τε πόλει, θάνατον δέ, ὡς ἡ κοινὴ δόξα τῶν παρόντων, ἔχοντα τῷ λέγοντι, μαχόμενά γε τῇ τοῦ ὄχλου βουλήσει. Καὶ γὰρ δὴ καὶ λίθοι ἦσαν οὐκ ἐν ὀλίγων χερσίν, εἴ τις ἐξαιτήσεται· οἳ ὅπως ἐπὶ τοῖς πρώτοις οὐκ ἐπέτοντο ῥήμασι, θαῦμα ἦν. **210.** Ἔπειτα θαῦμα ἕτερον, ὅπως οὐ καὶ συνεῖπον οἱ οὕτως ἡσυχάσαντες. Τουτὶ δὲ ἔργον ἀνθρώπων μὲν οὐδενός, θεοῦ δέ τινος καὶ Τύχης, ἀφ' ὧν καὶ θαλάττης μανία κοιμίζεται. Ἐντεῦθεν εὐεργέτης ὠνομαζόμην τῶν τε οὐ βασανισθέντων, τοῦ τε ἐπὶ τῆς ἀρχῆς, τῶν τε ἐνοικούντων, τοῦ τε τῆς πόλεως σώματος, τῶν μὲν οὐ πεινασάντων, τῆς δὲ οὐ κατακαυθείσης, τοῦ δὲ σχοινία διαφεύγοντος.

211. Οὓς δὲ ταῦτα ἀπέπνιγεν ἐπένθουν. Κακὸν δὲ αὐτοῖς

1 οὐδὲν codd. : οὐδένα Foerster in app. || προυϐεϐήκει K^{pc} : προϐ- $CVMRK^{ac}L$ || **3** κτύπου CVKL : κτήπου MR || τῶι CVMKL : τὸ R || **3-4** κεχαρισμένων CVMRK : -μένου L || **6** εἰς in R deletum || **7** μὲν VMRKL : om. C || **9** ἁπτομένου CVRKL : -μένοιν M ut uid. || χρόνοιν codd. : μόνοιν Foerster || **10** λήξει τὸ MRKL : λήξοιτο C λήξειε τὸ V || **15** ἐξαιτήσεται codd. : « malim ἐξαιτήσαιτο » Reiske || **16** ἐπὶ τοῖς πρώτοις οὐκ CR^{pc} : οὐκ ἐπὶ τοῖς πρώτοις οὐκ V οὐκ ἐπὶ τοῖς πρώτοις $MR^{ac}KL$ || ἐπέτοντο CVR^{pc} : ἕποντο $MR^{ac}KL$ || **17** οἳ Reiske : ἢ CVKL ἢ οἳ MR || **19-20** κοιμίζεται $CVR^{\gamma\rho}$: κουφίζεται MRKL || **23** adnot. R mg. γρ. τῆς δὲ κατακαυθείσης (quod in Vat. 939 non inuenitur) || **24** ἐπένθουν : add. R mg. ἐσκυθρώπαζον (ἐπένθουν ἐσκυθρώπαζον Vat. 939).

l'affliction. Ce mauvais coup ne fut pas le seul pour eux, car il y en eut bien d'autres, qui me valurent de grands honneurs, lorsque par exemple Philagrios protesta contre le règlement qui lui interdisait de venir me voir chez moi, comme l'avaient fait souvent cet homme venu d'Épire et plus encore celui de Cyrrhos (ce dernier s'appelait Pelagios, et l'autre Marcellinos) *. Je rendis, il est vrai, en ce temps-là beaucoup de services aux gens, car ceux qui avaient besoin de secours venaient me trouver et moi je pansais leurs blessures grâce à mes interventions auprès de l'autorité.

212. Le nom de Proclos [1] me rappelle des orages et des tempêtes et des coups et du sang. De tout cela il résulta pourtant quelque chose de bon pour moi, c'est que je détestai ses actes et le fis bien voir : car je ne me rendis jamais chez lui, alors que je l'avais fait pour bon nombre de ses prédécesseurs dans le poste. Ma réputation s'accrut donc de la haine que j'avais pour lui, comme de celle qu'il avait pour moi, mais la mienne était visible, tandis qu'il cherchait à dissimuler la sienne sans y parvenir.

213. C'est alors que survint la mort de ce frère dont j'ai parlé * : je le pleurais comme s'il fût mort jeune et arraché à une vie heureuse, et je ne pouvais souffrir ceux qui pour me consoler faisaient allusion à sa cécité.

214. Un autre malheur, ce fut la secousse qui ébranla mon art : on fuyait la langue des Hellènes et on s'embarquait pour l'Italie, afin d'y apprendre à parler comme ces gens-là. Cette éloquence devenait plus puissante que notre éloquence, elle procurait de la puissance et de l'argent, tandis que la nôtre n'offrait

1. Fils du préfet du prétoire Tatianos, il fut *comes Orientis* en 383-384 (attesté depuis mars 383, renvoyé juste avant les Jeux Olympiques de 384, *infra*, § 222), *Prosop.*, p. 746. Parmi les nombreuses critiques, parfois violentes, que Libanios élève contre ses procédés, il mentionne sa facilité à donner le fouet, *or.* XXVI, 30, XXVIII, 13, XXIX, 10. Cf. *infra*, §§ 222-224.

οὐ τόδε μόνον, ἀλλὰ καὶ ἕτερα μυρία τιμὴν ἔχοντα μεγάλην, ἐπεὶ καὶ τοῦ νόμου κατεβόα μὴ διδόντος οἱ βαδίζειν οἴκαδε ὡς ἐμέ · ᾧ πολλῷ μὲν ἐχρῆτο ὁ Ἠπειρώτης ἐκεῖνος, πλείονι δὲ ἢ ἐκεῖνος ὁ ἐκ Κύρου · τῷ μὲν ὄνομα Πελάγιος, Μαρκελλῖνος δὲ τῷ προτέρῳ. Πλεῖστα ἀνθρώπους εὖ ποιήσας τόνδε οἶδα τὸν χρόνον, τῶν μὲν ἐν χρείᾳ φαρμάκων ὄντων ἐπ' ἐμὲ καταφευγόντων, ἐμοῦ δὲ αὐτοῖς διὰ τῶν ἐπὶ τῆς ἀρχῆς ἰωμένου τὰς πληγάς.

212. Πρόκλου δὲ μνησθεὶς χειμῶνός τε μέμνημαι καὶ αἰγίδος καὶ πληγῶν καὶ αἵματος. Ἦν μέντοι τι καὶ ἐνταῦθα ἀγαθὸν ἐμοί, τὸ τοῖς δρωμένοις τούτοις καὶ ἄχθεσθαι καὶ δοκεῖν · οὐδὲ γὰρ ᾔειν ὡς αὐτόν, ὃ πρὸς οὐκ ὀλίγους ἐπεποίητό μοι τῶν ἐπὶ τῆς αὐτῆς τάξεως. Ηὐδοκίμουν οὖν τῷ μίσει τῷ τε ἐμῷ πρὸς ἐκεῖνον, τῷ τε ἐκείνου πρὸς ἐμέ, τῷ μὲν ἐμῷ φανερῷ, τῷ 'κείνου δὲ βουλομένῳ μὲν λανθάνειν, ἀδυνατοῦντι δέ.

213. Καὶ συμβαίνει δὴ τελευτῆσαί μοι τὸν ἀδελφὸν ἐκεῖνον, ὃν ὥσπερ νέον τε καὶ εὐδαιμονίας ἐστερημένον ἐπένθουν, οὐκ ἀνεχόμενος τῶν ἐκ τῆς περὶ τὰ ὄμματα τύχης φερόντων τὴν παραμυθίαν.

214. Κακὸν δὲ ἕτερον, σεισμὸν ἐπενεγκὸν τῇ τέχνῃ, φυγὴ μὲν ἀπὸ τῆς τῶν Ἑλλήνων φωνῆς, πλοῦς δὲ ἐπ' Ἰταλίας, ζητούντων κατ' ἐκείνους διαλέγεσθαι · τοὺς γὰρ δὴ λόγους τῶν λόγων γενέσθαι δυνατωτέρους, καὶ εἶναι μετ' ἐκείνων

2 post μεγάλην aliquid excidisse suspicor || **3** οἴκαδε in mg. suppl. M || **4** ἢ ἐκεῖνος VMRKL : ἢ 'κεῖνος C || **5** μαρκελλῖνος CMKL : -ελῖ- VR (sic Vat. 939) || **7** αὐτοῖς VMRKL : τοῖς C **10** αἰγίδος : adnot. V mg. αἰγίς καὶ καταιγίς. || αἰγίδος CM : αἰγῖδος VKL ἐγίδος R || μέντοι τι C μέντοι τί VM μέντοι KL μέντι τί R || **12** ᾔειν CVKL : εἴην MR || ὡς codd. : πρὸς R[sl] (et Vat. 939) || **13** ηὐδοκίμουν C : εὐδοκίμουν VMRKL (sic Foerster) || **15** τῶι 'κείνου CVMR : τῶι κείνου KL || **17** τελευτῆσαί μοι CVMKL : τελευτῆσαιμι R || **18** ὥσ in ὥσπερ om. R spatio uacuo relicto || **21** ἐπενεγκὸν CVMR[sl] : -γκεῖν R -γκὼν KL || **22** ἐπὶ ἰτ- M || **24** ἐκείνων CVL[pc] : ἐκεῖνον MRKL[ac].

rien d'autre qu'elle-même. Sans écouter ceux qui me disaient que je devais abandonner mon poste, je n'ignorais pas la tournure que prenaient les choses, mais pourtant j'estimai juste d'y rester attaché : je n'aurais pas quitté ma mère seule et dans le besoin, et tout cela ne méritait pas moins d'égards *. **215**. Même en cette période malheureuse, des professeurs d'éloquence ont été formés par mes soins, la plupart d'entre eux sont dispersés et installés en Asie et l'un d'eux à l'extrémité de l'Europe, là où s'est élevée la grande ville qui tire son luxe du Bosphore *.

216. L'assistance divine en revanche se manifeste dans le récit qui suit : je sortais du bouleutérion après mes travaux habituels, sur mon petit cheval, et j'étais parvenu en montant jusqu'à la Porte Nouvelle [1], quand survint en face un attelage de mules en train de faire demi-tour. En voyant l'attelage, mon cheval fut effrayé de sentir leurs têtes toutes proches de lui *, il n'avait pas assez d'espace pour se retourner et la peur l'empêchait de passer. La suite allait de soi : le cheval abattu sur le dos et moi-même renversé sous son dos, je serais resté complètement coincé là, tandis que ma tête échappant au poids du cheval éclaterait sur les pierres placées entre les colonnes et laisserait voir la cervelle *. **217**. Les muletiers et les gens qui se trouvaient dans le bouleutérion criaient, les uns disant que ce n'était pas leur faute, les autres s'appelant mutuellement à porter secours. Les hommes se mirent à plusieurs

1. Elle n'est pas autrement connue. Le texte montre que la rue à colonnades qui y conduisait montait à partir de l'agora où devait se trouver le bouleutérion. Cf. A. F. Norman, *Autobiogr.*, p. 210. Gl. Downey, *Antioch*, p. 630-636 (constructions voisines de l'agora, forum de Valens). Sur les célèbres colonnades d'Antioche, *or.* XI, 196-201 (A. J. Festugière, *Antioche*, p. 23-24 (trad.), 39-40 (comm. R. Martin).

δυνάμεις τε καὶ πλούτους, ἐν δὲ τοῖς πλὴν αὐτῶν οὐδέν. Οὐ μὴν ἐπειθόμην γε ταῖς περὶ τοῦ με δεῖν λιπεῖν τὴν τάξιν παραινέσεσιν, ἀλλ' οὐκ ἠγνόουν μὲν οἷ τὸ πρᾶγμα ἀφῖκται, δίκαιος δὲ ὅμως ἠξίουν εἶναι περὶ αὐτό, οὐδὲ γὰρ μητέρα ἀτυχοῦσαν ἀφεῖναι ἂν ἔρημον, τοῦτο δὲ οὐκ ἀτιμότερον. **215.** Καὶ ἐν αὐτῷ δὴ τῷ τῆς κακοπραγίας χρόνῳ διδάσκαλοι παρ' ἡμῖν ῥητορικῆς ἐξετράφησαν, ὧν πολλοὶ μὲν διασπαρέντες κατέσχον τὴν Ἀσίαν, εἷς δέ τις τὸ τῆς Εὐρώπης ἄκρον, ἐφ' οὗ πόλις ᾤκισται ⟨ἡ⟩ μεγάλη τρυφῶσα τῷ Βοσπόρῳ.

216. Τῆς δ' αὖ τῶν θεῶν ἐπικουρίας καὶ τὸ ῥηθησόμενον ἀπόδειξις. Ἐξιόντι μοι τοῦ βουλευτηρίου μετὰ τοὺς εἰωθότας πόνους ἐπὶ τοῦ ἵππου τοῦ μικροῦ φερομένῳ, πρός τε τὴν θύραν ἀναβεβηκότι τὴν νέαν, ἀπαντᾷ ζεῦγος ὀρέων εἰς ἀναστροφὴν περιαγομένων · καὶ ὁρῶν τὸ ζεῦγος ὁ ἵππος ἔδεισε · μικρὸν δὴ γενέσθαι σφίσι τῶν προσώπων τὸ μέσον · καὶ οὔτ' ἀναστρέψαι ἦν τῷ ἵππῳ διὰ τὴν στενότητα, οὔτε ἐξελθεῖν διὰ τὸν φόβον. Λοιπὸν οὖν κατὰ τῶν νώτων κατενεχθέντα τὸν ἵππον ἔχειν ὕπτιον ὑπὸ τοῖς νώτοις ἐμέ, καὶ τὸ μὲν ἄλλο ὧδε κεῖσθαι, τὴν κεφαλὴν δὲ ἔξω τοῦ ἵππου πεσοῦσαν καὶ τοῖς ἐν μέσῳ τῶν κιόνων λίθοις ἐνραγεῖσαν δεικνύναι τὸν ἐγκέφαλον. **217.** Ἦν οὖν βοὴ τῶν τε ὀρεωκόμων τῶν τε ἐν τῷ βουλευτηρίῳ, τῶν μὲν ὡς ἐπ' ἀκουσίῳ τῷ κακῷ, τῶν δὲ ἀλλήλους ἀμύνειν παρακαλούντων. Καὶ οἱ μὲν ὄπισθεν ἀνεῖχον τοὺς πόδας

2 οὐ μὴν suppl. M[sl] || με Reiske (*Anim.*) Foerster : μὴ CV ut uid. (sed deletum) KL μη MR || λιπεῖν bis R || **4** γὰρ CVR[sl] KL : om. MR || **5** μητέρα CVMRK : τὴν μ- L || **9** οὗ CVR[pc]KL : ᾧ MR[ac] ut uid. || ἡ add. Foerster (cf. *Or.* 18, 177 τὴν μεγάλην ἐν Θρᾴκῃ πόλιν) || **15** ἀναστροφὴν CVMKL : ἀνατροφὴν R || περιαγομένων CVR[pc] ut uid. : περιαγομένην MR[ac]KL || **16** ἔδεισε : in C ε supra σ man. rec. (*s* ?), littera una post σ erasa (ἔδεισα C[ac] ?) || δὴ codd. : γὰρ δὴ Reiske || **17** οὔτ' CVKL : οὔτε MR || **18** ἐξελθεῖν codd. : διεξελθεῖν coni. Reiske in adnot. || **19** νώτων C : ὤτων VMRKL || **21** καὶ C : om. VMRKL || **23** ὀρεωκόμων CVMR : ὀρεοκόμων KL || **25** ὄπισθεν VMRKL : ὄπισθεν C.

pour retenir par derrière les pieds du cheval qui, contrairement à sa nature, tenait hautes ses jambes de devant et restait immobile en tremblant *. Il y a là deux choses à mettre au crédit de la divinité, le comportement des hommes et celui du cheval.

218. Au début de l'hiver [1] me parvint d'un peu partout la nouvelle de la mort de beaucoup de mes élèves et chez nous on porta en terre un jeune homme dont la mort affligea, tout autant que son père, bon nombre de citoyens et d'étrangers, tant à cause de la valeur personnelle du défunt qu'à cause de la bonté de sa famille envers tous ceux qui étaient dans le besoin.

219. Il était encore malade quand Richomer * arriva comme commandant militaire. Très attaché aux temples et aux dieux, il avait de l'affection pour moi avant de me connaître, comme nous l'avons appris alors. En me voyant, il laissa tout le reste, s'attacha à moi et voulut être mon ami, disant que s'il y parvenait il estimerait être au comble de ses vœux. Nous étant ainsi liés d'amitié, au grand dam de ceux qui ne m'aimaient pas, il partit auprès de l'empereur et juste avant d'entrer en charge comme consul, il me fit parvenir deux lettres pour m'inviter à venir, l'une de sa main, ce que d'autres avaient fait déjà, la seconde de l'empereur, ce qui ne s'était encore jamais produit *.

220. Je fis en son honneur, moi aussi, un discours panégyrique ; avait-il quelque chose de plus que celui des autres, je ne sais, mais selon mes moyens je rendis personnellement hommage au général. On raconte que l'excellent empereur lui demanda ce qu'il avait le plus apprécié dans notre ville et qu'il dit que c'était de m'entendre ; et l'empereur qui m'aimait déjà m'en

1. C'est maintenant l'hiver 383-384. L'absence de lettres durant cette période ne permet pas d'identifier les élèves décédés.

χερσὶ πολλαῖς, ὁ δὲ οὐ κατὰ τὴν ἑαυτοῦ φύσιν τάς τε χεῖρας ἀνέσχε καὶ ἡσύχαζε τρέμων. Ἄμφω δὴ τούτω θεοῦ νομιστέον, τό τε τῶν ἀνθρώπων τό τε τοῦ ἵππου.

218. Χειμῶνος δὲ ἀρχομένου πολλαί τε πολλαχόθεν ἀγγελίαι τελευτὰς ἑταίρων μηνύουσαι, καὶ παρ' ἡμῖν ἐκφορὰ νεανίσκου λύπην ὁπόσην τῷ πατρὶ πολλοῖς ἐνεγκοῦσα καὶ πολιτῶν καὶ ξένων κατά τε τὴν αὐτοῦ τοῦ τεθνεῶτος καλοκἀγαθίαν καὶ τὴν εἰς ἅπαντας τοὺς ἐν ταῖς χρείαις τοῦ οἴκου χρηστότητα.

219. Νοσοῦντος δὲ ἔτι τοῦδε, Ῥιχομήρης ἔρχεται στρατηγός, ἱεροῖς τε καὶ θεοῖς προσκείμενος ἄνθρωπος, ὃς ἤρα μέν μου καὶ πρὶν ἰδεῖν, ὡς τότε ἐδιδασκόμεθα, ἰδὼν δὲ πάντα τἄλλα ἀφεὶς εἴχετό τε καὶ ἐδεῖτο φιλεῖσθαι, καὶ εἰ τοῦδε τύχοι τοῦ μεγίστου ἂν ἡγεῖσθαι ἔλεγε τετυχηκέναι. Γενομένης δὲ ἡμῖν φιλίας τοῖς οὐ φιλοῦσιν ἡμᾶς ἀνιαρᾶς, ἔρχεταί τε ὡς βασιλέα, καὶ μέλλων τελεῖν εἰς τὸν τῶν ὑπάτων χορὸν διπλοῖς με ἐκάλει γράμμασι, τοῖς μὲν αὑτοῦ, τὸ τῶν ἄλλων ποιῶν, τοῖς δὲ τοῦ βασιλέως, ὃ οὔπω πρόσθεν ἐγεγόνει. **220.** Ἐγένετο δὲ αὐτῷ καὶ παρ' ἡμῶν λόγος ἐπαινεῖν αὐτὸν βουλόμενος, εἰ μέν τι πλέον τῶν παρὰ τῶν ἄλλων ἔχων, οὐκ οἶδα, οἷς δ' οὖν εἶχον καὶ αὐτὸς ἐτίμων τὸν στρατηγόν. Λέγεται δὲ καὶ ἐρωτώμενος ὑπὸ τοῦ χρηστοῦ βασιλέως ὅτῳ δὴ μάλιστα τῶν τῇδε ἡσθείη, τοὐμὸν εἰπεῖν, ποιῆσαί τε ἐρῶντά μου

2 ἀνέσχε CVRL : ἀνέσχεν K ἀνέχε M (ex -χεν ?) ‖ **2-3** τούτω θεοῦ VKL : τοῦ θεοῦ C τούτου θεοῦ MR (crux supra τούτου) τούτω ⟨τῆς⟩ θεοῦ Foerster ‖ **5** ἑταίρων C[sl] (manu *s* ?) : ἑτέρων CVMRKL ‖ **6** πολλοῖς codd. : τοσαύτην πολλοῖς Vat. 939 R[sl] ‖ **7** κατά : adnot. V mg. τὸ κατὰ ἀντὶ τῆς διά · ὡς καὶ παρ' Ἀριστοφάνει πολλὰ τοιαῦτα ‖ τε CVRKL : om. M ‖ **10** ῥιχομήρης CR mg. : ῥιγχομήρης V ῥιγχομήνης M (ex -μύνης ut uid.) RL ῥιγχομένης K ‖ **13** τἄλλα VMRKL : τᾶλλα C ‖ **15** ἡμῖν C[sl] (manu *v* ?) V : ἡμῶν MRKL ‖ **17** χορὸν CVMKL : χορῶν R ‖ με C : μὲν VMRKL ‖ **18** αὑτοῦ Reiske : αὐτοῦ codd. ‖ **19** δὲ CVMRK : δὲ καὶ L ‖ **21** ἔχων codd. : εἶχεν ? Foerster in app. ‖ δ' οὖν codd. : δὲ γοῦν ? Foerster in app. ‖ **22** αὐτὸς CVMKL : αὐτὸν R ‖ **24** εἰπεῖν C[sl] (manu *n*) VR (p. c. ?) : εἶπεν C εἶπε MKL.

aima davantage et aurait dit qu'il avait envie de faire le voyage jusqu'ici par amitié pour moi.

221. Mais assez sur ce sujet. Si la réalisation d'un souhait constitue une réussite, je dirai qu'ayant souhaité le départ de Proclos, qui avait ouvertement fait de sa charge une tyrannie *, je ne fis pas ce souhait en vain, mais que les dieux me l'accordèrent et qu'en outre ce fut à sa honte, car il fut un fuyard qui se chassa lui-même, tant il avait conscience de ses méfaits *. **222.** Et Zeus déroba sa fête à cet individu qui avait en l'occurrence souillé son laurier de tant de meurtres et de sang. Et il me paraissait que, semblables à des chiennes aboyantes, les âmes de ceux qui étaient morts en ce lieu l'obligeaient à fuir, en donnant sans cesse l'impression qu'elles allaient le mordre [1]. Il ne me fut pas donné de prendre part à ces Olympiades, mais je déposai le discours que j'avais composé, sans le réciter, sur l'autel de Zeus et en même temps j'honorai le dieu du parfum de l'encens. **223.** Pendant toute la durée de ce commandement, je fus en butte aux intrigues de ses amis, dont je n'étais point, et certains me trouvaient téméraire de ne pas redouter ses foudres. Mais les dieux, je pense, me protégeaient, car je n'eus pas à souffrir de ces gens. Nous parlions hardiment, critiquions leurs actes et nos combats oratoires étaient plus nombreux que jamais. Nous ne perdions pas un moment auprès de Proclos, tandis que les autres y passaient beaucoup de temps, à ses côtés siégeant,

1 Proclos quitta donc Antioche juste avant les Jeux de 384, mais il ne semble pas que ce fût pour être mis en disgrâce, car on le retrouve *comes sacrarum largitionum* en 386, à une époque où le principal conseiller de Théodose n'était pas encore son père Tatianos, mais le chrétien Cynegios. Proclos avait du reste des qualités d'administrateur, A. F. Norman, *op. cit.*, p. 211-212. En le traitant ici de fuyard poursuivi par les âmes de ses victimes, Libanios exagère, mais nous voyons dans l'*or.* XLII, 34-35 que Proclos se plaint d'avoir été menacé de mort et d'accusations, alors que Libanios cherche pour les besoins

τὸν ἄνδρα μᾶλλον ἐρᾶν, φάναι τε καὶ τῆς δεῦρο ἐπιθυμεῖν ὁδοῦ ἐμοῦ χάριν.

221. Τοῦτο μὲν δὴ τοσοῦτον. Εἰ δὲ καὶ τὸ εὐχῆς τυχεῖν εὐτυχές, εὐξάμην λῆξαι Πρόκλον τῆς ἀρχῆς ἣν τυραννίδα ἀπέφηνε. Καὶ οὐ μάτην γε εὐξάμην, ἀλλ' οἱ θεοὶ τοῦτό τ' ἔδοσαν καὶ προσέθεσαν τὸ καὶ σὺν ἀσχημοσύνῃ. Δραπέτης γὰρ δὴ ἦν, αὐτὸς ἑαυτὸν ἐλαύνων · τοιαῦτα ἑαυτῷ συνῄδει. **222**. Καὶ ὁ Ζεὺς ἐρρύετο τῶν ὀφθαλμῶν ἐκείνου τὴν ἑορτὴν ⟨τὴν⟩ ἑαυτοῦ. Καὶ γὰρ ἐτύγχανεν αὐτῷ τὴν δάφνην φόνῳ τε πολλῷ καὶ αἵματι μιάνας. Καὶ μοι ἐδόκουν αὐτὸν ὥσπερ κύνες ὑλακτοῦσαι φεύγειν καταναγκάζειν αἱ τῶν αὐτοῦ πεσόντων ψυχαί, δόξαν ἀεὶ παρέχουσαι δήξεσθαι. Τούτων οὐχ ὑπῆρξέ μοι τῶν Ὀλυμπίων μετασχεῖν, ὅτε δὴ καὶ τὸν λόγον ὃν ὕφηνα μέν, οὐκ ἐπέδειξα δέ, φέρων ἀνέθηκα τῷ Διί, στύρακος ἅμα ὀσμῇ θεραπεύσας τὸν θεόν. **223**. Τὸν μὲν δὴ τῆς ἀρχῆς ἐκείνης χρόνον πάντα ἐπεβουλευόμην ὑπὸ τῶν αὐτῷ χρωμένων, αὐτὸς οὐ χρώμενος. Ἐδόκουν δέ τισιν εἶναι φιλοκίνδυνος οὐ δεδιὼς τοὺς ἐκείνου κεραυνούς · θεῶν δὲ οἶμαι βοηθούντων, ὑπ' ἐκείνων τε δεινὸν οὐδέν, σὺν παρρησίᾳ τε ζῶντες καὶ τῶν πραττομένων ἐπιλαμβανόμενοι, πλείοσιν ἢ καὶ πρόσθεν ἠγωνισάμεθα λόγοις, οὐδοτιοῦν εἰς Πρόκλον ἀνηλωκότες χρόνου · πολὺν δέ γε ἕτεροι, παρεστῶτες,

1 φάναι L : φάναί C^{pc}K φᾶναί C^{ac}V φᾶναι M φαναί R ‖ **3** τοσοῦτον codd. : τοιοῦτον Gasda Foerster ‖ εὐχῆς CVMKL : εὐτυχῆς R ‖ **5** γε CR^{sl} : om. VMRKL ‖ τοῦτο τ' (sic) C : τοῦτ' VMRKL ‖ **6** ἔδοσαν CVMKL : ἔδωσαν R ‖ προσέθεσαν codd. : προσέθηκαν Vat. 939 R^{sl} ‖ **7** ἑαυτῶ C : αὑτῶ VM^{ac}RKL αὐτῶ M^{pc} ut uid. ‖ **8** ἐρρύετο C^{sl} (manu ν ?) VRKL : ἐρύετο Cἐδρύετο M ‖ **9** τὴν add. Gasda Foerster ‖ ἑαυτοῦ CVRKL : ἑαυτῶ M ‖ **11** κύνες CVM^{sl} ut uid. RL : κῦνες MK ‖ **12** αὑτοῦ CVM R^{ac}KL : ὑπ' αὐτοῦ Vat. 939 R^{pc} (sic Foerster iniuria) ‖ **15** ὀσμῆι CV : ὡς μὴ MRKL ‖ **17** πάντα CVR^{pc}KL : om. MR^{ac} ‖ αὐτῶι CVMR : αὐτῶν KL ‖ **20** ὑπ' CVKL : ἐπ' MR ‖ **21** καὶ (post ἢ) C : om. VMRKL ‖ **22** ἠγωνισάμεθα CVMKL : ἠγον- R ‖ οὐδοτιοῦν VRL : οὐδ' ὁτιοῦν CMK ‖ **23** χρόνου CR^{pc} ? : χρόνον VMR^{ac} ? KL.

flattant, quémandant, recevant, s'enrichissant. Comme de tout cela je ne faisais rien, je pouvais faire des discours et les réciter dans les réunions *. **224**. Je reçus pourtant bien des ouvertures de paix et bien des promesses, mais sans me laisser gagner ni convaincre par eux. Et c'est ainsi que je recueillis des louanges et fus tenu pour un homme de mérite sur les continents et dans les îles, prouvant la supériorité de mon caractère en refusant de le fréquenter.

225. En nous donnant à la place du mauvais un bon gouverneur, le fils de Theodoros qui avait péri injustement [1], la Fortune nous rendit le salut, nous rendit la liberté, nous rendit le souffle et seuls en furent chagrinés les fabricants de cercueils. Ce gouverneur était un nourrisson des Muses qui avait reçu sa charge pour prix de ses poèmes *. Empêché par sa fonction de parler lui-même, il désirait jouir de la parole des autres. La déférence qu'il me témoignait avait fait de lui mon fils, si bien que je pouvais lui parler même avec colère, comme l'aurait fait Theodoros, s'il avait vécu *. **226**. Il avait trouvé la ville en pleine disette *. Cette disette avait été aggravée par les menaces faites aux boulangers : ils avaient pris la fuite pour sauver leur vie, mais il n'y avait alors plus de pain, pour le blé rien que des espérances et la famine pouvait conduire à des malheurs *. Tandis que la ville était ainsi comme un navire dans la tempête, je courus chez le gouverneur et non sans peine parvins à mettre fin à cette fâcheuse querelle. Les boulangers, saisis par la méfiance, craignaient d'être arrêtés s'ils se montraient, aucune

de sa cause (celle de Thalassios) à minimiser les faits. Tant il est difficile d'y voir clair !

1. Cf. *supra*, § 171 : exécution sous Valens du notaire Theodoros, impliqué malgré lui dans l'affaire de Fidustios. Icarios devient *comes Orientis* en juillet 384 et quitte le poste en 385.

παρακαθήμενοι, κολακεύοντες, αἰτοῦντες, λαμβάνοντες, χρηματιζόμενοι · ὧν οὐδὲν ἐμοὶ ποιοῦντι ποιεῖν τε ἐνεγίγνετο λόγους φέρειν τε εἰς συλλόγους. **224**. Καίτοι πολλαὶ μὲν ἐγίγνοντο πρεσβεῖαι περὶ εἰρήνης, πολλαὶ δὲ ὑποσχέσεις, ἀλλ' οὐ προὐδίδουν γε αὐτοῖς ἐμαυτὸν οὐδὲ ἀνεπειθόμην. Τοιγαροῦν ἐπῃνούμην τε καὶ ἀνὴρ εἶναι ἐδόκουν ἔν τε ἠπείροις καὶ νήσοις, δεῖγμα τρόπου βελτίονος ἐκφέρων τὴν ἀπὸ τῆς ὁμιλίας τῆς ἐκείνου φυγήν.

225. Δοῦσα δὲ ἡμῖν ἄρχοντα ἀγαθὸν ἀντὶ κακοῦ τὸν Θεοδώρου τοῦ οὐ δικαίως ἀποθανόντος ἡ Τύχη ἔδωκε μὲν σωτηρίαν, ἔδωκε δὲ ἐλευθερίαν, ἔδωκε δὲ ἀναπνεῦσαι, λυπήσασα μόνους τοὺς σοροπηγούς. Ὁ δὲ Μουσῶν τε ἦν τρόφιμος, καὶ τὴν ἀρχὴν ἆθλον εἶχεν ἐπῶν · λέγειν τε ἐκ τῆς ἀρχῆς κεκωλυμένος λεγόντων ἀπολαύειν ἤθελε, ταῖς τε εἰς ἐμὲ τιμαῖς παῖδα ἐμὸν ἑαυτὸν ἐπεποιήκει, ὥστ' εἶναί μοι καὶ σὺν ὀργῇ φθέγγεσθαι ὃ καὶ Θεοδώρῳ ἄν, εἴπερ ἐτύγχανε ζῶν. **226**. Οὗτος ἐν λιμῷ κατειλήφει τὴν πόλιν. Τοῦτον μείζω τὸν λιμὸν ἐποίουν αἱ κατὰ τῶν σιτοποιῶν ἀπειλαί. Εἶθ' οἱ μὲν ἀποδράντες ἔσωζον ἑαυτούς, ἄρτος δὲ οὐδαμοῦ, πυροῦ δὲ ἐλπίδες, καὶ κακῶς δ' ἂν ποιήσειε τὸ πεινῆν. Ἡ μὲν οὖν πόλις οὐδὲν διέφερε χειμαζομένης νεώς · ἐγὼ δὲ εἰσδραμὼν παρὰ τὸν ἄρχοντα μετὰ πόνου μέν, παύω δ' οὖν βλαβερὰν φιλονεικίαν. Ἀπιστία δὲ εἶχε τοὺς σιτοποιοὺς ὡς οὐχ ἁλώσονται φανέντες,

2-3 ἐνεγίγνετο C^pc (rec.) MRKL : ἐγίγνετο C^ac ut uid. ἐνεγίνετο V || **4** ἐγίγνοντο CMRKL : ἐγίν- V || **5** προὐδίδουν Foerster : προυδίδουν VKL προεδίδουν C (ex προσδ-) MR || **8** ἐκφέρων VMRKL : φέρων C || τῆς ἐκείνου VMKL : τῆς 'κείνου C τὴν ἐκείνου R γρ. τῆς ἐκείνης R mg. || **10** θεοδώρου τοῦ... ἀποθανόντος codd. : θεόδωρον τὸν... ἀποθανόντα Vat. 939 R^γρ || **12** σοροπηγούς CV : ὀροποιούς MR σοροποιούς KL || **13** εἶχε R || **14** ἤθελε ex ἤθελεν C || **19** ἀποδράντες CVMKL : ἀποδράσαντες R || **21** δ' ἂν CVMRL : ἂν K || ποιήσειε : « num deest ἡμᾶς aut τὴν πόλιν ? » Reiske in adnot. ἐπίεσε coni. Foerster in app. || **23** πόνου μὲν CVR^pc : μὲν πόνου MR^acKL || δ' οὖν VMRKL : δὲ C || **24** ἁλώσονται R^ac (sic coni. Foerster) : ἁλοῦνται C ἁλῶνται VMR^pcKL.

parole n'avait de force à leurs yeux, sauf la mienne. **227**. Je dis qu'ils devaient rejeter leurs craintes et prendre confiance, et ces paroles parvinrent dans les montagnes et les vallons. Avant le soir chacun était de retour chez soi, et au matin on vit une chose que l'on n'osait espérer : on ne courait plus pour le pain, et pour cette raison qu'il y en avait en abondance. Je peux dire que c'est avec l'aide de la Fortune que j'ai réussi : il s'en suivit que l'on me jugea plus utile à la cité que ceux qui venaient de faire les liturgies [1], car ils avaient dépensé pour une ville sauvée, et moi je l'avais sauvée. **228**. Une mauvaise inspiration plaça de nouveau les boulangers sous l'autorité d'un misérable * qui agissait comme un homme ivre : il les faisait fouetter et en même temps se disposait à frapper non seulement les boulangers mais l'ensemble de la corporation *, et le troisième de ses excès était de les faire défiler le dos nu à travers la ville. Cela me faisait mal, et il se réjouissait aussi du fait même que cela me faisait mal *. **229**. Certains s'efforçaient de convaincre les autorités que cet homme avait raison d'agir ainsi et que, si on le renvoyait, l'état du marché irait en empirant. Il avait donc des allures de vainqueur et se gobergeait avec ceux qui approuvaient ses actes, tandis que nous nous trouvions défaits et découragés sans recours. **230**. La Fortune, à ce qu'il semble, comprit le scandale qu'il y aurait à laisser passer sans réagir une victoire et une défaite de ce genre, et elle renversa la situation sans aucune intervention de ma part : ce sac à vin fut dépouillé de son autorité en ces affaires, et demeura

1. Ce sont les Jeux Olympiques de 384, dont le syriarque avait été justement ce Candidos dont la conduite est critiquée au § suivant, cf. *Lib. et vie munic.*, p. 132, n. 1 (sur *or.* XXIX, 27, 30). Dans l'*or.* XXIX, 21, Libanios affirme avoir sauvé deux fois la ville à propos des boulangers, une fois en les faisant revenir (sous Icarios, ici même) et la première fois sous Philagrios, en évitant leur fuite, *supra*, §§ 208, 210.

καὶ ἅπασαι ὑποσχέσεις ἀσθενεῖς πλὴν μιᾶς τῆς ἐμῆς. **227.** Ὡς δὲ εἶπον δεῖν θαρρεῖν ἐκβαλόντας τὸ δέος, καὶ ἧκεν οὗτος ἐς τὰ ὄρη τε καὶ τὰς νάπας ὁ λόγος, ἦσαν πρὸ ἑσπέρας ἐν τοῖς αὑτῶν ἕκαστος, καὶ πρᾶγμα οὐκ ἂν ἐλπισθὲν ἕωθεν ἑωρᾶτο, δρόμος οὐδεὶς ἐπ' ἄρτους, αἴτιον δὲ τὸ πλῆθος αὐτῶν. Τοῦτο μετὰ τῆς Τύχης πεπρᾶχθαί μοι φαίην ἄν. Διὸ τῶν λελειτουργηκότων χρησιμώτερος ἐκεκρίμην τῇ πόλει · τοὺς μὲν γὰρ ἐν σωζομένῃ πεποιῆσθαι τῇ πόλει τὴν δαπάνην, ὑπ' ἐμοῦ δὲ αὐτὴν σεσῶσθαι. **228.** Πάλιν τοίνυν βουλῆς κακῆς ὑπ' ἀνθρώπῳ μεθύοντί τε καὶ ὀλέθρῳ θείσης τοὺς σιτοποιούς, ὃς ὁμοῦ μὲν ἔτυπτεν, ὁμοῦ δὲ ἔμελλε, καὶ οὐ τούτους δὲ μόνον ἀλλ' ἔθνος ἅπαν, καὶ τρίτον ἐπῆν κακόν, τὸ γεγυμνωμένοις τοῖς νώτοις ἄγεσθαι διὰ τοῦ ἄστεος. Τούτοις ἐγὼ μὲν ἤλγουν, ὁ δὲ ἔχαιρε καὶ κατ' αὐτό γε τοῦτο τὸ ἀλγεῖν ἐμέ. **229.** Τὴν ἀρχὴν δὲ ἦσαν οἳ ὀρθῶς ταῦτα τῇδε πράττεσθαι ἔπειθον, καὶ ὡς εἴ τις ἐκεῖνον ἀφέλοι χείρω ποιήσει τὴν ἀγοράν. Ἦν οὖν ὁ μὲν ἐν τῷ τοῦ νενικηκότος σχήματι, καὶ αὐτός τε ἤσθιεν οἵ τε ταῦτα ἐπαινοῦντες. Ἡμῖν δὲ κεκρατῆσθαί τε συνέβαινεν, ἔχειν τε πλὴν ἀθυμίας οὐδέν. **230.** Τῇ Τύχῃ δέ, ὡς ἔοικεν, αἰσχρὸν εἶναι ἐφαίνετο τοιαύτην νίκην τε καὶ ἧτταν περιορᾶν, καὶ τὸ πρᾶγμα μετέθηκεν οὐδὲν ἡμῶν πραγματευσαμένων · ὁ γὰρ δὴ ἀεὶ οἴνου γέμων ἐκεῖνος ἐξέωστό τε τῆς

3 ἧκεν CVR^pc KL : ἦν MR^ac || ἐς C : εἰς VMRKL || **4** αὑτῶν CV : αὐτῶν MRKL || οὐκ ἂν codd. : οὐδαμῶς Vat. 939 R mg. || **5** δρόμος CVMRK : δρόμος δὲ L || ἄρτους VMRKL : ἄρτον C || **6** πεπρᾶχθαι VM : πεπράχθαι CRKL || **6-7** φαίην ἄν V : φαίην CMRKL || **7** διὸ MRKL : δι' ὃ V || **8** γὰρ CV : γε MRKL || **9** σεσῶσται (sic) M || **10** ὀλέθρωι θείσης CVKL : ὀλεθρευούσης M ὀλοθρευούσης R || **11** ὁμοῦ μὲν CVMKL : ἐμοῦ μὲν R || post ἔμελλε aut post καὶ lacunam suspicor || **13** ν in ἐπῆν suppl. C^sl (prima manu) || **14** post ἤλγουν add. βοηθεῖν δὲ οὐκ εἶχον Vat. 939 R mg. || **15** τὸ ἀλγεῖν ἐμὲ fortasse delendum || **17** χείρω VMRKL : χείρωι C || **18** αὐτός τε CVRL : αὐτός γε K αὐτὸς M || **21** τε in ras. et καὶ s. l. R || ἧτταν CVRKL : ἥτταν M || **23** ἐξέωστο CVMKL : ἐξίωστο R^pc, R^ac incertum.

chez lui en se cachant. Lors de la course de chevaux donnée en l'honneur de Poséidon *, il trembla de peur pour sa maison : un vaste flot de jeunes gens s'y porta, l'invitant à recracher ce qu'il avait malhonnêtement dévoré et leurs mains tenaient des torches [1]. Les compagnons de ses excès baissaient la tête et lui, désabusé, se châtiait lui-même en s'arrachant les cheveux.

231. En ces mêmes jours me parvint une lettre du préfet, pleine de grands éloges et de compliments pour moi : il y était même écrit qu'il désirait vivement me voir [2]. Si bien que pour ceux qui avaient affiché la nuit ces fameux placards qui, sans dire le nom de leur auteur, proféraient tant de calomnies *, cette lettre-ci fut une cause de chagrin.

232. Peu de jours après, le discours que j'avais composé sur sa demande en l'honneur d'un général * — et c'est un don de la Fortune qu'il y ait des gens pour me faire de telles demandes —, ce discours donc fut récité et me valut des compliments. Ce succès me consola de la mort d'un homme dont l'écriture facilitait mes déclamations, car elle était plus aisée à lire que la mienne, qui portait les marques des douleurs de l'enfantement, et mes yeux pouvaient rapidement la parcourir *. Sur ces entrefaites, je rendis service à des amis, pères de jeunes gens qui étudiaient chez moi : j'apaisai la colère du gouverneur, fis sor-

1. On sait que les jeunes Antiochéens avaient la torche facile, cf. *supra*, § 103. Selon Norman, *loc. cit.*, ces excités seraient des « hooligans ». Selon Kurbatov, *art. cit.* (*supra*, §206) ce seraient peut-être les fils des boulangers frappés sur les ordres de Candidos. On voit que de toutes façons les grands curiales, en 385 comme en 354 (Euboulos et son fils), sont tenus pour responsables de beaucoup de choses par la population.

2. Il s'agit du préfet chrétien Cynegios qui entreprend en 385 une tournée en Orient, cf. P. Petit, Sur la date du *Pro Templis* (art. cit. *infra*, p. 265), p. 298-301. Lors de son passage à Antioche il fit effectivement visite à Libanios (peut-être le reçut-il au Palais où il était descendu) et se montra très défé-

περὶ τὰ τοιαῦτα ἐξουσίας, οἴκοι τε καθῆστο ἐγκεκαλυμμένος · πεποιημένης τε τῷ Ποσειδῶνι τῆς ἱπποδρομίας, περὶ τῇ οἰκίᾳ τῇ αὑτοῦ δεδιὼς ἔτρεμε · τοσοῦτο κῦμα παίδων ἐπ' αὐτὴν ἐφέρετο, κελεύοντες ἐμεῖν ἃ ἐδηδόκει κακῶς, καὶ αἱ δᾷδες ἐν χεροῖν. Ταπεινὸν δὲ ἦν καὶ ὅσον αὐτῷ συνύϐριζε πρότερον, ὅ τε ἐξηπατημένος αὐτὸν ἀπῄτει δίκας διὰ τῶν ἐν τῇ κεφαλῇ τριχῶν.

231. Ἧκε δὲ ἐν ταῖς αὐταῖς ἡμέραις ἡμῖν καὶ τοῦ ὑπάρχου γράμματα, πολλαῖς καὶ μεγάλαις τιμῶντα εὐφημίαις, ἐν αἷς καὶ τὸ πάνυ με θέλειν ἰδεῖν ἐνεγέγραπτο · ὥστε τοῖς νύκτωρ ἐκτεθεικόσιν ἐκεῖνα τὰ γράμματα (ὅτου μὲν ἦν οὐκ ἔλεγεν, ὅσα δὲ ἐσυκοφάντει) πένθος εἶναι τὴν ἐπιστολήν.

232. Ὀλίγαις δὲ ἡμέραις ὕστερον, ὃν ἐποίησα λόγον αἰτήσαντι στρατηγῷ (καὶ γὰρ τοῦτό μοι παρὰ τῆς θεοῦ τὸ εἶναι τοὺς τὰ τοιαῦτα αἰτοῦντας) τοῦτον οὖν τὸν λόγον δεικνύων εὐδοκίμουν, καὶ ἦν παραμύθιον ὁ κρότος τελευτῆς ἀνδρὸς οὗ τὰ γράμματά μοι πρὸς ἐπιδείξεις συνέπραττε, βελτίω τε ὄντα τῶν ἐμῶν ἃ ταῖς ὠδῖσιν ὑπήκουε, καὶ παρέχοντα τρέχειν τοῖς ὀφθαλμοῖς δι' αὐτῶν. Ἐπὶ τούτοις ἐϐοήθουν φίλοις γονεῦσι παίδων παιδευομένων, ὀργήν τε ἄρχον-

1 τὰ τοιαῦτα C : ταῦτα VMRKL || **1-2** ἐγκεκαλυμμένος CV : ἐγκεκρυμμένος MRKL || **3** αὑτοῦ edd. : αὐτοῦ codd. || ἔτρεμε ex -εν C || τοσοῦτο CVKL : τοσοῦτον MR || **4** κελεύοντες CVKL : -οντος MR || ἐμεῖν codd. (sic Foerster) : ἐξεμεῖν Wyttenbach Cobet (sic Norman) fortasse recte || ἐδηδόκει CVMR^{ac}KL : ἐδωδήκει R^{pc} ἐδηδώκει R$^{\gamma\rho}$ in mg. || **5** αἱ C : om. VMRKL || **6** ὅ, τε CV : ὅτε MRKL || αὑτὸν C^{pc} (qua manu incertum) V : αὐτὸν C^{ac}MRKL || **8** ἧκε ex ἧκεν C || **10** με θέλειν CVMRL : με ἐθέλειν K μ' ἐθέλειν Foerster || ante ὥστε lacunam statuit Foerster, iniuria ut opinor || **11** ἐκτεθεικόσιν CVMRK : ἐντ- L || τὰ CVMKL : om. R || **11-12** parentheseos signa posui ; uide adnotationem gallice conscriptam || **12** δὲ ἐσυκοφάντει CVMR : δὲ συκοφάντει KL || **15** στρατηγῶι CVMRL : τῶ στρατ- K || **15-16** parentheseos signa posui || **15** τῆς CVKL : τοῦ MR || **16** τὰ τοιαῦτα C : τοιαῦτα VMRKL || τοῦτον... τὸν ex τούτων... τῶν R || || **18** ἐπιδείξεις CVKL : ἐπιδεῖξειν MR || συνέπραττε CVMR^{sl}KL : -πραξε R || **19** ὠδῖσιν CVRKL : ὠδίσιν M.

tir l'un d'eux de prison et lui fis obtenir de retourner chez lui *.

233. Quant aux chagrins causés par la famine et en même temps la peste, qui firent beaucoup de morts [1], je ne saurais dire à quel point ils affectèrent mon cœur. L'inquiétude poussa des pères à rappeler leurs fils auprès d'eux, comme s'il y avait le feu. Ils obéirent, ce qui diminua le troupeau de mes élèves, mais j'étais content de les voir partir ailleurs pour leur sécurité. Durant tout ce temps-là, je menai une vie sans joie, priant les dieux de nous donner des récoltes et la santé. Sur ce point ils m'écoutèrent, la peste prit fin, et pour les récoltes, il y a de l'espoir, puisse-t-il se réaliser * !

234. Nos lettres grecques ont en revanche, aujourd'hui plus encore qu'auparavant, perdu du terrain par rapport aux autres, si bien que je redoute leur complète disparition, par la faute de la loi. Sans doute n'est-ce point là le résultat d'un décret ou d'une loi, mais cela vient du fait que la considération et le pouvoir vont à ceux qui connaissent la langue de l'Italie *. Ainsi, est-ce aux dieux qui nous ont donné notre culture de veiller à la victoire de ce qu'ils nous ont donné et à lui faire recouvrer son ancienne puissance.

235. Ce sont ces mêmes dieux qui assurément m'ont sauvé un jour, il y a de cela de nombreuses années. Je vais le raconter maintenant, puisque je ne l'ai pas fait plus tôt, car le récit ne souffrira pas de l'anachronisme *. Un artisan devenu fou s'était mis à invectiver les gens de loin, parfois même à les agresser et c'était après moi qu'il en avait le plus, comme si je lui avais fait du mal. A chaque fois qu'il me

rent, *or*. LII, 40 : il est vrai qu'à cette date Libanios avait la dignité de préfet honoraire.

1. Cette peste et la famine aussi sont mentionnées dans un discours contemporain, hostile à Icarios, l'*or*. XXVII, 8.

τος ἐξαιρῶν καὶ λύων τινὰ δεσμῶν καὶ παρέχων οἴκαδε ἀπιέναι.

233. Τὴν δὲ ἀπὸ τοῦ λιμοῦ καὶ ἅμα ἀπὸ τοῦ λοιμοῦ λύπην, ἐξ ὧν πολύ τὸ θνῆσκον, οὐδ' ἂν εἰπεῖν ὅση μοι κατέσχε τὴν ψυχὴν δυναίμην. Ὅ τε φόβος ἠνάγκαζε πατέρας καλεῖν τοὺς αὑτῶν παρ' ἑαυτοὺς ὥσπερ ἐκ πυρός. Οἱ μὲν δὴ ὑπήκουον, μεῖον δὲ ἐμοὶ τὸ ποίμνιον, ἐγὼ δ' ἔχαιρον σωζομένων ἄλλοσε ἰόντων. Πάντα μέντοι τὸν χρόνον τοῦτον ἄνευ γέλωτος διῆγον, ἱκετεύων θεοὺς δοῦναι μὲν καρπούς, δοῦναι δὲ ὑγίειαν. Καὶ τὸ μὲν ἔδοσαν, καὶ ὁ λοιμὸς ἔστη, καρποὺς δὲ ἐλπίζειν μὲν ἔνι, τύχοι δὲ ἡ ἐλπὶς τοῦ τέλους.

234. Ἀλλὰ τά γε τῶν ἡμετέρων λόγων νῦν πλέον ἢ πρότερον ἥττηται τῶν ἑτέρων, ὥσθ' ἡμῖν καὶ φόβον ὑπὲρ αὐτῶν γενέσθαι μὴ ἐκκοπῶσιν ὅλως, νόμου τοῦτο ποιοῦντος. Γράμματα μὲν οὖν καὶ νόμος τοῦτο οὐκ ἔπραττεν, ἡ τιμὴ δὲ καὶ τὸ τῶν τὴν Ἰταλὴν ἐπισταμένων γενέσθαι τὸ δύνασθαι. Θεοῖς δὲ ἄρα τοῖς δοῦσι τούσδε τοὺς λόγους καὶ ὑπὲρ τῆς νίκης ὧν ἔδοσαν μελήσει, καὶ τοῦ τὸ κράτος ὅ ποτε ἦν ἐν αὐτοῖς κομίσασθαι.

235. Παρὰ τούτων δὲ ἄρα τῶν θεῶν ὑπῆρξε καὶ ἐμοί ποτε σωτηρία, πολλοῖς μὲν πρότερον ἔτεσι, λεγέσθω δέ, εἰ καὶ μὴ πρότερον, ἀλλὰ νῦν · ὁ λόγος δὲ παρὰ τὸν χρόνον οὐδὲν ἀδικήσεται. Παρεφρόνει τις χειροτέχνης, καὶ τοὺς μὲν πόρρωθεν ἐτάραττεν, ἔστι δ' ὧν καὶ ἥπτετο, χαλεπώ-

1 ἐξαιρῶν C^{pc} (manu *p*) VMRKL : ἐξαίρων C^{ac} || **3** λοιμοῦ CVRKL : λιμοῦ M || **5** ὅ, τε CV : ὅτε MRKL (sic Foerster) || **5-6** πατέρας καλεῖν VMRKL : προσκαλεῖν C || **6** αὑτῶν V : αὐτούς C αὐτῶν MRKL || **7** δὲ ἐμοὶ CV : δέ μοι MRKL || **7-8** δ' ἔχαιρον C : δὲ ἔχαιρον VMRKL || **8** μέντοι VMRKL : μὲν C || **10** τὸ CVMKL : τὴν R || ἔδοσαν codd. : ω supra o R || **11** λοιμὸς CVMRK : λιμὸς L || μὲν ἔνι VMRKL : ἔνι C || **17** ἰταλὴν CVR KL : ἰτα om. M spatio uacuo relicto || **19** τοῦ τὸ C^{pc} (manu *p*) VKL : τοῦτο C^{ac}MR || **20** ὅ, ποτε CK : ὁπότε VMRL || post αὐτοῖς dist. C, post ἦν VMRKL || **24** τις M : τίς CVRKL || **25** δ' ὧν CVMR : δὲ ὧν K δὲ ὢ L.

voyait il me lançait des pierres, dans l'intention de me tuer ainsi. **236**. Je n'en connaissais pas alors la raison, et aujourd'hui je n'arrive pas davantage à la découvrir. Ceux qui le voyaient lancer des pierres poussaient des cris, qui répondaient aux craintes nées de ce spectacle, mais ils se gardaient bien d'intervenir de leurs mains. Ce sont les dieux qui sont intervenus, faisant en sorte que toutes ces pierres me manquent, lancées soit trop court soit trop long. **237**. Et un jour, c'était l'été et sur le coup de midi, je me trouvais assis au pied de ma colonne habituelle, plongé dans mon Démosthène [1]. Il n'y avait personne, pas un homme libre, pas un esclave. Le voici qui vient vers moi, la pierre dans la main droite. Il s'avance vers le grand portail qui n'étant pas fermé laissait voir à l'intérieur, puis, après avoir regardé à l'intérieur et vu personne, il s'en retourna par le même chemin, sa pierre à la main. Je le regardais faire sans bouger, mais il ne porta pas son regard sur moi, car un dieu l'en avait empêché. Autrement, il ne m'aurait pas fallu un second coup pour être tué, tant la pierre était grosse. **238**. Ainsi donc, il faut considérer le temps qui s'est écoulé depuis lors jusqu'à ce jour comme un présent des dieux de l'éloquence. Au reste, je m'occupai de rendre cet homme à la raison, en conseillant à son père de l'enfermer et de le mettre à l'eau plutôt qu'au vin, car j'avais appris que le vin était la cause de son mal.

239. Mais je reprends * : un de mes anciens élèves, un homme toujours prêt à régaler les autres et y

1. Libanios enseignait au bouleutérion, dans une salle qui donnait sur une cour entourée de portiques, *or*. XXII, 31. En été, pendant les vacances scolaires, les lieux étaient déserts (« pas un homme libre, pas un esclave ») et il s'installait en plein air, près d'une colonne qui se trouvait sans doute devant l'entrée de la salle de cours. Ainsi le fou chercha-t-il à le voir à l'intérieur de la salle et la colonne lui dissimula la présence de sa victime à l'extérieur, d'autant plus aisément que l'homme devait être pris de boisson, *infra*, § 238. Sur la

τατος δὲ ἦν ἐμοί, καθάπερ τι πεπονθὼς κακόν, καὶ ὁπότε ἴδοι με, λίθους ἀφίει καὶ ἐπεθύμει κτεῖναι βαλών. **236.** Τὸ δὲ αἴτιον οὔτε τότε ᾔδειν, νῦν τε εὑρεῖν οὐκ ἔχω. Πρός τε τὰς βολὰς βοαὶ μὲν τῶν ὁρώντων ἦσαν οἵας ἂν ποιήσειαν ὑπὲρ τοιούτων φόβοι, χεῖρες δὲ ἕδρων οὐδέν, αἱ δὲ τῶν θεῶν καὶ πάνυ, δι' οὓς ἅπας λίθος μάταιος, τῶν μὲν οὐκ ἐφικνουμένων, τῶν δὲ ὑπερπετομένων. **237.** Καί ποτε θέρος μὲν ἦν καὶ μεσημβρία, καὶ ἐκαθήμην ὑφ' ᾧπερ εἰώθειν κίονι, τῷ Δημοσθένει προσκείμενος, παρῆν δὲ οὐδείς, οὐκ ἐλεύθερος, οὐ δοῦλος. Ὁ δὲ ἦλθέ τε ὡς ἐμέ, καὶ ὁ λίθος ἐν τῇ δεξιᾷ. Προσελθὼν δὴ ταῖς μεγάλαις θύραις αἳ ⟨οὐκ⟩ ἐκέκλειντο καὶ δι' ὧν ἦν τἄνδον ἰδεῖν, ἐπειδὴ εἶδεν ἔνδον ὄντα οὐδένα, ἀπῆλθε τὴν αὐτὴν μετὰ τοῦ λίθου. Καὶ ταῦτα αὐτὸς ἑώρων οὐ κινηθείς, ὁ δὲ οὐκ ἤνεγκεν ἐπ' ἐμὲ τὸν ὀφθαλμόν, θεῶν του κεκωλυκότος · ἦ οὐκ ἂν πληγῆς εἰς θάνατον ἐδεήθην δευτέρας, τοσοῦτος ἦν ὁ λίθος. **238.** Τὸν τοίνυν ἐκεῖθεν εἰς τήνδε τὴν ὥραν χρόνον δόσιν θεῶν λογίων νομιστέον. Ἐφρόντισα μέντοι καὶ τοῦ φρονῆσαι τὸν ἄνθρωπον, δῆσαί τε αὐτὸν τῷ πατρὶ συμβουλεύσας καὶ μετενεγκεῖν ἐφ' ὕδωρ ἀπ' οἴνου · καὶ γὰρ δὴ καὶ ἐπεπύσμην οἴνῳ νοσῆσαι τὸν ἄνθρωπον.

239. Ἀλλ' ἐπάνειμι δή · τῶν τις ἡμῖν πεπλησιακότων, ἀνὴρ ἀεί τινας ἑστιῶν καὶ τούτῳ χαίρων, ὧν τέ τις ἐν τῷ

2 ἀφίει CMRKL : ἠφίει V ‖ **3-4** πρός τε codd. : πρὸς δὲ Foerster ‖ **4** βολὰς CVRKL : βουλὰς M ‖ **4-5** ποιήσειαν... φόβοι VMRKL : ποιήσειεν... φόβος C ‖ **6** ἅπας CVMR : καὶ KL ‖ **7** ὑπερπετομένων CVM^{pc}RL : ὑπερπετωμένων KM^{ac} ut uid. ‖ **8** ὑφ' VKL : ἐφ' CMR ‖ **9** προσκείμενος : in M glossa ἀναγινώσκων ‖ **12** ⟨οὐκ⟩ ἐκέκλειντο Reiske in adnot. Foerster : ἐκέκλειντο codd. ἀνεκέκλιντο Schenkl ‖ ἰδεῖν C : ἰδεῖν ἰδών, VMR (ex ἰδὼς) KL (non dist.) ‖ **13** ὄντα CVMR : ἰόντα KL ‖ **15** του CVKL : τοῦ MR ‖ **16** ἐδεήθην CVMR : ἐδεήθη KL ‖ τοσοῦτος CV : -τον MRKL ‖ **17** τὸν CVMR : τῶν KL ‖ ὥραν CV : ὡραν (sic) R χώραν MKL ‖ **21** ἐπεπύσμην CVRL : ἐπεπείσμην MK ‖ νοσῆσαι CVMKL : νοῆσαι R ‖ **22** ἡμῖν CVMRKL : ἐμοὶ A sic Foerster coll. cap. 257 ‖ post πεπλ- distinxi : post πεπλ- et post ἀνὴρ C post ἀνὴρ VKR non dist. ML ‖ **23** τούτωι CVRKL : τοῦτο M.

trouvant son plaisir, et qui était quelqu'un dans le Grand Sénat [1], avait des rêves fallacieux qui l'abusaient en lui promettant des choses impossibles et, tout en riant, il racontait ce qu'il avait vu en songe à beaucoup de gens. A la longue, cela devint dangereux, car ils furent soupçonnés de mauvaises intentions, lui pour ses récits, les autres pour les avoir écoutés. **240**. Devant le tribunal, l'un d'entre eux affirma que mon secrétaire faisait partie de l'auditoire, mais, comme justement il était mort *, le juge en l'apprenant rejeta l'accusation. Ainsi, une fois encore, la mort fit échapper cet homme à la torture et moi-même à des déplacements *, à des désagréments et à des ennuis difficiles à supporter. En effet, celui qui s'attaquait à un mort, que n'aurait-il pas fait à un vivant ? Son allégation n'avait pas du reste pour but de livrer un mort à la justice, il avait, je pense, une autre idée en tête, car il ne pardonnait pas d'être libres à ceux qui n'avaient pas comme lui perdu la liberté. Ce fut donc pour moi un bienfait de la Fortune que de ne pas souffrir des morsures de la calomnie et de pouvoir pendant ce temps-là vivre dans mes chers travaux habituels plutôt que dans des traverses inaccoutumées. **241**. A cette tempête hivernale l'empereur à mon avis n'aurait pu mettre un terme plus modéré *. Aucune exécution, deux condamnations à l'exil ⟨...⟩ et quelques coups de fouet, pas trop, pour ramener les autres à de meilleurs sentiments.

J'eus un ennui à souffrir d'un autre côté : les jeunes gens de mon établissement n'étaient pas tous disciplinés et si la majorité était raisonnable, un groupe se montrait insolent, désireux de nuire et faisant

prédilection de Libanios pour Démosthène, cf. A. F. Norman, *Autobiogr.*, p. 217-218.

1. Indiscutablement celui de Constantinople, celui de Rome étant pour Libanios « le plus grand des deux », *ep.* 70, 4.

μεγάλῳ συνεδρίῳ, κιβδήλοις ὀνείρασιν ἐξαπατηθεὶς ὑπισχνουμένοις τὰ οὐκ ἐσόμενα, γελῶν ἅμα πρὸς πολλοὺς ἅττα ἴδοι ἔλεγε. Τοῦτο προϊὼν ὁ χρόνος ἐποίησε κίνδυνον, καὶ ἀδικεῖν ἐδόκουν ὁ μὲν οἷς εἶπεν, οἱ δὲ οἷς ἤκουσαν. **240.** Ὧν εἷς τις ἐν τῷ δικαστηρίῳ καὶ ἐμὸν ὑπογραφέα κεκοινωνηκέναι τῆς ἀκοῆς ἔφασκεν · ὁ δὲ ἄρα ἐτεθνήκει, καὶ τοῦτο ἀκούσας ὁ δικαστὴς ἐξέβαλε τὸν λόγον. Πάλιν ἐν τούτῳ τῷ θανάτῳ βασάνου μὲν ἐκεῖνος, ἐγὼ δὲ ὁδοῦ τε καὶ θορύβων καὶ πόνων οὐ φορητῶν ἀφείθην. Ὁ γὰρ δὴ ἐπὶ τεθνεῶτα ἥκων τίς ἂν ἦν ζῶντος ; Ἔλεγε δὲ ταῦτα οὐχ ὡς τὸν νεκρὸν παραδώσων τοῖς νόμοις, ἀλλ' οἶμαί τι προσεδόκησε, τοῖς οὐ μετ' αὐτοῦ δεδεμένοις τοῦ μὴ δεδέσθαι φθονῶν. Τύχης τοίνυν ἀγαθῆς τὸ μὴ κακωθῆναι συκοφαντίας ὁδοῦσιν, ἀλλὰ τοῖς ἡδίστοις τε καμάτοις καὶ εἰωθόσιν ἀντὶ τῶν οὐκ εἰωθότων διὰ τοῦδε ἐλθεῖν τοῦ χρόνου.

241. Ἐκείνῳ μὲν δὴ τῷ χειμῶνι πέρας ἐπιεικέστερον ἐπέθηκε βασιλεὺς οἷον οὐκ ἂν ἕτερον, ἐμοὶ δοκεῖν · θανάτῳ μὲν γὰρ οὐδένα, φυγῇ δὲ δύο ⟨.....⟩ πληγαῖς δὲ οὐ πολλαῖς ἐποίησε τοὺς ἄλλους βελτίονας.

Ἐμοὶ δὲ γίγνεταί τις ἑτέρωθεν ταραχή, τῆς ἐν τῷ διδασκαλείῳ νεότητος οὐ πάσης ἐν τῇ τάξει μενούσης, ἀλλ' ἐν σωφρονοῦντι τῷ πλείονι μοίρας τινὸς θρασυνομένης, τῷ

2 πολλοὺς CV : πάντας MRKL ‖ 3 ἴδοι : adnot. V s. l. ἤγουν εἶδε ‖ 4 οἱ δὲ οἷς ἤκουσαν Gasda : ὁ δὲ οἷς ἤκουσεν codd. ‖ 5 τι in τις in ras. C (qua manu incertum) ‖ 7 πάλιν codd. : πάλιν τοίνυν ? Foerster in app. ‖ 8 βασάνου CVRKL : βασάνω M ‖ ἐγὼ δὲ CV : ἐγώ τε MRKL ‖ 9 τε καὶ VMRKL : καὶ C ‖ θορύβων CVKL : θορύβου MR ‖ οὐ φορητῶν VMRKL (cf. cap. 185, *Or.* 12, Foerster II, p. 26, 5) : ἀφορήτων C ‖ 10 δὴ CVRKL : om. M ‖ τεθνεῶτα V : -ῶτας C -ῶτος MRKL ‖ 12 μετ' αὐτοῦ codd. : μεθ' αὑτοῦ Reiske in adnot. ‖ δεδεμένοις CVR : δεδομένοις M δεομένοις KL ‖ 14 τε CVRKL : γε M ‖ 15 τῶν CV : τοῦ MR τοῦ τῶν KL ‖ 17 ἐκείνῳ edd. : 'κείνωι C κείνω VMRKL ‖ 19 Reiske ἐκόλασε aut ἐζημίωσε post δύο excidisse putat ‖ 21 γίνεται V ‖ ἑτέρωθεν CVR : ἑτέρω MKL ‖ 22 τῆι om. K.

savoir que s'ils le voulaient ils feraient pire encore *. **242.** Je ne pouvais manquer d'en souffrir, mais je préférai n'en rien dire jusqu'à ce que la conscience de leurs torts les ramène à leurs sentiments d'autrefois. Mais comme leur état d'esprit ne suffisait pas à rétablir la confiance, on y ajouta une mesure de contrainte, leur interdisant de s'en aller, qu'ils le voulussent ou non. Quelle était cette mesure, je préfère ne pas le dire *.

243. Ce mal ancien qui avait frappé ma tête, provoqué par la foudre, reparut après seize ans de rémission, plus pénible. Il commença aussitôt après la grande fête qui rassemble tous les sujets des Romains [1]. J'avais peur d'avoir une crise en chaire devant les élèves réunis, j'avais peur aussi quand j'étais couché, tous mes jours étaient pleins d'amertume, je remerciais la nuit qui me donnait le sommeil et à l'arrivée du jour le mal revenait. Si bien que je demandais aux dieux de m'accorder la mort pour toute faveur, et rien ne me laissait espérer que la maladie ne détruirait pas ma raison. **244.** Au moment même où j'écris, cela ne s'est pas encore produit, mais il ne m'est pas possible d'avoir confiance en l'avenir. Et ce « pas encore » même, je le dois aux dieux qui par la mantique m'ont interdit toute saignée, bien que j'en aie grande envie. Le médecin disait que dans cette éventualité, par suite du souffle vital que renforcerait l'écoulement du sang, ma tête n'y résisterait pas, et que j'y succomberais.

1. Les fêtes de la Nouvelle Année, les Kalendes de Janvier, étaient très importantes et Libanios fit un discours sur ce sujet, l'*or.* IX, *Sur les Kalendes*. Il s'agit ici du début de l'année 386. Ses maux de tête qui avaient disparu en 371, *supra*, § 143, réapparaissent seize ans après, donc en 386 précisément. On notera l'expression caractéristique τῶν ὑπὸ Ῥωμαίοις ὄντων (« ceux qui sont les sujets des Romains »).

λυπεῖν φιλοτιμουμένης ἐνδεικνυμένης ⟨θ'⟩ ὡς εἰ ἐθελήσουσι καὶ πλέον τι δράσουσιν. **242**. Ἐμοὶ δὲ μὴ ἀλγεῖν μὲν οὐκ ἦν, σιωπᾶν δὲ ἠξίουν, ἕως αὐτῶν ἀδικεῖν καταγνόντες ἦσαν ἐν τοῖς προτέροις. Τῆς γνώμης δὲ οὐκ ἀρκούσης εἰς πίστιν προσεγένετό τι τὸ τὴν ἀνάγκην ἔχον, ὥστε μηδὲ βουλομένοις ἀπεῖναι ἐξεῖναι. Ὅ τι δὲ τοῦτο ἦν, ἔδοξέ μοι μὴ λέγειν.

243. Τὸ δὲ πάθος ἐκεῖνο τὸ τῆς κεφαλῆς τὸ ἀρχαῖον, ὃ βροντῆς ἔργον ἐγεγόνει, διαλιπὸν ἑκκαίδεκα ἔτη πάλιν ἐνέκειτο καὶ ἦν χαλεπώτερον, ἀρξάμενον εὐθὺς μετὰ τὴν μεγίστην ἑορτήν, ἥ γε κοινὴ τῶν ὑπὸ Ῥωμαίοις ὄντων · δέος τε ἦν μὴ κατενεχθείην ἐπὶ συνουσίᾳ τῶν παίδων καθήμενος, ἦν δὲ καὶ ἐπὶ κλίνης κειμένῳ δέος, ἡμέραι τε ἅπασαι πικραί, νυξὶ δὲ χάριν ᾔδειν τοῦ ὕπνου, φανεῖσα δὲ ἡμέρα τὸ κακὸν ἐκόμιζεν, ὥστε καὶ ᾔτουν παρὰ τῶν θεῶν ἀντ' ἄλλου τινὸς ἀγαθοῦ τὸν θάνατον, καὶ πιστεύειν μὲν οὐκ εἶχον ὡς οὐ διαφθερεῖ μοι τὸν νοῦν ἡ νόσος. **244**. Οὔπω δὲ τοῦτο ὅτε ταῦτα ἔγραφον ἐπεπόνθειν, θαρρῆσαι δὲ ὑπὲρ τοῦ μέλλοντος οὐ παρῆν. Καὶ αὐτὸ δὲ τοῦτό μοι τὸ μήπω παρὰ τῶν θεῶν, οἳ διὰ μάντεώς με αἷμα οὐκ εἴων ἐξάγειν φλέϐα τεμόντα, καίτοι σφόδρα γε ὡρμηκότα. Ἔλεγε δὲ ὁ ἰατρός, εἰ τοῦτο ἐγεγόνει, διὰ τοῦ ῥυέντος αἵματος ἰσχὺν λαϐόντος τοῦ πνεύματος ἡττηθεῖσαν τὴν κεφαλὴν πάντως ἄν με καὶ καταϐαλεῖν.

1 θ' post ἐνδεικνυμένης add. Croenert : καὶ ante ἐνδ- Foerster in app. ‖ **2** τι R : τί CVMKL ‖ **3** δὲ CVMRK : om. L ‖ αὐτῶν C : αὑτῶν VRKL αὑτὸν M ‖ **5** εἰς VMRKL : πρὸς C ‖ τὸ Foerster (coll. supra 180) : ὃ codd. delendum aut cum καὶ mutandum putat Reiske ‖ **8** τὸ τῆς CMRKL : τῆς V ‖ **9** διαλιπὸν CVK^{pc}L : -πὼν MRK^{ac} ‖ ἑκκαίδεκα CVML : ἑκκ- K ἑκκέδεκα R ‖ **10** ἐνέκειτο C : ἐπέκειτο VMRKL ‖ **11** γε Foerster : τε codd. τις Reiske in adnot. ‖ **12** δέος CVMRK : τὸ δέος L ‖ **17** οὐ CVMRL : om. K ‖ **20** αἷμα CVMRK : om. L ‖ **22** τοῦτο codd. : ταῦτα Foerster mero errore ‖ **23** πνεύματος codd. (probante Vieillefond) : ῥεύματος Gasda quem secutus est Foerster ‖ **24** με C^{sl} in ras. (manu *p*) R : μου CVMKL.

245. J'étais dans cet état quand me vint le rêve suivant : je crus voir des gens sacrifier deux enfants et déposer l'un des cadavres dans le temple de Zeus derrière le portail. Comme j'étais indigné de ce sacrilège envers Zeus, on me disait qu'il en serait ainsi jusqu'au soir et que le soir venu on l'enterrerait. Cela paraissait démontrer l'action de philtres et de sortilèges ainsi que des manœuvres hostiles de la part des magiciens *. **246.** L'effet ne tarda pas à se faire sentir, avec ces angoisses dont j'ai parlé, et un seul désir, celui de mourir. J'en parlais à chacun de mes visiteurs et dans mes prières aux dieux. Je détestais celui qui me parlait de bains, je détestais celui qui me parlait de manger, je me détournai des livres qui ont recueilli les travaux des anciens, je cessai d'écrire et de composer mes discours, je cessai de parler et pourtant les élèves me le demandaient à grands cris [1]. A chaque tentative que je faisais en ce sens, j'étais repoussé en arrière comme une barque par un vent contraire, et, tandis que les élèves espéraient m'entendre, moi je restais silencieux. Les médecins me conseillaient de chercher ailleurs la guérison, car leur art ne disposait d'aucun remède pour ce genre de choses. **247.** Il leur semblait, ainsi qu'aux autres, que la même cause expliquait ce double symptôme encore jamais vu chez moi d'une goutte me faisant souffrir hiver comme été *, ce qui permettait à ceux qui venaient me visiter de dire que le lendemain je serais mort. Dans les autres villes on me croyait même mort et l'on en demandait confirmation à nos nombreuses ambassades *. **248.** Parmi mes amis, il y en avait qui m'engageaient, et s'engageaient eux-mêmes, à attaquer * certaines gens qui passaient pour être experts en ce genre de

1. Cet état dépressif et ce dégoût de toutes choses sont exprimés en termes très voisins dans un discours contemporain, l'*or.* XXXVI (*sur les Poisons*), 15 (tr. Festugière, *op. cit.*, p. 458).

245. Ἐν τούτοις δὲ ὄντι μοι γίνεται ὄναρ τοιόνδε· ἐδόκουν μοί τινες θύσαντες δύο παῖδε τοῖν νεκροῖν τὸν ἕτερον θεῖναι ἐν ἱερῷ Διὸς ὄπισθεν τῆς θύρας, ἀγανακτοῦντος δέ μου τῇ τοῦ Διὸς ὕϐρει, φάναι τινὰς μέχρι τῆς ἑσπέρας τοῦθ' οὕτως ἕξειν, ἡκούσης δὲ δοθήσεσθαι τάφῳ. Φάρμακα δὲ καὶ μαγγανεύματα καὶ πόλεμον ἀπὸ γοήτων ἀνδρῶν ταῦτα ἐδόκει δηλοῦν. **246.** Καὶ εἵπετο δὲ τὸ ἔργον, φόϐοι τε ἐκεῖνοι, καὶ πλὴν τελευτῆς οὐδενὸς ἐπιθυμία, ἀλλὰ περὶ τούτου λόγοι τε πρὸς τοὺς ἀεὶ παρόντας εὐχαί τε πρὸς θεούς. Ἐχθρὸς μὲν ὁ λουτροῦ μεμνημένος, ἐχθρὸς δὲ ὁ δείπνου, καὶ φυγὴ μὲν ἀπὸ βιϐλίων ἐν οἷς οἱ τῶν ἀρχαίων πόνοι, φυγὴ δὲ ἀπὸ γραφῆς τε καὶ ποιήσεως λόγων, κατελέλυτο δὲ τὸ λέγειν, καὶ ταῦτα τῶν νέων βοαῖς τοῦτο ἀπαιτούντων. Ὁπότε γὰρ δὴ πρὸς αὐτὸ γιγνοίμην, ἀπεφερόμην ὥσπερ ἀκάτιον ἐναντίῳ πνεύματι· καὶ οἱ μὲν εἶχον ἀκροάσεως ἐλπίδας, ἐγὼ δ' ἂν ἐσίγων. Ἰατροὶ δὲ τὴν τούτων ἴασιν ἄλλοθι ζητεῖν ἐκέλευον, ὡς οὐκ ὄντων σφίσι τῶν τοιούτων ἐν τῇ τέχνῃ φαρμάκων. **247.** Ἐδόκει δὲ καὶ τούτοις καὶ τοῖς ἄλλοις ἀπὸ τοῦ αὐτοῦ καὶ τὸ δίς, ὃ μήπω πρότερον, νοσῆσαί μοι τὰ ἄρθρα, χειμῶνός τε καὶ θέρους, δοῦναί τε τοῖς ἐπισκοπουμένοις ἀεὶ λέγειν ὡς τῆς ἐπιούσης οἰχήσομαι. Ταῖς δὲ δὴ ἄλλαις πόλεσι καὶ ἐδόκουν τεθνάναι, καὶ τὰς πολλὰς δὴ ἠρώτων πρεσϐείας εἰ τοῦτο ὧδε ἔχοι. **248.** Ἦσαν μὲν οὖν τῶν φίλων οἳ ἐμέ τε καὶ σφᾶς αὐτοὺς ἐπί τινας ἐκίνουν οἷς δόξα τούτων εἶναι τεχνίτας. Ἐγὼ δὲ οὔτ' αὐτός τι τοιοῦτον ἔπασχον,

1 ἐτ CVRM : om. KL ‖ **4** φἕναι CMK : φᾶναι VRL ‖ **5** ἕξειν VMKL : ἕξειν C ἕξει R ‖ **8** πλὴν CVMR : πρὶν KL ‖ **11** δείπνου CVR : δεῖνα MKL ‖ **12** ἀπὸ γραφῆς C (ex ἀπὸ γραφῆ, σ s. l. prima manu) VRM : ἀπογραφῆς KL ‖ τε CV : om. MRKL ‖ **13** δὲ C : : δὴ VMRKL ‖ **16** ἂν codd. : αὖ Foerster ‖ **18** τῶν CMRKL om. V ‖ **20** νοσῆσαί μοι CVMKL : νοσήσαιμι R ‖ **21** τοῖς ἠπισκοπουμένοις CV : τὰ ἐπισκοπούμενα MRKL ‖ **23** τεθνάναι CVR KL : τεθνᾶναι M ‖ δὴ C : δὲ VMRKL ‖ **24** ὧδε CVMKL ὦδε R ‖ ἔχοι CVR (ex ἔχει ?) : ἔχει MKL ‖ **26** τι CVRKL : om. M.

choses, mais je ne partageais pas ce sentiment et je les retenais en leur disant qu'il fallait plutôt prier que porter des accusations à propos de ces machinations obscures. **249.** Cependant il y eut la découverte d'un caméléon, venu je ne sais d'où, dans ma salle de conférences *. C'était un caméléon d'un grand âge et il était mort depuis plusieurs mois, mais nous avons vu sa tête posée entre ses pattes de derrière, l'une de ses pattes antérieures manquait, et l'autre fermait sa bouche pour l'inviter au silence *. **250.** Cependant, même après de telles révélations, je ne mis aucun nom en rapport avec cette découverte, mais une crainte sembla avoir frappé ceux qui avaient quelque chose sur la conscience, car ils relâchèrent leur pression et je pus moi-même de nouveau me mouvoir. Ce fut assurément un trait plus favorable de la Fortune, que de faire apparaître à la surface du sol, et aux yeux de tous ceux qui voulaient voir, ce qui avait été profondément enterré [1].

251. Nous eûmes ensuite comme gouverneur un homme dont l'attitude à mon égard ne ressemblait en rien à celle de son grand-père *. Celui-ci ne cessait de se montrer plein d'attentions, comme il sied à un homme sachant parler, mais lui ne voulut pas, à propos d'une requête que je lui adressai, qui était juste et sans grande portée, se rendre compte qu'il était confondu et passait pour un imbécile *. Il traitait les futilités diligemment et l'essentiel négligemment. La joie d'apprécier mes discours lui fut toujours refusée, car il ne me paraissait pas digne de cet honneur *. Ce fut son premier châtiment, et voici le second : ayant gagné les frontières de sa province sur l'ordre du gouverneur, il séjourna dans le

1. Non sans quelque préciosité, Libanios veut dire que la Fortune révéla deux choses cachées à la vue, le caméléon enterré (aspect matériel) et la machination de ses ennemis (sens figuré).

ἐκείνους τε κατεῖχον, εὔχεσθαι δεῖν εἰπὼν μᾶλλον ἤ τινας ἕλκειν ὑπὲρ τῶν ἐν σκότῳ συντεθέντων. **249.** Καίτοι χαμαιλέων ἀναφανείς, οὐκ οἶδ' ὁπόθεν, ἐν τῷ τῶν λόγων χορῷ · πολὺς μὲν τούτῳ τῷ χαμαιλέοντι χρόνος, καὶ μηνῶν ὁ νεκρὸς οὐκ ὀλίγων, πόδων δὲ ἐν μέσῳ τῶν ὀπίσω κειμένην ἑωρῶμεν τὴν κεφαλήν, τῶν δὲ ἑτέρων ὁ μὲν ἦν οὐδαμοῦ, τὸ στόμα δὲ ἅτερος εἰς σιωπὴν ἔκλειεν. **250.** Ἀλλ' ὅμως οὐδ' ἐπὶ τηλικούτοις τοῖς ἀποκεκαλυμμένοις ὄνομά τινος ὑπῆγον τῷ φανέντι · δέος μέντοι μοι ἐδόκει τοὺς αὐτοῖς τι συνειδότας εἰσελθεῖν, καὶ τοὺς μὲν ὑφεῖναι τῆς συνεχείας, ἐμοὶ δὲ αὖθις ἐγγενέσθαι κινεῖσθαι. Τύχης τοίνυν εὐμενεστέρας ἃ κατωρώρυκτο κεῖσθαι ὑπὲρ γῆν τοῖς βουλομένοις ὁρᾶν.

251. Ἧκεν ἐπὶ τούτοις ἄρχων ἥκιστα τὸν αὑτοῦ πάππον ἐν τοῖς πρὸς ἐμὲ μιμούμενος. Ὁ μὲν γὰρ οὐκ ἐπαύσατο τιμῶν, οἷα ἀνὴρ ἐπιστάμενος λέγειν, ὁ δὲ οὐκ ἐβουλήθη μὲν εἰδέναι ἐν αἰτήσει τε χάριτος δικαίας τε καὶ οὐ μεγάλης ἐξελεγχθεὶς ἀνόητός τε εἶναι δοκῶν. Καὶ τῶν μὲν ματαίων ἐπιμελῶς, τῶν δὲ ἀναγκαίων ἀμελῶς εἴχετο, διαμένων ἡμετέρων ἄγευστος λόγων · οὐ γάρ μοι τοῦδε τοῦ γέρως

2 σκότῳ CVMR : τῷ σκότῳ KL || **4** μὲν CVRKL : μέντοι M || χρόνος MRKL : χρόνων CV || **5** post ὀλίγων dist. RKL : post νεκρὸς CV post νεκρὸς et post ὀλίγων M || **5-6** κειμένην VMRKL : κειμένων C || τῶν δὲ CV : τῶν δὲ τῶν MRKL || **7** ἅτερος CVKL : ἅτερος, ὃς MR || ἔκλειεν CVR (ex ἔκλυεν) KL : ἔκλαιεν M || **8** οὐδ' CVMR : οὐδὲ KL || **9** ὑπῆγον codd. : ἐπῆγον malit Reiske || ὑπῆγον τῶι CVKL : ἠπείγοντι M ἠπείγοντο (ex ἐπ-) R || αὑτοῖς C^sl (manu *n* ?) : αὐτοὺς CVMRKL || **10** τοὺς μὲν CV : τοῖς μὲν M (ex μὴν ?) KL τοῖς μὴν R || **12** κατωρώρυκτο CVM^pc R^ac K : κατορώρυκτο R^pc L || γῆν C : γῆς VMRKL || **14** τούτοις VMRKL : τούτων C || αὑτοῦ Foerster : αὐτοῦ codd. || **17** μὲν codd. : με Reiske Foerster Norman, uide adnotationem gallice conscriptam || **18** ἐξελεγχθεὶς CVR^sl KL : -λεχθεὶς MR || **19** ἐπιμελῶς CVR : -λὴς MKL || ἀμελῶς CVR : -λὴς MKL || εἴχετο Gasda (coll. 4) Foerster : ἤρχετο codd. || post ἤρχ- dist. CV : post ἀμελὴς (uel ἀμελῶς) MRKL || **20** ἡμετέρων ἄγευστος λόγων C^pc (prima manu) VMRKL : ἄγ- ἡμ- λόγ- C^ac.

désert sous le soleil brûlant, continuellement assoiffé et buvant *.

252. Suivit un autre gouverneur sous lequel se produisirent les terribles événements que semblait avoir provoqués l'hostilité de mauvais génies *. Des pierres furent lancées par des main contre les images des empereurs et cela fit un grand bruit : leurs statues de bronze furent traînées par terre et contre les maîtres de toutes choses s'élevèrent des paroles plus cruelles que toutes les pierres. Il s'en suivit un grand exode, car on pensait que pour celui qui restait sur place il n'y aurait point de salut, et celui qui fuyait pleurait sur celui qui ne fuyait pas. En fait, ce sur quoi l'on comptait se révéla catastrophique et le parti qui semblait sans espoir fut celui du salut *. **253.** De ce salut je passai pour avoir ma part de responsabilité : mes discours et mes larmes adoucirent les enquêteurs arrivés sur place et je leur inspirai un vif désir de recevoir des lettres ⟨de supplication⟩ et en peu de temps on en rédigea partout *. Ce fut là, pensons-nous, l'œuvre de la Fortune qui de surcroît fit en sorte que les nombreux discours consacrés au même sujet, mais chacun sous une forme différente *, parurent bien conçus *.

254. Dans mes auditoires ne figuraient plus comme auparavant le gouverneur et la foule des gens qu'il amenait alors avec lui de nombreuses provinces *. Voici la raison de ce changement : leur présence m'apparaissait comme une servitude, leur absence me donnait la liberté, et c'étaient des amis que j'avais alors devant moi, tandis qu'auparavant c'étaient des gens qui ne m'aimaient pas, ce qui est une gêne pour l'orateur [1].

255. Après ce gouverneur qui ne connaissait pas les

1. La présence de chrétiens dans son auditoire lui enlève une partie de ses moyens, car un orateur a besoin d'une ambiance de chaude sympathie, cf. p. ex. dans les joutes oratoires, *ep.* 405.

ἄξιος ἐφαίνετο. Μία μὲν ἥδε δίκη, ἑτέρα δέ· πρὸς τὰ τέρματα τῆς ἀρχῆς ὑπάρχου πέμποντος ἥκων, ἐν ἐρημίᾳ τε καθῆστο καὶ ἡλίῳ φλέγοντι διψῶν τε ἀεὶ καὶ πίνων.

252. Ἕτερος ἄρχων, ἐφ' οὗ τὰ δεινότατα πολέμῳ πονηρῶν δαιμόνων δόξαντα κεκινῆσθαι, λίθοι τε ἐπὶ τοὺς ἐν ταῖς γραφαῖς βασιλέας ἐκ χειρῶν ἐρχόμενοι. Καὶ ἦν πολὺς ὁ ψόφος, χαλκαῖ τε εἰκόνες διὰ γῆς ἑλκόμεναι, ῥήματά τε ἐπὶ τοὺς τῶν ὅλων κυρίους πικρότερα παντὸς ἀφιέμενα λίθου· δι' ἃ πολλαὶ δὴ μεταναστάσεις, ὡς οὐκ ὂν μένοντι σωθῆναι. Καὶ ὁ φεύγων τὸν οὐ φεύγοντα ἐθρήνει. Ἐν μὲν οὖν ταῖς ἐλπίσι κατασκαφαί, τὸ δὲ ἐλπίδος ἔξω σωτηρία. **253.** Τούτου δὲ καὶ αὐτὸς αἴτιος εἶναι ἐδόκουν· λόγοις τε ἡμερώσας καὶ δάκρυσι τοὺς ἐπὶ τὴν κρίσιν ἥκοντας γραμμάτων ἐρᾶν ἔπειθον, καὶ ἐν οὐ πολλῷ χρόνῳ πανταχοῦ γράμματα. Καὶ τοῦτο ἔργον ἡγώμεθα τῆς Τύχης, καὶ προσέτι γε τοὺς πολλοὺς λόγους περὶ μὲν τὴν αὐτὴν πεποιημένους ὑπόθεσιν, μορφὴν ἄλλην ἄλλος ἔχων, δόξαντας δὲ εὖ ἔχειν.

254. Θέατρα δὲ ἡμῖν οὐχ οἷα πρότερον, ἄρχων τε καὶ οὓς τότε συνῆγε πολλοὺς ἀπὸ πολλῶν τῶν ἐθνῶν. Τὸ δὲ αἴτιον, ἐν μὲν τῷ δουλείαν ἐνεώρων, τὸ δ' εἶχεν ἐλευθερίαν, καὶ τὸ μὲν φίλους, τὸ δὲ καὶ οὐ φίλους, ζημίαν τῷ λέγοντι.

255. Ἄλλος δέ τις ἀντὶ τοῦ οὐκ εἰδότος θεοὺς εἰδὼς

1 ἄξιος CV : ἄξιος (-ον R) εἶναι MRKL ‖ post δέ distinxi ‖ **2** καθῆστο CVMKL : καθήσθω R ‖ **4** ἄρχων : adnot. V mg. ἦκε δηλονότι ‖ **5** δόξαντα CV : δόξαν τὲ M (τε) RKL ‖ τε VMRKL : om. C ‖ **6** βασιλέας CV : βασιλέως MRKL ‖ **7** χαλκαῖ CVKL : χαλκαί MR ‖ **8-9** ἀφιέμενα C^{sl} (manu *s*) VMR : ἐφιέμενα CKL ‖ **15** γράμματα CV : τὰ γρ- MRKL ‖ ἡγώμεθα CVKL : ἡγούμεθα M Foerster ἡγήμεθα R ‖ **17** ἄλλος ἔχων codd. : ἄλλον ἔχοντα corrector codicis P ‖ **19** θέατρα VMRKL : θέατρον C ‖ **20** τότε CV : τοῦτο MRKL ‖ **21** ἐνεώρων C^{sl} (manu *s*) VMRKL : ἑώρων C ‖ **22** δὲ καὶ οὐ CR : δὲ οὐ VM δ' οὐ KL ‖ ζημίαν CVMKL : ζημία R ‖ **23** post λέγοντι dist. CVM : non dist. RKL ‖ **24** ἄλλος δέ τις ἀντὶ τοῦ CV : om. MRKL.

dieux, il en vint un autre qui ne les connaissait pas davantage *. Dès son entrée en charge, il se livra jusqu'à la moelle à la débauche * que lui permettait sa grande richesse, mais elle était le fruit de l'injustice. Il était plus stupide que l'autre et, parce que je lui avais conseillé de ne pas abîmer Daphné et de ne pas porter le fer sur ses cyprès, il devint mon ennemi. Il tenta de ruiner ma position, d'abord par l'enseignement de la langue des Italiens, puis par celui de la langue grecque, et il fit entrer dans l'arène contre moi un tout médiocre qu'il tenait pour très fort *.

256. Ce dernier avait la gorge nouée et resta sans voix dès l'exorde. Le silence valait mieux pour lui [1], mais il tenta pourtant de remuer sa langue inerte. Elle resta paralysée et le dépit assombrit le regard de chacun d'eux, le rhéteur qui prenait la porte, le gouverneur qui siégeait. Même s'il avait été condamné à mort, je n'aurais pas considéré ce châtiment comme supérieur à celui-ci.

257. A peu près à cette époque, un injuste soupçon suscita contre moi la fureur d'un de mes anciens élèves qui, se précipitant sur mon fils, l'insulta et faillit le traîner au tribunal *. Je n'échappai pas, quoique absent, à sa colère et il disait que je faisais du tort à la boulè par l'immunité dont je bénéficiais légalement, avec beaucoup d'autres. **258.** Et là-dessus il partit en ambassade *, mais les témoignages d'estime que l'empereur m'accorda le firent revenir tout déconfit. Arriva alors un autre membre de l'ambassade, m'apportant une lettre de l'empereur qui rehaussait le prestige de son destinataire, prestige encore rehaussé en quelque sorte par les discours d'Eusebios, selon le propre récit des ambassadeurs * : dans l'un, il faisait le panégyrique du père et dans l'autre celui du fils, si bien que les maîtres venus

1. Sur la vertu du silence, cf. *supra*, §§ 50 et 110. [J. M.].

οὐδ' αὐτὸς θεοὺς παραλαβὼν τὴν ἀρχήν, τρυφῇ μὲν εἰς σάρκας ἐπιδούς, οἷα ἐκ πολλῆς οὐσίας (ἡ δὲ ἀδικίας ἔργον ἦν), ᾧ τοῦδε ἀνοητότερος, ἀκούσας μὴ χείρω ποιεῖν τὴν Δάφνην μηδὲ ἐπιφέρειν κυπαρίττοις σίδηρον, ἐχθρός τε ἦν καὶ ἐπειρᾶτο τἀμὰ καθελεῖν, πρῶτα μὲν Ἰταλῶν φωνῇ, μετὰ ταῦτα δὲ καὶ Ἑλλάδι, καί τινα ἀσθενέστατον ὡς δὴ ἰσχυρότατον ἀποδύσας ἐκέλευε θεῖν. **256.** Ὁ δὲ ἄρα ἐπεπέδητο, καὶ ἦν ἄφωνος εὐθὺς ἐν προοιμίοις, κερδαίνων μὲν ⟨ἂν⟩ ἐν τῇ σιωπῇ, κινεῖν δὲ ὅμως γλῶτταν ἀποθανοῦσαν πειρώμενος. Ἡ δὲ ἔκειτο, καὶ ἀχλὺς ἐν ἑκατέρου τοῖς ὄμμασι, τοῦ μὲν ἀπιόντος, τοῦ δὲ καθημένου. Ταύτης τῆς δίκης οὐδ' ἂν τὴν διὰ θανάτου προτέραν ἐποιησάμην.

257. Περὶ δὴ τοὺς χρόνους τούτους ὑποψία μέν τις ἄδικος τῶν τινα ἐμοὶ πεπλησιακότων ἐξέμηνεν ἐπ' ἐμέ, καὶ προσπεσὼν ὕβριζε μόνον οὐχ ἕλκων τὸν ἐξ ἐμοῦ. Διέφυγον δὲ αὐτὸν οὐδὲ ἐγώ, καὶ ταῦτα ἀπών, λέγοντά γε ἀδικεῖν με τῇ ἀτελείᾳ τὴν βουλήν, ἥ μοι μετὰ συχνῶν ὑπῆρχε παρὰ τοῦ νόμου. **258.** Καὶ πρεσβεύων μὲν ἐπὶ τούτοις ᾤχετο, ταῖς δ' εἰς ἐμὲ τοῦ βασιλέως τιμαῖς ταπεινωθεὶς ἐπανήρχετο, καὶ ἧκέ τις μετὰ τῶν συμπρέσβεων βασίλειον ἡμῖν κομίζων ἐπιστολὴν αὔξουσαν τὸν δεξάμενον, ηὐξημένον πως καὶ τοῖς Εὐσεβίου, τῶν πρέσβεων

2 σάρκας CR : σάρκα VMKL || **2-3** parentheseos signa posui || **2** ἡ δὲ C : ὁ δὴ V ἃ δὲ MRKL || **3** ὧι C : ὢ V ὁ KL om. MR ὧν (quod in codice B inueniri falso affirmat Foerster) Reiske (sic Foerster) || **4** μὴ δὲ (sic) CVMKL : μήδ' R || **7** δὴ C : ἤδη VMKL ἤδη R || **8** ἐπεπέδητο CVMRL : ἐπεπήδητο K || ἄφωνος CVMKL : ἄφων R || **9** ἂν addidi || ἐν τῆι σιωπῆι CV : ἐν σιγῇ σιωπὴν MR ἐν γῇ σιωπῇ KL || γλῶτταν VMRKL : γλῶσσαν C || **12** προτέραν CVR : πρότερον MKL || **14** δὴ VMRKL : δὲ C || **15** ἐξέμηνεν CVM : ἐξεμὴν R ἐξεμεῖν KL || **18** γε Reiske (*Anim.*) unde Foerster : τε CV om. MRKL delendum censet Reiske in adnot. || ἥ CVMR : ἣ KL || **21** ἧκέ τις CVR : ἡνίκα τῆς ἀνυβρίστου MKL **23** τοῖς CV : τὰ MRKL.

d'Athènes, au lieu de nous critiquer jalousement, nous admirèrent, Eusebios et moi-même, moi pour l'enseignement que j'avais donné, et lui pour celui qu'il avait reçu [1].

259. Voici un fait où l'on pourrait encore reconnaître la bienveillance des dieux. Je revenais un jour du bain, c'était le soir. Des chevaux, de vraies bêtes fauves sans en avoir l'air, étaient là à attendre leurs maîtres, les uns regardant vers les colonnes, les autres tournés vers le mur. On ne s'attendait à aucun danger et pourtant il était là, terrible : comme je passais au milieu, les chevaux montrèrent les dents et lancèrent leurs sabots comme des traits, ce qui aurait suffi pour me tuer. Mais le garçon d'écurie, lâchant le cheval qu'il menait, me sortit de là et me porta en lieu sûr. Ce garçon fut bien l'exécutant, mais l'idée venait des dieux.

260. C'est eux encore qui chassèrent d'une ville voisine un homme qui savait peu, tout en discourant beaucoup, et se servait du peu qu'il avait contre celui qui l'avait instruit. Un de mes élèves indigné ouvrit les yeux de ses dupes et le fit expulser *, preuves à l'appui.

261. Sabinos aussi fut expulsé, non d'une ville, mais de sa propre vie : il avait été réduit à si peu que lorsqu'il déménageait un seul homme y suffisait.

1. L'ambassade se compose des trois membres réglementaires, et d'un quatrième, Eusebios (Seeck, *Die Briefe*, p. 143-144, *s. v.* Eus. XXII), un ancien élève devenu sophiste, exempté d'abord des charges municipales, mais que la curie cherche à récupérer. Eusebios fit à la cour deux panégyriques, l'un en l'honneur de Théodose (« le père »), l'autre en l'honneur d'Arcadios (« le fils »), Auguste depuis 383. La lettre de l'empereur qu'il rapporte à Libanios ne lui confère pas la dignité de préfet du prétoire honoraire, déjà reçue en 383 (*supra*, § 219), mais sans doute des compliments pour son attitude en 387 et pour ses discours XIX et XX : peut-être justement le second de ces discours, l'*or.* XX, postérieur au pardon, avait-il été apporté à Théodose par l'ambassade ou par Eusebios ? Il faut rappeler aussi que ces ambassadeurs, à l'instigation de Thrasy-

δὲ καὶ οὗτος ὁ λόγος, ὧν τῷ μὲν τὸν πατέρα, τῷ δὲ ἐκόσμησε τὸν υἱόν, ὥστε τοὺς Ἀθήνηθεν ἀντὶ τοῦ ἐρίζειν θαυμάζειν αὐτόν τε ἐκεῖνον καὶ ἐμέ, τοῦ δοῦναι μὲν ἐμέ, τοῦ λαβεῖν δὲ ἐκεῖνον.

259. Γνοίη δ' ἄν τις κἀντεῦθεν τὴν περὶ ἐμὲ τῶν θεῶν εὔνοιαν. Ἐπανῄειν ποτὲ λελουμένος ἑσπέρας · ἵπποι δὲ ἐοικότες μὲν θηρίοις, τοῦτο δὲ οὐ δοκοῦντες, εἱστήκεσαν περιμένοντες τοὺς δεσπότας, οἱ μὲν εἰς τοὺς κίονας ὁρῶντες, οἱ δ' εἰς τὸν τοῖχον τετραμμένοι. Καὶ ἦν οὐδὲν κακὸν εἰκάσαι, τὸ δ' ἄρα ἦν μέγα. Χωροῦντι οὖν μοι διὰ μέσου τοὺς ὀδόντας ἐδείκνυσαν, ἀντὶ βελῶν τοῖς ποσὶ χρώμενοι, τὸ δ' ἤρκεσεν ἂν εἰς θάνατον. Νῦν δ' ὁ ἱπποκόμος με ἐξαρπάσας, μεθεὶς ὃν ἦγεν ἵππον, φέρων εἰς ἀσφάλειαν κατέστησε. Τοῦ ἱπποκόμου μὲν αἱ χεῖρες, τὸ βούλευμα δὲ τῶν θεῶν.

260. Οἳ δὴ καὶ πόλεως γείτονος ἐξήλασαν ἄνθρωπον ὀλίγα μὲν εἰδότα, πολλὰ δὲ φάσκοντα, χρώμενον δὲ αὐτοῖς οἷς εἶχεν ἐπὶ τὸν δόντα, ἐφ' ᾧ τις ἀλγήσας νεανίσκος τῶν μὲν ἠπατημένων τὴν ἀχλὺν ἀφεῖλε, τὸν δὲ ἐλέγχοις ἐξέβαλεν.

261. Ἐξεβέβλητο δὴ καὶ Σαβῖνος οὐ πόλεώς τινος, ἀλλ' αὐτοῦ τοῦ ζῆν, εἰς κομιδῇ βραχύ τι συσταλεὶς οὕτως ὥσθ' ὁπότε ἀμείβοι κλίνην, ἐξαρκεῖν χεῖρα μίαν, εἶναί

1 ὁ λόγος, ὧν R (sic iam coni. Reiske) : ὁ (ὁ C) λόγος ὧν. CV λόγων, ὧν MKL λόγοις, ὧν Foerster ‖ τῶι μὲν CVKL : τὸ μὲν MR ‖ **6** in C inter λελουμένος et ἑσπέρας puncta quinque s. l. ; uoce ἑσπέρας rursus incipit codicis A pars antiquior fol. 6[r] ; uide supra ad cap. 71 ‖ ἑσπέρας ex ἑσπ- C ut uid. (manu *s* ?) ‖ **7** τοῦτο CAVMKL : τούτω R ‖ εἱστήκεσαν CAVMKL : εἱστ- R ‖ **10** τὸ δ' C[ac]A : τόδ' C[pc] (manu *s* ?) VMRKL ‖ οὖν CAV : om. MRKL ‖ μοι CAVKL : om. MR ‖ διὰ μέσου CKL : διαμέσου AVM διαμέσον (ex διά-) R ‖ **11** τοῖς AVMRKL : τοῖ C ‖ τὸ δ' C[ac]A : τόδ' VRKL τό δὲ M ‖ **12** με CAV : μὲν MRKL ‖ **13** μεθεὶς CAVMKL : με, θεὶς R ‖ κατέστησε CAV : κατήντησε MRKL ‖ **16** χρώμενον CAVR[pc]L (p. c. ?) : χρώμενος MR[ac]KL[ac] ? ‖ **17** τις CAR : τίς VM ut uid. KL ‖ **18** ἀφεῖλε CAVMRK : ἀνεῖλε L **20** δὴ CA : δὲ VMRKL ‖ **21** κομιδῇ VMRL : -δῆι CA -δὴ K ‖ **21-22** οὕτως ὥσθ' CAVMKL : οὗτος ὥστε R ‖ **22** ὁπότε CAV : ὁπόταν MRKL ‖ ἀμείβοι CAVRKL : -βη M.

C'était pour lui un malheur que de ne pas être mort. Et pourtant il s'était en paroles souvent rendu maître de mes biens, disant que le même jour me verrait gagner l'Hadès et lui ma propriété [1].

262. Ce fut un gouvernement amer que celui de l'homme à la grosse bedaine qu'une tromperie avait excité contre moi *. Voici en quoi consistait la tromperie : comme il avait envisagé de porter le fer sur les cyprès de Daphné et que je savais qu'il n'en résulterait rien de bon pour celui qui les couperait, je dis à l'un de ses compagnons de beuverie qu'il ne fallait pas exciter la colère d'Apollon, étant donné que sa demeure avait déjà souffert de sévices analogues [2]. J'ajoutais que j'allais inviter l'empereur à prendre soin de Daphné, ou plutôt à en prendre soin davantage, car il le faisait déjà. **263**. Cet homme lui adresse en Phénicie une lettre pleine de mensonges, disant que je menaçais d'attirer sur sa tête la colère de l'empereur. Par ces contre-vérités il excite sa fureur,

deos, avaient raconté aux milieux de la cour que Libanios était un partisan de l'usurpateur Maxime, cf. *or.* XXXII, 27. En écrivant à Libanios, l'empereur le lave de tout soupçon, ce qui rend Thrasydeos « tout déconfit » au point de se rétracter par la suite, *loc. cit.* L'*ep.* 840, la première de la série des années 388-393, fait sans doute allusion à cette affaire. Cf. A. F. Norman, *Autobiogr.*, p. 227.

1. Encore une courte note qui met fin à l'histoire de Sabinos, *supra*, §§ 190-194. Sabinos pouvait espérer s'emparer des biens de Libanios au cas où il serait mort sans avoir pu les transmettre à son fils : étant un curiale important, il aurait pu en hériter par suite de sa parenté avec notre sophiste (§ 194) et grâce à la connivence de la curie, toujours encline à récupérer les biens curiales.

2. Les cyprès de Daphné étaient célèbres et formaient la parure du site sur lequel s'élevait le temple d'Apollon, cf. *or.* XI, 235-239 (tr. Festugière, *Antioche*, p. 30-33, commentaire R. Martin, p. 53-54). Depuis l'inventaire des biens des temples ordonné par Constantin, le bois de cyprès était placé sous la protection des empereurs ; la législation interdit d'en couper les arbres, sauf par dérogation, *C. Th.*, X, 1, 2 de 379. Selon Libanios, le site a été déjà quelque peu abîmé, mais finalement les arbres furent préservés, puisqu'il les vante toujours dans l'*or.* IV, 12 (de 389). Cf. A. F. Norman, *op. cit.*, p. 223, 225.

τε αὐτῷ δεινὸν τὸ μὴ τεθνάναι. Καίτοι δεσπότην αὐτὸν τῶν ἐμῶν ἐπεποιήκει πολλάκις, τὴν αὐτὴν ἡμέραν ἐμὲ μὲν εἰς Αἴδου λέγων ἄξειν, αὐτὸν δὲ εἰς τὴν οὖσάν μοι γῆν.

262. Ἀρχὴ πικρὰ τοῦ μεγίστην ἔχοντος τὴν γαστέρα, δι᾽ ἀπάτης παρωξυμμένου. Ἦν δὲ ἡ ἀπάτη, κυπαρίττοις μὲν ἐν τῇ Δάφνῃ σίδηρον ἐπενεγκεῖν ἐγνώκει, τουτὶ δὲ εἰδὼς ἐγὼ τῷ τέμνοντι τελευτῆσον οὐκ εἰς ἀγαθόν, πρός τινα τῶν αὐτοῦ συμποτῶν ἔλεγον ὡς οὐ παροξυντέον τὸν Ἀπόλλω διὰ τῶν κυπαρίττων, καὶ ταῦτα αὐτῷ τῆς οἰκίας ἀφ᾽ ὁμοίας πεπληγμένης αἰτίας · καὶ παρακαλέσειν δὲ ἔφην τὸν βασιλέα πρόνοιαν τῆς Δάφνης ἔχειν, μᾶλλον δὲ μείζω ποιῆσαι τὴν οὖσαν · εἶναι γὰρ δὴ καὶ νῦν. **263**. Οὗτος ὁ ἄνθρωπος ψευδέσι γράμμασιν εἰς Φοινίκην ἐλθοῦσιν ἀπειλῆσαι δή με ἔλεγε κινήσειν τὸ σκῆπτρον ἐπὶ τὴν τοῦδε κεφαλήν. Τοῖς οὖν οὐκ ἀληθέσι

1 τε CAVRKL : om. M ‖ δεινὸν CAVR : δεῖν MKL ‖ τεθνάναι CAVKL : -νᾶναι MR ‖ αὐτὸν CAV : αὑτὸν RKL α[M (in extrema linea) ‖ αὐτὸν AV : αὑτὸν CMR αὐτὸς KL ‖ **4** post γῆν dist. CAVMR : non dist. KL ‖ **5** ἀρχὴ πικρὰ CA^{pc}MR : ἀρχῆ πικρὰ V ἀρχῆ πικρᾶ A^{ac}KL ‖ τοῦ CAV : τε MRKL ‖ **6** παρωξυμμένου CA^{sl} : παρωξυσμένου A παρωξυμένου VMRKL ‖ κυπαρίττοις CAV : κυπαρίττων RKL κυπάριττον M ‖ **8** ἐγὼ CAVRKL : ἐγὼ δὲ M ‖ τελευτῆσον CAR^{pc} KL : -τήσων VR^{ac} -τήσω M ‖ **9** αὐτοῦ CAVRKL : αὐτῶν M ‖ συμποτῶν CAVMKL : συμπολιτῶν R ‖ **10** τῶν CAVR : om. MKL ‖ αὐτῷ Foerster : αὐτοῖς CAVKL αὐτῆς MR ‖ **11** πεπληγμένης VR : πεπλησμένης CA πέπλησμαι MKL ‖ **12** ἔφην Reiske in adnot. (sic Foerster) : ἔφη codd. ‖ **14** post νῦν dist. CA : non dist. VRKL (M incert.) ‖ uerba εἶναι γὰρ δὴ καὶ νῦν parum integra iudicat Foerster, iniuria ut opinor ‖ post ἄνθρωπος non dist. CL : dist. A ut uid. VMRK ‖ ψευδέσι CAVMRL : ψευδεῦσι K ‖ **15** ἀπειλῆσαι codd. (in A mihi non uidetur, inuitis Reiske Foerster, ἀπειλῆσας legi paose) : ἀπειλήσας Reiske ‖ post ἀπειλῆσαι dist. CVR : non dist. MKL, de A non liquet ‖ δή A^{ac} : καὶ γὰρ A^{sl} (prima, ut uid., manu, praefixo signo ·/., ut inter ἀπειλῆσαι et δὴ inserendum) : καὶ γὰρ δή CVR γὰρ δή MKL (sic Foerster) fortasse scribendum est καὶ γὰρ ἀπειλῆσαι δή με ‖ **15-16** τὸ σκῆπτρον CAR : τὸ σκῆπτρα V τε (τ[] M) σκῆπτρα MKL ‖ **16** post κεφαλήν grauiter distinxi : leuiter Foerster.

ce qui fait revenir l'autre, comme un sanglier * qui aiguise ses dents. Son ami * qui ne souffrait guère de son absence aurait mieux aimé le voir partir qu'arriver. **264.** On parla beaucoup et en tous lieux * de la guerre que me faisait le gouverneur. A la suite de quoi, un vieillard qui avait bu tout son patrimoine et celui de ses frères, et espérait trouver dans la délation de quoi subsister, conçut l'audace de se faire mon accusateur. **265.** Par la suite il devint l'accusateur de sa propre accusation, tant il y avait de solidité dans ses preuves. Il se retrancha derrière un grief spécieux portant sur mes impôts, mais le gouverneur l'engagea dans une action touchant les affaires de l'empereur, car il voulait que j'eusse pour adversaire l'empereur et non ce vieillard [1]. Et des lettres partirent aussitôt, l'une adressée au maître de toutes choses, l'autre au second personnage de l'Empire [2] : tous deux lurent les lettres et tous deux se mirent à rire, car mon caractère suffisait à ruiner l'accusation. Il en eut plus de chagrin que si une maladie saisonnière avait détruit les plants producteurs de vin * qu'il possédait sur le territoire des Tyriens *. **266.** Le fait que l'affaire ne fut pas mise en jugement, car

1. Ce vieillard inconnu reprend les accusations de Thrasydeos (*supra*, §§ 257-258) d'abord au sujet de l'immunité de Libanios, puis, aiguillonné par le *comes Orientis*, à propos du tyran Maxime, ce qui était beaucoup plus grave. Libanios écrit à ce sujet à Mardonios, *praepositus sacri cubiculi*, en affirmant son loyalisme envers Théodose et Arcadius et en rappelant qu'il doit à cet empereur d'avoir pu léguer ses biens à son fils, *ep.* 845.

2. Le préfet du prétoire d'Orient était Tatianos, en poste depuis mai 388 ; Libanios lui écrit l'*ep.* 855 qui fait allusion à cette seconde accusation d'hostilité envers la maison impériale : il attend la décision qui sera prise à son égard. A cette époque, en été 388, Théodose n'est plus à Constantinople, mais en Occident où il mène campagne contre l'usurpateur Maximus, tué le 28 juillet. L'accusation était d'autant plus grave que Maximus avait fait de la propagande en Orient et qu'il y comptait réellement des partisans, à Alexandrie notamment, *or.* XIX, 14. Cf. G. Sievers, *Das Leben*, p. 188-189.

τούτοις ὀργὴν ἐν αὐτῷ φυτεύσας ἦγεν ἐοικότα συὶ θήγοντι τὸν ὀδόντα. Καὶ οὔτε ἀπόντα ἐπόθει, παρόντα τε εἶδεν ἂν ἡδέως ἀπιόντα. **264.** Καὶ πολὺ πανταχοῦ τοῦτο, τὸ τὸν ἄρχοντα ἐκπεπολεμῶσθαι μοι · ὃ δὴ καὶ γέροντί τινι καταπεπωκότι μὲν πολλὴν οὐσίαν αὐτοῦ τε καὶ ἀδελφῶν, ἐν δὲ συκοφαντίᾳ τῆς τροφῆς ἔχοντι τὰς ἐλπίδας, θάρσος τε ἐνέβαλε καὶ κατήγορον ἐποίησεν. **265.** Ἔπειτα καὶ ἦν τῆς αὐτοῦ κατηγορίας κατήγορος · οὕτω σφόδρα ταῖς πίστεσιν ἔρρωτο. Καὶ ὁ μὲν ἐπ' ὄνομα κατέφευγεν εἰσφορῶν, ὁ δ' αὐτὸν ἐν τοῖς ὑπὲρ βασιλέως ἐγκλήμασι καθίστη, τοῦτον εἶναι ἐθέλων ἀλλ' οὐκ ἐκεῖνον τὸν γέροντα. Καὶ αὐτίκα γράμματα ᾔει, τὰ μὲν ὡς τὸν τῶν ὅλων κύριον, τὰ δὲ ὡς τὸν πρῶτον τῶν μετ' ἐκεῖνον, καὶ ἀνέγνωσάν τε ἄμφω τὰ γράμματα, κατεγέλασάν τε ἄμφω, τοῦ τρόπου τοὐμοῦ τὴν αἰτίαν ἀποκρουομένου. Τῷ δὲ τοῦτο ἦν λύπη μείζων ἢ εἰ νόσημά τι τῶν ὡρῶν τὰς ἐν τῇ γῇ διεφθάρκει Τυρίων οἴνου μητέρας αὐτῷ. **266.** Τὸ οὖν μηδὲ κρίσει τό γε τοιοῦτον δοθῆναι, κεκρίσθαι γὰρ καὶ

1 αὐτῷ CAMRKL : αὑτῷ V ‖ **2** τὸν ὀδόντα CAVMKL : τοὺς ὀδόντας R ‖ ἐπόθει... εἶδεν codd. : an ἐπόθουν... εἶδον scribendum ? ‖ **3** πολὺ CAVMKL : πολοὶ R ‖ τὸ CAV : om. MRKL ‖ **4** ἐκπεπολεμῶσθαί CAV : ἐκπολέσαι M ἐκπολεμῶσθαί R ἐκπεπολέμωσαί KL ‖ μοι CAVRKL : με M ‖ καὶ CAVR : om. MKL ‖ **5** καταπεπωκότι CAVRKL : -πεπτω- M ‖ αὑτοῦ edd. : αὐτοῦ codd. ‖ **6** τροφῆς CAVM : γραφῆς R τρυφῆς KL ‖ **7** τε ἐνέβαλε CAVM : τ' ἐν- RKL ‖ καὶ (post ἔπειτα) CAR : om. VMKL ‖ **8** αὑτοῦ Foerster : αὐτοῦ codd. ‖ **9** κατέφευγεν CAVMKL : -φυγεν R ‖ **10** ὁ δ' P : ὅδ' codd. ‖ ὑπὲρ codd. : om. Foerster Norman ‖ **11** ἐθέλων CAVMR : θέλων KL ‖ κατήγορον ante ἐθέλων excidisse putat Foerster, ἐμοὶ πολέμιον Reiske, ego si quid excidit, id sub glossa τὸν γέροντα latere suspicor ‖ **12** ᾔει CAVRKL : εἴη M ‖ **13** ὡς (ante τὸν πρῶτον) VMRKL : ὡς πρὸς CA πρὸς Foerster ‖ τῶν A : τὸν VMRKL om. C ‖ ἐκεῖνον CAVMKL : ἐκείνων R ‖ **13-14** ἀνέγνωσαν coni. Reiske in adnot. (sic Foerster) : ἔγνωσαν codd. ‖ **14** κατέγελασάν τε CAV : καὶ κατεγέλασαν MR καὶ κατεγέλασάν τε KL ‖ **15** τοῦ τρόπου CAV : τοῦτο ὅπου M τοῦτό που R τοῦτο οὔπω KL ‖ **16** νόσημά τι CAVR : νοσήματι MKL ‖ **17** μητέρας C^{pc} (manu *s*) AVM RKL : μητρὸς C^{ac} ‖ **18** τό γε CAVRKL : τῷ γε M ‖ δοθῆναι Foerster : δοῦναι codd. ‖ κεκρίσθαι VMKL : κεκρῖσθαι CAR.

avant même le procès la folie du juge suffisait à la juger, le fait que je pus rester chez moi, échappant à un long et pénible voyage qui m'aurait privé de mes chères déclamations, tout cela est l'œuvre des dieux et de celle qui régit toutes choses, la Fortune *. **267**. Ce gouverneur se punit lui-même et, songeant à la manière dont il s'était comporté et vis-à-vis de qui, il s'en alla faire du mal ailleurs, lui qui avait obtenu son poste par la richesse et dont l'incapacité avait ruiné les cités.

L'époque qui suivit me valut des honneurs, ainsi qu'à mes discours. Je les produisais, suivant l'ancienne coutume, devant le gouverneur en personne [1], un homme qui savait parfaitement rendre la justice, qui tirait de sa clémence plus d'autorité que d'autres de leurs glaives, et qui s'était fait aimer de tous, des familles, de la ville et de la province, et aussi des boulai, des peuples et de ceux qui travaillent la terre.

268. Durant cette période, ceux qui habituellement me faisaient la guerre avaient raccroché leurs arcs, mais ma tête eut à mener la guerre avec vigueur contre son ancien mal, et surtout la peur de faire une chute m'incitait à rester chez moi et à dire adieu au travail avec les élèves. Mais là encore une main divine vint me secourir. Grâce à un bon devin, un espoir vint dissiper ma crainte ; ou plutôt la crainte persistait, mais l'espoir la combattait et cherchait à la vaincre.

269. Avec le gouverneur suivant, ce fut le règne de la colère, de la violence, « l'Épouvante et la Peur

1. Il est rare en cette période de voir notre sophiste trouver quelque satisfaction dans ses rapports avec les autorités locales. Il s'agit ici d'un consulaire de Syrie (« qui s'était fait aimer... de la province »), mais on ne peut préciser lequel : soit Timocratès, soit Jullus dont le gouvernement ne peut être daté avec précision. Libanios adresse à Timocratès l'*or.* XLI, pleine de bons conseils, à Jullus les *ep.* 935 et 1038 : dans celle-ci, de 392, il rappelle à Jullus les honneurs qu'il reçut de lui durant son commandement, ce qui fait pencher

πρὸ δικαστηρίου τῇ τοῦ δικαστοῦ μωρίᾳ, μεῖναί τέ με κατὰ χώραν, διαφυγόντα μακράν τε ὁδὸν καὶ χαλεπήν, τῶν τε ἡδίστων ἐμοὶ μὴ στερηθῆναι διατριβῶν, θεῶν τε ἔργον καὶ ὑφ' ᾗ τὰ πάντα, Τύχης. **267**. Ὁ μὲν οὖν αὐτὸν τιμωρίαν εἰσπραττόμενος, ἐννοῶν οἷος εἰς οἷον γεγένηται, ᾤχετο ποιήσων ἑτέρους κακῶς, ὁ πλούτῳ μὲν εἰσελθὼν εἰς τὴν ἀρχήν, ἀπειρίᾳ δὲ λυμηνάμενος ταῖς πόλεσιν.

Ὁ δὲ δὴ μετὰ τόνδε χρόνος, τιμαὶ μὲν εἰς ἐμέ, τιμαὶ δὲ εἰς λόγους. Καὶ ἐδείκνυντο κατὰ τὸν παλαιὸν νόμον, τῆς ἀρχῆς μοι δεχομένης τοὺς λόγους, ἀνδρὸς μὲν εὖ εἰδότος δικάσαι δίκην, πλέον δὲ πρᾳότητι δυνηθέντος ἢ ἕτεροι ξίφεσι, πείσαντος δὲ ἐρᾶν αὐτοῦ καὶ ἄνδρα καὶ οἰκίαν καὶ πόλιν καὶ ἔθνος, βουλάς τε καὶ δήμους, καὶ ὧν αἱ χεῖρες περὶ τὴν γῆν.

268. Τοῦτον δὴ τὸν χρόνον τὰ μὲν τῶν εἰωθότων ἡμῖν πολεμεῖν τόξα ἦν ἐν παττάλοις · ἡ κεφαλὴ δὲ ἰσχυρῶς ἐπολεμεῖτο τῷ παλαιῷ κακῷ, καὶ δὴ καὶ τοῦ καταπεσεῖσθαι ὁ φόβος οἴκοι παρῄνει μένειν, χαίρειν εἰπόντα τῷ περὶ τοὺς νέους ἔργῳ. Ἀλλὰ κἀνταῦθα θεῶν τις χεῖρα ὑπερέσχε δι' ἀγαθοῦ μάντεως, λύσας ἐλπίδι τὸν φόβον · μᾶλλον δὲ ὁ μὲν προσέπιπτεν, ἡ δὲ ἐμάχετό τε καὶ ἐπειρᾶτο νικᾶν.

269. Ἄρχων ἕτερος, ὀργή, θυμός, δεῖμός τε φόβος τε, ὕβρις, ἀσέλγεια, πᾶν μὲν φθέγξασθαι, πᾶν δὲ τολμῆσαι,

1 τέ με CAV : τε MR τε μὲν KL || **2** χώραν CAVKL : χώραν μὲν MR || χαλεπήν ex χαλεπὸν A ut uid. || **4** ἔργον ex ἔργων K || post ὑφ' ἧι rasura quattuor litterarum in A || post πάντα rasura trium litterarum in A || αὑτὸν edd. : αὐτὸν codd. || **6** ὁ CAV : τῶ R om. MKL || **7** ἀπειρία C (sic) VMRKL : ἀπειρίαν A || **8** ὁ CAMRKL : ὃ V || χρόνος CA[sl] : χρόνον AKL τὸν χρόνον VMR || **10** μὲν εὖ CAV : εὖ μὲν MRKL || **12** ἕτεροι CAVR : ἕτερος MKL || ξίφεσι CA : -σιν VMRKL || **15** μὲν CAVMR : μετὰ KL || **16** π in πατт- A[sl] || **17** καὶ τοῦ VMRKL : καὶ C (τοῦ add. C[sl] manu *s*) om. A (καὶ add. A[sl] manu antiqua, τοῦ add. A[sl] manu rec.) || **18** οἴκει R || **20** λύσας CAVRKL : λύσασα M || **21** ἡ δὲ CAVMRK : ὁ δὲ L || **22** ὀργή CAVRKL : ὁ γὰρ M || φόβος τε CAVMR : καὶ φόβος KL uide Λ 37, O 119.

personnifiées »[1], les abus, l'impudence, un langage intempérant et tous les excès, bref la tyrannie mise en œuvre au sein des lois *. Il ne voulait pas avoir l'air de se livrer à des excès, mais il agissait tout à l'opposé, trompant tout le monde par des promesses toutes prêtes, si bien qu'au bout de quelques jours j'avais acquis la réputation de fabriquer et de répandre au dehors des fables, sans être réellement au courant de rien *. **270**. Nous demandions à Zeus d'en être débarrassés ; il nous écouta et nous donna rapidement satisfaction, et par dessus le marché le fit partir dans la honte. Car il vécut désormais dans les angoisses et les tiraillements, gardé à vue et privé de sommeil, prostré chez son hôtelier qu'il avait soudoyé, tombé entre les mains de ceux qui lui demandaient des comptes *. Dans la grande ville les agents du fisc l'entouraient et en pleine agora se le renvoyaient de main en main de tous côtés comme une balle *. Ce qu'ayant en partie vu de mes yeux et en partie appris d'autrui, je rendais hommage à la Fortune qui n'a jamais souffert de me voir privé d'une réparation qui m'était due *.

271. Après lui ce fut un homme qui avait quitté sa patrie pour s'établir ailleurs et que les gains acquis dans trois postes avaient fait passer de l'indigence à la richesse *. Sans être aucunement homme de lettres, il était persuadé de l'être et avait, disait-il, demandé ce poste de gouverneur afin d'apprendre aux gouverneurs comment ils devaient se conduire envers ceux qui apprennent à parler aux autres. Et, disant cela, il passait avec moi la majeure partie du jour et y perdait une bonne part de la nuit, et si un empêche-

la balance en sa faveur, bien qu'il demeure étonnant que sa qualité d'ancien élève, attestée *ep.* 1038 (cf. *Les étudiants*, p. 39) ne soit pas évoquée ici.

1. Λ 37, Δ 440, Ο 119.

τὰ τυράννων ἐν νόμοις ἐργάσασθαι. Οὗτος οὐ δοκεῖν μὲν τολμᾶν ἐβούλετο, πᾶν δὲ τοὐναντίον ἔπραττεν, ἐν ἑτοίμοις ὑποσχέσεσι πανταχοῦ ψευδόμενος, ὥστε μετά τινας ἡμέρας καὶ τοιαύτην ἐπ' ἐμὲ δόξαν ἐλθεῖν, πλάττοντα λόγους ἔξω κομίζειν, ἀκηκοότα οὐδέν. **270**. Αἰτοῦμεν δὴ παρὰ τοῦ Διὸς ἀπαλλαγήν, ὁ δὲ ἤκουσέ τε καὶ ταχέως ἔδωκε, προσθεὶς τὸ μετ' αἰσχύνης. Καὶ γὰρ ἤγχετο καὶ εἵλκετο, καὶ φυλακαὶ καὶ ὕπνος νικώμενος, ἔκειτό τε τὸν πανδοκέα πριάμενος, οἱ θηραταὶ δὲ καὶ οὗτοι τῶν λόγων ᾑρήκεσαν, ἔν τε τῇ μεγάλῃ πόλει μέσος ὢν πρακτόρων ἐπὶ μέσης ἀγορᾶς σφαίρας δίκην πανταχοῖ πανταχόθεν ἐπέμπετο. Τούτων δὲ τὰ μὲν ὁρῶν, τὰ δὲ ἀκούων ἐγώ, προσεκύνουν τὴν Τύχην, δι' ἣν οὐκ ἔστιν ὅτε μοι δίκης ὀφειλομένης ἐστερήθην.

271. Τὰ δ' αὖ μετὰ τοῦτον, ἀνὴρ τὴν ἑαυτοῦ μὲν ἐκλιπών, ἑτέρωσε δὲ οἰκῶν, κέρδεσι δὲ τοῖς ἐν τρίσιν ἀρχαῖς ἐκ πενίας εἰς πλοῦτον ἐλθών, καὶ λογογράφος ἥκιστα μὲν ὤν, πάνυ δὲ εἶναι νομίζων, εὔχετο μὲν τήνδε παραλαβεῖν τὴν ἀρχήν, « ὅπως, ἔφη, διδάσκαλος γενοίμην τοῖς ἄρχουσιν ὁποίους τινὰς εἶναι χρὴ πρὸς τοὺς διδάσκοντας λέγειν ». Καὶ λέγων ταῦτα συνῆν τε τὸ πλέον τῆς ἡμέρας, καὶ τῆς νυκτὸς οὐκ ὀλίγον ἀνήλισκε, καὶ εἴ τῳ διακωλυθείη, ζημία

1 οὗτος CAVR : om. MKL || **7** ἤγχετο CAVMKL : ἤχετο R || **8** εἵλκετο CAVMKL : ἥλκετο R || **9** καὶ οὗτοι τῶν λόγων CAV : τῶν λόγων καὶ οὗτοι MRKL τῶν λόγων καὶ αὐτὸν Petrus Wolf (adn. 238) || **11** πανταχοῖ CA : πανταχοῦ V πανταχῇ M(-ῆ) RK (-ῆι) L || **12** ὁρῶν CAVKL : ὁρῶ MR || ἀκούων CAVKL : ἀκούω MR || **14** ὀφειλομένης : adnot. V mg. ὠφειλημένης καὶ μεγ' (?) || **15** τὴν CAVMR : τῆς K τίς τῆς L || μὲν CAVK^pc (μ ex τα ut uid.) MR : lacuna octo fere litterarum in L || **16** ἑτέρωσε : adnot. V mg. ἑτέρωθι στάσιμον · ρωσε ἐπὶ κινήσεως (uerba στάσιμον at κινήσεως in rasura rescripta recenti manu, quae addit ὡς τό, ἑκασταχοῦ καὶ πάλιν ἑκασταχόσε : τὸ γοῦν ἑτέρωσε οἰκῶν ἐνταῦθα τόπον οὐκ ἔχει. τὸ γὰρ οἰκῶν στάσιμον ῥῆμα) || **18** εὔχετο CAVMR : ηὔχετο KL || μὲν CAVMKL : δὲ R || **19** τὴν ἀρχὴν prius omissum suppl. M^sl || **21** συνῆν Reiske Foerster : σύν CAMRKL om. V || τε CAMRKL : om. V || τῆς (ante νυκτὸς) CAV : om. MRKL || **22** ἀνήλισκε VMRKL : -κεν CA.

ment lui survenait, il se proclamait lésé [1]. **272.** Après avoir demandé un tel poste, animé de telles intentions, à ceux qui avaient le pouvoir de le nommer là où ils voudraient, une fois bien en place il ne fut plus le même homme. Pendant cinq jours ou guère davantage, se contenant avec peine, il ne se découvrit point. Puis, à un moment où je lui parlais en faveur d'un de mes élèves, orphelin, pauvre et bien jeune, qui avait la charge d'entretenir le chauffage des bains publics [2], la colère le fit se révéler [3] et, roulant des prunelles, se frottant le nez de sa main, et poussant de grands cris : « Laisse-moi gouverner, dit-il ; ce que tu ne fais pas en ce moment ! » En fait il avait l'intention de trafiquer et lorgnait vers les millions [4], sachant bien que mon caractère m'obligerait à le contrer sur ce point. **273.** Je le laissai donc gouverner et s'enrichir comme Cinyras [5], et sur de telles bases il continuait à bâtir, me cherchant toutes les noises et machinant même ma mort. Il ne leva pas le glaive contre moi, mais réduisit à la misère un homme que la misère devait à ses yeux rendre susceptible de me calomnier *. Une fois encore les dieux me rendirent justice : au lieu de me jeter au rebut *,

1. Cf. *or.* LIV, 4-6 : Libanios note dans les mêmes termes, mais ironiquement, qu'en fait, lorsqu'Eustathios devint consulaire de Syrie, « nous ne perdîmes pas une partie de la nuit dans les discours » (sous-entendu : comme Eustathios l'avait promis auparavant). Ce parallèle textuel peut indiquer que la rédaction du passage du *Bios* est contemporaine des événements, qui datent de 389.

2. Il s'agit du jeune Domninos, nommément désigné *or.* LIV, 38.

3. On peut comparer ce fragment du poète élégiaque Euénos (5 Diehl) πολλάκις ἀνθρώπων ὀργὴ νόον ἐξεκάλυψεν κρυπτόμενον, μανίας πουλὺ χερειότερον. [J. M.].

4. Le texte grec dit « les talents », mais en français cela peut prêter à confusion.

5. Roi légendaire de Chypre, créateur du culte d'Aphrodite qui l'aurait comblé de dons.

τοῦτο ἦν. **272.** Ὁ δὴ τὰ τοιαῦτα ὑπὲρ τῶν τοιούτων παρὰ τῶν ὅ τι ἂν ἐθέλωσι δοῦναι κυρίων αἰτῶν, λαβὼν καὶ ἔχων οὐκέτ' ἦν ὁ αὐτός, ἀλλὰ πέντε μὲν ἢ μικρῷ τῳ πλείους ἡμέρας μόλις κατέχων αὑτὸν οὐκ ἐγυμνοῦτο, ἔπειτά ποτε ῥημάτων ὑπ' ἐμοῦ ῥηθέντων τῶν πειρωμένων ἀμύνειν ὀρφανίᾳ τε καὶ πενίᾳ καὶ νεότητι μαθητοῦ τινος ἡμετέρου πῦρ ἐν καμίνοις δημοσίᾳ τρέφοντος, τότ' οὖν θυμῷ ⟨ἐκ⟩καλυφθεὶς καὶ τώ τε ὀφθαλμὼ κινήσας τήν τε ῥῖνα χειρὶ πιέσας μέγα φθεγξάμενος, « ἔα με, εἶπεν, ἄρχειν, ὡς νῦν γε οὐκ ἐᾷς ». Τῷ δ' ἄρα καπηλεύειν ἐδέδοκτο καὶ ταλάντων ἔμελεν, ᾧ τὴν ἐμὴν ᾔδει φύσιν ἐναντιωσομένην. **273.** Ἐγὼ μὲν οὖν αὐτὸν εἴων ἄρχειν καὶ γίγνεσθαι Κινύραν, ὁ δὲ τοιαύτην κρηπῖδα βαλόμενος ἐπῳκοδόμει, πᾶσι μὲν οἷς ἐνῆν ὑβρίζων, μηχανώμενος δὲ καὶ θάνατον, ξίφος μὲν οὐκ ἀναιρούμενος ἐπ' ἐμέ, ὃν δ' ᾤετο πεινῶντα συκοφαντήσειν, πεινῆν ποιῶν. Ἧκε δ' ἡ παρὰ τῶν θεῶν ⟨δίκη⟩ πάλιν, καὶ οὐκ ἀπερρίμμην ἀλλ' ἀπεδεικύμην ὧν αὐτοῖς

1 τοιαῦτα CAV : τοσαῦτα MRKL || τῶν (ante τοιούτων) CAVL (cancellatum ut uid.) : om. MRK || **3** ὁ αὐτὸς Foerster in app. Norman : αὐτὸς codd. || **4** post syllabam κα uocis κατέχων desinit A fol. 6ᵛ ; incipit rursus fol. 1ʳ uerbis καὶ ὅθεν ἔφυ cap. 283 ; periit enim folium unum ; codices igitur NP denuo usurpandi sunt, uide supra ad capp. 16, 50, 62 || αὑτὸν CPV : αὐτὸν NR αὐτὸ MKL || **5** τῶν CNPV : om. MRKL || **7-8** ἐκκαλυφθεὶς coni. Schenkl (quod sensui conueuire posse, Foerster inuito, censeo, coll. Eueni fr. 5 ὀργὴ νόον ἐξεκάλυψεν) : καλυφθεὶς codd. καταληφθεὶς Foerster in app. et uol. III p. xxv || **8** τώ CNPV MKL : τό R || ῥῖνα CNPR : ῥίνα VMK ῥάχιν L || **8-9** χειρὶ πιέσας C^sl (manu s ?) P^sl (rec.) V : χεῖρα ποιήσας CNP^ac ut uid. χειροποιήσας P^pc (o prius in lacuna uel in rasura) χείρω ποιήσας MR (ex χεῖρω) KL || **11** ἔμελεν CNPVR : ἔμελλεν MKL ut uid. || ἐναντιωσομένην CNPVMKL : -σαμένην R || **12** καὶ CNPV : τε καὶ MRKL || γίγνεσθαι CNPM : γίν- VRKL : || κινύραν CNPVR KL : κιννύραν M || **13** κρηπῖδα CPVKL : κρηπίδα MN κριπίδα R || βαλόμενος CNPVKL : βαλλό- NMR || **15** πεινῶντα CNPVM RK : πινῶντα L || **16** πεινῆν CNPVRKL : ποινὴν M || ἧκε C^pc PVMRKL : ἧκεν CN || δ' ἡ CNPV : δὴ MRKL || δίκη, quod Foerster post δ' ἡ inseruit, ego post θεῶν transtuli (iam « subauditur δίκη » Reiske in adnot.) || **17** ἀπερρίμμην CPVK : ἀπερρίμην NML ut uid. ἀπερίμην R || ἀπεδεικύμην CNPV MRK : ἐπεδ- L.

ils prouvèrent qu'ils prenaient soin de moi. **274.** Ils dissipèrent les ombres qui, pour ainsi dire, cachaient sa vénalité et mirent au jour ses trafics, l'or, l'argent, les vêtements. Une partie en revint aux mains de ses dupes, non sans peine mais à force de cris et de menaces ; le reste s'en fut à Tyr, pour le plaisir du possesseur. Il s'y était rendu dans l'espoir de reprendre souffle, mais il était tombé entre les mains des Tyriens : évitant de peu la lapidation, il subit un siège derrière ses portes closes. Grâce à ses richesses il se les concilia et mit fin au siège, mais il dut en rabattre de son insolence antérieure [1]. A Tyr il fut puni par Tyr elle-même et par Hermès, les dieux de l'éloquence présidant à ce châtiment, indignés par le crime qu'il avait commis contre les discours, quand il avait, dans sa folie d'homme ivre, livré la bonne éloquence aux attaques de la mauvaise [2].

275. Il gouvernait encore quand mourut Olympios qui était connu pour être tout à fait de mes amis et toujours très fidèle aux liens de nos familles *. ⟨..........⟩ * il se méprit, je ne sais comment, en voulant m'honorer : il me désigna comme héritier, ce qui suscita l'envie. Mais il avait dans l'intimité promis des legs à beaucoup de gens, à des amis et à d'autres qui ne l'étaient pas, d'où des difficultés. Il avait aussi dans ses lettres distribué de l'or et de l'argent en quan-

1. A. F. Norman, *Autobiogr.*, p. 229 suppose que les Tyriens voulurent l'assujettir aux charges curiales et qu'il leur échappa par quelques générosités évergétiques. Cependant un ancien gouverneur était exempt de ces charges au titre d'*honoratus*, et comme ancien *consularis* Eustathios était clarissime. Si Eustathios a été gouverneur de Phénicie, comme on peut le penser (*Prosop.*, p. 312), les Tyriens peuvent vouloir profiter de sa mise à pied pour exercer à son encontre une action *de repetundis* « sauvage », à la suite de ses malversations passées.

2. Cf. *or.* LIV, 20 et 75 (voir *note compl.* au § 271).

ἐν ἐπιμελείᾳ. **274**. Τὸ γὰρ σκότος ἀφελόντες πως τῆς δωροδοκίας ὑπ' αὐγὰς ἤγαγον τὴν μισθαρνίαν, χρυσόν, ἄργυρον, ἐσθῆτα · ὧν τὰ μὲν εἰς χεῖρας αὖθις ἧκε τῶν παρακεκρουσμένων οὐ ῥᾳδίως, ἀλλὰ βοῇ τε καὶ ἀπειλαῖς, τὰ δ' ἦλθεν εἰς Τύρον, ἦδος τῷ κεκτημένῳ. Ὁ δ' ἦλθεν ὡς ἀναψυχῆς αὐτόθι τευξόμενος, γενόμενος δὲ ὑπὸ χεῖρα Τυρίοις, τοὺς λίθους μόλις διαφυγών, κλείσας τὰς θύρας ἐπολιορκεῖτο, χρήμασι δὲ αὐτοὺς διαλλάξας τὴν πολιορκίαν ἔλυσε, τὰς ὀφρῦς ἐκείνας κατενεγκών. Ἐδίδου δὲ ἐν Τύρῳ Τύρῳ τε αὐτῇ δίκην καὶ Ἑρμῇ, τῶν λογίων θεῶν ταῦτα πρυτανευόντων, ἄγαν ἀγανακτούντων τῇ κατὰ τῶν λόγων ὕβρει, καλοῖς αἰσχρῶν ἐπιθεμένων διὰ τὴν τοῦδε παροινίαν.

275. Ἔτι δὲ τοῦδε ἄρχοντος Ὀλύμπιος τελευτᾷ, πάνυ μὲν φίλος εἶναι δοκῶν, διὰ παντὸς δὲ τοῦ χρόνου γονεῦσιν ἀκολουθῶν · ἐπεὶ κἀκεῖνος τῶν ἐμῶν ⟨.....⟩ ἁμαρτὼν δὲ οὐκ οἶδ' ὅπως τῇ τιμῇ. Γράφει μὲν γὰρ κληρονόμον, ὃ τὸν φθόνον ἤγειρε, δώσειν τε φίλοις καὶ οὐ φίλοις εἶπεν ἔνδον οὐκ ὀλίγοις, ἐν οἷς ἦν καὶ δυσμένεια, καὶ χρυσὸς καὶ

1 πως CNPVR : om. MKL ‖ **5** ἦλθεν (ante εἰς) VMKL : ἦλθον CNP ἦλ R ‖ ἦδος P^{pc} (rec.) V : ἦδος CNP^{ac} ut uid. MRKL ‖ ὁ δ' C^{pc} ? R ? edd. : ὅδ' CNPVMKL ‖ **7** τυρίοις ex τυρίων R ut uid. ‖ **8** δὲ Foerster : τε codd. ‖ αὐτοὺς Reiske in adnot. Foerster : αὐτοῦ $CNP^{ac}MKL$ αὐτοῦ V αὐτῶι P^{pc} αὐτὸν R ‖ διαλάξας R ‖ **8-9** πολυορκίαν L ‖ **9** ἐκείνας $CNPR^{pc}$: ἐκείνου $VMR^{ac}KL$ ‖ **10** τύρῳ semel om. M ‖ δίκην CNPVR : δίκη MKL ‖ **11** ἄγαν del. Foerster auctore Reiskio ‖ **12** αἰσχρῶν CNPVMKL : αἰσχρῶς R ‖ **14** δὲ CNPV : om. MRKL ‖ **15** γονεῦσιν codd. : οἷα γονεῦσιν Reiske ἐμοὶ οἷα γον- Foerster in app. (« sed etiam ἐμοὶ ante οἷα excidisse et sequentia labem concepisse uidentur ») ‖ **16** τῶν ἐμῶν CNPVMR : om. KL ‖ post ἐμῶν dist. codd. : non dist. Foerster ; lacunam statui praeeunte Petro Wolf in uersione germanica ‖ ἁμαρτὼν VKL : ἁμαρτῶν CNPM ἁμαρτῶ R ἁμαρτὼν ἥμαρτε coni. Foerster in app. Norman ‖ **17** post τιμῇ grauiter distinxi : leuiter Foerster ‖ **18** δώσειν CPVM : δόσιν $NP^{sl}RKL$ ‖ post εἶπεν non dist. CNPV : dist. MRKL ‖ ἔνδον CNPV : ἐν δ' MRKL τἄνδον ? Foerster in app. ‖ **19** ἐν οἷς ἦν CNPV : ἐνῆν MRKL (sic in MRKL hic fingitur uerborum ordo : ἐν δ' οὐκ ὀλίγοις ἐνῆν καὶ δυσμένεια).

tité ⟨.....⟩ et cela allait me retomber sur la tête. Il avait apparemment laissé derrière lui beaucoup de débiteurs, mais ils avaient toutes sortes de raisons pour nier leurs obligations, si bien qu'il s'agissait de dettes nominales et non de vraies [1]. **276**. Pour moi, obéissant à mon comportement personnel, et la nature de l'affaire m'y invitant également, je pensais que je devais dire adieu à l'héritage. Mais les beaux parleurs, qui avaient pour eux le nombre et des arguments plus persuasifs, se lamentaient avec emphase sur Olympios, mort déshonoré si je refusais la qualité et les obligations d'héritier *. S'ajoutait aussi quelque espoir de trouver dans les créances quelque fondement solide, mais il n'y avait rien de tel nulle part. **277**. Je me jetai donc dans le feu, chaque jour déferlait sur moi une foule d'ennuis, j'avais dépassé mes limites et usais mon temps en un domaine qui n'était pas le mien, mais celui d'autrui, à envoyer aux juges des mémoires les invitant à respecter Thémis, et un tas de choses semblables qui m'étaient étrangères. Je me lamentais de voir mon existence ainsi transformée et mon activité, jusque là consacrée à l'éloquence, occupée ailleurs *.

1 Libanios n'avait pas de chance dans ses héritages : déjà celui de son oncle Phasganios, mort en 359, lui avait valu les attaques de gens qui prétendaient être ses créanciers, *ep*. 115. *Supra*, p. 145, n. 1. Ici, c'est l'inverse : Olympios s'est montré trop généreux envers trop de gens, sans se soucier de recouvrer son dû auprès de ses débiteurs. En outre, mais il n'en parle pas ici, la curie d'Antioche cherche à récupérer quelque chose des biens d'un membre d'une famille curiale et conteste le testament qui en opère la dévolution à un autre immuniste, Libanios lui-même. Nous apprenons ces dessous de l'affaire par l'*or*. LXIII, *Pour Olympios*, qui défend à la fois sa mémoire et son testament, §§ 8-10, 27 (il faut tenir compte des services qu'Olympios a rendus à la cité et de sa générosité spontanée) ; cf. *ep*. 1051. Les lois de l'époque théodosienne étaient strictes sur la *substantia curialis* et le préfet Tatianos très favorable à leur application.

ἄργυρος ἐν τοῖς γράμμασι διερριπτεῖτο πολύς ⟨.....⟩ ἥξειν ἐπὶ κεφαλὴν ἐμήν· χρήστας μὲν γὰρ ἐδόκει καταλελοιπέναι χρημάτων, τοῖς δὲ ὑπῆρχε πολλαχόθεν ἀντειπεῖν, καὶ ἦν ὀνόματα ταῦτα χρεῶν, οὐ χρέα. 276. Ἐγὼ μὲν οὖν τὴν ἐμαυτοῦ πορευόμενος καὶ ἅμα τοῦ πράγματος παραινοῦντος, χαίρειν ᾤμην δεῖν τὸν κλῆρον ἐᾶν· οἱ δὲ σεμνολογούμενοι πλείους ὄντες καὶ πιθανώτεροι, στένοντες εἰ ἄτιμος Ὀλύμπιος κείσεται φυγόντος ἐμοῦ τό τε ὄνομα τό τε ἔργον. Καὶ προσῆν τις ἐλπὶς εἶναί τι ἐν τοῖς δανείσμασιν ἰσχυρόν, ἦν δὲ οὐδὲν οὐδαμοῦ. 277. Ἐμβαίνω τοίνυν εἰς τὴν πυράν, καὶ πολὺ τὸ ξυροῦν καθ' ἡμέραν ἐπέρρει, καὶ ἐξεπεπτώκειν δὲ τῶν ὅρων τῶν ἐμαυτοῦ, διατρίβων μὲν οὐκ ἐν ἐμοῖς χωρίοις, διατρίβων δὲ ἐν ἀλλοτρίοις λόγοις, εὐχομένοις δικαστὰς ἐν αἰδοῖ τὴν Θέμιν ἔχειν, καὶ πολλὰ ταῦτα τὰ οὐκ ἐμά, καὶ ἐδάκρυσα ὡς δὴ μετακεκινημένου μοι τοῦ βίου, καὶ τῆς τέως περὶ τοὺς

1 διερριπτεῖτο CNPVRKL : -πτετο M ‖ πολλύς R ‖ post πολύς lacunam indicant K (spatio quindecim fere litterarum uacuo relicto) L (septem litterarum spatio) : dist. sine lacuna CNPVMR edd. ‖ **2** ἥξειν CNPVR : om. MKL μέλλων ἥξειν Reiske ἥξων Foerster, sed credendum est non aurum et argentum ἐπὶ κεφαλὴν Libanii cecidisse, sed πράγματα et πενίαν, cf. *Or. pro Olymp.* 36 (φθόνου καὶ πραγμάτων γέμουσαν προσηγορίαν) *Epist.* 1051 (διαθήκης πενίαν ἐνεγκούσης) ‖ **4** ὀνόματα Morel edd. : ὄνομα codd. ‖ χρεά N ‖ **7** σεμνολογούμενοι MRKL : -γουμένου CNPV (supra scripto ἐμοῦ δηλονότι) probante Gasda ‖ ὄντες fortasse delendum ‖ πιθανότεροι N ‖ ad πιθ- adnot. V mg. αἱ μετοχαὶ ἀντὶ ὀνομάτων ‖ **7-8** στένοντες CPVR : στένοντος N ἔστενον M στένων KL ‖ **8-9** τό τε ὄνομα suppl. P rec. ‖ τό τε ὄνομα, τό τε ἔργον CNPVMR : τό τε ἔργον, τό τε ὄνομα KL ‖ τι CNPVMR : τε KL ‖ **11** ξυροῦν CNPMR : συρρέον V ξυρροῦν K ξυρ οὖν L ‖ καθ' ἡμέραν NPR : καθημ- CVMKL ‖ **12** ὅρων τῶν CNPVR : ὁρώντων MKL ‖ ἐμαυτῷ M ‖ **14** post λόγοις dist. codd. : post ἀλλοτρίοις Foerster ‖ εὐχομένοις CNPVKL : εὐχόμενος MR (sic Morel) fortasse recte ‖ **15** ταῦτα τὰ codd. : τὰ suppl. C[sl] (prima manu) τοιαῦτα τὰ Vat. 939 ex quo edd. ante Foerster ‖ ἐδάκρυσα CNPVR : -σαν MKL ‖ δὴ codd. : δεῖ Morel ‖ **16** μετακεκινημένου Reiske in adnot. Foerster : μέγα. περὶ μὲν οὖν CNPMRKL μέγα περί τε V ‖ μοι CNPVR KL : με M ‖ καὶ CNPMRKL : om. V ‖ τέως Reiske in adnot. Foerster : τε αὖ codd. ‖ τοὺς λόγους CNPV : λόγους MRKL.

278. Ainsi en allaient ces choses, j'étais acculé à des ventes de biens et à des demandes d'argent par ceux qui arguaient du testament pour se ruer sur moi et fondre [1] sur ma qualité d'héritier [2], sans me laisser respirer.

Autre malheur, bien plus grave par le chagrin qu'il me causa : la mort de celle qui m'avait donné un fils, enlevée par une longue maladie, une femme qui valait pour moi de nombreux serviteurs [3]. Au lieu d'avoir une femme toujours prête à courir pour me rendre service, il ne me restait qu'à me lamenter [4]. Quant à elle, à l'angoisse de ce qui l'attendait, car elle savait bien ce qu'il en était, s'ajoutait le chagrin de ne pas voir son fils *.

279. Il était pour lors en Thrace, dans la ville de Thrace qui s'engraisse des sueurs des autres villes *. J'étais opposé à son voyage, et comme l'amitié était trahie par la paresse et qu'il succombait sous le flot

1. Cf. Eur. fr. 294 : εἰς τἀπίσημα δ' ὁ φθόνος πηδᾶν φιλεῖ et Philostr. *Vit. Soph.* p. 610 : οὐκ ἐπήδησε πρὸς τὴν ἐκείνου εὐπραγίαν. [J. M.].

2. Libanios eut en outre beaucoup de chagrin et le rappelle dans les *ep.* 953, 958, 1030, mais il précise bien, *ep.* 1051, que ce « testament lui apporta de la pauvreté » : il faut donc penser que pour exécuter les dispositions il dut vendre non seulement des biens du défunt, mais aussi quelque chose de ses biens propres.

3. Malgré le ton qui nous semble assez méprisant, Libanios emploie le terme διάκονος qui ne peut signifier que « serviteur » et non οἰκέτης, qui convient également aux serviteurs libres et aux esclaves. La compagne de Libanios était une ancienne esclave qu'il avait sans doute affranchie, cf. *ep.* 1063, 5 (une mère excellente, quoique non libre) et dont il parle une fois avec grande estime, *ep.* 959, 2 (une femme excellente et d'un caractère tel que je méprisai les grandes richesses de pères qui avaient des filles à marier), cf. A. F. Norman, *Autobiogr.*, p. 231 (texte grec).

4. Explication cruelle mais probablement juste de Reiske : « *relinquebatur mihi queri et lamentari loco habendi in illa foemina famulam cujus pedibus ad currendum uterer* ». Sous-entendre ἀνιαρόν après ἦν δέ [J. M.].

λόγους σπουδῆς ἐπ' ἄλλα μεταβάσης. **278.** Καὶ τοῦτο μὲν δὴ τοιοῦτον, πολλὰ πωλεῖν καὶ ζητεῖν ἐπαναγκαζόντων ⟨τῶν⟩ ἀπὸ τῆς διαθήκης ὁρμωμένων, ἐπὶ τοὔνομα πηδώντων οὐδὲ ἀναπνεῖν διδόντων.

Ἕτερον πολὺ μεῖζον εἰς λύπην, ἐξ ἧς ἐτύγχανον πεπαιδοποιημένος νόσῳ μακρᾷ τελευτή, γυναικὸς πολλῶν ἀνταξίας διακόνων. Ἀντὶ τοῦ τὴν δραμουμένην ἔχειν ἐλείπετο μοι βοᾶν. Τῇ δὲ ἦν μὲν ἀνιαρὰ τὰ γενησόμενα, καὶ γὰρ εὖ ᾔδει, ἦν δὲ τὸ μὴ τὸν υἱὸν ὁρᾶν.

279. Ὁ δ' ἄρα ἦν ἐν Θρᾴκῃ τε καὶ Θρᾴκης πόλει τῇ τῶν ἄλλων πόλεων τρυφώσῃ τοῖς ἱδρῶσι, κατηγόρουν τε τῆς ὁδοῦ, καὶ προδιδομένης ὕπνῳ φιλίας ὕβρεών τε κατακλυζόμενος

1 μεταβάσης CNPVR : μεταβαίης MKL || adnot. V mg. ὁ γραφεὺς ὄντως μεταβέβηκας (sic), τὸν πάντα τοῦτον λόγον ἀτεχνῶς [κ]ατακρημνίσας, καὶ οὐδαμῶς δοὺς αὐτοῦ λαμβάνεσθαι, ὅτι μὴ ἀπορίας ἐξ ἀποριῶν, ὡς ἐκ τοῦ ἀνομοίου τέλους καὶ τὴν τοῦ προδιηνυσμένου λόγου ἡδονὴν συγχέαι τῷ ἀναγινώσκοντι || **2** πολλὰ codd. : πολλὰ δὲ Foerster || πωλεῖν καὶ ζητεῖν scripsi : πωλεῖν CVMRKL καὶ ζητεῖν πωλεῖν N καὶ ζητεῖν P (in mg. ἐν ἄλλῳ πολλὰ πωλεῖν ἐπαναγκαζόντων man. rec.) γρ. ζητεῖν V mg. uerba καὶ ζητεῖν in A supra lineam scripta esse uidentur || **3** τῶν add. Reiske in adnot. Foerster || ἐπὶ codd. : κἀπὶ ? Foerster in app. || **4** πηδώντων ex πηδόντων C (manu *s* ?) || grauiter cum C post διδόντων interpunxi || **6** τελευτή CNP : τελευτᾶ V τελευτῆς MRKL || **7** ἀνταξίας Morel in mg. Reiske Foerster : ἀντάξιος codd. || τοῦ τὴν δραμουμένην Reiske : τούτων δραμουμένης CNPV τούτων δραμουμένην MRKL || || **9** ᾔδει CNPVKL : ἤδειν MR || post ἦν δὲ aliquid excidisse uidetur : ἐν τοῖς μάλιστα τὸ add. Reiske || **10** θράκης CNPVMR : θράκη KL || τῆι CNPVMRK : τὰ L || **11** τε codd. : δὲ Foerster || **12** προδιδομένης CNPV : προδιδόμενος N προδεδομένος RKL προδεδομένης Foerster || ὕπνω codd. (= *desidia* Foerster uol. III p. xxv) : ὕθλῳ Foerster in textu || κατακλυζόμενος codd. : -ζομένης Reiske in adnot. Foerster (sed cf. *Epist* 1000 ἐπλήγης τὴν ψυχὴν ὑβριζομένων ἡμῶν ; Epist. 1001 ὕβρισται μὲν ὁ ἐμός, ὕβρισμαι δὲ ἐγώ) || adnot. V mg. εἰκότως τὸ τοῦ λόγου τοῦτο πᾶν χωρίον τοῦ ὀρθοῦ ἐκπέπτωκε τῆς τέχνης· ὁ γὰρ δὴ ῥήτωρ οὗτος ᾧ ἐμέλησε σοφίας ταύτης τῆς μωρᾶς, εἰς τὴν ἀμείνονα ἐκτυφλωθεὶς σοφίαν, λέγω δὴ τὴν τοῦ ἰδεῖν περὶ θεοῦ τὴν καθαράν τε καὶ ἑστῶσαν δόξαν, ἐπὶ τῆς τοῦ λόγου τελευτῆς ἔνθα ἦν ἀνάγκη κατακλείοντα τὸν λόγον δεῖξαι ἑαυτὸν τῶν εὐδαιμόνων, ὃ ἐσπούδαζε πως καὶ ἀρχόμενος τοῦ λέγειν, ἐξεκρούσθη τοῦ σκοποῦ, τοῦ ἐπιλόγου τούτῳ συγχυθέντος ἅπαντος, ὡς τουλοιποῦ μήτε

des injustices ⟨...⟩ [1]. C'étaient des malheurs, mais c'était aussi l'œuvre de la Fortune. De même, lorsqu'il fut tombé de voiture, sa blessure au pied. Mais ce fut l'œuvre d'une heureuse et meilleure fortune que cette maison des frères de Cilicie [2] qui ouvrit ses portes à son malheur, cette foule de médecins venus à leur appel et assis auprès de son lit ⟨...⟩ [3]. **280.** Au moment où j'appris tout cela et quand je le vis par la suite transporté ici [4], j'étais sous le coup de la mort de sa mère, sous le coup aussi de l'impossibilité de remuer même sur un lit * : mes pieds et mes mains comme jamais auparavant me refusaient tout service. Les dons des dieux, les discours, étaient tou-

1. L'interprétation de ces derniers paragraphes, déjà obscurs par leur rédaction même, est rendue plus difficile encore par les accidents survenus dans la transmission du texte. [J. M.]. Libanios exprime ici son amertume de voir ses nombreux amis bien placés abandonner facilement la cause de son fils, et ses ennemis triompher injustement, *ep.* 1042 (réconciliation avortée entre Proclos et Cimon), 1000, 3 (des calomnies). En réalité les lois théodosiennes sur le recrutement des curies interdisaient à Cimon l'accès au fonctionnariat et sa cause était légalement aussi mauvaise que celle de Thalassios. Après l'échec, Libanios écrivit à ses amis de renvoyer Cimon à Antioche, car il n'avait jamais, dit-il, approuvé son entreprise, *ep.* 1000, 1003, 1023, 1058.

2. Pendant son voyage de retour, sur la fin de 391, Cimon eut un accident de voiture. Il fut recueilli en Cilicie par d'anciens étudiants de son père, Apollinaris et Gemellos, deux frères (*Prosop.*, p. 83 et 288), devenus de brillants curiales, *or.* LXII, 37, et qui le soignèrent avec dévouement, *ep.* 1023, 1056, 1058.

3. Le texte est ici irrémédiablement corrompu. [J. M.].

4. Cimon blessé au pied (*ep.* 1023, 1058). Nombreuses allusions à cette mort, *ep.* 1026, 1028, 1037, 1038, 1042, 1045, 1048-1049, 1050, 1051, 1064 (de 391 à 392).

ῥεύματι ⟨.....⟩. Πονηρὰ μέν, καὶ ταῦτα δὲ Τύχης ἔργα. Ἐπεὶ δὲ τῆς ἀπήνης ἐξέπεσε, περὶ τὸν πόδα ζημία. Χρηστῆς δὲ καὶ βελτίονος, οἰκία τε τῶν Κιλίκων ἀδελφῶν ἀνεῳγμένη τῷ πάθει, πλῆθός τε ἰατρῶν, ἐκείνων [συναγόντων] εἰσαγόντων, περὶ τὴν κλίνην καθημένων, † οὐκεντωντίποτινην. ἴσασι . πολλῶν τε ὦ ον ἐστὶ τὰ ἀλίμενα †.

280. Ἐμοὶ δὲ ἀκούοντι ταῦτα καὶ μετὰ ταῦτα ὁρῶντι δεῦρο κεκομισμένον περιειστήκει μὲν ὁ τῆς τοῦδε μητρὸς θάνατος, περιειστήκει δὲ τὸ μηδὲ ἐπὶ κλίνης [τὸ γένος] ἐξεῖναι [ἀπ' ἐκείνης] κινεῖσθαι. Πόδες τε καὶ χεῖρες, εἴπερ ποτέ, ἀπει-

περὶ δυστυχοῦς αὐτοῦ μήτε τοὐναντίον ἔχοντος ὑπάρχειν τοῖς ἀκούουσιν ὡς ἐκ τοῦ τέλους δόξαν ἔχειν, ἀλλὰ οὑτωσὶ εἰς μῦθον ἐξεῶσθαι, τοῦτ' αὐτὸ παθόντας τὸ τῷ μωροσόφῳ τούτῳ διαβίου σπουδασθὲν καὶ πάντα πλὴν ὀλίγων γράψαντι πρὸς πλάσμα. ἐξέστω τοιγαροῦν ἡμῖν τοῖς τοῦ θεοῦ σοφοῖς καὶ οὐρανοῦ αὐτὸν καὶ γῆς ἐκβάλλειν, εἰ θεοῦ τοῦ ταῦτα ὑποστησαμένου οὐδὲ κατολίγον ἔσχε γνῶσιν. || **1** ῥεύματι CNPV : ῥεύμασι MRKL || lacunam statui || πονηρὰ codd. : πονηρᾶς Reiske in adnot. Foerster || post μὲν comma posui || καὶ delere uult Reiske || ταῦτα δὲ CNPV : ταῦτα μὲν MRK ταῦτα L || τύχης CPVMRKL : τῆς τ- N || **2** grauiter post ἔργα interpunxi (sic C) : leuiter Foerster || ἐπεὶ δὲ codd. : ἐπειδὴ Foerster ἔτι δέ, ἐπεὶ coni. Reiske || ἐξέπεσε CNP : ἐξέπεσον VMRKL || περὶ codd. : ἢ περὶ Reiske in adnot. probante Foerster uol. III p. xxv || **3** τῶν CNPV : ἢ τῶν MRKL fortasse recte || **4-5** συναγόντων εἰσαγόντων CNPV : εἰσυναγόντων MRKL συναγ- del. Cobet Foerster || **5** περὶ codd. : περί τε Foerster || **5-6** locum desperatum crucibus inclusi || οὐκ... ἴσασι CP : οὐκ ἐν τῷ τί ποτ' ἔστιν ἴσασι N om. spatio uacuo relicto V (οὐκ ἐν man. rec., deinde lacuna triginta quinque fere litterarum usque ad ἐμοὶ infra cap. 280) M (25 litt. spatium) K (15 litt. spatium) L (6 litt. spatium) om. R nullo spatio relicto οὐκ ἐώντων τι ποθεῖν εἰς ἴασιν Wyttenbach Foerster || **6** πολλῶν... ἀλίμενα CP : πολλῶν τε ὄντων ἐστὶ τὰ ἀλίμενα N πολλῶν τε ὠῶν (dist. M, τά add. R) ἐστὶ τὰ ἀλειμμένα MRKL (ἀλ [spatium]μενα KL) om. V πολλῶν τε λόγων τὰ λειπόμενα Wyttenbach λόγων τε ἑστιάματα Foerster πολλῶν τε πόνων ἔστιν ἃ λελυμένα Norman probante Festugière (REG 1965, p. 629) **7** ἀκούοντι CNPV : ἀκούοντι τε MRKL || post μετὰ ταῦτα desinit R fol. 106v || **8** κεκομισμένον CNPVK (ex κεκοσμισμένον) L : κεκοσμημ- M || **9-10** τὸ γένος et ἀπ' ἐκείνης seclusi : ἐπὶ κλίνης τὸ γένος ἐξεῖναι ἀπ' ἐκείνης CNPV ἐπὶ [spatium litterarum 7 M, 10 K, 6 L] γένος ἀπ' ἐκείνης ἐξεῖναι MKL « aut ἀπ' ἐκείνης ut dittographia uel lectio uaria antecedentis ἐπὶ κλίνης aut saltem ἀπ' cancellandum et τίθεσθαι pro κινεῖσθαι legendum » Foerster ; τὸ ἀπ' ἐκείνης coni. Reiske ; μηδὲ ἐπὶ γένος ἐξεῖναι ἀπὸ κλίνης κιν-

jours là dans ma bouche, tels que ceux d'autrefois, et c'était ce qui empêchait mes ennemis d'entonner ouvertement le péan du triomphe. Les déclamations publiques m'étaient interdites, mais je remplissais régulièrement mes fonctions auprès des élèves [1].

281. A force de pleurer en de si nombreuses occasions, un de mes yeux s'affaiblit et la peur me saisit de le perdre complètement [2]. Ceux qui font tout dépendre de la course des astres me dirent que je ne le perdrais pas, car Arès était devenu favorable. Pour le reste il me venait des élèves de partout, mais les discours que je composais ne franchissaient pas mes portes [3].

282. Je ne fréquentais guère les gouverneurs car je voyais que l'un était un commerçant et qu'il trafiquait de tout *, et que l'autre tenait grandes ouvertes les portes de sa résidence et terrorisait les justiciables [4] ⟨..........⟩ Ayant échoué de ce côté, ⟨.....⟩ celui qui avait dissipé une fortune considérable dans sa gloutonnerie et vivait dans une rage perpétuelle contre moi, il le chassa *, si bien que dans son abaissement

1. Sur la joie de ses ennemis, *ep*. 1039. Cependant il travaille comme d'habitude, 1026, 1046, 1048, 1066 (il se fait porter au bouleutérion), 1075 (il se fait encore porter au bouleutérion, au grand dépit de ses ennemis).

2. Cf. *ep*. 1039, 1051, 1064.

3. Cf. *ep*. 1106 : « la vieillesse m'a éloigné des auditoires, mais ma main n'a pas cessé de composer ». Cependant il récite encore de nombreux discours, *ep*. 1036 (de 392), sans doute lors de réunions (σύλλογοι) se tenant chez lui. Certains d'entre eux de toute façon ne peuvent guère avoir été publiquement diffusés, *infra*, § 282.

4. Il s'agit certainement ici de Florentios, consulaire de Syrie en 392, frère cadet de l'ancien consulaire Lucianos (*supra*, §§ 269-270) et attaqué à son tour dans le dernier discours connu de Libanios l'*or*. XLVI. *Prosop*., p. 364-365. Le texte présente en ce passage des lacunes et des corruptions graves qui rendent incertaines, quoique plausibles, les hypothèses qui suivent.

ρήκεσαν. Θεῶν δὲ δωρεαὶ λόγοι ἔμενον ἐν τῷ στόματι [τόποι] ὁποῖοι πρότερον, καὶ τοῦτ' ἦν τὸ μὴ παρασχὸν τοῖς πολεμίοις λαμπρῶς ἤδη παιανίζειν. Θεάτροις μὲν οὐκ ἦν χρῆσθαι, ἃ δὲ πρὸς τοὺς ἐν τῷ μανθάνειν ἐπληροῦτο κατὰ τὸν νόμον.

281. Πολλῶν δὲ ἀπὸ πολλῶν φερομένων πηγῶν δακρύων, ἀσθενέστερός τε ἅτερος γίνεται τοῖν ὀφθαλμοῖν, καὶ παρεῖχε δέος οἰχήσεσθαι τελέως. Τουτονὶ μὲν οὖν οἱ θεόντων ἀστέρων ἅπαντα ἐξαρτῶντες οὐκ ἀπολεῖσθαί φασιν, Ἄρεως εἰς διαλλαγὰς ἐλθόντος. Τὰ δ' ἄλλα προσεγένοντο μὲν ὁμιληταὶ πολλαχόθεν, λόγοι δὲ ἐργασθέντες ἔμειναν εἴσω θυρῶν.

282. Ἄρχουσι δὲ οὐ μάλα συνεγενόμην, τὸν μὲν ὁρῶν ὄντα κάπηλον καὶ οὐδὲν ὅτι οὐ πωλοῦντα, τὸν δὲ ἀναπετάσαντα τὴν καταγωγὴν καὶ περιφόβους οἷς ἦσαν δίκαι ποιοῦντα ⟨.....⟩. Τοῦ δὲ ἁμαρτάνων † τὸν μούσαις ποιητὸν ἐν λόγῳ † καὶ τὸν διά τε γαστρὸς οὐσίαν ὡς πλείστην

Festugière (*REG* 1965, p. 630) **1** post δωρεαὶ comma posuit Foerster ‖ λόγοι VKL (sic Foerster dubitanter in app. Norman) : λόγων CNPM (sic Foerster in textu) ‖ post στόματι non dist. Foerster : dist. codd. ‖ **2** τόποι codd. : del. Norman (praeeunte Foerster in app.) τύποι Reiske in adnot. Foerster in textu ‖ παρασχὸν CNPVKL : -σχεῖν M ‖ **3** παιανίζειν C^{sl} (manu *s* ?) P^{sl} (rec.) VMKL : παιων- CNP ‖ **3-4** μὲν οὐκ CNPV : μὲν οὖν, οὐκ MKL ‖ **5** τὸν νόμον CP^{pc} (rec.) VK : νόμον ML τὸν χρόνον NP^{ac} ut uid. (ras.) ‖ **8** τουτονὶ Foerster (iam τοῦτον Morel) : τουτὶ codd. ‖ θεόντων scripsi : θεὸν τῶν C^{ac}NPV^{ac} θεῶν τῶν C^{pc} (manu *s*) V^{pc}KL θεώντων M (quod probat Gasda) [θεῶν] τῶν Reiske in adnot. Foerster ‖ **9** ἅπαντα CNPV : οἱ πάντα MKL ‖ ἀπολεῖσθαι CNPVK : ἀπειλεῖσθαι M ἀπιλ- L ‖ ἄρεως C^{ac}NP^{ac} : ἄρεος C^{pc} (manu *p*) P^{pc} (rec.) VMKL ‖ **13** οὐδὲν NPVMKL : οὐδ' C ‖ **13-14** ἀναπετάσαντα C^{pc} (manu *s*) NPVMKL : -σαντι C^{ac} ‖ **14** περιφόβους CNPVK^{pc} : περὶ φόβους MK^{ac}L ‖ **15** lacunam post ποιοῦντα indicat Norman ‖ in mg. C praebet signum et adnot. ἀπω (sic) σφάλμα κακόν (prima manu) ‖ **15-16** τὸν ... λόγῳ : cruces posui, unam crucem in mg. Foerster ‖ τὸν μούσαις ποιητὸν NPV^{ac} : τοῦ μούσαις ποιητὸν C τῶν μούσαις ποιητῶν V^{pc} (rec.) τοὐμὸν ποιητὸν M τοὐμόν. ποιητῶν K τοὐμὸν ποιητῶν L ‖ **16** τὸν CNPVM : τὴν KL ‖ τε CNPV : τῆς MKL (sic Foerster) ‖ πλείστην CNPVKL : πλεῖστον M.

l'autre mit désormais une sourdine à sa folie *. Dans les louanges qu'il adressait à l'Ibère *, c'est de cela qu'il se réjouissait avant tout, et il déclarait qu'il rendait grâce à l'empereur de ce qu'il avait fait pour moi. Pourtant sa table ne s'était nullement enrichie par mes soins, alors que d'autres la comblaient [1].

283. Que tout cela soit mis au compte de la bonne Fortune et qu'il en soit de même pour ce qui suit. Pourtant l'importance de ce qu'elle m'a donné fait que j'hésite à en parler, mais je dois oser en faire le récit afin de ne pas désobliger ma bienfaitrice par mon silence. Mes amis étaient accablés de tristesse à la pensée de l'affront insensé fait à Cimon, quand on lui arracha des mains la nomination qui l'envoyait à Chypre *. Survint alors quelqu'un, et c'était aussi un de nos amis *, et voyant leur affliction et en connaissant la cause : « Laissez votre chagrin, chers et excellents amis, dit-il, car voici quelque chose qui met fin au chagrin, par le moyen d'une vengeance d'autant plus grande que la victime la reçoit de la part des dieux. **284.** Vous savez sans doute l'histoire

1. Dans un panégyrique prononcé sans doute pour la proclamation d'Honorius Auguste en janvier 393, Rufin se félicite de la révocation de Florentios, mais pourquoi y associer Libanios ? C'est que le sophiste avait fait la connaissance de Rufin, flatteur et empressé auprès de lui, quoique connaissant mal le grec : en 388 il se faisait traduire une lettre de Libanios, *ep.* 865, et en 392, ayant fait des progrès depuis qu'il est en Orient, il comprend le grec, mais ne peut le parler, *ep.* 1106. Rufin était gaulois d'origine. Libanios dans ses lettres 1052, 1061 le remercie avec effusion de ses visites et de sa bonté et parle de lui avec chaleur et quelque servilité, au point de concevoir le projet de faire le panégyrique de ce chrétien fanatique, *ep.* 1111 (l'avant-dernière lettre écrite par Libanios). En outre, il semble que Rufin s'était fait documenter sur l'activité de Florentios par notre sophiste, si l'on admet que l'*or.* XLVI est une sorte de *relatio* envoyée d'Antioche au préfet par Libanios, qui était lui-même, ne l'oublions pas, préfet du prétoire honoraire, cf. mes Recherches sur la publication..., p. 499-501. Sur Rufin, *Prosop.*, p. 778-781. K. Stroheker, *Der senatorische Adel im spätantiken Gallien*, Tübingen, 1948, p. 208-209.

ἀνηλωκότα, ζῶντα δὲ ἐν λύσσῃ τῇ κατ' ἐμοῦ † λε ρευτὰ † ἐλέγχων ἀπήλασεν, ὥστε ἐκεῖνον ταπεινωθέντα μηκέτ' εἶναι ἐν τοσαύτῃ μανίᾳ. Κἀν τοῖς ἐπαίνοις τοῖς εἰς τὸν Ἴβηρα τοῦτο ὡς μέγιστον ἥδετο, αὐτός τε αὐτῷ συγχαίρειν ἔφασκε τούτων δὴ τῶν πρὸς ἐμέ, καὶ ταῦτα αὐτῷ τῆς τραπέζης ἐντεῦθεν οὐδὲν ἐπιδούσης, παρ' ἄλλων τοῦτο ἐχούσης.

283. Ἔστω δὴ καὶ τοῦτο τῆς ἀγαθῆς τύχης, ἔστω δὲ κἀκεῖνο τῆς αὐτῆς. Καίτοι με πρὸς τὸ μέγεθος τοῦ δοθέντος ὄκνος ἔχει τὸν λόγον, ἀλλ' ὅμως, ὡς μὴ ἀδικοῖμεν τῇ σιωπῇ τὴν δοῦσαν, τολμητέον εἰπεῖν. Κατηφείας γὰρ κατεχούσης τοὺς φίλους ἐνθυμουμένους τῆς παροινίας τῆς περὶ τὸν Κίμωνα, καθ' ἣν αὐτοῦ τοῖν χεροῖν ἡρπάσθη τὸ γραμμάτιον ὃ αὐτὸν ἐφίστη τῇ Κύπρῳ, ἐλθὼν οὖν τις, καὶ αὐτὸς τῶν ἐπιτηδείων, εἰδὼς τήν τε ἀχθηδόνα καὶ ὅθεν ἔφυ, « ἀλλ', ὦ ἄνδρες ἄριστοι, λήξατε, ἔφη, τῆς λύπης, ἔχοντες ὃ παύειν πέφυκε λύπην, τοῦτο δὲ τῇ δίκῃ, ἣν μείζω ποιεῖ τὸ διὰ τῶν θεῶν αὐτῆς τυγχάνειν τὸν πεπονθότα. 284. Ἴστε ἴσως οἷόν τι τὸ τῶν εἰς Κρήτην ἀγομένων

1 λε ρευτὰ C (rasura unius litterae) λερευτὰ P λατρευτὰ N om. V (spatio litterarum quattuor uacuo relicto) MKL del. Foerster ut e scholio (ληρευτὰ) ortum ; τελευτᾶ Vat. 939 e coniectura (unde τελευτῶντα coni. Morel) || **2** ἀπήλασεν CNPV : ἀπήλαυνεν MKL || **4** ἴβηρα VML : ἴβ- CNPK || τοῦτο : crucem in mg. posuit Foerster, qui in app. τοῦτον coniecit, iniuria ut opinor || ἥδετο CNP^{ac}VMK : ἥιδετο P^{pc} (rec.) L || αὐτῶι CNP^{ac}MKL : αὐτῷ P^{pc} (rec.) V || **6** ἐντεῦθεν οὐδὲν CNPVM : μηδὲν ἐντεῦθεν KL || **8** καὶ CNP : om. VMKL || **9** με fortasse delendum, μοι coni. Morel || **13** κίμωνα NPVMKL : κίμονα C || τοῖν CNPK : ταῖν VM τῖν L || ἡρπάσθη CNPVKL : ἀνηρπάσθη M || **14** γραμμάτιον CPVMKL : -ματίον N || τις scripsi : τε codd. ποτε Reiske || **15** post τις et post ἐπιτηδείων distinxi : post αὐτὸς CNPV non dist. MKL || τήν τε CNPVKL : τήν γε M || uerbis καὶ ὅθεν ἔφυ rursus incipit A fol. 1^{r} usque ad finem ; NP igitur abiciendi || **16** λήξατε CAV : λήξατον ἤδη M λήξατον KL || ἔφη CAP^{ac}VMKL : ἔφην P^{pc} (rec.) Sievers (*Leben* p. 200) Foerster iniuria || **17** τῆι δίκηι CA : ἐστι δίκη VMKL (sic Foerster lectionem faciliorem praeferens) || **19** ἴστε ἴσως scripsi : ἴσως codd. ἴστε Reiske in adnot. Foerster.

de ces jeunes gens envoyés d'Athènes en Crète pour servir de repas au monstre du Labyrinthe [1]. Le trait qui apporta l'épidémie aux Achéens, nous le connaissons par les premiers vers de l'Iliade, et comment l'insulte faite à un seul obligea les Grecs à élever pour leurs morts tant de bûchers. Chrysès était béni des dieux pour être à l'origine de tels malheurs [2]. **285.** Eh bien, vous avez devant vous un autre prêtre des dieux, qui a été honoré par une grande famine. C'est l'œuvre, je pense, de Déméter, et sans avoir eu besoin de lancer contre eux des imprécations, comme ce fut le cas pour faire agir Apollon [3]. Et la peste dura neuf jours, alors que cette famine ravage la ville depuis quatre mois : et si la punition d'un coupable est une grande consolation pour la victime, jugez de ce que représente la punition d'une ville, et d'une ville aussi grande ! » [4].

1. Les Athéniens avaient tué Androgée, le fils de Minos, et furent condamnés à livrer chaque année au Minotaure le tribut des jeunes gens et jeunes filles, Plutarque, *Vie de Thésée*, XV, 1.

2. A 51-53. Autres allusions à Chrysès : *or.* XXIV, 32 et surtout LX, 14.

3. A 43.

4. J'avais pensé autrefois à Antioche, *Lib. et vie munic.*, p. 121, mais je me range à l'opinion de P. Wolf, *Aut. Schr.*, p. 202, n. 253 : 1° c'est un fait nouveau, donc la famine ne peut se passer à Antioche où, depuis quatre mois qu'elle dure, on le saurait ; 2° Libanios qui se pose en *vates*, comme Chrysès, a été offensé par le Sénat de Constantinople et les hauts personnages de la cour qui ont refusé à Cimon les dignités qu'il méritait ; 3° Constantinople est souvent appelée « la grande ville ».

Ἀθήνηθεν, δεῖπνον ἐσομένων τῷ ἐν λαβυρίνθῳ τέρατι. Περὶ δὲ τοῦ βέλους τοῦ κεκομικότος τοῖς Ἀχαιοῖς τὴν νόσον καὶ παρὰ τῶν πρώτων τῆς Ἰλιάδος ἠκούομεν, ὡς ἀντὶ τῆς εἰς ἕνα ὕβρεως πολλῶν ἔδει πυρῶν τοῖς Ἕλλησιν εἰς τοὺς ἀποθνήσκοντας. Καὶ ἦν μακάριος ὁ Χρύσης τοσούτῳ κακῷ τιμώμενος. **285**. Ἕτερος τοίνυν οὗτος ἱερεὺς λιμῷ μεγάλῳ τιμᾶται. Δήμητρος, οἶμαι, τοῦτο ἔργον, οὐδὲ ἀρᾶς κατ' αὐτῶν γεγενημένης, ᾧ τότε Ἀπόλλων ἐκινήθη · καὶ ἡ μὲν ἡμερῶν ἐννέα, μῆνας δὲ οὑτοσὶ τέτταρας ἀναλίσκει τὴν πόλιν. Εἰ δὲ καὶ ἀνὴρ δοὺς δίκην μέγα παραμύθιον τῷ τετρωμένῳ, πόσον ἄν τι ⟨τὸ⟩ πόλεως καὶ τηλικαύτης εἴη ; »

3 τῆς CAV : τῶν τῆς MKL || **4** πυρρῶν K || **6** ἱερεὺς scripsi : ἱερῶν CAVMKL ἱερεὺς θεῶν Reiske in adnot. Foerster || **7** οἶμαι CAMKL : om. V || **8** αὐτῶν CAVM : αὐτὸν KL || ᾧ τότε CAV : ὅτω τε MKL ut uid. || **9** οὑτοσὶ CAVM : ἡμερῶν KL || **10** ἀνὴρ codd. : εἷς ἀνὴρ Cobet || **11** ἄν τι ⟨τὸ⟩ scripsi : ἀντὶ C^{ac}AMKL ἄν τι V (sic Foerster) ἂν τὸ C^{pc} (manu *p*) A^{sl} (rec.).

NOTES COMPLÉMENTAIRES

NOTES COMPLÉMENTAIRES

Chapitre 2

* Cf. *or.* XI (*Antiochikos*), magnifique panégyrique d'Antioche : trad. anglaise de Gl. Downey, Libanius' Oration in Praise of Antioch (oration XI), *Proceed. Amer. Philosoph. Soc.*, 103, 1959, p. 652-686 ; trad. fr. partielle (des §§ 196-270) par A. J. Festugière, et commentaire archéologique de R. Martin, dans A. J. Festugière, *Antioche païenne et chrétienne*, Paris, 1959, p. 38-61. Sur Antioche, voir les ouvrages cités *supra*, p. xxxvi.

Chapitre 3.

* Cf. P. Petit, *Lib. et vie munic.*, p. 405 (arbre généalogique). Sur son arrière-grand-père, R. A. Pack, *Studies in Libanius and Antiochene Society under Theodosius*, Ann Arbor (Michigan), 1935, p. 8-9. Le grand-père de Libanios et son grand-oncle Brasidas, les fils du précédent, furent exécutés sous le règne de Dioclétien, en 303, à la suite de la sédition d'Eugène, Gl. Downey, *Antioch*, p. 330-331. Libanios la décrit dans *or.* XI, 158-162. XIX, 45-46. XX, 18-20. Cf. *or.* II, 11 : « Je reconnais avoir souvent parlé de mon grand-père et de mon arrière-grand-père, mais si j'en ai parlé ce n'est pas pour cela (c'est-à-dire pour vanter mes ancêtres), mais pour rappeler que mon arrière-grand-père, à côté d'autres qualités, possédait aussi la mantique qui lui fit connaître d'avance la mort violente de ses fils, qui étaient si bien. Quant à l'autre, j'ai souvent évoqué le soin qu'il prenait à l'éducation de ses enfants ; c'est pour cela qu'il vint en personne à Apamée, d'où il ramena un sophiste de première force qu'il avait réussi à convaincre en lui offrant une fortune ; et il fit des hommes remarquables des fils qu'il avait engendrés, les frères de ma mère ».

* Cf. *ep.* 1154, 3 (de 364) : Libanios explique à un chrétien qu'il n'a pas voulu récupérer ces biens confisqués sous Julien, ce qu'il rappelle également *infra*, § 125.

* L'aîné de ses oncles, Panolbios, organisa les Jeux Olym-

piques de 328 (*infra*, § 5), accepta un poste dans l'administration, on ne sait lequel, et mourut en 336 (*infra*, § 13). O. Seeck, *Die Briefe*, p. 281. *Prosop.*, p. 665. Le cadet de ses oncles, Phasganios, le plus cher à son cœur, devint son tuteur, présida les Jeux de 336 et l'autorisa à se rendre à Athènes (*infra*, § 13). Il fut le modèle des grands curiales, les *principales*, et Libanios évoque souvent sa mémoire, p. ex. *or.* LXII, 31 : Phasganios, plus capable que son frère, refusa plusieurs commandements et mit au-dessus de tout le fait d'être « bouleute ». Cf. O. Seeck, *op. cit.*, p. 234. P. Petit, *Lib. et vie munic.*, p. 350-351. Il mourut en fin 359 et son neveu écrivit sur lui une Monodie (*infra*, § 117). Le grand-père maternel qui avait si bien veillé sur leur éducation était aussi un curiale important qui fit entrer de force dans le sénat Argyrios l'Ancien, étranger et peu riche, bravant ainsi certaines oppositions, *or.* XLIX, 18. A. F. Norman, The Family of Argyrius, *J.H.S.*, 74, 1954, p. 44-48.

Chapitre 4.

* Libanios eut en fait pour tuteurs ses deux oncles successivement et l'on voit plus tard que sa mère peut disposer librement de biens appartenant à l'héritage de son père (*infra*, §§ 26, 58).

Chapitre 5.

* La formule finale a un parfum homérique, cf. Σ 74 τὰ μὲν δή τοι τετέλεσται [J. M.].

Chapitre 6.

* Cf. *infra*, § 153. Ce dernier texte confirme entièrement la correction proposée ici par Cobet, θρόνοις au lieu de φόνοις. Cf. aussi *or.* XLVIII, 12 : διαπηδήσαντα τοσοῦτον ἀπὸ τῆς βουλῆς ἐμὶ τὸν θρόνον [J. M.]. Libanios veut dire ici que la mort de son père lui permit d'échapper aux charges curiales ou aux soucis d'une carrière publique dont le détournait son goût pour la rhétorique. Si son père avait vécu, il aurait dû se plier à ses désirs ou peut-être, ses biens patrimoniaux n'ayant pas été vendus (*infra*, §§ 26 et 58), il eût échappé plus difficilement à l'emprise de la curie. Ce passage rassemble exactement les différentes carrières offertes aux fils des notables municipaux, le service de la curie, la profession d'avocat, l'administration impériale et le professorat. Sur ces carrières qu'embrassent ses propres étudiants, cf. P. Petit, *Les étudiants de Libanius*, Paris, 1956, p. 154-188. Id., *Lib. et la vie munic.*, p. 359 sqq.

Chapitre 8.

* Le maître de valeur serait Ulpianos d'Ascalon, selon F. Schemmel, cf. A. F. Norman, *Autobiogr.*, p. 149. *Prosop.*, p. 973. Libanios a dû suivre ses leçons vers 329-330, et bien plus tard, en 390, il regrette encore sa mort qui l'a privé du « flot de ses discours », *or.* IV, 9. Il était très dur avec ses élèves, *or.* XXXVI, 10 et avait aussi une grande influence dans la cité, *or.* XLIX, 8. Parmi ses médiocres successeurs il faudrait, selon A. J. Festugière, *Antioche*, p. 87, comprendre Zenobios d'Élusa auquel il devait plus tard succéder, (*infra*, §§ 100. 105) et dont il fit cependant après sa mort l'éloge dans une Monodie, et même dans une lettre, *ep.* 420, non sans le critiquer parfois, *or.* XXXVI, 11.

* Ce bon grammatiste peut être Didymos, cité dans les *ep.* 317 et 318, qui était originaire d'Égypte, *Prosop.*, p. 252. Il est remarquable de voir Libanios à l'âge de seize ans et déjà étudiant en rhétorique, revenir avec humilité dans la classe d'un grammatiste, c'est-à-dire reprendre ses études à la base, par l'explication des poètes.

Chapitre 9.

* Cet accident survint en 334 : Libanios venait de consacrer cinq ans à l'étude des anciens, donc de 330 à 334 et il était alors âgé de vingt ans, *ep.* 727. Cf. Norman, *Autobiogr.*, p. 149, qui rectifie avec raison ma note de *Lib. et vie munic.*, p. 124, n. 1. Cette commotion est le premier coup qui atteint Libanios dans sa santé et elle explique les maux de tête dont il souffrit jusqu'à la fin de sa vie. Sur sa santé, R. A. Pack, *The Medical History of Mental Health of Libanius, Trans. and Proceed. Amer. Philol. Assoc.*, 64, 1933, p. 53 sqq. Norman, *loc. cit.*, note justement que Libanios en ce domaine évoque les tourments d'un autre valétudinaire, Aelius Aristide, en ses *Discours sacrés* (*or.* XLVII à LI Keil), cf. A. Boulanger, *Aelius Aristide et la sophistique*, Paris, 1923, p. 163-209, C. A. Behr, *Aristide and the Sacred Tales*, Amsterdam, 1968. Il y aurait certainement une recherche à faire de ce côté car Libanios s'inspire souvent des œuvres de son prédécesseur pour lequel il nourrit une dévotion particulière, au point de rechercher ses portraits, *ep.* 1534.

Chapitre 11.

* Avant même que Libanios enseignât lui-même à Antioche, il y venait donc des étudiants de Cappadoce et il profita plus tard de cette tradition, cf. P. Petit, *Les étudiants*, p. 118, 124-129. Jasion lui-même est inconnu.

* Callinicos est peut-être un sophiste originaire de Pétra, selon A. F. Norman, *Autobiogr.*, p. 150, auquel Libanios ferait une autre allusion dans l'*ep.* 21, mais peut-être aussi un autre moins connu, *Prosop.*, p. 174 (Callinicos 2). La *Soûda*, *s. v.*, mentionne un sophiste de ce nom à Athènes. Tlépolème, *Prosop.*, p. 920, n'est pas autrement connu. Il s'agit évidemment de deux sophistes d'Athènes dont la réputation excitait les étudiants provinciaux vers 330.

Chapitre 12.

* Libanios vante également sa propre sagesse dans l'*or.* II, 12. Sur la conduite et la moralité des étudiants, cf. A. J. Festugière, *op. cit.*, p. 111-119. P. Petit, *Les étudiants*, p. 147-154.

Chapitre 15.

* Comme le note P. Wolf, *Aut. Schr.*, p. 20, 184, n. 21, Périnthe portait depuis Dioclétien le nom d'Héraclée que Libanios rejette pour l'ancien vocable rendu célèbre par l'histoire grecque. Cf. *infra*, § 30. De même, il donne aux Goths le nom de Scythes, tout à fait arbitrairement, par souci d'archaïsme, § 144.

Chapitre 16.

* L'expression proverbiale Ἀριστόδημος... ἐτηρούμην s'éclaire par les lettres 473 et 474. Métérios à Antioche s'est fait des amis ; il veut rentrer chez lui en Bithynie, mais il doit se sauver en cachette, car on a pris des précautions pour le retenir ; *on a l'œil sur lui* : Μόλις λαθὼν τὴν ἡμετέραν πόλιν Μητέριος διέδυ. πολλοὺς γὰρ ἔχων τοὺς ἐρῶντας ὑπὲρ τὸν Ἀριστόδημον ἐτηρεῖτο. Voir Festugière, *Antioche*, p. 116. Qui était à l'origine le personnage historique ou littéraire, nommé Aristodémos, que ses amoureux tenaient sous bonne garde ? Il existe un Aristodémos proverbial, un efféminé moqué par les poètes de l'Ancienne Comédie (Aristoph. fr. 231 Edmonds ; Cratinos, fr. 151 Edmonds, d'où Lucien, *Alex.* 4 et Lib. *or.* LXIV, 83) Ce personnage, comme les Clisthène, les Ariphradès, les Cléonymos, ne peut avoir vécu qu'au ve siècle, et malgré Norman il ne peut avoir aucun rapport avec Aristodémos tyran de Cumes, lequel, malgré son surnom de Μαλακός (dont l'interprétation était discutée dans l'Antiquité, voir Plut. *Mul. Virt.* 26 et Den. Hal. *Ant. Rom.* 7, 2) était particulièrement viril (Plut.). On ne voit pas non plus, toujours malgré Norman, pourquoi Libanios songerait ici à l'acteur tragique qui fit partie en 346 avant J.-C., avec Eschine et Démosthène, de l'ambassade

envoyée par Athènes auprès de Philippe. Par ailleurs on constate que dans l'*ep.* 474 aussi bien que dans le *Bios* les personnes comparées à Aristodémos sont présentées comme sympathiques, et par conséquent il ne peut s'agir d'un débauché. C'est seulement un beau garçon qui a beaucoup d'admirateurs jaloux. Toutes les identifications proposées semblent donc devoir être rejetées. Autres personnages proverbiaux dans notre discours : Phrynondas, § 136, et Eurybatos, § 192. [J. M.].

* Libanios aurait voulu suivre les leçons d'un de ses compatriotes, le Syrien Epiphanios, mais fut donc par force obligé d'entrer dans le « choros » de Diophante en prêtant serment de lui être fidèle, cf. Eunape, *Vie Lib.*, 2. Il eut la permission de suivre comme auditeur libre les « cours publics » de deux autres sophistes qui furent Epiphanios et le grand Prohaeresios. Sur l'enseignement supérieur et les pratiques athéniennes, cf. J. W. H. Walden, *The Universities of Ancient Greece*, New-York, 1909 et surtout P. Wolf, *Vom Schulwesen des Spätantike : Studien zu Libanius*, Baden-Baden, 1952, sans oublier les pages anciennes et toujours utiles de G. Sievers, *Das Leben*, p. 16-42 et, sur Libanios à Athènes, 42-49. Sur Diophante d'Arabie, *Prosop.*, p. 260-261. Sur Epiphanios, Arabe selon la *Soûda* mais Syrien selon Eunape, *ibid.*, p. 280 ; sur Prohaeresios, W. Ensslin, *R. E.*, XXIII, 1 (1957), col. 30-32.

Chapitre 17

* Les discours des sophistes sont ordinairement récités de mémoire mais parfois en s'appuyant sur des notes, cf. *ep.* 886, Norman, *Autobiogr.* 152. Ici, encore élève, Libanios mentionne d'abord ses notes et suggère qu'il était déjà capable de réciter de mémoire.

Chapitre 21.

* Eunape, *Vie des sophistes*, 483 (p. 468 éd. Loeb). Lors du procès qui suivit cette grande bataille, le sophiste Julien de Cappadoce se mit en évidence, selon Eunape qui puise ses informations auprès de Tuscianos, un des élèves de Julien, et en même temps un des correspondants de Libanios, selon W. C. Wright (p. 472-473 éd. Loeb) dont l'identification est contestée, *Prosop.*, p. 926.

Chapitre 23.

* Il s'agit de la célèbre flagellation des jeunes gens devant l'autel d'Artémis Orthia à Sparte, cf. H. I. Marrou, *Histoire de l'éducation dans l'antiquité*, nlle éd., Paris, 1965, p. 59-60, 517, n. 31. C'est à son retour de Sparte que Libanios fit à

Corinthe la connaissance d'Aristophane qu'il défendit plus tard auprès de Julien, *or.* XIV, 18.

* Il est difficile de savoir quels étaient ces Mystères d'Argos, peut-être ceux de Iacchos de Lerne, *or.* XIV, 7, selon A. F. Norman, *Lib. Sel. Works*, I : *The Julianic Orations*, coll. Loeb, 1969, p. 107 en note. On peut penser aussi d'une façon plus générale aux Mystères de l'Isthme en l'honneur d'Ino et Mélicerte, voire à ceux d'Éleusis, auxquels il est vraisemblable que Libanios se fit initier au retour de ce voyage.

Chapitre 26.

* Libanios séjourna à Athènes de 336 à 339.

Chapitre 27.

* La mère de Libanios devait vendre une partie des biens patrimoniaux de son fils pour lui permettre de vivre à Athènes. S'il l'avait su, dit-il, il aurait continué tranquillement et longtemps encore à étudier sans produire ni exercer. Mais la Fortune le laissa dans l'ignorance, afin de le contraindre à se lancer en quelque sorte dans la vie active, avec son ami Crispinos. Ces affirmations sont partiellement contredites par l'*or.* LV, 15 (à Anaxentios) : « J'ai eu jadis à assister ma mère, nul ne lui venait en aide. J'étais au loin, j'apprenais par lettres en quels embarras elle se trouvait. Pourtant ni je ne fus rappelé, ni je ne revins sans être appelé, car ni ma mère ni moi ne l'avions jugé bon. Tout mon bien m'échappait, j'étais à la merci de ceux qui vendaient mes champs, une grande terre, cultivée par un grand nombre de colons. Pourtant je demeurai où j'étais, estimant qu'un abandon de poste n'est pas lâche seulement à la bataille, mais qu'il l'est aussi dans la tâche d'apprendre (...) Eu égard donc à ces nouvelles le chagrin me courbait vers la terre... » (trad. Festugière, *Antioche*, p. 437). Ce passage contredit le *Bios* sur deux points : 1° Libanios était bien au courant des difficultés de sa mère et de la vente de ses biens ; 2° il est resté ferme à son poste d'étudiant, comme si de rien n'était, alors qu'il prétend ici être parti avec Crispinos. D'autre part, il affirme avoir laissé vendre ses biens pour venir en aide à sa mère et ne précise pas que c'était pour payer ses études à Athènes, ce qui semble pourtant probable, car, pour son entretien personnel, sa mère, sœur de Panolbios, alors décédé, et de Phasganios, devait avoir des biens propres. On ne peut résoudre toutes ces difficultés, car on ignore la date exacte de l'*or.* LV : est-ce sa mémoire qui le trahit, fait-il allusion à des états successifs de la question, ou tend-il à transformer les choses selon les besoins de ses raisonnements ? Sur d'autres problèmes au sujet de ces biens, cf. *infra*, § 58.

* Cf. O. Seeck, *Die Briefe*, p. 112. Id., *R. E.*, IV (1901) col. 1721. A. F. Norman, *op. cit.*, p. 155.

* Z 209. Cf. P. Wolf, *Aut. Schr.*, p. 187, n. 37.

* Jeu de mots intraduisible sur les deux sens de θεῖος : à la fois « oncle » et « divin ».

* Il se peut que la *fréquentation des dieux* désigne ici l'attitude intérieure plutôt que la pratique visible, cf. l'apostrophe à Julien dans l'*or.* XVIII, 3-8 : « ὦ θεῶν μὲν ἐπίκουρε, θεῶν δὲ ὁμιλητά. » [J. M.].

* Les expressions de Libanios sont très vagues et prudentes, ce qui s'explique puisque cette partie du *Bios* date de 374, sous Valens. Qu'entend-il exactement par la fréquentation des dieux ? Le culte païen n'a été interdit que bien plus tard, si l'on considère que le passage se rapporte à l'année 340. Constantin n'avait interdit sous peine de mort que l'haruspicine, *C. Th.*, IX, 16, 1-2 (de 319) et il faut attendre 357 pour voir Constance condamner ensemble expressément l'haruspicine, l'astrologie et la divination, *C. Th.*, IX, 16, 4 et 6 (de 358), cette dernière loi interdisant en outre la magie. Les coupables sont condamnés à la peine de mort, même les plus hauts placés. On pense du reste que ces mesures ne furent pas diligemment appliquées car Constance s'adoucit envers le paganisme après son voyage à Rome. Libanios, écrivant bien plus tard, peut avoir sérieusement antidaté cette proscription des pratiques qu'il sous-entend par la « fréquentation des dieux ». A. F. Norman, *Autobiogr.*, p. 155 songe à la loi *C. Th.*, XVI, 10, 2 de 341, donc à peine postérieure au texte, qui interdit les sacrifices, sans autre précision. Sur ces problèmes, cf. D. Grodzynski, Par la bouche de l'empereur, dans *Divination et rationalité*, Paris, 1974, p. 267-294 (avec des textes traduits).

Chapitre 31.

* Cf. *Prosop.*, p. 630, où Nikoklès est appelé à tort « sophist » alors qu'il est « grammatiste » (*ibid.*, p. 477, *s. v.* Fl. Claudius Julianus), précision qui ne sera pas inutile, *infra*, § 38. O. Seeck, *Die Briefe*, p. 221-222. P. Wolf, *Vom Schulwesen*, p. 37-39. Libanios est resté longtemps en relations avec lui et lui adresse en 388 l'*or.* XXXII, sur Thrasydeos (*infra*, § 257). Il lui écrit aimablement, *ep.* 810 (de 363), 1368 (de 363) et en parle comme d'un ami, *ep.* 1383 (de 363), à une époque, sous Julien, où la solidarité entre païens joue à fond. Mais en 357 Nikoklès, paraît-il, détestait Libanios, *ep.* 356, qui parle de lui avec acrimonie dans l'*ep.* 1492 (de 365).

Chapitre 33.

* L'*ep.* 762 (adressée en 362 à Belaeos, gouverneur d'Arabie) nous procure sur ce voyage de retour vers Constantinople

quelques détails savoureux qui confirment ce passage : une forte pluie avait contraint le voyageur à se réfugier dans une méchante bicoque, où se trouvait déjà à l'abri un autre voyageur, l'Arabe Sopater. Les deux hommes firent connaissance et parlèrent, et Sopater qui avait des relations à Constantinople offrit d'agir en haut lieu en faveur de Libanios, afin de l'aider à obtenir un poste de professeur (lettre traduite par P. Wolf, *Aut. Schr.*, p. 17-18). En le recommandant plus tard au gouverneur de sa province natale où il a des ennuis, Libanios est heureux de lui montrer sa reconnaissance. On notera que sa mémoire était fidèle, puisqu'il se souvient en 362, puis en 374 dans le *Bios*, du mauvais temps essuyé lors de ce voyage, qui avait eu lieu en 340.

Chapitre 36.

* *Critias*, 108 c : ἀλλὰ γὰρ ἀθυμοῦντες ἄνδρες οὔπω τρόπαιον ἔστησαν. [J. M.].

Chapitre 37.

* Seuls les sophistes officiels, réclamés par la ville et nommés par l'empereur (*supra*, § 35) recevaient, outre leur traitement municipal en argent, des rations en nature, les annones, fournies par l'État. Sur ces problèmes, P. Petit, *Lib. et vie munic.*, p. 409-410.

* La situation de Libanios à Constantinople devient ainsi assez ambigüe : il n'est que professeur libre, entretenu seulement par ses élèves, mais, à la suite de son succès, l'empereur décide de le maintenir sur place, sans doute par une nomination à titre surnuméraire, car il ne semble pas qu'à cette date le Sénat de Constantinople l'ait réclamé, et l'on ne sait s'il perçoit dès ce moment un traitement officiel, cf. *infra*, § 80.

Chapitre 38.

* Ces deux « sophistes » ne sont pas, comme le pense A. F. Norman, *op. cit.*, p. 158, Nikoklès et le Cappadocien, puisqu'on sait que Nikoklès est grammatiste (*supra*, § 31). Restent en présence l'homme de Cyzique du § 31, dont Nikoklès avait voulu ruiner la position, le Cappadocien, qu'il a fait nommer à la place de Libanios absent, § 35, et le sophiste officiel, Bemarchios, § 31. Comme ce dernier est alors absent, en tournée en Orient, et ne revient que six mois plus tard, § 39, les deux sophistes en question ne peuvent être que l'homme de Cyzique et le Cappadocien.

* Ces injures rappellent les attaques contre lesquelles Libanios se défend dans l'*or.* II. [J. M.].

Chapitre 42.

* Si Isocrate passe depuis longtemps pour le modèle de la grande éloquence écrite, le nom de Nicostratos fait difficulté. Selon un proverbe (*Paroem. gr.* I, p. 395 : 'Εγὼ ποιήσω πάντα κατὰ Νικόστρατον ; ὁ Νικόστρατος τραγικὸς ὑποκριτὴς δοκῶν κάλλιστα εἰρηκέναι.), ce serait un acteur de premier ordre, ce qui veut dire que Bemarchios méprise dans son incapacité à la fois l'éloquence écrite et l'éloquence parlée (on sait que l'étude des gestes faisait partie de l'enseignement rhétorique). Il y a aussi un sophiste de ce nom au temps de Marc Aurèle, *P. I. R.*, I, p. 292. *R. E.*, XVII, 1 (1936), col. 551-553. Mais on comprendrait mieux l'allusion à la course à pied qui suit si Nicostratos était un coureur célèbre : Libanios se moque de son rival qui ne sait pas mieux parler que courir. Les exercices physiques continuaient de son temps à faire l'objet d'un entraînement, peut-être à cause des épreuves des Jeux d'Antioche, et Libanios vantant les qualités de son fils Cimon dit qu'il sait courir aussi bien que parler, *ep.* 843, de même qu'un autre de ses élèves, Cynegios, *ep.* 1017 (de 388). Cf. P. Petit, *Les étudiants*, p. 149, n. 6.

Chapitre 43.

* Allusion aux tyrans classiques, tel Pisistrate, protégés par leurs « doryphores ». Quant à l'accusation de sorcellerie, on voit ici l'aboutissement d'un processus de syncrétisme qui mêle l'astrologie à la magie : l'astrologie permet de connaître l'avenir, et la magie d'agir sur cet avenir par l'intermédiaire des astres, en modifiant leur course.

Chapitre 44.

* Sophistes (qui enseignent la rhétorique) et grammatistes (qui expliquent les auteurs anciens, surtout les poètes) sont étroitement liés dans leurs intérêts, puisque les écoles comportent plusieurs classes, les élèves passant de l'enseignement du grammatiste à celui du sophiste, vers quinze ou seize ans en général. On a vu plus haut la solidarité qui liait Nikoklès aux sophistes, § 31. Il fait certainement partie des complices de Bemarchios, cf. *ep.* 557 (de 357) où sa haine pour Libanios est directement mise en rapport avec le départ de notre sophiste pour la Bithynie. Sur l'école de Libanios lui-même à Antioche, cf. P. Petit, *Les étudiants*, p. 84-94.

* Sur les troubles qui se sont produits à Constantinople en 342, provoqués surtout par des rivalités entre évêques chrétiens — ce dont Libanios se garde bien de parler —, cf.

Norman, *Autobiogr.*, p. 160. Libanios insiste sur les rivalités universitaires et l'accusation de magie astrologique, mais Eunape, *Vie Lib.*, 6, parle d'une accusation de pédérastie lancée contre lui, tout en l'estimant calomnieuse. Sur les troubles de la capitale, cf. encore *or.* LIX, 94-98.

Chapitre 45.

* Le proconsul Alexandre avait été blessé (§ 44) et obligé de fuir, et on le remplace en hâte, « en pleine nuit », par Limenios dont Libanios rappelle à plusieurs reprises les mauvaises intentions à son égard, *ep.* 206, 557. Cf. *Prosop.*, p. 510.

Chapitre 46.

* C'est le copiste crétois du § 43, un esclave probablement, mis à la torture car les affaires de magie étaient très graves (*supra*, § 27), surtout quand elles éclataient dans la capitale ou une résidence impériale : c'était davantage une question de politique (complots à base de pratiques magiques) que de religion. Le copiste est torturé non pas parce qu'il est tenu pour coupable, mais pour qu'il fournisse les preuves de la culpabilité de son maître qui lui-même ne peut être torturé à cause de son rang social, § 47. Depuis le second siècle la loi distinguait parmi les justiciables les *humiliores* (ou *tenuiores*) et les *honestiores*, mais au IVe siècle la distinction s'efface quand il s'agit de crimes de sorcellerie, D. Grodzynski, *art. cit.* (*supra*, p. 215), p. 273. Mais les exceptions sont nombreuses, avant 371 du moins, et Libanios n'est pas personnellement frappé en 342.

Chapitre 47.

* Le copiste n'ayant pas parlé sous la torture, Libanios est présumé innocent, mais alors Limenios use de l'intimidation, qui réussit. Les faits sont exactement rappelés dans l'*ep.* 206 (de 360) et en allusion dans l'*ep.* 557.

Chapitre 48.

* Cf. *infra*, § 215 : « la grande ville qui tire son luxe du Bosphore ». Libanios garda toute sa vie une forte animosité envers la capitale, pour de multiples raisons, cf. P. Petit, *Lib. et vie munic.*, p. 167-169.

* Ces déplacements datent probablement des années 343-344. Le rôle respectif des hauts fonctionnaires et des curies des cités est intéressant à considérer : Limenios, le proconsul

de Constantinople, interdit à Libanios d'enseigner à Nicomédie, mais il réussit à tourner cette interdiction par les décrets de la curie de la ville et grâce à l'accord du consulaire de Bithynie qui était sous les ordres du vicaire du Pont et non du proconsul de Constantinople. On a l'impression que son séjour à Nicée ne dura que le temps nécessaire pour que le gouverneur de Bithynie entérine les demandes des habitants de Nicomédie. Libanios en garda longtemps de la reconnaissance pour Nicée qui l'avait accueilli en ce moment difficile, *ep.* 901 (de 388).

Chapitre 51.

* C'est le passage décisif qui permet de fixer en 374 la date de rédaction de la première partie du *Bios*, Notice p. 3.

* La première période faste de sa vie, son séjour à Nicomédie, dura cinq ans, de 344 à 349 : il exprima plusieurs fois plus tard sa tendresse pour cette ville, *ep.* 282, 742, 1454, qui restait, pour son élite intellectuelle du moins, très attachée au paganisme ; il s'y était conservé « une étincelle d'art divinatoire », *or.* XIII, 11. Il devait écrire en 358 une Monodie sur la cité détruite par un tremblement de terre, l'*or.* LI, cf. *infra*, § 78. Mais quelles furent les deux autres périodes heureuses, de cinq ans également chacune ? La précision chronologique éveille du reste le soupçon d'un arrangement rhétorique en trois périodes d'égale durée. Peut-être peut-on envisager la période de la préfecture du prétoire de Strategios, de 354 à 358 (*infra*, §§ 106-114). Pour la suite, compte tenu du fait que la période de Valens ne lui fut guère favorable et que le passage fut écrit en 374, il ne reste guère que le règne de Julien, mais il ne dura pas cinq ans. On pourrait y ajouter les deux années 359 et 360, en admettant que les ennuis et les chagrins de la fin du règne de Constance (décès en 359 de sa mère et de son oncle Phasganios) soient compensés avec le recul du temps par les espérances que Julien César laissait entrevoir au « parti païen », cf. P. Petit, *Lib. et vie munic.*, p. 204-206.

Chapitre 55.

* Cet usage rhétorique du mot ᾄδειν permet ici un glissement de sens, qui a été bien vu par P. Wolf, *Aut. Schr.*, p. 187, n. 65 : les prologues de Libanios font concurrence aux chansons dont les rues retentissaient habituellement (*or.* LXIV, 93). Dans l'*or.* III, 11, postérieure à 387, Libanios vieilli se plaint au contraire que les jeunes gens s'attardent à répéter les refrains à la mode au lieu de s'empresser à venir écouter ses discours d'apparat (trad. Festugière, *Antioche*, p. 447). Que les temps sont changés ! [J. M.].

Chapitre 56.

* Même utilisation du texte d'Euripide (*Or.* 1155 sq.) dans la lettre 571 (adressée justement à Aristénète) : ἐπαινῶν Εὐριπίδην λέγοντα νοῦν ἔχοντος εἶναι φίλον πρίασθαι χρημάτων πολλῶν σαφῆ. Cf. aussi dans les *Chries* (Foerster t. III, p. 73) : δεῖ δὲ μηδὲ Εὐριπίδην παραλιπεῖν..... τί οὖν ἐκεῖνός φησι ; μηδὲν εἶναι προτιμότερον φίλου σαφοῦς, οὗ δεύτερον πᾶν ἐφεξῆς ἄριστον. [J. M.].

* Voir Σ 88 sqq.

Chapitre 58.

* Cf. *or.* LV, 3 : il se flatte d'avoir aimé sa mère au point d'avoir servi d'exemple à d'autres. [P. P.]. On peut se demander si ce paragraphe, mal relié au contexte, n'aurait pas été ajouté après coup. [J. M.].

* Il s'agit de la vente de biens fonciers provenant de la succession de son père, cf. *supra*, §§ 26-27, et *ep.* 140. Juridiquement, on peut se demander pourquoi l'acquéreur, une fois la vente accomplie, se sentit obligé de solliciter le contre-seing de Libanios : non seulement il était majeur lors de la vente, en 339, mais, selon l'*or.* LV, 15, il était au courant et avait donné son accord. Il est probable que l'acquéreur profita de son passage sur le chemin de l'Italie pour régulariser l'acte de vente. D'autre part, il s'agit certainement de biens d'origine curiale, Libanios appartenant par ses origines paternelles (et maternelles aussi du reste) à une famille curiale. Il explique plus tard que la Fortune en lui enlevant ses richesses lui a interdit les liturgies, *or.* XI, 9. Il aurait pu dire, selon la pente naturelle de son esprit, que de ce mal était sorti un bien puisqu'il échappait aux charges de la curie, et certains modernes l'ont accusé de ne pas s'être opposé à la vente de ses biens précisément dans l'intention de fuir plus aisément ses obligations héréditaires, cf. R. A. Pack, Curiales in the Correspondence of Libanius, *Trans. and Proc. Amer. Philol. Assoc.*, 82, 1951, p. 179 et A. F. Norman, *Autobiogr.*, p. 163-164, qui considère que les regrets qu'il exprime (*or.* XI, 9 et LV, 15) seraient du genre « crocodile tears »... Il est vrai qu'il a évoqué plus haut son soulagement de ne pas être curiale (*supra*, § 6) et qu'il fera tous ses efforts pour faire exempter son fils Cimon. Mais il faut tenir compte du moment : l'assujettissement des curiales ne devient vraiment draconien que dans la seconde partie du siècle où se forme la notion de *substantia curialis*, de biens bloqués pour le service de la cité comme ceux des corporations, cf. P. Petit, *Lib. et vie munic.*, p. 354. Et l'exercice du professorat officiel lui assurait du reste une immunité (atélie) qui ne lui fut réellement contestée, et sans résultat, que sous Théodose, *infra*, § 257.

Chapitre 61.

* Le texte dit bien que les bandits pour lesquels travaille l'esclave mettent à mort (ἀποκτιννύντων) les serviteurs naïfs qu'ils ont poussés à voler leurs maîtres et que celui de Libanios n'a vraisemblablement rien d'autre à attendre d'eux. La traduction de Reiske (*ille aufugiebat, ad certam profecto pestem, si praefectus certior ex me rei gestae factus esset*) repose sur une interprétation manifestement erronée des mots μέλλοντος... λόγον. Elle a cependant laissé des traces chez P. Wolf pour qui l'esclave s'enfuit afin d'éviter la peine capitale (*da sein Leben natürlich verwirkt war*). A. F. Norman reste encore vague (*my slave... beguiled by men who are the ruin of those they lead astray, decamped, perhaps to his death*). Il faut croire qu'il existait des bandits qui se débarrassaient des esclaves dont ils avaient utilisé les services. [J. M.]. Le vol portait sur des « statères » qui sont en fait des pièces d'or, des *solidi* (cf. *ep.* 80, où des « statères » sont bien des pièces d'or). Libanios préfère toujours le terme classique, bien qu'il y ait une sérieuse différence de poids entre le statère d'or attique d'environ 8,5 gr. et le *solidus* du ɪᴠ^e siècle d'environ 4,50 gr. (*l'aureus* du Haut-Empire pèse avant Néron 7,70 gr. et 7,30 gr. après lui, et est donc plus proche du statère).

Chapitre 62.

* Le sophiste rival de Libanios à Nicomédie se déclare persuadé que sa femme est morte à la suite de pratiques magiques, accusation dont Libanios montre plus loin, § 63, l'absurdité. S'il avait eu des preuves, il aurait demandé l'arrestation de Libanios lui-même. N'ayant pas de preuves, il ne peut déposer de plainte régulière, mais par ses relations il obtient que le copiste, un esclave sans doute, soit arrêté et torturé, afin d'obtenir par ses aveux une preuve permettant d'agir ensuite contre son maître. Cf. *supra*, § 46.

Chapitre 63.

* Le consulaire de Bithynie, sans doute Pompeianos, en poste entre 343 et 348, d'après l'*ep.* 742, où Libanios loue sa culture et rappelle qu'il organisa pour lui des « combats » oratoires dont il fut l'évergète et l'agonothète, cf. *supra*, § 53. Sur Pompeianos, *Prosop.*, p. 712. Il était évidemment dans cette affaire très favorable à Libanios.

Chapitre 65.

* Les étudiants acceptent l'argent, font semblant de se rendre aux leçons du sophiste, puis entrent dans la salle de

cours de Libanios en racontant l'affaire : du moins pouvons-nous ainsi nous représenter les choses, en nous inspirant du « canular » raconté dans l'*ep.* 722. Cf. aussi l'*ep.* 555 (de 357) où Acacios veut en vain débaucher les élèves de Libanios.

Chapitre 66.

* Le sophiste était protégé par un important curiale de Nicomédie, un *principalis*, comme plus tard à Antioche le rival de Libanios, Acacios, devait l'être par Euboulos, *infra*, §§ 90, 116. Libanios rend l'affaire ridicule en prêtant à son accusateur une susceptibilité à l'égard de sa femme qui rappelle celle de César, mais en fait il est accusé d'avoir lui aussi soudoyé des étudiants (sept de ceux-ci sont conduits avec lui à Nicée) et naturellement d'avoir provoqué par la magie la mort de la femme du sophiste, § 62.

* C'est le vicaire du Pont Philagrios qui se trouvait alors en tournée en Cappadoce et dont la résidence officielle était à Nicée, où les accusés durent se rendre. Sur lui, O. Seeck, *Die Briefe*, p. 236-237. *Prosop.*, p. 694 : il fut vicaire en 348-350, ce qui place l'affaire à la fin du séjour de Libanios à Nicomédie.

Chapitre 68.

* Le lieu semble curieusement choisi pour y attendre une comparution en justice, mais les boutiques de parfumeur, de barbier et même les cabinets des médecins tenaient parfois lieu de salles de réunion et de discussion, cf. *or.* LI, 10.

* Le lecteur moderne ne comprend pas tout de suite, lui non plus... Il faut revenir au § 62 et se rappeler qu'à l'origine le sophiste avait accusé Libanios d'avoir provoqué la mort de sa femme par des pratiques magiques. Voici maintenant que son protecteur, « notre sycophante » (*infra*, § 71), entendu par Philagrios en son tribunal pendant qu'Alcimos et Libanios sont encore dans la boutique du parfumeur, ressort, ayant perdu sa cause, sans que nos deux amis puissent encore savoir pourquoi : c'était l'arrivée annoncée de Philippos (cf. § suivant) qui avait incité le vicaire à respecter la justice au lieu de céder à la complaisance en faveur du *principalis*, son condisciple d'Athènes, du § 66. Ignorant la cause de ce revirement, ce dernier croit, ou feint de croire, que ce sont encore les pratiques magiques de Libanios qui ont opéré ce miracle et que Philagrios est tombé malade de la tête, comme la femme du sophiste ; telle est la « contagion » qui sera encore évoquée plus loin, § 71. Ce récit est un petit chef d'œuvre littéraire, plein d'animation, de vivacité et, dirions-nous, de « suspense ».

Chapitre 69.

* Il s'agit du préfet du prétoire d'Orient, Philippos, le supérieur hiérarchique du vicaire du Pont, Philagrios. Il est annoncé en tournée d'inspection, ce qui terrorise Philagrios et lui inspire une conduite conforme à la justice. En 348, Philippos, qui fut préfet de 344 à 351, était également consul, ce qui renforçait encore son prestige. Sur lui, *Prosop.*, p. 696-697.

Chapitre 71.

* Ce sont toujours les pratiques magiques qui, selon les accusateurs, avaient successivement provoqué la mort de la femme du sophiste, le revirement incompréhensible (pour eux) de Philagrios, et maintenant la paralysie oratoire du sophiste. La sorcellerie peut inversement expliquer les succès immérités et incompréhensibles d'un mauvais sophiste qui s'est procuré à prix d'argent les services d'un γόης (magicien), *or.* LVII, 5 : Libanios du reste ne prend pas cette accusation à son compte, « il y avait des gens qui disaient... »

Chapitre 72.

* Dans le bâtiment du conseil municipal, une sorte d'Hôtel-de-Ville, des salles étaient réservées à l'enseignement des sophistes officiels et aux conférences publiques, qui parfois avaient lieu également dans des temples désaffectés, sous Constance notamment. Libanios, sophiste officiel de Nicomédie, enseignait donc normalement au bouleutérion. Sur la situation à Antioche, cf. *infra*, §§ 102, 104.

Chapitre 73.

* Sur Tellos et les jeunes gens d'Argos, Cleobis et Biton, cf. Hérod., I, 30-31.
* Emploi curieux et quelque peu affecté d'une formule juridique : en l'absence de preuves on mettait à la question, par la torture, les esclaves de l'accusé, comme on l'a vu plus haut, § 46, dont l'innocence était reconnue si les malheureux n'avaient pas parlé. Ici de même, Libanios a mis la déesse en cause, l'accusant d'être à l'origine de la fâcheuse affaire du sophiste, mais l'heureuse issue de l'incident apporte la preuve de l'innocence de la Fortune qui ne voulait que le bien de Libanios son protégé.
* Melanthos, descendant de Nélée, roi de Messène, en fut chassé par les Héraclides et se réfugia à Athènes dont il devint

le roi ; il fut le père de Codros. Cf. Hérod., V, 65. Paus., II, 18, 9. Strabon, IX, 1, 7. XIV, 1, 3.

Chapitre 74.

* Voir l'édition Lasserre-Bonnard d'Archiloque (C.U.F.) où sont cités, p. CVII, les textes concernant cette légende ; et pour l'expression ἐξέβαλεν... τοῖς χρησμοῖς, cf. *or.* XV, 65 : ὥσπερ γὰρ οἱ τῶν ἱερῶν ὑπὸ τῶν θεῶν διὰ τῶν χρησμῶν ἐκβαλλόμενοι σιγῶσιν. [J. M.]. Le problème de fond est plus délicat : qui sont ces gens indignes que certains accusent Libanios de fréquenter ? Deux explications ont été envisagées : 1° des païens reprochent à Libanios de fréquenter des chrétiens puissants ; 2° des chrétiens lui reprochent de fréquenter des païens, ce qui serait mal vu sous le régime de Constance. De ces deux hypothèses successivement proposées par Reiske, A. F. Norman, *Autobiogr.*, p. 167-168 préfère la seconde. Mais pour que des païens soient ainsi qualifiés par des chrétiens, il faut que ce soient des criminels, objets de la vindicte de leurs propres dieux. On ne voit pas que Libanios ait jamais fréquenté de tels personnages. P. Wolf, *Aut. Schr.*, p. 188, n. 81, préfère la première explication. En effet, on conçoit mieux que des païens aient reproché à Libanios, l'un d'entre eux, de trahir en quelque sorte leur cause alors menacée en restant en relations amicales avec de hauts fonctionnaires chrétiens de l'entourage de Constance qui, aux yeux de païens convaincus, méritent assurément la haine d'Apollon pour la lutte qu'ils mènent contre le paganisme. Or, à cette époque, vers 348-349, Libanios rédige son *or.* LIX, le panégyrique de Constance et Constant, œuvre peu sincère et moralement assez méprisable, mais qui a dû le mettre en relations avec des chrétiens de la cour pour en obtenir des renseignements sur l'œuvre des deux frères. Si l'on veut des noms, on peut penser qu'il resta en bons termes avec Philippos, préfet du prétoire jusqu'en 351 (*supra*, §§ 70-72), qu'il connaît dès cette époque l'Antiochéen Datianos, conseiller de Constance (cf. *infra*, § 94) et d'autres hauts fonctionnaires chrétiens, Elpidios, Domitianos, Tauros, qu'il cite, en critiquant du reste leurs origines obscures de tachygraphes, bien plus tard, en 388, dans l'*or.* XLII (Pour Thalassios). Pour ces raisons, nous préférons la première hypothèse de Reiske.

* Cet ὕπαρχος peut être le proconsul de Constantinople, à cette époque Montius Magnus (*Prosop.*, p. 535), mais plutôt le préfet du prétoire Philippos, puisqu'il va partir peu après de Nicomédie, cf. note suivante.

* Philippos quitte Nicomédie pour la capitale sans rien dire à Libanios, mais le fait ensuite nommer par Constance professeur à Constantinople, cf. *infra*, § 80.

Chapitre 75.

* Cf. *ep.* 399 (de 355) : les professeurs de Constantinople ont de belles maisons, beaucoup d'élèves et le ventre plein, mais ils sont esclaves...

Chapitre 76.

* Libanios n'a jamais été tendre pour le Sénat de Constantinople, peut-être par jalousie envers Themistios qui y entra dès 355 et en élargit le recrutement en 359, peut-être par dépit de n'en point faire partie, peut-être surtout par patriotisme de clocher. Il est exact que cette assemblée n'est guère composée que de fonctionnaires et de militaires, les uns et les autres de basse extraction le plus souvent. Sa malveillance atteignit son paroxysme quand il échoua dans sa tentative, en 388, d'y faire entrer son secrétaire Thalassios, *or.* XLII. Cf. P. Petit, *Lib. et vie munic.*, p. 168-169, 344, 363. Quant aux militaires, ils sont pour Libanios en général, mais avec de nobles exceptions (parmi ses correspondants...) incultes et brutaux, cf. *Lib. et vie munic.*, p. 179-182.

* Pour l'expression on comparera *ep.* 348, 9 (πρὸς πηλὸν παραταττόμενον). Ce parallèle, qui nous a été signalé par Bernard Schouler, montre que les commentateurs ont eu tort de chercher pour notre passage des explications compliquées. Selon Reiske, suivi par P. Wolf, la neige désignerait ici à la fois le mauvais climat du lieu et la froideur de l'accueil réservé à Libanios. Pour Norman, elle serait celle qui servait à rafraîchir le vin (cf. *or.*, II, 59), et cette idée avait aussi effleuré P. Wolf. Tout au plus pouvait-on soupçonner Libanios d'exagération comique ; car si le goût des gens de Byzance pour la boisson était proverbial, au moins depuis Ménandre (fr. 61), le même poète nous atteste que leur mauvais climat ne l'était pas moins (*Samienne* 106-111) [J. M.] En ce qui concerne le fond, on voit aisément que les étudiants de Libanios désertent son école pour se rendre soit à Athènes, où l'ambiance « culturelle » est meilleure, soit à Berytos, en Phénicie, pour y apprendre le droit.

Chapitre 77.

* Θ 134. Libanios avait été commotionné une première fois à Antioche, à l'âge de vingt ans, *supra*, § 9.

Chapitre 78.

* C'est le tremblement de terre du 24 août 358, qui devait

provoquer la mort de nombreuses victimes, parmi lesquelles son ami Aristénète, *infra*, § 118.

Chapitre 79.

* On se rappelle que Libanios avait quitté Constantinople sous les menaces de Limenios, § 47, ce qui avait donné lieu à des bruits fâcheux : on disait qu'il avait été chassé de la ville pour une affaire de mœurs (cf. Eunape), à la suite d'une décision de la ville, donc du Sénat. Sans doute l'empereur l'y avait-il par la suite nommé professeur, § 74, mais sur proposition de Philippos et pétitions privées de ses amis. Libanios a voulu, pour rétablir complètement sa réputation et laver son honneur, obtenir du Sénat son rappel officiel et la restitution d'avantages matériels qu'il n'avait pas encore recouvrés, cf. P. Petit, *Lib. et vie munic.*, p. 409.

Chapitre 80.

* Selon O. Seeck, *Die Briefe*, p. 61, ce Phénicien, proconsul de Constantinople entre 349 et 354 (dates du séjour de Libanios) serait Anatolios I (*Prosop.*, p. 59, *s. v.* Anat. 3). Nous pensons qu'il s'agit plutôt de Strategios Musonianos qui fut proconsul avant 353 : remettant en vigueur un ancien décret du Sénat, il fit donner à Libanios le revenu d'une terre de la ville (selon une pratique dont bénéficiait à Antioche le sophiste officiel Zenobios). Plus tard, on demanda au sophiste le remboursement (en or, selon le procédé de l'*adaeratio*) d'un trop-perçu, et Strategios arrangea l'affaire qui l'avait rendu furieux, ce qui tend à montrer qu'il était bien à l'origine de cette faveur, *ep.* 454. 464, 516 (cf. H. Bouchery, *Themistius in Libanius' Brieven*, Anvers, 1936, p. 92). P. Petit, *loc. cit.* Son cognomen Musonianos correspond bien à ce que dit Libanios : « que les Charites (les Muses) inspiraient », reprenant une expression employée à propos du même personnage par Himerios, *or.* LXII, 6 (cf. *Prosop.*, p. 611).

* Il semble que Libanios ait reçu à la fois l'usufruit d'une propriété municipale et celui d'un bien impérial. Quant aux « dignités » dont l'empereur le combla, peut-être faut-il y voir simplement la confirmation de son poste de sophiste officiel titulaire en quelque sorte d'une première chaire, ce qui expliquerait qu'il fut chargé de faire le panégyrique des empereurs, à moins qu'inversement ce ne soit le succès de ce discours LIX qui lui ait valu ces faveurs.

Chapitre 81.

* Il s'agit de Vetranio, un vieux général qui se laissa convaincre sans peine de déposer la pourpre, et de Magnence

dont l'élimination coûta beaucoup plus cher, cf. A. Piganiol, *Empire chrétien*, p. 85-89. Les faits datent des années 350-353. Julien, *or.* I, 1 (panégyrique de Constance écrit en 355) s'exprime à ce propos de la même façon que Libanios qui connaissait certainement son discours et reprit la formule.

* Nommé proconsul d'Achaïe en 353, il devint ainsi responsable des écoles rhétoriques d'Athènes, cf. le § suivant. On peut noter que l'honnêteté de Strategios n'est pas aussi évidente aux yeux d'Ammien Marcellin, XV, 13, 1-2...

Chapitre 83.

* Cette hâte servile atteste le déclin de l'autonomie municipale en face des désirs d'un gouverneur impérial, car au fond de leur cœur les Athéniens étaient ulcérés de la « réprimande » et les professeurs en place très hostiles à cette décision, comme Libanios le reconnaît.

Chapitre 85.

* Sans doute Diophante, sophiste à Athènes (*supra*, §§ 16, 20) et natif de la province d'Arabie, *Prosop.*, p. 260.

Chapitre 86.

* A. J. Festugière, *Antioche*, p. 99 estime l'argumentation des §§ 85-86 incohérente, et A. F. Norman, *Autobiogr.*, p. 170-171 admet une confusion dans l'esprit du sophiste entre ses adversaires d'Athènes et ses rivaux d'Antioche. Nous ne voyons ici ni incohérence ni confusion : déçus de le voir refuser le poste d'Athènes qui les eût débarrassés d'un concurrent florissant, ce sont les maîtres de Constantinople qui firent observer perfidement que si Libanios allait enseigner en sa patrie, à Antioche, il n'obtiendrait pas le même succès, et Libanios, à la fois par vanité et par désir de revenir chez lui, releva le défi, sous l'inspiration, dit-il, de la Fortune.

Chapitre 87.

* Dans cette ville méditerranéenne, où il fait bon discuter sous les portiques, les échoppes, les ateliers et les boutiques des petits commerçants (barbiers, parfumeurs, cf. *supra*, § 68) servaient souvent de lieux de discussion. Ailleurs, Libanios dit qu'il est lui-même d'abord facile et qu'il répond aux paroles et aux saluts des plus pauvres, *or.* II, 6 (de 381). On le voit très bien ici, accueilli comme le fils prodigue et congratulé pour ses succès. quand il se promène sous les portiques.

Chapitre 88.

* L'attitude résolue et confiante du sophiste qui doit dissimuler son « trac » est courante et Libanios s'inspire ici du grand Polémon, tel qu'Eunape le dépeint, *Vie soph.*, 537 (cité par Norman, *op. cit.*, p. 171). Son oncle Phasganios était son plus ardent « supporter », cf. *infra*, § 110 et l'*ep.* 405, 10 (de 355) où Libanios décrit ses joutes oratoires de l'hiver 354-355. Mais il a d'autres partisans fanatiques, tel Chromatios dont il rappelle les services rendus dans l'*ep.* 390 (de 355), à propos justement de ce premier séjour à Antioche, Quirinus, *ep.* 405, 10 et 12, ou ce Megethios qui « crie non pas comme quatre mais comme cinquante », *ep.* 277.

Chapitre 89.

* Cf. Hdt. VII, 237 : πολιήτης μὲν πολιήτῃ εὖ πρήσσοντι φθονέει, *un citoyen jalouse un concitoyen heureux.* [J. M.].

Chapitre 90.

* Depuis G. Sievers les modernes hésitent sur l'identification de celui qui fut le grand rival à Antioche de Libanios à ses débuts. Le problème est posé par A. F. Norman, *Autobiogr.*, p. 172, 182. Pour les uns (notamment R. Foerster, t. X, p. 760), c'est Euboulos, pour les autres (O. Seeck et P. Wolf, *Vom Schulwesen*, p. 93 sqq. et *Aut. Schr.*, p. 190, n. 102) c'est Acacios. Dans son commentaire, Norman, *loc. cit.*, hésite avec une préférence pour Acacios, mais la *Prosop.*, p. 287-288, revient à Euboulos, qui serait *à la fois* curiale d'Antioche et sophiste. J'avais moi-même pensé (*Les étudiants*, p. 74, 99, en notes, et mon compte-rendu de Norman dans *Gnomon*, 38, 1966, p. 245) à une homonymie entre deux Eubouloi, solution de fortune que j'abandonne aujourd'hui : *le rival de Libanios est bien Acacios.* Contre la *Prosop.*, marquons bien qu'Euboulos, curiale *principalis* d'Antioche ne peut être « chez lui » (ici, §§ 90, 91) en Phénicie ni en Palestine, et l'*ep.* 555 distingue nettement les deux personnages, le rival de Libanios et Euboulos. Restent à éliminer les arguments de Foerster en faveur d'Euboulos : selon Eunape, *Vie soph.*, 497 (= p. 526 Loeb), Acacios est un Palestinien (de Césarée) alors que Libanios qualifie son adversaire de « Phénicien ». C'est lui qui fait une confusion : avant d'exercer à Antioche, Acacios était professeur en Phénicie (*ep.* 754) et en 357 il quitte Antioche pour la Phénicie (*ep.* 555), mais par la suite c'est bien en Palestine qu'il s'établit, chez lui, près des siens, au nombre desquels se trouve Eutropios, le futur historien Eutrope, son neveu (*ep.* 755), et Libanios dit qu'après avoir exercé en Phénicie, puis à Antioche,

il poursuit sa carrière en Palestine (*ep.* 754). Ces chassés-croisés expliquent sa confusion, commise bien plus tard. Les arguments de Foerster, tirés des §§ 98 et 103 d'une part, et des §§ 110 et 116 d'autre part, ne tiennent pas, comme on le verra plus loin. Voici le plus délicat : après une rude bataille, marquée par l'emploi de procédés fort inélégants (cf. *infra*, § 113) de la part d'Acacios, on reste surpris de voir Libanios se réconcilier avec lui à partir de 359 et lui écrire aimablement par la suite. Mais n'oublions pas qu'il est sorti vainqueur de la lutte, que son adversaire a été humilié, chassé par Strategios (*infra*, § 115), forcé de laisser la place, et que Libanios professe la mansuétude envers les ennemis vaincus (*supra*, § 64). A deux reprises du reste il montre une certaine condescendance à l'égard d'Acacios et lui rappelle les services qu'il lui a rendus (*ep.* 274, 289). En faveur de l'identification du rival avec Acacios, il faut souligner ses rapports avec le curiale Euboulos qui est son protecteur attitré, comme Phasganios était celui de Libanios, les coteries politiques se combinant avec les rivalités de professeurs (de même à Nicomédie, *supra*, § 66). P. Wolf, *loc. cit.* a bien vu cela, mais va sans doute trop loin en supposant que Libanios mentionne plus souvent Euboulos qu'Acacios lui-même pour imiter Démosthène dont la politique suscita l'opposition d'un autre Euboulos, *op. cit.*, p. 21. Des lettres montrent qu'après son départ d'Antioche Acacios est resté en rapports avec Euboulos, *ep.* 289, 454 et 555, qui est en quelque sorte un ami de sa famille, car il dispute à Libanios l'honneur de s'occuper du jeune Eutropios, *ep.* 755. Enfin, il existe, je pense, un argument nouveau et capital : dans le *Bios*, *infra*, § 110, Libanios affirme avoir fait augmenter les rations (annones) de son adversaire. Or, nous trouvons mention de ce fait dans l'*ep.* 274, 5 (Foerster, X, p. 260), adressée à Acacios : « ton revenu avait été accru, à ce que je crois bien, par celui qui était venu d'un autre côté », à l'initiative justement de Libanios, ce qui donne un tour ironique à l'incidente. Ce rapprochement nous autorise à considérer le problème comme résolu. Cf. *infra*, note compl. § 110.

* Aristoph., *Gerytades* fr. II, 1005, 12 M. [J.M.]

Chapitre 91.

* C'est une des phrases que Reiske déclare ne pas comprendre. Pour P. Wolf, *Aut. Schr.*, p. 190, n. 103, Libanios veut dire que son adversaire (comme aux §§ 40, 50, 62) en s'attaquant à lui ne fait de tort qu'à lui-même. Nous comprendrions plutôt que le « Phénicien » n'avait pas l'habitude d'affronter des rivaux en chair et en os. [J. M.].

Chapitre 94.

* En cette fin de l'année 353, le proconsul de Constanti-

nople doit être Anatolios I (O. Seeck, *Die Briefe*, p. 60-61), cf. *Prosop.*, p. 59 (Anat. 3).

* Libanios veut retourner à Antioche sans attendre les prochaines vacances scolaires (celles de 354). Il obtient l'appui du proconsul, grâce à l'avis des médecins : sa santé était médiocre et les lettres le confirment, du moins pour la période immédiatement postérieure, en 354-355, durant laquelle il continue à se plaindre afin d'obtenir son exeat définitif, cf. *ep.* 391 (§ 17), 393, 399, 430, 438, 492. Il souffre de maux de tête, de vertiges, de maux de reins, absorbe des potions et subit une saignée. Il obtient aussi l'appui du chrétien Datianos, patrice de Constantin et richissime favori de Constance, originaire d'Antioche, qu'il flatte et remercie, *ep.* 409, 1115, mais qu'il n'aime guère au fond et critique plus tard, *ep.* 82 (de 359). *Or.* LXII, 11, XLII, 23-25. Sur lui, O. Seeck, *Die Briefe*, p. 113-117. *Prosop.*, p. 243-244. Dans le présent passage on voit que Datianos est égratigné, malgré le service rendu.

Chapitre 95.

* Libanios eut bien du mal à obtenir son exeat définitif et pendant plusieurs années il fait intervenir ses relations pour ne pas revenir dans la capitale, où à un moment donné un ordre de l'empereur l'avait expressément rappelé, sans qu'il obéît, *ep.* 438 (à Anatolios), 439 (au médecin Olympios), 440-441 (à Datianos), toutes de 355. Il invoque toujours ses maux physiques, reconnaissant même un jour qu'il est maintenant frappé pour de bon des maux qu'il avait allégués pour rester chez lui, *ep.* 473 (de 355-356, adressée à un ami intime, non fonctionnaire, Aristénète). Il semble rassuré au printemps 356, *ep.* 480, 489. Mais en continuant à lui verser une part de son traitement de Constantinople, l'administration ne lâchait pas prise et il ne fut vraiment tranquillisé que lorsque ces versements furent arrêtés, en 357 seulement, *ep.* 572. Cf. P. Petit, *Lib. et vie munic.*, p. 409.

* Διατύπτεσθαι n'est attesté que dans une scholie à Aristophane, *Eccl.* 964, où ce mot est donné comme l'équivalent de πληκτίζεσθαι, qui chez le poète comique désigne les combats amoureux. Mais cela ne veut pas dire que ce terme ne puisse pas être employé dans un autre sens, *être frappé, être abattu.* Cette acception est fréquente, au moins en poésie, pour le simple τύπτω. Voir par exemple T 125 ; Esch. *Eum.* 509. [J. M.].

Chapitre 96.

* Sur les troubles de 354, cf. *Lib. et vie munic.*, p. 107-109, 235-238. Comme le note justement A. F. Norman, *op. cit.*, p. 173, Libanios a tendance à « télescoper » les faits et sépare par deux développements ses deux allusions à cette émeute,

l'emprisonnement des bouleutes, § 96, et l'émeute proprement dite, qui vit le meurtre du consulaire Theophilos et l'incendie de la demeure d'Euboulos en fuite avec son fils, § 103.

159. Il s'agit de Zenobios dont il parle également de façon discontinue, §§ 100, 104-105, à chaque fois pour se donner le beau rôle, d'abord à sa sortie de prison, puis lors de sa maladie, enfin après sa mort.

Chapitre 97.

* L'expression κύκλῳ περιέρχεσθαι a d'abord un sens militaire, cf. Plut. *Vie de Publicola*, 22, 4 κύκλῳ περιῆλθε τοὺς πολεμίους. Le verbe περιέρχεσθαι est employé dans le sens de *tromper*, *berner* par Aristoph. *Cavaliers* 1142 ; Hdt. III, 4 ; Plut. *Nicias* 10, 4 ; Philostrate, *Vit. Soph.* p. 517 (τοιοῖσδε θωπεύμασι περιελθὼν τὸν δεσπότην). [J. M.]. Ce discours est un second panégyrique de Gallus, perdu comme le premier (*supra*, § 91), cf. Foerster, t. XI, p. 617.

Chapitre 98.

* La seule façon honnête et digne de recruter des étudiants consiste à faire montre de sa virtuosité, cf. *Les étudiants*, p. 96-101. Les lettres de l'époque sont pleines de récits concernant cette activité mais ils se placent plus souvent en 355 qu'en 354 et le *Bios* ne brille pas par la rigueur chronologique des détails. Cf. cependant l'*ep.* 391, 10 qui semble décrire ses débuts de 354 : « Au début, je suis arrivé chez des gens qui n'étaient même pas sûrs de vivre... Ensuite celui qui répandait la terreur (Gallus) partit et j'échappai moi-même à l'accusation capitale que tu as sue ; alors, en couronnement des nombreux discours que je fis durant l'été, j'ouvris une école et la jalousie souffla à plein » (tr. Festugière, *Antioche*, p. 427). Cette lettre confirme l'exactitude de l'autobiographie.

* Constance était Auguste depuis 337, Gallus César depuis 351. Nous abordons ici l'accusation capitale dont il est question dans la note précédente.

* Cette clique est celle d'Euboulos, protecteur d'Acacios, comme on l'a vu. Libanios insinue assez méchamment que l'autre sophiste a pris part à cette machination, mais sans y croire réellement, sinon il n'aurait pu se réconcilier avec lui plus tard, car l'affaire était très dangereuse. C'est en réalité une accusation d'origine politique : Thalassios, cousin de Libanios et préfet du prétoire en 354, s'était montré très hostile à Gallus, juste avant sa mort, Ammien Marcellin, XIV, 1, 10 (cf. *Prosop.*, p. 886). Ses ennemis ont voulu perdre un de ses partisans, Libanios lui-même, dont la position était affaiblie depuis la mort de son puissant cousin.

Chapitre 99.

* Gallus, peut-être averti déjà des soupçons de Constance, s'efforce de se montrer en cette occasion juste et réfléchi, en renvoyant l'affaire au tribunal, alors que les accusateurs voyaient déjà Libanios sommairement exécuté, comme l'avaient été Dometianos et Montios. La montagne proche d'Antioche est le Mont Silpios où se réfugient toujours les gens menacés, soit des curiales comme Euboulos et son fils, *supra*, § 103, soit cet accusateur calomnieux, soit les boulangers, *infra*, § 227.
* Pour ψιλῆς αἰτίας cf. plus loin § 161 ; αἰτία à lui seul désigne l'accusation sans preuves chez Démosthène (*Contre Androtion* 23 ; *Couronne* 15). Comparer Dém. *Contre Aphobos* 1, 54 : καὶ μαρτυρίαν μὲν οὐδεμίαν ἐνεβάλετο τούτων ὁ ταῦτ' εἰπεῖν ἀξιώσας, ψιλῷ δε λόγῳ χρησάμενος ὡς πιστευθησόμενος δι'ἐκείνων. [J. M.].

Chapitre 100.

* Libanios ne se trouve pas dans le fossé, mais devant les douves du rempart, près d'une porte de la ville, avec ceux qui étaient venus saluer le César.
* Libanios avait été invité par l'administration à revenir à Constantinople et Gallus était forcément au courant, *supra*, § 95.

Chapitre 101.

* Après ses discours de l'été, *supra*, § 98, à la rentrée scolaire d'octobre 354, Libanios ouvre une école privée, avec ceux de ses étudiants de Nicomédie qui l'avaient suivi, comme cela se pratiquait souvent. Il ne peut pas occuper une chaire publique puisqu'il est toujours professeur à Constantinople. L'*ep.* 405, 4 (de 355) confirme la présence à sa première réunion de dix-sept élèves : vingt ans plus tard il s'en souvient bien, à moins qu'il n'ait alors consulté le livre de copies où ses lettres étaient transcrites par son secrétaire.
* Achille ; voir Σ 104.

Chapitre 102.

* L'*ep.* 405, 6 indique que dans l'hiver 354-355 l'effectif de ses étudiants était monté à cinquante élèves, mais alors Zenobios était mort et Libanios installé au bouleutérion : dans son local de l'agora il peut donc avoir eu une trentaine d'étudiants, cf. P. Wolf, *Vom Schulwesen*, p. 46.
* Les professeurs officiels, « les autres », sont au moins

deux, Zenobios et Acacios. Mais Zenobios, le « sophiste de la ville » devait exercer au bouleutérion, où Libanios parvint à le remplacer durant sa dernière maladie, § 104, pour y demeurer ensuite jusqu'à la fin de sa vie. Il n'est pas sûr que le « Mouseion » soit à identifier avec le bouleutérion, comme le fait P. Wolf, *Vom Schulwesen*, p. 45, car Antioche avait reçu sous les Séleucides un bâtiment spécial à usage d'enseignement et de réunions « culturelles », appelé Mouseion par analogie avec celui d'Alexandrie, que par la suite Constantin affecta temporairement au *Comes Orientis* lors de sa création, en 335, cf. Gl. Downey, *Antioch*, p. 622.

* Cf. Hes. *Theog.* 79 Καλλιόπη θ' · ἡ δὲ προφερεστάτη ἐστὶν ἁπασέων. Pour Calliope et la rhétorique, cf. *Or.* XV, 79 et LX, 13. [J. M.].

Chapitre 103.

* Gallus, après avoir pris une mesure maladroite en faisant emprisonner d'emblée les *principales*, § 96, commit en outre l'imprudence de rejeter la responsabilité de la famine qui régnait en 354 sur le consulaire de Syrie Theophilos qui fut massacré.

* Le *principalis* Euboulos, libéré de prison avec les autres au moment de l'arrivée de Libanios à Antioche, § 96, est attaqué par la foule en furie (Ammien Marcellin, XIV, 7, 5-6) et se réfugie dans la montagne pendant que sa maison est incendiée ; il est accompagné de son fils, Argyrios le Jeune, qui sera plus tard lui aussi un des *principales* les plus influents.

Chapitre 104.

* Une note marginale du manuscrit P, due à un savant du XIVe siècle (voir l'apparat critique), prétend que Libanios se compare lui-même à Patrocle, désarmé par Apollon avant d'être blessé par Euphorbe et tué par Hector (Π 787 sq.). Cette interprétation a été réinventée par Reiske : à l'audition de ces nouvelles, Libanios aurait perdu le fil de ses idées et le calame lui serait tombé des mains. P. Wolf et A. F. Norman rejettent tous deux avec raison cette exégèse. Pour Norman, *Autobiogr.*, p. 176-177, Patrocle est Euboulos. Mais il est préférable de suivre Wolf, *Aut. Schr.*, p. 191, n. 118 : Patrocle est Acacios qui, privé de la protection d'Euboulos en fuite, est maintenant à la merci de ses adversaires. La prière de Libanios à Calliope a donc été entendue. [J. M.].

* Zenobios qui avait été emprisonné avec les curiales n'a pas été inquiété par la foule, car un professeur n'a rien à voir avec le ravitaillement de la ville. Libanios prétend que Zenobios l'avait appelé (pour lui succéder), ce qui est sans doute exagéré et témoigne surtout de l'empressement indécent de

son futur successeur. Irrité par cela même, Zenobios ne se démet point et invite Libanios à la patience, cf. § 100. Mais la maladie (encore une faveur de la Fortune ! mais cette fois Libanios ne le souligne pas...) le contraint à céder sa place au bouleutérion, ce qui vaut aussitôt un grand succès à notre sophiste, *ep.* 405, 5 (cinquante élèves à la fin de 354).

Chapitre 106.

* Cf. *supra*, § 82.

Chapitre 107.

* Le terme grec (ἐγγεγραμμένοι) s'applique parfois à ceux qui étaient « inscrits » parmi les curiales ou les débiteurs du fisc, selon Reiske (P. Wolf, *Aut. Schr.*, p. 191, n. 112). Dans le cas présent, ainsi que Norman, *Autobiogr.*, p. 117, le note avec raison, il s'agit de gens dénoncés et accusés comme complices des émeutiers de 354 et menacés de sanctions par Strategios : Libanios intervient en leur faveur auprès du préfet qui met fin aux poursuites. Il est piquant de voir Libanios bien plus tard, en 388, quand son crédit auprès des autorités a bien diminué, prétendre que de telles interventions ne servent en réalité qu'à exaspérer encore davantage les gouverneurs, *or.* LI, 25.

* Plus tard, *or.* LI, 26-27, il démontre le contraire : si c'est conforme à la loi, ce n'est pas une faveur, donc les visites sont inutiles ; si l'on sollicite le gouverneur, c'est que ce n'est pas légal ! Dans les *or.* LI, 29-32 et LII, 39-44, il reconnaît qu'il est autrefois intervenu auprès des autorités, mais ne cite que Julien.

* Libanios qui se montre ici si fier de son rôle politique auprès de Strategios condamne dans les *or.* LI et LII ces « visites », sources de passe-droits et d'injustices. Mais à cette époque, en 388, c'étaient ses ennemis qui avaient souvent l'oreille des gouverneurs, *ep.* 964, *or.* LIV (contre Eustathios). Pourtant, il continue, même alors, d'écrire personnellement aux fonctionnaires de ses amis, ceux qui sont à la cour, tel le préfet Tatianos et combien d'autres.

Chapitre 108.

* Le texte que nous adoptons (λουόμενον), et qui est le mieux autorisé par la tradition, a fait difficulté pour les éditeurs car il suppose que Libanios assiste au bain de Strategios. Mais cela est expressément confirmé par l'*ep.* 552 qui évoque l'une de ces conversations dans les thermes du Palais : « J'ai entendu ces paroles chez Strategios lui-même et de sa propre bouche ;

c'était le soir et nous nous tenions près de la piscine » (προσειστήκειμεν δὲ τῇ δεξαμενῇ : pour le sens du mot δεξαμενή, cf. *or.* LI, 9). Strategios se comporte à l'égard de Libanios d'une manière au moins aussi flatteuse (ἐκολάκευε) que Modestos qui pour avoir le plaisir de converser avec notre sophiste renonçait à se baigner, *ep.* 364 : « la venue du soir l'invitait à se rendre aux bains, mais le plaisir qu'il prenait à notre conversation le retenait ». L'attitude de Libanios s'oppose point par point à celle des solliciteurs abusifs dénoncés dans les *or.* LI et LII : ceux-ci se précipitent au Palais aussitôt après le déjeuner, aux dépens de leur propre sieste et de celle du gouverneur ; le soir venu, ils l'attendent à la sortie du bain, quelquefois même ils y pénètrent le placet à la main, pendant qu'il se déshabille, qu'il est dans l'eau ou qu'il s'essuie (*or.* LII, 7). Libanios ne fait pas la sieste non plus, mais c'est pour travailler, *infra*, § 109 ; il attend la fin de l'après-midi pour présenter ses requêtes et s'il trouble le bain du gouverneur, c'est à la demande de celui-ci et pour lui offrir l'agrément d'une présence bienfaisante ; enfin ses bons offices sont gratuits. [J. M.]. On peut ajouter que Libanios passe ici sous silence les brouilles qui l'opposèrent à Strategios et qui ont été mises en lumière par H. Bouchery, *Themistius in Libanius' Brieven*, Anvers, 1936, p. 63-68, 87 sq. Cf. *ep.* 432, 506 (en fin 356, Strategios a été jusqu'à soutenir Acacios pendant quelque temps).

Chapitre 109.

* C'est toujours Acacios, appelé ici ἀντικαθήμενος, comme en l'*ep.* 405 ὁ ἀντίτεχνος. Cf. *or.* LII, 31 : son ἀντικαθήμενος estimait fort avantageux de fréquenter les gouverneurs.

* En combinant l'*ep.* 36 (de 358-359) et les indications données par le *Bios* (cf. Foerster, t. XI, p. 617-621), on constate effectivement que depuis son établissement à Antioche en 354 Libanios a composé un éloge de Gallus, un discours contre les pédagogues, une Monodie et un éloge plus développé de Zenobios, un *Prosphonetikos* pour Strategios, et plusieurs déclamations (un πρόλογος, une ἅμιλλα, et προάγωνε δύο), sans oublier l'*or.* XI, le panégyrique d'Antioche que l'on place ordinairement en 360, mais qui fut en réalité composé en 356 pour les Jeux Olympiques de cette année, selon l'*ep.* 36 (il y a d'autres arguments, sur lesquels je reviendrai ailleurs). On conçoit que ce nombre et cette diversité aient pu suffoquer Acacios.

* La victoire sur le sommeil est un mérite caractéristique des grands sophistes. Ainsi chez Philostrate (*Vit. Soph.*, p. 516 et 518) Scopelianos est présenté comme ὕπνου κρείττων et ἀυπνότατος ἀνθρώπων. On comparera ces paroles de l'*Or.* XII, 94, adressées à Julien : « Tous ces beaux discours si variés ne sont pas seulement le fruit des efforts que tu as accomplis avant ton règne ; tu continues aujourd'hui encore à veiller pour eux. Ta royauté n'a pas réduit tes livres à demeurer inutilement

à leur place. Au contraire, lorsque la nuit en est encore à ses premières heures, tu chantes déjà, bien avant les oiseaux, occupé à enfanter des discours, ou à recueillir le fruit des autres. La force du sommeil est vaincue par la discipline imposée à ton estomac ; car c'est par le vin et la satiété que le sommeil gouverne les paupières, et sans eux il ne peut pas grand'chose. » [J. M.].

Chapitre 110.

* Sur l'avantage du silence, cf. §§ 50 et 256. [J. M.]. L'ironie de cette phrase est beaucoup plus appuyée dans le joli passage de l'*ep.* 405, 7-8 : son adversaire utilise tous les prétextes pour ne pas parler, ou, s'il parle enfin, il fait fuir les élèves, *ibid.*, 12.

* Pour l'image du cheval, cf. Platon, *Phèdre*, 256 a. [J. M.]. L'*ep.* 454 (fin 355) indique qu'Acacios est parti l'été, disant qu'il allait revenir, mais il est resté chez lui, et Libanios fait comprendre à Euboulos qu'il désire son retour, ce qui fut fait, puisqu'il prétend le traîner aux joutes oratoires. L'influence de Phasganios, curiale très important, favorisait certainement son neveu : Libanios nous dit à plusieurs reprises que tous les membres de la curie étaient pour lui, sauf un seul, évidemment Euboulos, *ep.* 504, 529, 537 (en 356-357).

* Les déplacements d'Acacios sont difficiles à suivre. Voici à quels résultats nous sommes parvenus : il séjourne et enseigne à Antioche en 353, 354, 355 (jusqu'aux vacances), et passe l'été chez lui, § 90, *ep.* 390, 391, 405. Des conventions ont été établies entre eux, sous l'influence d'Olympios, sans doute pour prévenir le débauchage mutuel de leurs élèves, mais Acacios, appuyé par Euboulos, ne les respecte pas, *ep.* 439. En été 355, Acacios est parti pour la Palestine et Libanios invite Euboulos à le faire revenir, *ep.* 454. Il est revenu, leur rivalité a repris de plus belle, il reçoit fastueusement les avocats ennemis de Libanios, *ep.* 529 (de 356). En 357, il est encore reparti, mais en Phénicie cette fois, et est revenu sur les invites de Libanios, mais accompagné d'étudiants phéniciens qui se conduisent odieusement ; il a rompu les accords et cherche en vain à débaucher les étudiants de Libanios, *ep.* 555 (de 357). Allusion, *ep.* 561, à deux personnes, sans doute Euboulos et Acacios, qui ont rompu avec Libanios et Strategios : peut-être est-ce la suite de l'affaire du copiste acheté, § *infra*, §§ 113-115, mais en ce cas il confond un peu les dates, car il place cette affaire juste après le commandement de Strategios (qui était resté à Antioche), c'est-à-dire en 358 d'après le *Bios*, alors que l'*ep.* 561 est de 357. La solution doit être la suivante : il y eut deux tentatives de la part d'Acacios (ici, §§ 113 et 115) et lors de la seconde Strategios le chassa de sa demeure privée (puisqu'il n'était plus préfet à ce moment). A la suite de cet échec humiliant Acacios quitte définitivement la ville et Libanios se réconcilie avec lui dès 360 (*ep.* 259) et engage une cor-

respondance avec lui dès 361 (*ep.* 274) en affectant de regretter son départ. Le problème du « blé » a été évoqué *supra*, p. 229, l'*ep.* 274, 5 assurant l'identification d'Acacios : il s'agit d'une annone (ration de blé) que Libanios lui fit obtenir, sans doute grâce à Strategios, à un moment où leurs rapports devaient être moins mauvais. Il semble qu'après son départ définitif Acacios ait continué à toucher cette annone, du fait des lenteurs de l'administration, et que Libanios soit intervenu pour éviter qu'on ne lui réclamât un remboursement. selon une procédure dont il avait eu en lui-même à souffrir, *ep.* 289. Cf. O. Seeck, *Die Briefe*, p. 41, n. 2.

Chapitre 111.

* Évidemment Strategios.
* C'est un *Prosphonetikos*, signalé *ep.* 405, 7, et perdu.

Chapitre 112.

* Cf. *supra*, § 72 : Philagrios, vicaire du Pont, s'était déplacé pour entendre Libanios au bouleutérion de Nicomédie : mais Strategios est préfet du prétoire.

* Ce panégyrique est mentionné dans les *ep.* 36, 345, 353. Il fut prononcé à la fin du commandement de Strategios, Libanios semblant s'être fait tirer l'oreille, sans doute à la suite de la brouille passagère survenue entre le préfet et lui, cf. *supra*, § 108 (*ep.* 506, de 356-357). Peu de temps après en effet, Strategios est remplacé par Hermogénès, *infra*, § 115. Sur les trois séances nécessaires pour la récitation du panégyrique, cf. A. F. Norman, *Autobiogr.*, p. 179.

Chapitre 113.

* Strategios fut remplacé avant le 24 août 358, *ep.* 21 (à Aristénète, qui mourut ce jour-là dans le tremblement de terre de Nicomédie). Il est encore attesté comme préfet le 7 juin, *C. Th.*, I, 5, 6. Il resta quelque temps à Antioche, § 115, puis partit peu après, toujours avant la mort d'Aristénète, encore vivant dans l'*ep.* 378.

Chapitre 115.

* Ses qualités sont confirmées par Ammien, XIX, 12, 6 et Libanios lui-même *ep.* 21 et autres (citées dans la *Prosop.*). Il était païen et avait étudié la philosophie, ce qui explique le jugement de notre sophiste. En fait, c'était surtout un juriste, imbu de la puissance de l'État et bon administrateur.

Chapitre 116.

* Cf. *supra*, p. 229. Le *principalis* Euboulos, protecteur d'Acacios, est nommé en toutes lettres dans le *Bios*, §§ 103, 156, 163, dans les *or.* XVI, 26, XXXI, 47, XXXV, 10 et dans les *ep.* 119, 6, 289, 454, 555 (il y a des confusions dans l'index de Richtsteig, t. XII de l'édit. Foerster, *index nominum*, p. 32). On le voit toujours dans la curie, intervenant, interpellé par Libanios ou agissant auprès des gouverneurs, une fois ou deux cité en exemple dans un contexte tout différent de celui de ses rapports avec Acacios, c'est-à-dire après 358, et loué dans son activité de curiale, mais après sa mort, *or.* XXX, 10 (de 386). Souvent Libanios parle de lui sans le nommer, toujours d'une façon hostile, *ep.* 173, 390, 405, 439, 504, 529, 537 (appelé Kokkuliôn, 504, le seul membre de la curie qui soit hostile à Libanios), 550 (*id.*), 561. Je donne ces précisions parce qu'il n'est traité ni dans Seeck, ni dans la *Prosopographie*, qui a exclu malheureusement les noms des curiales.

* Sur Aristénète, *supra*, § 57. Sur Seleucos, O. Seeck, *Die Briefe*, p. 272-273. *Prosop.*, p. 818-819.

Chapitre 118.

* Cf. O. Seeck, *op. cit.*, p. 140 (Euseb. IX) : ami intime, oncle de Parthenios, également très proche de Libanios qui le recommande à plusieurs reprises, *ep.* 72, 73, 74, juste après la mort d'Eusebios.

* Aristénète, Ammien, XVII, 7, 6. On notera ici un certain désordre chronologique dont Libanios a conscience (« qui partit avant eux »...). A. F. Norman, *Autobiogr.*, p. 180, rétablit sans peine l'ordre des faits : mort d'Aristénète en 358, d'Eusebios en 359, et cette même année encore, mort de Phasganios et de sa mère. L'*ep.* 282 suit de près la catastrophe de Nicomédie, Libanios y recommande au nouveau gouverneur de Bithynie, Alexandre, un jeune parent d'Aristénète, Dianios. Il écrivit sur la ville restée chère à son cœur la Monodie, *or.* LXI, et une autre sur Aristénète (cf. *ep.* 33 : « œuvres de deuil ») qu'il ne récita point publiquement, se contentant de les montrer à quatre personnes, son oncle, Eusebios précisément, Priscianos et Philoclès, et il les envoie à son ami Demetrios de Cilicie, en lui permettant d'en faire profiter ses amis, *ep.* 33 (hiver 358-359). Cette diffusion réduite explique la perte de la monodie sur Aristénète, dont la portée était moins générale.

* Aux malheurs de ces années 358-359 s'ajoutent encore les péripéties tragiques du procès de Scythopolis où furent impliqués plusieurs de ses amis, des curiales d'Antioche, « la fleur de la cité », *ep.* 37 (de 359). Ammien, XIX, 12, 3-16. Certaines lettres, écrites entre 359 et 361, avant l'arrivée de

Julien au pouvoir, expriment son amertume, son découragement, *ep.* 123, 140, 173, 190, 263, 656, 667, 677. Cf. *supra*, p. 219.

* Il s'agit bien ici, malgré Norman, de la restauration des cultes païens, ce qui avait été bien vu par Reiske, et à sa suite par P. Wolf. Il suffit pour trancher la question de se reporter aux termes très semblables employés par Libanios dans l'*or.* XVIII, 126 : πρῶτον μὲν οὖν, ὅπερ ἔφην, ὥσπερ φυγάδα τὴν εὐσέβειαν κατήγαγε. [J. M.] « La terre entière tomba sans combat » : la mort naturelle de Constance, le 3 novembre 361, en Cilicie, épargna à Julien les risques et l'impopularité d'une guerre civile où il aurait fait figure d'usurpateur aux yeux de beaucoup. Cette marque de la faveur des dieux est soulignée *or.* XVIII, 118.

Chapitre 119.

* Sur la politique religieuse de Julien, cf. J. Bidez, *La vie de l'empereur Julien*, Paris, 1930, p. 261-272, 291-304. La joie de Libanios est bien naturelle et exprime avec exubérance la réalisation des vœux du « parti païen », cf. *ep.* 685, 694, *Or.* XXIV, 36. Selon l'*or.* XV, 48-49, nombreux furent les Antiochéens qui s'associèrent à ce renouveau du paganisme, mais on sait que Julien rencontra dans cette métropole du christianisme de fortes oppositions, *Misop.*, 361 Hertl (= CUF, t. II, *or.* VII, 33). En fait les jeunes générations ignoraient l'ancienne religion, seuls les vieillards la virent refleurir avec joie, *or.* XVII, 9, 13.

Chapitre 120.

* Sur cette ambassade de la ville en 362, cf. P. Petit, *Lib. et vie munic.*, p. 416-417. Libanios avait refusé d'en faire partie, *ep.* 697, et se tient sur la réserve, *ep.* 716. Julien, *Lettres*, éd. Bidez (CUF), p. 107-108, et sur ses raisons, *infra*, p. 241. A. F. Norman, *Lib. Sel. Works, I : The Julianic Orations* (coll. Loeb), 1969, p. XXIII-XXIV.

* Libanios ne semble pourtant pas avoir écrit ni *a fortiori* publié de discours si dangereux avant l'arrivée de Julien au pouvoir suprême. Parmi les discours perdus figure un petit ouvrage sur les exploits de Julien qui lui fut adressé vers 360, si l'*ep.* 610 est bien datée et bien interprétée : Foerster la date de 360 (avec réserves), t. XI, p. 625, mais J. Bidez, *Lettres* (CUF, p. 110) y voit la lettre d'envoi de l'*or.* XIII, de 362. Cependant Julien savait que Libanios faisait partie de la coterie païenne ; il écrivait à certains amis des lettres hostiles à Constance mais prudentes, p. ex. *ep.* 661 (de 361), cf. *Lib. et vie munic.*, p. 204-205.

* Julien arrivant à Antioche se comporte à l'égard de

Libanios comme Marc Aurèle à Smyrne à l'égard d'Aelius Aristide, cf. Philostrate, *Vit. soph.*, 582-583 : « L'empereur séjournait à Smyrne depuis deux jours déjà et comme il n'avait pas encore aperçu Aristide, il demanda aux Quintilii si la présence de cet homme ne lui avait pas échappé dans la foule des gens qui étaient venus le saluer. Mais ils répondirent qu'ils ne l'avaient pas vu non plus, sans quoi ils n'auraient pas manqué de le lui amener. Le lendemain ils se présentèrent tous deux, conduisant Aristide comme des gardes du corps. L'empereur en l'accueillant lui dit : « Pourquoi ne t'avons-nous pas vu plus tôt ? » Aristide lui répondit : « Un problème, ô roi, m'occupait et quand l'esprit s'attache à un problème il ne doit pas lâcher ce qu'il cherche ». Alors l'empereur, enchanté de la simplicité et du sérieux de cet homme, lui dit : « Quand t'entendrai-je ? ». On peut comparer aussi chez le même Philostrate, p. 537, la scène entre Hérode Atticus et le sophiste Polémon. [J. M.]. Cf. A. F. Norman, Philostratus and Libanius, *Cl. Ph.*, 48, 1953, p. 20, 23. Julien n'aperçut Libanios que sur l'indication de son oncle Julianus qui l'accompagnait, tant Libanios était caché dans la foule. Quelque temps plus tard seulement, après avoir donné une course de chevaux, il l'invita à lui adresser un discours, *ep.* 736, qui fut l'*or.* XIII, *Prosphonetikos*. A cette époque du reste, Libanios souffrait de violents maux de tête, *ep.* 695, 727, 738, 744, 770.

* Il est amusant de rapprocher ce passage de l'*ep.* 274, 5 (de 361) : Acacios avait au moins deux fils qui eussent pu, s'il n'était pas parti, entrer dans l'école de Libanios, et ils auraient choisi ensemble pour ses filles les meilleurs prétendants, et il y en avait beaucoup... !

Chapitre 121.

* L'expression προοίμιον τῶν λόγων peut prêter à confusion ; elle appartient au langage technique de la rhétorique, mais les λόγοι ne sont évidemment pas ici des discours en forme. Pour P. Wolf, ce sont des entretiens savants (*als Vorspiel gebildeter Reden*), et Norman traduit : *as a prelude to each day's adress.* Nous admettrons qu'il s'agit simplement des entretiens que Julien accorde à ceux qui viennent chaque jour lui faire leur cour. [J. M.]. Cf. *or.* XVIII, 127 : « Sa première tâche à son lever était de s'unir aux dieux par des sacrifices ». Le Palais impérial était situé dans l'île de l'Oronte et entouré de jardins, *or.* XI, 205-206 (tr. Festugière, *Antioche*, p. 24-25 et commentaire R. Martin, p. 45-46). Gl. Downey, *Antioch*, p. 318-323.

Chapitre 122.

* Le temple de Zeus Philios était dans la ville, celui de Zeus Kasios dans la montagne, *or.* XV, 79. *Ep.* 739 : Libanios

devait accompagner Julien montant au temple de Zeus Kasios, mais le mauvais état de sa santé l'en empêcha. Ammien, XXII, 14, 4. Gl. Downey, *Antioch*, p. 384-385.

* Julien rougit de honte pour s'être laissé tromper par quelqu'un qui avait miné leur amitié, § suivant. A. F. Norman, *Autobiogr.*, p. 183 et *The Julianic Orations* (coll. Loeb), p. 415, suggère avec vraisemblance qu'il s'agit du philosophe et thaumaturge Maximos d'Éphèse, d'après *or.* XVIII, 202-203. Sur lui, *Prosop.* p. 583-584. Connaissant sans doute les menées de Maximos qui se trouvait alors à Constantinople avec Julien, il lui envoie en 362 l'*ep.* 694, assez écœurante de flatterie, en faveur d'un païen fervent, Pythiodoros : sans doute voulait-il désarmer son hostilité et il n'y réussit point.

Chapitre 123.

* Philosophe néo-platonicien lui aussi, mais moins fanatique que Maximos, il fut l'ami de Libanios jusqu'à ses derniers jours, *ep.* 947, 1076 (de 390 et 393). Tandis que Maximos fut à deux reprises arrêté sous Valens et finalement mis à mort (cf. *infra*, § 158), Priscos fut acquitté, *Prosop.*, p. 730.

Chapitre 124.

* Julien l'appelle, lui écrit, se réjouit de l'entendre, *or.* XV, 7, mais Libanios « parle sur invitation et sans importuner », *ep.* 736, et « se rend auprès de l'empereur quand il est appelé, sinon pas du tout », *ep.* 797. Ces deux lettres sont contemporaines des événements, en 362-363. Cf. Julien, *Lettres*, éd. Bidez (CUF), t. I, 2, p. 110-111.

Chapitre 125.

* Entre les mesures favorables aux lettres on peut citer le recrutement des fonctionnaires parmi les anciens étudiants de rhétorique, dont le préfet d'Orient Salutius Secundus fut l'exécutant, *or.* XVIII, 158, *ep.* 1224 (de 364 à Salutius), et aussi la fameuse loi sur l'enseignement, interdisant aux maîtres chrétiens d'exercer. Dans l'*ep.* 701 (de 362) Libanios se déclare très pris par les affaires, car il vient en aide à beaucoup de gens (comme du temps de Strategios, *supra*, §§ 107-108).

* Libanios affirme hautement son désintéressement *ep.* 797 (contemporaine), 1154 (de 364, comme pour se défendre contre certaines critiques), *or.* LI, 30 (beaucoup plus tard, en 388). Julien lui aurait offert la dignité de questeur honoraire qu'il refusa, A. F. Norman, *Autobiogr.*, p. 183, 211. P. Wolf, *Aut. Schr.*, p. 202, n. 256. Cf. *or.* II, 8. Il faut cependant reconnaître que Julien lui promit une mesure qui devait permettre

à son jeune fils Cimon d'hériter de son père, quoique bâtard, *or.* XVII, 37. Jovien ne devait pas donner suite, *ep.* 1114, 5, 1221. Cf. *infra*, §§ 145, 195-196.

* Il s'agit du discours XIV, en faveur d'Aristophane, fonctionnaire qui avait été injustement persécuté sous Constance. Cf. *ep.* 758 ; 760 ; 1154, 3 ; Julien, *ep.* 96-97, Bidez. Aristophane reçut effectivement un poste, *ep.* 823, 1348, 1402, qui n'est pas forcément celui de gouverneur d'Achaïe comme on le dit souvent, d'abord parce qu'il est difficile d'insérer son nom dans des Fastes déjà bien remplis, et ensuite parce qu'étant de Corinthe il est douteux qu'on lui ait confié le gouvernement d'une province où il avait tous ses intérêts personnels. Cf. E. Stein - J. R. Palanque, *Histoire du Bas-Empire*, I, p. 508, n. 88. *Prosop.*, p. 106-107. L'*ep.* 1402 montre qu'Aristophane parcourt un territoire et recueille des renseignements plus ou moins secrets : plutôt que vicaire de Macédoine, charge qui serait bien élevée, il peut être simplement redevenu *agens in rebus*, chargé peut-être de contrôler la restauration du paganisme en Achaïe et dans la péninsule balkanique. Dans l'*ep.* 1154, 3 Libanios prend soin de marquer que le poste reçu par Aristophane résulte d'un certain discours (le sien !) mais non d'une demande expresse, ce qui confirme le texte de l'Autobiographie et répond aux accusations de l'*ep.* 797, 4.

* Cf. *supra*, § 3. Autres allusions, *ep.* 1154. *Or.* LI, 30.

Chapitre 126.

* Sur cette crise de ravitaillement et les troubles qui s'ensuivirent, cf. P. Petit, *Lib. et vie munic.*, p. 109-118. Pour une étude comparée des différentes versions données par Libanios, cf. *id.*, Recherches sur la publication et la diffusion des discours de Libanius, *Historia*, V, 1956, p. 481-483. A. F. Norman, *Autobiogr.*, p. 184. Des lettres sont utiles, *ep.* 777, 785, 802, 813, 1351, 1379, 1406.

* Cf. *or.* XV, 12 et XVIII, 195.

* Cf. *or.* XV, 8. Libanios reconnaît dans l'*ep.* 824 que s'il a contribué à libérer la ville de la famine, il n'a pas convaincu Julien de l'innocence des bouleutes : sa victoire n'est donc pas aussi totale qu'il le laisse entendre ici. Cf. *ep.* 802 : « La force de son éloquence (celle de Julien) lui donnait l'avantage, et moi qui luttais contre lui, il ne me haïssait pas, il ne me repoussait pas » (tr. J. Bidez).

Chapitre 127.

* Il écrivit l'*or.* XV à Julien pour défendre les Antiochéens et l'*or.* XVI aux Antiochéens pour leur reprocher leur conduite et leur expliquer les raisons de Julien. Il était assurément très embarrassé, en quelque sorte pris entre l'arbre et

l'écorce, à la fois ami de l'empereur et attaché à ses concitoyens.

* Pour le 1er janvier 363, avec pour collègue le préfet du prétoire des Gaules, Flavius Sallustius.

* Les §§ 127 et 128 présentent de graves difficultés d'interprétation. Avec la correction de Reiske, παραστησομένων au lieu de παραστησομένους, le complément de ce verbe, pris au sens transitif, est μυρίους, et les génitifs dépendent tous de αἰσθανόμενος. Reiske traduit *cum sentiret, et eos, qui iam in comitatu adessent, et eos, qui mox venturi essent, secum adducturos esse infinitum numerum oratorum atque poetarum, qui, stantes ad latus adducentium, laudes Iuliani, coram eo, canerent.* On trouve certes παραστήσασθαι dans le sens d'*amener, présenter, produire* (des témoins, des enfants au tribunal, etc.) mais avec une nuance de contrainte qui convient mal ici. Par ailleurs, dans cette interprétation, σφίσι est inutile ; on attendrait plutôt ἑαυτῷ. Norman qui, après Foerster, adopte la correction de Reiske, traduit en fait autre chose que le texte qu'il imprime : « *When he designated himself consul and saw the thousands already present and the thousands more who would come to join them in their songs* ». En réalité son interprétation ne se distingue guère de celle de Morel, qui conservait pourtant παραστησομένους : *eos qui aderant sensu percipiens, et innumeros qui cum cantibus venturi seque exhibituri erant.* On peut en dire autant de celle de P. Wolf, qui ne se prononce pas sur l'établissement du texte, qu'il signale simplement en note comme corrompu : *obwohl er wusste, dass die schon anwesenden und die noch zu erwartenden Gäste mit unzähligen Festreden aufrücken würden* ». Mais dans ces conditions, il faut renoncer à la correction de Reiske, admettre que παραστησομένους a ici, malgré le bon usage attique, un sens intransitif, et, ce qui est tout de même gênant au point de vue de la méthode, supprimer σφίσι. On obtient alors le sens littéral suivant : « tout en se rendant compte que, tant parmi ceux qui étaient déjà là, que parmi ceux qui allaient venir, il y aurait des milliers de gens prêts à se présenter avec des chants de louanges ». C'est la solution que nous admettrons sans trop d'illusions. Le texte souffre peut-être d'une corruption plus grave, par exemple d'une lacune après μυρίους ou ailleurs. Pour sauver σφίσι, nous avons pensé un moment à écrire αἰσθανομένων τε τῶν ἤδη παρόντων τῶν ἡξόντων μυρίους σὺν ᾠδαῖς σφίσι παραστησομένους, *alors que ceux qui étaient déjà présents savaient que beaucoup, parmi ceux qui allaient venir, se joindraient à eux.* Mais la simple suppression de σφίσι est tout compte fait plus économique, et αἰσθανόμενος, rapporté à Julien, convient mieux pour la suite des idées. [J. M.]. Un passage de l'*or.* XII, 4 (c'est le panégyrique que Libanios récita à cette occasion) confirme la présence de beaucoup de personnes venues avec des panégyriques.

* Les autres, ce sont les orateurs latins ; voir le texte cité dans l'apparat critique. [J. M.].

* Libanios récita pour cette cérémonie l'*or.* XII qu'il envoya peu après à son ami Demetrios, en même temps que sa

Monodie (*or.* LX) sur l'incendie du temple de Daphné survenu le 22 octobre 362. Julien, enthousiasmé par ce discours, l'avait lui-même fait publier, c'est-à-dire évidemment diffuser par de nombreuses copies, cf. P. Petit, Recherches sur la public., p. 484-485. Avant lui, à ce qu'il semble, un sophiste de langue latine avait également fait le discours d'usage, de même que Mamertin l'année précédente (cf. *Pan. lat.*, ed. Galletier, CUF, t. III, p. 3-44), qui était du reste consul lui-même. Ce panégyrique latin avait obtenu de brillantes acclamations. Son auteur pourrait être, selon A. F. Norman, *The Jul. Orat.* (coll. Loeb), p. 92, n. *a*, le Carthaginois auquel Libanios doit de savoir avec quelle maîtrise l'empereur manie le latin, *or.* XII, 92,

Chapitre 128.

* Il subsiste des obscurités dans ce passage, cf. Norman *Autobiogr.*, p. 184-185. L'entrée en charge de Julien fut célébrée par trois discours au moins : celui de Libanios qui parla le dernier comme sophiste officiel de la cité qui avait organisé la cérémonie, § 129 ; juste avant lui parla un sophiste inconnu de nous, qui se rendit ridicule et y perdit la réputation injustement gagnée par ses artifices : ce ne peut être Acacios qui était absent d'Antioche, § 120, mais peut-être un sophiste venu exprès de Constantinople, et l'on sait que Libanios n'aime guère tout ce qui vient de la capitale ; enfin l'orateur de langue latine avait parlé le premier, le latin étant la langue officielle de l'Empire, et avait eu un certain succès, § 127.

Chapitre 130.

* La Collection des Universités de France a précisément édité en des tomes séparés les « *Discours de Julien César* » et les « *Discours de Julien empereur* », t. I, 1 et II, 1-2.

Chapitre 131.

* C'est-à-dire la période comprise entre le 1er janvier et le 5 mars 363.

* Les rapprochements sont fréquents entre la rhétorique et la philosophie chez les païens ; Themistios se voulait à la fois sophiste et philosophe. Julien lui-même, selon Libanios, *or.* XII, 92, dépassait les rhéteurs par sa philosophie, les philosophes par sa rhétorique et... les uns et les autres par sa « poésie » (faculté de création ?). Cependant, en louant Libanios d'agir comme un philosophe, alors que les rhéteurs ne font que parler, Julien le place au sommet de la hiérarchie, parmi les militants du paganisme, car les « *pragmata* » sont toujours tenus pour supérieurs aux « *rhemata* ». Peut-être l'*or.* XVIII,

203 fait-elle allusion à ce détail : « Il (Julien) admira un sophiste (qui serait Libanios lui-même ?) dont le comportement était supérieur à sa qualité (de sophiste) ».

* Cf. *or.* XII, 95 : τί δὲ θαυμαστόν εἰ σωμάτων ὠλιγώρηται κάλλος ἐν τεττίγων μὲν τροφῇ, λόγων δὲ ἀπεργασίᾳ, θεῶν δὲ συνουσίᾳ, πόνῳ δὲ συνεχεῖ ; [J. M.]. Pour Libanios, païen modéré et libéral, Julien n'est pas un dieu, il agit sous le regard des dieux et à leur imitation et après sa mort sera honoré comme Héraklès, c'est un « demi-dieu », un « héros », *or.* XV, 31-36 (discours adressé à Julien lui-même). Cf. P. Petit, *Lib. et vie municip.*, p. 194-195, 282, n. 4. Lycurgue a entendu le dieu Apollon (Hérod., I, 65), Libanios a entendu le « compagnon des dieux ».

Chapitre 132.

* Le 5 mars 363 Julien quitte Antioche, accompagné par la curie jusqu'à la première station de poste, Litarba, Jul., *ep.* 98. Amm. Marc., XXIII, 2, 4. Lib. *or.* XVI, 1. C'est en ce lieu que se place cette scène, cf. Jul., *Lettres* (CUF), p. 180.

* Allusion à l'intention de Julien, *or.* XV, 86, XVI, 53, *ep.* 802, 1368. Julien revint effectivement à Tarse, mais pour y être enseveli, car il y avait fait préparer son tombeau, *or.* XVIII, 306. Amm. Marc., XXV, 9, 12.

* Libanios se pose à plusieurs reprises en ambassadeur de la ville auprès de Julien, ce qui se justifie par leur amitié, sa position de sophiste officiel et ses qualités oratoires, *or.* XV, 4, 9, 14-18, 77, XVI, 46, 49, *ep.* 824. Dans l'*ep.* 1354 il donne des conseils à un gouverneur de Galatie trop exigeant en matière fiscale, prétendant participer aux « *grammata* » qu'envoie la curie.

* Jul., *ep.* 98, envoyée de Hiérapolis. Libanios lui écrivit en Perse, *ep.* 802, 811, trad. par J. Bidez, dans *Lettres* de Jul. (CUF), p. 116-117.

Chapitre 133.

* La grandeur épique de cette scène, inspirée de la « geste » d'Alexandre, a frappé les contemporains, cf. *or.* XVIII, 249, XXIV, 37 (les jeux se déroulaient devant Babylone) ; Eunape, fr. 22. Rufus Festus, *Brev.*, 28 ; Sozom, *HE*, VI, 1.

* Cf. *or.* XVIII, 268, XXIV, 59. Sozom., *HE*, III, 21.

* Allusion homérique (P 98) ; voir l'apparat critique.

* Dans le premier discours composé après la mort de Julien en juin 363, Libanios en attribue la responsabilité aux dieux et à l'imprudence de l'empereur qui dans sa précipitation n'avait pas mis sa cuirasse, *or.* XVII, 23. Dans l'*Epitaphios*, écrit entre 365 et 368, ce sont des ennemis de Julien, des Romains chrétiens, qui l'ont frappé, *or.* XVIII, 274-275. Dans l'*or.* XXIV, 6, 11, 17, 19-21 (écrite vers 378-379), ce sont des ennemis du

paganisme, donc des chrétiens de son entourage. Dans l'*or.* XXX, 40 (*Pro Templis*, de 386), cette mort résulte d'une « trahison ». Amm. Marc. note que le bruit avait couru, transmis aux Perses par des transfuges, que Julien était mort d'un trait romain, XXV, 6, 6 (*telo cecidisse romano*). Après coup certes la jubilation des chrétiens fut extrême (cf. *ep.* 1220, 2 sur la joie des habitants d'Antioche), mais cela ne suffit pas à prouver leur responsabilité. Cf. Amm. Marc., XXV, 3, 6-7.

Chapitre 134.

* Cf. *or.* XVIII, 292 : tremblements de terre en Palestine, Libye, Sicile, Grèce, à Nicée et à Antioche même. Amm. Marc., XXVI, 10, 15 : mais ces catastrophes se produisirent le 21 juillet 365 et Ammien les met en rapport avec l'insurrection de Procope. Le même auteur signale bien des manifestations inquiétantes survenues à Antioche au moment de la mort de Julien, XXV, 10, 1-2, mais il n'est pas question de tremblements de terre.

* Le successeur de Julien, Jovien, un « inconnu », dut conclure avec les Perses la paix désastreuse de Nisibe, à laquelle Libanios fait plusieurs allusions acerbes, *or.* XVIII, 279, XXIV, 9. Il semble qu'une polémique l'opposa sur ce point à Themistios, partisan de la paix à tout prix, cf. P. Petit, *Lib. et vie munic.*, p. 184-186. Cf. R. Turcan, L'abandon de Nisibe et l'opinion publique (363 ap. J.-C.), *Mél. A. Piganiol*, Paris, 1966, p. 875-895 (particulièrement p. 880-883).

Chapitre 135.

* *Phaed.*, 57 d. La douleur de Libanios s'exprime dans ses lettres contemporaines, *ep.* 1220, 1419, 1424 (il a cessé d'écrire), 1426, 1430, 1455, 1187, 1194, 1128 (printemps 364 : il reprend à peine ses déclamations publiques).

* La Monodie (*or.* XVII) fut composée en 364, elle est signalée dans les *ep.* 1167 et 1264. L'*Epitaphios*, beaucoup plus développé (*or.* XVIII), fut composé vers 365-368 (cf. A. F. Norman, *Autobiogr.*, p. 188), fondé sur une documentation recueillie auprès de témoins qui avaient accompagné Julien en Perse, *ep.* 1220 (à Scylacios : des soldats viennent spontanément le trouver pour lui donner des détails précis), 1434 (à Philagrios, qui a pris des notes que Libanios lui demande), 1508 (à Seleucos, en 365, à qui il conseille d'écrire le récit de ce qu'il a vécu en Perse).

Chapitre 136.

* Phrynondas est un personnage proverbial, symbole de méchanceté, de ruse et de malhonnêteté (Aristoph. *Thesm.* 861,

Isocr. *Contre Callim.* 57, etc.), comme Eurybatos, auquel il est souvent associé (Platon, *Prot.* 327 d ; Lucien, *Alex.* 4, etc.). Chez Libanios lui-même, *ep.* 1145 (πολλὰς δεξαμένῳ προσβολὰς ὑπὸ Φρυνώνδου τινός, même expression qu'ici), *ep.* 620 (Eurybatos et Phrynondas) et *Or.* LXIII, 15 (Cercopes, Sisyphe, Phrynondas, Eurybatos). [J. M.]. Cette grave accusation est signalée *ep.* 1220 (j'ai été accusé d'actes odieux) et 1453 (texte lacunaire qui laisse cependant comprendre qu'il était soupçonné d'avoir « excité le noble empereur » contre des adversaires et que des agresseurs avaient voulu le tuer). Dans l'*ep.* 1264 (fin 363, à Aristophane de Corinthe, un ami sûr) il déclare qu'il faut être prudent, qu'il ne peut diffuser ni les lettres échangées avec Julien, ni le discours rédigé en son honneur (sans doute la Monodie XVII), car ceux qui haïssent Julien ont la puissance. Cela tend à montrer que Libanios avait réellement dénoncé des personnalités hostiles dans ses lettres à Julien, qui sont du reste perdues : en aurait-il détruit les copies par prudence ?

* Si ce jardin était celui du Palais impérial (cf. *supra*, §121), cela engagerait peut-être la responsabilité de Jovien qui était mal disposé, cf. *infra*, § 138.

Chapitre 137.

* Cette parente à laquelle Libanios rendait fréquemment visite, peut être Theodora, la veuve du préfet du prétoire Thalassios I (*Prosop.*, p. 886, 895) selon une hypothèse de A. F. Norman, *Autobiogr.*, p. 188. Étant chrétienne et veuve d'un préfet, elle peut avoir conservé, ou recouvré, une certaine influence sous Jovien et les moyens de se livrer à une enquête personnelle. L'*ep.* 1453 confirme que ses agresseurs avaient bien l'intention de le tuer.

Chapitre 138.

* L'empereur mécontent est toujours Jovien qui mourut en février 364. Le chagrin de Libanios pouvait effectivement l'indisposer, ainsi que ses partisans. Le texte fait peut-être allusion à la *Monodie* sur la mort de Julien (*or.* XVII) qui doit être antérieure à février 364. Dans l'*ep.* 1430 (à Themistios, octobre-novembre 363), il ne peut pas plus s'arrêter de pleurer, dit-il, que les autres de se réjouir. Le « barbare » doit être un général chrétien, p. ex. Arintheus, d'origine germanique, général de Constance, partisan de Jovien, *Prosop.*, p. 102-103.

* Depuis G. Sievers, *Das Leben*, p. 131, n. 38 (cf. O. Seeck, *Die Briefe*, p. 159-160) ce condisciple cappadocien serait Fortunatianos qui se trouvait effectivement à Antioche avec Jovien : dans l'*ep.* 1425 Libanios a appris son intervention pour le sauver d'un danger et lui recommande un autre païen

menacé pour ses activités sous Julien, Philippos, qui était à la fois cappadocien et condisciple de Libanios, comme Fortunatianos lui-même, *Prosop.*, p. 695 (*s. v.* Phil. 3). L'*ep.* 1508 montre un autre partisan et compagnon de Julien, Seleucos, qui a été assigné à résidence à la campagne : il y eut donc bien sous Jovien une sorte de « répression ».

* Bien que le texte soit ici très net (il s'agit bien de « discours écrits »), il ne subsiste aucune trace de discours de Libanios critiquant Jovien avant le passage de l'*Epitaphios*, *or.* XVIII, 279 sur la paix de Nisibe, écrit évidemment après la mort de cet empereur. Peut-être Libanios récitait-il dans des réunions privées, des « *syllogoi* » (cf. *infra*, § 223), des déclamations hostiles à Jovien ? Si on le faisait disparaître, ses amis pourraient les diffuser sous forme de libelles. En tout cas, le passage montre que l'entourage de Jovien savait que Libanios composait des « écrits » hostiles.

Chapitre 139.

* Cette attaque est mentionnée en termes très voisins dans l'*ep.* 1274. Cf. *infra*, §§ 198, 247.

* Les organisateurs des Jeux recherchent de bons athlètes, *ep.* 1278, 1279. Sur leur rôle dans les Jeux, *Lib. et vie munic.*, p. 125-126.

* Cette goutte aux deux pieds est encore mentionnée en automne 364 et en 365, cf. *ep.* 1239, 1274, 1300, 1301, 1483, 1518. Il se déclare souvent « enchaîné », « prisonnier ».

Chapitre 140.

* Dans l'*ep.* 1483 (de 365), il signale à la fois sa goutte aux pieds et son mal à la tête, cf. A. F. Norman, *op. cit.*, p. 189.

Chapitre 141.

* Allusion aux troubles qui opposèrent les Antiochéens à Julien, et auraient pu conduire la ville à sa perte. Cf. P. Wolf, *Aut. Schr.*, p. 194, n. 153. A. F. Norman, *op. cit.*, p. 189. Référence homérique (Z 345 sqq. ; voir Eustathe *ad loc.*).

Chapitre 142.

* Littéralement, « les choses inconvenantes », ce qui répond bien à la pudeur du malade qui redoute la curiosité publique, surtout dans ce genre de troubles (vertiges, agoraphobie) qui peuvent nuire à l'exercice de son métier et à sa réputation.

Chapitre 143.

* Ce n'est pas un sanctuaire d'Antioche, bien que Domitien y ait fait bâtir un temple à Asclepios (Gl. Downey, *Antioch*, p. 208), car Libanios pourrait alors y consulter lui-même. C'est celui d'Aigai en Cilicie, cf. P. Wolf, *Aut. Schr.*, p. 23, n. 17 (avec références). Plusieurs lettres nous signalent que Libanios y fit consulter entre 362 et 365 : *ep.* 706-708 (il y envoie son propre frère), 1374 (de 363), 1300-1301 (en 364, juste au moment des Olympiades, Eudaemon a consulté pour lui le dieu et sa parèdre Hygiaea), 1483, à Modestos (lui aussi podagre : le dieu lui a enlevé ses maux de tête, mais pas ceux des pieds plus insolents). Cf. *infra* : il y eut quelque mieux, mais le mal ne fut pas totalement extirpé.

* En 371 par conséquent, ce qui correspond bien à l'arrivée de Valens à Antioche. La disparition des lettres après 365 ne permet plus de suivre l'évolution de sa santé avant 388. (P.P.). Philostrate (*Vit. Soph.* p. 543), après avoir rapporté que le sophiste Polémon mourut vers cinquante-six ans, ajoute que cet âge, dans les autres disciplines, est le commencement de la vieillesse, mais que pour un sophiste c'est encore la jeunesse. Pour lui, dit-il, l'âge « assaisonne le savoir ». [J. M.].

Chapitre 144.

* Valens entra à Antioche en novembre 371. Les « dragons » sont des étendards ou des oriflammes décorés de dragons, cf. P. Wolf, *op. cit.*, p. 194, n. 156 citant Fiebiger, *R. E.*, V, 2 (1905), col. 1633.

* Ce sont évidemment les Goths, mais Libanios préfère toujours le terme classique, même s'il est devenu anachronique. Sur les campagnes de Valens de 366 à 368, cf. Amm. Marc., XXVII, 5. Comme on le voit, ce panégyrique devait être très développé puisque plusieurs séances étaient prévues. Cf. *supra*, § 112 : le panégyrique de Strategios dura trois séances.

* Il désigne ces adversaires avec beaucoup de prudence, « ceux qui... » et semble suggérer qu'il s'agit de ses rivaux, de mauvais rhéteurs. Mais en même temps il introduit des personnages influents qui sont effrayés par ses discours, mais non par ceux des « autres », ce qui élargit le problème. P. Wolf, *op. cit.*, p. 194, n. 158 dit seulement « Christen ». A. F. Norman, *op. cit.*, p. 190-191 songe à l'intervention de sophistes chrétiens. Comme il s'agit certainement de courtisans puissants, nous pensons qu'il s'agit de chrétiens hostiles à Libanios à cause de son passé de partisan de Julien et qui profitent de l'atmosphère de suspicion qui règne à Antioche (cf. *infra*, §§ 146, 171-172) pour contraindre notre sophiste au silence.

Chapitre 145.

* Valentinien I est à la fois plus âgé et plus ancien Auguste (26 février 364) que son cadet Valens (28 mars).

* Libanios, désespéré de la mort de sa cousine, la fille de Phasganios, qu'il devait épouser, § 95, vit, depuis 354 sans doute, avec une femme de condition inférieure, servile en fait (*ep.* 1063, 5 : « un fils né d'une mère bonne quoique non libre »), qui lui a donné un fils, appelé d'abord Arabios, puis Cimon (*Prosop.*, p. 92), né en 355, âgé donc pour lors de seize ans environ. Une loi de Constantin interdit d'hériter de leur père aux enfants nés d'une mère esclave, donc illégitimes (*C. Th.*, IV, 6, 2 de 336). Julien n'avait pas eu le temps d'accorder à Libanios la dérogation nécessaire, *or.* XVII, 37, et Jovien s'était contenté d'une promesse vague qui ne fut pas tenue, *ep.* 1114, 1221. Cette incapacité juridique fut levée par la loi *C. Th.*, IV, 6, 4 de 371, à laquelle il est fait allusion ici, mais qui n'autorise en faveur de l'enfant illégitime qu'une dévolution des trois douzièmes des biens, soit le quart. Elle devait être abolie par Théodose en 381-382, cf. *infra*, § 195. A. F. Norman, *op. cit.*, p. 191.

Chapitre 149.

* Reiske suggère d'écrire πυρὰν ἀνῆψε, et interprète « *magnum incendium excitavit, h. e. molestam et contentiosam atque periculosam litem mihi commovit, ne coargueretur* ». Pour cet emploi de πυρά cf. §§ 67, 179, 277. Reiske est suivi par Foerster et P. Wolf. Mais Norman estime cette explication trop recherchée, et il pense que le sens littéral convient mieux au ton général du morceau, qui est celui de la comédie (cf. paragraphe suivant). On peut rappeler que le feu joue précisément un rôle dans les scènes d'enlèvement de la Comédie Nouvelle (voir Ménandre, *Dysc.* 60 et les divers commentaires *ad loc.*). L'amoureux brûle la porte de la maison où est enfermée la belle. Le livre précieux, qui sera un peu plus loin *l'enfant retrouvé*, serait-il ici *la courtisane enlevée* ? Mais on comprendra que nous n'avancions cette hypothèse qu'avec prudence. [J. M.].

Chapitre 151.

* Il est évidemment impossible d'en faire le compte. Sur ces élèves morts avant l'âge, cf. A. J. Festugière, *Antioche*, p. 117-119.

Chapitre 152.

* On notera l'inconséquence de l'expression qui révèle chez Libanios un certain manque de charité envers ses élèves actuels (en 374). Le thème est repris dans l'*or.* LXII, 28-29 : liste d'élèves décédés, sans leur nom malheureusement.

Chapitre 153.

* Les chaires protégées par Hermès sont celles de rhétorique, celles qui sont protégées par Thémis sont les chaires où siègent les gouverneurs de provinces dont la principale fonction est de rendre la justice (dans les Codes, ils sont appelés *judices*). Sur la destinée de ses anciens élèves, cf. *or.* LXII, 5 où il répond à la même question : « Que sont devenus tes anciens élèves ? ».

Chapitre 154.

* Libanios se plaint souvent, à toutes les époques, mais surtout sous le règne de Constance, de la concurrence des professeurs de droit, ceux de Berytos et, plus dangereux encore, ceux de Rome où l'on apprend à la fois le latin et le droit, qui ouvrent les portes de l'administration. Sur ces problèmes, cf. *Lib. et vie munic.*, p. 360-370. *Les étudiants*, p. 179-185. Quelques références contemporaines : *ep.* 209 (la curie d'Antioche demande la création d'une chaire de droit, en 360), 117 (des étudiants quittent son école pour aller étudier le droit, en 359-360), 1170 (le droit est indispensable aujourd'hui — en 364 — pour les avocats), 1203 (en 364) (tout le monde se précipite à Berytos). Sur ses difficultés à la fin du règne de Constance, *or.* LXII, 8-16 (contre les notaires, d'incultes tachygraphes), 21-23 (le droit, cause du déclin de nos études), 32-34 (situation lamentable des professeurs). Cf. *or.* XXXI, 14 : sur la pauvreté des maîtres de rhétorique.

Chapitre 155.

* Le prologue du *Bouclier* de Ménandre est prononcé par la Tyché (voir *Menandri Reliquiae selectae*, ed. F. H. Sandbach, Oxford, 1972, p. 7-8). [J. M.].
* Sur les copistes, cf. P. Petit, Recherches sur la public., p. 484-485.
* A. F. Norman, *Autobiogr.*, p. 193 note justement que de son vivant Libanios était considéré comme un « classique », c'est-à-dire étudié par les élèves des classes de rhétorique. Lui-même fait parfois étudier des productions récentes de

certains de ses amis, professeurs eux-mêmes, ou de Julien. En 390, il donne à ses élèves un poème du préfet du prétoire Tatianos, *ep.* 990, mais il y a là une forte part de flatterie.

* L'expression βελτίω παρέχειν τὰ δεύτερα est signalée comme proverbiale dans la marge du manuscrit C par le correcteur du XIVe siècle (voir *Notice* p. 44). Cf. Zenobius III, 15 : δευτέρων ἀμεινόνων, παροιμία ἐπὶ τῶν θυομένων ἐκ δευτέρου, ὅταν αὐτοῖς τὰ πρότερον ἱερὰ μὴ καυθῇ καὶ ἐπὶ δεύτερα τραπῶσιν. Cf. Plat. *Lois* 723 d, Lib. *ep.* 785, 937. [J. M.].

Chapitre 156.

* Valens arriva à Antioche en novembre 371, mais cela ne permet guère de préciser l'époque des gouvernements de Festus et d'Aetherios, que l'on peut placer seulement entre 365 et 371.

* Festus était de Tridentum (Trente) en Vénétie. Il fut consulaire de Syrie en 365-366, *infra*, §§ 160, 163, puis *magister memoriae* et pendant cette charge composa son *Breviarium* en 369, enfin proconsul d'Asie en 372-373 où il se montra très dur pour les intellectuels païens, selon la politique de son protecteur Maximin, le préfet du prétoire des Gaules, *Prosop.*, p. 334-335. On ne comprend pas bien comment ce Latin qui ignorait le grec, du moins à son arrivée en Orient, fut choisi comme consulaire de Syrie en 365 car à cette époque Maximin n'était pas encore au faîte de sa puissance : Ammien invoque à ce sujet les « décisions du hasard » (XXIX, 2, 22). Sur le moment il gouverna convenablement et avec douceur et, plus tard seulement en Asie, se mit à l'école de Maximin, changeant ainsi complètement d'attitude (Amm. Marc., XXIX, 2, 23) ce qui expliquerait *a posteriori* que Libanios lui trouve l'esprit dérangé. L'identification traditionnelle de ce Festus avec l'abréviateur est actuellement discutée : en dernier lieu, B. Baldwin, Festus the Historian, *Historia*, 27, 1978, p. 197-217.

* Le *principalis* Euboulos, l'ancien protecteur d'Acacios, *supra*, §§ 90, 116, resta jusqu'au bout hostile à Libanios. Ce passage m'avait incité autrefois à considérer que le rival de Libanios était un second Euboulos, désireux de retrouver sa réputation professionnelle, mais nous avons montré qu'il s'agissait d'Acacios, *supra*, p. 228. Ici, le *principalis* fait alliance avec le gouverneur pour faire triompher à la curie la coterie (la clique, § 116) dont il est le chef politique ; aussi traduisons-nous εἶναί τι par « crédit ».

Chapitre 157.

* Le membre de phrase ὡς... ἐξελῶν paraît n'avoir jamais été bien compris. Morel, pour l'ensemble du passage, est aberrant. Reiske, suivi par P. Wolf, construit τῆς ἀναγνώσεως avec

ἐξελῶν (*ut extracturus eos e recitatione mea*) ; de même Festugière (*R.E.G.* 78, 1965, p. 632) qui traduit *sous le prétexte de les arracher à ma conférence vers la fin.* Cette interprétation suppose que le terme ἀνάγνωσις, *lecture*, désigne la déclamation de Libanios, qui pourtant n'avait certainement pas l'habitude de lire ses textes devant le public (cf. plus haut § 71 et ailleurs). Cette objection vaut aussi contre Norman, qui cependant construit τῆς ἀναγνώσεως comme complément de τῷ τέλει, mais qui comprend *avec l'intention évidente de les disperser à la fin de ce récital* (*obviously intending to disperse them at the end of this recital*). On peut remarquer d'ailleurs, avec Festugière, que Festus n'attend certainement pas que Libanios ait fini de parler pour disperser son auditoire. La séance, au contraire, n'a même pas commencé ; mais les gens sont déjà assis. On admettra donc comme acquis que l'ἀνάγνωσις est la lecture de la lettre impériale, et que par conséquent τῆς ἀναγνώσεως n'est pas le complément de ἐξελῶν, mais de τῷ τέλει. La locution ἐπὶ τῷ τέλει, malgré Reiske, qui y voit arbitrairement un équivalent de ἐπὶ προφάσει, et malgré P. Wolf, qui voudrait y retrouver la signification politique que revêt dans certains cas le mot τέλος (il traduit *durch diese Verpflichtung*), ne peut avoir ici que son sens habituel, *à la fin* (cf. plus haut § 67). Donc, au total, *à la fin de la lecture de la lettre.* Reste ὡς δὴ... ἐξελῶν. On retrouve le même type d'expression plus loin au § 191 : « ὡς δὴ εὐθέως ἥξων αὖθις... », *comme s'il allait revenir*, c'est-à-dire *en prétendant qu'il allait revenir.* Ici, il s'agit de la *menace* que profère Festus à l'encontre de ceux qui n'obéiraient pas, et cette menace sera mise à exécution dès la fin de la lecture. Pour ἐξελαύνω signifiant *bannir*, cf. Hdt. I, 60 ; V, 91 ; Platon, *Apol.* 30 d, *Gorg.* 466 d, etc. [J. M.].

Chapitre 158.

* Maxime d'Éphèse, *supra*, n. 218, 219, avait déjà été inquiété puis acquitté en 366-367. Plus tard en Asie, lors de la persécution des intellectuels païens, il fut exécuté par Festus, bien qu'il fût déjà gravement malade, *Prosop.*, p. 583-584. Libanios ne l'aimait guère, sans doute pour son mysticisme exalté, son avidité et l'influence qu'il exerçait sur Julien, mais ici c'est sa haine contre Festus qui l'emporte. Cf. *supra*, p. 241.

300. Ce Martyrios est inconnu. Son goût pour les lutteurs le fait soupçonner de pratiques magiques destinées à procurer la victoire (objet de paris onéreux) à ses favoris. Adrastée est assimilée à Némésis, divinité redoutable qui punit ceux qui se vantent d'être les favoris de la Fortune, *supra*, § 1.

Chapitre 159.

* Certainement l'historien Eutrope, *magister memoriae* de Valens, qui écrivit pour lui un *Breviarium* en 369 au plus tôt,

puisque Valens y est appelé dans la dédicace Gothicus Maximus, titre reçu en cette année. Sur lui, *Prosop.* p. 317 (avec des erreurs) : Eutrope est un Palestinien de Césarée, neveu du sophiste rival de Libanios, Acacios, *ep.* 755 (*supra*, p. 228) qui écrit en latin parce que Valens ignore le grec. Il avait été le prédécesseur de Festus comme proconsul d'Asie en 371-372, fut englobé dans la persécution des intellectuels païens, mais échappa, Amm. Marc., XXIX, 1, 36. Il fut plus tard préfet du prétoire d'Illyricum, consul, et vivait encore en 390, cf. Lib. *ep.* 979. Plus que son *Bréviaire*, neutre à force de prudence, l'accusation qu'il supporta montre qu'il était païen. Cette identification traditionnelle est rejetée par W. den Boer, *op. cit.* (*supra*, p. 252), p. 114-115. Sur cette affaire, *infra*, § 171. Les faits rapportés ici sont assez confus et cette confusion encore aggravée par les allusions postérieures des §§ 171-176. Cf. A. F. Norman, *Autobiogr.*, p. 195. L'affaire de Martyrios est obscure et devrait, selon Norman, être dissociée et placée en 365, au moment où Festus était consulaire de Syrie : à cela s'oppose le fait que Martyrios est accusé très peu de temps avant le départ de Festus pour l'Asie. A en croire des auteurs tardifs (A. Piganiol, *Emp. chrét.*, p. 160-161) Libanios aurait participé à l'une des nombreuses séances de divination au cours desquelles les adversaires de Valens cherchaient à connaître le nom de son successeur, ce qui était un crime de lèse-majesté : cela expliquerait la confusion du récit, Libanios ne voulant pas en 374 parler clairement de cette affaire dangereuse et encore récente.

* Jeu de mots intraduisible sur ἀρχή : litt. *les juges ne pouvaient comprendre quelle était l'ἀρχή* (l'origine) *du fait que Martyrios avait été traduit en justice, alors que l'ἀρχή de toute l'affaire* (c'est-à-dire à la fois l'origine et le magistrat) *avait disparu dans l'ombre.* [J. M.].

* Après sa révocation en 378, Festus vécut en Asie et mourut en janvier 380, *Prosop.*, p. 334. Puisque Libanios écrit ce passage au présent, donc du vivant de Festus, cette première addition est antérieure à 380 ou, à la rigueur, du début de l'année, cf. *Notice*, p. 10.

Chapitre 163.

* Fidelios est un fonctionnaire financier, appartenant aux bureaux du *comes sacrarum largitionum*, sans doute un des chefs de service à Antioche à l'époque du gouvernement de Festus, son compatriote, vers 366 (*infra*, § 164) : cela semble indiquer un retour en arrière de la part du narrateur, cf. *Notice*, p. 4. L'affaire en question est exposée jusqu'au § 166.

* Les faits sont postérieurs, de peu sans doute, à la chute de Procope, en 366 (*Prosop.*, p. 742-743). Libanios affirme plus loin, § 165, qu'il n'a jamais fait l'éloge de Procope, mais il a dû accueillir avec faveur l'usurpation d'un parent de Julien,

païen comme lui, et que deux au moins de ses élèves favoris, Andronicos et Hyperechios, servirent au prix de leur vie, *Prosop.*, p. 64-65, 449-450. Sur Hyperechios, P. Petit, *Les étudiants*, p. 162-165. A. J. Festugière, *Antioche*, p. 142-153. Le récit montre que la police ne reculait pas devant les perquisitions, ce qui explique la disparition des lettres de Libanios, après 365 précisément, cf. *infra*, § 175.

Chapitre 164.

* L'expression employée ici semble indiquer que Libanios oppose les qualités naturelles de Lupicinus et ses options religieuses. Car Lupicinus était chrétien. [J. M.].

Chapitre 165.

* L'expression τοὺς τοῦ οὐρανίου κληρούχους a paru difficile aux éditeurs. Reiske imagine l'existence d'un évêque ou d'un prêtre Antiochéen nommé Ouranios. Les « héritiers d'Ouranios » seraient alors ceux qui poursuivent sa politique de persécution des païens. Foerster, après Wyttenbach et Cobet, et suivi par Norman, préfère écrire οὐρανοῦ. Norman traduit *these heirs to the kingdom of Heaven* et P. Wolf, *diese Leute da, die... den Himmel erben wollen.* Il s'agirait alors des chrétiens en général. On lit en effet dans l'*Epître aux Romains* (8, 17) « nous sommes les enfants de Dieu, et si nous sommes ses enfants, nous sommes aussi ses héritiers » (εἰ δὲ τέκνα, καὶ κληρονόμοι). En fait une telle interprétation n'exige nullement la correction de οὐρανίου en οὐρανοῦ. L'évangéliste Matthieu parle souvent du *Père céleste* (ainsi en 6, 14 ὁ πατὴρ ὑμῶν ὁ οὐράνιος). Mais κληροῦχοι n'est pas synonyme de κληρονόμοι. Derrière ce mot de la langue classique, qui signifie exactement « détenteurs d'un lot » et qui évoque une institution grecque bien connue, se cache à notre avis une allusion transparente et ironique au κλῆρος chrétien, au *clergé*, à ceux qui, comme les Lévites du peuple Juif, *ont en Dieu même tout leur patrimoine* (*Deuter.* 18, 2 où les Septante traduisent κύριος αὐτὸς κλῆρος αὐτοῦ ; voir aussi *Nombres*, 18, 20 où Iahvé dit à Aaron ἐγὼ μερίς σου καὶ κληρονομία σου ἐν μέσῳ τῶν υἱῶν Ἰσραηλ). Reiske avait donc bien senti que notre texte visait les autorités ecclésiastiques et non les chrétiens en général. [J. M.].

Chapitre 166.

* Lupicinus fut consul en 367 et, cette indication du texte étant placée après les faits, ceux-ci ont dû se produire en 366, juste après la fin de Procope (en mai). Archelaos fut *comes Orientis* entre 335 et 340, *Prosop.*, p. 100. En 367, il devait

donc être âgé. Celui qui vint faire visite à Libanios est un autre Archelaos, le neveu du précédent, *comes sacrarum largitionum* en 369. Ce passage est confirmé par *or.* II, 9 : Libanios se défend d'intriguer auprès des autorités et explique qu'il a refusé de recevoir Archelaos l'Ancien et qu'il a été pris au dépourvu par la visite de son neveu. Il est à noter que l'*or.* II date de 381, donc de l'époque même où il doit rédiger la présente addition ou peu après. A. F. Norman, *op. cit.*, p. 197-198 rappelle que peu de temps auparavant, en 377, une loi avait tenté de limiter l'abus des visites intéressées aux hauts fonctionnaires, *C. Th.*, I, 16, 3, mais ici il s'agit à l'inverse de visites faites par des fonctionnaires à Libanios.

* On comprend habituellement (Reiske, Norman) que Lupicinus doit à Libanios l'amitié d'Archelaos. Mais les manuscrits VMKL indiquent avant ce nom une lacune dont l'étendue ne saurait être déterminée exactement. C'est à Norman que revient le mérite d'avoir reconnu que le membre de phrase τὸν δὲ, etc., se rapportait à Archelaos le jeune. Mais il paraît inadmissible que Libanios n'ait pas dit d'abord qu'il y avait deux Archelaos, et comme la construction à partir de ἐδεήθην pose de graves problèmes dans l'état actuel du texte, nous avons préféré supposer une autre lacune après ἕν τι. [J. M.].

Chapitre 168.

* Il n'est pas autrement connu.

Chapitre 169.

* La phrase a été bien expliquée par Reiske : « *alter Protasius, non nomine quidem illi, at moribus erga me et odio mei similis, ut facile eodem quo ille nomine appelletur.* » Οὗτος est ici l'équivalent de τοιοῦτος (cf. Dém. *Cor.* 282 σὺ τοίνυν οὗτος εὑρέθης) et ῥᾷστα (comme *facile* en latin) signifie à peu près *sans erreur* ; cf. Isée, VIII, 35 ταλάντου ῥᾳδίως ἄξιος, *valant bien un talent.* Mais l'expression surprend un peu, et la conjecture de Gasda ὁ αὐτός est assez tentante. [J. M.]. Cf. *Prosop.*, p. 752.

* Ce sont les chrétiens, ceux « qui avaient acquis de l'influence à la suite du meurtre (*sic*) de Julien », § 167. Sur le vocabulaire de Libanios parlant des chrétiens, cf. *Lib. et vie munic.*, p. 204.

Chapitre 170.

* On ne peut décider s'il s'agit encore de Lupicinus dont aucun successeur n'est connu avant 371, ou déjà de Julius qui apparaît à cette date. Rien ne permet de placer cet épisode

avant ou après 371. Cf. *Prosop.*, p. 481 (Julius), 1009 (Anon. 21).

Chapitre 171.

* Libanios revient manifestement en arrière, en 366, ce qui révèle une addition. Il attribue ici à Valens une clémence surprenante : selon Amm. Marc., XXVI, 10, 6-14 la répression fut atroce.

* Andronicos, ancien élève de Libanios à Constantinople, avait accepté de gré ou de force d'être nommé par Procope consulaire de Bithynie, puis vicaire de Thrace. Dans ces conditions, il est assez normal que Valens l'ait fait exécuter pour trahison. Dans l'*or.* LXII, 56-60, Libanios fait un grand éloge de cet Andronicos qui n'avait trahi Valens que par un malheureux concours de circonstances et ajoute que l'empereur s'étonna ensuite de la modicité de ses biens (confisqués) et loua son caractère : peut-être avait-il été effectivement poussé à sévir par d'autres, comme ce Hierios qui avait été préfet d'Égypte en 364, *Prosop.*, p. 430. Cl. Vandersleyen, *Chronologie des préfets d'Égypte de 284 à 395*, Bruxelles, 1962, p. 126, n. 3. Hierios, païen et frotté de philosophie, avait été en 360 recommandé par Libanios à Andronicos, alors gouverneur de Phénicie. Hierios étant lui-même Phénicien, peut-être avait-il eu à se plaindre d'Andronicos, *ep.* 195.

* Fidustios, un ancien *praeses* selon Amm. Marc., XXIX, 1, 6, inconnu par ailleurs, fut, selon la dénonciation d'un autre conjuré, un des principaux membres de l'affaire dite de Théodore qui éclata à Antioche en 371 : on voit que Libanios « télescope » fortement les faits, passant immédiatement de la fin de Procope (366) à cette nouvelle conjuration, faiblement reliée à la précédente par la constatation que la clémence de Valens ne fut guère récompensée, clémence qui du reste n'existe guère que dans son imagination. L'affaire de Théodore ne fut pas une conjuration active, mais une sorte de complicité silencieuse entre plusieurs personnes qui demandèrent à la mantique le nom du successeur de Valens, selon un procédé expliqué par Amm. Marc., XXIX, 1, 29-32. Le bénéficiaire était un excellent homme, innocent dans l'affaire, le notaire Theodorus (*Prosop.*, p. 898), le père d'Icarios qui devint *comes Orientis* en 384, *infra*, § 225.

Chapitre 174.

* Selon le texte littéral, cette « fin terrible » peut être celle qui menace Adelphios ou celle qui menace Libanios lui-même au cas où Adelphios parlerait sous la torture : nous avons, avec P. Wolf, *Aut. Schr.*, p. 93 (qui signale l'autre sens possible) préféré le second terme de l'alternative qui laisse en

outre supposer que Libanios n'était pas tout à fait innocent, comme l'ont dit les auteurs tardifs, l'accusant d'avoir en cette occasion pratiqué l' « alektoromancie » (divination par le coq), Gl. Downey, *Antioch*, p. 401. A. F. Norman, *Autobiogr.*, p. 200. Le bruit en avait couru, ce qui avait incité Valens à faire poser la question à Irénée, § 172.

* Il y a quelque chose de surprenant dans cette coïncidence dramatique, mais Amm. Marc., XXIX, 1, 26 signale qu'un des accusés, Salia, mourut subitement de frayeur au moment où on venait l'arrêter : cela rend plus plausible la mort subite d'Adelphios, frappé durant son sommeil d'une sorte d'infarctus, provoqué par de trop fortes émotions.

Chapitre 175.

* Il n'est pas douteux que cette heureuse circonstance ait inspiré au prudent Libanios la décision de brûler son livre de copies dans lequel il gardait le double de ses lettres (cf. *ep.* 88, 1218, 1307, 3) : celles-ci ont en effet disparu à partir de l'été 365, ce qui correspond au début de l'usurpation de Procope. Amm. Marc., XXIX, 1, 41 signale en Asie mineure de véritables autodafés de livres par les intellectuels persécutés par Festus et Modestos. La terreur dura presque jusqu'à la fin du règne de Valens, Libanios n'a dû écrire ce passage qu'au début de celui de Théodose et encore l'ouvrage n'était-il pas destiné à une vaste diffusion.

Chapitre 176.

* Il fut accusé dès le début, avec Fidustios et Irénée, Amm. Marc., XXIX, 1, 6 et l'historien, confirmant Libanios, en parle comme d'un personnage bavard et se laissant aller facilement à des paroles dangereuses (*in verba periculosa projectus*), ce qui explique le soulagement de Libanios. Dans l'*or.* XXXVII, 18 il reproche à Polyclès, un de ses anciens amis brouillé avec lui, de répandre sur son compte des bruits fâcheux à propos de divination par les astres : sous des empereurs soupçonneux servis par une administration policière, de tels propos sont toujours dangereux.

Chapitre 177.

* Amm. Marc., XXIX, 1, 18-22 dépeint en termes très vifs la colère de Valens, son désir de vengeance et l'aveugle précipitation avec laquelle il poursuivait de sa haine innocents et coupables. Cependant on peut se demander, avec A. F. Norman, *op. cit.*, p. 201, si Libanios ne dramatise pas sa situation personnelle.

* A. F. Norman traduit le grec οἰκέτης par exclave (*slave*) et P. Wolf par serviteur (*Diener*). Les deux sens sont évidemment possibles. Après hésitation, et tenant compte de l'emploi du terme δεσπότης, nous préférons traduire par « esclave ». Il peut sembler étonnant qu'un esclave puisse accuser son maître en justice (§ 178), mais une accusation de divination, débouchant sur un procès de lèse-majesté, était recevable aux termes de la loi *C. Th.*, IX, 6, 2 (de 376).

Chapitre 179.

* La bataille d'Andrinople eut lieu le 9 août 378. Libanios fut, comme Ammien Marcellin, très frappé de ce désastre, *or.* II, 34, XXIV, 2-5. Cf. J. Straub, Die Wirkung der Niederlage bei Adrianopolis in der spätantiken Literatur, *Philol.*, 1943, p. 255-286.
* Sur Hypatios, cf. A. Chastagnol, *Les Fastes de la préfecture de Rome au Bas-Empire*, Paris, 1962, p. 204-206 : il aurait été nommé peu après la bataille d'Andrinople, en août 378.

Chapitre 180.

* Cf. *Prosop.*, p. 65 (Andron. 5).

Chapitre 181.

* A. F. Norman estime qu'il s'agit de Rome. P. Wolf, comprend « qui supporte difficilement » et pense également à Rome. Personnellement je songe plutôt à Antioche, cf. *Gnomon*, 38, 1966, p. 246. Hypatios, un Antiochéen, qui résidait en sa patrie sous Valens (Amm. Marc., XXIX, 2, 16) a cru bon de revêtir à Antioche ses insignes de préfet de Rome (sur ces insignes, cf. A. Chastagnol, *La préfecture urbaine à Rome sous le Bas-Empire*, Paris, 1960, p. 196-203) pour faire plaisir aux Romains et dans son panégyrique Libanios aurait été amené naturellement à louer ce geste. Il aurait donc lui aussi fait plaisir aux Romains. En quoi aurait-il irrité les Antiochéens ? Sans doute avaient-ils jugé déplacé et pour eux méprisant cet empressement d'un de leurs concitoyens. A. F. Norman, *loc. cit.* estime qu'Hypatios a mal calculé, croyant bien faire, et que les Romains auraient été vexés de voir leur préfet revêtir ses insignes avant même d'être entré à Rome. En ce cas, le soulagement de Libanios oblige à supposer : 1° que son panégyrique aurait été largement diffusé à Rome, au moins parmi les sénateurs ; 2° qu'il tient grand compte de l'opinion des Romains, ce que la lecture de son œuvre, parfois d'inspiration nettement anti-romaine (cf. *Lib. et vie munic.*, p. 284, n. 3, 347, n. 1) ne confirme guère.

Sur le fait qu'Antioche est une ville qui ne supporte rien, cf. *Lib. et vie munic.*, p. 230-231.

Chapitre 183.

* Cet accident qui se produit en 380 est signalé dans l'*or.* XXXVIII, 3, Il ne faut pas le confondre avec sa goutte aux pieds dont il est souvent question dans ses lettres.

Chapitre 186.

* Ce peut être un sophiste d'Apamée, autrefois ami et. correspondant de Libanios qui s'entremet en sa faveur, *ep.* 1136-1139, 1366, 1370, 1391. *Prosop.*, p. 393.

Chapitre 187.

* Sur les collusions louches entre professeurs et membres de la clique du théâtre, cf. *or.* XLI, 6-9 (tr. Festugière, *Antioche*, p. 228).

* Apamée est la patrie de Gerontios où il avait autrefois exercé, et qui depuis l'aurait exilé. Séleucie est le port où l'on débarque habituellement pour se rendre à Antioche ou à Apamée, en remontant l'Oronte. Le rhéteur « auquel il avait nui » est évidemment Libanios lui-même.

Chapitre 188.

* Peut-être Eusebios XX (O. Seeck, *Die Briefe*, p. 142) qui vint d'Ancyre étudier à Antioche en 364 et dont Libanios connaissait bien la famille.

Chapitre 190.

* Allusion obscure. A. F. Norman, *loc. cit.*, en infère (avec prudence) que Sabinos pourrait être chrétien. Il est vrai que Libanios associe à plusieurs reprises les chrétiens et le culte des tombeaux (les *martyria* et leurs reliques) mais cela n'éclaire pas ce passage. Norman suggère aussi que Sabinos peut avoir occupé un poste dans l'administration des finances impériales, mais cela ne cadre guère avec son activité de curiale. En fait Libanios veut ici stigmatiser avant tout l'avidité du personnage, capable, dirions-nous, de « tondre un œuf », par une sorte de supposition absurde : si on le lui permettait ou si on le laissait faire, il s'arrangerait pour tirer profit de ce qui est le plus sacré aux yeux des Anciens, les tombeaux, que pourtant de

nombreuses lois protègent depuis longtemps. Pour souligner le malheur des temps qui ont suivi la mort de Julien, *or.* XVIII, 289, Libanios prétend que pour éviter la ruine les gens sont obligés de tout vendre, maisons, esclaves, etc., et même les tombeaux de leurs ancêtres : il veut sans doute suggérer ici que Sabinos profiterait volontiers de la ruine des autres.

Chapitre 191.

* Le seul fait que Foerster renvoie à Aristophane, *Grenouilles* 618 (ἐν κλίμακι δήσας, κρεμάσας, ὑστριχίδι μαστιγῶν, etc.) montre que selon lui la κλῖμαξ est ici l'instrument de torture auquel on attache l'esclave avant de le frapper. Cette interprétation est reprise par Norman, et aussi, mais avec hésitation, par P. Wolf, qui admet qu'il s'agit peut-être de l'escalier de la maison, ce qui était l'opinion de Reiske. On comparera *Or.* II, 22 où Libanios se montre θέων ἐπὶ τὰς θύρας τῶν ἀσθενούντων καὶ κλίμακας. Selon Reiske, Sabinos gravit les marches de son escalier pour être plus haut que ses esclaves et pouvoir les fouetter plus facilement, après les avoir fait mettre en rangs. Il cite Horace, *Epître* II, 2, 15 « *in scalis latuit* (il s'agit d'un esclave qui rentre en retard) *metuens pendentis habenae* », pour tenter d'établir que le fouet était normalement suspendu dans l'escalier. Mais Horace ne dit rien de tel, et s'il en était ainsi l'escalier serait un mauvais refuge. Mais surtout pourquoi Sabinus fouetterait-il ses esclaves ? En fait l'escalier, sombre et étroit, est un endroit où l'on se réfugie quand on est poursuivi. Voir, outre ce passage d'Horace, Cic. *Mil.* 15 et *Phil.* II, 29 (*cum tu illum in foro inspectante populo Romano gladio insecutus es negotiumque transegisses, nisi se ille in scalas tabernae librariae coniecisset eisque oppilatis impetum tuum compressisset*). Par ailleurs τραύματα évoque plutôt les blessures reçues au cours d'une bataille ou d'une rixe (cf. plus haut § 19) et l'expression τάττειν τινὰ ἐπί τι signifie normalement *désigner quelqu'un pour telle ou telle tâche* (Isocr. V, 151 ; Platon, *Lysis* 209 b). Nous pensons donc que Sabinus est poursuivi par la foule, et qu'aussitôt arrivé chez lui, dès qu'il a atteint son escalier où il se réfugie, il laisse à ses serviteurs le soin de le défendre contre cette foule et de recevoir des coups pour lui. Pour λαμβάνεσθαι suivi du génitif avec le simple sens de *parvenir à, atteindre*, cf. Thucydide 3, 24 (καὶ λαβόμενοι τῶν ὀρῶν διαφεύγουσιν ἐς τὰς Ἀθήνας) et 8, 80 (αἱ μὲν Δήλου λαβόμεναι). On remarquera que dans les deux passages il s'agit de troupes ou de navires qui atteignent *un lieu de refuge.* [J. M.].

Chapitre 194.

* Le beau-père de Sabinos, cousin de Libanios, ne peut être identifié. Outre la ruine de cet homme, Sabinos aurait

donc provoqué la mort de sa femme, soit par empoisonnement (un jour et une nuit lui suffirent), soit plutôt par des pratiques magiques dont il tente de faire retomber la responsabilité sur Libanios lui-même. Celui-ci est toujours très obscur sur ce genre de choses, cf. *supra*, § 98 : c'est la seconde fois qu'il est accusé de magie noire, reposant sur la manipulation de têtes coupées.

Chapitre 195.

* La rédaction devient plus lâche et les additions prennent parfois la forme de notes que l'on dirait ajoutées en marge.

* Cf. *supra*, § 145. La loi de 371, favorable aux héritiers illégitimes, fut abrogée par Théodose, à une date inconnue, sans doute entre 379 et 381. En 397, Arcadius et Honorius, excluent totalement les enfants naturels de l'héritage, en se référant aux lois de Constantin (cf. *C. Th.*, IV, 6, 2-3) et de « leur père », c'est-à-dire Théodose (*C. Th.*, IV, 6, 5).

Chapitre 204.

* On cite en général Crésus comme le type du souverain fabuleusement riche, mais Libanios, peut-être par un raffinement d'érudition, préfère souvent citer Gygès, cf. E. Richtsteig, *Index nominum* (t. XII éd. Foerster), 23.

Chapitre 206.

* Cf. P. Petit, *Lib. et vie munic.*, p. 254-255 sur le vocabulaire de Libanios pour désigner le *comes Orientis* et le *consularis Syriae*.

* La corporation des boulangers n'existait pas sous Julien, elle fut organisée sous Valens, probablement à l'instigation de Valentinien qui fit beaucoup pour organiser celles de Rome, *Lib. et vie munic.*, p. 107, 119. Cf. G. K. Kurbatov, La corporation des boulangers à Antioche au IVe siècle ap. J.-C., *V. D. I.*, 1965, 1, p. 141-153 (en russe). Sur la crise de ravitaillement qui sévit à Antioche de 381 à 385, cf. *Lib. et vie munic.*, p. 118-120.

Chapitre 207.

* Avec une mauvaise foi évidente, car toute la population devait être affolée par la famine, Libanios suggère que ce sont les chrétiens qui ont déclenché les troubles par des insinuations malveillantes envers un haut fonctionnaire païen.

Chapitre 208.

* Ulcéré par la calomnie de ceux qui prétendent qu'il s'est laissé acheter par les boulangers, ce qui expliquerait sa « prudence » (§ précédent), Philagrios en vient aux procédés violents et traditionnels : en faisant fouetter les boulangers il feint avec une amère dérision de croire qu'ils augmentent le prix du pain pour récupérer les frais de la corruption qu'ils auraient pratiquée.
* On a déjà vu, *supra*, § 161, l'horreur physique (nerveuse, selon Norman) que Libanios ressentait à la vue du sang. Sur « les deux temps de l'affaire », cf. P. Wolf, *Aut. Schr.*, p. 197, n. 199 : Libanios veut dire que pour le passé les boulangers sont innocents et que pour l'avenir le supplice infligé rendra la situation plus grave (parce que les boulangers prendront la fuite, cf. *infra*, § 226-227 et *supra*, § 206, ou que la population se soulèvera, comme en 354, cf. *supra*, § 103).

Chapitre 210.

* Sur ce traitement dont la populace en furie est coutumière, cf. *supra*, § 103 (Théophilos en 354), *or.* XIX, 6 (*id.*). Amm. Marc., XIV, 7, 15-16 (assassinat de Dometianos et Montios par les soldats de Gallus en 354 encore). Tantôt, comme en ce dernier cas, c'est une façon de les faire mourir, tantôt, pour Theophilos, c'est une façon macabre de se distraire. En 387, lors de la grande sédition, ce furent les statues des empereurs qui subirent le même sort, *infra*, § 252.

Chapitre 211.

* Si le texte respecte l'ordre chronologique, comme cela semble être le cas, Marcellinos dut être consulaire de Syrie en 382 et Pelagios en 383, cf. Gl. Downey, *A Study of the comites Or. and the cons. Syr.*, p. 17. Pelagios de Cyrrhos (en Syrie du Nord), plus intime avec Libanios que Marcellinos, était un ami de longue date, depuis 357 ; il lui confia comme élève son fils Macedonios et il était décédé en 393, cf. *Prosop.*, p. 686. Sur Marcellinos, on ne sait rien de plus. A. F. Norman, *Autobiogr.*, p. 209, donne des références concernant les visites que l'on rendait aux gouverneurs et qu'une loi de 377 (*C. Th.*, I, 16, 13 : *supra*, § 166) cherche à réglementer, mais il est question ici des visites que des autorités rendent à Libanios, chez lui, et qui furent sans doute les premières à être supprimées. Sur ces « visites », cf. les *or.* LI et LII.

Chapitre 213.

* Cf. *supra*, §§ 197-204. Sa mort survient au début du commandement de Proclos, donc en 383.

Chapitre 214.

* Cf. *supra*, § 154, où Libanios exposait la mauvaise situation de l'éloquence sous le règne de Constance, ce que confirmait l'*or.* LXII, 8-16. Ici nous sommes à l'époque de Théodose, de même que plus loin, § 234. L'*or.* LXII, 21-23 confirme encore ce passage avec cette nuance qu'ici c'est Rome (c'est-à-dire ses écoles de droit) qui est incriminée, tandis que dans l'*or.* LXII c'est plutôt Berytos : dans les deux cas il s'agit du droit, natureellment lié à l'étude du latin, qui prépare aux belles carrières administratives. Mais quelle est cette « secousse » qui ébranle son art ? On a l'impression que le péril s'aggrave brusquement, mais nous ne parvenons pas à en découvrir l'origine, dans les années 382-383 : l'*or.* LXII doit être en effet de 383 si le gouverneur de Cappadoce, ancien élève de Libanios, signalé au § 54, est bien Africanos, attesté en cette charge par Grégoire de Nazianze, *ep.* 224 (*Prosop.*, p. 27). La formule militaire « abandonner son poste » montre que Libanios considère comme un devoir de poursuivre son enseignement, il dit exactement la même chose dans l'*or.* XXXVI, 6 (mais en 386).

Chapitre 215.

* Dans l'*or.* LXII, 27-28, Libanios passe en revue les provinces où sont dispersés ses anciens élèves, et aux §§ 30-36 parle des professeurs qu'il a formés, malgré ces conditions déplorables, mais il ne nomme que son adjoint Calliopios. En ce qui concerne Constantinople, nous pouvons citer Zénon (*Prosop.*, p. 992 : Zenon 7) qui exerce en 392, mais qui est peut-être installé dans la capitale depuis une dizaine d'années (nous ignorons l'époque de sa scolarité auprès de Libanios). On relèvera encore une fois son mépris pour la grande ville jouisseuse, cf. *infra*, § 279 (*Lib. et vie munic.*, p. 167-169).

Chapitre 216.

* La bonne interprétation est donnée par Reiske ; μικρὸν δὴ γενέσθαι est au style indirect ; cet infinitif explique les appréhensions du cheval. On ne suivra pas Foerster qui (t. III, p. XXIII) fait dépendre l'infinitif γενέσθαι de ἔδεισε et compare Eur. *Ion* 1564 θανεῖν σε δείσας μητρὸς ἐκ βουλευμάτων. Reiske propose d'insérer un γάρ entre μικρόν et δή, mais cela ne paraît pas utile. [J. M.].

* P. Wolf, *Aut. Schr.*, p. 197, n. 203 voit à juste titre une simple hypothèse dans ce récit affreux (*contra*, A. F. Norman, *op. cit.*, p. 117) qui nous dépeint ce qui se serait produit faute d'un prompt secours.

Chapitre 217.

* Le cheval aurait dû s'abattre sur le dos et les muletiers lui retiennent les jambes de derrière, non qu'il ait pu ruer (mouvement impossible pour un cheval cabré) mais afin d'éviter que ses jambes ne se dérobent sous lui et qu'il ne se renverse sur le dos avec son cavalier. La bête était heureusement de petite taille, § 216, ce qui facilita les choses.

Chapitre 219.

* Sur lui, *Prosop.*, p. 765. Il fut nommé *magister militum per Orientem* en 383, au début de l'hiver selon le § précédent. Ce barbare d'origine franque se posait en amateur éclairé de littérature et était païen, ce qui facilite ses relations avec Libanios qui lui écrit jusqu'en 392 (*ep.* 1024).

* La lettre de Théodose lui conférait le brevet du préfet du prétoire honoraire, cf. P. Petit, Sur la date du *Pro Templis Byz.*, 21, 1951, p. 291-294. Cf. *ep.* 866, 972, 1007. A. F. Norman, *op. cit.*, p. 211. Richomer devait devenir consul en 384 et entrer en charge le 1er janvier.

Chapitre 221.

* Cf. *or.* XLII, 41-42.

* Libanios critique, avec modération, l'action de Proclos à propos du Plèthre, *or.* X, 17-24 (discours écrit durant le gouvernement de Proclos, § 19), mais il l'attaque avec une extrême violence dans l'*or.* XLII, 41-42 (qui date de 388-389). Ce passage ne semble pas destiné à la publication et date peut-être de 385.

Chapitre 223.

* Malgré ces dénégations, Libanios a beaucoup fréquenté Proclos, *or.* XLII, 36, tout en prétendant, *or.* X, 3 qu'il n'utilise pour le voir, et sans ouvrir la bouche, que les « entrées » officielles qui ont lieu quatre fois par mois (où il devait être obligé de se rendre en sa qualité d'*honoratus*, comme préfet honoraire depuis 383). Il se plaint (*ibid.*) de ne pouvoir se faire entendre de Proclos qui méprise ses conseils : telle est sans doute l'origine de son animosité que plus tard l'affaire de Thalassios (*or.* XLII) et celle de Cimon (*infra*, § 283) devaient porter à son paroxysme. Sur ces flatteurs qui s'enrichissent, cf. *or.* XXVI, 3. Quant aux « réunions » (*syllogoi*), ce sont des séances privées que Libanios oppose aux auditions publiques, les « *akroaseis* », *ep.* 61, 6, 413. L'*or.* X (sur le Plèthre) fut cer-

tainement prononcée dans une de ces réunions privées, réservées à des amis sûrs et il en fut de même pour le *Bios* et ses diverses additions, cf. *Notice*, p. 30. Cf. *or.* XIV, 42 : réunions (*syllogoi*) du parti païen sous Constance.

Chapitre 225.

* Malgré le progrès des études juridiques et les plaintes de Libanios, on constate que sous Théodose les fonctionnaires « littéraires », c'est-à-dire sortis des écoles traditionnelles, sont encore nombreux, *Lib. et vie munic.*, p. 368-369. Icarios est d'autre part païen, mais il y eut une sorte de « réaction païenne » vers 384 justement.

* Libanios fut d'abord en bons rapports avec Icarios à qui il prodigue ses conseils, *or.* XXVI, avec bienveillance. Puis, comme il lui est arrivé souvent, vexé de n'être pas écouté, il devient amer et s'attaque au *comes Orientis* dans les *or.* XXVII et XXVIII. Dans l'*or.* XXVII, 7 il évoque la mémoire de son père qu'Icarios outrageait en affirmant avec légèreté que les dieux n'aiment pas les pauvres. *Ibid.*, 38 : Icarios prétend considérer Libanios comme un père, mais se montre insoucieux de sa santé.

Chapitre 226.

* C'est la suite de la famine des années 381-383 qui mit déjà Philagrios aux prises avec les boulangers, *supra*, §§ 205-208. La politique d'Icarios fut assez cohérente : taxation des prix, vente réglementée avec interdiction de sortir de la ville plus de deux pains, *or.* XXVII, 14, L, 29, surveillance des poids et des prix, etc., cf. *Lib. et vie munic.*, p. 119-121. Sur l'ensemble de ses rapports avec Icarios, cf. A. F. Norman, *Autobiogr.*, p. 213-214.

* Reprise des craintes exprimées de façon plus vague, *supra*, § 208.

Chapitre 228.

* Candidos, un important *principalis*, auréolé de sa récente syriarchie, mais qui se conduit brutalement, cf. *Lib. et vie munic.*, p. 120-121.

* Selon P. Wolf et A. F. Norman, τούτους désignerait seulement une partie des boulangers, les coupables. Cela n'est guère admissible en l'état actuel du texte. Il y a peut-être une lacune ; voir l'apparat critique. [J. M.]. Les boulangers forment une corporation, un ἔθνος, *supra*, § 206, mais ici Libanios semble vouloir désigner l'ensemble de tous ceux qui sont responsables du ravitaillement en blé de la ville, c'est-à-dire les

transporteurs de grain, les meuniers, enfin les boulangers qui sont toujours les premiers frappés, parce que la population ne connaît guère qu'eux.

* Sur l'horreur que lui inspire la vue du sang, cf. *supra*, §§ 161, 208. Les boulangers savaient qu'ils trouveraient en Libanios un défenseur : en 388, persécutés par un consulaire de Syrie qui veut faire payer le droit de moudre le grain hydrauliquement, ils se réfugient auprès de lui, *or.* IV, 29. Pour le cas présent, Libanios exprime sa solidarité avec les boulangers qui sont rentrés chez eux sur ses conseils et ses promesses, *or.* XXIX, 17-18.

Chapitre 230.

* Course faisant partie des fêtes de la nouvelle année 385, A. F. Norman, *Autobiogr.*, p. 216.

Chapitre 231.

* Reiske avoue ne pas comprendre cette phrase et Foerster place dans la marge une *crux desperationis.* Mais P. Wolf a reconnu que les seconds γράμματα ne sont plus la lettre du préfet, mais un placard injurieux affiché sur les murs. On tire le meilleur parti du texte tel qu'il est en mettant entre parenthèses l'ensemble ὅτου... ἐσυκοφάντει. Quant à ὅσα ἐσυκοφάντει nous le considérons comme une exclamation (litt. « mais combien ils proféraient de calomnies ! »). [J. M.]. Profitant du passage du préfet, connu pour son christianisme militant, les adversaires de Libanios, sans doute des chrétiens ou des partisans des *comites Orientis* Proclos et Icarios, récemment malmenés par lui, avaient engagé une sorte de campagne visant à ruiner sa position au sein de la cité. Nous ne connaissons pas autrement ces « fameux placards », sans doute des inscriptions écrites sur les murs comme à Pompei. On pourrait les rapprocher aussi des affiches murales de la Chine populaire d'aujourd'hui.

Chapitre 232.

* Ellebichos fut envoyé à Antioche comme successeur de Richomer dans le poste de *magister militum per Orientem* en 383, *Prosop.*, p. 277-278. Il devait jouer un rôle important lors de la sédition de 387, se montrant humain et favorable à la clémence, *or.* XXII, et resta en place jusqu'en 388. Libanios lui rappelle à ce moment le panégyrique qu'il fit en sa faveur en 385, *or.* XXII, 2.

* Nous nous rallions à l'interprétation de A. J. Festugière, *R.E.G.*, 78, 1965, p. 632 : Libanios rédigeait ses discours

d'une écriture hâtive, dans le feu de la composition (cf. « les douleurs de l'enfantement ») et son secrétaire-copiste les mettait au net, à la fois pour lui faciliter la tâche de les apprendre par cœur et pour que d'autres copistes pussent éventuellement les transcrire, c'est-à-dire les publier. Cf. A. F. Norman, The Book-Trade in Fourth-Century Antioch, *J.H.S.*, 80, 1960, p. 122-126. Selon P. Wolf, les douleurs seraient simplement celles de l'arthrite.

* La mission de Cynegios de passage à Antioche en 385-386 semble avoir comporté d'abord l'application stricte de la loi *C. Th.*, XII, 1, 94, tendant à empêcher la fuite des curiales, mission que Libanios approuve du reste, ce qui ne lui interdit nullement d'intervenir dans tel ou tel cas particulier : ici, il aurait fait libérer un curiale coupable de fuite illégale et qui se trouvait être un père d'élève. Du moins est-ce l'opinion de A. F. Norman, *Autobiogr.*, p. 216. Sur la mission de Cynegios, cf. P. Petit, Sur la date du Pro Templis, p. 298-299.

Chapitre 233.

* Cette remarque permet de penser que l'addition dont ce passage fait partie est contemporaine des événements, c'est-à-dire de l'été-automne 385, peu avant les récoltes.

Chapitre 234.

* Il y a là une sorte de jeu de mots sur la « faute de la loi », traduction proche du grec, mais qui serait meilleure en français sous la forme « par la faute du droit » (c'est-à-dire l'étude des lois) et « le résultat d'un décret ou d'une loi », c'est-à-dire qu'aucun texte officiel ne vient à ce moment rendre l'étude du droit obligatoire, comme il en sera lors d'une tentative avortée du préfet Tatianos en 388 (cf. P. Petit, *Lib. et vie munic.*, p. 367-368). Libanios s'en prend toujours à la fois au latin et au droit, puisque les actes officiels et juridiques sont en latin. La situation ainsi décrite correspond trait pour trait à celle du § 214, ce qui indique très probablement une addition, et surtout à l'*or.* XLIII, 4-5 (*De Pactis*, tr. Festugière, *Antioche*, p. 460-461), qui doit être exactement contemporaine, c'est dire de 385, juste avant que des « conventions » soient établies entre les professeurs afin qu'ils ne débauchent pas mutuellement leurs élèves, conventions attestées en 386 (*or.* XXXVI, 13).

Chapitre 235.

* Trace évidente d'une addition qui s'intercale du § 235 au § 238 et fait allusion à des événements antérieurs, impos-

sibles à dater. [P. P.]. Pour l'expression παρὰ τὸν χρόνον, cf. Callimaque, *Epigr.* 45, οὐ παρὰ τὰς εἴκοσι μεμφόμεθα, « je n'irai pas chicaner pour vingt jours » (trad. Cahen) [J.M.].

Chapitre 239.

* Il reprend le fil de son récit, aux environs de l'année 385.

Chapitre 240.

* Cf. *supra*, § 232.
* La mort de son secrétaire est providentielle, comme l'avait été la première fois (cf. « une fois encore ») celle d'Adelphios, *supra*, §§ 173-174. Devenu très casanier avec l'âge et les infirmités, Libanios redoute avant tout d'être arraché à ses chères études et convoqué hors d'Antioche, cf. *infra*, § 266.

Chapitre 241.

* Selon G. Sievers, *Das Leben*, p. 169, n. 109 (cf. A. F. Norman, *op. cit.*, p. 218-219) Themistios ferait allusion à cet incident dans un discours contemporain, Them. *or.* XIX, 229 d-231. Libanios lui-même, quelques années plus tard, en 387, rappelle à l'empereur sa mansuétude en lui demandant de pardonner de même aux habitants d'Antioche après la fameuse sédition, *or.* XIX, 21 : des coupables condamnés à mort furent grâciés et vivent aujourd'hui à la campagne (c'est-à-dire en exil ou en résidence surveillée). L'expression « tempête hivernale » qui est à double entente, permet de placer l'affaire durant l'hiver 385-386.
* Sur les excès des élèves, cf. A. J. Festugière, *Antioche*, p. 112-113. On peut se demander si l'ordre chronologique n'est pas ici quelque peu perturbé, au moins dans la mémoire de l'auteur, car plusieurs discours font allusion à des incidents, mais ils datent de 386 ou 387-388 (donc pour ces derniers, après la sédition) : *or.* III (de 387 au plus tôt), 26-28 (tr. Festugière, *op. cit.*, p. 450), dans lequel, s'adressant à ses élèves, il prétend que les bons éléments sont peu nombreux et les méchants en plus grand nombre, ce qui contredit le présent passage ; *or.* LVIII, *Sur la couverture* (tr. Festugière, *op. cit.*, p. 467-475). Voir note suivante.

Chapitre 242.

* La seule mesure que nous connaissions, ce sont les « conventions » passées entre les professeurs, par lesquelles ils

s'engageaient à ne pas se débaucher mutuellement leurs élèves et à ne pas recevoir ceux qui quitteraient leur maître, *or.* XLIII (tr. Festugière, *op. cit.*, p. 459-466), qui date de 386 environ car ces conventions semblent récentes dans l'*or.* XXXVI, 13 de 386. Cette date correspond bien à la place du passage dans le *Bios* et c'est pourquoi nous traduisons « leur interdisant de s'en aller, qu'ils le voulussent ou non », par référence à ces conventions. S'il est interdit aux élèves de changer de maître, il sera plus facile de les tenir par des sanctions, comme le développe l'*or.* XLIII, notamment §§ 9-10 (tr. Festugière, p. 462-463). Ce qui demeure mystérieux, c'est la raison pour laquelle Libanios préfère ne pas donner de précisions sur la mesure prise : de telles ententes étaient-elles licites ? [P. P.] M. J. R. Vieillefond présente ici une suggestion très intéressante : Libanios ferait allusion à des pratiques magiques, à des καταδεσμοί. D'où la nécessité du silence. [J. M.].

Chapitre 245.

* Cf. Lib. *or.* XXXVI (*Sur les poisons*). Sur la magie au IVᵉ siècle, cf. la bibliographie de D. Grodzynski, Par la bouche de l'empereur, dans *Divination et rationalité*, Paris, 1974, p. 267, n. 1-4 et 268, n. 1-2. Libanios se sent environné de menaces obscures en cette année 386, et cette digression des §§ 245-248 se termine en beauté par l'affaire du caméléon, §§ 249-250.

Chapitre 247.

* Pour l'expression νοσῆσαί μοι τὰ ἄρθρα cf. plus haut § 198 et Philostr. *Vit. Soph.* 353 (ὅτε δὴ τὰ ἄρθρα ἐνόσει) : le sophiste Polémon est accablé des mêmes maux que Libanios. [J. M.].

* Dans l'*or.* XXXIV (contre les calomnies d'un pédagogue, de très peu postérieure), 17, 21 (tr. Festugière, *Antioche*, p. 480, 481), Libanios parle de la maladie de ses articulations, une arthrite qui l'enchaîne à son lit. Ses accès duraient auparavant, sans doute en 386 justement, à cause des maléfices, jusqu'à dix-huit jours, mais actuellement, dit-il, il ne manque ses cours que durant le tiers de ce temps, à cause du secours des dieux. Quant aux ambassades, cf. *or.* XXXIII (contre Tisamenos), 24 : il rappelle à Théodose que les ambassades de la ville sont toujours bien accueillies par lui (ce discours date de 386 précisément).

Chapitre 248.

* Il s'agit d'attaquer en justice les auteurs supposés de ces pratiques magiques.

Chapitre 249.

* Sur l'incident, cf. *or.* XXXVI (*Sur les Poisons*), tr. Festugière, *Antioche*, p. 453-458. Campbell Bonner, Witchcraft in the Lecture-room of Libanius, *Trans. Amer. Philol. Assoc.*, 63, 1932, p. 34-44. A. A. Barb, The Survival of Magic Arts, dans *The Conflict between Paganism and Christianity* (A. Momigliano ed.), Oxford, 1963, p. 100-125. A. J. Festugière, *op. cit.*, p. 113 pense qu'il s'agissait peut-être d'une farce d'étudiants mais cela ne correspond guère à la mentalité d'une époque si superstitieuse. Un passage de l'*or.* XXXVI, 13 semble indiquer que Libanios soupçonnait certains professeurs de complicité (Festugière, *op. cit.*, p. 458, n. 1). De toute façon, il est évident qu'à partir de cette époque il souffre d'une sorte de délire de la persécution, particulièrement net dans les discours rédigés contre les gouverneurs Tisamenos et Eustathios.

* Il s'agit d'un cas de magie « sympathique » : on a cuopé une patte au caméléon pour l'empêcher de marcher et Libanios est paralysé par la goutte ; en lui fermant la bouche de son autre patte antérieure, on provoque chez Libanios cette inhibition dont il se plaint au § 246.

Chapitre 251.

* Tisamenos fut consulaire de Syrie en 386, peu après l'affaire du caméléon. Sur lui *Prosop.*, p. 916. Contre lui, Libanios écrivit sur le moment même l'*or.* XXXIII, et un peu plus tard, mais la même année, l'*or.* XLV (*Sur les prisons*), cf. G. Sievers, *Das Leben*, p. 170-172. R. A. Pack, *Studies in Libanius and Antiochene Society under Theodosius*, Diss. Michigan, 1935 (avec la trad. angl. de l'*or.* XLV). Le grand-père de Tisamenos n'est pas identifiable, il avait fait de fortes études, *or.* XXXIII, 3 et était peut-être sophiste lui-même.

* Foerster, P. Wolf et Norman ont adopté tous trois la correction de Reiske, με au lieu de μέν devant εἰδέναι. Μέν peut cependant se défendre si l'on construit les participes ἐξελεγχθείς et δοκῶν avec εἰδέναι : « mais lui ne voulut pas se rendre compte qu'en me refusant une petite faveur justifiée il montrait sa véritable nature et qu'il se faisait considérer comme un imbécile ». Si Libanios a pu solliciter cette faveur, c'est bien qu'il avait eu au début quelques rapports avec le gouverneur. [J. M.].

* Libanios ne lui envoie pas d'invitation, cf. *infra*, § 254. [J. M.].

* Tisamenos avait été chargé par Deinias, le *comes Orientis*, son supérieur hiérarchique, de recueillir du blé sur l'Euphrate et il trouvait cette mission pénible, *or.* XXXIII, 7-8. Mais Deinias lui avait ordonné d'y rester jusqu'à ce que lui-même revînt d'Égypte où il accompagnait le préfet Cynegios en mission, *ibid.*, 27. Sur Deinias, cf. *Prosop.*, p. 246.

Chapitre 252.

* Sur la sédition de 387, cf. P. Petit, *Lib. et vie munic.*, p. 238-244. A cette époque le *comes Orientis* était un chrétien, peut-être encore Deinias, et le consulaire de Syrie le païen Celsos, dont Libanios fait l'éloge, *or.* XXIII, 10, 23. Pour défendre ses concitoyens il fait constamment appel à la responsabilité de « mauvais génies », cf. ses discours contemporains, *or.* XIX, 29, 34, XX, 50.

* L'expression est très condensée : ceux qui avaient placé leurs espérances dans la fuite furent frappés, tandis que ceux dont le sort semblait scellé, ceux qui restaient sur place dans la ville, furent sauvés par la clémence de Théodose. Les habitants d'Antioche eurent la chance de ne point subir le sort de la population de Thessalonique en 390, cf. A. Piganiol, *Emp. chrét.*, p. 257. Les fuyards en revanche furent exposés à toutes sortes de dangers, la faim, l'errance au hasard, les bandits qui en tuèrent beaucoup, *or.* XXIII, 1, 4-5, 9, XXXIV, 7-8 (« les fuyards auraient dû comme bien d'autres écouter eux aussi mes paroles », tr. Festugière, *op. cit.*, p. 478). Le discours XXIII, apparemment écrit durant les événements, est tout entier consacré aux fuyards et aux mauvaises raisons qu'ils inventaient pour quitter la ville.

Chapitre 253.

* Nous avons traduit littéralement γράμματα par « lettres », mais on envoya aux autorités non seulement des lettres mais de véritables discours (des λόγοι), cf. *or.* XXI, 7 : « la demeure du général reçut les discours en leur faveur » (τοὺς ὑπὲρ τούτων λόγους ἐδέχετο μὲν ἡ τοῦ στρατηγοῦ καταγωγή). XX, 37 (supplication adressées à l'empereur par le Sénat et le peuple de Constantinople). A. F. Norman et P. Wolf ont compris ce passage différemment, mais sans nous convaincre.

* Dans le texte, μορφὴν ἄλλην ἄλλος ἔχων. Ce prétendu nominatif absolu (*sic* Foerster) peut se justifier par la comparaison d'une phrase comme celle-ci (Xén. *Hell.* II, 2, 3) : οἰμωγὴ ἐκ τοῦ Πειραιῶς... εἰς ἄστυ διῆκεν, ὁ ἕτερος τῷ ἑτέρῳ παραγγέλλων. Mais il faut reconnaître que chez Libanios la rupture de construction est beaucoup plus hardie. L'anacoluthe du § 146 est plus naturelle. Pour πανταχοῦ cf. plus loin § 264. [J. M.].

* De ces nombreux discours consacrés à la défense des Antiochéens nous ne connaissons que ceux de Libanios lui-même, mais il faut bien voir que seule l'*or.* XIX est antérieure au pardon accordé par l'empereur. Il affirme qu'il se répandait en propos optimistes à travers la ville désertée à demi pour retenir les fuyards, *or.* XX, 36. XXXIV, 8. L'*or.* XXIII, *Contre les fuyards*, est un de ces λόγοι lus ou récités dans des

réunions privées ou σύλλογοι. Les *or.* XXI et XXII durent être envoyées à Caesarios et à Ellebichos, dont elles chantaient les louanges. Quant aux discours adressés à Théodose, ils lui parvinrent peut-être par leur intermédiaire, ou bien, comme ceux dont ils parle dans l'*or.* II, 70 (de 381) « furent portés de proche en proche jusqu'à parvenir aux oreilles de l'empereur ». Il est certain en tout cas que Zosime se trompe (IV, 41, cf. Foerster, t. II, p. 373) en croyant que Libanios se rendit à Constantinople pour les prononcer devant le Sénat et l'empereur. Cf. A. F. Norman, *Autobiogr.*, p. 222.

Chapitre 254.

* Pour l'interprétation du début de ce paragraphe nous suivons Norman contre Reiske et P. Wolf qui ne font porter la négation que sur οἷα πρότερον, et qui admettent par conséquent que le gouverneur chrétien, hostile à Libanios, vient écouter ses discours. L'auditoire d'alors « n'est plus le même » en ce sens que l'esprit de liberté et d'amitié a disparu. La construction de Norman pour qui les mots ἄρχων, etc. ne font que développer et expliquer οἷα πρότερον est certainement plus satisfaisante au point de vue stylistique et grammatical. Mais Norman, comme Reiske et P. Wolf, croit que la suite du texte exprime une opposition entre le présent et le passé. Il traduit : « *The reason was that, whereas my previous situation implied independence, now I saw subservience involveld, then I had an audience of friends, now one in which the unfriendly appeared also* ». Ceci suppose que Libanios donne l'absence du gouverneur comme voulue par lui ou en tout cas comme délibérément acceptée. Mais il est alors plus clair et plus intéressant de voir dans les formules ἐν μὲν τῷ... τὸ δ' et τὸ μὲν... τὸ δὲ une opposition entre la présence éventuelle et l'absence réelle du gouverneur. [J. M.]. Le gouverneur dont il est question, qui faisait venir avec lui des gens de plusieurs provinces est un *comes Orientis*, peut-être encore Deinias, qui était chrétien.

Chapitre 255.

* Le contexte suggère par simple rapprochement qu'il s'agit encore d'un *comes Orientis* et encore chrétien. Malheureusement il est inconnu, *Prosop.*, p. 1015 (Anon. 61).

* Cf. pour l'expression Athen. XII, 525 e « ἐπιδόντας εἰς τρυφήν » et pour εἰς σάρκας Philodème, *Herc. Vol.* 1289, p. 60 V (εἰς σάρκα πημαίνειν). [J. M.].

* Ce *comes Orientis* se rend ainsi coupable de trois façons : 1° en voulant faire couper les cyprès de Daphné, *infra*, § 262 ; 2° en faisant créer à Antioche une chaire d'éloquence latine, sans doute en 387-388, ce qui est confirmé par *or.* LVIII, 21-22 : Libanios prend la défense d'un pédagogue passé à la

couverture par des élèves qui l'accusent de faire campagne contre ce professeur, et il affirme que le latiniste cherchait à faire du tort aux maîtres d'éloquence grecque. Ces troubles sont confirmés par *or.* XXXVIII, 6 : Silvanos a enlevé son fils de l'école de Libanios pour le mettre chez le « ridicule Libyen » et l'encourage à faire le coup de poing contre les élèves de Libanios. 3° enfin le *comes* lui suscite un rival qui va se couvrir de ridicule, § 256. La création à Antioche d'une chaire de latin correspond parfaitement aux progrès du recrutement des fonctionnaires parmi les juristes à l'époque de Théodose, P. Petit, *Lib. et vie munic.*, p. 365-368.

Chapitre 257.

* Un important bouleute d'Antioche, Thrasydeos, tente au début de l'année 388 de faire inscrire Cimon, le fils de Libanios, parmi les membres de la curie, car depuis qu'il avait reçu en donation les biens de son père (*supra*, § 196) Cimon qu'aucune atélie ne couvrait pouvait être récupéré par la curie, *or.* XXXII, 7.

Chapitre 258.

* L'*or.* XXXII, 2-7, 12 montre que la désignation des membres de cette ambassade fut laborieuse, sans doute parce que les curiales redoutaient de rencontrer l'empereur si peu de temps après la sédition de 387 : l'ambassade, conseillée par Ellebichos, avait pour but de remercier Théodose pour le pardon accordé à la cité. Sur les ambassades d'Antioche, cf. *Lib. et vie munic.*, p. 418-419.

* Il est possible que Foerster ait raison d'écrire λόγοις au lieu de ὁ λόγος, auquel cas les mots τῶν πρεσβέων δὲ καὶ οὗτος constituent une parenthèse : « lui aussi, Eusebios, était au nombre des ambassadeurs ». [J. M.].

Chapitre 260.

* Petite anecdote qui reste obscure et revêt ici la forme d'une courte note jetée sur le papier et artificiellement reliée au contexte par l'intervention que Libanios prête aux dieux en sa faveur.

Chapitre 262.

* Après les additions isolées des §§ 257 à 261 (sur Thrasydeos, les chevaux, le sophiste malveillant et enfin Sabinos),

il reprend le fil de son récit interrompu au § 256 : il s'agit toujours du *comes Orientis* inconnu de l'année 387-388, le jouisseur qui s'attaque aux cyprès de Daphné.

Chapitre 263.

* Souvenir homérique, Λ 416, N 474. [J. M.].

* Il s'agit du « compagnon de beuverie » du paragraphe précédent qui trompe le *comes Orientis* sur les intentions de Libanios : on ne saurait dire si le personnage est consulaire de Syrie ou plutôt un assesseur du *comes*, donc assez lié avec lui, mais peu désireux de le voir revenir. Le *comes* était sans doute en tournée en Phénicie, l'une des provinces faisant partie du diocèse d'Orient.

Chapitre 264.

* Pour πανταχοῦ, cf. § 253. [J. M.].

Chapitre 265.

* Litt. *les mères du vin*. Cf. Eur. *Alc.* 757 (πίνει μελαίνης μητρὸς εὔζωρον μέθυ) et Esch. *Pers.* 614 (ἀκηρατόν τε μητρὸς ἀγρίας ἄπο ποτόν). [J. M.].

* Selon P. Wolf, *Aut. Schr.*, p. 28 qui rapproche cette indication de l'*or.* LIV, 18, ceci prouverait que ce gouverneur ennemi de Libanios n'était autre que le consulaire de Syrie Eustathios. Nous y reviendrons, *infra*, p. 276-277.

Chapitre 266.

* Sur ce soulagement de Libanios qui craint plus que tout de quitter Antioche et ses travaux, cf. *supra*, § 240.

Chapitre 269.

* Lucianos occupa le poste de consulaire de Syrie durant la première moitié de 388. Sur lui O. Seeck, Libanius gegen Lucianus, *Rhein. Mus.*, 73, 1920, p. 91-100. P. Petit, Recherches sur la publication et la diffusion des discours de Libanius, *Historia*, 5, 1956, p. 499-503. *Prosop.*, p. 516. A. F. Norman, *Autobiogr.*, p. 227-228. Libanios écrivit contre lui, sans doute sous la forme d'une *relatio* adressée à Tatianos, l'*or.* LVII, très violente. J'ai interprété l'expression « tyrannie mise à l'œuvre au sein des lois » comme une critique voilée de la législation qui permettait (*C. Th.*, XII, 1, 117 de 387) de fouetter des

curiales à propos de la perception des impôts, *Lib. et vie munic.*, p. 287.

* Il s'agit encore ici (cf. *supra*, §§ 138 et 223) de discours hostiles récités devant des auditoires privés : on en connaissait au dehors l'existence, mais seulement par ouï-dire, ce qui assurait la sécurité de Libanios.

Chapitre 270.

* Comme l'a vu Norman, Libanios détourne de son sens une expression d'Aristophane (*Nuées*, 358) : θηρατὰ λόγων φιλομούσων. Les λόγοι sont ici des comptes et non plus des discours philosophiques. Les enquêteurs du fisc n'en sont pas moins, *eux aussi*, comme Strepsiade, des chasseurs de λόγοι. Voir la note au § 9. On ne voit pas, malgré Reiske et P. Wolf, comment les λόγοι pourraient être les discours de Libanios lui-même. [J. M.].

* O. Seeck, *loc. cit.* a débrouillé l'écheveau compliqué des faits : Lucianos était chrétien, une créature de Cynegios, mais il perdit son protecteur, décédé en mars 388 et remplacé par le païen Tatianos, ami de Libanios. Lucianos fut alors dénoncé par le général en poste à Antioche, *or.* LVI, 21, après une violente campagne de libelles à laquelle Libanios participa, LVI, 14, en poussant la curie à envoyer à la cour une ambassade pour l'accuser, LVI, 31. Cf. ici, § 269. Révoqué par Tatianos, il est renvoyé à Antioche pour que ses victimes puissent articuler leurs griefs contre lui, cf. P. Petit, Recherches sur la publication, p. 502 et n. 2. Ramené à Constantinople, il fut remis aux mains des enquêteurs du fisc, maltraité et disgrâcié (et peut-être condamné). Son bref retour à Antioche, faussement interprété comme une réhabilitation, fut l'occasion de scènes tragi-comiques qui opposèrent ses partisans et ses ennemis, *or.* LVI, 9-10, 16-17.

* Libanios est très précis : il a vu certaines choses à Antioche même, lors du retour de Lucianos, et il a appris le reste par ses correspondants de Constantinople. On notera l'égocentrisme de la fin : la chute de Lucianos lui apparaît comme une réparation personnelle.

Chapitre 271.

* Ce consulaire de Syrie est incontestablement Eustathios, contre qui Libanios écrivit en 389 son *or.* LIV. Son gouvernement fait suite à celui de Lucianos et dura dix mois, de mai/juin 388 à mars/avril 389. Parmi les détails qui le caractérisent, deux sont à signaler ici : 1° il possède des vignes à Tyr, § 274 et *or.* LIV, 18 ; 2° il a livré la bonne éloquence (celle de Libanios naturellement) aux attaques de la mauvaise (§ 274). Or, ces précisions s'appliquent également à l'Anonyme des

§§ 255 et 262 (les vignes de Tyr, § 265, la mauvaise éloquence, §§ 255-256), ce qui conduit P. Wolf, *Aut. Schr.*, p. 27-28 à considérer qu'il s'agit du même personnage et que Libanios se répète réellement. Entraîné par son propos, P. Wolf estime même que les §§ 262-265 et 271-274 exposent les mêmes faits concernant l'accusation de haute trahison portée contre Libanios, mais c'est une erreur, cf. ci-dessous (au § 273). Restent les deux autres détails qui sont effectivement troublants. Pourtant, avec A. F. Norman et la *Prosopographie*, nous persistons à penser que le personnage des §§ 255 et 262 n'est pas Eustathios. D'abord c'est un *comes Orientis* et Eustathios est un consulaire de Syrie. Ensuite le *comes* est chrétien, tandis qu'Eustathios, créature de Tatianos, est païen : Libanios lui fait dire (*or.* LIV, 56) à propos d'un poète qu'il le fera participer à la fête de Daphné et qu'il aura le Musagète (Apollon) comme auditeur, formule qu'un chrétien n'aurait pas employée. A propos de Daphné, on peut ajouter que si Eustathios avait porté le fer sur les fameux cyprès, comme le fit le *comes* des §§ 255 et 262, Libanios n'aurait pas manqué de le lui reprocher dans sa longue *or.* LIV. Contre les arguments de P. Wolf, on peut relever qu'Eustathios, lui aussi, veut opposer à Libanios un mauvais poète, LIV, 20 et qu'il préfère aux siennes les œuvres ridicules d'autres sophistes, LIV, 75 ; enfin, à propos des vignes de Tyr, il n'y a rien d'étonnant à ce que plusieurs hauts fonctionnaires enrichis par leurs charges aient placé leur argent dans ces vignes qui devaient être fort rémunératrices.

Chapitre 273.

* Il s'agit de Romulus, un curiale d'Antioche, vieil ami de Libanios (qui en 357 le recommande déjà à Modestos, *ep.* 38), et très appauvri : Eustathios veut l'obliger à exercer une liturgie ruineuse, la *sitegia* (cf. P. Petit, *Lib. et vie munic.*, p. 159-163), qui est un transport de blé pour le service de l'État. Il prétend ne l'en dispenser que s'il se prête à une dénonciation contre Libanios qui serait une fois encore accusé d'avoir employé la mantique pour connaître le nom du successeur de Théodose à une époque, l'été 388, où la victoire de Théodose sur Maxime n'était pas encore acquise, *or.* LIV, 39-40, 62. L'affaire, mentionnée pour la première fois en l'*ep.* 844, est contemporaine de l'entreprise perfide du vieillard qu'encourageait le *comes Orientis* du § 265. Mais ce sont deux accusations différentes, car Libanios traite le vieillard avec mépris tandis qu'il s'efforce de défendre la cause de Romulus *ep.* 889-891, dont il vante les qualités et l'affection. La dualité des deux entreprises tend à confirmer que le *comes Orientis* des §§ 255/262 n'est pas Eustathios.

* La même expression se trouve déjà au § 102.

Chapitre 275.

* Olympios, compatriote et ami de Libanios et de sa famille, sénateur de Rome et de Constantinople (cf. P. Petit, Les sénateurs de Constantinople dans l'œuvre de Lib., *AC*, 26, 1957, p. 367-369), mourut dans les premiers mois de l'année 389, avant le départ d'Eustathios. Sur lui, O. Seeck, *Die Briefe*, p. 223-224. *Prosop.*, p. 643-644.
* Le texte des manuscrits se comprend mal. Il y a très probablement des lacunes. Voir l'apparat critique. [J. M.].

Chapitre 276.

* Dans l'*or.* LXIII, 36-40 d'autres beaux parleurs plaignent Libanios de la corvée qui lui est ainsi imposée.

Chapitre 277.

* Il est ainsi plongé en de nombreux procès, soit avec les débiteurs récalcitrants, soit avec les curiales mécontents et toutes sortes de gens, LXIII, 6, 11 (*honorati*, syndics, avocats), et il n'obtient que difficilement l'appui des « juges », qui sont Eustathios, juste avant la fin de son gouvernement, puis son successeur (Eutropios ?) qui ne vaut pas mieux que lui : allusion dans l'*or.* LXIII, 19-20 à une accusation machinée contre Olympios pour l'obliger à léguer à la curie une part de sa fortune, et dans l'*or.* LIV (*Contre Eustathios*), 82 au peu d'empressement du consulaire de Syrie pour juger un procès où Libanios a beaucoup d'adversaires.

Chapitre 279.

* Sur Constantinople, ville parasite, cf. *supra*, § 215. Sur Cimon, cf. *Prosop.*, p. 92-93. A. F. Norman, *op. cit.*, p. 231. Cimon avait étudié dans l'école de Libanios et était devenu avocat. Depuis qu'il avait reçu une partie des biens de son père il était menacé par la curie, soucieuse de récupérer un membre d'une ancienne famille curiale, et, pour le libérer de cette menace, Libanios tenta d'abord d'en faire un avocat attaché au tribunal d'un gouverneur, puis un membre du Sénat de Constantinople et enfin un gouverneur de province, sans jamais réussir malgré son entregent, à cause des oppositions qui se firent jour, celle des membres de la curie, et, au Sénat de la capitale, celle de plusieurs personnages éminents, dont Proclos qu'il attaque violemment dans l'*or.* XLII (à propos du même refus opposé à l'admission de Thalassios). Cimon fut soutenu par de nombreuses lettres envoyées à des

amis influents, mais échoua finalement, sous le prétexte, semble-t-il, de sa naissance illégitime, *ep.* 1064. Libanios paraît également s'être fait des illusions sur les capacités de son fils que le consulaire de Syrie Eustathios ne semble guère apprécier, *or.* LIV, 7-15.

Chapitre 280.

* Selon nous, Cimon est ramené mort à Antioche (pour ce sens de κομίζεσθαι, comparer par exemple *Or.* XVIII, 2 et 120). Sa mère est elle-même déjà morte depuis quelque temps. La κλίνη du chap. 280 ne peut être que celle de Libanios lui-même, et non celle des deux mourants. Comparer le chap. 142. [J. M.].

Chapitre 282.

* L'état du texte et le manque de précisions ne permettent guère d'identifier les gouverneurs dont il va parler. On ne sait même pas à quelle époque il fait allusion : en 392, après la mort de Cimon, si l'on en croit l'ordre chronologique des paragraphes, mais peut-être reprend-il ici son récit interrompu plus haut, § 275, avec la mort d'Olympios, ce qui nous reporterait à l'année 389. Cette seconde hypothèse est celle de Gl. Downey, *A Study on the comites Orientis*..., p. 20, qui considère que ce « trafiquant de tout » serait le successeur d'Eustathios, en poste vers le milieu de 389, c'est-à-dire le consulaire de Syrie Eutropios, très violemment attaqué dans l'*or.* IV pour avoir dit de Libanios qu'il « radotait » : cet Eutropios est effectivement accusé de faire argent de tout pour éponger les dettes contractées lors de sa nomination, obtenue par corruption, *or.* IV, 21-23. Plus récemment, A. F. Norman, Notes on some Consulares of Syria, *Byz. Zeitschr.*, 51, 1958, p. 76-77, estime que le texte se rapporte à des faits de 392 et suggère le nom de Severos, attaqué également dans l'*or.* LVII et qui lui aussi était un grand voleur, §§ 48-51 (cf. *Lib. et vie munic.*, p. 153-154). J'ai considéré (Recherches sur la publication..., p. 503) que ce discours était fictif, mais il peut recéler des observations exactes, cf. A. F. Norman, *Autobiogr.*, p. 233. Il est certain que le texte du *Bios* semble faire suivre de près ce trafiquant de tout et un autre gouverneur, Florentios, qui est réellement de 392.

* La sujet de ἀπήλασεν semble être le même que celui de ἥδετο un peu plus loin. Faut-il comprendre que Rufin remercie l'empereur d'une mesure qu'il a prise lui-même, mais au nom du souverain ? [J. M.].

* O. Seeck, Libanius gegen Lucianos, *Rhein. Mus.*, 73, 1920, p. 91-100, a montré que Florentios fut révoqué et chassé par le préfet du prétoire d'Orient Rufin qui avait succédé à

Tatianos. Les faits se sont passés en 393, lors d'une visite de Rufin à Antioche, dont Libanios nous parle plus loin.

* Cet empereur est Théodose, né en Espagne, comme on le sait.

Chapitre 283.

* Le Sénat avait refusé d'entériner la nomination de Cimon comme gouverneur de Chypre, *supra*, § 279.

* A. F. Norman comprend que c'est Libanios lui-même qui arrive, et P. Wolf, qui traduit de même, exprime quelque hésitation, *Aut. Schr.*, p. 201, n. 250. Les manuscrits et la logique imposent notre sens : il s'agit de quelqu'un qui apporte des nouvelles de la capitale, *infra*, § 285.

INDEX DES NOMS PROPRES

Cet index, rédigé par Paul Petit, ne concerne que l'*Autobiographie* elle-même, à l'exclusion des notes. Les noms que l'on trouvera énumérés ici ne figurent pas nécessairement dans le texte, car Libanios désigne souvent ses contemporains par des périphrases. Julien lui-même n'est nommé que trois fois, et jamais avant le § 134, où il est question de sa mort. La présente liste comprend aussi les noms de lieux, de divinités, de personnages mythiques ou historiques, et également ceux des auteurs cités. Pour les membres de la famille de Libanios, on se reportera à la rubrique *parenté*. [J. M.].

A

E

R

S

T

U

V

Z

TABLE DES MATIÈRES

Ce volume,
de la Collection des Universités de France,
publié aux Éditions Les Belles Lettres,
a été achevé d'imprimer
en janvier 2003
sur presse rotative numérique
de Jouve
11, bd de Sébastopol, 75001 Paris

N° d'édition : 5953
Dépôt légal : janvier 2003

Imprimé en France